CENT ANS DE CHANSON FRANÇAISE

1880-1980

Chantal Brunschwig
Louis-Jean Calvet
Jean-Claude Klein

CENT ANS DE CHANSON FRANÇAISE

1880-1980

Éditions du Seuil

ISBN 2-02-028140-6
(ISBN 2-02-002915-4, 1re édition reliée
ISBN 2-02-006000-0, 1re publication poche)

Préface
à l'édition de 1981

Lorsque nous avons publié la première édition de *Cent ans de chanson française*, en 1972, nous étions fortement marqués par une opposition esthétique à ce qu'il était convenu d'appeler la « chanson rive gauche », dont les caractéristiques essentielles étaient la part belle faite au texte (« poétique », comme il se devait) et la pauvreté mélodique, harmonique et rythmique. Plus précisément, nous nous inscrivions en faux contre ceux, nombreux alors, qui tenaient ce type de chanson pour le *nec plus ultra.* De ce jugement découlait, en effet, une attitude que nous estimions réductrice sur le plan du discours critique (tout était jugé en fonction de la valeur poétique du texte) et dangereuse du point de vue esthétique pour la chanson elle-même.

Or, au moment où nous préfaçons cette nouvelle édition, il faut bien admettre que cette « chanson rive gauche » est quasiment morte, ou du moins que son importance dans la chanson française s'est énormément réduite. A cette mutation première, il faut en ajouter une autre, que ce livre permet de chiffrer presque mathématiquement : si l'on en juge par le nombre (88) de nouveaux articles que nous avons introduits dans cette édition, la chanson française a produit, en huit ans, beaucoup de jeunes chanteurs et chanteuses. En outre, à travers les fêtes politiques, les festivals (dont le « Printemps de Bourges » n'est qu'un représentant), une nouvelle attitude face à la chanson est apparue ces dernières années, en même temps qu'un intérêt manifeste dans le public, que traduisent certaines émissions de télévision ou de radio. Pour résumer en quelques mots : la chanson n'était pas prise très au sérieux au début des années 70, mais les années 80 semblent devoir lui être fastes. Pas seulement grâce aux nouveaux courants qui sont venus enrichir la chanson française (folk, chanson pour enfants, rock français, émergence des femmes, etc.), mais aussi grâce à un changement d'attitude des médias.

Outre notre opposition à la « chanson rive gauche », nous étions aussi, voici huit ans, mus par la volonté de participer à la création d'un discours critique qui prenne en charge la chanson, toute la chanson, avec ses composantes textuelles bien sûr, mais aussi musicales, gestuelles, vocales, orchestrales, etc.

Peut-on dire que sur ce point les choses aient évolué et que se soit manifestée une exigence plus grande face à la manière de parler de la chanson ? Notre position est ici mitigée. Certes, un certain nombre de livres ont été publiés qui manifestent un progrès, livres qui d'ailleurs prennent le plus souvent en compte la dimension sociologique de la chanson mais ignorent ses rouages internes. Quant à la critique journalistique, elle n'a pratiquement pas évolué, tant il est vrai que les progrès de l'analyse scientifique mettent longtemps à passer dans le sens commun. Nous nous sommes heurtés nous-mêmes à la difficulté d'apporter un vocabulaire adéquat, en particulier pour ce qui concerne la musique, le vocabulaire musical n'étant nullement populaire, d'où impossible à faire passer dans un ouvrage destiné au grand public.

Cela étant, cette nouvelle édition de *Cent ans de chanson française*, considérablement remaniée, témoigne à notre sens de la dynamique de la chanson française. On a beaucoup débattu ces dernières années de la santé de cette chanson, qu'elle soit ou non qualifiée de « nouvelle ». Qu'en est-il ? Notre sentiment, loin des positions nationalistes ou des partis pris esthétiques, est que, à condition de ne pas valoriser outre mesure l'adjectif *française*, la chanson française se porte bien.

A.B.C.

Music-hall, boulevard Poissonnière, Paris (1934-1964). Au moment où le music-hall connaissait une crise due aux progrès du cinéma, Mitty Goldin ouvrit l'A.B.C., ex-théâtre Plaza, et en fit, en très peu de temps, « le » music-hall de Paris, celui qui fait l'événement en matière de chanson. A la base de ce succès, il y a la variété et l'abondance de spectacles très rythmés, avec des tours de chant assez courts, ce qui permettait de remettre à l'affiche, plusieurs fois dans l'année, la même vedette, sans craindre la lassitude du public (Marie Dubas passa ainsi cinq fois à l'A.B.C., en 1935 et 1936) ; il y a aussi une programmation éclectique et d'une rare qualité. Fréhel, Georgius, Édith Piaf, Jean Sablon, Pills et Tabet, parmi d'autres, y connurent des triomphes ; Charles Trenet, engagé en 1938 comme n° 2 de la première partie, termina son passage en vedette. Sous l'Occupation, l'A.B.C. accueillit la revue de Gilles Margaritis, *Chesterfollies* (1941), et tous les grands noms du tour de chant, de Tino Rossi à Léo Marjane. Après la guerre, c'est encore sur la scène du boulevard Poissonnière que s'imposèrent les Compagnons de la chanson, Georges Ulmer, Bourvil, Patachou… Associé depuis 1949 à Léon Ledoux (qui reprendra seul la direction en 1955), Mitty Goldin donna alors peu à peu la priorité à l'opérette : *la P'tite Lili,* avec Eddie Constantine et Édith Piaf, 1951 ; *la Route fleurie,* qui tiendra l'affiche durant quatre ans, de 1952 à 1956, grâce à la musique de Francis Lopez, à la présence de Georges Guétary et surtout à celle de Bourvil. Mais l'A.B.C., qui avait gagné son pari en 1934, voit revenir à la charge les victimes de la « crise » de 1929 : l'Olympia redevient music-hall en 1954, l'Alhambra prend en 1956 un nouveau départ sous le nom d'Alhambra-Maurice-Chevalier. Et, ironie du sort, la salle qui avait à l'origine su faire échec au cinéma se transforme en 1964 en salle du 7e art.

GEORGES ABER

Brest, 1932. Auteur. Sorti de l'École supérieure de commerce, il découvre Elvis Presley et, s'étant présenté aux « Numéros 1 de demain » sur Europe 1, est encouragé à faire des adaptations de chansons américaines. Ainsi *Manhattan spiritual* devient *Mes frères,* et *Down by the riverside Qu'il fait bon vivre* par la voix des Compagnons de la chanson. Puis il invente un style débile pour public réputé infantile et qui sera très admiré dans le show business : *Ya-ya twist* pour Petula Clark, *Bang-bang* pour Sheila, *Da dou ron ron* pour Johnny Hallyday. Il va parfois plus loin que l'onomatopée *(Noir c'est noir, Je suis seul* pour J. Hallyday), et l'on peut même dire que *Petite fille de Français moyen* est une chanson à message.

PATRICK ABRIAL

Paris, 1946. Auteur-compositeur-interprète. Débuts prometteurs avec une chanson, *Marie,* dont le succès semble l'effrayer. Abrial quitte très vite le métier, fait du théâtre *(Baal,* la première pièce de Brecht, 1974) et ne revient à la chanson qu'en 1976 avec un répertoire un peu baroque *(Requiem pour un roi fou, Ludwig van)* et des musiques empruntant au rock le plus dur. Sur scène, il s'accompagne à la guitare ou à l'harmonium, jouant, d'une gestuelle évocatrice, de toute une atmosphère vampirique ou démoniaque. Après avoir travaillé avec un ensemble rock (Stratagème Group), il semble s'être orienté vers un travail solitaire, utilisant au maximum les possibilités de la sonorisation moderne (boîte à rythme, chambre d'écho, etc.). Patrick Abrial devrait se retrouver dans les années à venir au cœur de la chanson en marche.

ACTUALITÉS

Chanson, par. Albert Vidalie, mus. Stéphane Golmann (1950). Sur un rythme à 4 temps, lent et calme (la chanson est construite sur l' « anatole », suite d'accords introduite par le jazz « new-orleans »), on y décrit un monde fait de contrastes criants et d'injustice : les mineurs en grève, l'enfant bleu mourant, tandis que

> Deux messieurs bien, dans un bar américain,
> parlant de chasse et de chien
> prennent leur whisky du matin.

Le premier vers, « le soleil brille, sur la terre et sur les champs », renvoyait aux éternelles apparences trompeuses, celles de Prévert et de son « le soleil brille pour tout le monde, il ne brille pas pour... » (suivait une longue énumération). C'est Yves Montand qui, interprétant la chanson, en fit dans les années 50 un succès important.

SALVATORE ADAMO

Cosimo (Italie), 1943. Auteur-compositeur-interprète. Son père quitte la Sicile pour travailler dans les mines de Jemmapes (Belgique) en 1947. Le jeune Salvatore sera bilingue franco-italien, et c'est en français qu'il compose ses premières chansons alors qu'il est encore au lycée. A 17 ans, premiers lauriers : il remporte un prix radiophonique. Il gagne la France où il ne tarde pas à avoir un grand succès que vient confirmer son passage à l'Olympia (1965). C'est le coup d'envoi donné à une carrière internationale au cours de laquelle il interprète ses œuvres dans la langue du pays traversé, apprenant ses textes en transcription phonétique sans en comprendre un mot. Il est régulièrement cité au hit-parade, reçoit 3 trophées MIDEM pour 15 disques d'or, etc.
Les premiers auditeurs qui entendirent cette voix curieuse sur les ondes se posèrent la question : s'agissait-il vraiment d'un homme ? Mais, plus qu'un organe qui n'avait rien d'exceptionnel hors cette ambiguïté, c'est surtout le retour à une certaine tradition qui devait retenir. En pleine « épopée du rock », il composait des valses, des tangos, des javas, recréant une atmosphère un peu désuète mais habillée de neuf : ses orchestrations extrêmement soignées ont fait la synthèse entre un son nouveau et une forme ancienne. Ses textes, gentils, voire naïfs, ont abordé les problèmes de tous les adolescents avec une volonté populiste dans la syntaxe ou le vocabulaire *(Vous permettez, monsieur, les Filles du bord de mer).* Il s'est essayé à une certaine poésie *(Tombe la neige)* et, au fur et à mesure que les années ont passé, les sujets se sont élargis, parfois vers l'actualité *(Inch'Allah).* L'ensemble étant « rond » et agréable, on peut dire qu'Adamo s'est avancé, dans le genre qui est le sien, jusqu'à une certaine perfection : sa fonction a été de réconcilier les générations. C'est sans grand succès qu'il a tenté d'aller plus loin *(Pauvre Liberté,* théâtre des Champs-Élysées, 1980).

FRED ADISON

[Albert Lapeyrère] Bordeaux, 1908. Compositeur, chef d'orchestre. Influencé par la vogue des orchestres de jazz symphonique (Paul Witheman, Jack Hylton), encouragé par le succès de Ray Ventura et ses Collégiens, il crée son propre orchestre-spectacle à 12 musiciens. Celui-ci obtient un premier succès avec *En cueillant la noisette* (1934), puis le prix du disque pour *Avec les pompiers* (H. Himmel-arr. F. Adison, 1935). Accordant moins de place au vocal que l'orchestre de Ray Ventura, au bénéfice de la partie instrumentale, très dynamique, la vogue de Fred Adison et son orchestre durera jusqu'après la guerre. Parmi ses autres succès il faut citer *le Petit Train départemental* (1935), *On va se faire sonner les cloches* (1937), *le Swing à l'école* (1940).

L'AFFICHE ROUGE

Chanson, par. Louis Aragon, mus. Léo Ferré (1962). Rencontre de deux « maîtres », cette chanson illustrant la chasse aux résistants à laquelle se livrait la Gestapo (le poème fait référence à l'exécution en 1944 du groupe Manouchian, annoncée à l'aide d'affiches rouges par les nazis) donne une gloire posthume à ceux qui n'avaient « demandé la gloire ni les larmes, ni l'orgue, ni la prière aux agonisants ». La musique pourrait paraître grandiloquente, surtout dans l'interprétation de Ferré dont la voix force sur les effets, mais cette enflure épouse parfaitement la rythmique du vers, qui est ici un alexandrin. Aussi la chanson reste-t-elle une des plus belles réussites du disque que Ferré a consacré aux poèmes d'Aragon.

AGLAÉ

[Jocelyne Delongchamp] Épiphanie (Canada), 1933. Interprète. Découverte en 1950 par Pierre Roche alors en tournée au Canada avec Charles Aznavour. Il l'épouse. Enlevée à sa patrie, Aglaé débute à l'Échelle de Jacob. En 1952, *la Chanson d'Aglaé* connaît un grand succès. De genre fantaisiste, cultivant un accent du terroir prononcé *(la Sauvage du Nord)*, Aglaé, sentant tourner le vent de la gloire, retourne s'établir au Canada, en enlevant, cette fois, son mari, pour tenir un piano-bar à l'entrée de la ville de Québec.

ALCAZAR

Music-hall, rue Mazarine, Paris. Lancé et dirigé par Jean-Marie Rivière et Marc Doelnitz (un ancien du dernier Bœuf sur le Toit), ce mini-music-hall de luxe essaie, depuis 1968, de faire revivre, sur le mode du pastiche, la grande tradition de l'avant-guerre. On y a vu reparaître d'anciennes gloires; comme Rina Ketty, et s'affirmer de jeunes talents, tels Dani ou Daniel Guichard. Jean-Marie Rivière parti exercer ses talents de bateleur sous d'autres cieux artificiels (l'Ange bleu, sur les Champs-Élysées, puis le Paradis latin, une copie conforme de l'Alcazar, et enfin Las Vegas), la relève fut assurée par François Vicente et son présentateur-animateur, Hervé Wattine.

ALCAZAR D'ÉTÉ

Café-concert des Champs-Élysées, Paris. Ex-café Morel, il fut ouvert en 1861 par Goubert. Sa première vedette fut Thérésa, qui y attira le public, puis les artistes des caf' conc' d'hiver. L'usage s'établit de venir y chanter l'été. Moins élégante que celle des Ambassadeurs, la clientèle était de composition variée, ce qui semble dû à l'existence d'un promenoir ceinturant la salle. Plus tard, un restaurant vint s'ajouter au café. D'abord café chantant, il s'adjoignit un orchestre (25 à 70 musiciens suivant les époques), s'enrichit de spectacles de ballets et de sketches, puis d'attractions diverses, évoluant ainsi vers la formule music-hall. A partir de 1898, on y donna des revues.

La première grande période de l'Alcazar fut celle de Paulus, qui y créa, avec le succès que l'on sait, *En revenant de la revue* (1886) et *le Père la Victoire* (1889) : le spectacle devait être donné à guichets fermés. Outre Paulus, on y entendit Yvette Guilbert et Judic. Avec la direction Ducasse et Dupeyron, il connut une seconde ère de gloire : Polin, Fragson avec *l'Amour boiteux*, Boucot (1910) s'y révélèrent, et toutes les vedettes de la Scala et de l'Eldorado y séjournèrent : Polaire, Mayol, Max Dearly... En 1906, Cornuché et Chauveau avaient pris la relève de Dupeyron. Ils maintinrent l'établissement jusqu'en 1910 malgré le déclin du caf'conc' et la concurrence des grands music-halls. En 1930, l'Alcazar fut démoli, et ultérieurement remplacé par les bureaux du consulat américain.

ALCAZAR D'HIVER

Café-concert, rue du Faubourg-Poissonnière, Paris. Ouverte en 1858, la salle dirigée par Arsène Goubert est lancée en 1864 grâce au succès de Thérésa qui, pendant trois ans, y attirera, au-delà des habitués du caf' conc', l'immense foule venue pour voir et entendre la vedette du jour. Puis sa fortune déclinera, malgré la présence de Suzanne Lagier, qui rivalisa un temps avec Thérésa dans le cœur des foules. Sauvé par le retour de cette dernière, l'Alcazar ne survivra pas à son départ : transformé en théâtre en 1891, il se reconvertit en caf' conc' en 1896, puis disparaît définitivement.

ALCAZAR DE MARSEILLE

Music-hall, cours Belzunce, Marseille (1857-1966). D'abord café-concert limité à « la romance et la chansonnette sans décor ni mise en scène », l'Alcazar ne tarde pas à concurrencer tous les théâtres de Marseille. Œuvre de Sixte Rey (le premier Alcazar au décor mauresque ayant été incendié), cette salle de 1 600 places a connu 6 directeurs dont les principaux furent Léon Doux, de 1889 à 1919, qui laissa s'épanouir le genre « revue marseillaise » en alternance avec la pantomime, et François Esposito dit Franck, de 1919 à 1950. Charles Helmer en fut le chef d'orchestre attitré et fit jouer sa chanson *Le rêve passe* à chaque représentation pendant trente-deux ans.
Toutes les grandes vedettes du music-hall sont passées dans cette salle avant ou après Paris. Entre autres, Fernandel y fit ses débuts en duo avec son frère, Tino Rossi y connut son premier succès *(Marinella)*, Mayol y donna des récitals entiers (très rares à l'époque) entrecoupés de pots-pourris de ses chansons à l'orchestre. Raquel Meller y fit quotidiennement un « malheur » pendant dix ans en lançant ses violettes jusqu'au poulailler *(la Violetera)*. Des artistes de second ordre comme Boucot ou Perchicot connurent à Marseille de réels succès, et des vedettes de revues locales comme Fortuné Aîné et Fortuné Cadet, Alida Rouffe et Andrée Turcy (avec sa *Chanson du cabanon*) devinrent de véritables idoles. Le public était admis aux répétitions, et il était sans pitié, surtout au promenoir où venaient en habitués des connaisseurs redoutables qui échangeaient tout haut leurs impressions. Il fallait aussi conquérir les « nervis » du dernier balcon. On mit le feu aux programmes le jour où le jeune Chevalier refusa de faire un *bis*. Mais on fit aussi en 1928 des adieux mémorables à Mercadier. Enfin, on a pu dire qu' « un artiste qui avait du succès à Marseille pouvait se considérer comme lancé, même s'il n'avait pas encore passé le test parisien » (F. Leschi). Après une fin de carrière moins brillante, la salle est transformée en 1966 en cinéma, puis en garage.

L'ALGÉRIE

Chanson, par. Serge Lama, mus. Alice Dona (1978). Nous avions l'Algérie des Pieds-noirs, chantée par Enrico Macias, Serge Lama nous chante ici celle des appelés. Sur une orchestration très efficace de Jean-Claude Petit, une thématique ambiguë dans laquelle chacun peut trouver son bonheur. Pour ou contre la guerre ? Difficile à dire, mais on remarquera l'imparfait du refrain : « Même avec un fusil, *c'était* un beau pays, l'Algérie. »

ALHAMBRA

Music-hall situé à Paris, rue de Malte, à la place de l'ancien théâtre du Château-d'eau (en 1892, théâtre de la République). Dirigé par l'Anglais Barrasford (1904), il était un des éléments d'une chaîne de grands music-halls internationaux. Salle et spectacles relevaient de la meilleure tradition anglo-saxonne, et les plus grands artistes de variétés (Grock, les mimes Hanlon-Bros, le trapéziste androgyne Barbette) y séjournèrent. Parmi les numéros à sensation qui y furent donnés, citons « le train accidenté », les gladiateurs à cheval... Côté tours de chant, la grande vedette maison fut Fragson qui y fit courir tout Paris. Après la guerre, on y entendit Damia, Polaire, Fortugé, Raquel Meller, Georgel... Incendié en 1925, l'Alhambra ne rouvrit ses portes qu'en 1932 et maintint sa tradition internationale. Sous l'impulsion de Robitsch et Bizos, il ouvre ses portes aux vedettes du cirque, du théâtre et de l'écran, tout en accueillant Georgius, Fréhel, Mistinguett (revue *Fleurs de Paris*), Fernandel, Gilles et Julien... Mais le cinéma et l'opérette tendaient de plus en plus à prendre la place du music-hall et de la chanson. Après la guerre, le tour de chant s'assura la meilleure part malgré la concurrence des spectacles de ballets français (Roland Petit) et étrangers, et des opérettes. Il prit le nom d'Alhambra-Maurice-Chevalier (1956) et sous la direction de Jane Berteau, présenta Zizi Jeanmaire, Petula Clark, Gilbert Bécaud, Roger Pierre et Jean-Marc Thibault, Charles Aznavour et... Maurice Chevalier (1959). Une intéressante tentative de renouvellement de la formule du tour de chant y fut tentée par Jean-Christophe Averty (spectacle Jean Ferrat, 1965). Démoli en 1967, l'Alhambra a été remplacé par un immeuble de standing.

ALIBERT

[Henri Allibert] Loriol (Vaucluse), 1889-Marseille, 1951. Auteur-interprète. Après une brève carrière marseillaise, il monte à

Paris en 1908 et s'illustre dans le genre Polin, version provençale. Il obtient sa première consécration à l'Empire en 1913. Dans l'entre-deux-guerres, il s'impose dans la chanson dite « marseillaise », interprétant quelques-uns des succès de Vincent Scotto *(Sur le plancher des vaches, Adieu Venise provençale, Ah qu'il est beau mon village, Rosalie est partie)*, écrivant à l'occasion le livret de ses opérettes *(Au pays du soleil, Un de la Canebière)*, et triomphant sur toutes les grandes scènes parisiennes (Eldorado, 1919 ; Empire, 1925 ; réouverture de la Scala, 1934). Alibert a dirigé le théâtre des Deux Anes, puis les Variétés. Ce type de chanteur, contemporain de Marius, et qui eut son pendant féminin avec Andrée Turcy, n'a pu s'imposer qu'en s'appuyant sur l'opposition culturelle Midi-pays du Nord et en s'appropriant tous les signes de la méridionalité (Canebière et pont d'Avignon, mistral et Mireille, pastis et « assent »). Réaction de défense contre l'impérialisme culturel parisien, certes, mais aux moindres frais : le but demeure la conquête de la place (et des places), non son démantèlement.

GRAEME ALLWRIGHT

Wellington (Nouvelle-Zélande), 1926. Auteur-compositeur-interprète. Comédien à Londres, puis à Saint-Étienne, enfin à Paris, il a 40 ans quand il décide de débuter à la Contrescarpe dans le « protest song » traduit par lui en français, en s'accompagnant à la guitare folk et à l'autoharp. Contrairement à Hugues Aufray qui fera bientôt, avec Pierre Delanoë, de l'adaptation « de charme », lui, décide de pousser l'honnêteté de la traduction jusqu'au sacrifice des rimes, gardant ainsi à ce genre toute sa vigueur. Éternel vagabond autour du monde, il parvient néanmoins à s'attacher un public fidèle et à faire connaître quelques-unes de ses adaptations : *Jolie bouteille* (Tom Paxton), *Qui a tué Davy Moore ?* (Bob Dylan), *Suzanne* (Léonard Cohen), *Jusqu'à la ceinture* (Pete Seeger), *Petites boîtes* (Malvina Reynolds). Il passe même deux fois à l'Olympia, y présentant la deuxième fois un « non-spectacle ». Il emprunte parfois au folklore des pays visités *(P'tite fleur fanée)* et écrit quelques chansons de son cru dans un français un peu primaire *(Johnny)*. Écologiste aux harangues parfois indigestes *(Pacific blues)*, mystique un peu boy-scout *(le Jour de clarté)*, mais colporteur sincère d'un certain folk et de tout son contenu, son influence sur la chanson française a été certaine, comme en témoigne l'œuvre de Maxime Le Forestier.

ALSACE-LORRAINE

Chanson, par. Villemer et Nazet, mus. Ben Tayoux (1873). Créée par Chrétienno à l'Eldorado, née dans des circonstances politiques précises, dédiée à l'origine « aux villes de Strasbourg et de Metz », cette chanson relève d'une veine prospère à la fin du XIXe siècle : la revanche à prendre sur les « Germains » et la délivrance à venir de l'Alsace et de la Lorraine. Qu'on songe que le même Villemer, avec Nazet ou Delormel, écrivit plus de 10 chansons sur le même thème *(les Cuirassés de Reichshoffen, le Maître d'école alsacien, le Fils de l'Allemand,* etc.) et qu'Amiati se taillait à l'Eldorado un immense succès en chantant les malheurs de l'Alsace (les précédentes plus *le Violon brisé, Qu'on se souvienne,* etc.). Mais dans ce lot confus de chansons fossiles, seule surnage *Alsace-Lorraine :* elle sera reprise en 1940 et les patriotes français donneront aisément un sens moderne à ces vers :

Vous n'aurez pas l'Alsace et la Lorraine
et malgré tout nous resterons français.
Vous avez pu germaniser la plaine
mais notre cœur, vous ne l'aurez jamais.

MATHÉ ALTHÉRY

[Marie-Thérèse Altare] Paris, 1933. Interprète. Sa grand-tante est chanteuse à la Scala de Milan, son père est chanteur d'opéra : elle sera chanteuse ; mais dans la « variété », n'ayant pas les possibilités vocales d'une cantatrice. Cours de chant, etc., secrétaire de Pierre Hiégel, elle signe chez Pathé-Marconi après avoir enregistré les chansons du film *les Belles de nuit.* Prix André-Claveau 1953 à Deauville. La voilà lancée : il lui reste à trouver un répertoire conforme à sa voix haut perchée et à son apparence de soubrette réjouie. Ce sera par un détour du côté de la musique légère, où prédominent les instruments à cordes. Elle inaugure sa série des « 13 » : 13 vieilles valses, 13 mélodies de la Belle Époque (prix Charles-Cros 1957)... 13 airs de comédies musicales. Très forte vente. De plus, elle se spécialise dans le doublage bande-son des films musicaux : *My Fair Lady, la Mélodie du bonheur.* Empruntant une voie jadis fréquentée, notamment par Marguerite Carré, Yvonne Printemps..., Mathé Althéry poursuit une carrière sans heurts ni malheurs. Avec grâce.

LOUIS AMADE

Ille-sur-Têt (Pyrénées-Orientales), 1915. Auteur. Étudiant, il écrit des poèmes tout en passant examens et concours. Sous-préfet puis préfet, il continue à mener de front sa carrière de fonctionnaire et d'écrivain. Ses premiers textes de chansons datent de 1948 *(Feu de bois,* —Wal-Berg, créée par Yves Montand). En 1952, Édith Piaf le met en rapport avec un jeune compositeur, François Silly, auquel il confie quelques poèmes. Mis en musique, ils deviendront *les Croix, C'était mon copain...* L'année suivante, François Silly, devenu Gilbert Bécaud, ouvre de la manière que l'on sait l'Olympia. Depuis lors, leur collaboration n'a pas cessé : la cantate *l'Enfant à l'étoile* (1960), *l'Opéra d'Aran* (1962) et près de 100 chansons en sont le fruit. Dans le répertoire de Bécaud, Louis Amade représente la composante poétique. Ses textes, d'une écriture toute classique, traduisent une quête sans fin d'un état de bonheur qu'on voudrait durable sinon éternel : *la Ballade des baladins* (1953), *Le pays d'où je viens* (1957), *les Marchés de Provence* (1958), *le Rideau rouge* (1960), *L'important c'est la rose* (1967). Cependant, dans sa marche à l'étoile, Louis Amade n'a pas toujours su éviter les fondrières de la répétition et du cliché *(On prend toujours un train pour quelque part).*

LES AMANTS D'UN JOUR

Chanson, par. Claude Delécluze, mus. Marguerite Monnot (1957). Ce succès de Piaf a été composé sur un jeu de contraste ombre-lumière : l'ombre (en mineur) représente le cadre dans lequel se situe la conteuse. Tout y est volontairement médiocre :

> Moi j'essuie les verres
> au fond du café.

La lumière (en majeur), à demi irréelle, nimbe l'apparition du couple. Les amoureux sont des anges, des «chérubins». Ils représentent l'amour, la mort, l'échappée vers l'absolu. Un Mayerling populaire avec un arrière-goût de mysticisme.

AMBASSADEURS

Café-concert, Champs-Élysées, Paris (1840-1929). D'abord simple café où venaient jouer des musiciens, dont un célèbre «homme à la vielle», il fut reconstruit en 1849 et baptisé du titre de la clientèle de l'hôtel Crillon situé dans le voisinage. Il y avait un restaurant à l'étage (c'est-à-dire au balcon) et une

scène au parterre, décorée d'un treillage vert. Le directeur était Ducarre. Peu après l'inauguration, le compositeur Paul Henrion y fit scandale en refusant de payer sa consommation sous le prétexte que l'on jouait sa musique ; cette scène fut à l'origine de la fondation de la SACEM.
A la Belle Époque, toutes les vedettes y passèrent. Polin, Dranem, Mayol et un comique « maison », Abeilard, en furent les pensionnaires les plus réguliers. Maurice Chevalier vint s'y consoler de son insuccès à l'Alcazar d'été où passait alors Boucot qui faisait un triomphe. L'Alcazar et les « Ambass' » furent longtemps en concurrence. Néanmoins les Ambassadeurs, qui étaient plus chers, furent aussi considérés comme un lieu plus chic, où l'on mangeait mieux pour un spectacle équivalent. L'établissement des Ambassadeurs existe toujours ; mais coupé en deux : une moitié est un dancing, et l'autre le théâtre où s'est installé l'Espace Cardin.

AMIATI

[Marie-Thérèse Abbiate] Turin, 1851-Le Raincy, 1889. Interprète. Découverte en 1869 à l'Eldorado, où elle chante *le Clairon* de Déroulède, cette jeune chanteuse à tempérament et à voix fut la première idole de l'après-guerre (de 1870). Porte-parole convaincue de la cause de « nos provinces perdues », elle électrisait les foules : « Une salle en délire, des yeux qui brillent, qui pleurent, des bras qui se tendent, frémissants... C'est Amiati qui vient de chanter *le Maître d'école alsacien* » (1871). Ses chansons, produites par les stakhanovistes de la chanson revancharde, le tandem Delormel-Villemer, propageaient une vision du monde noir-blanc, apte à faire oublier la guerre et la Commune au bon peuple : *Une tombe dans les blés, le Violon brisé, Alsace-Lorraine.* Elle interprétait également des romances *(Rêve de jeunesse)* ou des chansons dramatiques *(Valse maudite).*

MARCEL AMONT

[Jean-Pierre Miramon] Bordeaux, 1929. Interprète. Après le Conservatoire, se consacre à 'opérette, à la comédie musicale. Monte à Paris en 1950, pour commencer une carrière d'interprète. Passe en cabaret pendant six ans. Remarqué lors d'un passage à l'Alhambra, il signe chez Polydor (1956). La même année, il est vedette anglaise du spectacle Piaf à l'Olympia. Entre la fantaisie bondissante d'*Escamillo* (Roi-Coulonges), son premier succès, et la tendresse du *Pigeon voyageur* (Nohain), il s'est frayé une voie. Elle le conduit à Bobino, à l'Olympia, sur les scènes étrangères et les plateaux de télévision, où il se révèle comme meneur de jeu souriant et très goûté du public. 1960 est l'année de *Bleu blanc blond* et de sa véritable accession au vedettariat. Son activité se diversifie encore : films, télévision (« Amont tour », de Jean-Christophe Averty), galas, tournées en France et à l'étranger, enregistrements de chansons pyrénéennes, d'airs d'opérettes, de duos avec Colette Deréal, sans oublier les créations *(Dans le cœur de ma blonde*, Dréjac-Arletty). Fin 1962, il tente le « one man show » : 100 représentations à Bobino. Notons encore son récital à l'Olympia en 1970, à Bobino en 1976, un détour vers la comédie musicale *(Pourquoi tu chanterais pas ?).* Bâti sur l'alternance entre chansons à sketches et bluettes tendres, son tour de chant donne une image assez exacte de l'interprète : côté cour, c'est Arlequin qui mime, amuse, fait rire et sourire *(Moi le clown, Un Mexicain*, Plante-Aznavour, *Barcarolle auvergnate*, Vidalin-Datin, *Marcel Valentino*, Jourdan-Revaux, *Monsieur*, Thibault-Renard), côté cœur, c'est l'amoureux de Peynet, un peu immatériel, qui attendrit *(Ping-pong, Tout doux, tout doucement*, Delanoë-Gérald). Tout cela ne manque ni de charme ni de fraîcheur, et, servi par de bons paroliers et compositeurs (Ricet-Barrier, Dréjac, Nougaro, Aznavour, Popp), son répertoire reste toujours de qualité. Mais, à ne travailler que dans l'esquisse, on court le risque de paraître manquer de réalité, de pesanteur. Sans doute est-ce pour cela qu'il ressentit le besoin de présenter *Un autre Amont* (1979), interprète de Brassens *(le Vieux Fossile*, — Amont), de Souchon *(Viennois)*, de Cavanna *(Paris rombière*, — Vincent) et auteur de chansons en béarnais.

AMSTERDAM

Chanson, par. et mus. Jacques Brel (1964). Chanteur francophone, Jacques Brel a toujours exprimé la sensibilité flamande, de façon diffuse dans son œuvre prise comme un tout, ou plus directement dans des chansons comme *Marieke* ou *le Plat Pays. Amsterdam*, dans cette filiation, représente une sorte de quintessence : les ports brumeux, la bière, la solitude et la misogynie. Le rythme de la chanson en faisait, sur scène, une prouesse d'élocution, à l'égal de *la Valse à mille temps*. Léo Ferré, d'une dent méchante, a tenté de répondre à ce texte dans *Rotterdam*, et Guy Béart s'est essayé à évoquer la même ville *(A Amsterdam)*. Mais l'*Amsterdam* de Brel, dont la mélodie est fortement inspirée par un classique de la chanson élisabéthaine, *Greensleeves,* représente, dans un genre pourtant très fréquenté, une réussite absolue, l'un des sommets de l'œuvre de son auteur.

ANDREX

[André Jaubert] Marseille, 1907. Interprète. Débute dans les caf' conc' de quartiers, en imitant Chevalier, et finit à l'Alcazar. De 1925 à 1929, tournées dans le Midi et en Afrique du Nord. En 1930, à Paris, imite toujours, et à s'y méprendre, Chevalier. Question : va-t-il le remplacer ? Joli garçon, mais petit de taille, il lui manque un peu d'humour pour suivre ses traces. Aussi se cantonne-t-il dans le genre « mec », « type du milieu ». Une chanson de film, *Bébert,* lui fait accomplir un bond. Ses succès : *Antonio, le Charme slave, Y'a des zazous,* l'imposent aux directeurs des grandes salles. A la Libération, le voilà promu vedette. Son bagou, sa technique scénique, qui tient du caf' conc' et du music-hall, lui assurent les faveurs du public et font passer la trivialité de son répertoire (vedette à l'Étoile en 1944 et 1946). Mais le personnage qu'il incarne appartient déjà au passé. Andrex n'a cependant pas cessé de se produire et d'enregistrer depuis.

ANGE

Groupe formé en 1969 autour des frères Decamps, Christian (Héricourt, 1946) le leader, auteur des textes et chanteur, et Francis (composition et claviers), auxquels vinrent s'adjoindre un guitariste (J.-M. Brezovar puis C. Demet et R. Defaire), un bassiste (D. Haas puis R. Viseux) et un batteur (G. Jelsch puis J.-P. Guichard). Depuis leur base de Belfort, et aidé par une intelligente campagne de promotion (du Golf Drouot, tournée Hallyday en 1972), ils conquirent en peu de temps une audience certaine en province, où leurs tournées attirèrent des milliers de jeunes, séduits par le climat envoûtant, unique sur la scène française, de leurs concerts, dont leurs disques, de *Caricatures* (1972) à *Par les fils de Mandrin* (1977), vendus à plus de 100 000 exemplaires, ne restituent qu'un écho affaibli. La musique « descriptive », appuyée sur des arrangements symphoniques où perce l'influence de certains groupes pop anglais (des Moody Blues à King Crimson), sert d'enveloppe à de longs récits, variations autour de légendes savoyardes *(Émile Jacotey,* 1975) ou de mythes moyenâgeux *(Au-delà du délire,* 1974). Tentative de donner naissance à une sorte d'opéra-rock, mais qui achoppe sur les limites d'un matériau — voix, ligne mélodique, texte — qui n'est pas toujours à la hauteur des ambitions proclamées. Aussi le groupe vaut-il principalement par ses prestations scéniques et le jeu halluciné, théâtral jusqu'à l'outrance, de Christian Decamps.

DICK ANNEGARN

La Haye (Pays-Bas), 1952. Auteur-compositeur-interprète. Hollandais, commence à Bruxelles des études d'agronomie et, après différents métiers, vient à Paris où Jacques Bedos le fait enregistrer. Son premier 30 cm *(Sacré géranium,* 1975) est un succès dû à une voix « nègre » (en contradiction du reste avec un physique de Grand Duduche blondasse), un accent étrange, une syntaxe impossible, un vocabulaire irrespectueux *(Ubu).* Son jeu de guitare, à la fois rythm' n' blues et jazzique, achève de singulariser cette figure parfaitement originale dans la chanson française. De même qu'est original le traitement des thèmes qu'il aborde : la nature, qui lui inspire d'étonnants messages (comme *Transformation,* sur le travail secret des plantes), et le mal-être, qui s'avoue dès le début dans *Bébé éléphant* ou *Albert,* le merle noir, animaux rigolos et tristes auxquels il s'identifie, ou dans une série d'auto-portraits de schizophrènes dans lesquels il exprime un sentiment aigu d'inadéquation entre les convictions profondes de l'écologiste et son mode de vie d'artiste à succès. Annegarn conclut : en 1978, il se retire du show business (« Mon ambition, dit-il, est municipale. ») sans disparaître tout à fait (Bobino, 1981).

JEAN-CLAUDE ANNOUX

[Jean-Claude Bournizien] Beauvais, 1939. Auteur-compositeur-interprète. Violoniste, il abandonne en 1957 le classique pour la chanson et écrit pour Marcel Amont, Philippe Clay et lui-même : prix Charles-Cros 1965, il passe à l'Olympia (1966) et à Bobino (1966 et 1968) où il affirme un style vigoureux. Disque d'or pour *Aux jeunes loups* (1965), son ascension est stoppée par un accident de voiture. Depuis, malgré quelques titres intéressants *(Je suis contre,* en réponse à Michel Sardou, ou *Gribouille,* hommage à la chanteuse du même nom), Jean-Claude Annoux n'a plus vraiment trouvé sa place.

RICHARD ANTHONY

[Richard Btesh] Le Caire (Égypte), 1938. Auteur-interprète. Résidant à Paris depuis 1951, après avoir passé son enfance à voyager, il est successivement étudiant en droit, représentant, candidat-chanteur. Engagé en 1958 par Pathé-Marconi, il se laisse porter par la vague yé-yé : twist *(J'irai twister le blues)*, bossa nova *(Tout ça pour la bossa nova)*, locomotion *(On twiste sur le locomotion)*, protest song à la manière des promoteurs de maisons de disques *(Écoute dans le vent)*, il accompagne toutes les modes. Un peu trop enveloppé, et aidé à l'occasion par les « fans » (jets de tomates, de bouteilles de Coca-cola), il comprend qu'il ne pourra jamais concurrencer Johnny sur scène et concentre ses efforts sur la recherche de tubes : domaine dans lequel son flair se révéla remarquable *(J'entends siffler le train*, 1961, plus de 2 millions de disques vendus). Après le reflux du yé-yé, il se reconvertit dans la chanson de charme de qualité *(Aranjuez mon amour*, G. Bontempelli-Rodrigo ; *Amoureux de ma femme*, adapt. Y. Dessca), avant de prendre une semiretraite.

ANTOINE

[Antoine Muracciolli] Tamatave (Madagascar), 1944. Auteur-compositeur-interprète. Révélé brusquement par une chanson, *les Élucubrations*, en 1966, il a tout pour choquer le Français moyen : des cheveux longs, peu de voix, un jeu de guitare bien pauvre... A son actif cependant, le fait qu'il poursuive des études d'ingénieur à l'École centrale.
Mais le phénomène Antoine dépasse ces anecdotes car il représente à ses débuts une caricature de l'intérieur du phénomène « yé-yé » : le « oh yé ! » de sa première chanson, venant ponctuer chaque couplet, le personnage même avec ses chemises agressives, tout cela introduisait une distorsion par rapport aux idoles dont les armes favorites étaient justement la recherche vestimentaire et les onomatopées. Le contenu même des textes pouvait inquiéter plus encore que l'apparence extérieure (qui servit pourtant de prétexte à une violente campagne de dénigrement) : qu'il prône « la pilule dans les Monoprix » ou voue Johnny Hallyday à une « cage à Médrano », Antoine ne jouait pas le jeu qui veut que l'on respecte certains tabous.
Après une année de grand succès, une seconde en petite vitesse, Antoine réorienta sa carrière. Vers une thématique un peu surréaliste tout d'abord *(Un éléphant me regarde)*; puis, dans un second temps, vers une fonction plus conformiste d'amuseur

public *(Tatata)*, empruntant aux rythmes brésiliens *(Marinheiro)* et jouant sur l'exotisme des voyages qu'il accomplit sur son bateau *(Globe flotteur)*.
Antoine, à ses débuts, a donné naissance à toute une gamme d'imitateurs attirés par la promesse d'un succès rapide et qui ne retenaient de lui que les cheveux longs et l'apparente loufoquerie : Édouard, Évariste, ainsi que le groupe les Charlots, formé des membres de son ancien orchestre, les Problèmes.

A PARIS

Chanson, par. et mus. Francis Lemarque (1946). L'une des premières chansons de Lemarque (avec *Mathilda* et *Qu'elle était douce ma vallée*). Introduit par Jacques Prévert, le jeune auteur la présente à Yves Montand en 1946. Celui-ci accepte de la chanter, et le succès sera très rapide (2 millions de disques vendus). La musique de valse, les couplets descriptifs comme autant de croquis, annonçaient déjà les principales qualités (mélodiques et littéraires) de celui qui est un des auteurs français les plus attachants.

LOUIS ARAGON

Neuilly-sur-Seine, 1897. Romancier, poète. Aragon est de ceux qu'on ne présente pas. Son itinéraire de poète et de romancier — « du surréalisme au monde réel » — est connu de tous, comme sont connus son engagement politique et son unique amour : il n'a en effet rien négligé pour que l'agora sache de lui tout ce qu'il fallait en savoir. Et l'on sait aussi, bien sûr, que de nombreux compositeurs ont mis ses poèmes en musique : Léo Ferré (un disque de 10 chansons dont *l'Affiche rouge*, *Est-ce ainsi que les hommes vivent ?)*, Georges Brassens *(Il n'y a pas d'amour heureux)*, Jean Ferrat *(Que serais-je sans toi ?*, *Nous dormirons ensemble)*, Charles Léonardi *(Maintenant que la jeunesse)*, etc.
Ces rencontres successives du poète et du musicien sont le plus souvent convaincantes, comme si ces vers attendaient la mélodie, étaient faits pour elle. Ferré l'a senti qui écrit : « Le vers d'Aragon est, en dehors de toute évocation, branché sur la musique. » Il est de fait que les recherches formelles du poète, tendant à la fois vers une grande simplicité et vers une structure interne élaborée, le rapprochaient de la chanson : rimes intérieures, poèmes le plus souvent « carrés ». Alors qu'il est parfois délicat de chanter des poètes dont le vers est en lui-même musique (Verlaine) ou d'autres dont les thèmes sont trop

hermétiques pour la chanson (René Char), il semble aisé de chanter Aragon : c'est un mariage attendu depuis longtemps, une union dont le résultat relève de la plus grande logique. Le débat habituel (la chanson sert-elle la poésie ? la dessert-elle ?) est ici inutile. Aragon lui-même le sait bien : « A chaque fois que j'ai été mis en musique par quelqu'un, je m'en suis émerveillé, cela m'a appris beaucoup sur moi-même, sur ma poésie. »

LES ARCHERS DU ROY

Chanson, par. Georgius, mus. Jean Gey (1918). Chanson la plus célèbre de Georgius avec *la Plus Bath des javas*. Les mésaventures du cocu, chef de police de surcroît, devaient faire les délices des spectateurs durant vingt ans. Son succès réside surtout dans la coupe des vers qui, tranchant les mots, renvoyait à d'autres mots moins littéraires :

Malheur aux cu
rieux qui nous regardent...
Je tire un cou
teau en cas d'événement...

On la fredonna jusqu'à la dernière guerre, le plus souvent sans savoir, suprême hommage, qui en était l'auteur.

BÉATRICE ARNAC

Suresnes, 1937. Auteur-compositeur-interprète. Études de danse et d'art dramatique, puis débuts à la Rose rouge avec Agnès Capri. Elle met ensuite au point un tour de chant et de danse qu'elle présente dans le monde entier (elle effectue notamment plusieurs tournées dans les universités américaines) et obtient le grand prix de l'académie Charles-Cros en 1963. Elle chante les poètes (Eluard, Verlaine, Seghers, Desnos, Prévert) ou ses propres textes, d'une belle voix grave et, utilisant sa technique de comédienne, elle sait mettre en scène un spectacle dénudé, mais non dénué de sophistication (et aussi d'une certaine froideur), comme celui qu'elle présenta en 1966 au Studio des Champs-Élysées, ou, en 1980, au Théâtre de la Ville.

MICHÈLE ARNAUD

[Micheline Caré] Toulon, 1919. Interprète. Michèle Arnaud est venue à la chanson par un détour : fille d'officier de marine, elle fréquente les pensionnats religieux puis, après un passage

à Cherbourg, arrive à Paris pour y faire ses études : droit, sciences politiques, deux certificats de licence de philosophie. Fréquente en même temps les cabarets (le Tabou, la Rose rouge où elle découvre Léo Ferré). Chante elle-même à partir de 1952. Trois mois après ses débuts à Milord l'Arsouille où elle est parrainée par Francis Claude, elle se présente au concours de la chanson de Deauville, qu'elle remporte. Continue à se produire en cabaret puis accède au music-hall : vedette américaine à l'Olympia en 1959, elle passe en vedette à Bobino en 1961. Dès 1959, elle commence à produire des émissions de télévision (« Chez vous ce soir », puis, avec Jean-Christophe Averty, « Les raisins verts ») qui obtiendront de nombreux prix internationaux. Elle crée en 1964, avec Georges Brassens et Jacques Brel, le Music-hall de France qui tourne dans la banlieue parisienne avec les Tréteaux de France.
On ne peut pas dire d'elle qu'elle ait un personnage. Elle chante des textes de qualité (Ferré, Béart, Gainsbourg, Vian) d'une voix chaude et belle, mais toujours mesurée, domestiquée *(Zon zon zon, Julie, Timoléon le jardinier).* Elle rend distingué, dans le ton, tout ce qu'elle touche. Nulle émotion réelle : la voix coule, neutre. C'est la chanson empaillée dans le XVIe arrondissement.

JEAN ARNULF

Lyon, 1932. Compositeur-interprète. Débute comme acteur de théâtre dans sa ville natale chez Roger Planchon (1957). Puis, après avoir travaillé dans deux ou trois troupes (dont une créée par lui), il se lance dans la chanson en 1962.
Une tête de pierrot lunaire, une certaine façon d'être absent sur scène, attirent la sympathie et l'intérêt, mais Arnulf n'a pas encore trouvé le chemin du grand public. C'est sa femme, Martine Merri, qui écrit les textes qu'il met en musique. Ses thèmes préférés : une ambiance poétique, celle de l'enfance *(Rondin picotin),* mais surtout la réalité quotidienne. L'injustice sociale lui inspire (ou plutôt leur inspire) *Point de vue* (1965) :

> Faudrait voir à pas mélanger
> les torchons avec les serviettes…
> moi j'dis qu'l'hiver a pas l'même goût
> à Megève ou sous l'pont d'Saint-Cloud,

et la guerre du Vietnam *Chante une femme,* interprétée aussi par Claude Vinci et James Ollivier. En 1976, il se fait l'interprète sensible et discret des chansons de Rezvani.

ARTHUR, OÙ T'AS MIS LE CORPS ?

Chanson, par. Boris Vian, mus. Louis Bessières (1958). Un des genres du multiple Boris. Sinon le meilleur, du moins le plus désopilant. Les aventures angoissantes d'un groupe de truands qui, après « un forfait parfait », ont égaré le corps de leur victime qu'aucune tentative, y compris l'expérience du spiritisme, ne peut leur rendre. L'interprétation de Serge Reggiani (1967) achève de faire de cette chanson un petit chef-d'œuvre d'humour.

RAYMOND ASSO

Nice, 1901-1968. Auteur. A pratiqué les métiers les plus divers, depuis celui de berger jusqu'à celui de directeur d'usine. En 1935, son premier succès de parolier encourage sa vocation littéraire : *Mon légionnaire* (— Marguerite Monnot) créé par Marie Dubas et repris par Édith Piaf. Il se consacre au lancement de cette dernière jusqu'à la guerre et la fait entrer à l'A.B.C. *(le Fanion de la Légion, J'en connais pas la fin, C'est l'histoire de Jésus,* — Marguerite Monnot). Auteur mi-réaliste mi-sentimental mettant un vocabulaire volontairement simple au service d'un grand art de la mise en scène, Raymond Asso remue le cœur de tous les Français en 1953 avec *Comme un p'tit coquelicot* (— C. Valéry) chanté par Mouloudji. En 1962, il devient administrateur de la SACEM et le demeure jusqu'à sa mort.

AU-DEVANT DE LA VIE

Chanson, par. Jeanne Perret (1933), mus. Dimitri Chostakovitch (1932). Tirée de la musique d'un film soviétique, éditée à part et diffusée en France dès l'année suivante, elle devint, trois années plus tard, « la » chanson du Front populaire, reprise dans les rassemblements populaires, lors des journées de grève de juin, et plus encore, dans les camps de jeunes, par les premiers bénéficiaires des congés payés :

> Debout, ma blond' ! chantons au vent !
> debout amis !
> il va vers le soleil levant
> notre pays.

Exprimant l'euphorie et la confiance sans ombre de ceux qui venaient de faire trembler les deux cents familles, *Au-devant de la vie,* dont le couplet était souvent chanté à deux voix, entra par la suite dans le répertoire des ajistes, des jocistes et des mouvements de jeunesse de gauche.

JEANNE AUBERT

Née à Paris. Interprète. Célèbre en 1929 par la chanson d'une revue du Concert Mayol *(Si par hasard tu vois ma tante)* et par sa création à Londres de la version anglaise de *Valencia,* Jeanne Aubert devait le devenir plus encore, et à ses dépens, par le retentissant procès que lui fit son mari le colonel américain Nelson Morris, roi du corned-beef, pour être remontée sur les planches malgré son interdiction. Avant de passer à la comédie et au cinéma, elle fut une brillante meneuse de revues, à l'A.B.C., aux Folies-Bergère *(Madame la folie)* et au Moulin Rouge.

MICHEL AUBERT

[René-Georges Aubert] Bourg-d'Oisans, 1930. Compositeur, interprète. Débute assez tardivement dans la chanson (la Colombe, 1961) et après un essai au music-hall, s'intègre au circuit qui mène des cabarets rive gauche aux maisons de la culture en passant par les galas de « La fine fleur de la chanson française ». Mélodiste agréable, il pratique l'harmonie riche. Ses paroliers sont en général des poètes : Luc Bérimont *(la Chanson de l'été),* Émile Noël, Paul Chaulot. On retiendra surtout *Protestation 1* et *2* (Jean L'Anselme, 1967), chansons de dénonciation de la société du profit, également interprétées par Marc Ogeret.

ISABELLE AUBRET

[Thérèse Coquerelle] Lille, 1938. Interprète. De père contremaître dans une usine du Nord, elle est d'abord ouvrière et chante dans les galas populaires. Un appui trouvé auprès de Jean Ferrat décide de sa carrière. Prix Eurovision avec *Un premier amour* (C. Vic-R. Valade, 1962), son ascension est stoppée par un accident et reprend en 1968 où elle remporte à nouveau l'Eurovision avec *la Source* (H. Djian, G. Bonnet-D. Faure). Puis c'est Bobino et, depuis, une carrière stable. Sacrée meilleure chanteuse du monde par le Japon en 1980, Isabelle Aubret a le bon goût de nous épargner le répertoire standard de ses consœurs à voix. Chanteuse de charme, avec elle, égale féminité, douceur et finesse. Dommage que cet esthétisme ôte de la vie ou de la violence à ses chansons fortes *(Si nous mourons,* — J. Ferrat, lettre d'Ethel Rosenberg à ses fils). Mais il fait école avec, entre autres, Nicole Rieu.

HUGUES AUFRAY

[Jean Auffray] Neuilly-sur-Seine, 1932. Auteur-compositeur-interprète. Fils d'industriels, il étudie aux Beaux-Arts puis décide de se lancer dans la chanson. Mais la famille ne finance plus : il « fait » les boîtes de la rive gauche, obtient un prix en 1959 (« Numéros 1 de demain ») mais a du mal à percer en pleine vogue du rock'n'roll. Il découvre alors le folk-song (Pete Seeger, Joan Baez et surtout Bob Dylan) lors d'une tournée aux États-Unis, forme un « skiffle group » et impose une forme de chanson nouvelle dont le succès s'affirme rapidement à partir de 1964. Son répertoire est un curieux mélange de vrai *(l'Épervier* d'après *El gabilan, Santiano, Debout les gars)* et de faux folklore *(Des jonquilles aux derniers lilas).* Interprétant en français les premiers succès de Bob Dylan traduits par Pierre Delanoë *(Le jour où le bateau viendra),* il apparaîtra aussi comme un tenant du « protest song » (chanson engagée)... Mais bien à tort. Pour le public averti, il y aura d'un côté, avec Graeme Allwright, un chanteur politique authentique, un style d'adaptation honnête et sans fioritures ; et de l'autre, avec Hugues Aufray, un chanteur de charme familial, un style d'adaptation en rapport avec cette image. Issu du même mouvement mais plus créateur, Maxime Le Forestier fera le pont, condamnant peu à peu Hugues Aufray à ranger ses accessoires de cow-boy à l'écurie. Il aura néanmoins influencé toute une génération. Il tentera un come-back en 1980.

AVEC BIDASSE

Chanson, par. Louis Bousquet, mus. Henry Mailfait. Créée par Bach en 1913, assurément un des chefs-d'œuvre du genre comique troupier, dont le rayonnement n'est plus à démontrer. Mérite-t-elle cette fortune ?

Avec l'ami Bidasse
on n'se quitte jamais
attendu qu'on est
tous deux natifs d'Arras
chef-lieu du Pas-de-Calais.

Synthèse magistrale de « recherches » formelles (ah ! cet « attendu que ») qui tirent leur efficacité de leur caractère inattendu, et de la réalité troupière dans son essence même — qu'y a-t-il de plus difficile à rendre que le néant ? —, ces quelques couplets composent un tableau criant de vérité d'un des moments les plus éminents de la vie du Français : celui où de simple jeune homme il se transmue en « bidasse ».

CHARLES D'AVRAY

[Charles-Henri Jean] Sèvres, 1878-Paris, 1960. Auteur-compositeur-interprète. Bien qu'ayant suivi les cours du Conservatoire, il opta très jeune pour la muse et embrassa l'idéal anarchiste. Il chanta toute sa vie des œuvres violentes (plus de 1 000, avouait-il) dans lesquelles il fustigeait les turpitudes de la société bourgeoise et célébrait l'avenir libertaire qu'il appelait de ses vœux *(l'Idée, les Géants, Loin du rêve).* Chapeau à large bord, houppelande noire, joues creuses et cheveux noirs, il hantait les rues de Montmartre où il dirigea, dans les années 20, le cabaret Le Grenier de Gringoire, lorsqu'il ne battait pas la campagne française, donnant d'innombrables « conférences chantées » et propageant jusqu'à sa mort, malgré amendes et procès, ses idées libertaires. Sa chanson la plus connue, *le Triomphe de l'anarchie,* est un peu devenue l'hymne du mouvement :

> Debout, debout compagnon de misère
> L'heure est venue, il faut vous révolter...
>
> C'est reculer que d'être stationnaire
> On le devient à trop philosopher.
> Debout, debout vieux révolutionnaire
> Et l'anarchie enfin va triompher.

Une figure exemplaire, et l'un des derniers chanteurs militants, à la manière des chanteurs ouvriers du XIXe siècle, ou des « wooblies » américains, Joe Hill ou Woody Guthrie.

CHARLES AZNAVOUR

[Varenagh Aznavourian] Paris, 1924. Auteur-compositeur-interprète. Fils d'Arméniens émigrés de Turquie, tour à tour cuisiniers, restaurateurs, cafetiers et à l'occasion comédiens ou chanteurs, Charles Aznavour entre à l'école du spectacle après des études primaires plus ou moins suivies. Avec sa sœur Aïda, il se produit dans les bals arméniens. Il a 11 ans lors de son premier engagement au théâtre du Petit-Monde et joue divers rôles d'enfant au théâtre Marigny, à la Madeleine et à l'Odéon. Il chante pour la première fois dans la troupe de Prior, puis remporte quelques « crochets » dans les grands cafés. Vendeur de journaux pendant la guerre, il fréquente le Club de la chanson où il se lie d'amitié avec Pierre Roche qui est compositeur (1941). A la suite d'une erreur de présentation, il doit monter avec lui un duo improvisé et tous deux décident de continuer. Aidés par l'imprésario Jean-Louis Marquet, ils font quelques galas et, à la Libération, s'établissent auteurs-compositeurs chez l'éditeur Raoul Breton. Aznavour n'écrit alors que des textes. Une de ses premières chansons, *J'ai bu* (— P. Roche), remporte, chantée par Georges Ulmer, le Grand Prix du disque (1947). Le duo, lui, ne connaît qu'un succès d'estime *(le Feutre taupé,* suite d'onomatopées). Mais Piaf remarque Aznavour et emmène les duettistes en tournée. A Montréal, Roche fait la connaissance d'Aglaé, chanteuse québécoise, et il reviendra l'épouser : c'est la fin de la collaboration. Aznavour se met alors à écrire ses musiques. Il est chanté par Eddie Constantine *(Et bâiller et dormir),* Piaf *(Jézébel),* Juliette Gréco *(Je hais les dimanches,* — F. Véran). Cependant, comme interprète, il n'a aucun succès (Pacra, Échelle de Jacob) et se fait copieusement siffler dans les cinémas de quartier. Les critiques à son égard sont sévères : « Avoir la prétention, avec un tel physique et une telle voix, de se présenter devant un public est une pure folie... de la part de cet artiste, cela prouve une totale inconscience. » Le côté souffreteux de sa silhouette et de son timbre gêne un public habitué aux ténors claironnants et pleins de santé. Charles Aznavour végète ainsi pendant des années. Seul le Maroc en 1953 lui fait un triomphe *(Viens pleurer au creux de mon épaule).* La chance tourne lors de son passage à l'Olympia en vedette américaine en 1954 : pour la circonstance, il a composé *Sur ma vie,* qui va être un succès radio. Et l'Alhambra où il passe la même année en vedette applaudit l'artiste raté décrit dans *Je m'voyais déjà.* Dès lors, la carrière de l' « enroué vers l'or » est faite. En 1963, il conquiert la presse new-yorkaise au Carnegie Hall qui le salue comme « le plus important événement vocal des temps nouveaux ». Vedette enfin consacrée, il revient présenter en 1965 à l'Olympia un « one man show » de 30 chansons, tandis que se joue au Châtelet son opérette, *Monsieur Carnaval.*

« Si je pointais tous les jours dans une usine, a dit Aznavour, personne ne s'en étonnerait. » Sans doute est-ce là un de ses traits les plus marquants : être un homme du commun. Il a été plébiscité par un public populaire, celui-là même qui, jusqu'ici, n'écoutait que les chanteurs « à voix ». Mais les efforts de l'émigrant pour s'intégrer, l'arrivisme du pauvre pour monter dans l'échelle sociale, la souffrance de l'être humain à la recherche du bonheur ne pouvaient pas ne pas rencontrer d'échos, une fois surmontée la difficulté de transmettre d'une manière vocale différente. Seuls les intellectuels ont fait la fine bouche devant les évocations très quotidiennes et « vulgaires » de *Tu t'laisses aller.* Seule la bourgeoisie bien-pensante a mis à l'index *Après l'amour* dont l'auteur trouvait « absurde qu'il y ait des toiles et des sculptures de nus... et que le déshabillage soit interdit dans la chanson ». Aznavour a toujours affiché son respect pour la religion, son sens de la famille, sa dignité dans le travail, autant de valeurs sûres qui ont fait accepter sa voix, non plus comme une tare inévitable mais comme un vêtement essentiel, de plus en plus seyant avec les années : voix faite pour le jazz *(Je ne peux pas rentrer chez moi, Pour faire une jam)* ou la mélopée orientale *(Il faut savoir, la Mamma,* — R. Gall) dans laquelle elle dessine d'étonnants « mélismes ». En scène, ce petit homme grisaille a une fulgurante puissance de description qui tient du mime (peintre au pinceau dans *la Bohème*, sourd-muet parlant par gestes dans *Mon émouvant amour*). Fait rare, Aznavour a su être un acteur de cinéma *(Un taxi pour Tobrouk)* sans rapport avec la vedette de music-hall.

Parvenu au faîte de la gloire à coups de cris du cœur et des sens, après avoir été le premier chanteur à « oser chanter l'amour comme on le ressent, comme on le fait, comme on le souffre » (M. Chevalier), Aznavour a failli ne plus être qu'un chantre du démon de midi *(Donne tes seize ans)*, cédant le pas au manager de sa propre entreprise, aux dimensions mondiales, contraint de produire à tout prix. Des années 70 à 80 on retiendra pourtant *Ils sont tombés* (— G. Garvarentz) à la mémoire des Arméniens massacrés, *Comme ils disent*, chronique de la vie d'un travesti, et *Autobiographie*, titre d'un disque qu'il présente comme un livre de mémoires.

BACH

[Charles-Joseph Pasquier] Fontanil (Loire), 1882-Nogent-le-Rotrou, 1953. Interprète. Il fut un temps où les tourlourous (ou comiques troupiers) faisaient florès au caf'conc'. Avec Polin, à qui il avait emprunté bien des traits, Bach était l'un des plus caractéristiques : petit, le corps engoncé dans l'uniforme trop grand pour lui, la trogne réjouie, le poil clair, la voix aigrelette et, ce qui ne gâtait rien, un jeu assez fin. De plus, il eut l'honneur de créer quelques-unes des rengaines les plus mémorables du genre, qui, de ce fait, sont passées à la postérité : *Avec Bidasse, Si la route monte, J'arrose les galons* et, juste à la veille de la guerre, *Quand Madelon,* qui fut un four sur le moment, mais lui valut une gloire rétrospective. En 1919, il crée *la Rue de la Manutention,* son dernier succès de chanteur. L'heure du comique troupier étant passée, il se reconvertit et monte un duo avec Henry Laverne : leurs sketches font d'eux des vedettes du music-hall et du disque, puis du cinéma et du théâtre (Paul Misraki s'inspira d'un de leurs sketches pour sa chanson *Tout va très bien, madame la Marquise*).

JOSÉPHINE BAKER

Saint-Louis du Missouri (États-Unis), 1906-Paris, 1975. Interprète. « J'ai eu froid et j'ai dansé pour avoir chaud », disait-elle. A 16 ans, elle quitte sa famille pour Broadway, via Philadelphie. Théâtres, music-halls. Trois ans après, elle fait partie d'une troupe engagée en Europe : elle y débarque en septembre 1925. En octobre, la *Revue nègre* s'installe au théâtre des Champs-Élysées : c'est le scandale, c'est la ruée. La cause : « Un personnage étrange, qui marche les genoux pliés, vêtu d'un caleçon en guenilles et qui tient du kangourou boxeur, du

sen-sen gum et du coureur cycliste : Joséphine Baker» *(Candide).* Provoquée par cette irruption d'art nègre, la critique réagit violemment. Pour les uns, c'est un nouveau coup porté à la civilisation : «Par l'indécence de votre physique vous déshonorez le music-hall français» (M. Hamel dans *la Rumeur*) ; «Contentons-nous d'admirer cette demoiselle entièrement nue, les cheveux coupés ras, ses cambrures originales, les agitations de sa chaste et ferme poitrine» (P. Reboux dans *Paris-soir*). Pourtant Joséphine ne faisait que danser. Oui ! mais comment : «jusqu'à la dislocation», et sur des pas inconnus, charleston, black-bottom. Dans une France exsangue, en mal de renouvellement, elle avait produit un choc, et elle allait en recueillir le fruit sa carrière durant. Animatrice de cabaret (Chez Joséphine, 1926), de revues : *Un vent de folie* (Folies-Bergère, 1927), *Paris qui remue* (Casino de Paris, 1930), son succès ne se démentira pas. Acclimatée, elle prend rang parmi les gloires du music-hall français, soutenant la comparaison avec ses pairs : «Elle a descendu l'escalier traditionnel avec autant d'aisance et d'abattage que l'Autre», pouvait-on entendre au lendemain de la première d'une revue au Casino. L'inévitable devait se produire : «L'ancienne étoile de la *Revue nègre*, qui faisait autrefois scandale.... est désormais assimilée par la civilisation occidentale» (D. Sordet).
Il y a aussi la chanson : Joséphine Baker chante depuis 1927, pour les besoins de la revue. Là, pas de révolution. D'une petite voix flûtée de soprano, elle fait entendre des classiques américains *(Always)*, remet en selle un vieux succès de Polin *(la Petite Tonkinoise* de Christiné-Scotto) ou crée des chansons taillées sur mesure *(J'ai deux amours, Dites-moi Joséphine).* Son accent américain, qui lui fait faire un sort à chaque syllabe, ses notes aiguës, modulées tel un envol de guitare hawaiienne, permettent de la distinguer des autres chanteuses de charme exotiques. Elle poursuivit après la guerre sa carrière française et internationale (tournée aux États-Unis, 1947), entrecoupée par plusieurs «adieux à la scène». Aiguillonnée par les besoins financiers dus à son domaine des Milandes et à sa nombreuse famille adoptive, elle fut obligée de chanter jusqu'au-delà de ses forces : elle mourut alors qu'elle présentait à Bobino une revue retraçant les étapes de sa carrière. Mais, dès avant la guerre, des voix s'étaient fait entendre pour affirmer que Joséphine Baker appartenait à son passé : «L'impression de la *Revue nègre* ne s'est pas renouvelée. Joséphine Baker non plus. Elle a donné dès sa première apparition son maximum» (L. Léon-Martin).

BAL CHEZ TEMPOREL

Chanson, par. André Hardellet, mus. Guy Béart (1957). Enregistré tout d'abord par Patachou, le refrain un peu rengaine du *Bal*

> Si tu reviens jamais danser chez Temporel
> un jour ou l'autre

a contribué largement à lancer le nom de son compositeur. Sur un rythme de valse musette et une mélodie moins évidente qu'on pourrait le croire, c'est le thème classique de la guinguette remplie de souvenirs d'amours de jeunesse. Une trouvaille : le point d'orgue qui s'attarde au bout du *l* de Temporel comme pour marquer le temps qui s'est écoulé. Guy Béart a rendu hommage à l'auteur, André Hardellet, surnommé le « poète du regret », en baptisant « Temporel » sa maison de disques.

LA BALLADE DES BALADINS

Chanson, par. Louis Amade, mus. Gilbert Bécaud (1953). Créée par Gilbert Bécaud, elle a également été enregistrée par les Trois Ménestrels. « Des personnages légendaires et irréels, dans un décor qui ne l'est pas moins, passent en dansant sans vouloir s'arrêter nulle part. Ils ne possèdent que des chansons, et celui qui les a vus passer rêve de les suivre, mais les baladins ne font pas attention à lui » (R. Sprengers). Mis en valeur par plusieurs chansons de Bécaud et Amade — *le Rideau rouge, Il fait des bonds le Pierrot qui danse, Quand le spectacle est terminé* —, le thème des gens du voyage, des comédiens, traduit l'appel à une vie autre, où tout serait jeu, danse et chant. C'est aussi une variation sur le thème de l'invitation au voyage : la vraie vie est toujours ailleurs. C'est enfin le recours contre l'embourgeoisement qui menace :

> Ohé baladins, vous partez... emmenez-moi.

Mais le garçon n'insiste pas. Les auteurs ont réussi là une des meilleures chansons du répertoire Bécaud, longtemps occasion d'un morceau de bravoure vocal (sinon de retour à l'art des tréteaux), lorsqu'il la chantait sans micro, et en plein air.

LA BALLADE DES GENS HEUREUX

Chanson, par. Pierre Delanoë-Gérard Lenorman, mus. Gérard Lenorman (1976). Sur une musique de ritournelle, se mettent en place, au fil des couplets, les repères d'un univers familier : le petit jardin de banlieue, l'enfant « qui te ressemble un peu », et ces mille et un personnages qu'on rencontre au bistrot du coin, du « roi de la drague... au gentil petit vieux ». En contrepoint, le journaliste, la star sont les symboles d'un monde artificiel, fait d'agitation et de vent. Disposés comme sur une nature morte, à accrocher au mur du salon où l'on reçoit les invités, ces repères sont là pour le décor, car l'essentiel, c'est la phrase principale, revenant tous les 4 vers et soutenue par le chœur (qui annonce les salles enthousiastes reprenant le refrain à l'unisson) :

Je viens vous chanter la ballade
la ballade des gens heureux.

Chanson-blason de Gérard Lenorman, la *Ballade* est plébiscitée, en 1979, comme l'une des 3 chansons préférées des Français (concours RTL et sondage SOFRES). Morale : la chanson, comme les gens heureux, n'a pas d'histoire, ou plutôt, la meilleure façon de réussir un grand succès, c'est, encore et toujours, de revenir aux rythmes sans âge légués par le folklore.

LOUISE BALTHY

[Louise Bidart] Bayonne, 1869-Paris, 1925. Interprète. D'abord femme de chambre, puis professionnelle à clientèle aisée, rencontre un riche banquier, qui l'installe, et l'incite à se lancer dans la chanson (1891). Devient meneuse de revue et joue dans les principaux caf'conc' de l'époque : la Cigale, l'Olympia (avec Polaire en 1912), les Folies-Bergère, la Boîte à Fursy. La revue *T'en as un œil* au Moulin Rouge atteint les 100 représentations. Grande, mince, Louise Balthy était élégante dans son maintien, spirituelle et douée d'un grand pouvoir comique. Son intelligence mordante en fit une spécialiste des chansons rosses, qu'elle parsemait du mot de Cambronne. Jouant de différents instruments (saxo, grelots), chantant la tyrolienne, elle était considérée par certains chroniqueurs comme la Mistinguett d'avant 14.

BAMBINO

Chanson, par. Jacques Larue, mus. G. Fonciulli (1955). Le succès de Marino Marini en Italie va, importé, faire le bonheur de tous les chanteurs de charme tendance exotique et spécialement celui de l'Italo-Égyptienne Dalida, sa créatrice, qui entame grâce à lui une carrière fracassante sur Europe 1. « Les yeux battus, la mine triste et les joues blêmes », ce pauvre enfant fort à plaindre a fait bien des heureux dans le métier, et bien des aigris chez les auditeurs qui n'en pouvaient plus : « La première agression de Nasser contre la France, ce n'est pas le canal de Suez, c'est Dalida ! » (P. Giannoli, 1956).

BARBARA

[Monique Serf] Paris, 1930. Auteur-compositeur-interprète. Restée quinze ans dans l'ombre (malgré deux prix de chant) : des années difficiles en Belgique, avec une « boîte » qui ne marche pas, d'obscurs débuts à Paris, Chez Moineau. Enfin, l'Écluse. Vedette de l'établissement de 1958 à 1963, la « Chanteuse de minuit » (surnom emprunté au titre de l'émission de Pierre Hiégel) passe d'un répertoire moderne (Datin, Vidalin, Brassens, Brel) au répertoire 1900 (Fragson, Xanrof). Puis elle se met peu à peu à chanter ses propres œuvres : *Dis, quand reviendras-tu ?, Chapeau bas, le Temps du lilas.* Un public élargi la découvre brusquement à un récital du « Mardi des Capucines » (1963). Elle passe plusieurs fois à Bobino, la première fois en 1964, à l'Olympia (1969, 1978) et y impose sa silhouette noire et longiligne et son profil d'oiseau de proie soudé à son piano. Elle accepte peu à peu de quitter celui-ci, la première fois en 1965, pour faire au public cette déclaration : « *Ma plus belle histoire d'amour,* c'est vous. » Il s'en était rendu compte. La scène avait, avec Barbara, pris l'allure d'un cabinet particulier. Le spectateur était violé et heureux de l'être par cet ange noir transpirant de sur-féminité. Hypnotisé par ce boa femelle. Dévoré par cette mante religieuse. Vidé de sa substance par cette voix à la Marguerite Gautier cherchant perpétuellement son souffle, ces gestes de grand théâtre déclinant les rites de l'envoûtement collectif auquel les femmes échappent, semble-t-il, encore plus difficilement que les hommes. Avec cela, une pudeur d'écriture au comble du « jusqu'où l'on peut aller trop loin ». La confidence est égocentrique. Elle porte sur un passé auquel on cherche à échapper *(Nantes, Göttingen),* sur des amours insatisfaites *(Mes hommes, Attendez que ma joie revienne),* sur une difficulté d'être *(Soleil noir, la Solitude, le Mal de vivre),* sur l'autoportrait symbolique *(l'Aigle noir),* sur des rêves romantiques *(Marienbad,* — F. Wertheimer). En peu de mots, peu de notes, l'atmosphère est créée, parfois magistralement *(Pierre).* Au piano, le jeu de gauchère aux accords plaqués, aux sonorités étranges, aux motifs ressassés présente un danger permanent d'asphyxie auquel ont échappé *Une petite cantate* et *le Petit Bois de Saint-Amand* issus, l'un d'un thème classique, l'autre d'une comptine. Pour varier le ton, Barbara joue ironiquement avec son personnage de femme fatale *(le Bel Age, Si la photo est bonne).* Mais qu'il soit comique ou tragique, à chacun de ses « retours » sur scène (puisqu'il y a eu des adieux), son style reste identique : il est l'art suprême de la courtisane, ou celui de Mélusine, la légendaire femme-serpent.

EDDIE BARCLAY

[Édouard Ruault] Paris, 1921. Compositeur, chef d'orchestre et éditeur. Ancien garçon de café à la gare de Lyon, puis pianiste de jazz, il inaugure sous l'Occupation la première « discothèque » et, devenu Eddie Barclay, « américanise » la jeune génération. Pour enregistrer sa formation, « Barclay and his orchestra », il crée sa propre maison de disques, qui sera l'une des plus dynamiques de Paris, dans le domaine du jazz comme de la chanson, avant d'être absorbée en 1979 par le trust Polygram. Le personnage a un physique d'homme de théâtre d'avant-guerre : prestance, regard bleu, front un peu dégarni ; il se marie et divorce régulièrement. Maniant le cigare de l'homme d'affaires, parlant peu mais jaugeant du regard, il présente quelques points communs avec Bruno Coquatrix : celui d'avoir composé quelques mélodies *(Un enfant de la balle,* R. Rouzaud-Philippe-Gérard, 1955) mais surtout celui d'avoir représenté le pouvoir dans le show business des années 50 à 80.

BRIGITTE BARDOT

Paris, 1934. Interprète. Gloire du star system, incarnation d'un des visages de la femme, B.B. ne pouvait échapper à la chanson. D'abord, on la chanta — *Initials B.B.* (S. Gainsbourg) ; *Brigitte Bardot* (Gustavo) — puis elle chanta. Soutenue par la qualité des chansons écrites sur mesure par Jean-Max Rivière et Gérard Bourgeois, ou Serge Gainsbourg *(Sidonie, Je me donne à qui me plaît, Harley Davidson),* elle imposa une image de femme libre, amante, mutine et sensuelle. Au demeurant, portrait parfaitement redondant par rapport à celui de l'actrice. Puis Brigitte Bardot, en même temps qu'elle rentrait dans le rang, délaissa la chanson, préférant peut-être le chant des bébés-phoques au sien propre.

PIERRE BAROUH

Paris, 1934. Auteur-interprète. D'origine turque, il travaille d'abord sur les marchés. Après de nombreux voyages, notamment au Brésil où il est frappé par l'impact de la chanson populaire dans la vie quotidienne, il revient à Paris faire du théâtre et du cinéma. Enregistré à partir de 1964, ses succès sont ceux de chansons de films (*Un homme et une femme*, — F. Lai, *Ça va, ça vient*, — J. Higelin) qu'il interprète d'une voix mesurée ; et des succès d'auteur : *la Bicyclette* (— F. Lai) par Yves Montand, *Des ronds dans l'eau* (— F. Lai) par Françoise Hardy. Il fonde Saravah, maison de disques d'avant-garde qui produira Jacques Higelin, Brigitte Fontaine, Areski, David Mac Neil, Jean-Roger Caussimon, des spectacles à Paris (au Lucernaire en 1968, puis au Ranelagh et au théâtre Mouffetard) et des tournées, au cours desquelles il mêle chansons, musiques (Afrique, Brésil) et projections de courts métrages. Il a joué un rôle intéressant de catalyseur dans la chanson d'après 68.

ALAIN BARRIÈRE

[Alain Bellec] La Trinité-sur-Mer (Morbihan), 1935. Auteur-compositeur-interprète. Breton, de parents mareyeurs, « fait » l'École des arts et métiers. Ingénieur chez Kléber-Colombes, il rôde aux alentours d'une autre Colombe, celle de Michel Valette, grattant sur sa guitare des textes sibyllins. Puis, optant pour une production simplifiée, il décroche le Coq d'or 1961 avec *Cathy*. Il passe à Bobino et à l'Olympia en vedette (1966, 1967 et 1972). Réputé hostile au milieu artistique, il assure sa propre production. Dès son apparition sur les ondes, Alain Barrière n'a pas laissé souffler les amateurs de tubes cousu main : on n'avait pas fini d'entendre *Elle était si jolie* et *Plus je t'entends* (1962) que c'était déjà *Ma vie* (1964) suivie de *Tant*, *Vous*, etc. Un timbre de voix un peu cassé lié à la science du crescendo mélodique et du poids des silences apporte un certain pouvoir de suggestion à des textes avares, baignant dans le flou symphonique, sur un rythme de préférence lent, langoureux, voire un peu pompier (au départ, le slow). Alain Barrière est un « romancier » des années 60 héritier du chanteur de romances du début du siècle ; sa recette, bien qu'éculée, survit quelques temps (*Tu t'en vas*, 1975, *Qui peut dire*, 1977). Francis Cabrel, dans un autre style musical mais avec la même thématique de l'amour et de l'absence, prendra la relève.

ALAIN BASHUNG

Strasbourg, 1948. Compositeur, interprète. Quinze années de galères, depuis les premières tournées sur les bases américaines en Allemagne jusqu'à l'opéra-rock *la Révolution française*

(1973), en passant par le « management » de la carrière de Dick Rivers et un premier 30 cm en 1977, avaient fait connaître, dans le petit monde du rock français, ce grand garçon timide. *Gaby oh ! Gaby*, tube absolu de l'année 1980 (1,3 million de disques vendus), allait le lancer dans le grand public. L'heureuse conjonction, retrouvée à l'occasion du disque suivant, *Pizza* (1981), entre le talent d'un parolier — Boris Bergman —, orfèvre en matière de poésie automatique, et celui d'un musicien nourri au lait des arrangements rockabilly et funky, a suffi à imposer cet univers « rock de velours » *(Libération)* sur fond de matins blêmes.

JEAN BASTIA

[Jean Simoni] Bordeaux, 1878-1940. Chansonnier. Débute dans la chanson en 1908 après avoir touché à l'opérette et au journalisme, et fait très vite montre d'une abondante production. La guerre de 14-18 lui inspire des morceaux patriotiques et revanchards : *Zeppelinade*, en particulier, est un pur joyau de stupidité nationaliste. En 1916, il fonde le Perchoir (rue du Faubourg-Montmartre) avec Saint-Granier. Plus tard, en 1935, il ouvrira le Café chantant (rue Coustou). Entre ces deux dates, il a une production intense : des milliers de chansons, une centaine de revues, des poèmes, etc.
Son fils, Pascal Bastia (Paris, 1908), collabora avec lui pour quelques opérettes et écrivit des chansons à succès dont la plus célèbre, interprétée par Jean Sablon, est *Je tire ma révérence* (1938).

BA-TA-CLAN

Café-concert, boulevard Voltaire, Paris (1863-1932). Sous la direction de Brice, puis sous celle de Paulus, l'établissement connaît une existence quelque peu cahotante. Passé sous la houlette de Mme Rasimi, à partir de 1913, de luxueuses revues y sont alors montées, jusqu'à une nouvelle faillite en 1927. Henri Varna et Oscar Dufrenne prolongeront son existence jusqu'en 1932. Mais, malgré la présence sur scène de « grands » de la chanson (Damia, Dranem, Mistinguett), cette salle, l'une des plus belles de Paris, finira par être transformée en cinéma. Après une brève reconversion en « caf'conc' » pour tournées touristiques, en 1971, Ba-Ta-Clan s'est ensuite tourné vers le rock, dont il est aujourd'hui l'un des temples parisiens.

GUY BÉART

[Guy Behar] Le Caire (Égypte), 1930. Auteur-compositeur-interprète. De père expert-comptable qui promène sa famille autour de la Méditerranée, il apprend le violon et chante dans les chorales. Ingénieur des Ponts-et-Chaussées, il écrit des pièces de théâtre et des chansons. A la Colombe, un soir, on l'encourage ; il passe bientôt au Port du salut. Patachou enregistre *Bal chez Temporel* (— A. Hardellet), Juliette Gréco et Zizi Jeanmaire *Qu'on est bien.* Jacques Canetti le pousse sur la scène des Trois Baudets. Il enregistre avec sa voix « remarquable jusqu'au jour de la mue... qui ne s'est jamais arrêtée depuis ». Dès 1958, Grand Prix du disque. *L'Eau vive,* musique du film du même nom, fait le reste. Prix Charles-Cros 1965, Béart fonde sa maison de disques (Temporel) et produit à la TV sa propre émission de variétés (« Bienvenue ») jusqu'à ce que, lassé d'être PD-G ou producteur, il redevienne chanteur (théâtre des Champs-Élysées 1976, Olympia 1978).
Côté interprète : « un anti-chanteur », a dit *France-Soir.* « Une absence de voix assez remarquable », dit-il lui-même. Ni chair ni poisson, le chanteur reste insaisissable. Côté auteur, on ne réduit pas à une formule celui qui n'emploie pas deux fois le même procédé de versification et utilise le vocabulaire le plus simple *(les Grands Principes)* comme le plus recherché *(Chandernagor).* Côté compositeur, les choses sont plus simples, et même un peu trop : on peut parler d'un néo-folklore. Béart donne à ses chansons un air familier avec des mélodies simples et un rythme que l'on a envie de marquer en frappant dans ses mains (c'est ce qui se passe dans ses spectacles). Il a « actualisé » à sa manière de nombreuses chansons folkloriques sans véritable souci ethno-musicologique, plutôt dans le sens de la veillée *(Vive la rose).* Dans le meilleur des cas, il a lui-même perpétué une certaine tradition musette *(Il n'y a plus d'après)* avant d'accrocher son wagon au folk-song et à ses ersatz *(la Vérité).* Mais ses réminiscences mélodiques sont parfois gênantes *(Parodie)* et ses trouvailles peuvent être d'un simplisme agaçant *(le Grand Chambardement).* Surtout, sa fidélité à un genre ancien, dépassé plutôt que traditionnel, ôte toute crédibilité à sa tentative pourtant intéressante de devenir « le » chanteur de science-fiction (un seul jusqu'ici semble avoir mené parallèlement texte et musique du côté de l'anticipation, c'est Gérard Manset). C'est donc exclusivement au niveau du texte que Béart apporte une dimension nouvelle, celle de la réflexion philosophique et spirituelle : références culturelles ésotériques *(Étoiles, garde à*

vous) et symbolique éternelle sont réunies pour faire de la chanson une mythologie en marche, avec, dans les rôles principaux, l'angoisse existentielle *(Qui suis-je ?)*, les puissances aliénantes *(la Télé, Lo Papel)*, le désenchantement général *(C'était plus beau hier)*, le risque nucléaire *(la Bombe à Neu-Neu)*, le temps qui s'emballe *(Tourbillonnaire)*, l'inutilité finale des politiques *(Idéologie)*. Et nous voilà arrivés à l'essentiel : la dimension mystique de Béart qui s'avoue pleinement à la fin des années 70 *(le Messie, Le miracle vient de partout)*. Mais ce prophète s'efface constamment derrière ses messages et « son visage finira par se dissoudre derrière ses chansons qui deviendront peut-être demain celles d'un anonyme du XXe siècle » (J.-L. Barrault). Guy Béart a choisi d'être un reflet : celui de la civilisation de l'ère cosmique, celui de la société de consommation, un générateur de symboles ; il se garde bien de prendre jamais position : il travaille en observateur, il recrée continuellement la distance et son univers entièrement construit, mathématique, est caractérisé par l'absence de chair. Est-ce le suprême degré du narcissisme ?

JULOS BEAUCARNE

Écaussinnes (Belgique), 1936. Auteur-compositeur-interprète. Commence des études de lettres puis pratique différents métiers (professeur de gymnastique, assureur, professeur d'art dramatique...). Commence à écrire des chansons en 1958, tournée en Provence en 1961, premier disque (45 tours) en 1964. A partir de 1967, il enregistre pratiquement un 30 cm par an, dans lesquels il développe une poésie mêlant humour et sensibilité. Qu'il chante l'horreur de la quotidienneté politique *(Lettre à Kissinger*, 1975), son village (*Julos chante Écaussines*, 1967) ou, de façon critique, la francophonie *(Nous sommes 180 millions de francophones*, 1974), il exprime une émotion typiquement wallonne (par opposition à celle de Brel, flamande) et a été à l'origine d'une nouvelle vague de la chanson belge d'expression française. Traducteur en wallon de Brassens *(Merci brinmin des coups = l'Auvergnat)* et de Vigneault *(les Djins des s'coté ci = les Gens de mon pays)*, fondateur du « Front de libération des arbres fruitiers », Julos Beaucarne a également mis en musique Ramuz *(les Petits Bergers)*, Victor Hugo *(l'Ogre)*, Gustave Nadaud *(Si la Garonne avait voulu)* et le poète belge Max Elskamp (1967). Il a obtenu le prix de l'académie Charles-Cros en 1976. Sa forme de chanson, en fait très ancienne, sur des mélodies simples et modales, s'apprécie plus en spectacle, où l'épaisseur humaine du personnage apporte, dans une économie de gestes, un poids magique à chaque mot, à chaque note (Gaîté-Montparnasse, 1979, Bobino, 1980).

BEAU DOMMAGE

Groupe montréalais composé de Pierre Bertrand, Marie-Michèle Desrosiers, Robert Léger (puis Michel Hinton) et Michel Rivard. C'est à l'université du Québec, à Montréal, que se forma en 1973 le groupe, rejoint l'année suivante par le batteur Réal Desrosiers. Leur premier disque *(la Complainte du phoque en Alaska,* M. Rivard), sorti en décembre 1974, leur apporta le succès immédiat : 300000 disques vendus au Québec, et la consécration obtenue à la Chant'août de l'été 1975, où ils triomphent devant 15000 personnes. Influencé par le folk américain et, sur le plan des harmonies vocales, par les Beatles, Beau Dommage amorce dans la chanson québécoise à la fois une réaction au rock et une prise de distance avec la génération des chansonniers. Il traduit une certaine sensibilité propre aux grandes métropoles, mosaïque faite d'impressions, d'approches du quotidien et de ces petits riens qui flottent autour de chansons à l'humeur charmeuse *(le Blues d'la métropole,* P. Huet-M. Rivard ; *Tout va bien,* M. Rivard). Cette volonté de dédramatisation, qui est peut-être le contrecoup de la période précédente, où dominait l'affirmation de l'identité québécoise, s'exprime dans tout un courant néo-folk : le groupe Harmonium, rival de Beau Dommage au Québec, les Séguin, Fabienne Thibeault... Après s'être fait connaître en France et avoir produit 4 disques, le groupe perd Michel Rivard, et se dissout en 1978. Désormais, Michel Rivard (Montréal, 1951) mène une carrière, québécoise et française, d'auteur-compositeur-interprète décidé à imposer son univers, sorte de poétique de la rencontre, et son travail de scène, plus que prometteur (Gaîté-Montparnasse, 1979-1980).

ROBERT BEAUVAIS

Paris, 1911. Producteur d'émissions télévisées et radiophoniques (« Anatomie et physiologie de la chanson »), par ailleurs spécialiste du chinois et du pamphlet politique. Il a fait connaître à leurs débuts de nombreuses vedettes et ressuscité des auteurs de chansons du XIXe siècle.

GILBERT BÉCAUD

[François Silly] Toulon, 1927. Compositeur-interprète. Après des études au conservatoire de Nice, il commence à composer en 1948. Ses premières chansons sont créées par Marie Bizet. Pianiste de Jacques Pills de 1950 à 1952, il fait son profit des rythmes et techniques scéniques découverts au cours de ses voyages en Amérique. Édith Piaf lui présente Louis Amade, qui lui confie quelques poèmes : *les Croix, la Ballade des baladins.* Puis il rencontre Pierre Delanoë. Le premier fruit de leur collaboration, *Mes mains,* créé par Lucienne Boyer, est aussi leur premier succès. Devenu Gilbert Bécaud, il commence à se produire dans les cabarets rive droite. Puis à l'Olympia : vedette américaine du spectacle de réouverture, il enthousiasme le public jeune. 1954, « l'année Bécaud », le consacre phénomène public. « Monsieur 100 000 volts », désormais monté dans le train bleu des gens du voyage, n'en redescendra plus. Sans trêve, il se porte au-devant du public, et toujours il est attendu. Parfois, il force les portes et franchit les limites de son domaine : sans peine, lorsqu'il s'agit de figurer dans des films et d'en écrire la musique *(Le pays d'où je viens, Croquemitoufle),* plus difficilement lorsqu'il se lance dans la grande composition (cantate *l'Enfant à l'étoile,* 1960 ; *l'Opéra d'Aran,* 1962). On peut distinguer trois périodes dans la carrière de Bécaud. D'abord, celle de la conquête, marquée par l'odeur du scandale (il est le premier chanteur français pour qui des jeunes cassent des fauteuils), et qui offre l'image d'un Bécaud à la fois insouciant et anxieux, trop heureux de pouvoir se décharger, par une frénésie libératrice, de son trop-plein d'énergie : c'est la jeunesse. Avec *Le jour où la pluie viendra* (— P. Delanoë, 1957), « chanson de fiancés » et très grand succès, la mutation est amorcée, qui mène à la deuxième période : celle de l'homme jeune, dynamique. Son image publique est désormais fixée, son univers devenu familier. La douleur mâle de *Et maintenant* (— P. Delanoë, 1962) peut se faire entendre. Bécaud aborde alors la grande carrière internationale. Les récitals qu'il donne à Londres, Moscou ou New York sont autant de triomphes mémorables. Et, tous les deux ans, il vient prendre la température de sa popularité, boulevard des Capucines. C'est la maturité, que clôt, symboliquement, en 1977, ses vingt-cinq ans d'Olympia. Car imperceptiblement un tournant a été pris : dépouillé des atours de la jeunesse, il affronte, avec toute l'expérience acquise, mais aussi avec une voix dégradée, plus basse, avec une prédilection pour des musiques à tempi lents et à la ligne mélodique moins chatoyante, et, déjà, avec une certaine lassitude, cet entre-deux qui sépare l'homme mûr de l'homme rassasié.

Ses chansons, écrites pour la plupart par le trio Pierre Delanoë, Louis Amade, Maurice Vidalin, sont, prises dans leur ensemble, d'une excellente tenue. Leur ligne mélodique, simple et variée tout à la fois, laisse percer la formation classique de leur compositeur ; les rythmes, d'une très grande diversité, marqués par l'influence du jazz. Paroles, musiques et arrangements (ces derniers de Raymond Bernard, Gilbert Sigrist...), elles composent un tout parfaitement redondant, accordé aux possibilités et au personnage du chanteur. Les thèmes, peu nombreux, circonscrivent un univers juvénile ou qui aspire à le rester : émoi adolescent *(le Mur,* —Vidalin) et retour à la jeunesse d'un amour *(Je reviens te chercher,* —Delanoë), amitié élue *(l'Absent,* —Amade ; *C'était mon copain,* —Amade) et fraternité partagée *(Alors raconte,* —Broussolle), enfance enfuie *(le Bateau blanc,* —Vidalin) et esprit d'enfance retrouvé *(Pilou Pilouhé,* —Amade), religiosité trouble *(les Croix,* —Amade) et troublée *(L'un d'entre eux inventa la mort,* —Delanoë), féerie du spectacle *(le Rideau rouge,* —Amade) et recherche d'un ailleurs rêvé *(Moi, je veux chanter,* —Amade). Thèmes qui renvoient, en contrepoint, à l'angoisse du temps qui passe et des amours mortes *(le Train de la vie,* —P. Philippon ; *La solitude, ça n'existe pas,* —Delanoë). Tout, ici, est aspiration à un univers fraternel, où les hommes seraient frères, où leur regard aurait la fraîcheur de celui de l'enfant, où le petit prince de Saint-Exupéry serait roi. Ce paradis, on le sait, n'existe pas, et l'homme ne pourra redevenir l'enfant qu'il fut. Reste alors le voyage dans l'imaginaire, et les feux du music-hall. Son tour de chant, davantage que ses chansons, dessine ce cercle magique. Sa rythmique corporelle, sa gestuelle, orientée vers la recherche du gag, comique ou dramatique, entraînent. Mais Pierrot doit surtout savoir faire partager sa peine et sa joie au public. Aussi l'espace scénique est-il organisé pour faire entrer dans la ronde musiciens et spectateurs. Entre deux chansons, Bécaud se place face au public, comme pour dire : « Hein qu'on s'est bien amusé. » Chaque soir, éternel adolescent, il crée ce « monde meilleur » qu'il appelle de ses vœux. Son efficacité scénique, sa présence, qui en font un des meilleurs showmen de l'après-guerre, sont à la fois cause et effet de cela. A la limite, l'on pourrait dire que le rapport au public importe davantage que les chansons interprétées.

Neveu spirituel de Charles Trenet, Bécaud participe de la tradition française du music-hall, qu'il a contribué à rénover et à maintenir. Chantre de la France heureuse, il assume sa part dans la diffusion des mythes du bonheur. Mais n'est-ce pas là une des fonctions de ce genre de spectacle que d'éclairer « Pierrot revêtu de lumière », plutôt que vous et moi, ouvrier ou bourgeois ? Ici, l'important, c'est la rose, et non le pain : davantage que tel engagement de circonstance *(Tu le regretteras,* — Delanoë, 1965), l'œuvre et le personnage en reçoivent leur couleur idéologique.

JACQUES BEDOS

Paris, 1923. Producteur. Il a commencé par écrire des émissions pour Radio-Alger (1950) où il devient chef du service variétés. En 1961, il se lance à Paris dans la direction artistique : entre autres chez RCA où il enregistre Alain Barrière, et chez Polydor où il s'occupe de Jeanne Moreau, Serge Reggiani, Georges Moustaki, Henri Tachan, Giani Esposito, en une période peu favorable à la chanson dite poétique ; il lancera aussi plus tard Maxime Le Forestier, Dick Annegarn, etc. Il a été, et reste l'un des rares producteurs, avec Claude Dejacques et Bob Socquet, à vouloir imposer une certaine idée de la chanson, tout en utilisant les moyens offerts par le système.

MARIE-PAULE BELLE

Nice, 1946. Compositeur-interprète. Fait du piano et écrit ses premières chansons avec un ami d'enfance, Michel Grisolia. Après une maîtrise de psycho, reste un an et demi à l'affiche de l'Écluse. L'équipe se complète après la rencontre de l'écrivain Françoise Mallet-Jorris. Deux attachants premiers albums, dont le premier *(Wolfgang et moi,* 1974) obtient le prix Charles-Cros. C'est le début d'une série de tournées à travers la France (avec Serge Lama, Nicolas Peyrac). En 1978, elle passe au Théâtre de la Ville, à Bobino, puis à l'Olympia. Avec *la Parisienne,* composée sur un canevas d'opérette, et qui bénéficie de nombreux passages radio, son personnage s'impose : c'est la provinciale pas bête et plutôt rigolote qui, « montée » à Paris, garde son bon sens en refusant le snobisme (comprendre l'intellectualisme). Pas révoltée, au-delà du désir d'indépendance affective *(Quand nous serons amis),* tonique et bien française *(les Petits Patelins).* Et, bien que plutôt « diseuse », sa carrière, habilement menée, prévoit une alternance systématique de chansons « radio » *(Je veux pleurer comme Soraya)* construites selon un standard (couplet grave, voix chuchotée « pont » aigu, voix lancée) et « des petites chansons marrantes » écrites pour la scène, véritable espace de Marie-Paule Belle, et composées « à la manière de » (Offenbach, musique russe, jazz des années 30, etc.). De plus en plus ces créations, qui sont en fait des parodies, semblent tourner à l'exercice de virtuosité pure.

LA BELOTE

Chanson, par. Carpentier, Albert Willemetz, mus. Maurice Yvain (1925). Créée par Mistinguett dans la revue de même nom au Moulin Rouge. Succès populaire : les trottins reprennent cette java en cœur aux coins des rues et les affiches représentent Mistinguett coiffée d'une casquette, l'air canaille. Il illustre la volonté si caractéristique de la petite-bourgeoisie IIIe République de présenter le « populo » de façon aussi rassurante que possible :

> On fait une petite belote
> et puis ça va.

Entre *la Parisienne* et *Ça c'est Paris*, la belote, grand sport national, trouvait naturellement sa place dans le répertoire de la Miss, cet autre monument national.

FERDINAND BÉNECH et ERNEST DUMONT

Paris, 1875-1925 et 1877-1941. D'abord chanteurs de rues, les « Balzac de la chanson » (Raymond Legrand) connurent un immense succès comme auteurs-compositeurs dans les années 1910-1925. A l'époque du rag-time, ils composaient des rengaines en forme de valse-hésitation et écrivaient des « mélos » impossibles à oublier, tels que *l'Hirondelle du faubourg*, *le Grand Rouquin* et *la Femme aux bijoux* (1912), *Du gris* (1920), *Nuits de Chine* (1922), *Dans les jardins de l'Alhambra* (1923), *les Bijoux* (1924), *Dolorosa* et *Riquita* (1925)...

FRANÇOIS BÉRANGER

Amily (Loiret), 1937. Auteur-compositeur-interprète. Révélé en 1969 par *Tranche de vie*, chanson autobiographique, il est d'abord tiraillé entre l'influence de Bruant et celle de La Nouvelle-Orléans : poulbot socialiste qui aurait écouté Armstrong. Ne passant pratiquement pas à la radio, encore moins à la télévision, il mène une carrière régulière grâce à un public qu'il est convenu d'appeler « marginal » : grands succès dans les fêtes politiques

puis, peu à peu, sur les scènes plus traditionnelles (Bobino, Élysée-Montmartre). *Tango de l'ennui* (1973), *Rachel* (1974), *l'Alternative* (1975), *Participe présent* (1978), *Natacha* (1979) sont les titres les plus caractéristiques d'une production abondante dont les thèmes, puisant dans la politique quotidienne, sont traités avec le recul et l'intelligence d'un homme honnête qui contemple ce monde... et ne l'aime pas beaucoup.
Ayant sur scène des allures un peu gauches et ne respectant le rythme qu'avec difficulté, il va peu à peu affiner son univers musical (grâce à la collaboration du guitariste Jean-Pierre Alarcen) et gestuel pour acquérir une grande efficacité. C'est en 1979, dix ans après ses débuts, qu'il passe pour la seconde fois à la radio avec régularité grâce à un titre, *Mamadou m'a dit*, dont la rythmique cacha aux programmateurs le texte politico-ironique : façon comme une autre de marquer un anniversaire. Béranger a enregistré en 1978 l'adaptation d'un titre de Woody Guthrie, *Blues parlé du syndicat*, revenant peut-être là à ses véritables origines : la chanson politique nord-américaine de l'entre-deux-guerres.

PIERRE-JEAN DE BÉRANGER

Paris, 1780-1857. Chansonnier. Célèbre dès ses débuts au Caveau moderne (1813), Béranger est tout de suite perçu comme l'ennemi acharné de la royauté et de l'arbitraire. Son séjour en prison (1828) n'est pas pour ternir cette auréole et Eugène Pottier, le futur auteur de *l'Internationale*, lui dédie en ces termes ses premiers vers : « Reprends ta lyre, ô divin Béranger ! », exprimant ainsi son admiration pour celui qui fut, de toute façon, le premier des chansonniers de goguette. Arthur Arnould lui consacre pour sa part un ouvrage louangeur (1864). Seul Jules Vallès apporte une note discordante à cet ensemble : il détestait l'auteur du *Roi d'Yvetot*. Celui-ci présente pourtant tous les signes extérieurs du « progressisme ». En 1814, il défend la liberté d'expression dans *la Censure* et attaque la Restauration dans sa *Requête présentée par les chiens de qualité*. Un peu plus tard, lors de la discussion sur le Concordat de 1817, il chante dans *les Chantres des paroisses :*

> Gloria tibi domine
> que tout chantre
> boive à plein ventre.
> Gloria tibi domine
> le Concordat nous est donné

et il moque l'ordre jésuite renaissant dans *les Révérends Pères* (1819). A la même époque, dans *le Marquis de Carabas,* il marque son hostilité au retour de cette noblesse qui considère que rien n'a changé en France :

Voyez ce vieux marquis
nous traiter en peuple conquis.
Son coursier décharné
de loin chez nous l'a ramené

et si, en 1828, on saisit un recueil de ses chansons, ce n'est pas sans raisons : Béranger semblait dangereux depuis son *Nabuchodonosor* (1823), pamphlet contre le roi, et son *Sacre de Charles le Simple* (1825) où il ridiculisait le couronnement. A ces positions antiroyalistes, Béranger associe un bonapartisme de bon aloi. Dès 1817, dans *Paillasse,* il reproche à certains opportunistes d'avoir renié l'empereur. En 1828, dans *les Souvenirs du peuple,* il chante encore le défunt :

On parlera de sa gloire
sous le chaume bien longtemps

et il proclame en 1834 : « Il n'est pas mort. » On comprend malgré tout assez bien l'opinion de Vallès qui lui reprochait surtout sa chanson *les Gueux* et la façon dont il camouflait sous l'image du petit caporal démagogue le tyran Bonaparte. Libéral mais loin du peuple, Béranger n'est en effet qu'un petit-bourgeois dont la thématique n'a rien de révolutionnaire. Le mythe de l'empereur même est peut-être pour lui moins une conviction profonde qu'un certain opportunisme ou plutôt qu'un pis-aller : le Corse était une arme commode contre la royauté. Son anticléricalisme n'enlève rien à son déisme et Flaubert, dans *Madame Bovary,* peut faire dire au pharmacien Homais : « Mon Dieu à moi, c'est le Dieu de Socrate et de Franklin, de Voltaire et de Béranger... »

Il serait en fait plus près de la vérité de dire que Béranger était un sentimental peu versé en politique, car on ne saurait nier sa sincérité, en particulier lorsque, dans *les Tombeaux de Juillet* (1832), il chante les Trois Glorieuses :

Charles avait dit : que juillet qui s'écoule
venge mon trône en butte aux niveleurs
victoire au lys. Soudain Paris en foule
s'arme et répond victoire aux trois couleurs.

Sa confusion politique n'est que l'image d'une confusion ambiante et peu de gens, à l'époque, osaient s'attaquer au souvenir de l'empereur. Quoi qu'il en soit, Béranger est sans doute la première « vedette », le premier chansonnier dont la réputation se soit établie à peu près sans conteste. Il marque en même temps un tournant dans l'histoire de la chanson : on passe lentement, avec lui, de la chanson anonyme à la chanson d'auteur.

BÉRARD

Carpentras, 1870-1946. Interprète. Il devient à partir de 1899 un des piliers de l'Eldorado où il chantera jusqu'à la fin de sa carrière, vers 1925. Petit, manquant d'élégance, affecté de surcroît d'un léger strabisme, il était par contre pourvu d'un puissant organe, dont il usait sans modestie. Il se faisait ainsi entendre dans toutes les salles, jusqu'au poulailler. Son répertoire, son interprétation visent exclusivement à frapper, à émouvoir les foules. Romances d'amour toutes simples *(Lison-Lisette)*, grands morceaux de genre *(Gaby, J'ai vendu mon âme au diable, le Train fatal)*, puissants mélodrames, dont l'argument est tiré de faits divers *(C'est ma payse)* ou de drames de l'Océan comme cet inoubliable *Loup de mer :*

> Le sauveteur noie les deux naufragés
> il avait reconnu l'amant de sa femme.

Pendant la Grande Guerre, il triompha dans toutes les salles de Paris avec *le Père la Victoire, les Cuirassiers de Reichshoffen, Verdun, on ne passe pas,* et les succès d'Amiati. Bérard, modèle du chanteur à voix, fait partie d'une espèce de chanteurs qui tendra à disparaître avec l'apparition du micro.

MICHEL BERGER

[Michel Hamburger] Paris, 1947. Auteur-compositeur-interprète. De mère pianiste, il grandit devant le clavier tout en poursuivant des études (maîtrise de philo, thèse sur *l'Esthétique de la pop-music)*. Sa rencontre avec Ira Gershwin, parolier et frère de George, le compositeur, est déterminante : à son retour en France, il cherchera à marier la musique « soul » et les mots. Il écrit pour Bourvil et pendant six ans travaille avec Véronique Sanson dont il produit les deux premiers disques (1971 et 1973) ; il se met ensuite au service de Françoise Hardy, dont il écrit les chansons *(Message personnel*, 1973), puis de France Gall *(la Déclaration d'amour*, 1974, *Il jouait du piano debout*, 1980). En 1979, il compose *Starmania*, opéra-rock (livret de Luc

Plamondon) interprété par une brochette de jeunes interprètes français et québécois de talent (Daniel Balavoine, Fabienne Thibeault...). Lui-même enregistre régulièrement depuis 1973, mais sa carrière d'interprète reste d'abord discrète, malgré quelques succès *(Mon piano danse, Écoute la musique,* 1974). Il décide enfin de s'occuper de lui-même, et c'est, en 1980, *la Groupie du pianiste* et une série de récitals donnée au théâtre des Champs-Élysées, où l'on découvre, à son piano, un diable habité par le rythme et les idées grandioses (orchestre des Concerts Colonne, projections sur grand écran). A la fois artiste et producteur, au plein sens de ces deux termes, Michel Berger est aussi le catalyseur de tout un style musical et d'interprétation vocale, que guette le risque de l'uniformité.

LUC BÉRIMONT

[André Leclerq] Magnac-sur-Touvre (Charente), 1915. Auteur-producteur. A côté du romancier, du poète, dont l'activité croise parfois celle de l'auteur de chansons — certains de ses poèmes ayant été mis en musique, comme *Noël* (— Léo Ferré), *Numance* (— Lise Médini), *Amazonie* (— Hélène Martin) —, il y a le producteur d'émissions de radio et de télévision à l'ORTF. Créateur des « Jam-sessions chanson-poésie », dans lesquelles les artistes, aiguillonnés par un thème, intervenaient librement à tour de rôle, animateur de « La fine fleur de la chanson française », concours de prospection de talents en herbe (qui révéla notamment Jacques Bertin, Anne Vanderlove), de la collection de disques du même nom (Hélène Martin, James Ollivier, Jacques Douai, Jacques Bertin y ont enregistré), conférencier, critique dans des revues spécialisées, cette activité multiforme ne peut être innocente : s'y révèle une conception de « la chanson-de-qualité », sous-tendue par une théorie des origines « poétiques » (au sens restreint du terme : poèmes destinés à être mis en musique) de la chanson, et relayant une praxis d'entremetteur au service de la chanson dite à texte. Action qui influença, dans les années 60, toute une génération de postulants chanteurs.

RALPH BERNET

Marseille, 1927. Auteur. Cireur de chaussures, puis danseur de club et crooner, il écrit ses premières chansons pour Robert Ripa, puis s'associe avec Danyel Gérard. Spécialiste des adaptations de chansons de rock, il travaille pour les Chats sauvages, les Chaussettes noires, et devient parolier de Johnny Hallyday en 1962 *(l'Idole des jeunes, D'où viens-tu Johnny ?)* et celui d'Eddy Mitchell en 1964 *(Société anonyme, Bye bye prêcheur).* Il a écrit 2000 chansons, dont *Fais-la rire* et *Mourir ou vivre* pour Hervé Vilard, et un millier d'adaptations, dont celles des chansons des Beatles.

JACQUES BERTIN

Rennes, 1946. Auteur-compositeur-interprète. Après des études de journalisme, enregistre son premier disque en 1967 avec, déjà, toutes les caractéristiques d'une œuvre qui se poursuivra ensuite avec régularité : très grande importance accordée au texte et musique un peu répétitive, aux limites de la mélopée parfois. Sans atteindre jamais le « grand » public, Bertin retrouve cycliquement le sien (théâtre Mouffetard, 1974 et 1975, Cour des Miracles, 1976 et 1977, Gaîté-Montparnasse, 1978) qui semble s'élargir chaque année.
Accompagné par des musiciens de free jazz dont le phrasé contraste curieusement avec ses mélodies, il a su développer un univers original, sans cesse tiraillé entre une direction nettement politique *(Ambassade du Chili, A Besançon)* et une autre nettement poétique *(Claire) :* de cette tension jaillit ce qui fait sa spécificité dans la chanson française, en marge des grands courants.

JEAN BERTOLA

La Roche-sur-Foron (Haute-Savoie), 1922. Compositeur-interprète. Pianiste, il chante à la radio de Lyon en mettant en musique les textes envoyés par les auditeurs. Accompagnateur d'Aznavour à ses débuts, il est poussé par Francis Lopez à embrasser la carrière d'interprète (il créera l'adaptation française de *Sixteen tons* et obtiendra un prix du disque en 1957). Il abandonne la scène pour la direction artistique chez Polydor et pour la composition, travaillant notamment avec Bernard Dimey et Henri Gougaud.

LOUIS BESSIÈRES

Luchon (Haute-Garonne), 1913. Compositeur. Cet « homme modeste et de grand talent » (J. Canetti) a écrit l'hymne du groupe Octobre *(Marche ou crève,* — J. Prévert et Tchimoukov,

1936), mis en musique Apollinaire *(les Baladins*, chanté par Yves Montand) et participé au répertoire de Serge Reggiani *(Arthur, où t'as mis le corps ?*, — B. Vian, 1958, *les Loups*, — A. Vidalie, 1968).

BÉTOVE

[Michel-Maurice Lévy] Ville-d'Avray, 1884-1965. Ce pseudonyme cachait un prix de Rome, compositeur et, à l'occasion, auteur. Il avait mis au point, vers les années 20, un numéro de parodies musicales qui, au dire des témoins, atteignait une sorte de perfection. Tous ses effets étaient fondés sur une science profonde de l'art musical, excluant toute excentricité.

HENRI BETTI

Nice, 1917. Compositeur, interprète. Il se destinait à une carrière classique mais devient accompagnateur de Maurice Chevalier. La guerre le séparant de son interprète, il écrit alors pour d'autres artistes : Lily Fayol *(le Régiment des mandolines*, — M. Vandair), Yves Montand, Édith Piaf. Dans les années 50, il présente son propre tour de chant à l'A.B.C. Puis il se spécialise dans la revue : Lido, Moulin Rouge, Folies-Bergère. *La Chanson du maçon* (— M. Vandair, 1940), pourtant fortement marquée de l'esprit de Vichy, fut reçue comme un message d'espoir ; *Maître Pierre* (— J. Plante) est encore chanté dans les écoles ; et *C'est si bon* (— A. Hornez), qui a fait le tour du monde après avoir été reprise par Armstrong, est l'une des trouvailles mélodiques de la chanson jazzy.

ANDRÉ BIALEK

Bruxelles, 1947. Auteur-compositeur-interprète. De père polonais, il écrit sur des musiques folk-rock, mâtinées parfois de folklore *(la Belle Gigue)*, des chansons qui traduisent, au-delà des particularismes wallons-flamands, la réalité sociale d'une Belgique pour temps de crise (l'urbanisation, l'immigration, le travail). Ses tentatives récentes s'orientent vers une recherche sur l'imaginaire belge.

BIJOU

Groupe rock, formé en 1976 par Vincent Palmer (Alger, 1952), guitariste, Joël « Dynamite » Yan (Paris, 1951), batteur, et Philippe Dauga (Cosne-sur-Loire, 1950), basse, sans oublier Jean-William Thoury, producteur et parolier du groupe. Révélés lors d'un concert de Patti Smith à l'Élysée-Montmartre, ils s'imposent rapidement comme les chefs de file du rock français *(Pas dormir, Danse avec moi, le Kid)*, jusqu'à l'apparition de Téléphone et de Trust. Musique simple, sucre plutôt que sel, paroles simples, jeu de scène simple mais efficace : Bijou a su saisir sa chance au moment où il le fallait pour exprimer le besoin d'un son français, nourri aux sources de la culture rock, la banlieue. Mais son potentiel quelque peu limité lui permettra-t-il d'être autre chose qu'un groupe initiateur ?

FRANCIS BLANCHE

Paris, 1921-1974. Auteur-compositeur-interprète. Ce comique célèbre, animateur et producteur de nombreuses émissions de radio avec ou sans son compère Pierre Dac, a écrit quelque 400 chansons dans les styles les plus divers : jeux de mots *(Débit de lait, débit de l'eau,* — C. Trenet), parodies de musiques célèbres *(J'ai de la barbe* et *la Pince à linge* créées par les Quatre Barbus, *la Truite de Schubert* par les Frères Jacques), satires *(Général à vendre)*, pseudo-folk américain *(le Gros Bill, Davy Crockett)*, chansons « exotiques » *(Frénésie, Besame mucho)*, sérénades *(Chansons aux nuages* chantée par Tino Rossi), chansons pseudo-folkloriques *(le Prisonnier de la tour,* —G. Calvi, reprise par Piaf et les Compagnons de la chanson), ou pseudo-réalistes *(le Mot de billet)* et même chanson d'auteur *(Ça tourne pas rond dans ma p'tite tête).* Le délice des interprètes en quête de répertoire humoristique.

LES BLANCS-MANTEAUX

Café-théâtre, rue des Blancs-Manteaux, Paris. Ouvert en 1973 par Lucien Gibarra, d'abord sous le nom de Pizza du Marais, les Blancs-Manteaux allaient très vite devenir une véritable pépinière de la chanson, à l'époque où renaissait à Paris la tradition du café-théâtre. On a pu y entendre à leurs débuts Bernard Lavilliers, Joan Pau Verdier, Renaud, Patrick Font et Philippe Val, ainsi que Jacques Higelin après son tournant rock, Jean Vasca, Catherine Sauvage, etc. Les Blancs-Manteaux changèrent de direction et de politique en 1977.

NUMA BLÈS

[Charles Bessat] Marseille, 1871-1917. Chansonnier. Étudiant à la faculté des lettres d'Aix-en-Provence, il abandonne ses projets professoraux pour la chanson. Se produit d'abord à Marseille, puis à Paris où il obtient un certain succès. En 1902, part faire le tour du monde avec Lucien Boyer, jouant ainsi le rôle d'ambassadeur de la chanson française. Il donnera quelques comptes rendus de ce voyage dans la revue *Paris qui chante.* Fonde en 1903, en association avec Dominique Bonnaud, le cabaret la Lune Rousse, en souvenir de la boîte où il débuta à Marseille. Meurt fou, d'avoir trop bu d'absinthe.

BLEU BLANC BLOND

Chanson, par. Wols et Jean Dréjac, mus. Hal Greene. Créée par Marcel Amont (1960). Évocation, par un jeu de correspondances entre les 3 couleurs, d'un état d'âme, qui renvoie à la fois à la Provence, aux vacances, à la mer, à la jeunesse et à l'amour. Cette chanson est d'une construction à la fois dépouillée et subtile : chaque couplet est au service d'une couleur. Premier couplet : bleu, le ciel, les yeux ; deuxième couplet : blanc, le goéland, le bateau blanc ; troisième couplet : blond, le soleil d'or, les cheveux, la grève. La progression est donnée en fin de couplet : « Je m'embarque — je navigue — je voudrais naufrager. » Enveloppée par le rerecording : « bleu bleu bleu... », assaisonnée d'une pointe d'accent provençal, la chanson se déroule harmonieusement, telles les vagues, sur un rythme de rumba. « Tube » de l'année 1960, elle est significative d'un des aspects du répertoire de son créateur.

JEANNE BLOCH

Paris, 1858-1916. Interprète. Fait ses débuts vers 1880 : grâce aux redoutables proportions de l'artiste, ils ne pouvaient passer inaperçus. En 1886, elle est engagée dans la troupe de la Scala, toujours pour ces mêmes proportions. Vers 1905, elle est devenue une des vedettes attitrées de cette salle où elle attire le public, qui veut la « voir ». Plus tard, elle reviendra à l'Européen pour y jouer des pièces réalistes. Elle pratiqua aussi l'opérette, la revue, le vaudeville. Jeanne Bloch tirait tous ses effets de sa grosseur, qui paraissait d'autant plus considérable qu'elle-même était petite. Douée d'un tempérament comique très réel, elle abondait dans tous les genres : « les colonels scrognieugnieu » (Jacques-Charles) qu'elle jouait coiffée d'un képi, la chanson réaliste à la Bruant, comme dans *Boul'vard Sébasto.* Mais, quoi qu'elle fît, le public était là pour la voir, elle, et en rire. En témoigne cette anecdote, rapportée par Fursy : jouant une scène d'amour dans une revue donnée à la Cigale, son partenaire Claudius, qui doit l'embrasser, n'arrive pas à la prendre tout entière dans ses bras. Un spectateur lance alors : « Fais deux voyages ! », ce qui met la salle en joie. Habituellement, Jeanne Bloch, bonne fille, riait aussi. Le caf'conc' n'est parfois pas très loin du cirque.

BOBINO

Music-hall, rue de la Gaîté, Paris. Tient son nom de son premier directeur, le magicien Bobino, qui installa la « Baraque à Bobino » rue du Maine (1812), puis les Folies-Bobino rue de Fleurus-rue Madame (1816). D'abord guinguette, il devient vers 1880 caf'conc' de quartier et accueille des chansonniers et des chanteurs de second plan. Ses installations étaient alors loin d'être luxueuses et il arrivait que la pluie y « fasse des claquettes » dans les coulisses. Après la Première Guerre mondiale, il se transforme progressivement en music-hall et accueille alors des vedettes comme Damia, Lucienne Boyer, Félix Mayol, Fernandel (qui y débute), Charles et Johnny, Georgius et son « théâtre chantant ». Une revue clôturait généralement la saison. Lorsque Félix Vitry prend la relève d'Alcide Castille, la salle, transformée (1 100 places), se mue en une sorte de théâtre de la chanson, tremplin pour les artistes révélés dans les cabarets de la rive gauche. Elle accueille régulièrement Georges Brassens (près de 120000 spectateurs en trois mois en 1964), Léo Ferré, Anne Sylvestre, Juliette Gréco, Jean Ferrat, Serge Reggiani, Georges Moustaki, Claude Nougaro, Gilles Vigneault. Et les programmes de première partie font une large place aux débutants prometteurs. A la même époque, Bobino s'ouvre à diverses expériences, comme la pièce de Marc'O *les Idoles* (1967), le Théâtre populaire de la chanson de Jacques Douai ou « La fine fleur de la chanson française » de Luc Bérimont.
A la mort de Félix Vitry (1973), la programmation de la salle est pendant quelques mois assurée par un groupe de journalistes (Danièle Heyman, José Artur, Lucien Rioux...) puis, à part les passages réguliers de Brassens ou de Vigneault, tombe dans un genre très éloigné de celui qui fit le renom de la salle. La qualité de la programmation semble cependant être à nouveau en hausse : Guy Bedos (1979-1981), Renaud et Paco Ibanez (1980).

FRIDA BOCCARA

Casablanca (Maroc), 1940. Interprète. Après des études secondaires, elle fait du chant classique et monte un trio avec son frère et sa sœur. La rencontre de l'imprésario Buck Ram, qui remarque sa voix, lui ouvre les portes d'une carrière internationale. Vite célèbre dans les pays de l'Est européen (festival de Sofia, Bulgarie, 1967), elle met quelque temps à le devenir en France *(Cent mille chansons,* E. Marnay-M. Magne et *Un jour un enfant,* E. Marnay-E. Stern, grand prix de l'Eurovision 1969) où elle a le plus grand mal à ne pas se faire oublier, malgré le créneau qu'elle occupe : celui de l'interprète d'adaptations en chansons de morceaux de musique classique *(L'année où Piccoli... jouait « les Choses de la vie »,* Telemann-E. Marnay, 1978).

LE BŒUF SUR LE TOIT

Cabaret parisien ouvert en 1921 rue Boissy-d'Anglas, transféré en 1925 rue de Penthièvre, en 1934 avenue Pierre-Ier-de-Serbie et, en 1941, rue du Colisée. C'est une création Jean Cocteau, cet entremetteur génial qui sut réunir et à l'occasion faire collaborer le *nec plus ultra* de l'avant-garde artistique parisienne. « Il y régnait une ambiance indéfinissable d'intellectualisme, de whisky, celui-ci exaspérant celui-là, d'affectation et de laisser-aller. » Devant le tableau de Picabia se retrouvait la fine fleur de l'intelligentsia, de Tzara à Drieu la Rochelle. La chanson ? Elle était déjà annoncée par les pianistes virtuoses, Jean Wiener et surtout Clément Doucet, qui jouait du rag-time, Mozart ou Gershwin à la demande, tout en lisant un roman policier. Elle y prospéra, grâce aux productions des artistes les plus originaux de l'entre-deux-guerres : Damia, Yvonne George, Dora Stroeva, puis Jean Sablon, Jean Tranchant, Agnès Capri, enfin Marianne Oswald, la chanteuse maison (1934). En 1943, le « Bœuf » est chassé de son toit par décision de la force occupante. Après la guerre, on y entendit Dora Stroeva interpréter *le Chant des partisans russes,* et Jacqueline Batell, Roland Gerbeau dans leurs œuvres. Mais en 1946 les jeunes gens de 1925 étaient devenus des personnes arrivées : le sang frais vint de Saint-Germain-des-Prés, qui débarqua aux Champs-Élysées. A la réouverture en 1949 (Marc Doelnitz ayant remplacé Louis Moyses, l'ancien directeur), Juliette Gréco y chanta Sartre et Mauriac, et Catherine Sauvage y fit ses débuts.

LA BOÎTE À FURSY

Cabaret montmartrois successivement installé rue Victor-Massé, dans l'ancien local du Chat Noir, rue Pigalle et boulevard de

Clichy (1899-1929). Animé par le chansonnier Fursy, son propriétaire, ses spectacles se situaient à mi-chemin entre la formule du Chat Noir et celle des revues de caf'conc'. On y entendit entre autres Théodore Botrel et Vincent Hyspa. Odette Dulac, Defreyn, Edmée Favart, Enthoven y firent leurs débuts.

FERNAND BONIFAY

Paris, 1920. Auteur-compositeur. Ancien dessinateur d'études, autrefois préparationnaire des Arts et Métiers, qui a tâté du violon à la Philharmonique de Fontenay et des planches dans les cours dramatiques. Originaire de Provence, il a très souvent laissé son imagination s'évader vers les sites enchanteurs de l'exotisme, répondant ainsi aux besoins de toute une population assoiffée de soleil aux lendemains de la guerre. Il est l'auteur des *Carabiniers de Castille,* du *Facteur de Santa-Cruz* (chantées par Henri Genès), des *Trois Bandits de Napoli* (chantée par Annie Cordy), de *Maman la plus belle du monde, Oh la la, Tu n'as pas très bon caractère* (chantées par Dalida), de *Adieu Lisbonne* (chantée par Gloria Lasso), de *la Siesta, O ché Mambo* (chantées par Dario Moreno), de *Je me suis souvent demandé* (chantée par Richard Anthony), de *Souvenirs souvenirs* (chantée par Johnny Hallyday), de *Du moment qu'on s'aime* (prix de popularité 1959). La patrie reconnaissante l'a nommé commandeur du « mérite culturel », décoré de la croix de l'éducation — et même du dévouement — artistiques.

DOMINIQUE BONNAUD

Paris, 1864-1943. Auteur-compositeur-interprète. Fils d'un chef de bureau de la grande chancellerie, commence sa carrière comme collaborateur de la revue *la France.* Ensuite secrétaire du prince Roland Bonaparte, qu'il accompagne dans tous ses voyages, il revient quelque temps au journalisme et débute finalement dans la chanson, au Chat Noir (1895). Outre son tour de chant, il y assure parfois le boniment de Rodolphe Salis lorsque celui-ci est absent. Bonnaud devient très vite un chansonnier célèbre. Il fonde en 1903, en association avec Numa Blès, le cabaret de la Lune Rousse où il chante ses succès, principalement *Un rêve sur l'ouest état.* Sa « chanson la plus plaisante » selon Jean Galtier-Boissière est *le Mariage démocratique.* Il continue à se produire jusque dans les années 30. A cette époque, dans un petit livre intitulé *Montmartre d'hier,* il conte ses souvenirs, donnant quelques portraits de ses amis disparus : Jules Jouy, Marcel-Legay, Montoya, etc.

GUY BONTEMPELLI

Champigny-sur-Marne, 1940. Auteur-compositeur-interprète. D'origine italienne, il commence des études de lettres et de droit. Son premier disque (prix Charles-Cros 1965) révèle un auteur plein d'avenir : *Madrid, les Yeux cachou, les Oies du pensionnat* passent sur les ondes, mais leur interprète sur aucune scène : il est paralysé par le trac. Il « tente » néanmoins l'Olympia en 1969 mais préfère continuer à se manifester par ondes interposées : disques *(la Trentaine, Quand je vois passer un bateau)* ou émissions sur Europe 1 ou Antenne 2 (« Paroles et musique »). Ses chansons, elles, font le succès des autres : Patachou *(le Mariage d'Angèle),* Françoise Hardy *(Ma jeunesse fout l'camp),* Juliette Gréco *(Dans ton lit),* Richard Anthony *(Aranjuez mon amour).* Riche de l'expérience *Mayflower,* comédie musicale écrite avec Éric Charden en 1976, il devient producteur de shows (Henri Salvador, Tino Rossi...).

MARCELLE BORDAS

Paris, 1897-1968. Interprète. Enfant, elle rêve de théâtre. Modiste, elle chantonne à l'atelier. Spécialisée dans la confection de chapeaux de théâtre, elle fait la connaissance de nombreux artistes. Lucienne Boyer, qui l'a entendue, la fait débuter dans son cabaret. Son genre, la fantaisie, la conduit à jouer dans les revues aux côtés de Mistinguett. Pour meubler le tour de chant qu'elle prépare, elle apprend quelques vieilles chansons françaises : c'est le succès. Elle change alors de répertoire et se spécialise dans les chansons « françaises », anciennes ou de composition récente. 1935 : la radio, le disque mettent en valeur sa voix de contralto ; la scène (Alhambra, A.B.C.), sa gouaille faubourienne. On pense évidemment à Thérésa, dont elle reprend une partie du répertoire *(la Femme à barbe).* Interprétant sous Vichy *Ah ! que la France est belle* ou *les Africains,* elle participe au mouvement de rénovation nationale lancé par le Maréchal. Ce qui fait écrire à un journaliste : « Ce timbre clair et sportif ressuscite la chanson française. » Après la guerre, Bordas revient aux airs de marins et de soldats. Sa dernière apparition en 1967 est pour la télévision : elle y chante *le 31 du mois d'août* habillée en costume de marin.

ROSA BORDAS

[Rosalie Martin] Monteux (Vaucluse), 1841-1901. Interprète. Enfant, elle chantait dans le café de ses parents. Mariée à

17 ans, elle se lance avec son mari dans la vie itinérante des chanteurs de caf'conc', sillonnant le midi de la France dans une quête perpétuelle du cachet. En 1869, elle monte à Paris, et se fait connaître au Concert Parisien, au Châtelet : elle devient « la Bordas ». En 1870, à la déclaration de guerre, elle chante *la Marseillaise* (enfin autorisée), un drapeau tricolore à la main. Vêtue de blanc, les bras nus, la chevelure batailleuse, les traits rudes, la voix râpeuse, elle incarne la chanteuse « peuple ». Le 4 septembre, à l'annonce de Sedan, elle récidive devant les Tuileries. Pendant la Commune, elle lance le fameux

La canaille
eh bien j'en suis !

mais cette fois devant l'Hôtel de Ville. Après la victoire des Versaillais, elle revient à des sentiments plus patriotiques, mêlant *les Cuirassiers de Reichshoffen* à *la Canaille* dans son répertoire. De 1870 à 1875, sa popularité est égale à celle de Thérésa. C'est le moment que choisit « la Rachel du peuple » pour se retirer du caf'conc', nantie d'un joli pactole. Elle reparaît lors de l'Exposition universelle de 1878, interprétant des chansons pacifistes *(l'Appel aux nations* d'Émile Chebroux). A partir de 1880, elle s'installe en Algérie, puis à Monteux, où elle meurt, oubliée.

BOREL-CLERC

[Charles Clerc] Maille (Basses-Pyrénées), 1879-Cannes, 1959. Compositeur. Conservatoires de Toulouse et de Paris. En 1903, il arrange une marche espagnole, qui est confiée à Mayol : c'est *la Mattchiche*. Le succès en est si considérable que le compositeur débutant est lancé d'un jour à l'autre : commandes pour Bérard *(Lison-Lisette)*, pour Mayol *(Amours de trottin)* s'en suivent. Après la guerre, de *la Madelon de la victoire* (— L. Boyer) créée par Rose Amy en 1918 à *le Petit Vin blanc* (— J. Dréjac) chantée par Michèle Dorlan et Lina Margy en 1943, c'est pour Borel-Clerc la route fleurie des succès : Chevalier et *Ma pomme*, *Ah si vous connaissiez ma poule*, *la Marche de Ménilmontant*, Mistinguett et *Monte là-dessus*, Jeanne Marnac et *On dit ça*, Tino Rossi et *Vous n'êtes pas venue dimanche* furent les plus éminents de ses ambassadeurs. Cette carrière exceptionnellement longue et féconde mit en valeur les qualités d'adaptation aux fluctuations de la mode, et de facilité de travail du compositeur.

CLAUDINE BORIA

[Claudine Borie] Paris, 1896-1928. Interprète. Enfant du peuple, elle débute en 1917 par la grâce de Paul Franck, à l'Olympia. Elle se produisit par la suite en cabaret (Bruant, Coucou, Chez Fysher) et au music-hall. Ses chansons sont de Gaston Couté, Jehan Rictus, Aristide Bruant *(A Saint-Lazare)*, Jules Richepin. Sa voix est grave, son interprétation simple, intériorisée au maximum : c'est une chanteuse réaliste, proche par certains côtés de Damia. Son apparence surtout frappa le public : visage enfantin, petit corps vêtu d'une robe de velours rouge. « Une pauvre petite chose, le visage creusé, avec deux yeux brillants — peut-être de fièvre —, des cicatrices dans le cou. Une robe de quatre sous. Elle est bouleversante dans *J'entends les violons* de Couté » (G. Van Parys). Elle mourut minée par la phtisie.

THÉODORE BOTREL

Dinan, 1868-Port-Blanc, 1925. Auteur-compositeur-interprète. Son père ayant émigré à Paris, Botrel fut élevé par sa grand-mère au « pays breton ». A 11 ans, ramené à Paris, il apprend différents métiers, notamment celui d'avoué qui lui permet d'entrer en rapport avec des bourgeois lettrés. Après son service militaire, il prend des cours de diction et entre au PLM. Assuré de ses 100 francs mensuels, il fait ses débuts dans le spectacle, en commençant par écrire des pièces pour patronage. Il compose aussi des couplets dans le goût de l'époque, tels que *Il est frisé mon p'tit frère* (1892) qu'il chante dans les caf' conc' de second ordre. Sa chance fut de chanter un soir au Chien Noir pour faire patienter la clientèle, en attendant l'arrivée des artistes. Victor Meusy, patron du lieu, l'engagea et, narquois, le présenta en ces termes : « le chansonnier breton Théodore Botrel dans ses œuvres ». Ce qui fut pour Botrel une révélation : il revint habillé du bragou-braz (costume breton) et proposa un répertoire *ad hoc*, puisé dans la mythologie de *Pêcheurs d'Islande*. Le succès remporté par Mayol avec *la Paimpolaise* (1895) le lance définitivement. Son premier recueil, *Chansons de la mer* (1898), tiré à plus de 50 000 exemplaires le consacre dans son rôle d'apôtre de la Bretagne. Il s'enrôle sous la bannière de la Ligue patriotique et donne dans la chanson politique, patriotique et royaliste : *le Mouchoir rouge de Cholet*, *Monsieur de Kergariou* deviennent des classiques des chansons chouannes. Ses tournées dans la Francophonie sont triomphales : le jour d'arrivée du barde est férié au Québec. 5 000 personnes l'attendent sur le quai de la gare. A la déclaration de guerre, le « petit sergent de

Déroulède », comme il se qualifiait lui-même, est envoyé par Millerand en mission sur le front pour entretenir le moral du combattant. C'est alors qu'il compose *Rosalie :*

> L'un d'nous est mort, et mort joyeux
> en s'écriant : tout est au mieux
> voilà ma tombe toute préparée
> dans la tranchée

ou encore *Ma mitrailleuse*, sur l'air de *la Petite Tonkinoise*. A la fin de la guerre, il se retire à Pont-Aven, se consacrant entièrement à sa Bretagne, ranimant notamment la tradition des pardons. Peu de temps avant sa mort, il entreprit une dernière tournée en Belgique. Botrel est un des rares auteurs pouvant se targuer d'avoir assisté à l'entrée de certaines de ses œuvres dans le « folklore ». La simplicité des lignes mélodiques, des thèmes, des constructions, appuyée sur une grande facilité d'écriture et une connaissance certaine du fonds folklorique breton, explique en partie ce succès. Pourtant, personnage et œuvre sont loin de faire l'unanimité... C'est que son entreprise est équivoque : prétendant être à la fois fidèle à la Bretagne et populaire, c'est-à-dire compris et chanté par tous, il est voué à ne célébrer qu'une image idéalisée, historiquement dépassée, de sa province, et à sacrifier le présent au profit du passé. La tradition ayant figé l'expression chantée dans ce qu'on appelle le folklore, il ne reste à Botrel qu'à « faire » du folklore lui aussi, à le copier, en grossissant les traits et accentuant les effets. On aboutit ainsi à ces ballades plus bretonnes que nature, produits d'exportation à l'usage de l'étranger. Ce qui le fait qualifier par un de ses compatriotes, chansonnier comme lui, Léon Durocher, de « Breton de Montmartre ». Théodore Botrel laissait à sa mort une œuvre importante, de par sa diffusion et la réussite certaine en son genre ; sans pour autant ouvrir de voie nouvelle à la chanson.

LOUIS BOUCOT

Paris, 1885-1949. Auteur-interprète. Né dans une famille d'artistes, il débute, tout enfant, à l'exposition de 1885. Il fera ses premières armes au Concert du commerce, où, certains soirs, il passait trois fois sous des noms et des déguisements différents. Après un détour — forcé — par le bâtiment, il revient au caf'conc', s'essayant à tous les genres : le comique troupier, le répertoire Paulus, les chansons de Mayol. Peu à peu il découvre sa voie dans le genre comique, et crée une manière, un style Boucot, qui l'impose à partir de 1906-1908. Ayant triomphé à Paris-Glace, il est engagé à l'Alcazar d'été en juin 1910 et, devant le public snob du Paris des Champs-Élysées, obtient la consécration de grand amuseur public. A la suite de ce succès, il est engagé pour trois ans à l'Olympia par Jacques-Charles. C'est que Boucot a un truc : après avoir chanté deux chansons d'un ton très neutre, il descend dans le public, tout en modulant sur l'air suivant, y intercalant onomatopées, airs d'opéra..., interpelle le public, ouvre le sac à main d'une dame, etc. L'effet sur le public est énorme : « C'est une révolution de gaîté dans tout l'Alcazar », note Maurice Chevalier. Il ajoute : « Tout cela est neuf... osé mais imprévu. Jamais vu sur une scène avant ce bougre de B... Je sors de l'Alcazar hébété. Je ne sais que me dire : Eh bien mon vieux ! » Mais l'impact de ce genre de procédés, qui a fait fortune depuis, est moindre à mesure que le public s'y accoutume. Et l'improvisateur lui-même est souvent sujet à des baisses de forme, suivant l'humeur et la salle. Aussi le public finit-il par se lasser. Boucot, qui aurait pu être un des grands comiques français, meurt miséreux et oublié. Il avait écrit des textes pour les principaux comiques de son temps *(J'ai le téléphone, Mais voilà)*, figuré dans de nombreuses revues et chanté dans tous les music-halls parisiens.

MAURICE BOUKAY

[Maurice Couyba] Dampierre-sur-Salon, 1866-Paris, 1931. Chansonnier. Professeur au lycée Arago, il chantait le soir au Chat Noir des chansons évoluant entre la politique « de gauche » (il était radical) et l'amour. *Le Soleil rouge* par exemple fut chanté dans les cercles ouvriers. Décidant en 1896 de se présenter à la députation, il profite de ses tournées en province pour faire sa campagne électorale entre deux tours de chant (le voyage était en effet payé par le Chat Noir). Il sera ministre (1911), mais sa carrière politique n'aura que peu d'éclat. Un jour que quelqu'un s'enquérait : « Dans quel groupe siège-t-il donc ? », Marcel-Legay répondit : « Comme Lamartine, au plafond. » Et l'une de ses chansons donne de cet « homme politique » une curieuse image :

Une fois dégoûté
d'être leur député
et d'avoir fait la fête
j'attrap'l'autr'mandat
j'irai au Sénat
prendre une petit' retraite.

Si ses textes ont parfois acquis une certaine renommée *(Stances à Manon),* ses qualités de chanteur ne retenaient pas particulièrement l'attention et c'est surtout Paul Delmet et Marcel-Legay qui furent ses interprètes.

GÉRARD BOURGEOIS

→ Jean-Max Rivière.

HENRI BOURTAYRE

Biarritz, 1915. Compositeur. Jouait du piano et montait des revues pour la saison d'été sur la Côte basque. En 1937, Ray Ventura le prend comme secrétaire. *Ma ritournelle* (—M. Vandair) séduit Tino Rossi ; s'ensuit une collaboration longue de douze ans au cours desquels Bourtayre composera tous les succès de films du chanteur corse. *Fleur de Paris,* indicatif composé pour l'orchestre de Jacques Hélian, devient, chanté par Joséphine Baker et Maurice Chevalier, l'hymne de la Libération. Il compose alors pour les chanteurs à la mode, notamment Élyane Célis *(Baisse un peu l'abat-jour,* —J. Payrac, M. Delmas). C'est le seul compositeur chanté par Trenet *(Imaginez, Chacun son rêve).* Son fils, Jean-Pierre Bourtayre, suit les traces de son père et a composé notamment pour Claude François *(Y'a le printemps qui chante,* C. François, F. Thomas, —J.-M. Rivat, 1972). Prix de l'Eurovision 1971 avec *Un banc, un arbre, une rue* (—Y. Dessca).

BOURVIL

[André Raimbourg] Prétot-Vicquemare (Seine-Maritime), 1917-Paris, 1970. Interprète. Fils de cultivateur, apprenti boulanger, il fait son service militaire dans la section musique. Il concourt pour un radio-crochet à Radio-Cité en 1939 et le remporte. Il passe dans divers cabarets parisiens, mais il attendra 1946 pour être lancé, avec l'opération *les Crayons* (Bourvil-E. Lorin). Sans doute un des derniers avatars du chanteur idiot de la Belle Époque, un peu niais, mais s'accrochant à son fond paysan (et normand) pour se tirer des situations délicates : en somme, un compromis entre Dranem et Fortugé. A un art très sûr du comique, il joint une réelle sensibilité, qui, lorsqu'il s'est retiré de la scène, lui a permis de faire une brillante carrière d'acteur de cinéma. Outre *les Crayons, la Tactique du gendarme,* dont il écrivit les paroles avec Lionel (1949), *la Fin des haricots*

(1952), ses principaux succès furent suivis par quelques « tubes » de moindre intérêt *(Salade de fruits,* 1959). Parallèlement à sa carrière d'acteur, Bourvil se produisit dans l'opérette, au côté de Pierrette Bruno *(Je t'aime bien)* ou de Georges Guétary.

LOUIS BOUSQUET

Parignargues (Gard), 1870-Paris, 1941. Auteur. Employé des chemins de fer, puis marchand de cycles à Paris, et enfin maire de Beauchamps (Val-d'Oise), il écrivit d'inoubliables succès comme *Quand Madelon* (— C. Robert, 1913), *la Caissière du Grand Café* (— L. Izoird, 1914), *Avec bidasse* (— H. Mailfait, 1913) ou *l'Article 214* (« elle est toujours derrière »... — H. Mailfait, 1914), créés par le gratin du genre comique troupier : Bach, Polin, Dranem, Ouvrard.

JEAN BOYER

Paris, 1901-1965. Auteur. Fils de Lucien Boyer. Il est connu principalement pour des chansons de films et de revues : *Au revoir Paris* (en coll. avec Lemarchand et Verdun, 1929) créée aux Folies-Bergère et *Si tous les cocus* (— Lelièvre et Varna, 1930) au Concert Mayol. Les chansons *Quand la brise vagabonde* et surtout *les Gars de la Marine* (— Werner et Heymann, 1931) ont survécu au film *le Capitaine Craddock, Avoir un bon copain* et *Tout est permis quand on rêve* (— Heymann, 1931) au film *le Chemin du paradis* et *Totor t'as tort* (— Mercier) :

> Tu t'us (es) et tu te tues
> pourquoi t'entêtes-tu ?

au film *Embrassez-moi.* Jean Boyer est également l'auteur d'une série de chansons « faubouriennes » écrites pour Maurice Chevalier (1939) : *Mimile, Ça fait d'excellents Français,* et *Ça s'est passé un dimanche,* dont les musiques sont de Georges Van Parys.

LUCIEN BOYER

Léognan, 1876-Paris, 1942. Auteur. Ancien commis-voyageur et garçon de bureau, il débute aux Quat'-z-Arts en 1896. Patronné par *le Figaro,* il part avec Numa Blès faire le tour du monde en chantant. Emprisonnés tous deux au Canada pour avoir chanté un jour d'office religieux et cité Cambronne devant le juge, ils connaissent la gloire dans les milieux estudiantins québécois *(Lettre à Nini).* Pendant la guerre de 14-18, Lucien Boyer est chargé de maintenir le moral des troupes. A l'occasion de la proclamation de la République de Montmartre, il écrit le célèbre *Tu verras Montmartre!* (—Borel-Clerc) et reçoit par erreur la Légion d'honneur, Georges Clemenceau croyant récompenser en lui l'auteur de *Quand Madelon* alors qu'il était celui de *la Madelon de la victoire* (—Borel-Clerc). Auteur et compositeur de la plus belle chanson de Damia, *les Goélands,* Lucien Boyer a également écrit, en collaboration avec Jacques-Charles, quelques-unes des plus célèbres chansons des revues de Mistinguett dont *Ça c'est Paris* et *Valencia* (—José Padilla).

LUCIENNE BOYER

[Émilienne-Henriette Boyer] Paris, 1903. Interprète. Tout d'abord modiste, puis modèle pour Foujita et J.-G. Domergue, elle chante et entre en « apprentissage » au cabaret Chez Fysher. Elle joue au Concert Mayol quand Lee Schubert, producteur de revues, l'engage pour sept mois à Broadway. De retour à Paris (1928), elle enregistre son premier disque : *Tu me demandes si je t'aime* (V. Scotto) et ouvre son premier cabaret, « Les Borgia ». En 1930, *Parlez-moi d'amour* (J. Lenoir) remporte le premier Grand Prix du disque : chanson et interprète ont un tel succès qu'on l'a créé à leur intention. Après être passée dans toutes les grandes salles, Lucienne Boyer, qui préfère l'intimité suggérée par son répertoire *(Si petite,* Claret et Bayle ; *Un amour comme le nôtre,* Borel-Clerc et Farel ; *les Prénoms effacés,* J. Tranchant), ouvre d'autres cabarets : « Chez les clochards », dans une cave du XVIe siècle à Montparnasse, où l'on reprend les refrains en chœur en soufflant dans la soupe ; puis « Chez elle », cette fois sur la rive droite, où l'on applaudit, outre la maîtresse de maison, le duo Pills et Tabet. En 1939, Lucienne Boyer retourne aux États-Unis où se poursuit comme en France le succès de *Parlez-moi d'amour ;* on le chante encore pendant la guerre, ainsi que *Mon p'tit kaki* qui fait pleurer les soldats ; on le chante toujours après la guerre : « Parlez-moi d'autre chose ! », dit aux journalistes Lucienne Boyer excédée. Entre-temps elle a épousé Jacques Pills et refusé des propositions mirifiques de la Paramount. Elle ne rêve que de cabaret et fait une nouvelle rentrée à Paris en 1959, « Chez Lucienne », boîte qu'elle a ouverte à Montmartre pour les débuts de sa fille Jacqueline (née à Paris en 1941).

« Inspirée par Yvonne George, Damia et toutes celles qui l'avaient précédée..., elle vivait ses couplets amoureux avec une orgueilleuse impudeur. Sa voix aux inflexions blessées semblait s'adresser à chacun des hommes venus pour l'écouter... On était là, impressionné, un peu voyeur... On restait troublé longtemps après la dernière vibration du violon » (G. Tabet). Un genre sensuel, intimiste, qui fera école : Jacqueline François, Lucienne Delyle, Juliette Gréco, Barbara...

MIKE BRANT

[Moshé Brandt] Nicosie (Chypre), 1947-Paris, 1975. Interprète. Passionné de musique, il crée un groupe qui chante dans les hôtels et bars d'Haïfa et de Tel-Aviv, puis entre dans le Grand Music-hall d'Israël, avec lequel il effectue une tournée de dix mois aux États-Unis. Remarqué à Téhéran par Sylvie Vartan, il décide, sur les conseils de celle-ci, de s'installer à Paris, où il débarque en 1969. Sa carrière est prise en main par Jean Renard, qui écrit ses premières chansons. Dès le premier disque, (*Laisse-moi t'aimer,* 1970), vendu à 1,2 million d'exemplaires, le succès est là, phénoménal. Ses chansons, *Parce que je t'aime plus que moi,* 1970, *Qui saura,* 1972, *Rien qu'une larme,* 1973, ne sont pourtant que de classiques slows, enveloppés dans un lourd habillage de cordes et de cuivres. Mais la voix étendue, puissante et sensuelle, le physique romantico-viril (qui distinguent Mike Brant des charmeurs androgynes du type Dave ou Patrick Juvet, ou des Méditerranéens asexués du genre Ringo ou Frédéric François), touchent immédiatement un certain public, essentiellement féminin. Public qui déclenche de véritables maelströms sur son passage : 10 000 personnes en 1973 à Béziers, autant ou davantage à Marseille, Pau, Chalon... Le suicide de Mike Brant, qui révéla au grand jour une fragilité foncière et une insatisfaction profonde envers le personnage et le genre trop facile dans lequel le show-biz et le succès l'avaient enfermé, donna naissance à un mythe, systématiquement exploité après sa mort : celui du chanteur comblé et pourtant malheureux, le James Dean du 45 tours.

GEORGES BRASSENS

Sète, 1921-1980. Auteur-compositeur-interprète. Fils de maçon, il vient à Paris en 1939, peu attiré par la perspective de préparer son baccalauréat. Sans ressources, il est recueilli par Jeanne Planche (qu'il chantera souvent : *la Cane de Jeanne, Chez Jeanne*) chez laquelle il continuera d'habiter jusqu'à sa mort, en 1968. Travaille en usine (Renault), est envoyé au STO et publie en 1942 un recueil de poèmes, *A la venvole.* Après la guerre, continue à écrire, milite au sein de la Fédération anarchiste et collabore à son organe, *le Libertaire.* C'est Jacques Grello qui le « découvre » (1952) : il passe alors aux Trois Baudets, à Pacra, et enregistre son premier disque chez Philips *(la Mauvaise Réputation, le Gorille,* etc.). Publie à la même époque un roman, *la Tour des miracles* (1953) et de nouveau des poèmes *(la Mauvaise Réputation,* 1954). Depuis lors, son succès n'a cessé de croître. Ses disques, sans cesse réédités, ont été réunis en coffret, ses chansons ont été traduites (en espagnol, interprétées par Paco Ibanez, en italien, en allemand, en wallon) et il a largement participé (involontairement) à relancer la guitare sèche.

L'œuvre de Brassens a été l'objet de nombreux commentaires et de nombreuses tentatives d'appropriation (certains catholiques en particulier, tel Jacques Charpentreau, essaient de démontrer que cet athée militant est un chrétien qui s'ignore...). Il est vrai que sa thématique n'est pas toujours claire. L'anarchisme cependant domine *(Hécatombe, le Pluriel),* avec une certaine tendresse pour le passé, pour l'époque de Villon *(le Moyenâgeux)* et le culte de l'amitié *(Au bois de mon cœur, les Copains d'abord)* et du don généreux de soi *(l'Auvergnat, la Femme d'Hector).* Mais sorti de ces trois idées forces, on ne sait pas toujours où il veut en venir et certains de ses textes sont carrément ambigus : *les Deux Oncles* par exemple ont des relents de collaboration qui ne plurent pas à tout le monde. Cela aussi, cependant, fait partie de son univers : ennemi des étiquettes, des définitions, il chante ce qu'il pense dans l'instant. Athée, il n'arrive pas à se débarrasser du problème de la mort qu'il chante avec une ironie ou un brin de poésie masquant ses inquiétudes *(le Testament, les Funérailles d'antan,* la *Supplique pour être enterré en plage de Sète).* Il met aussi en musique des poètes « reconnus » : Villon *(la Ballade des dames du temps jadis),* Hugo *(Gastibelza),* Francis Jammes *(la Prière),* Aragon *(Il n'y a pas d'amour heureux),* etc. Dans tous les cas, il introduit dans ses chansons une poésie réelle, mais une poésie de type classique, un peu « rétro », celle qui plaît aux professeurs de lettres. Ses dernières apparitions (Bobino, 1972, 1976) ainsi que les deux disques sortis parallèlement témoignent cependant d'une difficulté certaine à se renouveler et quelques titres tombent même dans la gauloiserie un peu plate *(Fernande, le Roi des cons, Tempête dans un bénitier).*

Ses musiques ont la réputation de se ressembler toutes, d'être monotones. Qu'on ne s'y trompe pas : sous les accords sobres de la guitare se cachent tous les genres rythmiques, java *(le Bistrot),* blues *(Au bois de mon cœur)* et même boogie-woogie *(les Copains d'abord).* Il joue en outre assez subtilement des harmonies et de l'opposition majeur/mineur ; il y a dans son jeu de guitare des rappels du jazz d'avant-guerre, de style « manouche ». Sa voix n'est pas spécialement « belle » mais sa façon de lâcher les mots, très proche de celle des chanteurs de blues, est difficilement imitable.

Le personnage a longtemps retenu l'attention des médias : le verbe cru *(Putain de toi, la Ronde des jurons, le Bulletin de santé),* l'air volontiers bougon, il se créa très vite l'image d'un ours mal léché, d'autant qu'il refusa toujours de livrer au public des éléments de sa vie privée (il s'en explique : *les Trompettes de la renommée).* Il s'explique aussi, avec humeur et humour, de ses gauloiseries et du rôle que le public le force à jouer *(le Pornographe du phonographe).* Il y a là, diraient les sémiologues, un signe neuf et relativement rare dans ce milieu : la vedette qui refuse de jouer le rôle du vedettariat, l'homme célèbre dont on ignore la vie privée.

Plus que son influence sur la jeune chanson (Pierre Perret, Philippe Chatel et bien d'autres), plus que les hommages qu'on lui rend (prix de poésie de l'Académie française 1967, *A Brassens,* chanson de Jean Ferrat, *les Amis de Georges,* chanson de Moustaki, disques *Le Forestier chante Brassens* et *le Brassens des Frères Jacques),* c'est l'image d'un homme simple et sincère qui s'impose et qui restera sans doute.

BERTOLT BRECHT

Augsburg (Allemagne), 1898-Berlin, 1956. Auteur. Considéré sous l'angle de la chanson, l'apport de Brecht tient essentiellement à l'intégration de « songs » dans ses pièces et opéras populaires, et à la fonction dramatique qu'il leur assignait. « Parce qu'elle ne cessait d'être exclusivement sentimentale et d'utiliser tous les habituels piments narcotiques, la musique contribuait à mettre à nu les idéologies bourgeoises. Elle se faisait pour ainsi dire commère ordurière, provocatrice et dénonciatrice » *(A propos de « l'Opéra de quat'sous »,* 1935.) Élément « gestuel », le song avouait le personnage « ouvertement complice de l'auteur » *(l'Achat du cuivre),* et, « en exaltant les désirs inavoués des spectateurs, [minait] leur participation idyllique au spectacle » (Bernard Dort). Intégrées à un spectacle, ou interprétées pour elles-mêmes, de façon plus ou moins fidèles selon la compréhension brechtienne, ces chansons, dont certaines étaient connues depuis l'adaptation française du film de Pabst *l'Opéra de quat'sous* (1931, interprètes : Albert Préjean et Odette Florelle), tentèrent quelques-unes des meilleures « tragédiennes de la chanson » en France : Marianne Oswald et Germaine Montero d'abord, Catherine Sauvage et surtout Pia Colombo ensuite. Grâce à la musique de Kurt Weill et aux adaptations souvent remarquables de Boris Vian, Robert Desnos ou André Mauprey, quelques-unes d'entre elles devaient atteindre le grand public : *la Complainte de Mackie* (adapt. A. Mauprey), *Alabama Song* (adapt. B. Vian) ou *Bilbao Song* (adapt. B. Vian). Malgré cela, on ne peut guère parler de chansons ou d'auteurs brechtiens en France. *A fortiori* de tradition brechtienne.

JACQUES BREL

Bruxelles, 1929-Bobigny, 1978. Auteur-compositeur, interprète. Fils d'un industriel belge, Jacques Brel est depuis son enfance destiné à prendre la direction de la cartonnerie familiale. Très jeune il veut chanter et passe, le dimanche, dans les kermesses et les fêtes paroissiales. Jusqu'au jour où il vient à Paris, passe aux Trois Baudets et rencontre Jacques Canetti qui prend en main sa carrière. Enregistre d'abord chez Philips, puis chez Barclay, accompagné successivement par les orchestres d'André Grassi, Michel Legrand, André Popp, François Rauber. Pour la scène, il reste fidèle à l'orchestre de Gérard Jouannest, qui compose d'ailleurs la musique de certaines de ses chansons *(la Parlote, les Vieux*, etc.).

Les textes de Brel, très marqués à l'origine par une nette inspiration catholique, prennent peu à peu une force corrosive et critique, un ton amer, qui contrastent avec le ton de ses débuts, fait d'espoir idéaliste. Recherchant tout d'abord la beauté *(Il nous faut regarder)*, la fraternité et l'amour *(Quand on n'a que l'amour)*, il en vient à douter de leur existence même. Les femmes remplacent l'amour et elles sont « notre pire ennemi » *(les Biches)*. A côté de cette misogynie qui se développe tout au long de son œuvre, jusqu'au disque ultime *(les Remparts de Varsovie*, 1977), on trouve chez lui une obsession marquée de la mort *(le Moribond, A mon dernier repas)* qui se transformera en fatalisme tranquille lorsqu'il se saura condamné par le cancer *(Vieillir)*, et surtout un anticonformisme qui le fera s'attaquer à toutes les formes de « bourgeoisie » *(les Bourgeois, les Bigotes, les Dames patronnesses, les Flamandes)*. L'œuvre de Brel est, à l'image du personnage sur scène, un

vase clos où tout renvoie à tout, où chaque mot, chaque geste est le signe de tout un arrière-plan de mythologie personnelle. Les composantes de cet univers sont constantes et peu nombreuses : sur le plan des thèmes, la femme, le vin et les frites, le passé heureux, le présent et l'échec, etc. Sur le plan du style, une tendance aux images gratuites (« un oiseau mort qui leur ressemble ») ou uniquement justifiées par certaines homophonies (« un divan de diva », « du porto que tu rapportas de la porte des Lilas »), un amour certain pour le néologisme (« une maison qui se tire-bouchonne », « je me suis déjumenté »), un emploi fréquent de couples en opposition (« j'avais l'œil du berger et le cœur de l'agneau », « tu avais perdu le goût de l'eau et moi celui de la conquête »), etc.
Il fut un de nos rares chanteurs à être à la fois auteur-compositeur à succès et interprète de talent. Sur scène, il avait une technique gestuelle très au point, venant paraphraser le texte, l'amplifier, voire le caricaturer. Du Brel immobile derrière sa guitare des premières années au grand diable gesticulant des derniers récitals (1967), il y a un monde : on atteint dans le geste, dans le mime, dans la caricature un point de non-retour qui est aussi un point d'arrivée. Il avait aussi une façon inhabituelle de couper les mots, de les cracher par tronçons, très caractéristique de son interprétation.
Universellement connu et apprécié, traduit en anglais (entre autres par Mort Shuman), il a sans doute senti qu'il ne pouvait pas, momentanément, aller plus loin et décide, en 1967, de quitter la scène tout en promettant en quelque sorte de revenir à travers une chanson *(La la la)* où l'on retrouve la plupart de ses thèmes, mais distanciés, contestés de l'intérieur. Le geste-paraphrase auquel il nous avait habitués venant doubler le texte et la mélodie, grossissant, amplifiant, accentuant les effets, tend très vite à devenir un système qui ne signifie plus rien que lui-même. Or cette chanson représente une sorte de parodie extrême de tous ses trucs : caricature du néologisme (« je mourirai »), de la dichotomie passé heureux/présent échec, de la voix même (Brel chantait bien, il pouvait même chanter l'opéra et l'avait prouvé dans *l'Air de la bêtise*, mais il se ridiculise volontairement en chantant d'une voix chevrotante « la la laaaaa » ou « cerné de riiiiiidicule »). Cette évolution ne sort pourtant pas du continuum brélien qui fait que rien n'est jamais fini, que rien ne commence vraiment, que tout oscille entre « mon enfance » et « ce soir »
De Madeleine à Frida, il s'agit toujours du même échec, des *Biches* à *Mathilde* de la même lutte.

Il se tourne alors vers le cinéma, comme acteur *(les Risques du métier)* puis comme metteur en scène *(Frantz,* 1972), avant de se retirer aux îles Marquises. Sa longue absence laisse au public le temps de sentir à quel point son œuvre était importante et son retour par le disque, en 1977, est soigneusement orchestré par son éditeur. Dans les dernières chansons de Brel (dont certaines devaient s'insérer dans une comédie musicale qu'il n'aura pas le temps de finir, *Vilebrequin*), à côté d'une grande réussite comme *les Marquises,* on trouve, accentués jusqu'à l'exaspération, certains de ses thèmes, comme sa haine des Flamands *(les F...),* ce qui laisse un certain regret à l'auditeur, que sa mort accentuera l'année suivante.

RAOUL BRETON

Vierzon, 1896-Paris, 1959. Éditeur. A l'issue d'une brillante carrière de danseur mondain, a édité les premières chansons de la « nouvelle vague » des années 30 : Marcel Achard, Mireille et Jean Nohain, Noël-Noël. Il a également inventé l' « auteur-compositeur-interprète » qu'il a déniché en la personne de Charles Trenet, alors âgé de 14 ans. Sa conception du rôle de l'éditeur l'engage à s'intéresser à tous les aspects de la carrière de son « chanteur ». Et ce qu'il fit pour Trenet, il le répétera, peu ou prou, pour Gilbert Bécaud, Charles Aznavour et Édith Piaf. A sa mort, sa femme tentera de poursuivre son œuvre.

JEAN BROUSSOLLE

Saint-Vallier-sur-Rhône, 1920. Auteur-interprète. Membre des Compagnons de la chanson, il est responsable d'un certain nombre de leurs succès, souvent repris par d'autres interprètes : *Alors raconte* (— G. Bécaud, 1956), *C'était hier* (— H. Salvador, 1957), *le Marchand de bonheur* (— J.-P. Calvet, 1959), *Enfant de bohème* (— J.-P. Calvet, 1962), etc.

ARISTIDE BRUANT

[Aristide Bruand] Courtenay (Loiret), 1851-1925. Né de bonne bourgeoisie, il fréquente le lycée de Sens. Des revers de fortune l'obligent à le quitter à 17 ans, et à devenir apprenti bijoutier. Après la guerre de 70, qu'il fait en franc-tireur, il entre à la Compagnie des chemins de fer du Nord à Paris. De cette époque datent ses premières chansons *(les Gens de Courtenay,* 1873), ses premières apparitions sur la scène

(Concert des Amandiers, café-concert Dorell à Nogent), ses premiers succès : il est engagé par le Concert de l'Époque (futur Pacra), par la Scala et chanté par plusieurs artistes de caf' conc' (Paulus, Bourgès, Claudius). Son répertoire est composé de scies populaires, de chansons humoristiques *(l'Enterrement de belle-maman, Mad'moiselle écoutez-moi donc*, en collaboration avec Jules Jouy, 1881). Durant son passage au régiment, il compose la *Marche du 113ᵉ de ligne.* Introduit au Chat Noir par Jules Jouy et Marcel-Legay (1883), il y trouve sa voie, et compose ses chansons de quartiers, réunies plus tard en recueil (*Dans la rue*, 1889, 1ʳᵉ édition). C'est à lui que s'adresse Rodolphe Salis pour écrire une ballade du Chat Noir :

Je cherche fortune
tout au long du Chat Noir
et au clair de la lune
à Montmartre le soir

chantée à la cérémonie de transfert du cabaret, du boulevard Rochechouart à la rue Victor-Massé. Mais Salis est avare, et l'ancien local est libre : Bruant s'y installe en 1885, le baptise le Mirliton, le fait décorer par ses amis Steinlen et Toulouse-Lautrec : des cadres vides, des tableaux sans cadre, des murs défraîchis marqués par d'anciennes décorations. Lui-même adopte la tenue popularisée par les affiches de Lautrec : bottes, habit noir, foulard rouge, chapeau à large bord. Avec son profil droit, son air martial, sa belle carrure, il ne manque pas de faire impression. Pourtant le soir de l'inauguration, il n'y a que trois clients. Bruant, bilieux, les houspille. A sa grande surprise, ils s'en montrent très satisfaits. Le chansonnier en tire une ligne de conduite dont il ne se départira plus : plus on maltraitera le client, quitte à le flatter au revers, plus il s'amusera et repartira content. Le calcul se révèle exact, et le bourgeois lettré ou snob afflue au Mirliton. L'ambiance est joyeuse. Mais lorsque Bruant monte sur une table et annonce une de ses chansons, le silence s'établit, jusqu'au refrain que les assistants reprennent en chœur à la manière des répons d'église : *A Saint-Lazare* (ou *A la Villette*), *A Montparnasse...* La voix âpre de l'artiste, sa présence indiscutable contribuent à susciter l'aura de mystère qui enveloppe l'univers de ses chansons. Il interprète également ou fait chanter des airs du folklore *(la Route de Louviers)* et vend son journal *le Mirliton* (1885 à 1894). En 1895, il abandonne le cabaret, où il se fait remplacer par des doublures, et fait des tournées en France et à l'étranger. Riche et célèbre, il achète le Concert de l'Époque, se présente à la députation à Belleville, comme candidat « républicain, socialiste, patriote, antisémite » : il obtient 528 voix. Il se tourne vers la littérature, n'écrivant pas moins de 16 romans, et 6 pièces de théâtre : production de quatre sous, bâclée, pour laquelle il se fait aider par deux « nègres », mais qui se révèle fort rentable. Il peut se retirer à Courtenay, propriétaire parmi les propriétaires. En 1924, il fait une dernière apparition à l'Empire. C'est un triomphe, le dernier : il meurt peu de temps après. Son décès est l'occasion d'un déferlement d'articles, de récits hagiographiques, de jugements ; Villon, Zola, sont appelés à la rescousse et servent de référence : « Le naturalisme nouveau apporté par Bruant renouvellera celui des Zola et des Goncourt » (Yvette Guilbert). Bruant chanteur du peuple, chansonnier socialiste, nouveau Villon et grand poète : qu'en penser ? Il est certain que la part la plus importante de l'œuvre de Bruant est consacrée au « peuple ». Quel peuple ? Celui qui campe sur les marches de la classe ouvrière, et s'identifie à la population flottante des villages récemment intégrés à Paris : le lumpenproletariat des barrières. L'apache et la gigolette, qui n'étaient pas encore magnifiés dans l'imagination populaire par les exploits de Casque d'or, s'intégraient à un monde où les assommoirs de la zone étaient présentés comme les derniers refuges du romanesque, de l'honneur, du courage. N'oublions pas que le public de Bruant, comme Bruant lui-même, était bourgeois, et, s'il cherchait le grand frisson, ce n'était certes pas du côté de la réalité dure et nue. Présenter à ce public un univers ainsi défini n'est pas faire œuvre populaire, mais plutôt s'illustrer dans un autre genre, le populisme. Si Bruant a chanté le pavé de Paris, la fleur qu'il y a fait pousser est ou trop rouge ou trop noire pour que tout un peuple puisse s'y reconnaître.

Bruant socialiste ? Il y a certes *les Canuts*, unique œuvre de son dernier recueil *Sur la route* à être passée à la postérité. Mais les chansons de cette veine sont rares, la lutte ouvrière y est toujours présentée sur le mode passéiste, et les héros des chansons de quartiers ou des bataillons disciplinaires sont fatalistes face à leur destin tragique. Leur auteur finira par faire l'apologie de la propriété et de l'armée *(l'Impôt sur la rente).*

Bruant nouveau Villon ? L'usage de l'argot peut y faire penser. Il est cependant marié à celui de la langue triviale et aux vocables créés par l'auteur. Car Bruant a un incontestable sens du langage. Les procédés de versification et de construction mis en œuvre (4 strophes-refrain, strophes de 4 à 8 vers, vers de 8 pieds) sont rigoureux. Aussi serait-il à classer parmi les parnassiens, comme l'a noté Jehan Rictus, et non du côté de Villon. Les compositions, sans présenter beaucoup d'originalité mélodique, rendent compte de la même volonté de rigueur. Elles sont facilement reconnaissables, car « toujours inspirées d'un air d'Église, d'un air de chasse, d'une sonnerie militaire ou calquées sur une chanson de route » *(Comœdia) :* marches, complaintes *(Dans la rue)*, romances *(Rose blanche)*, dominent. La « réalité », le pouvoir suggestif de l'univers de Bruant ne prend consistance que par et dans le langage mis à jour par l'auteur. Avec lui, un nouvel astre s'est levé au firmament de la mythologie littéraire : le personnage Bruant, ses représentations graphiques, son langage, son univers ont été assumés par la tradition, et sont devenus levain d'une pâte féconde. En témoignent Carco et Mac Orlan, et bien d'autres encore... Postérité qui, bien que circonscrite à une aire limitée, rend compte d'un authentique pouvoir de création.

EUGÉNIE BUFFET

Tlemcen (Algérie), 1866-Paris, 1934. Interprète. Bonne à tout faire à Mascara et fille d'officier, elle commence une carrière de comédienne au théâtre de Mostaganem, puis à Marseille sous le nom de Julyani, enfin à Paris (Variétés, Menus Plaisirs). Ayant fait un séjour en prison à Saint-Lazare pour avoir crié « Vive Boulanger » à la barbe de Carnot à l'exposition de 1889, elle achète un costume « nature » à ses compagnes de taule et débute dans le tour de chant en 1890 à la Cigale. Richepin lui fait un répertoire. Elle emprunte le reste à Joseph Darcier, Théodore Botrel, Maurice Boukay, Paul Déroulède, Aristide Bruant. D'abord « gigolette », elle crée rapidement un nouveau genre, la « pierreuse » *(A Saint-Lazare, Jenny l'ouvrière, les Gueux)*. Le succès vient en 1892 avec *la Sérénade du pavé* (« Sois bonne, ô ma belle inconnue.. »). « Nini » va alors faire la quête dans les cours des quartiers rupins pour les pauvres. Elle ouvre en 1902 le Cabaret de la Purée et en 1903 le caf' conc' des Folies-Pigalle avec Émile Defrance, créateur de la chanson improvisée. Devant leur insuccès, elle part avec lui en tournée. Quand la guerre survient, elle chante dans les rues pour « le Sou du poilu », puis fonde l'œuvre de « la Chanson aux blessés ». On la voit organiser des matinées à l'ambulance du Grand-Palais, dans différents hôpitaux, et jusqu'aux cantonnements du front.
La « Cigale nationale » est alors devenue si populaire que les policiers doivent établir des barrages rue de l'Ancienne-Comédie lorsqu'elle vient chanter au Procope pour les pauvres du quartier

Latin. Son activité sociale n'a d'égale que son activité politique : elle est à la fois (ou tour à tour ?) royaliste, comme en témoignent *la Fleur de lys* et *le Mouchoir rouge de Cholet* (chansons de Théodore Botrel), militante à la Ligue des patriotes, et sergent des Croix-de-feu. Elle fait en 1922 et 1923 des tournées en Amérique, au Maroc et aux Antilles (mission du gouvernement français), revient en 1924 et passe à l'Empire, l'Eldorado, Parisiana. Puis elle revient au théâtre (les Bouffes du Nord, et *Fleur de trottoir* à la Scala en 1929). Elle passera la fin de sa vie dans ces hôpitaux qu'elle a tant fréquentés dans sa jeunesse, et dans la pauvreté qu'elle a tant chantée et secourue. Un gala d'artistes sera organisé à son profit au théâtre Sarah-Bernhardt en 1926 pour payer les soins. Et en 1933 l'on décorera de la Légion d'honneur la « caporale des poilus ».

MICHEL BÜHLER

Berne (Suisse), 1945. Auteur-compositeur-interprète. Instituteur dans un village du canton de Vaud, il se présente en 1969 à un concours radiophonique : c'est le point de départ d'une carrière sans concessions qui le mènera, seul ou dans le sillage de Gilles Vigneault, dont il « fit »souvent les premières parties, de maisons de la culture en galas de soutien et de Bobino en Faux Nez (la salle-phare de la Suisse romande, à Lausanne), partout où l'on « écoute » la chanson. Un regard lucide, qui fait affleurer, derrière *Une simple histoire*, banalement quotidienne — celle du chômeur, de l'immigré, du père du soldat mort —, les conflits de classe et ces instants de révolte, de prise de conscience qui illuminent une vie de soumission *(Sur le pavé, Jean Junod, l'Avalanche)*. Un regard rétif aux faux-semblants du bonheur helvétique *(Ma mère, la Suisse)* comme à la bêtise cocardière à béret basque *(Superdupont)*. Un écrivain de chansons classiques, enfin, proches de la ballade *(Mon père, On se retrouvera)*, auquel on peut reprocher le manque de variété de ses mélodies et de ses harmonies.

LA BUTTE ROUGE

Chanson, par. Montéhus, mus. Georges Krier (1922). Alors que, pendant la guerre, Montéhus se laissa emporter par la vague de chauvinisme, reniant ses idées, il retrouva au sortir de la « grande boucherie » son pacifisme d'antan, pour écrire son plus beau texte. La Butte dont il est question est celle de Bapaume, en Champagne. Mais, chantée aujourd'hui dans les manifestations et les meetings, elle est identifiée à tous les hauts lieux de la répression contre le mouvement ouvrier. Il se dégage de la musique de valse une ambiance très calme, très « casque d'or », qui contraste avec les horreurs décrites par le texte. Elle a été notamment enregistrée par Yves Montand et Claude Vinci.

RENÉ DE BUXEUIL

[Jean-Baptiste Chevrier] Plancoulaine (Indre-et-Loire), 1881-Paris, 1959. Compositeur, interprète. Aveugle depuis l'âge de 12 ans, il reçoit sa formation musicale à l'Institution Valentin-Haüy. Se produit dans les cabarets montmartrois et les caf' conc' de quartier. Habile à traiter tous les genres populaires, il se situe dans la tradition du « compositeur des faubourgs ». Parmi les 5 000 chansons qu'il a composées, il faut distinguer *l'Ame des violons*, valse tzigane (P. Febvre, D. Lawrence-R. de Buxeuil, 1913), mémorable succès, et *Zaza* (— S. Quentin, 1923), reprise récemment par Georgette Plana. Sympathisant de l'Action française, il composa, à côté d'autres chants nationalistes, *la Royale* (— M. Brienne).

CABARET DES ASSASSINS

→ Lapin à Gill.

ÇA C'EST PARIS

Chanson, par. Jacques-Charles, Lucien Boyer, mus. José Padilla (1925). Autour du thème de Paris, Jacques-Charles et Lucien Boyer s'essaient à placer des images évocatrices sur un paso doble de l'Espagnol Padilla. Il importe de réussir, la chanson étant prévue comme leitmotiv de la revue du même nom. Trois versions sont refusées par l'interprète, Mistinguett. C'est alors que Jacques-Charles a l'idée de l'association devenue fameuse, « Paris, c'est une blonde ». Malgré les réticences de l'entourage et de Boyer, celle-ci est maintenue, et la chanson, menée au succès par la Miss, survécut à la revue du Moulin Rouge. Telle est l'histoire de cette rengaine dans laquelle un de ses auteurs voit « *la Marseillaise* de la Parisienne ». Parisienne dont

> le nez retroussé, l'air moqueur
> les yeux toujours rieurs

ne sont pas sans rappeler l'apparence de Mistinguett. Hasard, que cette rencontre entre la ville éternelle, l'éternel féminin et l'inusable Miss ? Non, sans doute : cette dernière ne fai[sait]t-elle pas partie du décor, ne s'identifiait-elle pas à une certaine représentation mythique de Paris ? Aujourd'hui, dans les bals de France et d'ailleurs, Paris est toujours une blonde. Il est des mythes qui ont la vie dure.

CAFÉ AU LAIT AU LIT

Chanson, par. et mus. Pierre Dudan (1940). Le « tube » d'un auteur-compositeur de talent. Popularisée par la Radio suisse, très écoutée pendant l'Occupation, cette chanson connaît dès 1942 un grand succès dans la région lyonnaise et le Dauphiné, avant d' « éclater » après la Libération. Vogue due à son air entraînant, mais plus sûrement à l'idéal de farniente qu'elle proposait après des années difficiles.

CAFÉ-CONCERT DE LA GAÎTÉ

→ Gaîté-Rochechouart.

CAFÉ MOREL

→ Alcazar d'été.

REDA CAIRE

[Joseph Gandhour] Le Caire (Égypte), 1908-1963. Interprète. Étudiant en droit, il débute en 1928 au théâtre des Célestins à Lyon, mais ne vient au tour de chant qu'en 1933 (Bœuf sur le toit). Avec des « mines de chatte ronronnante, des dandinements, des airs coquins » (P. Lagarde), il devient un chanteur de charme à succès (Casino-Montparnasse, 1941) qui enregistre une quantité impressionnante de disques en français et en arabe *(Ses yeux perdus, Sur la route blanche).* Son interprétation est savante, voire précieuse. Son répertoire suscite « ces impressions élémentaires qui versent dans notre cœur la sensibilité des bonnes du Ve » (J. Barreye).

GÉRARD CALVI

[Grégoire Krettly] Paris, 1922. Compositeur. Grand prix de Rome, fait une carrière de chef d'orchestre-compositeur de musique légère. Ses succès côté chanson : *le Prisonnier de la tour* (— F. Blanche, 1946), créé par Piaf et repris par les Compagnons de la chanson ; *Ce n'est qu'une chanson* (— A. Boublil, 1954), interprété entre autres par Frank Sinatra. Fut président de la SACEM.

MARIA CANDIDO

[Simone Marius] Hyères, 1927. D'ascendance napolitaine. Débute dans le chant classique (prix du conservatoire de Toulon), l'opérette *(Rêve de valse* avec Marcel Merkès) avant de venir figurer dans le peloton compact des chanteuses sentimentales exotiques qui campent sur le devant des scènes dans les années 50 *(le Torrent,* — P. Havet, 1953). Revint à l'opérette (*Volga,* de Francis Lopez, au Châtelet, 1976) lorsque le goût du public se porta vers d'autres horizons musicaux.

JACQUES CANETTI

Roustchouk (Bulgarie), 1909. Imprésario « découvreur » de vedettes, spécialiste de l' « auteur-compositeur-interprète ». Enfance à l'étranger, études en langue allemande. Colleur d'étiquettes chez Polydor, il obtient de l'inaccessible Marlène Dietrich un enregistrement en français. C'est aussitôt la promotion. Il organise les émissions de jazz-hot sur le Poste parisien, les premiers concerts de Duke Ellington et d'Armstrong à Paris. Entre à Radio-Cité comme directeur artistique (1936), se destinant à la promotion de la musique classique et du jazz, mais son émission « Le music-hall des jeunes » où il fait voter les auditeurs lui donne Agnès Capri comme première lauréate... Le tournant est pris : Canetti contribue à faire connaître Charles Trenet, Lucienne Delyle, Édith Piaf.
A la guerre, il part pour Alger organiser les émissions de Radio-France et monte un théâtre de chansonniers avec lequel il fait le tour du Moyen-Orient. A la Libération, il reconstitue l'« écurie » de Polydor : Georges Brassens, Jacqueline François, Félix Leclerc (qu'il fait découvrir en France). Devient directeur du catalogue chez Philips (1951-1962) et crée le théâtre des Trois Baudets (1947-1960) qui sert de laboratoire à toutes ses découvertes (Guy Béart, Jacques Brel, Philippe Clay, Jean-Claude Darnal, Leny Escudero, Léo Ferré, les Frères Jacques, Serge Gainsbourg, Michel Legrand, Francis Lemarque, Dario Moreno, Mouloudji, Henri Salvador, Anne Sylvestre, etc.). En 1963, il monte sa propre maison de production (Jeanne Moreau, Serge Reggiani).
Par son aptitude à anticiper — et à préparer — les goûts du public en matière de chanson style « rive gauche », Jacques Canetti a joué un rôle fondamental pendant plus de trente ans. Mais, prenant en charge la programmation chanson du théâtre de l'Est parisien en 1979, il se révèle alors incapable de comprendre l'évolution récente de cet art. Il a publié ses souvenirs en 1978 *(On cherche jeune homme aimant la musique).*

LES CANUTS

Chanson, par. et mus. Aristide Bruant (vers 1899). Abandonnant, le temps d'une chanson, son monde de marlous et de gigolettes,

Bruant rend hommage aux tisserands lyonnais héros de l'insurrection de 1831. Peut-être inspiré par *la Chanson du linceul* (par. franç. Maurice Vaucaire) tirée de la pièce *Die Weber* de Gerhardt Hauptmann :

Nous tissons sur nos métiers
ton linceul, ô vieille Allemagne
avec nos fill's et nos garçons
c'est ton linceul que nous tissons

il prédit, lui, le bourgeois :

Mais notre règne arrivera
quand votre règne finira
nous tisserons alors
le linceul du vieux monde...

Avec *les Canuts,* Bruant a réussi à évoquer, par-delà un épisode passé de la lutte des classes, l'essence même du combat du mouvement ouvrier. Par sa charge poétique, sa construction rigoureuse et néanmoins simple, c'est l'œuvre la plus forte, et de loin, du recueil *Sur la route.*

AGNÈS CAPRI

[Sophie-Rose Friedmann] L'Arbresle (Rhône), 1915-Paris, 1976. Interprète. Ancienne élève de Dullin et de la Schola Cantorum, elle fait du cabaret (Bœuf sur le toit), du music-hall (A.B.C) et de l'opéra bouffe avant d'ouvrir elle-même en 1938 une salle de 40 places rue Molière. Le Capricone est un cabaret révolutionnaire : « Une scène en miniature, protégée par un rideau rouge, occupait le fond de la petite salle capitonnée. Agnès Capri, un air de candeur jeté sur son visage aigu, chantait des chansons de Prévert » (Simone de Beauvoir). Elle y est entourée d'artistes de tendance surréaliste et d'amis du groupe Octobre, entre autres Michel Vaucaire, Marcel Herrand, Prévert et Kosma, Max Jacob, Erik Satie... « Curieuse et attachante ambiance d'où l'on sortait avec la satisfaction d'avoir entendu quelque chose de peu banal. » La guerre l'oblige à fermer le cabaret. Une tournée des artistes en zone libre est interdite et Agnès Capri recherchée par la police. Elle gagne l'Afrique du Nord et devient animatrice des spectacles de l'opéra d'Alger. De retour à Paris, en 1944, elle rouvre les portes de son cabaret — théâtre Agnès-Capri — où Stéphane Golmann, Yves Deniaud et Fabien Lorris (dans un numéro de duettistes), Cora Vaucaire (qui vient se constituer un répertoire), Mouloudji, les

Quatre Barbus... se font entendre. Mais, miné par la concurrence, le cabaret doit fermer en 1958. Agnès Capri poursuivit jusqu'à sa mort une triple carrière de comédienne, de chanteuse et de professeur (cours de cabaret artistique au théâtre de l'Épée-de-bois).

JEAN-MICHEL CARADEC

Morlaix, 1946-Rambouillet, 1981. Auteur-compositeur-interprète. Conservatoire de Brest. Intronisé par Maxime Le Forestier (il écrivit pour lui l'un de ses premiers textes, *Mai 68*), il se fit connaître à partir de 1974 avec des ballades folk ou pop : *Ile, la Ballade de Mac Donald* (1975), *Dans ma peau* (mus. Loudon Wainwright III), *J'aime les petites filles* (1977). Il mena une carrière sans tapage, gravissant d'un pas tranquille les marches du temple de la renommée, de l'Olympia, en vedette américaine en 1974, au théâtre des Mathurins, où il présenta pendant un mois son tour de chant en 1980. Par le climat, l'écriture de ses chansons, les thèmes au milieu desquels il se promène, cœur aux lèvres et fleur au fusil — écologie (un disque anti-pollution, *Portsall,* en 1978), Bretagne, amour, solitude —, il ne pouvait qu'entrer en résonance avec un certain public, familier d'Elton John ou des livres de Pierre Jakez Hélias. C'est parfois original *(Parle-moi,* réminiscence dylanienne, 1979), souvent un peu mièvre, mais toujours charmant.

FRANCIS CARCO

[François Carcopino-Tusoli] Nouméa, 1886-Paris, 1958. Auteur. Fils d'un inspecteur des Domaines, il se fait connaître par ses romans *(Jésus la Caille,* 1914) et son appartenance à un groupe de poètes dits « fantaisistes ». Ses recueils de poèmes ont des titres qui appellent la musique : *Chansons aigres-douces, Petits airs.* Dans les années 1910, Francis Carco participe à la vie montmartroise. C'est un habitué du Lapin à Gill, tout comme Mac Orlan, à la belle époque de « Berthe » et de « Frédé ». Il ne dédaigne pas de pousser lui-même la rengaine en grimpant sur les tables. Son inspiration, toujours nostalgique, a inspiré nombre de compositeurs (Daniderff, Larmanjat, Léonardi) et d'interprètes de qualité (Monique Morelli, Renée Lebas). Sa chanson la plus célèbre : *le Doux Caboulot,* créée en 1931 par Marie Dubas.

PATRICIA CARLI

[Rosetta Ardito] Toronto (Italie), 1943. Auteur-compositeur-interprète. Elle chante avec un sens aigu du cliché des chansons de femme-victime (*Demain tu te maries,* — L. Missir, 1963) qui ont un grand succès, mais préfère prendre de la distance par rapport au métier d'interprète et écrit *Oh lady Mary* (— Y. Bukey, 1969) pour David-Alexandre Winter et *la Tendresse* (— D. Guichard, J. Ferrière, 1972) pour Daniel Guichard, devenant ainsi un auteur de « tubes », et, dans cette voie, réenregistre elle-même (*l'Homme de la plage,* 1978).

CLAUDE CARRÈRE

[Claude Ayot] Paris, 1940. Imprésario, auteur. Après une carrière météorique d'interprète, il s'associe avec Jacques Plait en vue de produire des artistes débutants. En 1962, il fait signer un contrat de dix ans à Annie Chancel, 16 ans, qui lui a été recommandée par Henri Leproux, le patron du Golf Drouot. Deux semaines plus tard, Annie Chancel était devenue Sheila : c'est le coup d'envoi de l'une des plus étonnantes aventures du show business d'après-guerre. A partir d'un « matériau » surtout remarquable par sa neutralité, Claude Carrère impose le « produit » Sheila, en utilisant les ressources du marketing et les techniques publicitaires : coiffure, thèmes des chansons et jusqu'aux prétendues amours de sa vedette, tout est prévu, planifié par lui. Le succès dépasse toutes les espérances. Avec les bénéfices de l'opération Sheila (plus de 25 millions de disques vendus) et avec l'assistance de Jacques Plait puis d'Hubert Ibach, il peut élargir son champ d'action. La formation d'une écurie de jeunes chanteurs (Ringo, Roméo, Christian Delagrange...) et la création d'une maison de disques (label Carrère) ont permis à Claude Carrère de devenir en peu de temps le plus important producteur français indépendant. Il est aussi l'un des auteurs des principaux succès de Sheila *(L'école est finie, Adios amor, la Famille,* etc.). Mesuré à l'aune du tiroir-caisse, un grand du métier

CASINO DE PARIS

Le prestigieux music-hall du 17 de la rue de Clichy naquit en 1890. Dirigé par Desprez et Borney, il s'étendait alors jusqu'à la rue Blanche et comprenait un jardin oriental. Coupé en deux, il périclita lorsque la guerre lui fit fermer ses portes. Repris par Léon Volterra en 1917, le Casino connut alors sa grande période. La revue *Laissez-les tomber* (décembre 1917) avec Gaby Deslys et Harry Pilcer fut la première d'une éblouissante série : *Pari-ki-ri* (1918) qui consacre le couple vedette Mistinguett-Chevalier, *la Grande Revue* (1919) dans laquelle Max Dearly et la Miss jouèrent pour la dernière fois la « valse chaloupée », *Paris qui danse,* un cocktail de toutes les sortes de danses, *Paris qui jazz* dans laquelle Mistinguett créa *Mon homme, En douce,* où une cuve de 100000 litres d'eau fut montée sur la scène... Le maître d'œuvre, Jacques-Charles, avait su grouper autour de lui les collaborateurs les plus talentueux : Albert Willemetz et Saint-Granier pour les lyrics, Maurice Yvain et Borel-Clerc pour la musique, le jeune Gesmar et le couturier Paul Poiret pour les décors et costumes. Et sur le plateau, Mistinguett, Chevalier, mais aussi Dorville, le comique maison, Rose Amy, Jane Marnac et les vedettes américaines Pearl White et Vernon Castle... Premier music-hall de Paris, le Casino influa sur l'orientation de la chanson à grande diffusion en popularisant les rythmes d'outre-Atlantique *(rag-time)* et en amenant les paroliers à simplifier et grossir leurs effets. « Jacques-Charles et Léon Volterra nous ont habitués à ne chercher dans les revues du Casino de Paris que le plaisir des yeux. Ils nous dédommagent d'ailleurs si largement de ce qui est refusé du côté de l'esprit que nous ne songeons plus à exprimer des regrets », écrivait alors le critique Gustave Fréjaville. Et il ajoutait : « Cette prodigalité est dangereuse ; d'éblouissements en éblouissements, on perd la force d'admirer. » Cette évolution ne put être endiguée lorsque Oscar Dufrenne et Henri Varna prirent la relève de Volterra (1924). Fidèles à la tradition de la maison, ils firent appel aux grandes vedettes pour mener leurs revues : Mistinguett, Joséphine Baker qui créa *J'ai deux amours* (1930), Marie Dubas dans *Sex-appeal 32,* Chevalier qui créa *Y'a d'la joie* (1939). Ce fut Varna qui donna l'occasion à Cécile Sorel de prononcer ce mot historique : « L'ai-je bien descendu ? » (l'escalier), qui révéla Tino Rossi, un chanteur corse, dans la *Parade de France* (1934), qui engagea aux côtés de Mistinguett deux ex-boys du Casino, Pills et Tabet (1936). La retraite de Mistinguett (1949), de Chevalier, la crise du music-hall, la hausse des cachets allaient poser le problème de la vedette. Varna le résolut provisoirement en faisant confiance à des artistes du tour de chant et du disque : Line Renaud (1959) et Mick Micheyl. Mais cela ne pouvait suffire à renouveler une forme de spectacle depuis longtemps ossifiée. Même Roland Petit et Zizi Jeanmaire, qui succédèrent à Varna, mort en 1969, n'osèrent porter qu'une couche de vernis à l'ancien fond. Malgré le retour de Line Renaud, le Casino dut fermer ses portes en 1979.

JEAN-ROGER CAUSSIMON

Montrouge, 1918. Auteur, interprète. Acteur de théâtre, radio, TV, il commence à chanter au Lapin à Gill des poèmes nostalgiques évoquant des voyages dans l'espace et dans le temps. Mis en musique et interprété par Léo Ferré *(Comme à Ostende, Monsieur William, le Temps du tango)*, Philippe Clay *(Bleu-blanc-rouge)*, il devient en 1971 son propre interprète et enregistre grâce à Pierre Barouh. Il connaît quelques succès radio *(les Cœurs purs*, — É. Robrecht, *la Java de La Varenne)* et, pour ses récitals, choisit les théâtres (Vieux-Colombier, Renaissance, Gaîté-Montparnasse) où il campe un magnifique personnage de grand-père anarcho-écolo-sentimental et drôle *(Si vis pacem)*, et nettement plus jeune que sa musique.

C'EST SI BON

Chanson, par. André Hornez, mus. Henri Betti (1947). Sur cet air qui, pendant trois ans, n'inspira aucun interprète, André Hornez eut quelque hésitation à mettre « C'est si bon » alors que Charles Trenet venait de lancer son « C'est bon... ». La chanson dormait dans les tiroirs des éditions Paul-Beuscher quand Suzy Delair la prit et l'emporta au festival de jazz de Nice. Louis Armstrong l'entendit et l'emmena en Amérique. Elle ne nous revint que par son intermédiaire. Bien que composée par un musicien de formation classique, cet air de jazz est tellement « authentique » que les Américains sont persuadés que la chanson appartient à leur folklore noir et qu'elle a été traduite en français. Les Français eux-mêmes se demandent si ce n'est pas Armstrong qui l'a inventée et chantée en français pour leur faire plaisir. Parmi ses divers avatars, il faut signaler le tour du monde musical que lui fait accomplir Marcel Amont dont c'est, sur scène, le morceau de bravoure.

ÉLYANE CÉLIS

[Éliane Delmas] Ixelles (Belgique), 1914-1962. Interprète. Débute comme partenaire de Maurice Chevalier dans *Parade de France* au Casino de Paris (1934). Puis mène simultanément une carrière de chanteuse d'opérette et du tour de chant. Ses chansons n'ont d'autre intérêt que de mettre en valeur sa voix de soprano : *Piroulirouli* (H. Varna, Marc Cab-V. Scotto, 1935), *Vous n'êtes pas venue dimanche* (R. Sarvil, Saint-Giniez-Borel-Clerc, 1939), *Baisse un peu l'abat-jour* (M. Delmas-H. Bourtayre, 1945). C'est elle qui interprète les chansons de la version française de *Blanche-Neige et les sept nains* de Walt Disney (1938). Une divette, plus à son aise sur une scène que sur disque.

LA CHANSON DE CRAONNE

Chanson, par. anonyme, mus. Charles Sablon (1917). Encore appelée *Chanson de Lorette.* Recueillie par Paul Vaillant-Couturier et Raymond Lefebvre, cette complainte, chantée par les poilus sur le front de l'Aisne, où se trouve le plateau de Craonne, est un témoignage direct sur l'état d'esprit des troupes françaises au moment de l'échec de l'offensive Nivelle et des mutineries d'avril 1917 :

> Ceux qu'on l'pognon, ceux-là r'viendront
> car c'est pour eux qu'on crève,
> mais c'est fini, car les trouffions
> vont tous se mettre en grève.

Si les paroles sont sans doute le fruit d'une écriture collective, l'air est celui d'une romance de Charles Sablon, *Bonsoir m'amour* (1911).

LA CHANSON DE TESSA

Chanson, par. Jean Giraudoux, mus. Maurice Jaubert (1934). Pour cette pièce adaptée du roman de Margaret Kennedy *la Nymphe au cœur fidèle*, Louis Jouvet, qui la montait au théâtre de l'Athénée, avait demandé la musique de scène au compositeur qui venait de s'affirmer dans *Juliette ou la clé des songes* de Georges Neveux. Au 1er acte, d'une manière soudaine, la voix du héros, Lewis (Louis Jouvet), s'élève « avec une ferveur qui stupéfie les autres » (Jean Giraudoux) :

> Si tu t'en vas, la vie est ma peine éternelle
> si tu meurs, les oiseaux se tairont pour toujours
> si tu es froide, aucun soleil ne brûlera...

Puis celle de Tessa (Madeleine Ozeray) :

> Si je meurs, les oiseaux ne se tairont qu'un soir
> si je meurs, pour une autre un jour tu m'oublieras.

« Sans doute la plus émouvante des chansons de théâtre et l'une des plus belles mélodies — monodies, pourrait-on dire, tant l'accompagnement de la main droite est discret — qui soient », écrira François Porcile. De toutes les interprétations suscitées par ce classique de la chanson d'amour, retenons celle, *mezzo voce* et sans apprêt, de Jean-Pierre Kalfon et Valérie Lagrange (1966).

LA CHANSON DES BLÉS D'OR

Chanson, par. F. Doria, Soubise, mus. Lemaître. Lancée par un inconnu, Frédéric Doria, vers 1870, au Concert parisien, reprise par Marius Richard à la Scala, elle est passée dans le répertoire de tous les chanteurs à voix patentés ou occasionnels : n'est-ce pas elle que l'on « pousse », encore aujourd'hui, à la fin des repas de fête, en milieu populaire ? Il serait du plus haut intérêt d'analyser ce phénomène de longévité (une enquête de 1957 la donnait comme la chanson la plus demandée par les auditeurs d'un poste parisien), et d'en fournir une explication non seulement en ce qui concerne cette chanson, mais aussi pour toutes celles qui se rattachent au courant « agraro-populiste » du XIXe siècle *(l'Angélus de la mer, la Voix des chênes, les Bœufs...) :* la référence à l'imagerie de la terre, de la famille, de la religion, en somme à tout ce qui s'apparente à un ordre stable, pérenne, sa traduction musicale (berceuse) ou vocale (registre des basses) peut en donner la clé.

CHANSON POUR L'AUVERGNAT

Chanson, par. et mus. Georges Brassens (1955). En accréditant auprès d'un public choqué par les verdeurs du *Gorille* une nouvelle image de Brassens, poète de la fraternité, elle élargit certainement l'audience du chanteur. Sa source d'inspiration directement chrétienne (qu'on retrouve dans *la Prière)* valut à Brassens toute la sollicitude de (certains) journalistes catholiques. Mais à aucun moment son auteur ne reniera l'œuvre. Entre cette moderne parabole du bon Samaritain (qui s'inspire de l'accueil que firent à l'auteur, pendant la guerre, Jeanne et son mari) et l'univers de Brassens, des *Copains d'abord* à *Jeanne,* il court la même recherche d'un monde où l'homme ne serait plus un loup pour l'homme.

CHANSONIA

→ Pacra (concert).

LE CHANT DES PARTISANS

Chanson, par. Joseph Kessel-Maurice Druon, mus. Anna Marly (1943). Sur un air composé par Anna Marly et destiné à être l'indicatif de la radio de la France libre, Kessel et Druon écrivirent leurs paroles en quelques heures. Sifflé par Claude Dauphin sur les ondes de la BBC et chanté par Germaine Sablon dans le film d'Albert Cavalcanti, *Pourquoi nous combattons,* il se répandit avec une rapidité extraordinaire pour être au rendez-vous de l'Histoire et honorer son titre officiel : *le Chant de la Libération.* Hymne de l'ombre, cette marche se caractérise par son rythme lent. Effet renforcé par la métrique inhabituelle — vers de 11 pieds, chute de 3 pieds — mais régulière. La mélodie progresse par imitation et retrouve son point de départ à chaque chute de rythme. Chant du combattant, il valorise le maquisard et, à travers lui, les classes sociales qui supportent l'essentiel de la lutte, qui paient « le prix du sang et des larmes ». La reconnaissance de cet état de fait par deux auteurs d'obédience gaulliste n'en est que plus significative. *Le Chant des partisans* reflète ainsi parfaitement la réalité de la Résistance, y compris dans ses ambiguïtés. Il a notamment été enregistré par Germaine Sablon (1945) et par Yves Montand (1955).

ROBERT CHARLEBOIS

Montréal (Canada), 1944. Auteur-compositeur-interprète. Il apprit la musique chez les sœurs, puis la comédie à l'École nationale de théâtre. La sortie de son premier disque, en 1966, est un événement dans la chanson québécoise : d'emblée, une jeunesse nourrie au lait de la Révolution tranquille se reconnaît dans ce chanteur qui se situe résolument en marge. Les remous suscités par son spectacle musical *Osstidcho* (show de l'hostie, Comédie-Canadienne, 1968) lui confèrent la stature d'un chef de file. Après s'être imposé au Québec, il part à la conquête du Vieux-Monde. Premier prix au festival de Spa (1968), il se produit dans des conditions assez malheureuses à l'Olympia en 1969. Mais le succès de *Lindberg* (— C. Peloquin), interprété en duo avec Louise Forestier, puis d'*Ordinaire* (— Mouffe), *Conception, les Ailes d'un ange, Cartier* (— D. Thibon), son sens du show, qu'il a l'occasion de démontrer sur les scènes de Montréal (Comédie-Canadienne, 1974) comme de Paris (Palais des congrès, 1976 et 1979), lui assurent une place à part entière dans le panthéon des chanteurs de langue française de l'après-guerre. « Nègre blanc d'Amérique » (P. Vallières), en rupture avec une chanson somme toute traditionnelle (de Félix Leclerc à Gilles Vigneault), qui se réfère à la fois au modèle français et à l'image d'un Canada blanc et poudreux, hors-les-villes, Charlebois réalise la synthèse entre un héritage sauvegardé et un environnement modelé par deux siècles d'anglophonie triomphante. Il réinvestit le joual, langue des « bums » et des faubourgs montréalais, langue propre à toutes les distorsions syntaxiques et se prêtant au mariage, enfin heureux, entre la phonétique française et la rythmique rock. Avec un sens étonnant de la transgression, il déchire « sans cesse les habits de clown psychédélique dont il s'est affublé » (G. Millière), pour faire l'amour avec des images, sensations et flashes sur fond de « Québec love ». Images mosaïques, comme l'est le Québec lui-même, cette Presqu'Amérique, qui lui permettent d'aborder, dérision et gravité mêlées, les thèmes les plus variés, de la vie de travail *(Mon pays, ce n'est pas un pays, c'est un job,* —R. Ducharme*)* à l'amour *(Parle-moi,* —M.-J. Casanova ; *Chanson pour Mouffe*) et au sentiment national *(Québec love,* —D. Gadouas ; *Mon ami Fidel).* Mais la bâtardise culturelle, à force d'être chantée, a fini par se faire reconnaître. Dès lors, Charlebois perdait son auréole de « rechercheiste » et, tout naturellement, prenait place, grand parmi les grands, entre Félix Leclerc et Gilles Vigneault, à la Francofête, sur la plaine d'Abraham, en 1974. Le « troubadour perdu » d'hier, coincé entre la génération des précurseurs et celle des héritiers, a désormais laissé la place à un artiste serein et assagi *(Garde-moi,* —J.-C. Collo, 1978 ; *J' veux d' l'amour,* —R. Ducharme, 1979), enfin rendu à l'état de « gars bien ordinaire », de « chanteur populaire ».

CHARLES ET JOHNNY

→ Charles Trenet et Johnny Hess.

LES CHARLOTS

Groupe vocal et instrumental, composé de G. Filipelli, J.-G. Fechner, L. Rego, G. Rinaldi et J. Rieubon. Ont débuté en 1965 sous le patronyme des Problèmes en accompagnant Antoine. Puis, en même temps qu'ils changeaient de nom, ils mirent au point un numéro de parodie burlesque, influencé par les Brutos. Jacques Dutronc, Antoine *(Je dis n'importe quoi, je fais tout ce qu'on me dit),* Serge Gainsbourg furent parmi leurs principales « victimes ». Ils adaptèrent également certains succès de l'avant-guerre *(Sur la route de Pen-Zac,* Georgius-Trémolo), des chansons de Boris Vian *(On n'est pas là pour se faire engueuler)* et mirent le folklore à diverses sauces, dont celle de la lutte pour l'environnement *(Derrière chez moi).* Leurs clowneries ne sont pas toujours gratuites.

PHILIPPE CHATEL

Paris, 1948. Auteur-compositeur-interprète. Garçon de course d'Henri Salvador, rédacteur de messages publicitaires, il écrit en même temps des chansons très marquées par l'influence de Georges Brassens (auquel il consacra d'ailleurs un livre). Premier disque en 1976 et premier succès avec *J't'aime bien Lilli.* En 1977, nouveau disque et nouveau succès : *J'suis resté seul dans mon lundi,* même opération en 1978 avec *Mister Hyde.* L'ensemble est cependant par trop homogène, les mélodies peu variées et l'univers musical, à base de guitare, un peu pauvre. Mais Philippe Chatel a peut-être trouvé sa voie en écrivant en 1979 un conte musical pour enfants, *Émilie Jolie,* interprété par les plus grandes vedettes du moment : Brassens, Charlebois, Souchon, Simon, Mitchell, Vartan, Clerc, etc.

LE CHAT NOIR

Cabaret montmartrois (1881-1898). D'abord situé boulevard Rochechouart, il émigre en 1885 rue Laval, aujourd'hui rue Victor-Massé. Fondé par un fils de négociant en spiritueux, Rodolphe Salis, le cabaret est au départ un simple débit de boissons, agrémenté d'un attirail décoratif assez baroque : à l'enseigne, un chat noir à poil ras perché sur un réverbère, peint par Willette et que Salis avait trouvé par hasard ; à l'intérieur, un vitrail à prétention symboliste, et au-dessus du comptoir une tête de chat génératrice de rayons d'or. Les murs étaient recouverts de tapisseries, le mobilier ancien baptisé Louis XIII. La rencontre du « gentilhomme cabaretier » et de Goudeau, ex-président du club des Hydropathes, y amena la clientèle des chansonniers du quartier Latin. En 1882, Salis eut l'idée de fonder un journal hebdomadaire, du même nom que le cabaret, qui était distribué gratuitement, et auquel collaborèrent Goudeau, Caran d'Ache, Steinlen, Alphonse Allais. Le vendredi, toutes portes fermées, les anciens Hydropathes improvisaient un concert, animé par Goudeau. Piqué au jeu, Salis s'y essaya à son tour et révéla des dons de bateleur hors pair. Sa manière était d'assener sur ses clients une bordée d'injures hautes en couleur puis, le mot lui faisant défaut, de les inviter à renouveler leurs consommations. Certains soirs, en l'absence du patron, c'était un chansonnier, Aristide Bruant, qui faisait office de goguetier. On retrouva bientôt le tout-Paris littéraire aux soirées du Chat Noir. A l'étroit boulevard Rochechouart, Salis transporta ses meubles rue Victor-Massé. Le déménagement se fit au son de la marche de Bruant *Autour du Chat Noir.* Le nouveau décor était encore plus pittoresque que l'ancien, avec son hallebardier, sa salle des gardes, son grand escalier d'honneur, sa salle des fêtes. Le programme consistait, comme au premier Chat Noir, en une succession de tours de chant et de présentations de poèmes introduits par Salis. Plus tard, celui-ci y adjoignit un spectacle de guignol, puis des jeux d'ombres sur fond de chansons, initiative qui eut un grand succès et qui devint une des spécialités du Chat Noir. La réputation du cabaret était alors à son faîte, et il fallait passer par le Chat Noir pour être consacré chansonnier. Mais Salis était d'une avarice remarquable, et certains des pensionnaires souhaitèrent voler de leurs propres ailes : déjà Bruant avait repris l'ancien local du boulevard Rochechouart pour en faire le Mirliton. Il fut suivi par Goudeau, par Gabriel Salis, frère du gentilhomme, par Jules Jouy et d'autres encore. Concurrence, certes, mais aussi rançon du succès. Ayant conquis Paris, Salis voulut conquérir la France, et, pourquoi pas, le monde. En 1892, la Compagnie du Chat Noir quitte pour la première fois Montmartre pour Rouen. Par la suite, on put l'applaudir dans presque toutes les grandes villes françaises, en Suisse, en Belgique, en Afrique du Nord. Dans chaque ville, on intégrait quelques éléments de la chronique locale. En 1897, le bail arrivant à terme, Salis doit céder le local. Lors d'une dernière tournée en Europe, Salis, fatigué, tombe malade et abandonne l'entreprise. Toutes les tentatives de relance (telle celle de Jean Chagot en 1908) échouèrent.

Mais si le cabaret disparaissait, le « chanoirisme », l'esprit Chat Noir, continuait. Héritier de la tradition du caveau et de la goguette, non conformiste sans être subversif, il était ondoyant et divers dans ses expressions, la présence de chanteurs aussi différents que Mac-Nab, Jules Jouy, Jacques Ferny, Léon Xanrof, Vincent Hyspa, Marcel-Legay, Paul Delmet, Aristide Bruant en est la preuve (« Nous fûmes tour à tour et même simultanément lyriques, réalistes, mélancoliques, satiriques, graves, funambulesques », L. Durocher). Né dans les milieux de petite et moyenne bourgeoisie de la IIIe République, il témoigne de leur aspiration en une forme d'expression qui leur soit particulière. Gagnant la chanson à une certaine exigence littéraire, et le milieu littéraire à un certain intérêt envers la forme chansonnière, l'esprit Chat Noir toucha le caf' conc', élargit son répertoire et contribua à relever le niveau de ses productions. Et si aujourd'hui le 12 de la rue Massé n'est plus qu'un immeuble remarquable par sa banalité, il est encore possible de retrouver dans les caveaux des chansonniers, dans les cabarets rive gauche, un peu de cet esprit qui l'habita.

LES CHAUSSETTES NOIRES

Groupe vocal et instrumental (1960-1964). Eddy Mitchell (Claude Moine) et quatre de ses amis avaient constitué un groupe « rock », les Five Rocks, qui passa pour la première fois au Golf Drouot. Ils retiennent l'attention de Jean Fernandez, directeur artistique chez Barclay, qui les engage. Les chaussettes Stemm se mettent de la partie : sur proposition de Lucien Morisse, qui assure la promotion du groupe, les Five Rocks deviennent les Chaussettes noires. Les intéressés l'apprennent en entendant à la radio leur premier disque, *Be bop a lula*, sorti en janvier 1961. Une apparition remarquée au festival rock du Palais des sports, une tournée Stemm, et les voilà promus vedettes. *Daniela*, *Eddy sois bon*, *Dactylo-rock* sont des tubes. Mais l'armée les appelle : c'est la fin du groupe. Technique vocale et instrumentale balbutiante, répertoire et jeu de scène imités des maîtres américains : Eddy et ses copains (trois guitaristes et un batteur, auxquels s'ajouta un saxo ténor) n'ont pas révolutionné le rock. Qu'importe ! « Ce qui enthousiasmait le public, ce n'était pas notre musique, mais notre âge » (Eddy Mitchell).

GEORGES CHELON

Marseille, 1943. Auteur-compositeur-interprète. Étudiant en sciences politiques à Grenoble, gagne un concours dont le premier prix est un enregistrement et débute sur les antennes de Radio-Monte-Carlo (1965) par une chanson-cri contre un *Père prodigue*. Prix du disque 1966, il passe à Bobino en 1968 et connaît quelques succès radiophoniques pour des chansons teintées de poésie où il utilise la charge émotive des silences. Puis sa carrière suit le même cours que son inspiration : des bas et des hauts *(la Fuite*, Bobino, 1979).

LE CHEVAL D'OR

Cabaret rive gauche, rue Descartes, Paris (1955-1969). Les duettistes Suc et Serre furent les premiers animateurs de cette petite salle de la Montagne Sainte-Geneviève. Après le suicide de Jean-Pierre Suc (1959), Léon Tcherniak, le patron, fit appel aux A.C.I. de la rive gauche. Peu à peu, une formule originale se dégagea : première partie servant de banc d'essai, qui révéla notamment Marcel Amont, Raymond Devos et, en dernier lieu, Daniel Beretta et Richard de Bordeaux ; deuxième partie animée par l'équipe permanente. La pierre angulaire en fut longtemps Ricet-Barrier, qui rodait là ses spectacles, entouré par Annie Colette, Anne Sylvestre, Boby Lapointe et Roger Riffard, les conteurs Jean Obé, Raymond Devos, François Lalande... Assurément, l'un des lieux les plus chaleureux et les plus inventifs de la rive gauche.

MAURICE CHEVALIER

Paris, 1888-1972. Interprète-auteur. Après une enfance difficile, il quitte l'école à 11 ans pour « gagner sa vie ». Pendant quelques mois, il travaille dans un atelier de passementerie, puis de punaises. En 1899, il obtient la permission de chanter le soir au café des Trois Lions, boulevard de Ménilmontant. A 12 ans, il décroche son premier engagement (à 12 francs la semaine) au casino des Tourelles. Imitant les grands comiques de l'époque, Dranem, Boucot, Montel, et interprétant leur répertoire surtout grivois, son extrême jeunesse et sa gaucherie lui permettent de s'imposer auprès du difficile public des caf'conc' de quartier : il est alors « le petit Jésus », « le petit Chevalier ». Puis des hauteurs de Belleville, il descend vers les Boulevards, où il commence sa mue qui de comique « paysan » (son costume : chapeau melon, veste jaune à carreaux, grandes chaussures) le transforme en jeune fantaisiste « parigot », avec déjà quelques touches du dandy anglais. Il obtient ses premiers succès de scène : Alcazar de Marseille (1907), Folies-Bergère, en vedette aux côtés de Jane Marnac (1908), puis, pour la première fois, de Mistinguett, avec laquelle il interprète la célèbre « valse renversante » (1912). Fait prisonnier en 1914, il est « ramené » à Paris par Mistinguett en 1916. De l'armistice à son départ pour Hollywood, il connaît une ascension triomphale. Il s'impose dans la revue au Casino de Paris *(Laissez-les tomber, Avec le sourire,* aux côtés de la Miss), dans l'opérette aux Bouffes-Parisiens *(Dédé, Là-haut),* où il obtient ses premiers succès de chansons : *la Madelon de la victoire* (L. Boyer-Borel-Clerc), 1919 ; *Dans la vie faut pas s'en faire* (A. Willemetz-H. Christiné) et *Je ne peux pas vivre sans amour* (F. Pearly-G. Gabaroche), 1921 ; *Valentine* (A. Willemetz-H. Christiné), 1924. C'est à cette époque qu'il adopte le smoking, découvre le canotier, et met au point son fameux pas de côté. Dans ces années qu'on

surnommera « folles », il représente la modernité. La chance de Maurice Chevalier est de s'être trouvé en harmonie parfaite avec l'air du temps. Au sortir de la Grande Boucherie, alors qu'une partie de la société tournait ses regards vers la grande espérance qui se levait à l'Est, l'autre visait à s'oublier, à s'enivrer dans un tourbillon de lumières, de brillances et de rythmes. Les danses « nègres », l'américanisme à la mode, les paillettes et les strass, le music-hall les offrait. La fureur de vivre, la vitalité joyeuse et trépidante, le « dandy de Ménilmuche » les incarnait. Celui qui brûlait les planches du Casino de Paris faisait figure de prototype du jeune premier sportif, mais, en même temps, il était le « p'tit gars de chez nous » qui a réussi à la force du poignet. Ce côté « gosse de Paris » se renforcera à mesure que l'âge estompera les prestiges de la jeunesse. Le séjour à Hollywood (1928-1935), en même temps qu'il faisait de « Maurice », une vedette mondiale, surimposera une autre version à celles déjà connues de son personnage : l'ambassadeur officiel de la gaieté et du charme français, l'article de Paris pour exportation, qui imite à merveille l'accent parisien dans la langue du pays d'adoption.
A son retour à Paris, Chevalier pouvait appréhender quelque peu l'accueil que lui réserverait le public. Mais, malgré les années d'absence, celui-ci est excellent (Casino de Paris, 1937), on le mesure à la popularité de ses chansons, particulièrement nombreuses en ces années d'avant-guerre : *Quand un vicomte* (J. Nohain-Mireille, 1935) ; *Donnez-moi la main* (P. Bayle-Valsien, Learsi, 1935) ; *Prosper* (G. Koger, V. Telly-V. Scotto, 1935) ; *Ma pomme* (G. Fronsac, L. Bigot-Borel-Clerc, 1936) ; *Y'a d'la joie* (C. Trenet, 1937) ; *Ça fait d'excellents Français* (J. Boyer-G. Van Parys, 1939). La guerre va perturber quelque peu cette harmonieuse carrière : Chevalier, cédant aux pressions des forces d'occupation, se produit au Casino de Paris en 1942, puis devant les prisonniers de guerre du camp d'Alten-Grabow, en Allemagne. De plus, à côté de refrains « faubouriens » *(la Marche de Ménilmontant,* — M. Vandair-H. Betti, 1941), il avait participé à la diffusion de l'idéologie vichyste, avec des chansons comme *Ça sent si bon la France* (J. Larue-Louiguy, 1941) et *la Chanson du maçon* (M. Vandair-H. Betti, 1941). Tout cela, aggravé par l'utilisation qu'en firent les nazis, faillit lui coûter la vie à la Libération (il fut sauvé, entre autres, par l'intervention d'Aragon). Cette attitude n'est pas pour étonner. Chevalier s'est toujours inscrit dans le cadre des idées, des normes dominantes ; professionnellement, aller dans le sens du plus grand nombre ne pouvait avoir que des avantages pour lui qui se voulait

chanteur du « peuple ». Socialement, il était lui-même une réussite du système et, par son personnage (il ne manquait pas une occasion de s'afficher auprès des « grands » de ce monde) et par l'idéologie de ses chansons, il servait de caution populaire à l'ordre établi. Aussi, en une période de rupture du consensus national, lui fallait-il faire montre d'une grande prudence, car son renom même faisait de sa personne un enjeu. Cette prudence, en la circonstance, lui manqua.
Après 1944, il se fit l'interprète d'un des succès de la Libération, *Fleur de Paris* (M. Vandair-H. Bourtayre), et abandonna le Casino de Paris (et la revue de music-hall) pour le théâtre des Champs-Élysées et la formule du « one man show » (1948, puis 1954, 1963). Dans ses tours de chant, les monologues intercalés entre les chansons tendent à gagner en importance, le tempo de l'interprétation, à se ralentir. Mais jusqu'à ses adieux à la scène, à l'occasion de ses « quatre-vingts berges » (1968, théâtre des Champs-Élysées), Chevalier chantera, de par le monde, devant des salles combles.
C'est que, malgré la relative pauvreté de ses chansons, l'absence de hardiesse de son répertoire *(Y'a d'la joie* est l'exception, et il ne l'a acceptée que sur l'insistance de Raoul Breton), avec un organe vocal médiocre et un type d'interprétation singulièrement peu varié — une fois posé ce qui en est la caractéristique : gouaille faubourienne soigneusement entretenue, phrasé mi-parlé, mi-chanté —, Maurice Chevalier arrivait à gagner même les salles les moins bien disposées à son égard. Et, dans cette conquête, son arme absolue a toujours été la manière dont il enveloppait le public de son sourire, appelait sa sympathie, l'attirait dans les filets de son charme. Ce type de rapport au public (qu'illustre aujourd'hui, à sa manière, un Gilbert Bécaud) est fondé sur la recherche du consensus et exclut toute distance critique. Homme de scène d'abord, Chevalier y subordonnait tout le reste.
Maurice Chevalier a commencé en 1946 à publier ses Mémoires *Ma route et mes chansons*, où il fait revivre, autour de son personnage, toute une époque de l'histoire de la chanson. Sa mort fut l'occasion d'un embaumement quasi officiel et d'un déferlement d'hommages unanimes. Mais à quel Chevalier ceux-ci s'adressaient-ils ?

CHEZ FYSHER

Cabaret, rue d'Antin, à Paris. Imitant le Café de Paris, Nilson-Fisher, Turc naturalisé anglais, ouvre au lendemain de la Grande

Guerre la première boîte de nuit de luxe. Sa formule est d'additionner champagne, chansons et heures d'ouverture tardives (minuit-deux heures) en faisant payer le prix fort, moyen nécessaire pour attirer les noctambules argentés. En peu de temps le cabaret Chez Fysher devient un des endroits en vogue de Paris. Cela n'avait rien à voir avec les boîtes montmartroises qu'on connaît aujourd'hui : le public, sans doute inspiré par le monocle et le visage glabre de Fysher, faisait silence pour écouter les artistes qui défilaient sans interruption. Le programme était de qualité. Parmi les vedettes maison, nous trouvons les noms de Cora Madou, Gaby Montbreuse, Charles Fallot, Bétove, la Roumaine Dora Stroeva, le ténorino napolitain Pizella. C'est Chez Fysher que se révélèrent Lucienne Boyer, Lys Gauty, Yvonne George. La soirée se terminait avec le numéro du maître de céans, qui eut, au dire de Georges Van Parys (pianiste de Chez Fysher de 1924 à 1927), une jolie voix par le passé, et qui recueillait toujours un succès d'estime.

CHEZ GILLES

Cabaret fondé par Gilles, avenue de l'Opéra à Paris (1949-1959). C'est dans ce cadre luxueux que Gilles, secondé par son nouveau partenaire Albert Urfer, accomplit le dernier acte de sa carrière parisienne. Le cabaret joua par ailleurs un rôle important dans la diffusion de la chanson rive gauche. Jacques Douai, les Frères Jacques, Cora Vaucaire, les Quatre Barbus, Lucette Raillat en furent les principaux pensionnaires. Après le départ de Gilles, la Tête de l'Art s'installa dans ses locaux.

HENRI CHRISTINÉ

Genève, 1867-Nice, 1941. Auteur, compositeur, éditeur. Installé rue du Faubourg-Saint-Martin, il se partageait entre son cours de piano, sa maison d'édition de petits formats et la composition de chansons. Ses interprètes favoris étaient Fragson dont il était l'arrangeur attitré *(Reviens, Dans mon aéroplane),* Mayol *(A la Martinique),* Polin, Yvonne Printemps *(Je sais que vous êtes jolie).* Après la guerre, le succès de *Phi-Phi* (1918), suivi de celui de *Dédé* et de *J'adore ça* en fit un compositeur de réputation mondiale. Comme tout bon compositeur d'opérette, il était doué d'une élégance naturelle d'écriture, très attentif à l'harmonie, aux variations rythmiques *(A la Martinique),* à la courbe mélodique. Aussi son style était-il très personnel. Maurice Yvain, qui possédait sensiblement les mêmes qualités, raconte qu'ayant composé avec lui des parties séparées de la même chanson, *Encore cinquante centimes,* interprétée par Dranem, le public s'exerçait à reconnaître ce qui était de l'un ou de l'autre. Éditeur florissant (dans son écurie, il avait, outre Fragson, Perpignan, Gabaroche, Jouve, Krier), bon parolier, il aida nombre de collègues débutants, notamment Vincent Scotto, pour qui il réécrivit les paroles de *la Petite Tonkinoise.* Parmi ses autres succès populaires, on retiendra : *Valentine, C'est un petit béguin, la Polka des English.*

CHRISTOPHE

[Daniel Bevilacqua] Juvisy-sur-Orge, 1945. Auteur-compositeur-interprète. Adolescent, ses idoles sont Elvis Presley et John Lee Hooker. A 20 ans, il enregistre *Aline* (1965) qui est un tube, suivi des *Marionnettes* (1966) et de *Excusez-moi monsieur le Professeur* (1967). Le succès était trop rapide : il disparaît. Mais sa voix féminine remonte à l'assaut des hit-parades à partir de 1971 *(Mes messagères,* — S. Poitrenaud). Le vrai retour a lieu en 1973 avec *les Paradis perdus* (— J.-M. Jarre) qui campent un personnage de pop-star décadente sur fond de rock sophistiqué. Christophe cherche à être l'équivalent français d'un Lou Reed ou d'un David Bowie : mais en a-t-il l'étoffe ? Il passe à l'Olympia en 1974 dans une mise en scène féerique réglée par Jean-Michel Jarre, mais après *les Mots bleus* (— J.-M. Jarre, 1975), un peu essoufflé, il ne peut que « ressortir » *Aline* (1979).

LE CINÉMA

Chanson, par. Claude Nougaro, mus. Michel Legrand (1962). Figurant dans le premier 25 cm de Nougaro, cette chanson est construite à partir d'équivalences verbales et sonores du langage cinématographique. Montage alterné (séquences « réelles » intercalées entre les séquences rêvées), succession de plans dont la nature est déterminée par le choix du tempo, de la ligne mélodique, de la diction. Ainsi, lorsque le héros apparaît « sur l'écran noir de [ses] nuits blanches... Un mètre quatre-vingts, des biceps plein les manches », le rythme est martelé, la diction déliée : c'est un plan moyen sans ambiguïtés. Mais que le mouvement vienne à s'accélérer, comme dans cette « séquence où [elle lui] tombe dans les bras aa aa... », et la syncope, le scat, le « feeling » de la voix, de caractère intimiste, permettent de rendre l'effet du travelling-avant avec gros plan à l'arrêt. La référence au cinéma s'inscrit dans le thème de la chanson. Il y a donc cohérence à tous les niveaux, ce qui fait de cette chanson une réussite rare. De plus, il y a là quelques-unes des obsessions familières à l'auteur : le face-à-face de l'homme et de la femme, qui se résout en définitive en un face-à-face de l'homme avec lui-même, la femme demeurant l'insaisissable, dont il faut se contenter d'aimer l'image.

CLAIRE

[Claire Michon] Montfaucon (Doubs), 1949. Auteur-compositeur-interprète. Opiniâtreté exemplaire d'une carrière menée depuis Besançon et d'une action parallèle en faveur de la chanson décentralisée. Militante, Claire l'est en même temps dans la lutte des travailleurs (disque en autogestion pour Lip) et dans celle des femmes *(Elle dit*, prix Charles-Cros 1976). Derrière cette image, un poète authentique, de style littéraire, dans la lignée Jacques Bertin, et une mélodiste plus hésitante, cherchant une forme originale, qu'augure sa rencontre avec les musiciens de jazz moderne du Workshop et d'Arcane V.

LE CLAIRON

Chanson, par. Paul Déroulède, mus. Émile André. Parue en 1875 dans le recueil *les Nouveaux Chants du soldat*, créée par Amiati à l'Eldorado (1869), et remise à la mode par l'Exposition universelle de 1878, elle obtint un succès extraordinaire. « Le public, debout, criait "Vive la France", et les zouaves (représentés sur la couverture du petit format) venaient uniquement à l'Eldorado pour jeter leur chéchia aux pieds de l'artiste. Le concierge restituait les coiffures après la représentation » (Romi). Ce succès participe de la sensibilité revancharde qui commence à se cristalliser alors, et qui trouvera un écho particulièrement impressionnant au caf'conc'.

PETULA CLARK

Epsom (Grande-Bretagne), 1933. Compositeur et interprète. Carrière d'enfant prodige commencée à 7 ans en Angleterre, première émission de radio à 9 ans, du théâtre à 11 ans, et 500 galas pendant la guerre à la BBC et dans les camps militaires. Petula Clark passe sans encombre le cap dangereux de l'adolescence, enregistre à 17 ans et devient vedette en Angleterre et en Scandinavie. En 1957, elle passe à l'émission publique « Musicorama » et prend peu après la vedette américaine à l'Olympia. Elle chante alors en anglais. Son premier titre français, *Allô mon cœur* (Alhambra, 1958), est enregistré en duplex à Londres et à Paris. Boris Vian lui écrit *la Java pour Petula.* En 1960, passage en vedette à l'Olympia *(Ne joue pas)* et premiers hit-parades européens. En épousant son attaché de presse, Claude Wolf, Petula assure son management, et sa carrière devient internationale : en 1962, 2 disques d'or pour *Chariot* en France et *Romeo* en Angleterre ; en 1965, 1966 et 1967, *Downtown, My love* et *C'est ma chanson* s'inscrivent dans les hit-parades américains. Sacrée première chanteuse d'Europe au MIDEM 1967, Petula Clark est aussi élue en France « vedette la plus sympathique et la plus populaire » en 1963 par un concours de *l'Est républicain.* Reconnaissante, elle compose, sur des paroles de Pierre Delanoë, *l'Ile de France* et *les Colimaçons* (1963)... En rose, en blond et en potelé, l'incarnation rêvée de « la petite Anglaise » d'avant les mini-jupes ne mesure qu'un mètre cinquante et n'a pas de grandes dents. Son accent de jeune fille au pair a été mis en conserve avec application, et il est en France une des composantes essentielles de son succès. Cependant, Petula Clark, à force de glaner des hits de l'autre côté de l'Atlantique, est en train de se faire un peu oublier.

FRANCIS CLAUDE

[Charles Saüt] Paris, 1905. Auteur, critique. Auteur, il écrit un certain nombre de chansons de qualité *(l'Ile Saint-Louis,* — L. Ferré). Animateur de cabarets (Quod Libet, 1948-1950, Milord l'Arsouille à partir de 1951), il donne leur chance à des débutants qui ont noms Léo Ferré, Michèle Arnaud, Serge Gainsbourg, Juliette Gréco... Également producteur d'émissions de radio et de télévision, critique, il a servi et sert encore la chanson de tous ses moyens.

CLAUDIUS

[Maurice Jouet] Paris, 1858-Vence, 1932. Interprète. Habillé en contremaître menuisier — vaste culotte de velours gris, chapeau mou —, cet excellent comédien, malgré un tour de chant assez quelconque, s'était imposé au public grâce à sa diction mordante, à sa finesse lorsqu'il détaillait le couplet, à son à-propos lorsqu'il apostrophait le spectateur gênant ou retardataire et surtout à son biaisement dont il tirait de puissants effets comiques. Il connut sa plus grande vogue en jouant dans les revues du Moulin

Rouge comme *la Belle de New York* ou *le Toréador.* Il passa sur les principales scènes de caf'conc' parisiennes, notamment à la Cigale, où il fit triompher ses pots-pourris, une de ses spécialités. Vers 1900, il se consacra à l'opérette et au théâtre de boulevard, et termina sa carrière au casino de Cannes.

ANDRÉ CLAVEAU

Paris, 1915. Interprète. Fils de tapissier-décorateur, il fait ses études à l'École Boulle, apprend la gravure de bijoux et entre à la Compagnie des arts français. Il débute dans la chanson à la faveur d'une émission d'amateurs organisée sur le Poste parisien en 1936. Remarqué par l'imprésario Marc Duthyl, il est lancé sur la scène de music-hall (1942), de la revue et de l'opérette, et devient en trois ans le « prince de la chanson de charme » (1942-1945). Il interprète des succès universels tels que *le Petit Vin blanc, la Petite Diligence, Domino, Seul ce soir, Cerisiers roses et pommiers blancs.* Depuis Jean Sablon, le chanteur de charme moderne est un « crooner » et André Claveau, dont la voix est celle d'un chanteur d'opéra, doit se plier aux exigences de la mode : « Je retiens ma voix, a-t-il avoué à un journaliste. C'est ce qui fait mon succès. Il ne faut surtout pas que le public sache que je peux chanter autrement ! » Adulé par les femmes, il leur a consacré des émissions radiophoniques confidentielles (« Cette heure est à vous »), imité en cela un peu plus tard par un autre « chanteur de charme », François Deguelt (« Un après-midi ensemble »).

PHILIPPE CLAY

[Philippe Mathevet] Paris, 1927. D'abord comédien, il gagne en 1949 un concours radio et s'embarque peu après pour l'Afrique avec une valise pleine de chansons, la plupart écrites par un auteur-compositeur peu connu, Charles Aznavour. Avec un répertoire rodé pendant un an en terre africaine *(le Noyé assassiné,* C. Aznavour-F. Véran ; *Monsieur James*), il se présente aux Trois Baudets et à la Fontaine des Quatre Saisons et conquiert la critique, puis le public. Il enregistre Boris Vian *(On n'est pas là pour se faire engueuler),* passe à l'Olympia (1957), paraît à l'écran *(French Cancan* de J. Renoir) et renoue avec le théâtre. 1957-1962 est sa période de grande notoriété : 4 passages en vedette à l'Olympia, de nombreuses tournées à l'étranger, des succès de vente *(les Voyous,* A. Grassi ; *Festival d'Aubervilliers,* C.-H. Vic-G. Bérard ; *le Danseur de charleston,* J.-P. Moulin). Après avoir connu un sérieux passage à vide, il retrouve en 1971 une certaine faveur grâce à un répertoire anticontestataire, qui le marque politiquement à droite *(Mes universités,* D. Faure-H. Djian, S. Balasko ; *la Quarantaine,* D. Faure-H. Djian). Mais son image n'est pas prête de s'effacer : avec son mètre quatre-vingt-deux, son visage expressif, il possède en effet un des physiques les plus saisissants du monde de la chanson. Toujours vêtu de noir et d'un pull à col roulé, muni d'un microport (qu'il est un des rares chanteurs à utiliser), il arpente la scène à grandes enjambées, mimant, raillant, caricaturant de sa voix de Parigot sarcastique. Dans ses meilleures interprétations *(les Voyous, le Danseur de charleston),* il lui suffit de paraître pour que le public l'identifie immédiatement au personnage qu'il va incarner. Alors, qu'a-t-il manqué à cet héritier de la grande tradition des diseurs pour atteindre la ferveur populaire ? Un certain sens de la mesure et, sans doute, un peu de tendresse.

JEAN-BAPTISTE CLÉMENT

Boulogne-sur-Seine, 1836-Paris, 1903. Auteur. Né de parents aisés, il rompt très tôt avec sa famille, et devient trimardeur et ouvrier agricole. Il publie ses premières chansons en 1859. Édité par Vieillot, il est mis en musique par Darcier, qui l'interprète au caf'conc' ainsi que Jules Pacra et Thérésa *(les Cerises de Jeannette,* 1863). Cette période, qui durera jusqu'en 1868, est celle du Clément chantre de l'amour, humanitaire, panthéiste et passablement conformiste. Inspiré par Théodore de Banville sur le plan de la facture et par Henri Murger pour les thèmes, il parvient à renouveler le traitement des thèmes traditionnels *(Poésie et labour,* —J. Darcier, 1864) et introduit l'univers villageois dans la chanson. Bergerettes, pastorales et villageoises forment son ordinaire : dans le lot, *le Temps des cerises* (1867). A partir de 1868, il devient républicain et se lance dans le journalisme d'opposition. Condamné à un an de prison l'année suivante, il est libéré le 4 septembre 1870. Élu de la Commune, il sera obligé de se cacher après la victoire des versaillais. C'est de sa cachette, quai de la Gare, à Paris, qu'il écrira *la Semaine sanglante* (air : *le Chant des paysans,* P. Dupont), chant prophétique et vengeur. Pendant son exil à Londres (1871-1880), il produira peu *(les Volontaires).* Après l'amnistie, le militant, le propagandiste socialiste des Ardennes prendra le pas sur l'auteur. Les textes de cette période (souvent mis en musique par Marcel-Legay) sont marqués par son expérience de la condition et des luttes ouvrières : *la Bande à Riquiqui* (sans mus., 1884), *Serrons les rangs* (sans mus., 1897), *Tas de coquins* (— C. Lambert, 1894). Leur facture est généralement moins heureuse que celle des pastorales. Bien que chanté par Vialla et Marius Richard, Clément ne connaîtra guère le succès. A sa mort, 5000 personnes suivent son cercueil. Mais *le Temps des cerises* était entré dans la mémoire populaire, et le souvenir du « Murger socialiste » (E. Bellot) s'identifiera désormais à cette chanson.

JULIEN CLERC

[Paul-Alain Leclerc] Paris, 1947. Compositeur-interprète. *La Cavalerie*, en 1968, révèle tout à la fois une écriture nouvelle (celle d'Étienne Roda-Gil), un sens mélodique particulier et surtout une voix, dont Julien Clerc joue comme on jouerait d'un instrument, voix vibrante, comme sortie du plus profond des entrailles, et cependant parfaitement maîtrisée. Devenu héros de la comédie musicale *Hair* (Porte Saint-Martin, 1969), Julien Clerc est aussitôt étiqueté « hippy », mais son passage à l'Olympia en 1970 montre à tous que son répertoire ne se réduit pas à quelques tubes et qu'il a le sens de la scène.

La Cavalerie, citée plus haut, renfermait sans doute déjà toutes les caractéristiques de la collaboration Clerc-Roda-Gil (et, à un degré moindre, celles avec Maurice Vallet) : des textes un peu surréalistes, un peu rêveurs *(le Caravanier*, 1970, *Niagara*, 1971, *Ce n'est rien*, 1971...) dont on se demande comment Clerc parvient à les mettre en musique (la répétition des syllabes, les bredouillements faussement ingénus venant à point corriger la métrique). Ayant sans doute l'impression d'avoir fait le tour de cette collaboration, Julien Clerc a ensuite varié la liste de ses auteurs : Jean-Loup Dabadie *(A la fin je pleure*, 1976), et surtout Maxime Le Forestier *(J'aime ton corps*, *A mon âge et à l'heure qu'il est*, 1976). Le tournant esthétique ainsi amorcé va se préciser en 1978 (Palais des congrès) : Dabadie, Le Forestier, Roda-Gil et quelques autres sont là, mais aussi un traditionnel cajun *(Travailler c'est trop dur)* qui, avec *Ma préférence* (— Dabadie), sera son succès de l'année.

Car derrière le jeune homme frisé et qui semble s'amuser, derrière le mowgli gourmand qui touche à tout avec plaisir (comédie musicale, chanson, cinéma), il y a une carrière qui, curieusement, ressemble à toutes les carrières réussies : des disques, des tubes, des spectacles réussis. Faut-il pleurer, faut-il en rire ? Julien Clerc est *aussi* un produit normalisé du show business, si loin nous fasse-t-il rêver.

JEAN COCTEAU

Maisons-Laffitte, 1889-Milly-la-Forêt, 1963. « Je suis un enfant de la balle, les planches m'excitent à la manière dont Monte-Carlo excite le joueur » *(Portraits-souvenirs).* Enfant, Cocteau adora le cirque. Adolescent, il fut fasciné par le music-hall. Polaire, Gaby Deslys furent ses premières idoles. Familier, à 17 ans, de « l'Eldo », où triomphait Mistinguett, il conquit même les faveurs d'une divette de faubourg qui répondait au doux nom de Jeanne Reynette. Devenu grand maître des cérémonies du Paris de l'avant-garde, ce prescripteur hors série décerna à la chanson, cette voix de la rue, un label de vérité qui contribua à drainer vers les music-halls des boulevards et les cabarets en vogue la fine fleur de l'intelligentsia parisienne de l'entre-deux-guerres. Yvonne George, dont il organisa l'ultime gala au Grand Écart (une de ses créations), le Bœuf sur le toit, qu'il porta sur les fonts baptismaux, Marianne Oswald, pour qui il écrivit *Anna la bonne, la Dame de Monte-Carlo* et qu'il défendit envers et contre tous, Charles Trenet, Jean Sablon, Suzy Solidor, toutes et tous lui sont redevables, peu ou prou, d'une parcelle de leur gloire. Et comment oublier l'amitié qui le lia à Édith Piaf, dont il préfaça les souvenirs *(Au bal de la chance,* 1958), pour qui il écrivit le monologue *le Bel Indifférent* et dont la mort fut pour lui signal du grand départ !

LA COLOMBE

Cabaret, rue de la Colombe, Paris (1954-1964). C'est dans un très ancien bar racheté pour une bouchée de pain et dont les vieux murs lui plaisaient que Michel Valette ouvre en 1954 dans l'île de la Cité ce restaurant-cabaret où vont se produire bon nombre de débutants aujourd'hui célèbres : Guy Béart, Jean Ferrat, Henri Gougaud, Francesca Solleville, Anne Sylvestre, etc.
Mais Michel Valette a la prétention de payer ses chanteurs à un prix décent (au contraire de nombreux autres cabarets où ils sont proprement exploités), et il sera obligé d'abandonner une expérience qui lui coûte cher. La Colombe devient un restaurant et son propriétaire se consacre alors à l'édition de quelques chanteurs qu'il aime.

PIA COLOMBO

Homblières (Aisne), 1934. Interprète. D'origine italienne, fait des études de danse, puis de théâtre au cours Simon. Rencontre

Maurice Fanon en 1956, qui lui donne ses premières chansons inédites. Georges Brassens l'emmène en tournée pendant trois ans après ses débuts au College Inn et à l'Écluse. Enfin sur la scène des grands music-halls (Alhambra, 1964, Bobino, Olympia à partir de 1958), elle trouve sa dimension : celle d'une chanteuse dramatique aux deux sens du terme. La vague yé-yé survenant, elle se réfugie dans le théâtre où elle poursuit une carrière parallèle (TNP). Une « troisième époque » (celle de la synthèse) fait redécouvrir Pia Colombo à la faveur de l'opéra *Grandeur et décadence de la ville de Mahagonny* (Brecht-Weill, TNP, 1967). Le studio d'enregistrement restant trop étroit pour sa voix criée, malgré quelques relatifs succès *(Jean-Marie de Pantin*, M. Fanon-J. Holmès ; *l'Écharpe* de M. Fanon), Pia Colombo, passionnaria vibrante aux gestes saccadés, à la voix rauque, choisit de chanter dans des spectacles montés : *Danse sur un volcan* (théâtre Romain-Rolland, 1973), *Requiem autour d'un temps présent* (théâtre d'Aubervilliers, 1980).

COMME UN P'TIT COQUELICOT

Chanson, par. Raymond Asso, mus. Claude Valéry (1951). Liée à son créateur, Mouloudji, cette chanson doit sa popularité au fait d'avoir repris en mineur le refrain déjà populaire d'une ballade du XVIe siècle devenue comptine *(J'ai descendu dans mon jardin).* L'histoire se présente sous forme de dialogue entre le héros et le confident. Le confident raisonne le héros. Le coquelicot est à la fois souvenir et symbole : d'une femme, d'un amour, de baisers, de sang. La mise en scène est double : le dialogue introduit le récit et l'entrecoupe, l'illustre, comme un chœur de tragédie. Le récit lui-même se déroule en trois actes : la rencontre, l'amour, la mort. Une superposition du temps : le présent (dialogue) et le passé (récit). La chanson finit sur le souvenir, et sur la musique, brusquement nostalgique, de cette ronde d'enfants. Une chanson qui aurait été du mélo (je l'aimais, il était jaloux, il l'a tuée) sans cette trouvaille musicale, et sans cette simplicité voulue dans le vocabulaire qui en fait l'œuvre la plus attachante de Raymond Asso.

LES COMPAGNONS DE LA CHANSON

Groupe vocal composé à l'origine de 9 interprètes : Guy Bourguignon (Tulle, 1931-Paris, 1971), basse ; Jean Broussolle (Saint-Vallier, 1920), baryton ; Jean-Pierre Calvet (Orgon, 1925), ténor ; Jo Frachon (Davézieux, 1919), basse ; Jean-Louis Jaubert

(Mulhouse, 1920), basse ; Hubert Lancelot (Lyon, 1923), baryton ; Fred Mella (Annonay, 1924), ténor ; René Mella (Annonay, 1926), ténor ; Gérard Sabbat (Lyon, 1926), baryton. Le groupe est né en 1944 des Compagnons de la musique eux-mêmes issus des Compagnons de France. Après s'être engagés dans le Théâtre aux armées où ils chantent du folklore *(Perrine était servante)* harmonisé par Louis Liébart, le groupe se trouve démobilisé à Paris où leur premier gala, interrompu par une alerte, leur fournit l'occasion de faire connaissance avec Édith Piaf ; celle-ci chantera avec eux pendant deux ans et demi, leur permettant d'accéder très vite à la célébrité : tournée aux États-Unis en 1947 ; Piaf « casse » son entrée en scène pour venir chanter avec les Compagnons en fin de première partie *(les Trois Cloches* de Gilles). Elle obtient moins de succès qu'eux.
A partir de 1950, la carrière des Compagnons est une série ininterrompue de galas à travers le monde. A Paris, ils restent trois mois à Bobino (1966) et passent plusieurs fois à l'Olympia, jouant chacun de plusieurs instruments et mêlant le gag à l'interprétation dans un spectacle qui constitue un « show » complet, leur costume très « mouvement de jeunesse » (chemise blanche et pantalon bleu) s'agrémentant d'éléments divers selon le thème. Sur les conseils de Piaf, ils sont passés d'un répertoire ancien au « néo-folklore » *(l'Ours* de Trenet, *la Marie,* H. Contet-A. Grassi, *le Galérien,* etc.). Ils se laissent ensuite influencer par les modes successives, cha-cha, calypso *(Si tu vas à Rio),* folk-song etc., qu'ils empruntent leurs succès à d'autres ou que ceux-ci soient composés à l'intérieur du groupe, notamment par J. Frachon, J.-P. Calvet, J. Broussolle *(le Marchand de bonheur).* Bref, les Compagnons sont continuellement à la recherche d'un style. Plus que leur répertoire, c'est leur manière même de chanter et de s'harmoniser qui manque d'originalité et surtout d'évolution depuis leurs débuts : ils ne se sont pas écartés des conceptions rigides de la « chorale Mgr Maillet » : voix pures, presque angéliques, contre-chants à la tierce qui continuent d'ignorer l'ouverture apportée par le jazz dont ils auraient pu éminemment profiter. A la mort de Guy Bourguignon, Jean Broussolle lui-même s'est retiré, remplacé par Gaston-Michel Cassez, et, en 1980, le groupe annonce son éclatement définitif.

LA COMPLAINTE DE MACKIE

Chanson, par. Bertolt Brecht (adapt. franç. André Mauprey), mus. Kurt Weill (1928). Extraite de *l'Opéra de quat'sous,* cette complainte qui présente le truand-héros Mackie the Knife est sans doute le « song » le plus chanté de Bertolt Brecht. Il est vrai que l'amalgame complainte-rythme de jazz y est fort réussi. Elle fut connue en France par l'interprétation d'Albert Préjean (version française du film de Pabst, 1930).

CONCERT DU CHEVAL BLANC

→ La Scala.

CONCERT LISBONNE

→ Divan japonais.

CONCERT MAYOL

Café-concert, rue de l'Échiquier, Paris. Doit son nom au chanteur Félix Mayol qui en fut propriétaire de 1909 à 1914. Son histoire est pourtant beaucoup plus longue. Café chantant depuis 1867, il prend en 1881 le nom de Concert parisien et doit sa renommée à trois vedettes qui se succèdent sur ses planches : Paulus, Yvette Guilbert et Dranem. Les directeurs, eux, y défilent à un rythme accéléré : il y eut d'abord Régnier (1881), puis Musleck (1889), Dorfeuil (1894) et enfin Mayol. Ce dernier fit monter trois gloires marseillaises qui avaient nom Raimu, Tramel et Sardou. Oscar Dufrenne et Henri Varna reprennent la salle en 1914 et y font passer de grandes vedettes : Damia, Polaire, Ouvrard, puis, un peu plus tard, Jeanne Aubert, Lucienne Boyer et Fernandel, qui y devient une vedette de premier plan. Mais davantage intéressés par le music-hall, Dufrenne et Varna abandonnent en 1933 le Concert Mayol à Saint-Granier, qui le revend dix années plus tard à André Denis et Paul Lefebvre. A partir de ce moment, le Mayol se spécialise dans le « nu artistique » et, sous la direction « artistique » de Lucien Rimels, les vedettes pourraient toutes y porter le nom générique de *Nous sommes nues.* Passé en 1970 sous la houlette de l'ex-danseur de l'Opéra Michel Renault, le Mayol n'était plus depuis longtemps que l'ombre de lui-même. Le cinéma porno lui porta le coup fatal : en juillet 1979, il ferma ses portes.

CONCERT PACRA

→ Pacra (concert).

CONCERT PARISIEN

→ Concert Mayol.

JEAN CONSTANTIN

Paris, 1926. Auteur-compositeur-interprète. Gros à en donner envie, il ne quitte pas, sur scène, son piano, et on plaint le tabouret… Chante avec une voix qui rigole des chansons qui font souvent rire et qui, interprétées entre autres par Annie Cordy, Édith Piaf, Zizi Jeanmaire, Catherine Sauvage, les Frères Jacques, Yves Montand, eurent beaucoup de succès : *Mets deux thunes dans l'bastringue, Mon manège à moi, Mon truc en plumes, Sha sha persan, Ne joue pas,* etc. A « occupé » toutes les grandes et moyennes scènes parisiennes, des Trois Baudets à l'Olympia.

EDDIE CONSTANTINE

Los Angeles, 1917. Interprète. Il arrive en France en 1949 après avoir été dans son pays d'origine successivement vendeur de journaux, laveur de voitures, figurant de cinéma, chanteur d'opéra… Il ne parle alors pas un mot de français. Débute dans l'opérette, créant avec Édith Piaf *la P'tite Lili* (1952) de Marcel Achard et Marguerite Monnot. Puis se lance dans la chanson avec succès : *Un enfant de la balle* (R. Rouzaud, Philippe-Gérard, E. Barclay), *Et bâiller et dormir* (C. Aznavour-J. Davis), *l'Homme et l'Enfant* (R. Rouzaud-O. Shaindlin), *Ah les femmes* (P. Saka-J. Davis), *Cigarettes, whisky et p'tites pépées* (J. Soumet, F. Llenas-T. Spencer), seront fredonnées par tout le monde dans la première moitié des années 50, sa voix éraillée, gardant un reste d'accent, prend parfois une sonorité curieuse, par contraste, lorsqu'il chante avec sa fille Tania *(l'Homme et l'Enfant)* ou avec Juliette Gréco *(Je prends les choses du bon côté,* B. Michel-J. Davis).
Mais Constantine mène au cinéma une carrière de plus en plus envahissante, où il entretient soigneusement son style « grand-mec-décontracté-à-la-gueule-ravagée », et c'est finalement Lemmy Caution qui l'emporte : il quitte la chanson vers 1958.

HENRI CONTET

Anost (Saône-et-Loire), 1904. Auteur. Ancien de l'École supérieure d'électricité, il quitte un travail d'ingénieur à la Compagnie des téléphones pour tenter sa chance au cinéma, puis dans le journalisme. Édith Piaf, rencontrée au tournage d'un film, décide catégoriquement de sa vocation d'auteur de chansons et passe la commande. Henri Contet s'exécute (1941), et écrit *Padam-padam* (—N. Glanzberg) et *Bravo pour le clown* (—Louiguy) ; il écrit aussi pour Jacqueline François *Mademoiselle de Paris* (—P. Durand), *Boléro* (—P. Durand) et pour Yves Montand : *le Carrosse* (—Mireille), *Ma gosse ma p'tite môme* (—M. Monnot). Enfin, Henri Contet est l'adaptateur de deux célèbres rengaines : *Montagnes d'Italie* et *Si toi aussi tu m'abandonnes* extrait du film *Le train sifflera trois fois* (—D. Tiomkin). Ses chansons font désormais partie des grands « classiques ».

LA CONTRESCARPE

Cabaret, place de la Contrescarpe, Paris. Situé aux abords de la rue Mouffetard, la Contrescarpe, comme ses voisins le Cheval d'or ou la Méthode, appartient à ce groupe de cabarets dits « rive gauche » qui constituent un pôle dans la chanson française. On a en effet pu y entendre, dans un cadre sommaire et inconfortable (mais qu'importe), des chanteurs d'un type nouveau comme Colette Magny et Graeme Allwright dont on peut dire qu'ils chantent hors des sentiers battus. S'y produisirent aussi des valeurs plus traditionnelles comme Anne Vanderlove, les Enfants terribles ou Hélène Martin. Minée par les contributions (non payées depuis des années), la Contrescarpe s'est transformée, à coups de Ripolin, en restaurant pour touristes provinciaux en 1970.

LES COPAINS D'ABORD

Chanson, par. et mus. Georges Brassens (1964). Quintessence d'une œuvre. Le thème est un des favoris de l'auteur *(Léon, Au bois de mon cœur,* etc.) : l'amitié faisant la nique au temps et l'emportant sur lui. La musique, réputée à tort monotone, montre le bout de son nez et s'affirme perturbatrice (rock'n'roll ou à peu près). Une des plus belles chansons de Brassens, composée pour le film *les Copains,* dont elle était le leitmotiv.

BRUNO COQUATRIX

Ronchin (Nord), 1910-Paris, 1979. Auteur, compositeur, directeur de salles. Il y eut deux Coquatrix. Celui d'avant 1954, l'auteur et compositeur de plus de 300 chansons, parmi lesquelles *Clopin-clopant* (—P. Dudan, 1947), *Mon cher vieux camarade Richard* (1943), *Cheveux dans le vent* (—F. Sarmiento, J. Chabannes, 1949) ainsi que de plusieurs opérettes, l'imprésario de Lyne Clevers, Jacques Pills, Lucienne Boyer, le directeur de Bobino. Celui d'après 1954 : le courageux relanceur de ce grand vaisseau qu'est l'Olympia. Puis le directeur avisé, prompt à négocier les tournants imposés par la mode. Sa politique lui fut dictée autant par la nécessité de rentabiliser son entreprise que par ses préférences' propres. Ainsi misa-t-il avant tout sur la vedette-locomotive (en général déjà imposée par le disque), quel que soit le style de celle-ci : Brassens comme Hallyday, Piaf autant qu'Annie Cordy, Montand comme Dave. Il fut beaucoup critiqué, la virulence de ces critiques étant à la mesure de son pouvoir. Mais, à la tête du plus grand music-hall d'Europe, lui était-il possible d'agir autrement ? Sans doute accueillit-il avec faveur, à la fin de sa vie, le retour d'une chanson plus classique et se prêtant à l'habillage du music-hall à la française, celle qu'illustra son chanteur fétiche, Gilbert Bécaud.

ANNIE CORDY

[Annie Cooreman] Schaerbeek (Belgique), 1928. Interprète. Fait des études de danse, puis de piano au Conservatoire et débute au Bœuf sur le toit de Bruxelles. Remarquée par Pierre-Louis Guérin, elle entre à la revue du Lido à Paris où elle reste un an et demi, puis se produit au Moulin Rouge (1952). Sa carrière fait alterner constamment chanson et comédie musicale, scènes françaises et tournées internationales. Après son premier succès, *les Trois Bandits de Napoli* (F. Bonifay), elle enregistre simultanément en Allemagne, en Angleterre et aux États-Unis. Après avoir joué *la Route fleurie* à l'A.B.C., elle enregistre *la Ballade de Davy Crockett*, *Hop Diguidi*, *la Tantina de Burgos*. Tournée aux États-Unis, comédie musicale *(Tête de linotte)* et nouveaux titres : *la Marche des gosses*, *Houla hop*, *Cigarettes, whisky et p'tites pépées*, *Hello ! le soleil brille*, *Petite fleur*, *Ivanhoé*, *Salade de fruits*, *Oh quelle nuit !* Tournée au Canada puis en France : *l'Annie Cordy show*. En 1960, débuts à Bobino, nouvelle tournée internationale et nouvelle comédie musicale *(Visa pour l'amour)*. En 1965, série de récitals au théâtre Grammont : *Annie Cordy en 2 actes et 24 tableaux*. Une autre comédie musicale *(Ouah ouah !)*, une autre tournée en 1966, Bobino en 1968, etc.

Petit clown féminin qui n'a pas peur de faire des grimaces ni de remplir l'espace de tous les pas de danse possibles, Annie Cordy est une parfaite « show-woman », ce qui est rare. « C'est peu dire que vous brûlez les planches, dit Paul Guth, vous les calcinez... on a envie d'appeler les pompiers, de vous acclamer à coups d'extincteur. » En 1979, elle reste six mois à l'Olympia dans un répertoire un peu plus personnel *(le Cazou,* J. Mercury, *Je fais le clown,* C. Leval-G. Gustin) et elle y affirme une santé et un optimisme que les ans n'arrivent pas à entamer.

COUCHÉS DANS LE FOIN

Chanson, par. Jean Nohain, mus. Mireille (1928). « Que voulez-vous faire d'une chanson qui commence par la même note répétée neuf fois ? », disent les éditeurs : extraite d'une opérette, *Fouchtra,* c'est la première œuvre commune d'une jeune pianiste-comédienne de l'Odéon et d'un avocat à la cour, poète à ses moments perdus. 1931 : éditeur d'avant-garde, Raoul Breton prend la chanson et la propose aux duettistes Pills et Tabet qui font leurs débuts. Le disque sort chez Columbia : c'est la révolution.

La chanson noire est pendue au clou, les « pierreuses » peuvent aller se rhabiller : on découvre brusquement un univers ensoleillé, mi-rêvé, mi-réel, en dehors des thèmes habituels d'inspiration. La musique, un peu syncopée, fait un pied-de-nez insolent à l'opéra de Bizet *(Carmen).* Les paroles annoncent le *Y'a d'la joie* du Fou chantant... C'est une délivrance : on a enfin trouvé le moyen d'être joyeux sans être « vulgaire », on a retrouvé en même temps un sentiment de liberté : on invente le vagabondage. Un cri auquel répond en chœur la jeune génération des années 30.

L'esprit libérateur s'étend à la pochette du disque : elle est illustrée en couleurs, à l'aquarelle (c'est l'idée d'André Girard). Pills et Tabet vendent jusqu'à 50 000 exemplaires par mois. On casse le disque à force de le réécouter : certains l'achètent trois ou quatre fois... En 1932, *Couchés dans le foin* obtient le Grand Prix du disque. Vingt ans après, il est encore enregistré aux États-Unis *(Lying in the hay,* par les Andrew Sisters). Entre-temps, il a influencé en France toute la production et fait naître un nouveau style : « Si je me suis mis un jour à écrire des chansons, dira Charles Trenet, c'est parce que j'ai entendu par hasard *Le jardinier qui boite* et *Couchés dans le foin.* »

GEORGES COULONGES

Lacanau-Ville, 1923. Fils de paysans, il devient écrivain et ses premières chansons sont chantées par Marcel Amont *(Escamillo)*, Nana Mouskouri *(l'Enfant au tambour)*, et Jean Ferrat qui le fait connaître grâce à *Potemkine*, premier exemple de chanson « engagée » ayant obtenu en France un succès appréciable. Il écrit ensuite aussi également pour le théâtre, la TV, puis se lance dans l'oratorio avec Francis Lemarque *(Paris populi*, TEP, 1977). Georges Coulonges est également l'auteur de *la Chanson en son temps* (1969), livre stimulant, et des *Chansons de la Commune* (1970) qui a servi de matériel de base au spectacle du même nom.

PIERRE COUR

Arles, 1924. Auteur. Licencié ès lettres, il est d'abord pilote d'aviation, puis moniteur d'éducation physique, journaliste à la Libération, et enfin comédien et complice de Francis Blanche à la radio. Première chanson *(Mon ami, mon ami)* chantée en 1952 par les Compagnons de la chanson. *Les Gitans* (— H. Giraud) assurent sa réputation d'auteur à succès (1959). Suivront *Oui oui oui oui oui oui* (— H. Giraud, 1960), *A London* (— J. Datin) chantée par Petula Clark et *Tom Pillibi* (— A. Popp) : cette chanson, interprétée par Jacqueline Boyer, remporte le grand prix de l'Eurovision (1960) et scelle la collaboration Pierre Cour-André Popp : *le Chant de Mallory*, *L'amour est bleu* (succès de l'orchestre Paul Mauriat).

LA COUR DES MIRACLES

Café-théâtre, avenue du Maine, Paris. Ouverte en 1974 et dirigée par M. Sandor (aidé au départ par L. Gibarra) puis, à partir de 1979, par sa femme, cette petite salle de 230 places est devenue, par la grâce d'une programmation qui est une prime constante à la qualité, un des lieux rayonnants de la chanson. De François Béranger et de Jacques Bertin (1976) à Philippe Chatel, Michèle Bernard (1978), Gilbert Laffaille (1979) ou Hervé Christiani (1980), la Cour des Miracles s'est imposée, avec sa voisine, la Gaîté-Montparnasse, comme un tremplin idéal pour les talents nouveaux, qui peuvent y rencontrer un public exigeant mais toujours attentif.

COUSINE

Chanson, par. Lucien Boyer, mus. André Valsien (1908). Ce petit drame en trois actes — arrivée de la cousine, cour pressante du cousin, trahison de la cousine — était la chanson préférée de Mayol. Elle répondait en effet aux critères qui étaient les siens : « frapper l'âme des auditeurs simples et naïfs dont parle Antoine, éveiller leur émotion ou provoquer leur joie », et lui permettait un maximum d'effets de scène. *Cousine* était d'ailleurs l'une des rares chansons pour lesquelles il retrouvait l'accent méridional.

GASTON COUTÉ

Beaugency (Loiret), 1880-Paris, 1911. Chansonnier. Né en Beauce, fils de paysan, il commence à chanter à Paris en 1898 alors que ses parents croient qu'il entame une carrière dans l'administration des Finances. En costume beauceron, il interprète à l'Ane Rouge puis aux Funambules son premier succès, *le Champ de naviots.* Revient ensuite à une vêture plus parisienne et collabore avec les compositeurs Marcel-Legay, Poncin et surtout Daniderff. La plupart de ses textes fustigent l'époque et l'égoïsme d'une société où « l'honneur quient dans l'carré d'papier d'un billet d'mille ». On retiendra *La chanson d'un gâs qui a mal tourné,* interprétée par Mayol, et *Ça va faire plaisir au colon,* chanson antimilitariste. Grâce à Bernard Meulien, Gérard Pierron et Jacques Florencie, on assiste aujourd'hui à une redécouverte de l'œuvre de Couté.

NICOLE CROISILLE

Neuilly-sur-Seine, 1936. Interprète. Ancienne danseuse du corps de ballet de la Comédie française et de la revue de Joséphine Baker, à l'occasion mime dans la troupe de Marcel Marceau, Nicole Croisille, qui est bilingue, commence à enregistrer à Chicago. En France, elle fait connaître sa voix au travers d'un hit-parade anglais, *I'll never leave you,* qu'elle chante sous le nom de Tuesday Jackson, et par la musique du film *Un homme et une femme* (P. Barouh-F. Lai, 1966) qu'elle chante en duo avec Pierre Barouh, qui la prend dans son équipe. Un nouveau tournant est pris en 1972 lors de sa signature avec le producteur Claude Dejacques et l'éditeur Claude Pascal. Elle enregistre une série de chansons qui deviennent des succès (*Téléphone-moi*, P.-A. Dousset-C. Gauber, 1975) et la conduisent jusqu'à l'Olympia (1976, 1978). Cette chanteuse de jazz « soul » qui associe le sens musical à une étonnante sensibilité de comédienne (ce qu'on appelle le « feeling ») et qui termine ses récitals par un ballet a commencé par mettre son talent au service d'adaptations soignées *(Laisse l'oiseau, Parlez-moi de lui)* et de chansons de femme-victime, masochiste, en instance perpétuelle d'abandon par le mâle sans lequel elle n'est « rien » *(Jusqu'au jour où tu partiras, Une femme avec toi, Il y a, Je ne suis que l'amour) :*

Il me parle comme à un chien
Il me fait mal et il me bat
Mais je veux bien…
(P. Delanoë-P. Bachelet)

Avec le temps, les sujets s'élargissent, et la veine de ses auteurs aussi *(C'est ma vie,* E. Marnay-A. Amurri, B. Canfora), mais ses compositeurs à leur tour semblent s'endormir, faire trop confiance au seul pouvoir de sa voix.

HENRI CROLLA

Naples, 1920-Suresnes, 1960. Compositeur. Gitan dont le père joue de la mandoline et dont le cousin s'appelle Django Reinhardt, Henri Crolla, après avoir été maçon et ouvrier d'usine, se consacre entièrement à la guitare de jazz en jouant d'abord avec André Ekyan, Léo Chauliac, Pierre Fouad. Militant du Front populaire au sein du groupe Octobre, il rencontre Prévert et met ses textes en musique *(le Cireur de souliers de Broadway, Sanguine* chantés par Yves Montand ; *Cri du cœur* chanté par Édith Piaf). Il se consacre alors à Montand qu'il accompagne pendant dix ans *(Du soleil plein la tête,* — A. Hornez). Il compose également pour le cinéma *(Poisson rouge)* et tourne lui-même plusieurs films. Un musicien original, mort prématurément, dont l'œuvre reflète la plus profonde tendresse comme l'humour le plus extravagant.

JEAN-LOUP DABADIE

Paris, 1938. Auteur. Fils de Marcel Dabadie, auteur *(le Général Castagnetas,* chanté par les Frères Jacques). Après avoir publié deux romans, il invente des sketches pour les émissions télévisées de Jean-Christophe Averty, écrit des pièces, et se fait connaître comme scénariste des films de Claude Sautet et d'Yves Robert. C'est sur les instances de Serge Reggiani qu'il se met à écrire des chansons *(le Petit Garçon,* — J. Datin). C'est le début d'une production exigeante mais extrêmement diverse qui comporte de beaux fleurons : *Et puis* pour Serge Reggiani, *Tous les bateaux tous les oiseaux* pour Michel Polnareff, *Ma préférence* pour Julien Clerc, *l'Addition* pour Yves Montand. Si la grande souplesse de Dabadie peut le faire sombrer dans la démagogie *(Je sais* pour Jean Gabin), l'ensemble de son œuvre de parolier reste d'une qualité rare. Il est aussi l'auteur de sketches de Guy Bedos et de Jacques Villeret.

PIERRE DAC

[André Isaac] Châlons-sur-Marne, 1893-Paris, 1975. Chansonnier, auteur, acteur, journaliste. Le futur rédacteur en chef de *l'Os à moelle* et président du Club des loufoques avait commencé par écrire des chansons qu'il interprétait, depuis ses débuts à la Vache enragée en 1926, dans les cabarets de tradition montmartroise : *la Complainte froide, Je veux me faire chleuh.* On se souviendra également de ses productions BBC (1943-1944), comme *A dit Lily Marlène.* Il est aussi l'auteur, avec Francis Blanche, de l'épopée à la gloire de Jérémie-Victor Oldebec, sur l'air de la *Cinquième* de Beethoven, intitulée *la Pince à linge.* Apparitions réussies au music-hall.

DALIDA

[Yolande Gigliotti] Le Caire (Égypte), 1933. Interprète. Née de parents d'ascendance italienne émigrés en Égypte. Secrétaire, lauréate de concours de beauté, elle gagne Paris à 22 ans dans l'espoir de faire carrière dans le cinéma : espoir déjoué. Débute comme chanteuse à la Villa d'Este. Découverte par Lucien Morisse lors d'une audition à l'Olympia, elle est lancée par le succès foudroyant de *Bambino* (1956), suivi par ceux obtenus avec *Gondolier, Ciao ciao bambina, les Enfants du Pirée, les Gitans, le Jour le plus long, Itsi bitsi, petit bikini, Je reviens te chercher, Darla dirladada, J'attendrai.* En vingt-six ans, elle aura vendu plus de 20 millions de disques, enregistré plus de 600 chansons en 8 langues (dont près de 200 en italien), participé à plusieurs centaines de galas à travers le monde, ressuscité plusieurs fois après qu'on l'eut gaillardement enterrée, élargi son répertoire vers la chanson à texte *(Avec le temps,* de Léo Ferré). Alors que ses consœurs en roucoulades sentimentalo-exotiques, les Gloria Lasso et Maria Candido, ont depuis longtemps quitté l'affiche, Dalida aborde, le sourire triomphant, le tournant de la cinquantaine en jouant les meneuses de shows (Palais des sports, 1979) et en obtenant un succès mondial avec une chanson, *Il venait d'avoir dix-huit ans,* qui attaque de front un thème tabou. Pourquoi Dalida ? Il y eut certes la présence agissante de Lucien Morisse, il y a cette voix d'alto striée de rocailles et relevée par une persistante pointe d'accent italien. Mais son corps de pin-up, son port altier ne s'harmonisent guère, pourrait-on penser, à son répertoire pour midinettes ? Ce serait oublier que le « cœur » reste le canal privilégié par lequel un vaste public peut s'identifier, encore et toujours, à un personnage porte-sentiments. Et en la matière, la vie amoureuse — réelle ou imaginaire, qu'importe — de Dalida a su garantir à ce public sa provision de « souffrances » et de « joies » par procuration. Par-delà la chanteuse, c'est « sainte Dalida » *(Paris-Jour)* que le public acclame. Et tout le reste n'est que chansons.

DAMIA

[Marie-Louise Damien] Paris, 1892-1978. D'origine lorraine, elle s'échappe à 15 ans de la maison paternelle (son père était sergent de police) après avoir frôlé la maison de correction. Elle gagne sa vie en faisant de la figuration au Châtelet. Roberty, mari de Fréhel, lui apprend à chanter et elle débute à la Pépinière en 1911. Partenaire de Max Dearly pour « la valse chaloupée » à Londres en remplacement de Mistinguett, elle passe à son retour au Petit Casino, puis à l'Alhambra comme vedette féminine, la vedette masculine étant Fragson. Elle a 19 ans. Remarquée par Mayol, elle devient la vedette de son Concert. Elle apprend en même temps le théâtre. On l'entendra ensuite aux Ambassadeurs, à la Gaîté-Montparnasse, au Casino de Paris, à Bobino, l'Olympia, l'Européen, l'Empire, l'Étoile, les Folies-Bergère, ainsi qu'à l'éphémère Concert Senga et au Concert Damia rue Fontaine.

Pendant la guerre de 14-18, Damia chante au front. Après la guerre, elle part en tournée avec la troupe de Loïe Fuller : elle chante alors des chansons patriotiques, comme la célèbre *Garde de nuit à l'Yser* (mus. L. Boyer) écrite dans sa tranchée par un poilu belge inconnu, Jean Val. Elle mène ensuite une carrière parallèle de chanteuse et de comédienne, voire d'actrice de cinéma. Loïe Fuller, entre-temps, lui a appris la science de la lumière et des projecteurs : Damia sera la première à les introduire dans le tour de chant ; elle inaugure en même temps sur scène le fond de rideau noir et modifie sa propre tenue en échangeant la dentelle de Bruges du Concert Mayol contre un fourreau noir très stylisé, au décolleté en V, sans manches, qui inspirera Gréco. Jusqu'à la fin de sa carrière, qui est très longue puisqu'elle ne quitte définitivement la scène qu'en 1956 (dernier récital salle Pleyel en 1949, dernière tournée au Japon en 1953), Damia reste fidèle au côté théâtral de sa mise en scène, qui date d'avant l'époque du micro : occupant toute la scène, elle joue en toute liberté de ses bras nus et des expressions d'un beau visage ferme qui, cheveux rejetés en arrière, « s'offre comme une chose nue » (Louis Léon-Martin). Moulée dans son fourreau d'où émergent des épaules restées célèbres, elle rappelle les sculptures grecques. Sa voix, « faite d'un sanglot et d'une révolte mêlés » (H. Béraud), est râpeuse, prête à se briser, manquant de timbre, mais « c'est une voix véritable et naturelle où les erreurs mêmes prennent du prix » (P. Bost).

Celle que l'on a appelée « la tragédienne de la chanson » ou « la tragédienne lyrique » (« c'est sur lyrique qu'il faut mettre l'accent », dit G. Devaise) a été aussi cataloguée chanteuse « réaliste ». Dans son cas, cette épithète recouvre un répertoire très varié, allant du mélodrame chanté *(la Suppliante, la Malédiction, Sombre dimanche)* au poème mis en musique *(Le ciel est par-dessus le toit,* Verlaine-Reynaldo Hahn) en passant par la rengaine des faubourgs *(la Chaîne).* Répertoire choisi surtout en fonction des possibilités scéniques qu'il peut offrir : Damia danse avec *le Grand Frisé,* joue tour à tour la petite fille et le sadique dans *le Fou,* porte un mort dans ses bras

(Pour en arriver là), s'assied par terre la tête penchée *(D'une prison,* Verlaine-R. Hahn), passe sous un projecteur ensanglanté *(la Veuve* de Jules Jouy), ouvre tout grand ses ailes *(les Goélands* de Lucien Boyer, son immense succès). Mais, à l'inverse d'Yvette Guilbert qui sans cesse change de visage avec l'argument, Damia garde un « personnage » constant qui a été, comme l'écrit P. Bost, « peut-être le meilleur exemple du déplacement de l'intérêt de la chanson vers l'interprète ».

PASCAL DANEL

[Jean-Jacques Pascal] Annelles (Ardennes), 1944. Compositeur-interprète. Funambule à 16 ans, sa carrière est interrompue par un accident. Après un passage au Centre d'art dramatique de la rue Blanche, il se lance dans la chanson et connaît un succès rapide grâce à des romances bien construites tirant sur le mélodrame *(la Plage aux romantiques, les Neiges du Kilimandjaro, Comme une enfant).* Sa voix a de la présence, son physique d' « Argentin de Carcassonne » de la prestance, mais, sur scène (Olympia, 1967, en américaine), une certaine froideur déçoit. Disparu une dizaine d'années, il revient, inchangé (Olympia, 1980, toujours en américaine).

LÉO DANIDERFF

[Ferdinand Niquet] Angers, 1878-Rosny-sous-Bois, 1943. Compositeur. Surnommé le « faux Russe ». D'abord chef d'orchestre et organiste, il se tourne vers Montmartre, où il chante lui-même ou accompagne ses amis, notamment Gaston Couté, dont il met en musique les poèmes. Pourtant, les quelques centaines de chansons populaires dont il a composé la musique, ainsi que les succès auxquels est attaché son nom relèvent du genre caf'conc'. De sa production composée, entre autres, de javas, de valses musettes, de valses « réalistes » *(le Grand Frisé,* qui tint tout l'entre-deux-guerres) ou sentimentales *(la Chaîne,* interprétée par Damia), on retiendra *Je cherche après Titine,* écrite pour Gaby Montbreuse, son amie, et qui eut la fortune que l'on sait.

DANIELA

Chanson, par. André Pascal, mus. Georges Garvarentz (1961). Tirée du film *De quoi tu te mêles, Daniela,* chanson locomotive des Chaussettes noires, eux-mêmes articles de promotion d'une marque de chaussettes. Tous les ingrédients de la future chanson-copain y sont réunis : l'amour adolescent, les premiers tourments, la condamnation de l'attitude cigale, le moralisme ; un titre proche d'un autre succès *(Diana)* ; une musique à la fois lente (slow soutenu par le choral du groupe) au couplet et rapide au refrain (rock) ; les onomatopées d'Eddy Mitchell. Ce fut donc un succès, le plus important du groupe. Notons enfin que cette chanson est plus vocale qu'instrumentale, la batterie seule se faisant entendre avec insistance. Ce en quoi elle porte la griffe d'une époque, celle des débuts du rock en France.

LE DANSEUR DE CHARLESTON

Chanson, par. et mus. Jean-Pierre Moulin (1957). Dans un cabaret suisse, un « monsieur en frac » et assez gris, entouré de « deux pépées », raconte sa vie. Dans ce même cabaret, Jean-Pierre Moulin, journaliste et auteur de chansons, et qui brûle d'écrire pour Philippe Clay. De ce moment de cafard d'un bourgeois suisse, il tire un petit chef-d'œuvre qui est créé par Philippe Clay aux Trois Baudets. C'est le danseur de charleston qui a écrit lui-même sa propre chanson, déclare à qui veut l'entendre Philippe Clay. Voire ! Adoptant une construction très classique — 3 couplets, refrain —, Jean-Pierre Moulin commence par poser le décor et présenter le personnage, par le montrer en action, pour lui laisser la parole au refrain. Celle-ci est envahissante, comme le souvenir, et le troisième couplet est tout entier livré au monsieur perdu dans sa tristesse. Face au présent morne (le bonheur suisse, ou bourgeois ?) seul le passé semble rédempteur, conservant aux choses et aux êtres tout leur prestige :

> Mais fallait, fallait m'voir
> danser le charleston
> quand j'avais trente ans
> à Cannes au Carlton.

Un des attraits de la chanson tient dans le contraste entre le rythme endiablé du charleston et la tristesse profonde (l'interprétation de Clay aidant) du thème. Grand succès de son créateur, *le Danseur de charleston* fait partie du mouvement « retour aux Années folles » qu'on a connu dans les années 1955-1960.

DARCELYS

[Marcel Domergue] Anduze (Gard), 1900-Peynier (Bouches-du-Rhône), 1973. Interprète. Débute en 1915 au cabaret à Marseille, dans le genre Dalbret. Après la guerre, chante en duo avec Gorlett, puis devient une des vedettes locales (tour de chant de l'Odéon, au Paramount). En 1926, monté à Paris, il se présente avec un répertoire et un genre renouvelés, basés sur la « bonne humeur » marseillaise, au Petit Casino, à l'Européen, l'Empire, l'Olympia. Entre les tournées, le cinéma et l'opérette, il enregistre de nombreuses chansons, qui, à l'instar de celles d'Alibert, se rattachent au genre dit méridional : *la Valse des cols bleus, Dans ma péniche, Sur le plancher des vaches, Une partie de pétanque.*

JEAN-CLAUDE DARNAL

Douai, 1929. Auteur-compositeur-interprète. Eut beaucoup de succès aux alentours de 1958 avec *le Soudard* (« Dans le canon, le canon de son fusil... ») et *le Tour du monde* (« Tant mieux si la terre est ronde... ») et quelques autres, annonçant un auteur sympathique et ayant le sens de la mélodie. Mais la chance (et la vague yé-yé) ne lui sourit pas et Darnal se réfugie dans un genre bien spécial : l'animation de jeux pour enfants à la TV, pour lesquels il compose alors des chansons d'une facture différente, sans abandonner toutefois le métier d'auteur : il écrit pour Annie Cordy, Petula Clark, Raoul de Godewarsevelde *(Quand la mer monte,* 1969) et réenregistre enfin lui-même en 1980 *(Comme à la ducasse).*

DANIELLE DARRIEUX

Bordeaux, 1917. Interprète, comédienne et actrice de cinéma. Études de piano et de violoncelle. Commence à tourner à 14 ans et à chanter dès son premier film *(le Bal).* A fait un tour de chant à l'Ancienne Belgique (Bruxelles) et a enregistré *Va, mon ami, va, la Complainte des infidèles, la Ballade irlandaise.* La chanson a sa part dans certaines de ses tournées théâtrales (1969), ainsi que dans la comédie musicale consacrée par Broadway à Coco Chanel, et dont elle est l'interprète principale (1970).

PAULETTE DARTY

[Paulette de Bardy] Paris, 1871-Neuilly, 1939. Interprète. Cette belle femme blonde tint pendant plus de dix ans la vedette à la Scala. Servie par une voix agréable et une diction parfaite, elle avait créé un genre nouveau : la valse chantée (qu'il ne faut pas confondre avec la chanson-valse, à rythme ternaire). Les mélodies de ses compositeurs attitrés, Octave Crémieux et Rodolphe Berger (sans oublier Erik Satie, qui fut un temps son pianiste), faisaient passer les paroles qu'elle s'acharnait à réclamer au comédien Maurice de Feraudy, rimeur assez malheureux. Le succès de *Je te veux* (1903), *Quand l'amour meurt* (1905), *Amoureuse* et surtout *Fascination* lui valut le surnom de « reine des valses lentes ». Son répertoire, presque exclusivement composé de chansons sentimentales, lui attirait les faveurs du public féminin. Elle se retira de la scène en 1908.

ANDRÉ DASSARY

[André Deyhérassary] Biarritz, 1912. Interprète. Destiné à l'hôtellerie, profite d'un service militaire à Bordeaux pour y décrocher des prix de chant au conservatoire. Diplômé d'éducation physique et masseur de l'équipe de France aux jeux universitaires mondiaux de 1937, il est remarqué par son succès aux radio-crochets et devient chanteur de l'orchestre de Ray Ventura *(Dans mon cœur, Sur deux notes, Une maison aux tuiles roses).* Sous Vichy, il enregistre *Maréchal, nous voilà* et quelques marches dans le style soldat-laboureur. Après la guerre, il se réfugie dans l'opérette et fait les beaux jours du Châtelet et de l'A.B.C. « Le ténor à la voix d'or » devient aussi vedette de music-hall (Pacra, l'Européen). Sourire Gibbs et buste d'athlète, André Dassary fait partie des chanteurs de charme au teint bronzé venus des côtes « exotiques » françaises. Son répertoire présente plusieurs tendances : une première inspiration « terre natale », en l'occurrence le Pays basque *(Ramountcho, les Cloches des Pyrénées),* une autre, d'inspiration « classique » (romances de Delmet, *le Temps des cerises, Plaisir d'amour,* etc.), une troisième enfin, d'inspiration « glorieuse » (airs de films de guerre comme *le Jour le plus long,* marches exaltant l'effort sportif...). André Dassary clame ces morceaux de bravoure à un mètre du micro. Un chanteur « à voix », certes. Mais délicat parfois *(les Allumettes,* Prévert et Kosma).

JOE DASSIN

New York (États-Unis), 1938-Papeete (Tahiti), 1980. Compositeur-interprète. Fils du metteur en scène Jules Dassin, il vécut en Suisse, en France et aux États-Unis, où il prépara un doctorat d'ethnologie, avant de s'installer à Paris. Présenté à un directeur artistique de CBS, celui-ci le fait enregistrer. Chantant en anglais, adaptant des classiques du folk-song, dont c'est alors la grande vogue, ou livrant des compositions originales, Joe Dassin voit ses chansons accueillies avec une ferveur croissante par le public *(Guantanamera, Comme la lune, l'Amérique, les Daltons).* En 1967, il fait ses débuts sur scène et impose un personnage d'une décontraction tout américaine (Olympia, 1969). Physique séduisant, registre vocal honnête, des talents de mélodiste, Joe Dassin possède trop de dons faciles pour faire un chanteur malheureux. Mais, à mesure que s'accumulent les succès *(les Petits Pains au chocolat, la Bande à Bonnot, Aux Champs-Élysées, Billy le Bordelais),* l'entreprise Dassin réduisit de plus en plus sa raison sociale à la production en série de tubes, souvent adaptés par Pierre Delanoë et Claude Lemesle d'airs étrangers : *Vade retro, Et si tu n'existais pas, Un lord anglais,* et surtout *l'Été indien* (P. Delanoë-C. Lemesle, J. Dassin, 1975). Sur une musique d'origine italienne, *Africa,* un titre qui retient l'attention, un gimmick réussi (ici un texte parlé sur fond musical, propre à créer le climat si particulier du slow d'été) sont à la base de ce succès foudroyant, qui servit de lettre de change à Joe Dassin pour aborder le marché international.

JACQUES DATIN

Saint-Lô, 1920-Salas, 1973. Compositeur. Contrôleur des contributions, mais aussi pianiste, sa rencontre avec Maurice Vidalin et Gilbert Bécaud l'entraîne sur la pente de la chanson. Il écrit d'abord pour Philippe Clay *(Un fil à la patte),* puis amorce une collaboration suivie avec Vidalin : *Zon zon zon* pour Colette Renard, *les Boutons dorés* pour Jean-Jacques Debout, *Nous les amoureux* (prix de l'Eurovision) pour Jean-Claude Pascal. Avec Claude Nougaro, il s'oriente vers le jazz et compose notamment les musiques de *Une petite fille, Je suis sous..., Cécile, ma fille.* Enfin, avec Jean-Loup Dabadie, il travaille pour Serge Reggiani : *le Petit Garçon, l'Italien.* Il a composé aussi pour France Gall et Petula Clark. C'est un mélodiste subtil aux possibilités très diverses, toujours en harmonie avec le texte qu'il sait mettre en valeur.

DANY DAUBERSON

Lyon, ?-Marseille, 1979. Interprète. Plongée dès l'enfance dans le milieu artistique (père directeur d'une société de distribution de films), Dany Dauberson étudie le chant et se fait un petit nom dans sa ville natale. A la Libération, elle organise des spectacles en Allemagne pour les soldats, puis fait plusieurs tournées au Moyen-Orient avant de se faire connaître à Paris. Elle interprète les succès que se partagent les chanteurs après la guerre *(les Feuilles mortes, Padam-padam).* Malgré « une voix de velours dans une poitrine de fer « (P. Barlatier), elle ne parvient ni à se constituer un répertoire original, ni à être fidèle à un style, et se laisse oublier.

YVAN DAUTIN

Saint-Jean-de-Monts, 1945. Auteur-compositeur-interprète. Après 68, il fait la manche, gagne le Relais de la chanson française (1969), passe à l'Écluse, à l'Olympia où il présente les programmes (1970), dans de nombreux galas de soutien, fêtes politiques... Aidé par Maxime Le Forestier, il se fait entendre à la radio avec *la Mal-mariée* (1975) et *la Portugaise* (mus. J. Clerc, 1976), passe devant un public élargi au Théâtre de la Ville (1977) et à la Gaîté-Montparnasse (1979). Mais, peut-être par crainte de se laisser enfermer dans un personnage trop convenu d'amuseur, il semble hésiter à s'attaquer au grand public. C'est que cet héritier de Prévert et de Boby Lapointe sait que le poids des mots pèse peu, sur la balance du show-biz. Aussi préfère-t-il affûter ses calembours, entre sourires et larmes, le temps que son univers doux-amer se soit imposé dans sa diversité. Des personnages anti-héros, pris « entre le marteau et l'enclume » ; un humour à froid, à la lisière du *non sense,* qui sollicite en permanence la langue populaire :

> La Portugaise est morte, ensablée
> en renversant le sablier
> que le diable l'emporte
> elle a rendu son tablier.

Un sens mélodique indéniable *(les Mains dans les poches sous les yeux,* 1979) ; un « bain » musical varié, encore enrichi depuis qu'il travaille avec des musiciens de jazz, Bernard Lubat, mais aussi Alain Le Douarin ou Gérard Jouannest : ainsi prend forme, disque après disque et spectacle après spectacle, une œuvre dont ni la chanson ni le spectateur ne sortent complètement indemnes.

MICHELINE DAX

Paris, 1926. Interprète, comédienne. Trois ans aux Branquignols. Édith Piaf lui conseille la chanson. D'abord choriste des tournées Charles Aznavour et Eddie Constantine, Micheline Dax monte un tour de chant fantaisiste dans les cabarets de la rive droite et se spécialise dans la parodie.

MAX DEARLY

[Lucien-Max Rolland] Paris, 1874-Neuilly-sur-Seine, 1943. Interprète. Après des débuts peu engageants dans le vaudeville, il quitte Paris pour Marseille, où il est engagé par un cirque anglais. Il y acquiert l'essentiel de sa technique de scène, dont l'accent anglais à la française, sa spécialité. Nanti de ce bagage, il retourne à Paris, et débute au Concert parisien en même temps que deux autres débutants, Mayol et Dranem. En quelques années, il passe du Concert parisien à la Scala, puis à l'Horloge, pour finir au théâtre des Variétés, consacré grande vedette. Les raisons de cette rapide ascension : un physique engageant, une présentation élégante qui le placent en marge des « genres » reçus du caf' conc' (n'étant ni maquillé, ni habillé de façon excentrique) et qui lui valent les faveurs du public féminin ; enfin le genre anglais — accent, pas de danse —, alors symbole du chic exotique. Il ouvre ainsi la voie aux jeunes premiers comiques du music-hall, et d'abord à Chevalier. A partir de 1900 il alternera opérette (Variétés), revue et tour de chant, mais tendra à paraître de moins en moins au music-hall (Olympia, 1912, Cigale, 1913). A côté de ses succès de la Scala, *l'Anglais obstiné*, *Tralala voilà les English*, puis des années 1905-1910, alors qu'il est à l'apogée de sa gloire, il faut faire une mention spéciale à la « valse chaloupée », qui lança Mistinguett (1909, Moulin Rouge) et au *Jockey américain* (1900), chanson pendant laquelle il mimait une course de chevaux. Après la guerre, ses fugues hors de l'opérette devinrent rares *(la Grande Revue* du Casino de Paris, 1919), et si la notoriété de l'interprète de Flers et Caillavet restait égale à elle-même, ses moyens vocaux tendaient à diminuer. En fin de carrière, on le vit porter son personnage à l'écran.

JEAN-JACQUES DEBOUT

Paris, 1942. Auteur-compositeur-interprète. Fils d'opticien, il se fait renvoyer de toutes les écoles. Une fugue le conduit chez son parrain, l'éditeur Raoul Breton : il deviendra plus tard un habitué de la maison. Jacques Datin et Maurice Vidalin le persuadent d'enregistrer, à 16 ans, *les Boutons dorés.* Le succès est immédiat. Malheureusement, le service militaire le fait oublier. Il décide, en 1963, de repartir à zéro avec des chansons à lui. Johnny Hallyday chante *Pour moi la vie va commencer* qui se vend à près d'un million d'exemplaires. Jean-Jacques Debout s'associe alors avec le parolier Roger Dumas, et Sylvie Vartan en fait son fournisseur attitré : *Comme un garçon* (1968), *Baby Capone, On a toutes besoin d'un homme* (1969), *Je chante pour Swany* (1975). Compositeur de *la Revue* du Casino de Paris (1970) pour Zizi Jeanmaire, il devient également celui de tout le répertoire enfantin de son épouse, Chantal Goya. En tant qu'interprète, bien que doté d'une tessiture intéressante, il ne remporte qu'un succès moyen, les chansons qu'il se réserve étant plutôt du style sentimental et mièvre *(Redeviens Virginie,* 1975).

JACQUES DEBRONCKART

Chartrettes (Seine-et-Marne), 1937. Auteur-compositeur-interprète. Pianiste de cabaret, accompagnateur de Maurice Fanon, Boby Lapointe, il écrit d'abord pour les autres : Juliette Gréco, Nana Mouskouri, Simone Langlois... Puis pour lui-même. En 1965, enregistre son premier disque, se produit dans divers cabarets et à Bobino (1970). Se plaçant dans la tradition des A.C.I. « rive gauche », c'est un enfant spirituel de Brel (*J'suis heureux,* 1969).

PIERRE DEGEYTER

[Pierre de Geyter] Gand, 1848-Saint-Denis, 1932. Compositeur. C'est en 1888, sur l'harmonium de la Lyre des travailleurs de Lille, qu'il composa la musique de *l'Internationale.* Devant le succès, son frère Adolphe prétendit en être l'auteur, et un jugement, en 1914, confirma cette assertion. Ce n'est qu'en 1922 que Pierre Degeyter pourra faire casser ce jugement et faire reconnaître ses droits. Il a également composé des chansons sentimentales, mis en musique *l'Insurgé,* autre texte de Pottier, et *la Grève générale,* de Georges Debock.

FRANÇOIS DEGUELT

[Louis Deghelt] Tarbes, 1923. Auteur-compositeur-interprète. Son père est chanteur d'opéra. Il commence une licence de philosophie et fait ses débuts comme interprète à Montmartre (1951) et sur la rive gauche (1952). Il chante exclusivement ses œuvres à partir de 1962. Prix de l'académie Charles-Cros 1956, Coq de la chanson française *(Je te tendrai les bras,* 1959), premier prix de l'Eurovision (*Ce soir-là,* 1960), second prix l'année suivante (*Dis rien,* 1961), il passe à Bobino en 1959 et 1961, à l'A.B.C. en 1962. Entre-temps, il collabore à des émissions de variétés sur Radio-Luxembourg et devient animateur à la télévision à partir de 1963. Ses succès : *Pour chanter l'Ave Maria, la Mélancolie, le Ciel, le Soleil et la Mer* ont laissé à l'arrière-plan des chansons plus originales telles que *Être curé à la campagne, Ma prof' de piano,* etc. La voix, qui peut passer de l'ironie mordante à la suavité standard du chanteur de charme, a privilégié dans le répertoire la dominante uniforme des « slows » à la pâte de fruits qui l'ont laissé à la place (stable) qu'il occupe. Celle du chanteur qui a raté — de peu — le train pour le vedettariat.

CLAUDE DEJACQUES

Paris, 1928. Producteur. Écrivain, peintre et photographe, il entre en 1953 chez Philips et y deviendra directeur artistique (1961), ce qu'il sera également chez Festival (1969) et chez Pathé (1980). Il a participé, par lancement ou conseil, à la carrière d'un nombre extraordinaire de chanteurs comme Barbara, Catherine Ribeiro, Catherine et Maxime Le Forestier, Yves Simon, Nicole Croisille, Catherine Lara, Gérard Lenorman, Herbert Pagani, Michel Legrand, Claude Nougaro...

SUZY DELAIR

[Suzanne Delaire] Paris, 1917. Interprète et actrice de cinéma. Enfant de la balle, elle chante dès l'âge de 14 ans dans les cafés-concerts. Premiers succès au music-hall avant la guerre, tour de chant à l'A.B.C. en 1950. Un succès : *Avec son tralala* (A. Hornez-F. Lopez, 1947). Elle a enregistré des chansons de nombreux films *(Tu n'peux pas t'figurer,* P. Misraki).

PIERRE DELANOË

[Pierre Leroyer] Paris, 1918. Auteur. Directeur des programmes d'Europe 1 de 1955 à 1960. D'abord receveur de l'Enregistrement, puis inspecteur, il s'essaie à taquiner le couplet avec son beau-frère, le futur Frank Gérald. Un ami de la famille,

Jean Nohain, les recommande à Marie Bizet qui, elle-même, présente Pierre Delanoë à François Silly. Cette rencontre décide de sa carrière. *Mes mains*, créé en 1953 par Lucienne Boyer à l'Alhambra, fut le premier d'une longue série de succès. Devenu, avec Louis Amade et Maurice Vidalin, le collaborateur attitré de Bécaud, il suivit l'ascension de ce dernier. On lui doit notamment *Le jour où la pluie viendra* (1957), *Marie Marie* (1960), *Nathalie* (1964), *l'Orange* (1965)... Auteur prolifique, jamais à court d'idées et prompt à épouser l'univers d'un interprète, Delanoë est alors sollicité de partout. Aussi est-il de tous les coups gagnants, en matière de chanson, depuis vingt-cinq ans. Parmi les vedettes qu'il a servies, on citera André Claveau *(Dors mon amour*, —H. Giraud, prix de l'Eurovision 1958), les Compagnons de la chanson *(Qu'il fait bon vivre*, G. Aber-R. Marbot, 1960), Hugues Aufray, pour lequel il traduit et adapte, non sans en atténuer quelque peu la portée, les chansons de Dylan, Nicoletta *(Il est mort le soleil*, —H. Giraud, 1968), Michel Fugain *(Je n'aurai pas le temps*, —M. Fugain, 1967), Michel Polnareff *(le Bal des Laze*, —M. Polnareff), Michel Sardou *(les Vieux Mariés*, 1974 ; *le France*, M. Sardou-J. Revaux, 1975), Gérard Lenorman *(Si tu ne me laisses pas tomber*, —P. Boussard, 1973 ; *la Ballade des gens heureux*, —G. Lenorman), Joe Dassin *(l'Été indien*, —C. Lemesle, J. Dassin, 1975). Par-delà la diversité d'inspiration, des textes d'une rare constance par leur qualité « moyenne » et par la vision du monde, marquée du sceau de la tradition, qu'ils dessinent. Pierre Delanoë est l'auteur d'un intéressant recueil de souvenirs, *la Vie en chantant* (Julliard, 1980).

PAUL DELMET

Paris, 1862-1904. Compositeur et interprète. Longtemps connu et adulé (surtout du public féminin) et resté vivant aujourd'hui par des romances dont il composa la musique. « La romance ? Oui, mais renouvelée, modernisée, virilisée, affranchie de toutes les banalités geignardes et écœurantes des bastringues ! », explique son collaborateur-parolier numéro 1, Maurice Boukay, auteur de *Charme d'amour* et des *Stances à Manon*.

Dès son plus jeune âge, Paul Delmet vit au milieu des notes de musique : soprano léger à la maîtrise de Saint-Vincent-de-Paul puis dans les chœurs des Concerts Colonne jusqu'au jour de sa mue, il devient ensuite graveur de notes en cuivre à l'atelier Perrin où il pourra imprimer ses œuvres par la suite. Il débute au Chat Noir en 1896 en chantant d'une voix de basse enveloppée

des poèmes d'Albert Tinchant. Le personnage très sentimental de ce mince homme blond à lunettes et le charme envoûtant de ses mélodies ont tant de succès que tous les poètes du Chat Noir lui donnent des textes. Les plus attachants restent ceux de Maurice Vaucaire *(Petit chagrin, les Petits Pavés),* auxquels il faut ajouter *la Petite Église* de Charles Fallot.
La musique de Delmet a eu une telle action sur le public que, si elle a immortalisé certains poèmes, elle en a presque desservi d'autres en étouffant leur véritable intention. Aussi Paul Delmet a-t-il été pastiché à maintes reprises, surtout au Chat Noir : on y chantait, « sur un air excessivement connu » (un air de Delmet bien sûr)

> Un escalier, il faut qu'il ait des marches
> sans quoi il n'est plus du tout escalier.

Delmet lui-même y était ridiculisé par Vincent Hyspa qui, lui succédant au cours du spectacle, annonçait après la chanson *Une femme qui passe* « le noyau qui ne passe pas ». Paul Delmet est resté, à tort ou à raison, le symbole d'un romantisme un peu suranné, peut-être à force d'avoir été chanté dans les salons par les mères de famille. Lui-même ressemblait, à ce que dit Yvette Guilbert, « à un cousin de province venu distraire ses parents un soir d'anniversaire ou de fiançailles ».

LUCIEN DELORMEL et GASTON VILLEMER

Paris, 1847-1899 et [Germain Girard] 1840-Paris, 1892. Auteurs. Ils sont difficilement séparables, ayant travaillé ensemble à partir de la défaite de 1870, exploitant la source intarissable de la Revanche. Leur chef-d'œuvre du genre reste *le Maître d'école alsacien.* Ils ont également écrit séparément : l'inoubliable *En revenant de la revue* pour Delormel, le célèbre *Alsace-Lorraine* pour Villemer. Seuls ou associés, on voit que leur veine demeurait semblable à elle-même. Interprétés par Thérésa et Paulus pour ce qui est des vedettes, mais pratiquement par tous ceux qui poussaient la note dans les caf' conc', ils symbolisent l'état d'esprit de la France postcommunarde, quoique leur militarisme soit moins poussé que celui de leur contemporain Déroulède.

MICHEL DELPECH

Courbevoie, 1946. Auteur-interprète. Sa carrière commence avec une comédie musicale, *Copains-clopant,* écrite entre amis et dans laquelle il tient le rôle vedette (1965). Elle se poursuit grâce au succès d'une chanson qui en est tirée, *Chez Laurette.* Enfin, en 1966, *Inventaire 66* (—R. Vincent), collage à partir de l'actualité, lui fait franchir un nouveau stade. Malgré des chansons à l'écriture soignée *(les Petits Cailloux blancs,* —R. Vincent), sa carrière semble stagner un moment. Fausse alerte : prix de l'académie Charles-Cros 1969, Michel Delpech devient un habitué du hit-parade *(Wight is Wight, Je suis pour,* 1970 ; *la Vie, la vie,* 1972 ; *Pour un flirt,* 1973 ; musiques de R. Vincent) et fait l'Olympia en vedette (1972). C'est alors qu'il opère un nouveau tournant, en se faisant le bras enregistreur des préoccupations d'un vaste public : l'après-couple *(les Divorcés,* av. J.-M. Rivat-R. Vincent, 1974), les rapports ville-campagne *(le Loir-et-Cher,* av. J.-M. Rivat-M. Pelay, 1977), et même l'aspiration à un changement politique *(Que Marianne était jolie,* —P. Papadiamandis, 1973). Tournant parfaitement négocié, puisqu'il a su se délester de son image de chanteur pour « minettes » tout en élargissant son public.

LUCIENNE DELYLE

Paris, 1917-Monte-Carlo, 1962. Interprète. Orpheline, elle travaille dans une pharmacie et gagne un « crochet » radiophonique (Radio-Cité, 1939). Jacques Canetti s'intéresse à elle. En 1940, elle rencontre Aimé Barelli qui devient à la fois son accompagnateur, son compositeur et son mari. Ils chantent même parfois ensemble *(Ça marche, Tant que nous nous aimerons).* Lucienne Delyle passe pour la première fois dans un grand music-hall (Olympia) en 1953 et pour la dernière fois (Bobino) en 1961. Ses succès : *Embrasse-moi, Tu n'as pas très bon caractère, Sur les quais du vieux Paris.* Proche de Lucienne Boyer à ses débuts, elle se détache peu à peu de son influence, mais reste une chanteuse de charme classique. Elle meurt prématurément d'une leucémie.

COLETTE DERÉAL

Marseille, 1927. Interprète et comédienne. Cours de piano et de chant classique ; renonçant à une carrière dans l'opéra, elle apprend le théâtre au cours Simon. Fait ses débuts dans la chanson en parodiant les « pierreuses » à l'Alhambra. Lance *Ne joue pas* à la TV en 1959 : succès inattendu qui déclenche une carrière éclair d'interprète (Bobino, Olympia) dans la plus pure tradition de la « diseuse » *(Lettre à Véronique).* Notons aussi ses duos avec Marcel Amont.

PAUL DÉROULÈDE

Paris, 1846-Nice, 1914. Poète. Sa vocation poétique prend ses racines dans la défaite de 1870 et dans la répression de la Commune à laquelle il participe activement. Ayant quitté l'armée pour raison de santé, il se fait le chantre des revanchards dans ses recueils *(Chants du soldat)* dont on tire de nombreuses chansons. La plus connue reste *le Clairon* (1875, mus. Émile André) qui, créée par Amiati, aura une belle fortune. Puis Déroulède quitte la poésie pour la politique active : directeur du journal *le Drapeau* et dirigeant de la Ligue des patriotes, il tente en 1899 de prendre le pouvoir et devra, après son échec, s'exiler. Avec Delormel et Villemer, il représente la quintessence du sentiment national d'une bonne partie des Français après Sedan. La guerre de 1914 se préparait ainsi autant dans les caf' conc' qu'à l'État-major.

PAUL DERVAL

[Paul Pitron] 1880-1966. Directeur de salle. Après avoir été acteur au théâtre de Versailles, puis propriétaire de l'Éden à Asnières, devint le fondé de pouvoir de Raphaël Beretta, directeur des Folies-Bergère, et, en 1918, à la suite du limogeage de celui-ci, directeur lui-même. Il le restera jusqu'à sa mort. Après avoir remis la maison à flot, modifié la salle (1926), engagé de grandes vedettes (Mistinguett, Joséphine Baker, Yvette Guilbert, la Belle Otero), il se « limita » finalement à monter ces énormes machines que sont devenues les revues de la rue Richer, se contentant de miser sur la somptuosité du décor, le tape-à-l'œil de la mise en scène et la fidélité, sinon la conformité à la tradition, pour attirer le touriste. Une autre formule était-elle possible, en cette phase de crise et de reconversion du music-hall ? Toujours est-il que l'affaire était prospère, et ses plus proches collaborateurs, Mme Paul Derval, ancienne couturière, et Michel Gyarmathy, ancien dessinateur, n'eurent garde d'y changer quoi que ce fût.

LE DÉSERTEUR

Chanson, par. et mus. Boris Vian (1954). Écrite à une époque charnière (fin de la guerre d'Indochine-début de la guerre d'Algérie), elle est d'abord chantée par Mouloudji, le jour même de la prise de Dien-Bien-Phu, puis à l'Olympia et à Bobino en 1955, dans une version légèrement édulcorée par rapport à celle enregistrée par l'auteur (« monsieur le Président » y étant, entre autres, remplacé par « Messieurs qu'on nomme grands »). Paul Faber, conseiller municipal, attire sur elle les foudres de la censure, au nom de l' « insulte faite aux anciens combattants ». *Le Déserteur* ne connaîtra donc pendant dix ans qu'une diffusion limitée et parallèle (on raconte que les soldats du contingent embarquent à Marseille en la sifflant). La vogue posthume de Boris Vian et la fin de la guerre d'Algérie lui donnent une deuxième vie : Peter, Paul and Mary veulent reconnaître en elle le type même du « protest song » et en offrent en 1966 une version bilingue qui, bien que peu fidèle au texte original, ne manque pas de charme. D'autres chanteurs, comme Richard Anthony et les Sunlights, soucieux sans doute de donner une couleur « engagée » à un répertoire sans aucun rapport avec elle, se l'approprient sans vergogne. Serge Reggiani rend hommage à Vian en l'enregistrant dans la version restituée. Cette chanson, en somme « folklorisée », doit sans doute son succès à des circonstances politiques internationales. En France, elle se rattache à la tradition antimilitariste (dans sa variante pacifiste) illustrée à la même époque par *le Soudard* (J.-C. Darnal) et *Quand un soldat* (F. Lemarque).

GABY DESLYS

[Gabrielle Caire] Marseille, 1881-Montrouge, 1920. Interprète et meneuse de revue. Blonde, délurée, d'une beauté et d'une élégance tapageuses, Gaby Deslys fait carrière simultanément à Londres et à Paris. Elle avait fait ses débuts à Parisiana en 1898. Célèbre pour ses aventures sentimentales, on lui prête notamment un flirt avec le roi du Portugal en exil, Manoël. Celui-ci, sous la pression de l'opinion publique, n'a plus qu'à « officialiser le plus charmant des mensonges ». Vers 1910, Gaby Deslys, qui revient d'Amérique, introduit en France la revue de music-hall. On la verra à la Cigale, aux Mathurins, au théâtre Fémina et au Casino de Paris (décembre 1917) que vient d'acheter Léon Volterra. Avec son partenaire américain Harry Pilcer, elle électrise les foules venues applaudir la revue de son ami Jacques-Charles *Laissez-les tomber* et sa chanson-vedette, *Allo ! my Dearie :* les spectateurs sont littéralement enthousiasmés par les danses du couple sur le rythme exubérant du jazz-band importé des États-Unis, et par ces sons tirés d'instruments inconnus, xylophones, saxophones, sarrussophones, banjos et balafons. On voit aussi Gaby Deslys, emplumée d'autruche et sertie de perles, descendre un escalier qui aura au music-hall une certaine postérité. Mistinguett prendra la relève lorsque Gaby Deslys, malade, s'éteindra prématurément, en pleine jeunesse, en pleine gloire. « La chute d'une fleur trop longue » (J. Damase).

YVES DESSCA

Lugrin (Haute-Savoie), 1947. Auteur. De père architecte, commence des études de droit mais s'introduit très tôt dans les milieux du disque et écrit pour Claude François, Gilles Dreu, Hugues Aufray, Nicoletta, Michel Delpech, Hervé Vilard, etc. *Quand nous n'aurons que la tendresse* (— E. Papiril), chanté par Nicole Croisille, est le premier d'une série de succès : *Un banc, un arbre, une rue* (— J.-P. Bourtayre, prix Eurovision 71), *le Rire du sergent* et *la Maladie d'amour* (— J. Revaux) chantés par Michel Sardou, *le Prix des allumettes* (— É. Charden) par Stone et Charden, *le Gentleman cambrioleur* (— J.-P. Bourtayre, A. Boublil) par Jacques Dutronc, etc.

HENRI DICKSON

[Élias Cohen] Tlemcen, 1872-Paris, 1938. Compositeur-interprète. Débute à Montmartre, en interprétant les romances de Paul Delmet, Montoya, Marcel-Legay, puis gagne le caf'conc'. De 1908 à 1914, connaît la grande vogue nationale et internationale. Mais après la guerre, ayant vu ses facultés vocales décliner et, de plus, ayant raté sa rentrée à l'Olympia (1921), il disparaît de l'avant-scène. Il s'essaya à la direction de salles de spectacles (Alcazar de Bruxelles, notamment), sans grand succès, et continua à se produire de-ci de-là : la mort le surprit en train d'interpréter *le Testament de Pierrot* de Xavier Privas. Henri Dickson est le type du chanteur de charme élégant, portant moustache à la Victor-Emmanuel III, sorti droit des cartes postales 1900. Que d'admiratrices pour ce ténorino : ne reçut-il pas jusqu'à 100 lettres par jour après la sortie de *J'ai tant pleuré*, de Georges Millandy ?

> J'ai tant pleuré pour toi
> sans t'attendrir, méchante...

Il composa lui-même des chansons-valses, genre qu'il fut un des premiers à illustrer *(Hâtons-nous d'aimer, Dernière valse).*

BERNARD DIMEY

Nogent-en-Bassigny (Haute-Marne), 1931-Paris, 1981. Auteur. De père ouvrier, il fait des études pour être instituteur (il le sera effectivement une demi-journée). Réalisateur d'émissions radiophoniques, journaliste (dans la revue *Esprit*) et peintre, il vient s'installer sur la Butte Montmartre à 25 ans et s'acoquine avec Francis Lai : leurs premières chansons seront chantées par Mouloudji, Jacqueline Danno, Juliette Gréco, Yves Montand. Poète de son état, Bernard Dimey dit ses textes dans les cabarets (au Port du salut) et dans les grandes salles (Bobino, 1970). Grand Prix du disque 1970. Ses succès en chanson : *Mon truc en plumes* (— J. Constantin, chanté par Zizi Jeanmaire), *Syracuse* (— H. Salvador), *Mémère* (— D. White, chanté par Michel Simon), *l'Amour et la Guerre* (— C. Aznavour).

SACHA DISTEL

Paris, 1933. Compositeur-interprète. Sacré meilleur guitariste de jazz de France en 1953, neveu de Ray Ventura, il fait des débuts foudroyants dans la chanson avec *Scoubidou* (1958). Le titre, qui imite le « scat » des jazzmen, donne naissance à un curieux gadget du même nom : on tresse des fils de plastique de différentes couleurs qui servent à tout et à rien, porte-clef, pendentif... Des fiançailles temporaires avec Brigitte Bardot achèvent de le mettre sur orbite. Le voilà vedette. Succès sur mesure *(Personnalités*, 1959, *Mon beau chapeau*, 1961) et carrière qui semble vouloir prolonger, sur scène et dans l'esprit du public, celle de Maurice Chevalier. Mais le sourire du beau garçon bien rasé, s'il fait merveille à la télévision (série de « Sacha show »), n'arrive pas à compenser l'indigence des chansons qu'il interprète, et dont il y a peu à dire, elles-mêmes ne disant rien.

LE DIVAN JAPONAIS

Café-concert situé rue des Martyrs à Paris. D'abord « café de la chanson », il devint un débit de boissons au décor oriental où les serveuses étaient déguisées en mousmés. Lefort, qui en prit la direction, y fit donner un festival Olivier Metra et la première pièce d'Alphonse Allais, *le Moulin de la Galette.* Le vrai fondateur du Divan japonais fut Jehan Sarrazin (poète et marchand d'olives). Il installa (1888) dans le sous-sol un « temple de la bonne humeur » où il se produisait lui-même ainsi que quelques amis dont Jules Jouy et Marcel-Legay. En 1891, il découvrit Yvette Guilbert et la baptisa « chanteuse fin-de-siècle ». Édouard Fournier (1892) transforma alors le Divan en cabaret artistique genre montmartrois ; on y entendit Victor Meusy, Paul Delmet et Georges Tiercy. Le Divan fut repris deux ans après (1894) par Maxime Lisbonne qui le baptisa Concert Lisbonne et y fit représenter des revues dont l'une au moins — *le Coucher d'Yvette,* interprétée par la très dévêtue Blanche Cavelli — eut beaucoup de succès. Mais Blanche Cavelli l'abandonna pour l'Alcazar d'été. Gaston Habrekorn racheta donc l'établissement (1896), le rebaptisa Divan japonais, y chanta ses *Chansons sensuelles* sans aucun succès à cause de son physique « d'homme-chien de chez Barnum » et y fit passer à nouveau Yvette Guilbert et Dranem. Vendu à Ruez, le Divan devint un théâtre (1900) : la Comédie mondaine. C'est aujourd'hui un cinéma.

AU DON CAMILLO

Cabaret-restaurant, rue des Saints-Pères, Paris. Ouvert par Jean Vergne, c'est d'abord un restaurant typique aux spécialités italiennes. Fernandel patronne l'établissement. Après travaux, la direction décide en 1964 d'en faire un cabaret. La salle contient 220 dîneurs, la scène est vaste, le spectacle comprend 8 artistes : en majorité, comédiens ou diseurs représentatifs de l'humour français traditionnel (Robert Lamoureux, Roger Nicolas, Pierre Repp) ou des chansonniers (Robert Rocca). Mais la chanson y a aussi sa place et l'on a pu applaudir au Don Camillo de nombreuses vedettes, dont Jean Sablon, Léo Ferré, Serge Reggiani, Jean Vallée et Charles Trenet (qui y a fait une de ses « rentrées » après quelque temps d'absence de la scène).

DONA

1871-Paris, 1957. Interprète. Avatar du genre chanteur à voix, il a eu le mérite de précéder Bérard. Ulcéré par le succès de ce dernier, « un cordonnier », il se retire de la scène après la guerre. Il avait cependant eu le temps de se faire entendre à Bobino où il avait débuté vers 1900, à l'Eldorado, à la Gaîté-Montparnasse, et d'imposer ces drames d'illustre mémoire que sont *la Dame de pique, le Grand Rouquin, la Femme aux bijoux, l'Hirondelle du faubourg.* Pendant la guerre, émut les veuves et les orphelins de guerre, auprès desquels il se dispensa.

ALICE DONA

Maisons-Alfort, 1946. Compositeur-interprète. Chanteuse yé-yé *(les Garçons,* 1963), elle disparut quelques années avant de réapparaître comme compositeur *(C'est de l'eau, c'est du vent,* — P. Delanoë, 1969). Son association avec Serge Lama en fait, à partir de 1970, une fonctionnaire, côté musique, de la chanson à succès. Les titres se succèdent, qui sonnent comme les items d'un palmarès : *Chez moi, Tous les Aufwiedersehen, Je suis malade, La chanteuse a vingt ans, l'Algérie, Messieurs, Tarzan est heureux, Femme femme femme.* Puis elle commence à se faire entendre elle-même (*la Nana 77).* Elle a déjà à son actif le sens de la chanson « carrée » traditionnelle et bien française, venue en ligne directe de la revue des années trente ; elle colore en surface avec le « folky » ou le « bluesy » à la mode *(Mon p'tit cœur).* Bonne chanteuse au sens radiophonique du terme, elle n'a pas l'air de croire énormément à ce qu'elle raconte, mais néanmoins cette image de femme moderne très classique que lui taillent ses paroliers (principalement Claude Lemesle) porte autant que sa musique sur le bon peuple amoureux des valeurs anciennes. Elle a écrit également pour d'autres interprètes, notamment Serge Reggiani *(J'suis pas chauvin,* 1975 ; *le Barbier de Belleville,* 1977, — C. Lemesle) avec une constance dans le succès qui touche à la provocation, ou au talent...

GEORGES DOR

Saint-Germain-de-Grantham (Canada), 1931. Auteur-compositeur-interprète. Réalisateur d'émissions de télévision pendant dix ans, il débute dans la chanson en 1964 et s'impose très rapidement comme une des têtes de file de la chanson canadienne : Butte à Mathieu en 1965, Comédie-Canadienne de Montréal (3 000 places) en 1966 et 1969. Un auteur qui, dans une facture chansonnière classique, « se contente » de témoigner de la révolution culturelle québécoise *(les Ancêtres, le Chinois).* Sa plus belle réussite : *la Complainte de la Manic,* chanson d'amour qui évoque la condition du travailleur des barrages du Nord canadien et qui a été reprise par Pauline Julien et Catherine Sauvage.

FRANÇOISE DORIN

Paris, 1928. Auteur. Fille du chansonnier René Dorin, comédienne et auteur dramatique, a écrit des chansons pour les Compagnons de la chanson, Marie Laforêt, Juliette Gréco, les Parisiennes, Colette Renard, Dalida, Charles Aznavour *(Que c'est triste Venise,* — C. Aznavour, 1964), Guy Mardel *(N'avoue jamais,* — G. Mardel, 1965), Mireille Mathieu *(C'est ton nom,* — F. Lai, 1966), Line et Willy *(Pourquoi pas nous,* — H. Giraud, 1966).

DORVILLE

[Henri Dodane] Paris, 1883-1941. Interprète. Après avoir été employé dans un magasin de chaussures, il débute en 1899 au casino Saint-Martin. Comédien, il fait cependant carrière au music-hall en imitant Dranem, Mayol, Vilbert, et finit par inventer, vers 1904, le « genre Dorville » : son physique, qui l'a fait comparer tantôt à une otarie tantôt à une grenouille, son abattage sur scène, son sens du comique de situation l'y ont puissamment aidé. Mais ce qui l'a définitivement « installé » dans l'esprit du public, surtout populaire, c'est ce beuglement de phoque qu'il lança un soir au Petit Casino et que la foule prit l'habitude de reprendre. A quoi tient une carrière ! Sa chanson fétiche ne pouvait être que *Oouin,* « phoqu'trot » de la revue *Cach' ton piano* (A. Willemetz-M. Yvain) :

J'suis né à Saint-Ouen
oouin oouin
tout près du rond-point
oouin oouin

« Quel plus grand compliment peut-on faire d'un homme ? Il fait rire ! Encore un oouin... C'est tout. Et ça suffit » (Saint-Bonnet). Sa carrière fut donc fort longue, le portant sur toutes les scènes parisiennes : Moulin Rouge, Folies-Bergère, Casino de Paris, Olympia. En 1930, il tint le rôle principal dans *les Aventures du roi Pausole,* mis en musique par Arthur Honegger. Son comique fut également mis à contribution à l'écran.

JACQUES DOUAI

[Gaston Tranchant] Douai, 1920. Interprète. Porte-drapeau de la « bonne chanson » (appelée aussi « chanson de qualité »), il débute, guitare en bandoulière (il est un des premiers à utiliser cet instrument) Chez Pomme à Montmartre. Les années qui suivent le voient au Quod Libet, à la Rose Rouge, à l'Échelle de Jacob, au Club Saint-Germain, Chez Carrère et Chez Gilles ; en 1963 il est au Vieux-Colombier et en 1967 au théâtre de l'Alliance française. Animateur culturel autant qu'interprète, il effectue des tournées en France, au Canada et aux États-Unis avec « la Frairie », groupe de danses folkloriques animé par sa femme, Thérèse Palau. Son répertoire offre un choix rare de chansons folkloriques retrouvées et d'œuvres contemporaines, inspirées ou non par le folklore *(File la laine* de R. Marcy, *l'Étang chimérique* de L. Ferré, *Une noix* de C. Trenet). Sur scène, en manches de chemise évasées, il cultive un genre « troubadour ». Sa voix est une voix de chorale qui ne laisse passer aucune émotion, le tout est un peu froid : « Il apparaît moins comme une vedette du tour de chant que comme une phonothèque vivante, une sorte de conservatoire national de notre folklore » (G. Coulonges). Avec l'aide de Luc Bérimont, qui lui succède seul dans cette tâche par la suite, Jacques Douai produit une émission destinée à faire connaître de jeunes talents, « La fine fleur de la chanson française », dont le « modèle » est, quelque quinze années après, la chanson poétique des années 50. Il crée par ailleurs un Théâtre populaire de la chanson (1966) qui ne survit pas. Prix du disque 1974 pour ses « 25 ans de chanson », Jacques Douai aura largement contribué à une renaissance et à une reconnaissance du folklore français — mouvement qui a débuté sous l'Occupation. Néanmoins la vague « folk » des années 70 ne le reconnaîtra pas comme un des siens, car il n'a jamais cherché à reconstituer l'authenticité musicale du folklore : ce qui l'a intéressé, comme ses contemporains, c'est uniquement sa dimension poétique.

DRANEM

[Armand Ménard] Paris, 1869-1935. Interprète. Né rue Château-Landon, il débute en amateur au café-restaurant de la Verrerie, où chantait aussi Montéhus. Le jour, il exerce la profession d'apprenti bijoutier. En 1894, il obtient son premier engagement professionnel à l'Électric-Concert du Champ de Mars. Trois années plus tard, il fait ses débuts au Concert parisien, le même soir que Mayol et Max Dearly. Il est alors catalogué dans le « genre Polin » (comique troupier). C'est vers cette période qu'il adopte une nouvelle tenue, signe visible d'une transformation de son personnage. Il se produit au Divan japonais, au Petit Casino, puis signe à l'Eldorado (1899) : il inaugure un bail de 20 ans avec cet établissement pendant lequel son seul nom à l'affiche suffira à remplir la salle, alors qu'il faudra à la salle d'en face, la Scala, une pléiade de vedettes pour faire le poids. Pendant cette première période, qui est celle des « chansons idiotes » — *les P'tits Pois, l'Enfant du cordonnier* (le Fils du gniaf), *Pétronille tu sens la menthe, le Trou de mon quai, le*

Jardinet de ma voisine, autant de succès —, il ne quitte l'Eldorado que pour l'Alcazar d'été, sitôt la belle saison venue. Après la guerre, il se reconvertit dans l'opérette et la comédie, se produisant notamment aux Bouffes-Parisiens *(Là-haut)* et à l'Odéon *(le Médecin malgré lui).* Enfin l'avènement du 7e art lui donne l'occasion d'entamer une troisième carrière, de se faire connaître ainsi du public de province qui n'avait guère eu l'occasion de l'entendre, et de mourir en pleine gloire.
Comique puissant, Dranem avait créé un genre, mieux, un personnage au même titre que Jocrisse, Grock, Charlot. Sa silhouette surprenait : « Un tout petit chapeau dans le genre de ceux des marins américains couronnait une tête chauve comme un œuf de Pâques. Ses joues et son nez étaient maquillés de rouge ; les lèvres, par contre, étaient blanches. Il était vêtu d'une petite veste étriquée, d'un pantalon en toile de matelas, trop large et trop court, découvrant d'énormes godasses sans lacets » (Jacques-Charles). Son apparition, sa tenue sur scène déclenchaient l'hilarité : il arrivait en courant maladroitement, tel un fugitif poursuivi, s'arrêtait interloqué devant le trou du souffleur, et ne semblait se réveiller qu'au son de l'accompagnement. Il entamait alors sa chanson, d'une voix chevrotante, les yeux fermés, sans gestes ; de temps en temps il les rouvrait, comme effrayé par l'énormité de ce qu'il disait, et les refermait tout aussitôt. Au dernier refrain il continuait à chanter sans prononcer les paroles, et à cligner des yeux : le public, qui connaissait la chanson par cœur, ne se tenait plus. Le tout était accompagné de commentaires irrésistibles, de petits gloussements de rire. On comprend mieux ainsi la fonction jouée par ces chansons volontairement niaises : mettre en valeur l'écart existant entre les choses dites et le jeu de physionomie de l'artiste. C'est la source d'un burlesque d'un caractère original, à la fois immédiat et au second degré. Pillé, imité (notamment par Chevalier et Milton à leurs débuts), Dranem était entré vivant dans le Panthéon populaire.

DRÉAN

[Alexandre Vincentelli] Marseille, 1884-1977. Interprète. Dans l'opérette *Phi-Phi* (1918), Le Pirée était un homme et, pendant des années, porta les traits de Dréan. Comme il y avait été « particulièrement désopilant » (M. Yvain), on lui confia de nombreux rôles de « compères » de revues, où sa fantaisie mi-parodique, mi-clownesque fit merveille. Il créa *Cach' ton piano* (1920), la scie de Maurice Yvain, et *Elle s'était fait couper les ch'veux* (1925). Il parut sur la scène des principaux music-halls parisiens jusqu'au lendemain de la guerre.

JEAN DRÉJAC

[Jean Brun] Grenoble, 1921. Auteur-compositeur-interprète. Fils de gantiers, se destine au music-hall et débute en 1938 (Européen, Petit Casino, Pacra). Commence à écrire pendant la guerre. A la Libération, *le Petit Vin blanc* (— Borel-Clerc) créé par Lina Margy et Michèle Dorlan est un énorme succès. Son métier d'auteur l'emporte peu à peu sur celui d'interprète : *le Petit Bal du samedi soir* (— Borel-Clerc) est chanté par Georges Guétary, *l'Homme à la moto* par Édith Piaf, *Bleu blanc blond* par Marcel Amont, *Rengaine ta rengaine* et *la Chansonnette* (— Philippe-Gérard) par Yves Montand, *Octobre* (— Philippe-Gérard) par les Chœurs de l'Armée rouge et *Sous le ciel de Paris* (— H. Giraud) par des vedettes internationales. Il se remet lui-même à chanter en 1960 *(la Cuisine,* reprise par Juliette Gréco). A partir de 1971, il collabore avec Michel Legrand *(Comme elle est longue à mourir ma jeunesse)* et en 1977-1978 fête ses *30 ans de chanson* (titre d'un album) à Bobino. Vice-président de la SACEM, il défend âprement les droits de cette chanson française qu'il sait si bien servir.

MARIE DUBAS

Paris, 1894-1972. Interprète. Après un apprentissage de comédienne au théâtre de Grenelle, elle devient chanteuse d'opérette tout en se produisant au cabaret le Perchoir. Obligée d'interrompre une carrière prometteuse à la suite d'un accident vocal, elle se réoriente, sur les conseils de Pierre Wolff, vers la chanson. Le 23 septembre 1927, elle fait ses grands débuts sur la scène de l'Olympia, où elle a été engagée par Paul Franck. C'est le début d'une longue carrière, marquée notamment par la revue *Sex appeal 32,* qu'elle mène au Casino de Paris (1932), un tour de chant au théâtre des Champs-Élysées, dans le cadre des Concerts Pasdeloup (1934), ses rentrées à l'A.B.C. (1945) et à l'Étoile (1946), le spectacle *Chansons d'hier et d'aujourd'hui,* avec Damia à l'Olympia (1955), les créations de *Pedro* (Rodor-Gey, 1927), son grand succès, du *Doux Caboulot* (Carco-Larmanjat, 1931), de *Mon légionnaire* et du *Fanion de la légion* (Asso-Monnot, 1936). La maladie seule y mettra un terme, trente ans après ses débuts, en 1958. Marie Dubas est de la grande tradition des diseuses, des Yvette Guilbert et Esther

Lekain. Mais elle a su adapter celle-ci aux exigences du music-hall : occupant toute la scène et tirant d'une technique dramatique très complète des effets comiques irrésistibles, elle fait preuve d'une vitalité, d'un sens de la rythmique corporelle qui ravissaient le public. Pour le spectateur d'un de ses tours de chant, Marie Dubas savait tout faire : parodier un air d'opérette *(Lise*, Bernard-Mathé), détailler d'aimables fantaisies *(Marguerite*, Domingo-Roget ; *les Houzards de la garde*, qu'elle avait repris du répertoire d'Eugénie Buffet), procurer le frisson, celui des chansons réalistes *(Quand je danse avec lui*, Gabriello-Eblinger), faire rire et pleurer dans la même chanson *(la Femme du roulier*, adaptée du folklore), intercaler un récitatif sur fond musical *(La Charlotte prie Notre-Dame*, de Jehan Rictus). Et puis encore danser, mimer, jouer des hanches ou de sa frange brune, rattraper sa voix haut perchée d'un geste de la main, et lancer son « Pedro oh Pedro oh », sa chanson fétiche. Aussi la jubilation du spectateur était-elle égale à la sienne. « L'admirable, en Marie Dubas, c'est l'incessant bonheur de son talent » (L. Léon-Martin). « Avec elle, le sujet ne compte plus, le texte et la musique même s'effacent. C'est Marie Dubas que l'on regarde, que l'on écoute, rien d'autre » (M. Georges-Michel). Quant à Édith Piaf, elle déclare : « Elle a été mon modèle, l'exemple que j'ai voulu suivre. » En 1936, quelques mois après Marie Dubas, elle reprend *Mon légionnaire*, son premier succès.

PIERRE DUDAN

Moscou, 1916. Auteur-compositeur-interprète. Touche-à-tout de génie, il fait du théâtre, du cinéma (une quarantaine de films) après des études supérieures à Lausanne. Chante ses œuvres à partir de 1936 dans des cabarets parisiens (Bœuf sur le toit, Lapin à Gill) mais ce n'est qu'après la guerre qu'elles atteindront le succès. *Café au lait au lit* (1940), sa chanson la plus connue, témoigne assez bien de l'ensemble : musique facile, sans nuance péjorative, c'est-à-dire musique que l'on retient et qui marque, ambiance sympathique. *Clopin-clopant* (1947, mus. B. Coquatrix) et *Mélancolie :*

> Mélancolie, un jour s'achève,
> mélancolie, on n'y peut rien
> dans la fumée et l'alcool on noie ses rêves
> jusqu'au matin

sont d'une veine semblable : Dudan a les mêmes qualités que Francis Lemarque, « coup de crayon » rapide et suggestif, note entraînante, et les défauts de ses qualités : l'ensemble de sa production peut sembler manquer de variété. Il quitta la France en 1962 pour le Canada où il continua d'écrire loin du marché français, avant de revenir sur le Vieux Continent.

DIANE DUFRESNE

Montréal, 1944. Interprète. Elle chantait Aragon, Ferré, Brel et Vigneault dans les boîtes à chansons de Montréal et les cabarets rive gauche de Paris (1965-1966). Après sa rencontre avec François Cousineau, pianiste-arrangeur, puis avec Luc Plamondon, qui devient son parolier attitré, elle découvre son identité de chanteuse de variétés-rock, et son accent québécois. Ses chansons *(J'ai rencontré l'homme de ma vie,* 1972 ; *Chanson pour Elvis,* 1975 ; *Hollywood freak,* 1977 ; *Strip tease,* par. G. Gauthier, 1979), mais surtout son spectacle, « l'opéra-cirque », qu'elle crée des deux côtés de l'Atlantique (Olympia, 1978 et 1979) révèlent un personnage étonnant. Qui n'a pas vu Diane Dufresne sur scène a manqué un grand moment de folie onirique : délire visuel, par les costumes qu'elle invente et qui allient la beauté et le rêve à l'extravagance ; délire vocal quand la plus simple des mélodies entraîne des broderies de vocalises, au risque d'entraver complètement la compréhension du texte ; délire théâtral enfin, quand, dans son espace, une simple chaise peut devenir un être vivant et redoutable *(le Parc Belmont,* histoire d'une folle).

CHARLES DUMONT

Cahors, 1929. Compositeur-interprète. Prix de trompette, il s'essaie en chanson sur des poèmes de Francis Carco qui seront repris par Cora Vaucaire. Chanté aussi par Lina Margy, il compose bientôt pour tous les chanteurs de charme et écrit pendant dix ans des chansons pour Piaf que celle-ci ne prend pas malgré un prix Édith-Piaf gagné à Deauville : pour elle, Charles Dumont n'est qu'une bête à concours ; il remporte en effet le Coq d'or 1959 avec *Lorsque Sophie dansait* (— M. Vaucaire) repris par les Compagnons de la chanson, un deuxième Coq avec *Envoie la musique* (— M. Vaucaire) chanté par Colette Renard. Enfin, en 1960, Piaf a le coup de foudre pour *Non, je ne regrette rien* (— M. Vaucaire). Il lui composera 35 autres chansons dont *Mon Dieu* (— M. Vaucaire) et *Quand les amants* (— E. Piaf) qu'il chantera en duo avec elle. La mort de Piaf

(1963) et la vague yé-yé obligent Charles Dumont à changer de cap : il écrit pour le cinéma et la TV, puis se réoriente vers la chanson en 1968, sur l'insistance de Françoise Lô (Sophie Makhno) et de quelques autres auteurs féminins qui vont faire de ce quadragénaire consentant le chantre de la tendresse pour midinettes un peu vieillies (ou un peu vieux jeu) : *Ta cigarette après l'amour* (—S. Makhno), *Une femme* (—S. Makhno), *Elle* (—M.-J. Casanova)... Succès tardif (Olympia, 1977) mais solide de Charles Dumont qui a enfin trouvé son créneau, en forme d'alcôve.

PAUL DURAND

Sète, 1907-Louveciennes, 1977. Compositeur. Musicien « par hérédité », il fait des études d'harmonie au conservatoire et devient organiste à Sète. Il écrit sa première chanson en 1936 pour Reda Caire *(Dis-moi que tu m'aimes d'amour).* En 1938, il est à Paris, jouant du piano dans les cabarets. Son premier succès, la chanson « triste » de la guerre, *Je suis seul(e) ce soir,* est chanté par Léo Marjane en 1942. Henri Varna l'appelle pour diriger l'orchestre du Casino de Paris. De 1947 à 1949, Paul Durand tient une émission sur le Poste parisien : « La kermesse aux chansons » où il fait connaître Eddie Constantine, Jacqueline François, Dario Moreno, les sœurs Étienne. En 1950, il accompagne toutes les vedettes de passage et fait des tournées de musique symphonique légère en Europe. Il a écrit deux grands succès de Jacqueline François : *Mademoiselle de Paris* et *Boléro* (—Henri Contet, 1948).

YVES DUTEIL

Paris, 1949. Auteur-compositeur-interprète. Quitte la fac de sciences pour la musique. Ses premiers disques n'obtiennent que peu de succès (on observe surtout la filiation de Maxime Le Forestier). Le virage est pris avec le festival de Spa qu'il gagne en 1974 : *le Petit Pont de bois* se vend à plus de 700000 exemplaires. Il passe au Théâtre de la Ville, aux Champs-Élysées et devient un habitué du hit-parade : *Tarentelle* (8 disques d'or), *J'ai la guitare qui me démange...*

Le procédé Duteil est très simple et très ancien : il consiste à bâtir des mélodies néo-classiques et à les arranger sur une base de guitare-clavecin et de quatuor à cordes. Bref, il s'agit tout simplement de rappeler à l'oreille du public le patrimoine acquis à l'école. La seule part de création originale se situe au niveau du rythme, qu'il faut rendre assez sautillant pour concurrencer blues, rock ou folk. Dans le meilleur des cas, le timbre remarquablement placé du chanteur y range un jeu de syllabes qui pousse l'amalgame mots/musique au paroxysme d'une perfection non dénuée d'humour *(Lucile et les libellules, la Maman d'Amandine)*; et dans le pire, une quelconque confidence englue l'auditeur dans le miel de la voix douce, la musique douce, les mots doux *(Prendre un enfant par la main)*.

JACQUES DUTRONC

Paris, 1943. Compositeur-interprète. D'abord guitariste des Cyclones, puis directeur artistique de Françoise Hardy, il se lance dans la chanson en 1966 : *Et moi et moi et moi*, que le grand public attribue d'abord à Antoine... En fait, Jacques Dutronc et son parolier Jacques Lanzmann atteignent une efficacité d'écriture et une cohésion texte-musique remarquables. Les nombreuses occurrences du *je* dans les textes font oublier qu'il existe un Lanzmann : c'est, pour le public, *un* personnage qui s'exprime. Même lorsqu'il parle des autres, (« dans leur slip il y a des cactus »), Dutronc parle de lui, et là est peut-être le secret de sa carrière : créer un personnage contre. Le « et moi et moi et moi » est, de ce point de vue, significatif : il y a moi, et il y a tout le reste. *Les Play-boys* (1966) ou *Fais pas ci, fais pas ça* (coll. A. Segalen) ont la même fonction. Dans tous les cas, Dutronc introduit une distanciation critique : *les Play-boys* comme *les Cactus* (1966) étaient des sujets scabreux... Lanzmann, dans son texte, évite tous les écueils et Dutronc chante dans le même esprit. Cette ironie interne demeure la caractéristique de l'œuvre : *J'aime les filles* (1967), *Il est cinq heures, Paris s'éveille* (coll. A. Segalen, 1968), *l'Hôtesse de l'air* (1969). Après un détour de plusieurs années par le cinéma, qui y gagne un interprète sensible, Dutronc rapporte à la chanson son cynisme revigorant, cette fois grâce à Serge Gainsbourg *(J'ai déjà donné*, 1980).

AIMÉ DUVAL

Le Val-d'Ajol (Vosges), 1918. Auteur-compositeur-interprète. Pendant ses études, il apprend à jouer de divers instruments. Malade, il compose des chansons, qu'il interprète lors de veillées de jeunes catholiques dont il est l'aumônier. Missionnaire en milieu ouvrier, il agrémente les causeries qu'il tient dans les cafés de chansons de son cru. La presse s'en empare. Disque, recueil de chansons, récital au Gaumont (1957), une chanson, *la Petite Tête,* qui passe sur les ondes : le « guitariste du bon Dieu » est né. Le teint hâve, la soutane flottante, la voix cassée, le père Duval va sillonner le monde pendant plus de cinq ans, portant la bonne parole et ses chansons aux quatre coins de la terre. Puis le ressac et la maladie vont le rejeter dans l'obscurité.

De cette étonnante équipée, il reste le souvenir d'une présence humaine authentique, un répertoire pour mouvements de jeunesse catholique, et le sentiment d'une tentative avortée. Celle-ci semble à imputer à quelques causes secondaires — manque d'inventivité mélodique et rythmique, technique vocale limitée — et à une ambiguïté fondamentale : parti pour aider l'humanité à se révéler à elle-même, il se réfère dans ses paroles (ses musiques, elles, sont conformes à la tradition du chant choral français, parfois du gospel) à une symbolique biblique qui n'est intelligible que pour une population déjà imprégnée de culture chrétienne *(Par la main, la Nuit, J'ai joué de la flûte).* Le premier mouvement de curiosité passé, le père Duval n'a plus touché que les convertis. Or les ambitions de l'ancien missionnaire étaient autres, et c'est pour toucher cet autre public qu'il abandonna par la suite la thématique biblique et chanta les joies et les misères des « pauvres » *(Rue des longues haies, l'Enfant de nuit).* Mais là encore, sans la foi qui éclaire, et en l'absence d'une volonté transformatrice de cette humanité sacrifiée, l'essai manqua son objectif : le père Duval resta la propriété des « bien-pensants ».

Sa tentative inspira de nombreux chanteurs en soutane ou en bure : le père Bernard, franciscain québécois qui connut dans son pays une vogue aussi impressionnante que brève *(la Légende des brigands),* Jacqueline Lemay, québécoise elle aussi, le père Cocagnac, Noël Colombier, le plus intéressant d'entre eux, et sœur Sourire, dont le « hit », *Dominique,* est resté dans toutes les oreilles. Des laïcs — Pierre Selos, Michel Frenc, John Littleton, Marie-Claire Pichaud — creusèrent le même sillon. En vain : la chanson « religieuse » n'a pas, à ce jour, trouvé son Trenet.

L'EAU VIVE

Chanson, par. et mus. Guy Béart (1958). Musique du film de François Villiers du même nom, c'est une des premières œuvres connues de Béart, d'abord sous forme d'air de guitare très simple *(mi-do mi-do mi-do ré)* au rythme de berceuse. Elle trace un portrait de femme-enfant insouciante et libre au milieu d'un cadre méditerranéen décrit à l'aide d'un vocabulaire et de rimes exceptionnellement conventionnels pour l'auteur (troupeaux, ruisseaux, pipeaux, chevreaux, hameaux...). Ne pas s'y fier : la chanson retrouve le mythe de l'eau, symbole érotique éternel exprimé tout au long du folklore par toutes les légendes de rivières et de fontaines.

L'ÉCHARPE

Chanson, par. et mus. Maurice Fanon (1963). Une belle chanson d'un bon auteur-compositeur qui n'a pas beaucoup de chance comme interprète, fondée sur une série de jeux de mots homophoniques (soie, soi) et sur la mémoire affective chère à Proust. La musique aux accents mélancoliques complète le tableau du souvenir qui ne peut plus se rattacher à autre chose qu'à un lambeau, « une écharpe de soie, qui se souvient de nous ». Elle a aussi été enregistrée par Pia Colombo.

L'ÉCHELLE DE JACOB

Cabaret, rue Jacob, Paris. Créé en 1948, d'abord animé par Guidon-Lavallée, puis par Pierre Arvay, ce cabaret, rive « gauche » par sa situation, diffère en fait beaucoup de ses voisins. Alors que le cabaret est généralement un tremplin où se produisent des débutants (parmi ceux-ci, Diane Dufresne,

Marie-Paule Belle, Bruno Brel), l'Échelle de Jacob accueillit souvent des vedettes confirmées : Jacques Brel (1965), Hugues Aufray, Charles Trenet (1969), etc.

L'ÉCLUSE

Cabaret, quai des Grands-Augustins, Paris. Petite salle en longueur d'une trentaine de places, ouverte en 1947 par Legueltel (directeur de la Galerie 55) qui forme une équipe dirigeante : Léo Noël, Marc et André, Brigitte Sabouraud. L'Écluse « démarre » véritablement fin 1949. Léo Noël s'y consacre entièrement et tient jusqu'à sa mort (1966) le rôle de principal animateur des lieux. Mais la belle époque du « plus petit music-hall de Paris » se situe dans la période de l'après-guerre, à l'apogée du style rive gauche. L'Écluse, où viennent alors se produire Léo Ferré, Stéphane Golmann, Jacques Douai et Cora Vaucaire, donne le ton à tout le quartier Latin. Depuis, différentes vedettes y ont fait leurs débuts, en particulier Barbara qui reste cinq ans à l'affiche (de 1959 à 1964) sous le nom de la « Chanteuse de minuit ». Marie-Paule Belle, qui y resta elle-même un an et demi, sera la dernière à s'en servir comme d'un tremplin : en 1972, l'Écluse ferme ses portes. Elle se transformera quelques années après en restaurant.

L'ÉCOLE BUISSONNIÈRE

Cabaret, rue de l'Arbalète, Paris. Créé en 1962 par René-Louis Lafforgue avec l'aide de ses amis (Jean Ferrat, Claude Vinci, etc.) qui mettent parfois la main à la pâte, le cabaret se veut multiforme : chanson, certes, avec Maurice Fanon, Henri Gougaud, Jean-Claude Annoux, Christine Sèvres..., mais aussi salle de théâtre pour jeunes compagnies, salle d'exposition, etc. A la mort de René-Louis Lafforgue, sa femme continue quelque temps à s'occuper de l'ensemble (1967-1969).

L'ÉCOLE EST FINIE

Chanson, par. Claude Carrère, André Salvet, mus. Jacques Hourdeaux. Mars 1963 : Guy Lux présente à la télévision une jeune fille à couettes, genre collégienne sage, qui chante avec entrain et application (play-back oblige), en dandinant la tête, cette chansonnette qui allait devenir célèbre :

Donne-moi la main
et prends la mienne
la cloche a sonné...

« Monsieur tout le monde » (c'est le titre de l'émission) et surtout Madame sont conquis : enfin un twist sage, des paroles saines, et une jeune fille si sympathique, si franche. Cette dernière, dénommée Sheila, est lancée. De 12 à 16 ans, on achète et on écoute *L'école est finie :* 10 000 ventes par jour, pendant plusieurs semaines. Claude Carrère, l'auteur et l'imprésario de la chanteuse, a misé juste.

L'ÉDEN-CONCERT

Café-concert, boulevard de Sébastopol, Paris, situé dans la remise d'un grand magasin. Ouvert en 1881, il fut dirigé par Mme Saint-Ange qui en fit une salle pour public familial : les chansons et saynètes étaient en effet expurgées. Les « Vendredis de la chanson » y furent organisés par Ernest Chebroux et Francisque Sarcey : récitals de vieilles chansons françaises donnés par Villé et Dora, et qui attiraient un public bourgeois. Yvette Guilbert, qui y connut ses premiers succès, Polin et Libert se firent entendre à l'Éden. En 1895, le concert, transporté rue du Faubourg-Montmartre, s'orienta vers la formule music-hall : Dranem, Maurice Chevalier, Georges Carpentier, Gaby Deslys, puis après la guerre (direction Dufrenne-Varna), Raquel Meller, Carlos Gardel, Grock en furent les vedettes. Appelé Palace, transformé en cinéma (1931-1933), rebaptisé Alcazar et à nouveau Palace, il accueillit des revues *(Revue nue).* Salle d'essai d'Henri Varna, celui-ci y monta le *Music-hall des jeunes* et le *Café-concert modern-style* où l'on put réentendre d'anciennes gloires du caf'conc' comme Anna Thibaud, Esther Lekain, Mansuelle. Vendu par Varna, le Palace redevint un cinéma.

GILLES ELBAZ

Castres, 1946. Auteur-compositeur-interprète. Après avoir travaillé, par tradition familiale, dans la numismatique, Gilles Elbaz débute dans la chanson en 1969 : cabarets, tournées dans les MJC, etc., milieu dont il a du mal à sortir, malgré ses 5 disques qui, en dix ans, témoignent d'une recherche étonnante dans le domaine musical comme dans celui des mots. Par son inspiration, Elbaz se rapproche d'autres créateurs comme Jean Vasca ou

Jacques Bertin (il travaille d'ailleurs avec les mêmes musiciens que ce dernier : Siegfried Kessler aux claviers, Didier Levallet à la contrebasse). Mais il puise sa thématique originale dans le magma des éléments naturels et en tire un univers surprenant, qui ne doit qu'à lui. Son disque *Paradis terrestre* (1979) témoigne bien des diverses facettes de son talent.

L'ELDORADO

Café-concert, boulevard de Strasbourg, Paris. Construit en 1858, il démarre vraiment en 1861 sous la direction de Lorge qui en fait « le conservatoire et la pépinière d'où sortiront toutes les vedettes du caf' conc' » (Jacques-Charles). Thérésa (1863) et Paulus (1868) font très vite la réputation de l'établissement. Entre-temps, l'ordonnance de 1867 du directeur des théâtres Camille Doucet permet aux chanteurs de se déguiser et de jouer de petites pièces (ce qui était jusque-là interdit) et l'Eldorado en profite pour varier ses programmes et, autre révolution, pour supprimer la « corbeille » (jeunes personnes assises sur la scène, derrière le chanteur, et qui étaient là pour donner l'illusion d'un salon bourgeois... et pour que le spectateur fît son choix). On y applaudit Suzanne Lagier, Renard (auteur de la musique du *Temps des cerises)*, Jules Perrin, Chrétienno, Judic, Amiati, Libert, Florence Duparc... Mais la concurrence de la Scala (1878) force l'Eldorado à changer de formule et à se transformer en théâtre d'opérettes. Puis les propriétaires de la Scala et des Folies-Bergère acquièrent en 1896 le caf' conc' du boulevard de Strasbourg et le relancent avec Dranem, qui y chanta pendant près de vingt ans, Montel, Bérard, Bach, Polaire, et Mistinguett, qui y joua les rôles de gommeuse de 1897 à 1907. Avant de disparaître définitivement, l'Eldorado connut un renouveau dans les années 30 sous la direction de Georgius, qui y présenta son Théâtre chantant.

ELLE ÉTAIT SI JOLIE

Chanson, par. et mus. Alain Barrière (1963). Grand succès de l'auteur. Un air de slow soutenu par des chœurs. Des paroles réduites à l'essentiel, passant d'une vision du passé à un sentiment présent sans ménager de lien, ce qui a pour effet de donner aux silences une importance égale à celle des mots. Le thème est celui de l'amour perdu et de l'automne : une recette infaillible, expérimentée en d'autres temps par Paul Delmet.

LES ÉLUCUBRATIONS

Chanson, par. et mus. Antoine (1965). Première chanson d'Antoine en forme de manifeste. Le texte, sans doute inspiré par *I shall be free* de Bob Dylan, tourne autour de deux thèmes : opposition à une certaine société, à un certain conformisme (par l'intermédiaire des cheveux longs ou de la pilule que l'on prône et qui deviennent symbole d'anticonformisme) et opposition à une certaine forme de chanson alors en vogue (la vague yé-yé dont Johnny Hallyday est donné comme chef de file). L'intérêt de la chanson réside surtout dans l'ironie interne qui y règne : tout à la fois on accepte le mode de lancement des « idoles » (Antoine n'en est-il pas un produit ?) et on le conteste par unc série de clins d'œil à différents niveaux. C'est à cela que correspondent les attaques contre Hallyday, l'aspect superficiel — volontairement sans doute — du texte, la mélodie quasiment inexistante... L'ensemble, par sa fadeur comme par son aspect parfois corrosif, était le miroir (fidèle ou critique et sans doute les deux) de la chanson yé-yé.

MICHEL ÉMER

Saint-Pétersbourg (Russie), 1906. Auteur-compositeur. Quitte ses parents à 17 ans pour faire du jazz, et devient pianiste de cabaret, puis chef d'orchestre et producteur d'émissions radiophoniques. Ses premières chansons datent de 1931, pour Lucienne Boyer, Jean Sablon *(J'ai le béguin pour la biguine,* —Jamblan), Lys Gauty, Ray Ventura, Maurice Chevalier. Puis ce sera la consécration avec Édith Piaf (1940) : *l'Accordéoniste,* qu'elle garde pendant vingt ans à son répertoire, *le Disque usé, La fête continue, Bal dans ma rue, A quoi ça sert l'amour ?* Il écrira également pour Montand, Patachou, Jacqueline François *(Trois fois merci,* —P. Dorsay), Odette Laure *(Moi j'tricote)* et pour sa femme, Jacqueline Maillan. « Son air on le retient tout de suite, comme si on l'avait déjà entendu errer dans toutes les rues » (Piaf).

L'EMPIRE

Music-hall, avenue de Wagram, Paris (1924-1944). Construit sur les ruines de l'Empire-théâtre, il entame, sous la direction d'Henri Varna et d'Oscar Dufrenne, une carrière éblouissante de music-hall des beaux quartiers, présentant à son public les meilleures vedettes du moment (Yvette Guilbert, Damia, Maurice Chevalier...). Devenu cinéma en 1931, il est ensuite repris par les frères Amar, propriétaires du cirque du même nom, et achève sa vie en alternant opérette et music-hall avant de céder la place au septième art.

LES ENFANTS TERRIBLES

Groupe vocal. Ils sont cinq : Alain et Luce Feral, Jacques Mouton, France et Gilles Paumier, les deux premiers mari et femme, les deux derniers frère et sœur, et ils chantent. Débutent à Montmartre, puis passent rive gauche (la Contrescarpe, Chez Georges, l'Écluse). Ils interprètent en général les œuvres d'Alain Féral *(le Poète et la Rose, Quand on en aura marre, Monsieur l'univers, J'ai peur de vivre)* mais ils ont aussi chanté Guy Béart *(Anachroniques).* Richesse harmonique et vocale, charge poétique des chansons, vitalité et présence scénique, l'ensemble de ces qualités a acquis au groupe une place particulière, que leur séparation, en 1975, ne leur permit pas d'exploiter.

EN REVENANT DE LA REVUE

Chanson, par. Lucien Delormel et Léon Garnier, mus. L.-C. Désormes (1886). Créée par Paulus à l'Alcazar, cette chanson restée célèbre fut considérée, grâce à une opportune modification d'un couplet, comme une profession de foi en faveur du général Boulanger. Anatole France la considérait comme « *la Marseillaise* des mirlitons et des calicots ». Il est vrai que ses couplets ne visaient pas très haut :

Gais et contents
nous marchions triomphants
en allant à Longchamp
le cœur à l'aise
sans hésiter
car nous allions fêter
voir et complimenter
l'armée française.

Et l'on peut penser, en les écoutant, à ces lignes des écrits de jeunesse de Flaubert : « Le commis est enthousiaste de la garde nationale, son cœur s'allume au son du tambour et il court à la place d'armes… en fredonnant : Ah ! quel plaisir d'être soldat. » La musique de Désormes, marche rapide et joyeuse, rappelle une ambiance de fête foraine sans doute assez proche de ce que pouvaient être à l'époque les revues militaires, et elle n'est pas étrangère à la pérennité du morceau. La chanson a été « recréée » par Roger Pierre et Jean-Marc Thibault.

L'ENTRECÔTE

Chanson de Marcel Zimmermann et Pierre Goupil (1927). Valse-rengaine « à hésitation », pastiche de la chanson réaliste. « C'est pour pouvoir acheter l'entrecôte » et nourrir ses cinq petits frères affamés que la trop généreuse héroïne se vend aux riches. Complément du mélodrame bouffon d'*Orion le tueur* joué par la compagnie Grenier-Hussenot, c'est le premier grand succès des Frères Jacques (1946). Georges Bellec l'a tirée du répertoire des Beaux-Arts qui comprend, entre autres merveilles, *le Fils-Père* et *la Femme du roulier.*

LENY ESCUDERO

[Joaquim Leny Escudero] Espinal (Espagne), 1932. Auteur-compositeur-interprète. Fils de bûcherons espagnols venus en France en 1939, Leny Escudero est tour à tour manœuvre, carreleur, dénicheur de nids, arracheur de pommes de terre, cantonnier. Ses ballades en poche, il est rejeté de tous les cabarets parisiens jusqu'à ce que Jacques Canetti le pousse sur la scène des Trois Baudets. Ses mélodies romantiques se propagent à contre-courant de la vague yé-yé (1962) : *Pour une amourette, Ballade à Sylvie, A Malypense.* Avec ses premiers droits d'auteur, il fait le tour du monde, construit une école au Bénin (alors Dahomey), laissant les antennes l'oublier. On l'entend de nouveau en 1968 *(la Simone, Ballade de Mimile le mal-aimé, Je t'attends à Charonne),* puis en 1973 *(Vivre pour des idées),* en 1979 *(la Planète des fous).* Entre ses disques relativement espacés, il chante régulièrement, devant un public fidèle, quoiqu'il ne passe que rarement dans les salles parisiennes (Gaîté-Montparnasse, 1980), et fait du cinéma *(la Femme flic,* 1979). Leny Escudero donne dans un style de romance nostalgique qu'il définit lui-même comme du « romantisme vécu ». Des rythmes populaires, valse ou java, et une voix au timbre voilé jouant sur son pouvoir d'émotion, alliés à une physionomie très particulière lui confèrent une personnalité indéniable, malgré un certain statisme dans ses prestations scéniques. Le meilleur Escudero est à chercher aujourd'hui non dans ses chansons d'amour-ritournelles mais dans ses poèmes dramatiques sur fond musical *(la Sainte-Farce, le Cancre).*

GIANI ESPOSITO

Etterbeeck (Belgique), 1930-Neuilly-sur-Seine, 1974. Auteur-compositeur-interprète. Comédien, il tente l'expérience de la chanson en 1954 (la Rose Rouge, l'Écluse) et enregistre *les Clowns* (1957). Dix ans après il y revient, enregistre plusieurs disques et se produit, rarement, en galas. Se situant en extériorité par rapport à toute la tradition de la chanson française, il aborde, par le biais de l'éthique, des thèmes traditionnels de l'idéalisme occidental ou oriental. L'atemporalité du discours le conduit à faire usage de genres musicaux anciens (mélopées, complaintes, valses lentes), à s'exprimer au travers de paraboles. Il se dégage de ses chansons un ton neuf, inédit, qui porte l'auditeur à la méditation, à un « retirement » du monde. Le regard qu'Esposito porte sur le siècle, duquel il se démarque, est fait d'ironie sarcastique *(Un noble rossignol à l'époque Ming)* ou de tendresse désenchantée *(le Temps des fiançailles) ;* mais l'usage du vocatif (« Ne riez pas... », *les Clowns)* est signe aussi d'un appel à la transformation des cœurs, explicite dans certaines chansons à base de citations de saint Paul *(Parlerai-je)* ou de Krishna. Un conception aristocratique de la chanson, mais une voix unique.

ET MAINTENANT

Chanson, par. Pierre Delanoë, mus. Gilbert Bécaud (1962). Le désespoir amoureux d'une amie, immédiatement exploité au piano par Bécaud, qui appelle Delanoë à la rescousse pour terminer la chanson. C'est ainsi que naquit le plus grand succès de son créateur, qui fut interprété par quelque 50 chanteurs français et qui connut, grâce à la version instrumentale de Herb Alpert (1967), une étonnante carrière aux États-Unis : *What now my love ?* y fut enregistré par près de 200 orchestres et interprètes, de Frank Sinatra à Judy Garland, et resta 37 semaines en tête du hit-parade. Succès redevable d'abord au compositeur (et à l'arrangeur Raymond Bernard) : deux notes répétées, *fa-la,* sur un discret roulement de tambour introduisent la mélodie ; celle-ci est un fox qui se développe sur un rythme de boléro espagnol, propre à donner cet effet lancinant traduisant musicalement l'état d'esprit de l'amoureux. Mais il ne faut pas oublier l'interprétation de Bécaud lui-même, toute en intensité, retenue au début (le moment le plus fort de la chanson) puis allant crescendo, jusqu'à la délivrance finale.

ÉTOILE DES NEIGES

Chanson, par. Jacques Plante, mus. Frank Winkler (1947). Adaptation française d'un standard américain, *Forever and ever* (paroles anglaises de Malia Rosa). L'énorme succès de la version française reste un mystère : est-il dû au côté ritournelle de la musique, au style « carte postale 1900 » des paroles, à la légèreté de touche de l'ensemble ? Ou encore à l'interprétation « séraphique » de Patrice et Mario ? Mais la version « mélo » de Line Renaud, par exemple, a eu pour le moins autant de succès ! *Étoile des neiges* est le genre de chanson à laquelle on ne croit pas (ou entièrement, au-delà d'elle-même) et à laquelle on se laisse pourtant prendre. Peut-être parce que renvoyant à un passé révolu : sa facture n'a-t-elle pas fait songer aux productions Bénech et Dumont ?

ET S'IL N'EN RESTE QU'UN

Chanson, par. Claude Moine, mus. Jean-Pierre Bourtayre (1965). Manifeste d'Eddy Mitchell. Alors que « le vent a tourné », que le « virage est dangereux » pour les jeunes du yé-yé, « Schmoll » affirme, paraphrasant Victor Hugo, que pour enterrer le rock il faudra passer sur son corps :

> Si le rythme meurt,
> c'est moi qui serai tué

Et pour le proclamer, qu'y a-t-il de plus adapté qu'un vieux rock traditionnel ? Car la cause est sérieuse : Eddy en aura, apparemment, égaré son humour.

L'EUROPÉEN

Café-concert, rue Biot, Paris. Fondé en 1872, il voit les débuts de Max Dearly (1891), de Jeanne Bloch, de Fragson, à l'époque où ce dernier s'appelait encore Frogson, de Polaire (1893), etc. Yvette Guilbert et Mayol y chantèrent également et firent la fortune du lieu. En 1926, sous la direction de Castille père, l'Européen se transforma en music-hall. Outre Henri Poussigue, baryton et chef d'orchestre qui, baguette en main, chantait dos au public, on put y applaudir Damia, Georgius, Tino Rossi, Lys Gauty, Milton, puis Jean Lumière, Édith Piaf, Maurice Chevalier, etc. Castille fils ayant succédé à son père, la salle s'enrichit encore et se para de velours rouge. Mais, après la guerre, il devint de plus en plus difficile de faire vivre un music-hall de quartier. En 1967, l'Européen se transforma à nouveau en théâtre-vaudeville puis, en 1973, en Grand-Guignol.

ÉVARISTE

[Joël Sternheimer] Montluel, 1941. Auteur-compositeur-interprète. Docteur ès sciences et chargé de cours à l'université de Vincennes. Coupable d'une série de chansons-canulars d'inspiration « scientifique » *(le Calcul intégral,* 1966) et premier chanteur enregistré en autogestion par le Comité révolutionnaire d'agitation culturelle *(la Révolution,* 1968).

CHARLES FALLOT

Paris, 1874-1939. Auteur-interprète. Long, maigre, le poil rare et le visage agité de tics, il fit les beaux soirs des Noctambules. Directeur malheureux de la Pie-qui-chante, il se produisit après la guerre au cabaret Chez Fysher (1925). Chansonnier gai, sachant présenter ses chansons et débitant ses histoires belges avec entrain et drôlerie, il est, paradoxalement, l'auteur d'un collier de chansons « désolées », parmi lesquelles *la Petite Église* et *Étoile d'amour*, mises en musique par Paul Delmet.

MAURICE FANON

Auneau (Eure-et-Loir), 1929. Auteur-compositeur-interprète. Professeur d'anglais (études à Rennes), il commence par écrire des chansons pour sa femme, Pia Colombo, puis les chante lui-même dans les cabarets de la rive gauche, particulièrement la Méthode. Son premier disque obtient en 1963 le prix de l'académie Charles-Cros *(l'Écharpe, Avec Fanon*, etc.). Un univers intimiste, des mélodies faciles à retenir et une volonté d'engagement politique *(la Petite Juive, Paris Cayenne, Tête de quoi)* caractérisent son inspiration : moitié Ferrat, moitié Ferré (auquel il rend hommage : *Léo de Hurlevent)* pourrait-on dire, à cheval entre le grand cœur universel et le grincement de dents du misanthrope. Est-ce pour cela que sa carrière, malgré de nombreux disques d'une qualité soutenue, est restée stationnaire ? Cet artisan de la belle chanson a écrit en 1979, autour de Pia Colombo, un spectacle original et parfois poignant : *Requiem autour d'un temps présent.*

LILY FAYOL

Grenoble, 1917. Interprète. Après des études de violon et de danse, fait de l'acrobatie au music-hall. Elle commence sa carrière d'interprète en Afrique : Dakar en 1939, l'Afrique du Nord en 1941. A Paris, l'Étoile, l'A.B.C. Elle poursuivra dans l'opérette et la revue. Un répertoire « burlesque », comprenant « marches humoristiques » *(le Chapeau à plumes,* M. Vandair-H. Betti), « sambas comiques » *(la Cane au Canada,* M. Vandair-Borel-Clerc) et autres fantaisies pseudo-exotiques. Lily Fayol est plus convaincante dans le style « bien de chez nous » *(la Bouteille,* M. Vandair-Presenti, Lelièvre fils) :

> Qui c'est qui fait glou-glou
> c'est la bouteille
> c'est la bouteille...

LA FEMME A BARBE

Chanson, par. Élie Frebeault, mus. Paul Blaquière (1867). Grand succès de Thérésa dans lequel se résume le « genre » qui fut le sien : un refrain facile et populaire, lancé à pleine voix (« C'est moi qui suis la femme à barbe »), un sujet convenant parfaitement à cette « fière voix aux accents mâles et grivois » (H. Gardejann) et à ce physique robuste, également bien campé dans *la Gardeuse d'ours* et *la Femme-canon.* Enfin un style, peuple s'il en est. La chanson fait allusion aux attractions inspirées du cirque que les cafés du premier Empire offraient pour attirer la clientèle. Prétexte excellent pour Thérésa de présenter son tour de chant comme un numéro de fête foraine. Marcelle Bordas l'a remise en vogue dans l'entre-deux-guerres (1935).

LA FEMME DU VENT

Chanson, par. et mus. Anne Sylvestre (1962). Un des premiers textes d'Anne Sylvestre, dans lequel pour illustrer un de ses thèmes favoris, l'amour qui déconsidère, qui viole la norme *(Madame ma voisine, les Punaises),* elle utilisait une métaphore quasi surréaliste :

> Maman, le vent me fait la cour
> le vent me trousse et m'éparpille
> ... il ne veut plus coucher dehors

La musique, à l'égal de celle de *Marieke* (J. Brel), se faisait vent, atteignant à des effets curieux.

JEAN-PIERRE FERLAND

Montréal (Canada), 1933. Auteur-compositeur-interprète. Comptable, puis speaker à Radio-Canada, il fonde avec Claude Léveillée, Clémence Desrochers, Raymond Lévesque et Gilles Vigneault la première « boîte à chansons » du Québec, Chez Bozo. Il abandonne bientôt la radio pour colporter ses œuvres à travers le Québec où il devient vedette. Il débarque en France en 1966 et passe au Palais de Chaillot, à la Tête de l'Art, à Bobino et tente de mener une carrière parallèle en France *(Je le sais).* Mais il ne répond pas à ce qu'on attend ici du chanteur québécois, c'est-à-dire la synthèse entre le rocker et le folkeux francophones. A des rares exceptions près *(Swinguez votre compagnie,* — J.-P. Lauzon), voix et musique restent celles d'un chanteur à texte classique *(le Petit Roi,* — M. Robidoux). A Montréal, où il est pleinement reconnu, il participe en 1976 au « Temps des retrouvailles » qui réunit avec lui Léveillée, Charlebois, Vigneault et le diseur Yvon Deschamps (album *1 fois 5).*

FERNANDEL

[Fernand Contandin] Marseille, 1903-Paris, 1971. Interprète. Son père était acteur de vaudeville. Lui, depuis qu'il a vu Polin, dont il connaissait tout le répertoire, sait qu'il sera comique troupier. D'abord chanteur amateur, il débute à l'Eldorado de Nice (1922) et se taille rapidement une solide réputation aux alentours de la Canebière. En 1925, il est vedette à l'Odéon, et engagé par les tournées Paramount. Désormais pourvu de toutes ses dents, il fait un essai — concluant — à Bobino. Sa carrière parisienne commence vraiment au Concert Mayol en 1930. On le retrouve, vêtu du pantalon garance et de la redingote bleue, chantant les succès de Polin *(la Caissière du Grand Café, Ah mademoiselle Rose),* au côté de Mistinguett. C'est le moment que choisit le cinéma pour le découvrir et lui apporter la renommée *(Ignace, le Rosier de Madame Husson).* Ses atouts : sa diction, sa précision de gestes, l'« assent », et, bien sûr, véritable image de marque, son physique. Ses limites : l'utilisation qu'il en fait, par trop stéréotypée, et son répertoire, un peu trop à l'image du héros du film *Simplet*, le bien-nommé. Comparaison pour comparaison, ses succès *(Ignace, Barnabé, Félicie aussi)* ne valent pas ceux de Polin. Le public, ici, sera bon juge : c'est à ces derniers qu'il fait un triomphe lors de la rentrée de Fernandel à l'Étoile (1944) et à l'A.B.C. (1946).

D'ailleurs, après Hiroshima, le moment est passé de chanter le tourlourou. Fernandel troque la tenue de piou-piou contre la soutane et se consacre désormais à sa carrière cinématographique.

JACQUES FERNY

[Georges Chervelle] Yerville (Seine-Maritime), 1863-Paris, 1936. Chansonnier et revuiste. « Le maître de la chanson satirique » (M. Herbert). Clerc d'avoué à Rouen, il composait de petites revues jouées au Havre et à Rouen. Monté à Paris (1887) pour servir un autre avoué, il est conduit au Chat Noir par Florent, imitateur des personnalités en vogue, et présenté à Rodolphe Salis. Celui-ci le rabroue. Ferny, qui avait fait ses débuts aux « Soirées de la plume », revient au Chat Noir un soir où Horace Valbel remplaçait Salis, et y remporte un triomphe (novembre 1891) : il est à Montmartre la révélation de l'année et, à partir de ce moment, un des piliers du second Chat Noir. Rares sont les cabarets montmartrois qui ne l'ont à l'affiche : il est notamment du lancement du Chien Noir. Plus tard, il prend la succession de Xavier Privas à la tête de la Chanson de Paris et devient administrateur de la SACEM. Médiocrement doué sur le plan vocal, mais pince-sans-rire aux effets comiques très convaincants, il excellait à peindre les mœurs du personnel politique de la IIIe République, dont il a laissé quelques portraits-charges du meilleur cru. Ainsi cette *Profession de foi d'un député sortant* ou ces *Mérites d'un légionnaire*, vantés par un député en mal d'argument :

> Peut-on avoir plus d' droits à la croix
> que n'en avait cet homme ?
> ce savant dont le nom... Bouffandon !
> sonne avec honneur, ce... littérateur
> ce... grand compositeur, cet... industriel, ce... marin,
> enfin ce... Bouffandin !

JEAN FERRAT

[Jean Tenenbaum] Vaucresson, 1930. Auteur-compositeur-interprète. Aide-chimiste, il commence à chanter dans les cabarets parisiens en 1954, à la Colombe notamment. Il atteindra le grand public quelques années plus tard en trois temps qui sont parfaitement caractéristiques de son œuvre : le temps *Ma môme*, le temps *Deux enfants au soleil* et le temps

Nuit et brouillard. Trois succès, trois tendances. La chanson populaire, voire populiste, qu'aurait pu chanter Yves Montand (« ma môme elle joue pas les starlettes... elle travaille en usine.. ») ; la chanson poétique (« la mer sans arrêt roulait ses galets ») et la chanson politique (« il voulait simplement ne plus vivre à genoux... la lune se taisait comme vous vous taisiez »). Le reste sera prolongement et approfondissement, avec de belles réussites *(la Montagne, On ne voit pas le temps passer)* et des chansons plus contestables *(Maria, Pauvres petits cons, Hou hou méfions-nous).*
Jean Ferrat a représenté à la fin des années 60 le type même du chanteur engagé, avec tout ce que cela implique : des amis, des ennemis, des réussites, des échecs, des interdictions parfois à la télévision... Cet aspect sympathique du personnage est peut-être en même temps sa limite. Avec le mélange de sécheresse et d'émotion qui est le leur, de constat sociologique et de sympathie partiale, les chansons de Ferrat représentent l'achèvement d'*une* forme de chanson politique populaire. Mais leur engagement n'est que littéraire, il se manifeste dans ce que dit le texte et non pas dans sa forme, dans la musique ou l'interprétation qui restent très traditionnelles *(Potemkine,* —G. Coulonges, est de ce point de vue caractéristique). Ferrat en est conscient qui écrit :

Je rêve de chansons trempées
tranchantes comme un fil d'épée
et ne manie qu'un sabre de bois
(Excusez-moi)

comme il est conscient de son absence de présence (ou de travail ?) scénique, « je ne sais quoi faire de mes bras », absence qui devient d'ailleurs présence d'un autre type : « je préfère vous regarder droit. »
Toute son importance tient en ce qu'il pose de façon cruciale, et sans le savoir, le problème de l'art et de la révolution : après Pottier, Montéhus, Lemarque et quelques autres, il marque la limite d'un genre en chantant (dans la mouvance du PCF) des pièces bien polies. Mais faut-il négliger l'apport d'un Jimmy Hendrix ou d'une Colette Magny ? Ferrat ne répond pas. Mais il a le grand mérite de poser le problème, tant la qualité de certaines de ses chansons nous rend exigeants, tant elles semblent aussi appeler quelque chose de nouveau et qui leur manque.
Ferrat chante aussi les poètes (Aragon) ou leur rend hommage (Lorca, Brassens, Vian) avec la même sensibilité que lorsqu'il chante les joies simples *(Au point du jour)* ou la compréhension

(la Jeunesse). Dans tous les cas, il se situe délibérément hors du système *(la Voie lactée),* jouant cartes sur table *(En groupe, en ligue, en procession,* sorte de réponse polémique au *Pluriel* de Brassens). Ainsi, pour ses apparitions parisiennes, il a toujours préféré Bobino à l'Olympia, et son récital de 1970 au Palais des sports a donné, par l'atmosphère de meeting et la qualité du public (essentiellement composé de jeunes communistes), une image assez exacte de la place qu'il occupait alors dans la chanson. Depuis, il est resté éloigné de la scène, tout en continuant d'enregistrer : *la Boldochévique* (1972), *le Tiers Chant* (1975), *Le chef de gare est amoureux* (1978) sur des textes écrits par ses paroliers de prédilection, Henri Gougaud, Guy Thomas. Le *Ferrat 80,* disque-anthologie, sera un hit-parade du 33 tours 1980.

LÉO FERRÉ

Monaco, 1916. Auteur-compositeur-interprète. Études secondaires en Italie, chez les frères de Bordighera, puis à Monaco (classe de philo). Vient à Paris en 1936 pour faire son droit et fréquente quelque temps les Camelots du roi. A la fin de la guerre, il est speaker et pianiste à Radio-Monte-Carlo. Débute à Paris, dans les cabarets, en 1946 et a d'abord beaucoup de mal à atteindre le grand public : ses premières chansons *(l'Inconnue de Londres* puis *l'Homme, le Piano du pauvre),* excellentes pourtant, ne passent pas. Le succès s'annonce avec *Jolie môme, Merde à Vauban* (sur un poème de P. Seghers). Quand il ne chante pas Jean-Roger Caussimon *(Comme à Ostende, Monsieur William)* ou les « poètes », Ferré est alors assez inégal dans ses textes. Soucieux d'être compris du plus grand nombre et voulant en même temps s'inscrire dans un mouvement littéraire, il évolue entre une langue un peu argotique et certaines recherches de forme, comme dans *l'Étang chimérique.* Sa musique est, à la même époque, également tiraillée entre la valse musette ou le tango d'une part, Debussy ou Ravel de l'autre : agitez, il en sort parfois des merveilles, parfois des pièces moins réussies.
Mai 68 en France et la révolution pop vont subitement lui apporter une nouvelle inspiration. Son disque *Amour anarchie* et son récital 1970 marquent dans son évolution une date importante, à la fois aboutissement et rupture. Dans des morceaux comme *les Anarchistes, Conditionnel de variété,* il prend largement la mesure du moment politique et sera porté par des foules enthousiastes. Le hasard fera, parallèlement,

qu'il dira un texte, *le Chien*, au lieu de le chanter. Dans la foulée, Ferré va se faire déclamateur et aboutir à de longs textes un peu hermétiques d'une grande beauté : *les Amants tristes* et surtout *Il n'y a plus rien*. Cette époque extrêmement productive pour lui culmine avec un double album enregistré en public à l'Olympia, *Seul en scène* (1973).
Commence alors une nouvelle période dans son œuvre. Lui, dont les grandes réussites musicales reposaient toujours sur des descentes harmoniques simples, sur des lignes mélodiques pleines de clarté *(Avec le temps, C'est extra)*, se lance dans des compositions beaucoup plus lourdes. Écrivant lui-même les orchestrations, il a tendance à surcharger les cordes et à utiliser de vieux « trucs » éculés. Dirigeant l'orchestre, il bat la mesure trop lentement et fait traîner longuement ses interprétations. Sur scène, il se fait accompagner par 80 musiciens lorsque les conditions techniques le permettent, ou chante sur une bande-orchestre en play-back : le public y perd dans les deux cas.
C'est dire qu'une étude de l'œuvre dans le détail ne saurait être concluante : c'est l'homme et le projet qu'il nous faut apprécier. Parmi tous ceux qui s'en réclament, Ferré est peut-être le seul a pouvoir être totalement défini par l'étiquette d'anarchiste (nous parlons ici de l'image publique). Depuis *Graine d'ananar* jusqu'à *Salut beatnik*, il y a là une constante, avec ses facilités, ses côtés attachants, ses incohérences. La politique que l'on vomit, le militantisme que l'on réfute sauf lorsqu'il s'agit de la guerre d'Espagne, le refus de toutes références, avec par-dessus tout et malgré tout une immense tendresse pour l'homme sur lequel il déverse cependant des tonnes de crachats. Les meilleurs moments de son œuvre sont sans doute ceux où il fustige l'époque et les bassesses quotidiennes *(Ni Dieu ni maître*, les trois versions des *Temps difficiles) :* son outrance même, sa voix, le servent alors. Mais il est parfois plus trouble, dans l'exacerbation d'une nature qui s'assume jusqu'au bout. Et l'attitude qu'il s'est choisie, celle du poète maudit, ne facilite pas l'approche de l'homme dont la profonde tendresse se cache sous des masques grinçants.

NINO FERRER

[Nino Ferrari] Gênes (Italie), 1940. Auteur-compositeur-interprète. Étudiant en ethnologie et en archéologie, il assure la basse dans des orchestres new-orleans (R. Bennet, Bill Coleman). C'est ainsi qu'il découvre le rythm' n' blues, qu'il cherche à traduire en français. Il prend le parti de l'humour absurde

(Mirza, les Cornichons, 1965). Puis suivront *Oh hé hein bon, Alexandre, Mao, le Téléfon,* qui classent définitivement Nino Ferrer dans la catégorie des amuseurs publics. Après avoir déserté quelque temps les antennes françaises au profit de l'Italie, il y revient en force avec *Sud* (1975), *la Maison près de la fontaine* (1977). Ce n'est pourtant pas dans ces chansons en forme de ballades qu'il faut chercher le meilleur Ferrer, mais dans le rock somptueux qu'il compose désormais, dont les paroles sont malheureusement en anglais *(Blanat,* 1979).

LES FEUILLES MORTES

Chanson, par. Jacques Prévert, mus. Joseph Kosma (1946). L'une des plus belles réussites de ce célèbre tandem auquel la chanson doit bien des chefs-d'œuvre. D'abord interprétée par Yves Montand, elle sera (avec *la Mer* de Charles Trenet) l'un des plus grands succès internationaux de la chanson poétique française. Sur la mélodie de Kosma, au tempo tantôt libre et tantôt marqué, au dessin subtil, mais avec une apparence de « déjà entendu », voire presque de « folklorique », le texte déclinait les principes de la mémoire affective mise à l'honneur par Proust (les feuilles d'automne remplaçant ici la madeleine, et l'amour perdu l'enfance). Signalons l'hommage que lui rendit Serge Gainsbourg *(la Chanson de Prévert).*

LE FIACRE

Chanson, par. et mus. Léon Xanrof (1892). L'auteur eut l'idée de cette chanson un jour que, rue Lepic, il faillit se faire renverser par un fiacre qui « allait cahotant, jaune avec un cocher blanc ». Créée par Félicia Mallet à l'Ambigu, reprise par Yvette Guilbert à l'Éden-Concert, l'œuvre devait avoir le succès que l'on sait. Barbara l'interprète encore aujourd'hui, et Marcel Amont, après Jean Sablon, en chante une version modernisée où le fiacre devient une Jaguar et le galant un « play-boy » *(la Jaguar,* adapt. J.-C. Massoulier).

FILE LA LAINE

Chanson, par. et mus. Robert Marcy (1949). Succès de Jacques Douai. Composée à l'époque contemporaine mais au répertoire des groupes de jeunes, au même titre qu'une chanson du folklore. Des tournures archaïques pour une mise en image d'Épinal d'un Moyen Age mythique (Marlborough, la croisade, la dame à sa fenêtre, etc.) et un refrain à 3 temps sur une mélodie non pas mineure mais modale, comme avant Jean-Philippe Rameau. Une réussite dans le genre.

DANIEL FILIPACCHI

Paris, 1928. Producteur. Photographe à *Paris-Match*, puis animateur avec Frank Tenot de l'émission « Pour ceux qui aiment le jazz », et directeur artistique d'une marque de disques, il entre par la grande porte dans le show business lorsqu'il crée en 1959 l'émission « Salut les copains » à Europe n° 1. Deux heures d'antenne tous les jours (17-19 heures), ensuite un journal du même nom (1962), puis d'autres *(Mademoiselle âge tendre, Chouchou, Super Hebdo*, etc.) contribuent dans une large part à lancer bon nombre de vedettes « yé-yé ». On les écoute à la radio, on découpe leurs photos dans le journal où l'on trouve aussi le texte de leurs chansons... Daniel Filipacchi est par ailleurs un exemple intéressant de la façon dont on peut bâtir en quelques années ce qui a du mal à ne pas ressembler à un trust de la presse. Mais ce qui nous intéresse ici est ce phénomène par lequel des centaines de milliers d'adolescents ont pu, grâce à (ou à cause de) lui, accéder à la noble fonction de consommateur : depuis le phénomène *Salut les copains* et ses « idoles », les teenagers n'ont eu aucun problème pour dépenser leur argent de poche...

LES FILLES DU BORD DE MER

Chanson, par. et mus. Salvatore Adamo (1965). « Z'étaient chouettes les filles du bord de mer », chante Adamo qui, dans cette première chanson à succès et à 3 temps, annonce la couleur : langage familier, populaire, gentillesse, il a tout pour plaire. En outre, il chante une valse, c'est-à-dire une musique neutralisée : entre le rock, le jerk, les jeunes fans et les « croulants », il a de quoi satisfaire tout le monde par ce retour aux sources du populisme de fin de semaine.

ANNY FLORE

[Marie Antoinette Quié] Cahuc (Lot), 1920. Interprète. D'origine auvergnate, l'arpète de chez Maggy Rouff pousse la romance en cousant des robes. Chanteuse réaliste au répertoire « début de siècle » (les succès de Bénech et Dumont en particulier), elle débute en 1940 au Petit Casino, passe à l'Alhambra en 1954 et au Moulin Rouge en 1955. Marraine des Six Jours au Vel' d'Hiv' en 1950, elle est l'idole des sportifs *(Mon champion).* Elle a sorti en 6 *Cahiers de chansons* une anthologie de la rengaine parisienne.

FLORELLE

[Odette Rousseau] Sables-d'Olonne, 1901-1974. Interprète. Débute dans un rôle d'enfant en 1911, puis chante des chansons de caf'conc' et se produit à la Cigale, à l'Eldorado. A partir de 1918, elle se consacre au music-hall et débute dans la deuxième version de la revue *Ça c'est Paris* avec Henri Garat. C'est encore elle qui remplace Mistinguett lors de la grande tournée du Casino de Paris en Amérique du Sud, et en 1928 au Moulin Rouge. La même année, elle présente un tour de chant en duo avec Henri Garat, à l'Empire. Malgré tout son charme, sa gaieté et la sensibilité de ses interprétations de textes poétiques ou réalistes, Florelle n'était ni une vraie meneuse de revue (sa rentrée aux Folies-Bergère en 1932 ne fut pas un succès) ni — affaire de voix — une chanteuse réaliste au sens où on l'entendait alors. Aussi se tourna-t-elle vers le cinéma (version française de *l'Opéra de quat' sous* de Pabst ; *Liliom* de Fritz Lang) et le théâtre *(Marie-Galante* de Kurt Weill et Jacques Deval, 1934). Elle revint périodiquement au tour de chant (Alhambra, 1936), partageant son répertoire entre les chansons de films *(Au jour le jour,* de Prévert et Kosma, tirée du *Crime de M. Lange)* et la chanson de fantaisie.

FOLIES-BERGÈRE

Music-hall, rue Richer, Paris. Les Folies-Bergère ont connu trois carrières. De 1869 à 1885 d'abord, sous la direction de Léon Sari. C'est de cette période que date le célèbre promenoir, lieu d'élection des professionnelles du quartier venues là pour aguicher le chaland, et qui ne fut pas pour rien dans la réputation première de l'établissement. Puis, de 1885 à 1918, où, sous les directions successives du couple Allemand (1885-1901) et d'Édouard Marchand, des frères Isola (1901-1914, avec une interruption de quatre ans), de Clément Bannel, de Raphaël Beretta (1914-1918), on alterna revues (la première fut donnée en 1886), tours de chant (on y entendit Mistinguett, Chevalier, Yvette Guilbert) et attractions (Little Tich, Loïe Fuller et ses danses lumineuses, Liane de Pougy et la Belle Otero...). Enfin, en 1918, Paul Derval en prend la direction et leur donne ce style qui a fait la réputation des Folies dans le monde entier. Grâce aux décors de Roman Erté, de Max Weldy et, à partir de 1936, de Michel Gyarmathy, la revue à grand spectacle y est désormais synonyme de profusion, de luxe, de richesse. Jusqu'en 1949, année où Joséphine Baker y mena sa dernière revue, les grandes vedettes, Mistinguett, Joséphine, Jenny Golder, Jeanne Aubert, imposèrent leur marque aux spectacles. Mais, depuis, c'est le règne sans partage de la surenchère dans la répétition, avec ses accessoires obligatoires : bataillons de petites femmes peu vêtues, tableaux exotiques (de l'incendie de Rome par Néron au mariage chez les Lapons), escalier, plumes et strass. Seuls éléments variables, le titre de la revue (toujours en 13 lettres, pour conjurer le sort, et comportant obligatoirement le mot folie) et le coût de la revue, en progression régulière. L'odeur de péché qui flottait autour de la rue Richer étant aujourd'hui bien éventée, l'attrait principal de ce type de spectacle réside dans « l'hypertrophie de la somptuosité » (R. Barthes), composante d'une esthétique petite-bourgeoise, propre à rassurer. « Il y a là un côté sécurisant... un côté "on manque de rien" qui renvoie à ces visions du paradis luxuriant, là [où] il y a enfin tout et de tout » (R. Demarcy). Après la mort de Paul Derval, en 1966, la succession fut assurée par sa femme, assistée par Michel Gyarmathy. Depuis 1974, c'est Hélène Martini qui préside aux destinées du dernier grand music-hall parisien de tradition.

BRIGITTE FONTAINE

Morlaix, 1940. Auteur, interprète. Elle chante en cabaret, joue au café-théâtre, signe avec Jacques Higelin, compositeur, la musique du film *les Encerclés*, dont est tirée la chanson *Cet enfant que je t'avais fait*. Nous sommes en 1968 : un premier disque, arrangé par Jean-Claude Vannier, la rencontre, décisive, de Pierre Barouh (le créateur de la maison de disques « Saravah »), la formation du tripôle Higelin-Fontaine-Areski Belkacem sont les étapes d'une démarche qui trouve son premier aboutissement avec le spectacle du Vieux-Colombier puis le disque *Comme à la radio* (1970) : entourée par les musiciens de jazz de l'AACM, elle fait délibérément éclater le cadre de la chanson « carrée » et renonce aux sécurités de l'ensemble redondant paroles-musique. Avec Areski, à partir de 1972, elle invente un chemin non balisé par le show business, qui les mène à concevoir une sorte d'anti-spectacle. Par un savant montage de mélopées, de comptines, de gags et de dialogues à base de non-sens, qui sont autant de détournements du langage commun (langage des slogans politiques, *l'Auberge,* —J.-C. Capon, comme des locutions quotidiennes, *le Ménage),* de projections de fantasmes, d'approches de l'imaginaire enfantin, ils font partager au spectateur un sentiment rare de liberté, un désir de dérèglement du quotidien. Cette expérience ludique (que l'on retrouve dans leurs albums, notamment *Je ne connais pas cet homme,* 1973 ; *le Bonheur,* 1975 ; *Les églantines sont peut-être formidables,* 1980) s'appuie sur un langage parfaitement maîtrisé, où se fondent l'apport de la musique berbère et du jazz (Areski), des inventions verbales et du sens de la comédie (B. Fontaine). « Ne prenez pas vos désirs pour des banalités », chantent-ils. Duo dérangeant pour un monde dérangé, Brigitte Fontaine et Areski incarnent depuis quelques années, avec quelques autres, cette « nouvelle » chanson française que d'aucuns appellent de leurs vœux.

LA FONTAINE DES QUATRE SAISONS

Cabaret « rive gauche », rue de Grenelle, Paris. Considéré, après la Rose Rouge, comme l'autre cabaret de « la légende de Saint-Germain-des-Prés » (L. Rioux). Animé de 1951 à 1956 par Pierre Prévert, il se signala par la diversité des spectacles présentés, ordonnés autour du triptype chansons-numéros ou sketches-projections (formule reprise depuis lors, notamment à l'Écluse). Côté chansons, on trouvait Mouloudji, les Garçons de la rue, Francis Lemarque, Germaine Montero, Eddie Constantine, Philippe Clay, Boris Vian. En dehors du tour de chant, signalons les productions de la compagnie Grenier-Hussenot (sketches), de Maurice Béjart (ballets), de Raymond Devos. Après un silence de dix ans, le cabaret transformé à rouvert ses portes en 1965, puis a été vendu aux enchères.

MARC FONTENOY

[Alexandre Schwab] Sarny (Russie), 1910-Paris, 1980. Auteur-compositeur. Ancien avocat, il se met à composer pendant ses années de captivité : *La valse tourne* est chantée par Anny Flore (1945) et Lucienne Boyer. Pianiste du College Inn, il fait lui-même un tour de chant pendant trois ans. A la suite du succès de la samba *Joseph est au Brésil* (devenue *Joseph est au vélo* à l'occasion du tour de France), il devient l'auteur-compositeur « maison » des éditions Paul-Beuscher : *Viens à Nogent, la Fille du cow-bois* (chantés par Annie Cordy), *Pleure pas Nelly* (chantée par Eddie Constantine et reprise par Sydney Bechet). Ses principaux succès : *Bella Musica, Buenas Noches mi amor* (— H. Giraud) et *la Petite Diligence* (1950), créée par André Claveau, qu'une traduction hasardeuse a fait entrer par erreur dans le folklore allemand. Marc Fontenoy fut également administrateur et secrétaire général de la SDRM.

LOUISE FORESTIER

Montréal, 1946. Auteur-interprète. Fait son apparition sur les ondes françaises grâce à *Lindberg* (1969) qu'elle chante en duo avec Robert Charlebois. Mais, alors que Charlebois perce très vite, elle ne pénétrera le public qu'après difficultés : spectacle au TNP en 1975 (avec Diane Dufresne) et un titre qui passe beaucoup en radio *(Aime mon cœur,* L. Lepage), Printemps de Bourges en 1978... Quand elle ne chante pas ses textes *(Au bord de la mer, les Bûcherons, la Saisie),* Louise Forestier interprète, avec une voix chaleureuse et un réel sens de la scène, des auteurs québécois : Jean-Claude Germain, Gilles Vigneault.

PAUL FORT

Reims, 1872-Monthléry, 1960. Poète. Le « prince des poètes » trouva en Georges Brassens un ami et un interprète fidèle. L'auteur du *Gorille* se sentait chez lui dans l'univers mi-argotique mi-médiéval des *Ballades françaises. Le Petit Cheval* comme *la Marine* eurent un grand succès. A la mort du poète, Brassens lui consacra un 45 tours où il *dit* certains de ses poèmes *(l'Enterrement de Verlaine, A Mireille, Germaine Tourangelle)* et en chante d'autres (les deux cités plus haut ainsi que *Comme hier* et *Si le bon Dieu l'avait voulu).*

FORTUGÉ

[Gabriel Fortuné] Perpignan, 1887-Paris, 1923. Interprète. Il fit son apprentissage dans une troupe de pantomime, et commence à chanter pour améliorer l'ordinaire : ce furent les classiques tournées dans les caf'conc' provinciaux. A cette époque il imitait les maîtres, Polin, Paulus. Son premier contact avec Paris, à l'Étoile-Palace, le décida à retourner chez lui. Il y revint pourtant (1910), mais en ayant changé de genre, pour tenter sa chance dans les concerts de quartier. Découvert par Fursy, il est lancé à la Scala, puis aux Ambassadeurs : revue, tour de chant, opérette lui permettent de mettre au point son numéro. De 1918 à sa mort, il réalise une percée rapide vers les sommets : à l'Olympia, au Casino de Paris, il fait du public son public. Las, le paludisme contracté en Orient le cueille en plein succès. La critique, unanime, pleurera la perte subie par la chanson et le music-hall. Pourtant le bonhomme n'en imposait guère à première vue : petit et frêle, le cheveu court, la mine modeste. Mais déjà la malice du regard, le nez rougi, les longs cils blonds et l'accoutrement — un costume de marié flottant dans lequel il disparaissait — composaient une silhouette caractéristique, entre le petit paysan endimanché et le pierrot rêveur. Son comique très fin s'exerçait à partir de refrains loufoques, qu'il servait de sa voix de ténor léger. Il s'en distanciait par un jeu de mimes (clignement d'yeux, petit rire fusant à la fin du couplet, notes filées, gestes) discret mais efficace, qui l'apparente à l'école française du mime. Du grand art. Parmi ses succès il faut mentionner *C'est jeune et ça n' sait pas, Antoine, Mes parents sont venus me chercher,* et *Caca chouttera,* parodie de *Violetera.* Ce petit homme a ainsi retrouvé la tradition du niais des tréteaux populaires, mariant heureusement, comme le remarquait l'homme de théâtre Antoine, « la saveur de sa blague faubourienne si curieusement fondue avec la matoiserie paysanne ». Dès avant sa mort, il s'était trouvé des « Fortugé » pour l'imiter, et Bourvil, vingt-cinq ans après, a pris par certains côtés la succession.

HARRY FRAGSON

[Léon Pott] Richmond (Grande-Bretagne), 1869-Paris, 1913. Auteur-interprète. Fils d'un brasseur anglais, parfaitement bilingue, il commença à chanter dans les concerts de province, en Angleterre. Ses insuccès londoniens le poussèrent à traverser le Channel : en 1891, il entama aux Quat'z-Arts puis à l'Européen une brillante carrière parisienne. Son accent, son élégance vestimentaire, ses mimiques, le fait de s'accompagner au piano, ce qui était parfaitement original pour l'époque, lui permirent d'égaler rapidement en renom Mayol et Dranem, les maîtres du caf' conc'. Remarqué en 1905 aux Folies-Bergère par un directeur londonien, il retraversa la Manche et conquit le public anglais, grâce à ses mimiques, son piano et… ses manières et son accent français. Celui qu'on appela « le chanteur de l'Entente cordiale » mena dès lors une double carrière, parisienne et londonienne, carrière interrompue en pleine gloire dans des circonstances tragiques : il fut tué d'un coup de revolver par son père, au retour d'une tournée en Angleterre. Le répertoire de Fragson évoluait entre la chanson comique *(la Boiteuse*, son premier grand succès, *Elle est de Marseille, la Petite Dame du métro)* et la romance ou la valse sentimentale *(Je connais une blonde, Je sais que vous êtes jolie)*. C'est à ce dernier genre que se rattache *Reviens*, chanson qui connaîtra après sa mort la fortune que l'on sait.

CLAUDE FRANÇOIS

Ismaïlia (Égypte), 1939-Paris, 1978. Auteur-interprète. Arrivé à Nice en 1956, il commence sa carrière artistique comme batteur dans l'orchestre d'Aimé Barelli puis d'Olivier Despax. Son premier disque, un « twist arabe », paraît en 1961 sous le nom de Koko. Avec *Belles, belles, belles* (— P. Everley, 1962), *Marche tout droit* et *Si j'avais un marteau* (C. François, V. Buggy-P. Seeger, Hays, 1963) et des prestations remarquées à l'Olympia, il s'installe rapidement dans le peloton de tête des vedettes yé-yé. Mais, contrairement à celles-ci, qui seront contraintes d'évoluer pour suivre les goûts de leur public, Claude François sera d'emblée adopté par une tranche d'âge, les 10-16 ans, dont le renouvellement constant lui permet de rester fidèle à sa manière première. Avec ce public, « Clo-Clo » ne triche pas. Des musiques, souvent pêchées dans le hit-parade américain ou brésilien, choisies pour leur ligne mélodique simple, leur rythmique à toute épreuve. Des paroles qui rassurent et répondent au besoin de tendresse des pré-adolescents. Une image de grand frère, ni violent, ni sensuel, mais dynamique et compréhensif à la fois. Image qui, par la magie du strass, des light shows et du rythme, laisse entrevoir un personnage idéal, objet de toutes les projections. La performance physique du showman, véritable poupée de latex, et son apparence — cheveux blonds, yeux bleus, visage lisse, sans âge — viennent encore renforcer sa faculté à polariser l'affect de millions de jeunes. Peu de chanteurs ont été autant adulés par les enfants et les adolescents. Peu ont autant « donné » que Claude François : une production de disques à un rythme soutenu, une logistique hors pair, tant au niveau du spectacle (il tournait, accompagné par une cinquantaine de personnes) que de la promotion (un fan-club, un journal, *Podium*, d'innombrables prestations télévisées...). Par ailleurs businessman sans tendresse, travailleur acharné, Claude François était véritablement devenu un phénomène, qui acquit une nouvelle dimension avec sa mort. La vente de ses succès de disques, de *Comme d'habitude* (G. Thibault,

C. François-J. Revaux, 1968), dont l'adaptation anglaise *(My way)* devint un énorme hit aux États-Unis, à *Alexandrie Alexandra* (É. Roda-Gil-J.-P. Bourtayre, 1978), sa dernière chanson, sans oublier *C'est de l'eau, c'est du vent* (P. Delanoë-A. Dona, 1970), *Chanson populaire* (N. Skorsky-J.-P. Bourtayre, 1974) ou *Le téléphone pleure* (F. Thomas-J.-P. Bourtayre, 1975) s'en trouva relancée : plus de 10 millions de 45 tours écoulés en trois ans. Sa résidence à Dannemois, en Seine-et-Marne, est devenue un lieu de pèlerinage. Aussi, par-delà la puérilité qui caractérise sa production, faut-il voir dans la constance de Claude François à vouloir écarter les démons de l'insuccès, dans sa hantise de ne pas être assez aimé, une des clés de son succès : comme une adéquation entre ses aspirations, ses rêves et ceux de son public.

JACQUELINE FRANÇOIS

[Jacqueline Guillemautot] Neuilly, 1922. Interprète. Des études de piano, une famille « dans les brillantines » (Roja). Débute en 1945 au Petit Chambord avec des chansons de Roche et Aznavour. Malgré un certain succès sur les antennes, reste longtemps sans enregistrer. Son répertoire est alors réaliste, et ce n'est pas « son » genre ; le compositeur Paul Durand, qui la fait passer dans son émission « La kermesse aux chansons », devient son accompagnateur et la transforme en chanteuse de charme avec *C'est le printemps* (— J. Sablon) qui gagne le prix de l'académie Charles-Cros 1948. Il lui constitue un orchestre de 40 musiciens dont 17 violons, ce qui est une innovation *(Mademoiselle de Paris*, P. Durand-H. Contet). Après une tournée aux États-Unis, Jacqueline François devient la première femme française « millionnaire du disque ». En 1954, elle passe à l'Olympia. Accompagnée par Michel Legrand, elle inaugure la tenue de scène courte. Elle fait des tournées de récitals de 35 chansons et gagne en 1956 le prix de l'Académie du disque *(les Lavandières du Portugal*, R. Lucchesi-A. Popp), premier microsillon sorti en France. A partir de 1957, elle se produit exclusivement à l'étranger.

« Une chanteuse à la mode de chez nous », dit André Halimi ; « Sa voix s'exporte comme le champagne et les parfums. » Charles Trenet ne mâche pas ses mots : « Sa rencontre avec le microphone est une date dans l'histoire du disque. » Une voix, oui, mais un peu au service de n'importe quoi, depuis la chanson « poétique » *(Un jour tu verras*, Mouloudji-G. Van Parys, ou *l'Ame des poètes*, C. Trenet) jusqu'à la chanson « exotique »

(Boléro, P. Durand-H. Contet, *la Samba fantastique,* etc.). La qualité esclave de la quantité, et, en même temps, la seule « chanteuse de charme » digne de ce nom depuis Lucienne Boyer.

FRED FREED

Vienne (Autriche), 1903. Compositeur. Surnommé le « baron de Vienne » par Maurice Chevalier dont il fut l'accompagnateur à partir de 1946, Fred Freed a d'abord été celui de Marlène Dietrich, de Fernandel et de Patachou. Il a composé des musiques de films et d'émissions télévisées, une trentaine de chansons pour Chevalier dont *Ça va ça va ça boume* (— M. Dabadie) et *Au revoir* (— J. Dréjac) et un certain nombre de succès divers dont *Accordéon* (— M. Aboulker), *Venezuela* (— J. Larue) et *Cette nuit est à nous,* chanson de « charme » de la Libération.

FRÉHEL

[Marguerite Boulc'h] Paris, 1891-1951. Interprète. Enfant de la rue, d'origine bretonne (Primel-Trégastel, Finistère), elle poussait déjà la goualante à 5 ans en accompagnant un vieillard aveugle. Représentante en produits de beauté auprès des artistes du théâtre et du music-hall à l'âge de 15 ans, elle rencontre la Belle Otero qui, frappée par sa voix et son physique, l'envoie chez l'éditeur de musique Labbé. La jeune fille fera ses débuts, costumée en Carmencita, à la brasserie de l'Univers avec *la Petite Pervenche* (d'où son premier nom d'artiste) et des chansons de Montéhus. Elle épouse en 1910 un comédien qui est devenu son professeur de chant et de diction (et qui sera aussi celui de Damia), Roberty. Celui-ci obtient du compositeur Daniderff une chanson demeurée célèbre : *Sur les bords de la Riviera* (— Bertal-Maubon). Le succès vient très vite et le répertoire de Pervenche s'enrichit de Jean Lorrain, de Xanrof, de Maurice Donnay. La gouaille faubourienne la plus crue dans la manière de prononcer les mots alliée à une certaine distinction dans l'allure (« elle était, nous dit Maurice Chevalier, beaucoup plus que belle, avec un corps svelte dont la grâce toute naturelle lui donnait un peu l'air d'une juvénile beauté anglaise ») en fait une chanteuse très populaire. « Noceuse » de tempérament, elle mène une vie brillante et mouvementée, sans lésiner sur l'alcool, jusqu'au jour où une violente déception dans sa vie sentimentale l'amène à une tentative de suicide, puis à un exil volontaire : la grande-duchesse Anastasia l'ayant réclamée, elle passe onze années hors de France dont cinq à Constantinople, après avoir séjourné en Russie et en Roumanie. Droguée et physiquement méconnaissable, elle revient à Paris en 1923 et fait sa rentrée à l'Olympia sous le titre de « l'inoubliable inoubliée » : en fait elle est bel et bien oubliée, et recommence sa carrière à zéro. Ceux qui l'ont connue autrefois ne la retrouvent plus dans cette femme massive et sans âge. Elle réussit pourtant à reconquérir son public et à reprendre son rang de vedette. On la voit sur les planches du music-hall jusqu'après la guerre avec un répertoire de Bénech et Dumont *(Cœur de lilas)*, Vincent Scotto *(la Java bleue,* —G. Koger), Michel Vaucaire et Georges Van Parys *(Sans lendemain, la Der des der)*, Maurice Vandair *(Où sont tous mes amants ?,* —Charlys, *Tel qu'il est,* —M. Alexander). Usée prématurément par la drogue et la boisson, elle connaît une fin de vie misérable dans un hôtel de la rue Pigalle. Ceux qui l'ont applaudie se souviennent de sa voix « rauque, comme venant du ventre » (M. Chevalier) et de son regard : « le regard de quelqu'un qui a depuis longtemps perdu toute illusion sur le monde qui l'entoure » (R. Alain). Humaine et sans artifice, c'est une très grande figure de la chanson populaire.

LES FRÈRES JACQUES

Quatuor d'interprètes né en 1944 de la rencontre, par le biais de l'association Travail et Culture, d'un docteur en droit, d'un peintre breton, d'un employé des postes et d'un agriculteur provençal : André et Georges Bellec (Saint-Nazaire, 1914 et 1916), Paul Tourenne (Paris, 1923) et François Soubeyran (Dieulefit, 1919). Après quelques tournées hasardeuses et un remplacement provisoire des Quatre Barbus dans *les Gueux au paradis,* ils connaissent leur premier succès chez Agnès Capri dans *Orion le tueur,* mélodrame bouffon où apparaît leur première chanson mimée : *l'Entrecôte* (1946). Ils passent à l'A.B.C. la même année. Pierre Philippe devient leur accompagnateur en titre, au piano, jusqu'à son remplacement en 1966 par Hubert Degex. Les Frères Jacques ont entre-temps adopté le costume dessiné par Jean-Denis Malclès : collants bicolores avec gilets, gants blancs, chapeaux claques et moustaches de différentes tailles. On les voit sur scène à l'ouverture de la Rose Rouge *(Sœur Marie-Louise, le Général Castagnetas,* 1948). Sollicités par l'opérette *(la Belle Arabelle)* et par les tournées en province et à l'étranger, ils passent de temps à autre à Paris dans différentes salles (Daunou, 1952, Fontaine, 1969, les Champs-Élysées en 1980 pour leurs adieux). Le fait que les Frères Jacques préfèrent les théâtres aux music-halls est significatif : ils présentent un spectacle complet, où chaque entrée, chaque sortie, chaque éclairage est étudié. Les chansons sont autant de saynètes présentées comme telles, avec leur mise en scène particulière. Les gestes du corps empruntent au mime et à l'acrobatie ; l'impassibilité du visage au masque grec grimé en cyclomotoriste 1900. L'humour est partout, du familier à l'absurde en passant par le satirique *(Général à vendre).* « 3416 tours Saint-Jacques — sans compter les coquilles », dit Prévert. Ils perdent à n'être qu'entendus, sauf peut-être dans certains morceaux connus *(la Saint-Médard, la Marie-Joseph)* car sur scène la drôlerie de *la Confiture* (qui dégouline) ou de *la Chanson sans calcium* (où ils étaient tous malades) confinait au délire. Une carrière exemplaire.

LES FRÈRES MARC

→ Francis Lemarque.

MICHEL FUGAIN

Grenoble, 1942. Compositeur-interprète. Assistant metteur en scène puis élève-comédien, il enregistre son premier disque en 1966 et se consacre dès lors à la chanson. Après les succès de *Prends ta guitare, chante avec moi* (— M. Jourdan, 1966) et surtout de *Je n'aurai pas le temps* (— P. Delanoë, 1967), qui révélèrent un talent sûr de compositeur, sa carrière connaît une pause. Il revient au premier plan avec la comédie musicale filmée *Un enfant dans la ville* (1971), et la chanson *Fais comme l'oiseau* (— A. Carlos e Jocafi, 1972). C'est alors qu'il forme une troupe de 13 comédiens, chanteurs et danseurs, le Big Bazar, qui, pendant quatre ans, battra les records de recette à l'Olympia (1973-1974), tournera en France et au Canada sous un chapiteau de 3000 places (1975) et connaîtra plusieurs fois les honneurs du hit-parade : *la Belle Histoire* (— P. Delanoë, 1972) ; *Chante... comme si tu devais mourir demain* (— P. Delanoë, 1973) ; *la Fête* (— M. Vidalin, 1974) ; *les Acadiens* (— M. Vidalin, M. Fugain, 1975). En 1977, M. Fugain dissout le Big Bazar (dont certains membres créent alors le Nouveau Big Bazar, qui se produisit à l'Olympia en 1977) et forme la Compagnie, troupe plus réduite — 6 éléments — mais conçue sur le même modèle. En juin de la même année, il anime au Havre un spectacle, *Juin dans la rue,* qui met à contribution quelque 700 figurants ; la chanson *le Chiffon rouge,* composée à cette occasion, sera adoptée par la population de Longwy lors de la lutte des sidérurgistes en 1979-1980, puis par la CGT. Qu'est-ce qui fait courir Michel Fugain ? Côté spectacle, le désir de renouveler le classique tour de chant sans s'enfermer dans le cadre strict de la comédie musicale : en alternant chant, danse et comédie, formule souple qui permet de valoriser des chansons bien troussées, aux mélodies faciles à retenir, il a certainement répondu à une attente du public. Côté « idéologie », l'entreprise est (un peu) plus retorse : les mythes de la « fête », de la communauté de jeunes sympas et dynamiques, version Big Bazar, font irrésistiblement penser aux publicités du type Coca-cola ou Hollywood chewing-gum, dont ils partagent la fonction euphorisante.

FURSY

[Henri Dreyfus] Paris 1886-Nice, 1929. Auteur-compositeur-interprète. Ancien vendeur, comptable, journaliste et, pour un temps, secrétaire de Paulus, ce chansonnier habile à traiter le dernier potin à la mode, à mettre en valeur sa production qualifiée de « rrosse », débuta au Carillon, le cabaret de Georges Tiercy, où il lança la formule du procès en chansons. En 1895, il participe au lancement du Tréteau de Tabarin, y créant notamment *l'Ange Gabriel*, son succès le plus notoire, et *Encore l'Affaire*, l'une des rares chansons consacrées à son homonyme, le capitaine Dreyfus. En 1889 il rachète l'ancien local du Chat Noir, le rebaptise, toute modestie cessante, la Boîte à Fursy, et en fait un cabaret à succès, où se produisent Théodore Botrel, Vincent Hyspa... Désormais sa réputation grandissante s'établit sur le prestige du produit montmartrois, dont il se fait à l'occasion l'ambassadeur (nombreuses tournées à l'étranger, réception d'altesses princières à la Boîte). En 1910 il fit un essai, malheureux, de relance de la Scala.

GASTON GABAROCHE

Bordeaux, 1884-Marseille, 1961. Compositeur, interprète. Conservatoires de Bordeaux et de Paris. Engagé à la Lune Rousse (1907), il commence à composer ses chansons. Il obtient un premier succès avec *le Regret* qui sera créé au caf' conc' par Mayol (1908). Celui-ci interprétera par la suite *les Doigts* (—L. Bousquet), *En plantant un clou* (—Cami). Compositeur de plusieurs opérettes et revues, de centaines de chansons, éditeur, il fut un des fournisseurs attitrés des music-halls de l'après-guerre. Parmi ses compositions, citons *Je ne peux pas vivre sans amour* (—F. Pearly) créée par Maurice Chevalier au Casino de Paris en 1922.

GABRIELLO

[Marie-André Galopet] Paris, 1896-1975. Auteur, compositeur et chansonnier. Après une licence de lettres et des années de conservatoire, il débute au Grenier de Gringoire. A partir de 1920, il passe dans tous les cabarets, en particulier chez Bruant, au Coucou, ainsi qu'au music-hall (Empire, A.B.C.). Il poursuit parallèlement plusieurs carrières : chansonnier, acteur de théâtre et de cinéma, auteur et compositeur de quelque 3 000 chansons dont *la Marraine du régiment*, *Un bouquet de lilas blanc*, *Ay ay ay*, *Qui qui m'a* (chanté par Marie Dubas).
Sa fille, Suzanne Gabriello (Paris, 1932), a pris la suite en se spécialisant dans la parodie (Olympia, 1965) et dans le tour de chant (cabarets de la rive droite).

SERGE GAINSBOURG

[Lucien Ginzburg] Paris, 1928. Auteur-compositeur-interprète. Élève des Beaux-Arts, peintre, pianiste de bar. Au Milord l'Arsouille, il devient accompagnateur de Michèle Arnaud et découvre la chanson (celle-ci a alors pour lui le visage de Boris Vian, de Félix Leclerc). Il se met à composer, passe aux Trois Baudets grâce à Canetti, dans les cabarets de la rive gauche. Son premier disque *(le Poinçonneur des Lilas)* obtient le prix de l'académie Charles-Cros (1958). Connu et apprécié des initiés, il produit 4 disques, laissant aux autres le soin de populariser ses chansons : Juliette Gréco *(la Javanaise),* Michèle Arnaud *(les Goémons),* Patachou, Hugues Aufray, les Frères Jacques... Le personnage est curieux, gêné et gênant lorsqu'il est en présence du public. Pour se faire enfin entendre, il emprunte le détour équivoque du « yé-yé » : France Gall triomphe au grand prix de l'Eurovision 1965 avec *Poupée de cire, poupée de son.* Mais ces chansonnettes mystificatrices sont des bombes à retardement. N'importe, puisque entre-temps le public y a pris goût et permet à leur auteur de distiller son poison : musique de film *(Manon,* 1970), show télévisé (avec B. Bardot, janvier 1968) et chansons à la demande pour Régine *(Pourquoi un pyjama),* Petula Clark *(la Gadoue)* et, bien sûr, France Gall *(les Sucettes, Bébé requin).* A cela il faut ajouter les œuvres que Gainsbourg réserve à son plaisir personnel : il enregistre ses disques comme des ensembles cohérents, soit qu'il y raconte une histoire *(Melody Nelson,* 1972, *l'Homme à la tête de chou,* 1976), soit qu'il y traite un thème *(Vu de l'extérieur,* 1973, *Rock around the bunker,* 1975). En 1979, en pleine vogue du reggae, il publie un disque enregistré à la Jamaïque et dont le titre locomotive, *Aux armes et caetera,* fera scandale : il s'agit d'une interprétation « reggaeisée » de *la Marseillaise.* Menaces et protestations des parachutistes se succèdent tandis que Gainsbourg, pour la première fois depuis longtemps, remonte sur scène pour une tournée qui le mènera du Palace (Paris, Noël 1979) à Bruxelles

Célèbre, Serge Gainsbourg n'en est pas pour autant mieux compris. Sa tentative, mystificatrice et démystifiante, est originale car elle se situe au niveau du matériau, la chanson elle-même, et non pas de ce qui est dit. Il brise les structures linguistiques, les restructure, perce les murs séparant les divers genres musicaux, s'amuse autant à écrire pour Jane Birkin *(Ex-fan des sixties)* que pour Régine, traque les mots pour arracher leur masque... Le message de Gainsbourg est un anti-message. Ainsi l'amour est érotisme, amour physique sans issue *(Je t'aime moi non plus).* Derrière les masques, le vide. Dans cette mesure, la sensibilité de l'auteur aux fétiches de l'époque est à la fois cause et effet de l'efficacité de l'œuvre. Franglais, misogynie et culte de la femme objet, décorum drugstorien, jazz et rythmes à la mode le portent. Voix décadente, sensuelle, penchant caméléonesque, physique et comportement le servent. En définitive, son rapport essentiellement sensuel au langage le maintient dans son statut de chercheur : pas de synthèse à espérer, son travail est celui de Pénélope. Mais, comme l'écrit André Halimi : « Il y a des angoisses qu'on a plaisir à supporter. »

LA GAÎTÉ-MONTPARNASSE

Café-concert, rue de la Gaîté, Paris. Situé en face du théâtre Montparnasse et près du bal des Mille colonnes. Ouvert par Jamin en 1868, cc caf'conc' au public populaire, dont les représentations avaient lieu à sept heures du soir (avec collation à l'entracte), vit débuter les plus grands noms du music-hall de la Belle Époque : Fragson, Mayol, Dranem, Max Dearly (alors Roland Villani), Dréan, Bourgès, Libert, Dona, Bérard, Georgius, Amiati, et même Colette qui fréquenta le monde de la chanson avant de devenir l'écrivain que l'on sait. La Gaîté-Montparnasse devint un théâtre après la Seconde Guerre mondiale. Rendue à la chanson en 1978 par Daniel Colling, le créateur du Printemps de Bourges, elle abrite alors Caussimon, Escudero ou Rivard, en attendant sa démolition... et sa renaissance, qu'elle devra à sa façade classée monument historique.

LA GAÎTÉ-ROCHECHOUART

Café-concert, boulevard Rochechouart, Paris. Inauguré en 1868, il fut d'abord appelé Café-concert de la Gaîté. Lorsque s'ouvrit la Gaîté-Montparnasse, il se transforma en Gaîté-Rochechouart. C'est là que fut probablement montée la toute première revue de variétés (1874). En 1876, sa directrice, Émilie Bécat, eut l'audace et le mérite d'y présenter Jean Richepin : elle fit faillite peu de temps après. L'établissement fut racheté par M. et Mme Varlet qui, jusqu'en 1914, y programmèrent des tours de chant dont les vedettes furent Fréhel et, dans le registre comique, Mansuelle et sa trompette, et des revues lorsque celles-ci revinrent à la mode : le tout-Paris s'y précipita alors pour y entendre Dalbret. Mais, après la guerre, la salle végéta et, à la suite d'un incendie (1933), fut transformée en cinéma (1936).

LA GALERIE 55

Cabaret, rue de Seine, Paris. Ouvert en 1956 par Legueltel, ancien comédien (qui fonda aussi l'Écluse). Il en fait d'abord un théâtre, qui devient cabaret quinze jours plus tard. Le spectacle reste plus orienté vers les numéros de diseurs ou de comédiens que vers la chanson (« pour la chanson, je suis trop difficile », avoue le patron). Cependant, Colette Renard s'y produit avec succès en 1957, de même que Jacques Serizier, Jean Parédès, Joël Holmès, Pia Colombo, Caroline Cler et Jean-Jacques Debout, qui y fait ses débuts.

FRANCE GALL

Paris, 1947. Interprète. Elle fut d'abord l'une des écolières-chanteuses lancées à l'époque du yé-yé triomphant. Ses atouts : un minois charmant, un filet de voix rendant une couleur originale et, surtout, un papa auteur de chansons à succès *(la Mamma,* —C. Aznavour), qui lui écrivit son premier tube, *Sacré Charlemagne* (1963). Son personnage se corse lorsqu'elle devient l'innocente interprète de Serge Gainsbourg : *N'écoutez pas les idoles, les Sucettes,* petits chef-d'œuvres de rouerie, la font glisser du côté des lolitas enrubannées. Sans dommage pour sa carrière, au contraire : *Poupée de cire, poupée de son,* grand prix de l'Eurovision 1965, est un hit international qui fait de France Gall une vedette au Japon, où elle vendra plus d'un million de disques. Puis le « bébé requin aux dents nacrées » connaîtra une passe difficile, avant de rencontrer son nouveau pygmalion en la personne de Michel Berger. Grâce aux compositions de ce dernier, un écrin musical taillé sur mesure pour le talent gracile de France Gall, celle-ci revient au premier plan, et conquiert un nouveau public, sensible au climat bleu pastel de ses ballades rock : *la Déclaration d'amour* (1975), *Musique* (1977), *Viens, je t'emmène* (1978), *Il jouait du piano debout* (1980). Elle a participé en 1979 à l'opéra-rock *Starmania.*

HENRI GARAT

[Henri Garascu] Paris, 1902-1959. Interprète. D'abord boy au Casino de Paris, il tient ensuite de petits rôles au Moulin Rouge. Il fait ses véritables débuts, en même temps que Jean Gabin, dans la *Revue Mistinguett* (1924). Élégant imitateur de Chevalier, il remplace ce dernier dans la version bis de *Ça c'est Paris* (1926). Mais, ne possédant qu'un mince filet de voix, il passe difficilement la rampe. Le cinéma fut sa planche de salut : engagé en 1930 par la UFA pour être le partenaire de Lilian Harvey dans la version française du *Chemin du Paradis*, il y crée *Avoir un bon copain* (J. Boyer-Heymann), son premier grand succès. Avant d'être supplanté par Tino Rossi, il opéra des ravages dans le public féminin, grâce à son physique de jeune premier, modèle 1930. Au temps de sa gloire, chacun de ses disques, tirés de la musique de ses films, *Le Congrès s'amuse* (1931), ou *Un mauvais garçon* (1936, dans lequel il créa *C'est un mauvais garçon*, J. Boyer-G. Van Parys) se vendait à plus de 1 000 exemplaires par jour, ce qui était un record pour l'époque. Henri Garat mourut complètement oublié.

LÉON GARNIER

Lyon, 1856-Meung-sur-Loire, 1905. Auteur-compositeur. Il chantait dans les caf' conc' de sa ville natale lorsque Paulus, de passage, l'invita à écrire pour lui et à le suivre à Paris. Le succès de *En revenant de la revue* (1886), écrit en collaboration avec Delormel, établit d'emblée sa réputation qui se maintint grâce aux *Père la Victoire, la Boiteuse, Derrière le régiment...* Grivoises, troupières ou revanchardes, les chansons de Garnier (plus de 200) sont parfaitement représentatives de la production « café-concert » des années 1890.

GEORGES GARVARENTZ

[Georges Diram Wem] Athènes (Grèce), 1932. Compositeur. Exilé de son pays avec sa famille, il mène une vie itinérante avant de se fixer à Paris et de se consacrer entièrement à la musique. Sa carrière est surtout liée à celle de Charles Aznavour dont il met les textes en musique : *la Marche des anges, Donne tes seize ans, Et pourtant, les Plaisirs démodés*, et *La plus belle pour aller danser*, écrite pour Sylvie Vartan. Mais Garvarentz, par ailleurs compositeur de musiques de films, sera aussi chanté par Johnny Hallyday *(Retiens la nuit)* et les Chaussettes noires (*Daniela*, — A. Pascal).

LOULOU GASTÉ

[Louis Gasté] Paris, 1908. Compositeur. Débute comme guitariste dans l'orchestre de Ray Ventura (1931) puis se lance dans la chanson pour Jacques Pills *(Avec son ukulele*, — R. Carlès, J. Pills, 1941), Léo Marjane *(l'Ame au diable*, — C. Bailly, 1943), Yves Montand *(Luna Park*, — J. Guigo, 1944), et surtout, à partir de 1947, pour sa femme Line Renaud : un énorme répertoire de style fantaisiste dont la première chanson, *Ma cabane au Canada* (— M. Brocey, prix Charles-Cros 1949), est un grand succès. On peut citer également les chansonnettes enfantines écrites pour Lisette Jambel (*le Petit Chaperon rouge,* — F. Giroud) ou des morceaux de bravoure pour chanteurs à voix (*Du haut du Sacré-Cœur,* — G. Bérard, 1953).

LYS GAUTY

[Alice Gautier] Levallois-Perret, 1908. Interprète. Issue d'une famille de garagistes où tout le monde pousse la romance, Lys Gauty est lancée par son professeur de chant classique dans les concerts de banlieue. Elle abandonne peu à peu le répertoire traditionnel pour s'en constituer un très personnel, et épouse son manager qui lui fait franchir les différentes étapes de sa carrière : d'abord les cabarets (Boîte à matelots, Folie de Lys Gauty) puis les grandes salles (Bobino, Alhambra, Empire) : en 1934 elle est reine des Six Jours et en 1935 elle fait le premier grand succès de l'A.B.C. que Mitty Goldin vient d'ouvrir. En 1939, elle part en tournée en Amérique du Sud. Après la guerre, on lui interdit de chanter en France pendant quatre ans. La reprise, par la suite, est difficile : Lys Gauty continue de chanter quelques années, puis abandonne la scène à contrecœur. Elle devient directrice d'un cabaret, puis du casino de Luchon (où elle monte avec Francis Cover le Festival national de la voix), et d'une école de chant à Nice. Elle avait entre-temps tourné quelques films (*la Goualeuse,* mus. de Glanzberg et Kosma).
Au nom de Lys Gauty est toujours associée la chanson *Le chaland qui passe* (A. de Badet-A. Bixio, 1931) qui fut son plus grand succès. Mais l'étiquette de chanteuse « réaliste » que confirment les rengaines *Le bonheur n'est plus un rêve* (B. Colson, L. Poterat, L. Billaut) et *le Bistrot du port* (B. Kaper, G. Grœner-A. Soudemont), où « la servante est rousse », reste néanmoins un peu étroite pour définir cette interprète de belle allure, aux immenses yeux clairs, dont la voix joue sur l'émotion que cause son tremblement à la fin des mots (si bien que Lys Gauty paraît pleurer tout en chantant) : au contact de jeunes musiciens étrangers, auxquels elle a donné leur chance en les prenant comme accompagnateurs (N. Glanzberg, J. Kosma, R. Marbot, P. Newmann), son répertoire s'est souvent trouvé à l'avant-garde, et a inspiré les interprètes féminines de Saint-Germain-des-Prés. Lys Gauty a gagné le Grand Prix du disque 1938 avec *l'Opéra de quat'sous* (Brecht, Mauprey-K. Weill) et

a chanté *Quatorze juillet*, du film de René Clair. Ses plus belles interprétations sont celles des poèmes de Magre (— Kurt Weill) : déclamation et chant y sont mêlés, et y atteignent une rare puissance tragique *(la Complainte de la Seine)*.

HENRI GENÈS

[Henri Chaterret] Tarbes, 1920. Auteur-interprète. Première ligne de rugby de Tarbes, il aborde la carrière artistique par l'opéra et le cinéma *(Nous irons à Paris)*. Il fait en 1945 ses débuts au cabaret, puis au music-hall dans des chansons fantaisistes de style exotique qui s'accordent à son physique de Méridional bien-portant. Ses succès : *la Tantina de Burgos* (— E. Rancurel, 1956), *le Facteur de Santa Cruz* (F. Bonifay-F. Barcellini, Grand Prix du disque 1957), *Fatigué de naissance* (G. Coulonges, H. Genès-R. Denoncin, J. Ledru, 1959). Puis il se tourne vers l'opérette et le feuilleton télévisé, mais réenregistre en 1977.

YVONNE GEORGE

[Yvonne de Knops] Bruxelles, 1896-Gênes, 1930. Interprète. Paul Franck la découvre dans un cabaret de Bruxelles et la fait débuter à l'Olympia où elle se fait huer. On la traite d'intellectuelle. Cependant, elle acquiert rapidement un certain nombre d'admirateurs, entre autres Jean Cocteau et Henri Jeanson (« c'est une très grande artiste, mettez-vous bien ça dans la tête »), qui la défendra brillamment après sa mort contre Gustave Fréjaville en publiant dans *Soir* (1930) une lettre intitulée « Yvonne George et le critique honteux ». Le succès vient en 1926 sur cette même scène de l'Olympia avec la même chanson de marin *(Nous irons à Valparaiso)* mêlée de mots anglais (« Good bye farewell ») qui avait été sifflée six ans auparavant. La carrière d'Yvonne George se poursuit alors régulièrement non sans controverses : Apollo, Music-hall des Champs-Élysées (1927), Bobino, Casino de Paris, Empire (1928) où les bagarres dans la salle sont fréquentes : « Peu d'artistes, écrit Jean Lasserre, furent autant sifflés qu'elle. Il y eut un moment où chacune de ses chansons déchaînait une bagarre dans toute la salle. Puis, finalement, tout le monde l'acclamait. »
Longue silhouette grêle au visage de pierrot mangé par deux yeux immenses, Yvonne George avait alors un style peu commun. Son talent tenait à la fois de la technique de la comédienne et d'un don authentique de tragédienne *(Pars...)*.

Interprète de chansons anciennes *(les Cloches de Nantes, le Roy Renaud)*, réalistes *(la Femme du bossu)* ou parodiques *(Impressions de dancing)*, Yvonne George a ouvert toutes grandes les portes à un répertoire et un type d'interprétation poétiques qu'ont exploités ensuite, et peut-être sans le savoir, Catherine Sauvage, Cora Vaucaire, Barbara, etc., « un genre qu'il est convenu d'appeler : tragédie lyrique » (G. Pioch). Il faut ajouter au tableau de son étonnante personnalité le fait qu'elle était phtisique et condamnée. « Tous ceux que sa voix a bouleversés, écrit encore G. Pioch, se souviendront toujours de l'avoir vue sur scène tremblante et éperdue au son même de ses chansons, comme si elle était traquée... » Yvonne George disparaît de la scène en 1929 : elle part en voyage avec l'espoir de guérir. Les journaux annoncent prématurément sa mort ; elle répond en annonçant sa rentrée... mais les scènes parisiennes ne reverront pas « cette ombre de velours vert qui s'accrochait au rideau pour ne pas tomber » (J. Tranchant).

GEORGEL

[Georges Jobe] Paris, 1885-1949. Interprète. Ayant débuté vers 1903 à Belleville, il donne jusqu'en 1909 dans le répertoire Mayol. De 1910 à 1930, il est consacré « chanteur populaire », c'est-à-dire, dans le langage de l'époque, chantre des midinettes. Petit et trapu, mais nanti d'une belle voix, chaude, et d'une excellente diction, le geste facile, il chantait à la manière de Bérard, de façon mélodramatique. A son répertoire, *la Vipère* (J. Rodor-V. Scotto, 1922), *l'Épervier, la Chouette :* un véritable « bestiaire chanté » (Romi). Comme il paraissait sur scène en habit, pour se rapprocher des personnages de son répertoire, il se couvrait d'une casquette au dernier couplet. Ses grands succès furent *le Dernier Tango* (A. Foucher-E. Doloire, 1912) et surtout *Sous les ponts de Paris* (J. Rodor-V. Scotto, 1913). Il se produisit notamment aux Ambassadeurs, à l'Eldorado, et fit une dernière apparition à Drancy, en 1944.

GEORGIUS

[Georges Guibourg] Mantes-la-Ville, 1891-Paris, 1969. Auteur, interprète. Commence à chanter en 1913 dans le répertoire sentimental de Dalbret. Engagé à l'année par Dorfeuil à la Gaîté-Montparnasse où on le pousse à chanter du comique : il débute alors avec deux chansons trouvées à la hâte dans une agence : *Voyage à Saint-Sébastien* et *Elle est de Cuba.* Les conditions

du spectacle le forcent à changer de répertoire chaque semaine : le fonds disponible est vite épuisé à ce rythme et il se met à écrire lui-même ses textes. L'un des premiers, *les Archers du roy,* aura un succès considérable. Georgius continue sur sa lancée : il écrira environ 1 500 chansons, dont certaines, comme *le Lycée Papillon, la Plus Bath des javas,* sont mémorables, ainsi qu'un bon nombre de pièces en un acte qui terminaient la représentation. Sa carrière se poursuivra avec un succès constant jusqu'à la Seconde Guerre mondiale. Après l'armistice, il écrit pour la Série Noire une dizaine de romans policiers dont l'un, *Mort au ténor,* semble s'en prendre directement à un de nos chanteurs connus (« ses belles dents blanches et son air con »). Sur scène, Georgius se présentait en habit blanc, un chrysanthème à la boutonnière, et cette tenuc « recherchée » tranchait sur celle des comiques de l'époque : la mode était aux maquillages voyants et à la vesture ridicule. Il s'agitait beaucoup, occupait tout le plateau, et ses mimiques, s'il faut en croire ses contemporains, ajoutaient beaucoup à des chansons que le disque nous rend déjà très distrayantes.
Son œuvre abondante a pour commun dénominateur le sens du trait comique, de la parodie, et bien des styles de chansons à la mode (chansons sentimentales, tangos, etc.) se trouveront mis au pilori dans ses vers où il ne craignait pas — recherchait peut-être — le mot cru ou l'allusion grivoise. *Les Archers du roy, Imprudente,* ne font aucune concession à la pudibonderie et c'est le plus souvent cette absence de mesure, « cette marge infime entre l'excessif et l'inadmissible, qui lui confère tout son pouvoir hilarant » (Patrick Walberg). Il est vrai que la crudité du terme est mise chez lui au service du lieu commun : il développe en fait les idées normales du Français moyen normal, et rien, dans le fond tout au moins, ne pouvait choquer son public. Ses imitations parodiques de chansons atteignaient de tels sommets que le groupe surréaliste, Robert Desnos plus particulièrement, professa longtemps une grande admiration pour lui. Il semble même que nos contemporains n'aient pas hésité à s'en inspirer : *Je bois* de Boris Vian fait étrangement penser à *J'ai le bourdon*, *Jackie* de Brel à *Tango-Tango* et *le Tord-boyaux* de Perret à *Totor est un têtu.*
Outre ce culte de la parodie (dont *le Fils-père* est le plus beau fleuron), ses thèmes tournaient le plus souvent autour d'une critique de la Belle Époque *(C'est un chicandier)*, du snobisme *(Je suis blasé)* et des mœurs dites parfois spéciales, qu'il ne manque pas, en bon bourgeois, de fustiger *(Imprudente, les Frères siamois).*

FRANK GÉRALD

[Gérald Biesel] Paris, 1928. Auteur. Français de père américain, diplômé des Arts déco, s'essaie d'abord à composer sur des paroles de son beau-frère Pierre Delanoë. Celui-ci est enlevé par Gilbert Bécaud. Frank Gérald connaît quelques années plus tard un succès d'adaptation *(Tout doux, tout doucement*, chanté par Marcel Amont) et dès lors travaille à la commande pour les Djinns, les Parisiennes *(L'argent ne fait pas le bonheur, l'Amérique*, —C. Bolling), Nana Mouskouri, Michel Polnareff *(La poupée qui fait non, Love me please love me)*, Christian Delagrange. Il travaille « scientifiquement », données en main, en dehors de l'interprète : un parolier-ordinateur qu'un sursaut de sensibilité détraque quelquefois *(le Premier Bonheur du jour*, —J. Renard, chanté par Françoise Hardy).

DANYEL GÉRARD

[Gérard Kherlakian], Paris 1939. Auteur-compositeur-interprète. De parents arméniens, il passe son enfance au Brésil et, à Paris, chante dans la maîtrise de Notre-Dame. En 1958, Boris Vian lui écrit *D'où viens-tu Billy Boy ?* C'est le premier rock français, qui passe complètement inaperçu. A son retour du service militaire, Danyel Gérard constate que les « temps ont changé » et que d'autres sont là pour exploiter ce qu'il avait découvert. Il se remet sur les rangs et c'est en 1961 *la Leçon de twist* (—J. Mengo) repris par Richard Anthony et les Chaussettes noires, *Il pleut dans ma maison, Memphis Tennessee*, etc. Il met à profit le recul du yé-yé pour mettre son talent au service d'autres interprètes comme Dalida *(Petit Gonzalès)*, Marie Laforêt *(les Vendanges de l'amour*, —M. Jourdan) ou Hervé Vilard *(Fais-la rire, Mourir ou vivre*, —R. Bernet). Puis il repense à lui-même et sa production, voyage entre la recherche du « tube » *(Butterfly*, —R. Bernet, 1971 ou *Marylou*, 1979) et celle d'une réelle qualité de son et d'atmosphère, sur des textes de R. Béranger et A. Pascal.

ROLAND GERBEAU

Vincennes, 1919. Auteur-interprète. Vainqueur d'un crochet au Palais Berlitz en 1937 et d'un concours d'amateurs sur le Poste parisien en 1939, il débute comme « crooner » de l'orchestre de jazz symphonique du Paramount et du Rex, à Paris. Puis il passe à l'A.B.C., l'Européen, Bobino, avec *les Mains dans les poches* (—G. Luypaerts, 1941). A la Libération, il connaît le succès en interprétant, concurremment à Charles Trenet, *Douce France* et *la Mer* (1946). Après une carrière de chanteur de cabaret aux Amériques, il devient en 1962 conseiller d'une maison de disques.

GILLES et JULIEN

[Jean Villard] Montreux, 1895, [Aman Maistre] Toulon, 1903. Duettistes. Élèves de Copeau, ils se rencontrèrent au Vieux-Colombier, firent partie des Copiaux et de la Compagnie des Quinze. Pour se distraire, ils chantèrent en duo dans un gala des artistes londoniens. Le succès obtenu, les dissensions nées dans leur troupe les incitèrent à se lancer dans la chanson avec la volonté d'y transposer l'esprit et la technique de Copeau. Appuyés sur leur formation théâtrale, ils concevaient la chanson comme une petite pièce en 3 actes qu'il s'agissait de mettre en scène. S'écartant du modèle introduit par les duettistes américains Layton et Johnstone, et repris par Pills et Tabet, qui était basé sur l'harmonie des voix, ils chantaient alternativement. Gilles au piano assurait l'accompagnement musical, vocal, gestuel, Julien, debout ou appuyé contre l'instrument, assumait la part du mime : de l'opposition propre à un déploiement dramatique devait naître la synthèse. Cette volonté expressionniste orienta le choix du répertoire, qui réunissait compositions de Gilles *(la Marie-Jésus, les Trois Bateliers)* et arrangements de chansons populaires, notamment de chansons de marins. Dans le même esprit, ils abandonnèrent l'habit pour le chandail de marin (1935). Leur carrière, commencée au théâtre de Montrouge (1932), continuée à Bobino, à l'Empire, à l'Européen, à l'A.B.C., s'acheva avec leur séparation à la veille de la Seconde Guerre mondiale. Ces « pédagogues de la chanson » (J. Copeau) ont amorcé un mouvement qui, en se plaçant sous le triple signe de la « qualité », des préoccupations sociales *(Dollar,* 1932), et du retour aux origines de la chanson française *(la Belle France,* 1936), annonce la chanson de Vichy, celle de la Résistance, sans oublier la part échue à Saint-Germain-des-Prés (les Frères Jacques notamment).

Après leur séparation, Julien se consacra à l'activité théâtrale, tandis que Gilles retournait à Lausanne. Il y fonda le cabaret du « Coup de soleil », s'y produisit en duo avec Édith Burger, et en fit un centre d'opposition à l'hitlérisme. De cette période datent *le Maennerchor de Steffisburg*, repris par les Quatre Barbus, *les Trois Cloches*, qui eut le succès que l'on sait, et

Quatorze juillet. Au lendemain de la guerre, après avoir remonté un duo avec Albert Urfer, il revient à Paris pour ouvrir le cabaret Chez Gilles, et se retira en 1959 à Lausanne. Il est l'auteur d'un remarquable recueil de souvenirs : *Mon siècle et demi* (1970).

HUBERT GIRAUD

Marseille, 1920. Compositeur. Il jouait de l'harmonica dans l'orchestre de Ray Ventura. Sa première chanson est un succès *(Aimer comme je t'aime,* —R. Lucchesi, chantée par Y. Giraud en 1951). S'ensuivent d'autres pour Jacqueline François, Jacques Hélian, Piaf *(Mea culpa,* —M. Rivgauche), Gloria Lasso *(Dolorès,* —R. Bravard), Dalida *(Buenas Noches mi amor,* —M. Fontenoy), André Claveau *(Dors mon amour,* —P. Delanoë), Sacha Distel *(Oui oui oui oui oui oui,* —P. Cour, prix ORTF, 1959), François Deguelt *(Je te tendrai les bras,* —P. Dorsay, Coq d'or, 1959). Organisé, Hubert Giraud s'inscrit à tous les concours (et les gagne souvent). En 1964, il passe sans difficulté à Claude François *(Pauvre petite fille riche,* —C. François), Line et Willy *(Pourquoi pas nous,* —F. Dorin). Puis il compose sur mesure pour Nana Mouskouri *(l'Enfant et la Gazelle,* —E. Marnay, 1968), Nicoletta *(Il est mort le soleil,* —P. Delanoë, 1967, *Mamy blue,* 1971), Nicole Croisille *(Il ne pense qu'à toi,* —J.-P. Lang, 1974). Hubert Giraud s'affirme ainsi comme un compositeur disponible à tous les styles, pourvu que leur heure ait sonné.

YVETTE GIRAUD

Paris, 1922. Interprète. Elle est d'abord speakerine à la radio (1946). Jacques Plante lui écrit des chansons, et une tournée à Rio en 1947 marque le début d'une carrière internationale. Yvette Giraud chante en 7 langues et fait trois fois le tour du monde. On l'applaudit à Paris à Bobino et à l'Alhambra dans des chansons d'un style un peu plus recherché que celui du répertoire habituel de la chanteuse de charme, et auquel s'ajoute l'agrément de sa douceur et de sa simplicité personnelles *(Mademoiselle Hortensia, Un homme est un homme, Ma guêpière et mes longs jupons).*

NORBERT GLANZBERG

Rohatyn (Pologne), 1910. Compositeur. Venu à Paris en 1933 après des études au conservatoire de Wurtzbourg en Allemagne, il doit renoncer pour des raisons de nationalité à une carrière de chef d'orchestre classique. Il se tourne vers les variétés, devient pianiste de l'orchestre de Jo Privat, puis accompagnateur de Lys Gauty, Rina Ketty, Charles Trenet, Tino Rossi, Édith Piaf pour laquelle il composera le célèbre *Padam-padam* (— H. Contet). Influencé par le style Mittel Europa qu'il a connu dans sa jeunesse, Norbert Glanzberg a laissé libre cours à son inspiration dans la musique du film *Michel Strogoff* mais a eu soin de l'endiguer et d'alléger son style pour l'adapter à la chanson française *(Grands boulevards,* — J. Plante, chantée par Yves Montand, *Mon manège à moi,* — J. Constantin).

GLENMOR

[Émile le Scanv] Maël-Carhaix (Côtes-du-Nord), 1931. Auteur-compositeur-interprète. Licencié en philosophie, ce nationaliste breton au visage de légende celtique tente, sur des accents de révolte dans la filiation de Ferré *(Dieu me damne, Sodome)* de perpétuer la tradition bardique de la complainte informative. Poète-harangueur *(Princes, entendez bien),* il fait malheureusement trop peu appel à la musique. Et pourtant, en Bretagne...

GLOIRE AU 17ᵉ

Chanson, par. Montéhus, mus. R. Chantegrelet et P. Doubis (1907). Le 18 juin 1907, le 17ᵉ régiment d'infanterie de Béziers, déplacé à Agde, se mutine pour ne pas avoir à réprimer les manifestations des vignerons. Montéhus lui dédie ce texte :

> Salut, salut à vous
> braves soldats du 17ᵉ
> ... vous auriez en tirant sur nous
> assassiné la République.

Il devient l'hymne de l'antimilitarisme, dans ces années marquées par la montée des périls et la croyance en la grève générale comme moyen de faire échec aux propensions guerrières des impérialismes. Son timbre fut utilisé à maintes reprises pour des chansons d'agitation, dans l'entre-deux-guerres : *Gloire aux marins de la mer Noire* (1919), *Vivent les jeunesses* (1924), *Fraternisation* (avec l'Armée rouge, 1929). Mais la plus étonnante adaptation est encore l'œuvre de Montéhus lui-même, en 1916, pour saluer la citation décernée au 17ᵉ RI :

> Le 17ᵉ se couvre de gloire
> peuple français, tu peux encor chanter
> salut, salut à vous...

LE GOLF DROUOT

Club situé à l'angle de la rue Drouot et du boulevard Montmartre, à Paris, ouvert en 1953, transformé en 1956 à l'usage de la clientèle jeune (16 à 21 ans) par le barman Henri Leproux. L'élément attractif est alors le juke-box : parmi les auditeurs les plus assidus, Jean-Philippe Smet (Johnny Hallyday), Claude Moine (Eddy Mitchell), Christian Blondiau (Long Chris). Le succès du premier nommé lance le club, en fait le « temple du rock » et le tremplin idéal de jeunes espoirs plus ou moins éphémères. Les maisons de disques y envoient leurs découvreurs de talents à la recherche de nouveaux Johnny. C'est là qu'on entendit pour la première fois les Chaussettes noires et Eddy Mitchell, les Cyclones et Jacques Dutronc, Dany Logan et les Pirates, Sheila. En 1962, Henri Leproux officialisa la fonction en créant le « Tremplin » (audition publique pour débutants tous les vendredis). Il révèle les Surfs, Noël Deschamps (1963), les Champions, Michel Orso (1964), Ronnie Bird. De nombreuses émissions de télévision et de radio y ont installé leurs micros et caméras. Équivalent du Cavern de Liverpool ou du Star Club de Hambourg, il reçoit la visite des vedettes de la « pop music » de passage à Paris. Concurrencé par d'autres clubs, il a aujourd'hui perdu quelque peu de son importance.

STÉPHANE GOLMANN

Montrouge, 1921. Auteur-compositeur-interprète. Après des études de mathématiques et de lettres, débute en 1946 chez Agnès Capri comme guitariste. Compose en même temps des chansons qu'il interprète (Quod Libet, Vieux-Colombier, l'Écluse) et fait interpréter.

Son œuvre multiforme est jalonnée par deux succès commerciaux qui sont aussi deux belles réussites : *Actualités* (1950, — A. Vidalie) et *la Marie-Joseph* (1951) interprétées par Yves Montand pour la première, et par les Frères Jacques pour la seconde. Mais sa production comporte bien des titres moins connus et tout autant remarquables : fantaisiste *(le Cheval dans la baignoire)*, fabuliste *(la Cigale et la Coccinelle)*, Golmann a souvent la dent dure *(l'Abus de confiance, la Cravate lavallière)*. Interprète trop peu connu, il manie le glissando comme un chanteur de blues *(le Mineur, la Petite Existentialiste)*. Il prend cependant ses distances avec la chanson, entame à partir de 1956 une carrière dans les organismes internationaux (ONU) qu'il poursuit toujours, continuant cependant à écrire et à composer.

ALAIN GORAGUER

Rosny-sous-Bois, 1931. Compositeur. A fait des études de piano à Nice, avant d'être pianiste à Paris. Son œuvre, placée sous le signe du jazz, le conduisit à mettre ses qualités de compositeur et d'arrangeur au service de Boris Vian (1953), pour lequel il écrit les musiques de *Je bois, la Java des bombes atomiques, Ne vous mariez pas les filles...* puis la musique du film *J'irai cracher sur vos tombes.* On retrouvera sa signature au côté de celle d'un certain Henry Cording (Henri Salvador) pour réaliser un disque de rocks parodiques. Il fut le premier collaborateur de Serge Gainsbourg, dont il écrivit les meilleurs arrangements *(Gainsbourg percussions,* ou la musique du film *l'Eau à la bouche).* Il travailla également pour Nana Mouskouri *(l'Amour est pareil,* —C. Lemesle, disque d'or en Allemagne) et Jean Ferrat *(La femme est l'avenir de l'homme).* Il est un de ceux qui ont le plus œuvré au renouvellement de l'orchestration dans la chanson française.

LE GORILLE

Chanson, par. et mus. Georges Brassens (1952). Participe au lancement de Brassens avec son antithèse, *la Chasse aux papillons.* La chanson résume déjà deux tendances de l'œuvre à venir, anarchisme souriant et gauloiserie, celle-ci étant évidente, celui-là ressortant surtout de la pointe finale *(in cauda venenum) :*

> Car le juge au moment suprême
> criait maman, pleurait beaucoup
> comme l'homme auquel le jour même
> il avait fait trancher le cou.

GUSTAVE GOUBLIER

[Gustave Conin] Paris, 1856-1926. Compositeur-pianiste-chef d'orchestre de caf' conc' et de music-hall (Eldorado, Parisiana, Folies-Bergère), connu pour être l'auteur de la musique de chansons telles que : *l'Angélus de la mer, le Credo du paysan, la Voix des chênes, la Croix du chemin.* Il composait sur des paroles données, puis apprenait la musique aux interprètes passage de l'Industrie (aujourd'hui, rue Gustave-Goublier). La facture mélodique visait à l'effet redondant et à la simplicité : ce fut sans doute une des clés de la popularité de ces chansons.

HENRI GOUGAUD

Carcassonne, 1936. Auteur-compositeur-interprète. « Fait » les cabarets de la rive gauche à l'issue d'une licence de lettres. Prix de l'Académie de la chanson française 1965 *(A Carcassonne).* Mis en musique par Jean Bertola *(le Musicien)* et par Jean Ferrat dont il est un des paroliers préférés *(Hop là nous vivons, Cuba si, la Matinée).* Mais c'est à Serge Reggiani qu'il a confié une de ses plus belles œuvres, *Paris ma rose.* Il publie un recueil de *Poèmes politiques des troubadours* (1969) dont il a tiré un 30 cm, puis enregistre en 1974 *Lo Pastre de paraulas,* ensemble de 9 chansons en occitan, écrit beaucoup de textes pour Juliette Gréco, avant de se consacrer presque exclusivement à la radio.

FRED GOUIN

?-Niort, 1959. Interprète. Il pousse la romance à la terrasse des cafés, se fait connaître au régiment, et devient ainsi un chanteur très populaire et une des premières vedettes de l'enregistrement débutant. « Serre-moi la main, Gouin », lui dira Poincaré, l'entendant chanter tous les « classiques » de la chanson française, depuis *la Chanson des blés d'or* jusqu'au *Temps des cerises* en passant par *les Petits Pavés.* L'apogée de son succès se situe en 1930. Mais Fred Gouin renoncera cinq ans plus tard (après la mort de son amie Berthe Sylva) aux aléas de la carrière artistique, pour se convertir dans le commerce des frites.

CHANTAL GOYA

Vietnam, 1946. Interprète. Ancienne chanteuse yé-yé, elle trouve à la fin des années 70 un créneau à exploiter : la chanson pour enfants, et se constitue grâce à son mari Jean-Jacques Debout et à Roger Dumas un répertoire sans risques uniquement basé sur les mythes traditionnels de l'enfance *(Bécassine, Guignol, Cendrillon,* etc.). En 1978, elle rattrape Anne Sylvestre sur le marché et devient une vedette TV inévitable.

LE GRAND CHAMBARDEMENT

Chanson, par. et mus. Guy Béart (1967). Premier succès sur le thème de la bombe atomique dans l'histoire de la chanson française. Guy Béart n'est pas pour autant militant du « no nuke » : comme d'habitude, il écrit sans prendre position.

Cependant, il y a des descriptions qui valent une dénonciation, et ce sera encore le cas pour *la Bombe à Neu-Neu,* œuvre plus tardive, plus claire aussi. Quant au succès du *Grand Chambardement,* il est surtout dû à sa mélodie, qui suit bêtement la gamme ascendante dont elle reprend 6 fois chaque note.

GRAND JACQUES

Chanson, par. et mus. Jacques Brel (1954). Le Jacques Brel première manière, qui tente d'étouffer en lui une révolte latente. Dieu, l'amour, la guerre, trilogie que le Jacques au naturel est tenté de réfuter ou de critiquer, ce dont l'empêche la voix de la raison : « Tais-toi donc, Grand Jacques, quc connais-tu... ». La suite de l'œuvre montre que cette voix-là n'eut pas longtemps droit à la parole.

LE GRAND MÉTINGUE DU MÉTROPOLITAIN

Chanson, par. Mac-Nab, mus. Camille Baron (1890). Mac-Nab, l'un des hôtes du Chat Noir, et d'opinion conservatrice, avait parfois la dent dure (témoin *l'Expulsion*). A la fin du XIXe siècle, chaque meeting s'achève par de violents affrontements avec la police. Mac-Nab campe la scène sur le ton humoristique : « A la faveur de c'que j'étais brind-zingue, On m'a conduit jusqu'au poste voisin... » Curieusement, l'aventure de ce poivrot, plus propre à inspirer un Daumier qu'un Lénine, aura un grand succès chez les militants révolutionnaires. On l'entend encore aujourd'hui lors de certaines manifestations.

GRANDS BOULEVARDS

Chanson, par. Jacques Plante, mus. Norbert Glanzberg (1951). Yves Montand incarna à ses débuts un type d'homme nouveau dans la chanson française : l'ouvrier conscient et fier de sa condition. Comme celui-ci n'escompte pas, dans l'immédiat, un bouleversement de sa situation (par promotion individuelle ou par une révolution sociale), il prend les choses (la ville, les filles, les loisirs) comme elles viennent, du bon côté. Chanson fraternelle, optimiste, dans la lignée populiste qui caractérisa les années de la Libération. Un des grands succès de son interprète.

DOMINIQUE GRANGE

Lyon, 1940. Auteur-compositeur-interprète. D'abord collaboratrice de Guy Béart (émissions « Bienvenue »), elle participe en 1968 au Comité révolutionnaire d'action culturelle et enregistre en autogestion des chansons inspirées des événements de mai et des mouvements qui en sont issus *(Chant des nouveaux partisans,* 1970). Un disque, en 1981 *(Hammam Palace),* marque son retour à la chanson.

ANDRÉ GRASSI

Paris, 1911-1972. Auteur-compositeur. Musicien de formation classique, il devient après la guerre pianiste d'accompagnement. L'orchestre qu'il créera par la suite sera des plus recherchés pour les tournées et enregistrements des vedettes de la chanson. Il s'impose par ailleurs comme un compositeur de talent. Citons *les Voyous* (1955), savoureuse charge interprétée notamment par Philippe Clay, et *la Marie,* succès des Compagnons de la chanson (1947).

JULIETTE GRÉCO

Montpellier, 1927. Interprète. Sa mère arrêtée par la Gestapo, elle connaît à quinze ans la prison, le Paris de la guerre. A la Libération, elle est du groupe qui, autour d'Anne-Marie Cazalis, anime le Tabou. Cette silhouette noire aux longs cheveux attire les journalistes en mal de copie : sa photo paraît dans *Samedi-Soir,* elle devient la « muse de Saint-Germain-des-Prés ». Cette campagne de presse lui donne une célébrité dont elle ne sait que faire. Sur les conseils d'amis, elle opte pour la chanson. Ses deux parrains sont des paroliers débutants, Jean-Paul Sartre *(la Rue des Blancs-Manteaux,* —J. Kosma) et Raymond Queneau *(Si tu t'imagines,* —J. Kosma). Débute au Bœuf sur le toit (1949) et s'impose au public de connaisseurs de la Rose Rouge. Mais les bourgeois l'exècrent, les ouvriers restent distants. Un passage à l'Olympia (1954) ne rencontre que peu d'écho. Puis, insensiblement, la haine du public bien-pensant s'efface et fait place à l'admiration, à la louange : Saint-Germain-des-Prés n'est plus considéré comme un foyer de subversion, Gréco elle-même a changé (physiquement), a élargi aussi son répertoire. Cette image nouvelle de « grande dame de la chanson française » est confirmée par l'accueil du TNP où elle passe en même temps que Brassens (1966). A l'étranger, elle triomphe dans le rôle d'ambassadrice de la chanson française, attirant

par exemple des milliers de personnes à Berlin (1967). Le cinéma l'avait un temps détournée de la chanson à laquelle elle revient toujours, par le disque, ou par la scène (deux fois au Théâtre de la Ville, à Paris, dans les années 70).
Le répertoire de Juliette Gréco, très varié, met au premier plan la femme, un certain type de femme, contemporaine du *Deuxième Sexe* de Simone de Beauvoir, qui affirme son droit à la libre disposition d'elle-même. De *Je suis comme je suis* (Prévert-Kosma) à *Je suis bien* (Brel-Jouannest), c'est le même thème sous des facettes changeantes. Les auteurs et compositeurs qu'elle a chantés et qu'elle a parfois contribué à lancer sont garants de la qualité de son répertoire : outre Prévert et Kosma *(les Feuilles mortes)*, bien sûr, il faut citer Léo Ferré *(Jolie môme)*, Guy Béart *(Il n'y a plus d'après)*, Serge Gainsbourg *(la Javanaise)*, Charles Aznavour *(Je hais les dimanches*, —F. Véran), Robert Nyel *(Déshabillez-moi*, —G. Verlor), Jean-Max Rivière *(Un petit poisson, un petit oiseau*, —G. Bourgeois), Leny Escudero *(Je t'attends à Charonne)*, Henri Gougaud *(Vivre*, —G. Jouannest, *Paris aujourd'hui*, —G. Jouannest) et Jacques Brel *(Voir un ami pleurer, J'arrive)*.
Mais ce qui marque chez elle, c'est l'interprétation : la façon de cajoler les mots, la voix d'alto et la manière expressionniste d'en jouer ; l'humour, le regard distancié posé sur les choses ; enfin, ce visage, ces mains qui parlent, redondants jusqu'à la caricature, ce corps immobile devant le micro, moulé dans sa robe noire. Gréco ou l'art de la diseuse sophistiquée. Une chanteuse « classique », dans tous les sens du terme.

GEORGES GUÉTARY

[Lambros Worloou] Alexandrie (Égypte), 1915. Interprète. Égyptien d'origine grecque envoyé en France pour étudier le commerce, il change de voie sur le conseil du violoniste Jacques Thibaud : cours de chant chez Ninon Vallin, harmonie et piano chez Thibaud-Cortot, comédie chez Simon. Débuts en 1937 à l'Européen comme chanteur d'orchestre de Jo Bouillon. Remarqué par Mistinguett, il jouera dans la revue du Casino de Paris (1938). Fredo Gardoni le tire en 1941 du restaurant toulousain où il est devenu maître d'hôtel en attendant des jours meilleurs. Il enregistre en 1942 en prenant un nom qui scandalise les chanteurs authentiquement basques dont il devient le rival. Tour de chant à l'Alhambra et à l'A.B.C. en 1944 *(Robin des bois)*. Sacré meilleur chanteur d'opérette à Broadway en 1950, sa célébrité se fait au travers de *la Route fleurie* (1952), *Pacifico*

(1960), *la Polka des lampions* (1963), *Monsieur Carnaval* (1965), etc. Reprenant des chansons que se renvoient tous les interprètes à accent exotique (les *Bambino, Ciao ciao bambina* et autres), Georges Guétary est le chanteur de charme classique depuis Carlos Gardel, beau garçon au type méditerranéen, aux yeux de velours et au sourire éclatant, qui devient avec l'âge le « chanteur familial » *(Papa aime maman, Dis papa,* etc.). Boris Vian fournit l'explication *(En avant la zizique)* : « Si le texte était bon, ce serait le desservir que d'en distraire l'attention sur la voix [...] Cela choquerait l'oreille habituée à ne chercher qu'un timbre et surprise par une signification... » On peut trouver cela désespérant. Il faut admettre en tout cas que ce « chanteur à voix » a une très belle science du « mezzo voce ».

DANIEL GUICHARD

Paris, 1948. Auteur-compositeur-interprète. A l'origine, un titi parisien encore vert que découvre Léo Missir et qui commence à enregistrer du Bruant et des chansons musettes d'aujourd'hui *(C'est parc' que j'suis né à Panam').* « J'suis un chanteur de gouttière... on m'paye à coups de beaujolais », dit-il dans *Marinette* (M. Mallory-N. Benoît, 1971). Le succès vient avec *la Tendresse* (— J. Ferrière-P. Carli, 1972) suivi de *Faut pas pleurer comme ça* (— J.-P. Lemaire-Christophe, 1973) et de *Mon vieux* (— M. Senlis-J. Ferrat, 1974), chansons sentimentales mais attachantes grâce à cette gouaille qui lui traîne dans la gorge : « Il demeure l'un des derniers à maintenir le flambeau de la chanson française qui dépeint les malheurs du monde. » Puis l'ancien titi, à force de grandir, prend la voix bien placée et le conformisme de l'homme mûr : le pavé et le ruisseau sont de plus en plus loin.

YVETTE GUILBERT

Paris, 1867-Aix-en-Provence, 1944. Interprète. Orpheline de père, pour gagner sa vie, elle doit travailler tôt dans la couture. La rencontre d'un critique dramatique la pousse à 19 ans vers le théâtre ; aussi abordera-t-elle la chanson comme « tout l'art du comédien au service d'une chanteuse sans voix qui demande au piano et à l'orchestre de chanter à sa place » *(la Chanson de ma vie).* Ses débuts sont difficiles : manquant de « coffre » et de rondeurs, elle se fait siffler au casino de Lyon et pratiquement renvoyer de l'Eldorado au bout de deux mois (1889). Son premier succès, *la Pocharde* (— Byrec), écrit par elle dans un moment de désespoir, lui apporte un surnom : « la comique à rallonges ». Riche de la découverte des *Chansons sans-gêne* de Xanrof, elle cultive alors un genre tragico-comique et une silhouette : « la dame rousse aux gants noirs, vêtue de satin vert » immortalisée par Toulouse-Lautrec. Elle lance ce personnage au Pavillon de Flore à Liège, puis à Bruxelles, mais à Paris doit rompre son contrat avec l'Éden-Concert, où elle demeure incomprise. Sous le pseudonyme de Nurse Valery, elle se fait un peu connaître au Moulin Rouge (1890) : on l'y voit costumée en nourrice au caf'conc' d'hiver de la salle du Bal. Elle passe en même temps au Divan japonais où elle trouve, autour du poète Jehan Sarrazin, son premier vrai public. On l'y baptise « la diseuse fin de siècle » ; elle y chante *les Vierges* et *les Fœtus* de Mac-Nab. Exploitée quelque temps par Musleck au Concert parisien (1891), elle fait enfin salle comble à la Scala de 1892 à 1895. Elle y poursuit son contrat, mais doit le rompre en 1900 à cause d'une maladie des reins. Elle se produit entre-temps à l'Horloge et « fait traverser les Champs-Élysées au tout-Paris » qui les retraverse dans l'autre sens pour la suivre l'année d'après aux Ambassadeurs. Tous les salons littéraires se l'arrachent.

Pendant seize ans (à partir de 1899), Yvette Guilbert sera malade. Six interventions chirurgicales seront nécessaires pour lui permettre de poursuivre sa carrière. Fatiguée de « broder d'or des grivoiseries, même littéraires », elle passe de « dix ans de répertoire boulevardier et graveleux à vingt-six ans de beaux chants de France ». Elle entame cette seconde carrière au casino de Nice en 1913, habillée de pourpre et d'or, après avoir fait de longues recherches sur la chanson ancienne.

Pendant plus d'un demi-siècle au total, Yvette Guilbert aura mené une carrière internationale (France, Allemagne, États-Unis) en chantant un très grand nombre de poètes (Baudelaire, Fagus, Jammes, Laforgue, Montherlant, Richepin, Rollinat, Verlaine) ainsi que quantité d'auteurs inconnus du Moyen Age. Mais on se souvient surtout de l'Yvette Guilbert première époque, celle du *Fiacre* de Xanrof et de *Madame Arthur* de Paul de Kock. Et « lorsque l'on veut glorifier le caf'conc' devant quelques esprits chagrins, on dit : Yvette Guilbert », écrit M. Georges-Michel. Malgré son « spectre de voix » (l'expression est de Gounod), elle a laissé le souvenir d'une diction impeccable et d'un sens unique de la mise en scène qui faisaient de chaque chanson un condensé d'une pièce en un acte. « Je pense toujours en l'entendant, a dit Henri Lavedan, à quelque troublant automate, à une dame en cire d'Edgar Poe qui aurait un phonographe dans le ventre. »

GASTON HABREKORN

Rouen, 1866-Paris, 1917. Auteur. « Diseur » au Chat Noir, chanté par Yvette Guilbert, Esther Lekain et Anna Thibaud, il devient propriétaire du Divan japonais (1895) où il chante des chansons aux titres suggestifs : *Je t'aurai toute, Sensualité brutale, Ta croupe,* etc., illustrées par des tableaux vivants (en « maillot complet »). En 1905, il rachète le Ba-Ta-Clan et y crée la revue « à grand spectacle ».

JOHNNY HALLYDAY

[Jean-Philippe Smet] Paris, 1943. Auteur, interprète. Enfant, il est confié à une tante, puis à une cousine, future épouse d'un danseur acrobatique américain, Lee Halliday. Il parcourt ainsi l'Europe, au gré des engagements du couple. C'est le premier acte d'un destin exemplaire. Le deuxième s'ouvre sur le juke-box du Golf Drouot : Johnny, qui a 15 ans, est devenu un fan des rockers américains. Il n'est pas le seul, mais il est le premier à tenter sa chance en dehors du « temple », juvénile apôtre de cette religion nouvelle. Les adeptes en sont rares : aucune maison de disque n'est intéressée, les spectateurs des cabarets où on l'autorise à se produire, guère davantage. Une occasion s'offre à lui : il passe à l'émission publique « Paris-cocktail », enregistrée au cinéma Marcadet (1959). Les paroliers Jil et Jan lui proposent leur collaboration et, surtout, un contrat chez Vogue. En mars 1960, sort son premier 45 tours *(T'aimer follement,* A. Salvet, J. Plait-Robinson). En septembre, il est au programme du spectacle Raymond Devos à l'Alhambra : c'est sa bataille d'*Hernani ;* tandis que le parterre le siffle, le balcon, c'est-à-dire les jeunes des quartiers populaires, l'acclame. Comme l'acclament les jeunes de Montbéliard, de

Marseille... C'est le raz de marée, inattendu. Et pourtant ! Des millions de jeunes, les enfants du « baby boom » de l'après-guerre, arrivent sur le marché, disponibles à toute forme de langage leur permettant de s'affirmer, de se reconnaître. Le rock d'abord, le yé-yé ensuite, qui en est la version normalisée et aseptisée, seront ce langage, et Johnny leur porte-drapeau, frayant la voix à une pléiade de chanteurs et d'orchestres. Un an après l'Alhambra, l'Olympia le reçoit en vedette. C'est le début du troisième acte : l'apôtre se mue en prêtre du nouveau culte. Au Hallyday « graine de violence » et « rage de vivre », se roulant par terre, succède un Johnny copain, plus accessible. Deux changements manifestent cette mutation : celui de la maison de disque (Philips) et le passage du rock de *Souvenirs souvenirs* (Bonifay-Coben) au twist, qu'il lance sur la scène de l'Olympia *(Viens danser le twist,* G. Gosset-K. Mann, D. Appel). Son audience n'en peut qu'augmenter, et il est tout naturellement la vedette de la Nuit de la Nation, qui réunira le 22 juin 1963 quelque 150 000 jeunes. Fin 1966, il aura vendu 18 millions de disques. C'est un sommet. C'est aussi le début d'un certain reflux, parallèle à la dégringolade du yé-yé. En septembre 1966, il fait une tentative de suicide. Depuis lors, des tournées en Afrique, en Amérique du Sud, une rentrée triomphale avec Sylvie Vartan à l'Olympia en 1967, puis plusieurs super-shows au Palais des sports de Paris l'ont réinstallé sur le devant de la scène. Ces derniers inaugurent une nouvelle phase de sa carrière, marquée par l'élargissement de son public, et la recherche de salles de plus en plus vastes (en 1979, le Pavillon de Paris, 10 000 places, remplaça le Palais des sports), pour des spectacles de plus en plus étonnants, empruntant au cirque ou aux grandes machineries hollywoodiennes : 129 personnes furent ainsi nécessaires pour faire tourner dans 85 villes le « Johnny circus » en 1972.

Si la « génération Hallyday » est désormais rentrée dans le rang, Johnny, lui, continue ; simplement, après vingt années de carrière, son personnage a perdu son aura de scandale, son mythe se conjugue au passé. Il doit se contenter de n'être qu'un phénomène de la chanson française, assurément l'un de ses meilleurs hommes de scène.

En effet, ce n'est que sur scène que l'interprète Hallyday prend toute sa dimension. A la limite, le disque pourrait n'exister que comme préparation au spectacle, ou comme relique. Ses succès, qui furent d'abord quasi exclusivement des adaptations de standards américains du rock ou du rythm' n' blues, mais qui, progressivement, ont fait une large part aux compositions

originales, observent significativement l'alternance chansons à tempo rapide-ballades ou slows, comme dans un tour de chant. Ainsi, *Que je t'aime* (G. Thibault-J. Renard, 1969) succède à *A tout casser* (G. Aber-J. Hallyday, T. Brown, 1968), *Oh ma jolie Sarah* (P. Labro-T. Brown, M. Jones, 1971) à *On me recherche* (P. Labro-E. Vartan, 1970), *Ma gueule* (G. Thibault-P. Nacabal, 1979) à *J'ai oublié de vivre* (P. Billon-J. Revaux, 1977).
Malgré cette présence constante au hit-parade, Johnny continue de réserver toute son attention au travail de scène, qu'il conçoit et pratique comme un culte : le spectateur est un terme actif, qui vient participer et non seulement écouter ; connaissant les chansons par cœur, il réagit aux stimulations du célébrant, l'accompagne dans sa montée vers le paroxysme. Usant de toutes les techniques scéniques mises au point par les rockers américains, Johnny mène le public vers un offertoire, qui est aussi une communion : événement à chaque fois unique, et pourtant renouvelable, pour autant que l'artiste aille jusqu'au bout de lui-même. L'authenticité de Johnny sur scène tient précisément en ce qu'il opère ce passage au-delà des apparences. Officiant, il devient la victime offerte aux rêves des foules : « Je suis seul... il n'y a personne qui m'aime... », clame-t-il, prostré et à bout de souffle ; « Si Johnny, on t'aime », répond l'assistance. Suit alors la consommation (symbolique) : chemise, tricot... Ce qui est ainsi jeté en pâture au public n'est que pâle reflet. Comment pourrait-il en être autrement ? La projection narcissique de la solitude du dieu-prêtre n'est pas pain vivant. Et les fidèles, à la sortie du temple, repartent peut-être transis de rythme, mais sages. Celui qui, sur scène, apparaît comme habité par le démon de la violence, n'est à la ville qu'un gentil garçon. « Le phénomène social Hallyday ne s'est développé ni en marge ni contre cette société, mais avec l'accord tacite de millions d'individus » (Y. Salgues).
Balançant en permanence entre le rock et les variétés, entre la solitude désenchantée et les certitudes de l'amour, Johnny poursuit sa route et ses rêves, pavés de millions et d'une désarmante bonne volonté.

FRANÇOISE HARDY

Paris, 1944. Auteur-compositeur-interprète. Inscrite à la faculté de lettres pour préparer une licence d'allemand, elle enregistre à 18 ans son premier 45 tours *(Tous les garçons et les filles).* Daniel Filipacchi la fait passer en juillet 1962 dans l'émission « Salut les copains », et les téléspectateurs la découvrent en

novembre en guettant les résultats du référendum. Grand prix de l'académie Charles-Cros en 1963, Françoise Hardy passe à l'Olympia et prend la tête des hit-parades européens.
De 1962 à aujourd'hui, son personnage n'a guère varié. On peut seulement remarquer un passage de l'adolescente mal-aimée (qu'on imagine trop grande pour son âge, avec peut-être des traces d'acné) au mannequin rêveur et hiératique d'aujourd'hui. Cette évolution est soulignée par trois styles de chansons : une première vague signée presque exclusivement Françoise Hardy qui raconte des flirts d'adolescence sur des rythmes de rock lent et de twist *(J'suis d'accord)*; une deuxième vague dite « poétique » en forme de ballades signées le plus souvent par d'autres et qui lui permettent de se maintenir à l'écart des flux et reflux de la mode *(l'Amitié,* G. Bourgeois-J.-M. Rivière ; *Des ronds dans l'eau,* P. Barouh-F. Lai ; *Ma jeunesse fout l'camp,* G. Bontempelli ; *Comment te dire adieu,* S. Gainsbourg) ; et une troisième vague basée surtout sur la recherche du climat, sur la mise en valeur de cette couleur « blue » que Françoise Hardy est la seule à apporter à la chanson. Ce tournant intelligent est pris par Michel Berger qui la produit en 1973 *(Message personnel,* M. Berger), accrochant à cette Ophélie de savantes brumes musicales. Le second magicien sera Michel Jonasz *(J'écoute la musique saoule,* M. Jonasz-G. Yared) qui, avec Gabriel Yared, compositeur et arrangeur, créera ce climat propice « aux abandons du soir dans le bar du grand hôtel » (L. Nicolas).

LOULOU HÉGOBURU

Bordeaux, 1898-Paris, 1947. Interprète. Après avoir débuté en 1920 au Concert Mayol, passe Chez Fysher, où elle détaille pour la clientèle aisée de ce cabaret les succès du jour ou plus anciens : *le Voyage à Robinson, Ay ay ay.* Sa chance sera de créer le rôle principal de *No no Nanette* (1926) : malgré sa taille menue, sa voix un peu enrouée, elle parvient à tenir la scène et à imposer son personnage de petite fille fantaisiste. Elle continuera désormais dans l'opérette (*l'Eau à la bouche,* 1928), interprétant vaille que vaille les filles de 16 ans, alors même qu'elle était quadragénaire *(Ma petite amie,* 1937).

JACQUES HÉLIAN

Paris, 1912. Chef d'orchestre. Étudiant à l'École dentaire, il joue dans l'orchestre de Roland Dorsay avant de monter sa propre formation. Fait prisonnier pendant la guerre, il prépare

sa rentrée en 1944 avec *Fleur de Paris* (M. Vandair-H. Bourtayre). Il se produit deux ans au Magellan et, après la Libération, prend la succession de Fred Adison, de Jo Bouillon, de Raymond Legrand sur les ondes (« Musique en tête », 1951). Il introduit dans l'orchestre à sketches un chœur féminin : les trois « Hélianes » (Claude Evelyne, Suzanne Day, Rita Castel), puis un chanteur de charme dont la voix est très remarquée : Jean Marco, d'origine grecque, qui se tue dans un accident de voiture en 1953.
Deuxième millionnaire du disque en France (après Tino Rossi), Jacques Hélian connaît une très grande popularité jusqu'en 1956 en reprenant tous les succès ; Prix du disque en 1949, sa formation est la dernière du genre « orchestre à sketches » répandu en Europe dans les années 30.

JOHNNY HESS

Engelberg (Suisse), 1915. Auteur-compositeur-interprète. Johnny, 19 ans, rencontre Charles, 17 ans, au College Inn : c'est le coup de foudre ! Vestes rouges et pantalons blancs, les collégiens swing commencent par rater leurs débuts au Palace, en 1933, où ils passent inaperçus. Jean Sablon crée *Vous qui passez sans me voir :* ce succès les lance. Le cabaret le Fiacre, l'A.B.C., l'Européen, l'Alhambra les accueillent. Puis Charles est appelé au service militaire ; à son retour, il décide de voler de ses propres ailes. *Exit* Charles et Johnny. Johnny Hess se consacre alors à la direction d'un cabaret de Montparnasse, le Jimmy's, où débute Henri Salvador. Resté fidèle au rythme, il bénéficie de la vogue du swing, qui relance sa carrière, puis, sous l'Occupation, de la mode zazou, inoffensive réaction de la jeunesse bourgeoise à l'ordre vichyssois. De cette période datent *J'ai sauté la barrière* (— M. Vandair, 1938), *Je suis swing* (— A. Hornez, 1938), *le Clocher de mon cœur* (— M. Vandair, 1940), et *Ils sont zazous* (— M. Martelier, 1943). A la Libération, le be-bop supplante le swing, et la carrière de Johnny Hess n'y résista pas.

MARC HEYRAL

[Marc Herschkovitch] Levallois-Perret, 1920. Compositeur. Issu d'une famille d'ouvriers, il écrit ses premières chansons à la Libération avec Eddy Marnay pour Renée Lebas. Pianiste du Quod Libet, il compose pour Yves Montand : *Mon pot' le gitan* (— J. Verrières), *la Marie Vison* (— R. Varney) seront ses deux plus grands succès. Il écrit également pour Édith Piaf *(le Noël de la rue,* —H. Contet), pour Aznavour, Francis Lemarque, Danielle Darrieux et Jean-Claude Pascal.

PIERRE HIÉGEL

Paris, 1913-1980. Homme de radio. Le discothécaire de Radio-Paris devient peu à peu le présentateur le plus écouté de France ; on l'embauche même sur Luxembourg et Monte-Carlo. Directeur artistique chez Pathé-Marconi, il a découvert et imposé des chanteurs de tous les styles, de Mathé Althéry à John William en passant par Barbara, à une époque où, pourtant, on ne mélangeait pas la chansonnette et la grande musique.

JACQUES HIGELIN

Brou-sur-Chantereine (Seine-et-Marne), 1940. Auteur-compositeur-interprète. Après de multiples apprentissages et expériences dans tous les domaines du spectacle (cinéma, théâtre, café-théâtre), il finit par s'orienter vers la chanson. Après une phase Canetti (disque *12 chansons d'avant le déluge),* il devient vers 1968 l'un des piliers de l'équipe Saravah et travaille, avec Brigitte Fontaine et Areski, à recréer la chanson française. De cette période underground, marquée par un foisonnement de tentatives de tous ordres, il faut retenir une volonté de quitter les sentiers battus de la chanson traditionnelle, une contestation permanente des valeurs établies, et quelques pépites que l'on découvre au hasard des sillons *(Cet enfant que je t'avais fait,* —B. Fontaine ; *Remember,* —Areski ; *Je suis mort... qui dit mieux ?).* Mais aussi un sentiment diffus d'inaccomplissement, comme un regret face à tant d'inventivité dispersée. Après avoir disparu pendant deux ans, il effectue un virage inattendu et, en février 1975, fait paraître un disque 100 % rock, *BBH 75,* qui renouvelle et élargit considérablement son public tout en modifiant radicalement son image. Cette conversion à l'électricité et au rock le moins policé qui soit, le hard rock façon Detroit, s'accompagne d'une appropriation de l'univers banlieusard, mélange détonant d'inventivité verbale à base de franglais et d'argot parisien, et de dérision envers une société glissant doucement vers la barbarie normalisée. Avec sa gueule de décavé, sa voix gouailleuse, et un étonnant sens du show — au cours duquel il déploie un jeu narcissique de grand style, dont il possède l'art au plus haut point —, il règne sur le rock français, figure charismatique dont la carrière sert d'exemple à ses commensaux. Ses tournées en province, ses récitals parisiens (de la Pizza du Marais, 1975, au Pavillon de Baltard, Nogent, 1979), ses chansons *(Paris New York, New York Paris,* — S. Boissezon ; *Alertez les bébés, Banlieue boogie blues)* sont autant d'événements qui polarisent l'attention de milliers de jeunes. Mais, alors que le pli de l'habitude commençait à se former, Higelin, plus « loup solitaire » que jamais, reprend sa marche à l'étoile. Dans ses deux disques *Champagne pour tout le monde... Caviar pour les autres* (1979), il renoue avec un art théâtralisé qui lui permet, dans le droit-fil de sa période acoustique, de mettre en place sa mythologie personnelle faite de démesure contrôlée, d'accès de tendresse rauque et de miroirs tendus aux multiples facettes d'une personnalité qui n'en finit pas de se trouver. Jacques Higelin, ou la seule star de la chanson française.

JOËL HOLMÈS

[Joël Corvigaru] Tighina (Roumanie), 1928. Auteur-compositeur-interprète. Parents tailleurs, venus en France en 1934 et déportés en 1942. Électricien, Joël Holmès travaille en usine. Puis il apprend le théâtre au cours Jean-Louis Barrault et la chanson chez Mireille *(la Pierre,* — J.-M. Rivière), remporte les « Numéros 1 de demain » (1958). Prix Charles-Cros 1962, le style d'écriture classique et raffiné de *A tout choisir* est sans défense devant l'assaut du yé-yé. Manquant peut-être de combativité, Joël Holmès doit à regret transférer ailleurs que dans la chanson une veine créatrice attachante *(Jean-Marie de Pantin,* — M. Fanon).

L'HORLOGE

Café-concert, avenue des Champs-Élysées, Paris. Agrandi par Mme Picolo (mère de la chanteuse Théo) qui y fit passer des artistes dès 1867, l'Horloge ne devint café-concert qu'en 1870 environ sous la direction d'un Viennois, Stein. On y entendit Bourgès, Libert et Marie Lafourcade. Stein avait pris soin d'organiser la « claque », si bien que ses artistes eurent toujours du succès. L'apogée de l'Horloge se situe en 1891, date à laquelle Mme Vve Stein engagea Yvette Guilbert. Celle-ci « fit traverser au tout-Paris les Champs-Élysées ». Persuadé de faire alors une bonne affaire, un certain De Basta acheta l'Horloge, Yvette Guilbert quitta aussitôt les lieux pour aller chanter aux Ambassadeurs et le tout-Paris « retraversa » les Champs-Élysées avec elle, mais dans l'autre sens... De Basta revendit alors l'Horloge à Joseph Oller. Pour reconquérir la clientèle, celui-ci fit des transformations. L'Horloge devint le Jardin de Paris, endroit cher, fréquenté par les snobs, où le spectacle était en trois parties : des « petites femmes inconnues », puis Max Dearly (dans *l'Anglais obstiné*) enfin le quadrille du Moulin Rouge. On fréquentait le Jardin de Paris jusqu'au Grand Prix, date à laquelle on se disait adieu jusqu'à la rentrée. Les soirées en 1900 y furent très habillées, les messieurs venaient en haut-de-forme. Le Jardin de Paris ferma ses portes en 1914.

ANDRÉ HORNEZ

Lens, 1905. Auteur. D'abord destiné à l'architecture, se met à écrire à Lille les livrets des revues de Saint-Granier dont il est le secrétaire, et à Hollywood les scénarii des films de la firme Paramount. Ses premières chansons sont pour Maurice Chevalier. Il commence ainsi une impressionnante carrière d'auteur : textes pour le cinéma *(Quai des orfèvres) ;* livrets d'opérettes *(Baratin,* —H. Betti ; *la Petite Chocolatière,* —P. Misraki) ; chansons enfin. Pour celles-ci, il fait preuve d'une étonnante faculté d'adaptation : au goût de l'époque d'abord, depuis l'humour absurde d'avant-guerre *(Ça vaut mieux que d'attraper la scarlatine,* —P. Misraki, 1936) jusqu'à l' « exotisme » de la Libération *(Maria de Bahia,* — P. Misraki, 1945) ; au genre de l'interprète ensuite, depuis Tino Rossi *(Tant qu'il y aura des étoiles,* —V. Scotto, 1936) jusqu'à Yves Montand *(Du soleil plein la tête,* —H. Crolla) sans oublier la chanson enfantine *(Vive jeudi,* —M. Emer). Auteur d'un succès international *(C'est si bon,* —M. Betti, 1947), André Hornez est aussi l'inventeur d'un mot qui aura une fortune inattendue sous l'Occupation :

Zazou zazou zazou zé *(Je suis swing,* —J. Hess, 1938).

L'HYMNE A L'AMOUR

Chanson, par. Édith Piaf, mus. Marguerite Monnot (1949). Très atteinte par la perte de Marcel Cerdan, mort accidentellement en avion le 28 octobre 1949 alors qu'il venait la rejoindre, Édith Piaf n'eut de cesse qu'elle n'eût composé une chanson pour lui. Aidée, dit-on, par sa demi-sœur « Momone », elle écrit :

Peu importe, si tu m'aimes,
car moi je mourrai aussi...

Cette chanson allait remporter un grand succès lors du récital unique, salle Pleyel, en janvier 1950, où Édith Piaf la créa, et demeure un modèle de structure mélodique grâce à l'inspiration quasi wagnérienne de Marguerite Monnot.

ICI L'ON PÊCHE

Chanson, par. et mus. Jean Tranchant (1933). Créée par Germaine Sablon, interprétée par Jean Sablon et l'auteur. Mêlant goût retrouvé de la nature et épicurisme, cette célèbre romance évoque un tableau de Manet ou le film de Jean Renoir *Une partie de campagne.* Qui ne s'est laissé charmer par les attraits de ce lieu géométrique du bonheur, l'auberge au bord de l'eau pour amoureux ?

> La patronne est une amoureuse
> le patron est un amoureux
> le vin est bon l'auberge heureuse
> et les repas sont plantureux.

L'élégance d'écriture de l'auteur, le zeste de modernité qu'introduit l'accompagnement jazz de Django Reinhardt et Stéphane Grappelly rendent sensible la différence avec les chansons de veine populaire écrites sur le même thème *(le Petit Vin blanc) :* ce n'était certes pas la même auberge ni le même monde.

L'IDOLE DES JEUNES

Chanson, par. Ralph Bernet, mus. Jack Lewis (1963). La solitude de l'idole, son mal de vivre, sa vie double... Héritière abâtardie de la tradition romantique, la mythologie du héros a abondamment servi entre 1930 et 1950, à l'apogée du star-system. A l'époque du yé-yé, elle appelait une toilette : pour concilier le double caractère de « copain » et d'« idole » de Johnny, il était nécessaire de réduire l'écart entre ces deux termes. D'où la dénaturation du second, et une certaine prosaïsation du thème. A ce prix, cette « confession d'un copain du siècle » pouvait « opérer ». En 1967, Johnny Hallyday, plus idole que jamais, réattaque avec *Je suis seul* (G. Aber-B.E. King) : la solitude du héros a donc encore gagné en profondeur, et, signe des temps, le blues remplace le slow. Mais le processus identification-projection continue à fonctionner avec, semble-t-il, autant d'efficacité que par le passé.

IGNACE

Chanson, par. Roger Dumas, mus. Jean Manse (1935). Tirée de l'opérette puis du film *Ignace*, et interprétée par Fernandel. On aurait pu prendre *Barnabé*, *On m'appelle Simplet*, ou *Hector* : on y retrouve les mêmes auteurs, ou presque (Oberfeld pour la musique d'*Hector*), la même gratuité du thème — autour d'un prénom, quelques effets verbaux —, un motif musical, simple, jouant la même fonction :

> Ignace, Ignace
> c'est un petit petit nom charmant
> Ignace, Ignace
> qui me vient tout droit de mes parents.

Chanson idiote ? Certes. Et conçue comme telle : c'est ce qu'on appelle une scie. Enfin, n'ayons garde d'oublier les mimiques, ô combien efficaces, de Fernandel : elles ne sont pas pour peu dans le succès passager de ces rengaines.

FRANÇOIS IMBERT et FRANÇOISE MOREAU

Châteauroux, 1947, et Poitiers, 1942. Duo d'auteurs-compositeurs-interprètes. Par leur musique folk mâtinée de rock et leurs paroles en prise directe sur le monde des rapports enfants-adultes, ces « nouveaux parents » contribuent à tirer le disque pour enfants de l'état d'infantilisation dans lequel il était maintenu (*Qu'est-ce qu'on fait aujourd'hui ?*, 1976).

INCH' ALLAH

Chanson, par. et mus. Salvatore Adamo (1966). Parue au moment où la crise du Moyen-Orient s'exacerbait, elle connut un succès qui n'est pas étranger à la prise de position politique. Elle a attiré à elle les auditeurs qui, comme Adamo, préféraient admirer les « 6 millions d'hommes qui ont fait pousser 6 millions d'arbres ». A cet égard, le fait qu'il n'y eut pas de pendant proarabe ou propalestinien est significatif du climat de conformisme dans lequel baigne toujours la chanson de grande diffusion. Grand succès à Jérusalem, elle a suscité, en France, quelques controverses dans les salles de music-hall. Au demeurant, c'est, esthétiquement parlant, une réussite.

L'INTERNATIONALE

Chanson, par. Eugène Pottier, 1871, mus. Pierre Degeyter, 1888. Écrite en juin 1871 alors que Pottier, caché, voyait la ville livrée aux forces de la répression, elle témoigne de la foi, raisonnée, mais inébranlable, de l'ancien élu de la Commune dans la cause de la classe ouvrière. D'abord inconnue, même des proches du poète, elle fut publiée pour la première fois dans le recueil *Chants révolutionnaires* (1887). Tombée entre les mains du guesdiste G. Delory, futur maire de Lille, elle est recommandée à Pierre Degeyter, un des animateurs de la chorale socialiste la Lyre des travailleurs, qui met le poème en musique (1888). Adopté par la chorale, il est propagé par les militants de la Fédération lilloise du parti ouvrier français, notamment lors de son Congrès de Lille (1896). Mais ce n'est qu'au Congrès de Japy (1899) que *l'Internationale* devient l'hymne du mouvement ouvrier français, et supplante définitivement *la Marseillaise* et *la Carmagnole.* Son essor international date du Congrès de la IIe Internationale tenu à Stuttgart (1910). Ayant reçu le baptême du feu lors des grandes luttes ouvrières du début du siècle (révolte du *Potemkine*, 1905 ; mutinerie du 17e de ligne, 1907 ; révolution d'Octobre 1917 ; mutineries de la mer Noire, 1919), il s'est définitivement imposé comme le chant par excellence du mouvement socialiste mondial.

Comment expliquer cette extraordinaire destinée ? Nul doute que la musique entraînante, parfaitement conforme aux fonctions d'un chant de combat, n'ait joué un rôle dans son adoption (signalons à ce propos que, selon certains, Pottier aurait écrit son texte pour le faire chanter sur l'air de *la Marseillaise).* Cependant, ce sont les paroles de Pottier qui ont assuré sa pérennité. En elles sont inscrites les principales lignes de force idéologiques transmises par les Communards à l'ensemble du mouvement ouvrier : strates babouvistes (« le monde va changer de base », « égaux pas de devoirs sans droits »), saint-simoniennes (« si les corbeaux, les vautours, un de ces matins disparaissent, le soleil brillera toujours »), thèses de l'Adresse inaugurale de l'Internationale et du *Manifeste* de 1848 (« producteurs sauvons-nous nous-mêmes »), thèmes de combat de la Commune (« l'oisif ira loger ailleurs », tout le cinquième couplet, celui des généraux). Cette richesse de substance permit à toutes les tendances révolutionnaires d'y trouver leur dû. « Elle couronne leurs controverses, leurs luttes intestines, tout autant que leurs grandes batailles communes» (M. Dommanget). Traduite en toutes les langues (en russe, dès 1902, par A. Kotz), *l'Internationale* prend parfois d'étranges consonances. Mais, sous ses différents visages, elle reste liée au communisme, beaucoup plus d'ailleurs qu'au communard Pottier, son auteur, qu'elle rejeta injustement dans l'ombre.

ÉMILE et VINCENT ISOLA

Blida, 1860-Paris, 1945, et Blida, 1862-Paris, 1947. Directeurs de théâtres. Après avoir quitté l'Algérie pour Marseille puis Paris, ils s'initient à la prestidigitation et débutent sur scène en 1882. Ils finissent par acquérir une certaine notoriété, et s'installent au théâtre des Capucines. En 1887, ils achètent Parisiana et abandonnent la prestidigitation pour la direction de salle : une astuce typographique dans la présentation de l'affiche, faisant croire que la direction était assurée par Paulus, assure la relance de l'établissement. On les verra alors acheter et diriger successivement l'Olympia (1898), les Folies-Bergère (1901), la Gaîté-Lyrique (1903), l'Opéra-Comique (1913-1925), les théâtres Mogador (1926-1936) et Sarah-Bernhardt (1926-1934). Ce dernier est un gouffre financier et les mène à la faillite : ils sont obligés de reprendre leur métier d'illusionnistes pour assurer leurs vieux jours. Grands directeurs amoureux du travail bien fait, ils s'entendaient parfaitement. Ils se firent un devoir de maintenir dans chacun des établissements qu'ils dirigèrent l'esprit qui lui était propre, quitte à renouveler certaines formes : ainsi imposèrent-ils la revue à grand spectacle aux Folies-Bergère, qui n'ont pas cessé depuis lors de donner ce genre de spectacle. Léon Volterra, Jacques-Charles et d'autres personnages moins illustres leur doivent leurs premiers emplois.

J'AI QUITTÉ MON PAYS

Chanson, par. et mus. Enrico Macias (1963). Exemple typique de produit d'une mode et d'un moment politique. Le texte ne fait pas de référence explicite à l'Algérie qui vient d'acquérir son indépendance, mais la publicité, la biographie de l'auteur (qu'on présente comme le « Pied-noir de la chanson ») font savoir à tous qu'il s'agit d'un rapatrié qui pleure sa « patrie », et la proximité de l'événement fit beaucoup pour le succès du morceau. Les thèmes du texte eurent l'approbation immédiate du public : ils étaient en effet d'un conformisme indéniable (amour du pays natal, fidélité, et aussi attrait de l'exotisme). La chanson lança donc un chanteur (Macias), un genre (la chanson pied-noir), en même temps qu'elle entamait un marché vierge et productif, celui des rapatriés : politique, mouvement de population et gros sous convergeaient, une fois de plus, pour le bien de tous...

JACQUES-CHARLES

[Jacques Charles] Paris, 1882-1971. Auteur-revuiste et directeur de music-hall. Né de parents commerçants, il s'est très tôt intéressé au monde du spectacle : après avoir débuté dans le journalisme mondain, il fait ses premières armes en devenant un des « nègres » du revuiste Paul-Louis Flers, puis en assistant les frères Isola dans la direction des Folies-Bergère. En 1910, il devient directeur de l'Olympia, et le restera jusqu'à la déclaration de guerre. Les spectacles qu'il y monte attirent l'attention sur lui, malgré leur relatif insuccès financier. De retour du front, il reprend du service au Casino de Paris, puis au Moulin Rouge, et à nouveau au Casino, comme auteur et producteur de revues. C'est notamment lui qui décida Gaby

Deslys à quitter Londres et à conduire la revue *Laissez-les tomber*, c'est lui qui engagea la *Revue nègre*, permettant ainsi à Paris de découvrir Joséphine Baker. Auteur d'une centaine de revues, il donnait cependant la priorité aux exigences de la production : pour lui l'expression « revue à grand spectacle » devait être prise au pied de la lettre. Citons *Ça c'est Paris* avec Mistinguett, *Avec le sourire* avec Maurice Chevalier. Il introduisit le nu au music-hall et le regretta, mais beaucoup plus tard. Sa carrière de producteur le mena en Amérique du Sud, aux États-Unis, à Londres, et même, à la veille de la guerre, à San Remo. Membre de l'équipe Willemetz-Yvain-Saint-Granier, il signa, en tant que parolier, quelques-uns des succès de Mistinguett : *Mon homme, En douce, la Java, Ça c'est Paris.* Depuis la fin de la dernière guerre, Jacques-Charles s'est attaché à faire connaître « l'âge d'or du music-hall » en consignant ses souvenirs personnels dans de nombreux ouvrages : *Cent ans de music-hall* (1956), *la Revue de ma vie* (1958), *le Caf'Conc'* (1966), etc., ou en les égrenant sur les ondes : émission télévisée « Du caf'conc' au music-hall » (1960-1964), émissions radio.

JARDIN DE PARIS

→ L'Horloge.

MAURICE JAUBERT

Nice, 1900-Azerailles (Meurthe-et-Moselle), 1940. Compositeur. Dans sa quête d'une musique réellement populaire et en même temps profondément novatrice, ce « classique » a souvent rencontré la chanson : harmonisations de pièces du folklore, « chants de métiers » composés sur des textes de Jean Giono *(l'Eau vive,* 1938), musique de scène (la célèbre *Chanson de Tessa,* 1934, pour la pièce de Giraudoux) et surtout musique de films. La chanson du camelot de *l'Atalante* (Jean Vigo, 1934), la complainte interprétée par Agnès Capri dans *Drôle de drame* (M. Carné, 1937), enfin, la valse *A Paris dans chaque faubourg* (dans *Quatorze juillet,* de René Clair, 1932) restent des modèles pour les genres qu'elles illustrent.

ZIZI JEANMAIRE

[Renée Jeanmaire] Paris, 1924. Interprète. Rat de l'Opéra, puis danseuse dans la Compagnie Roland-Petit, elle chante pour la première fois sur scène, dans le ballet *la Croqueuse de diamants,* une chanson de même titre (R. Queneau-J.-M. Damase, R. Petit, 1950). Cela la décide à entamer une carrière de music-hall. Pour ses chansons, elle fait appel à un inconnu, Guy Béart *(Il y a plus d'un an, Je suis la femme)* et se produit à l'Alhambra. Elle poursuit sa carrière en alternant productions sur scène (Olympia, 1968, Bobino, 1977) et à l'écran, interprétant toujours Guy Béart, mais aussi Jean Ferrat et Bernard Dimey, qui lui écrit son grand succès *Mon truc en plumes* (B. Dimey-J. Constantin, 1957). Chanson fétiche, celle-ci est aussi le morceau de bravoure de son show et en définit assez bien l'esprit : un mélange de gouaille et de « chic » parisiens, harmonisé à une certaine tradition du music-hall. Lors de la reprise par Roland Petit du Casino de Paris (1970), elle put enfin réaliser son rêve, mener une revue.

JE CHERCHE APRÈS TITINE

Chanson, par. M. Bertal, B. Maubon, Henri Lemonnier, mus. Léo Daniderff (1917). Léo Daniderff était l'ami de Gaby Montbreuse, et c'est pour elle que fut composée cette rengaine :

Je cherche après Titine
Titine oh ma Titine

Ce fut un succès, certes, mais sans plus. Nous étions à la veille de l'entrée en guerre des États-Unis. Alors que les poilus avaient adopté *Quand Madelon*, les sammies ramenèrent chez eux *Titine*, démontrant, une nouvelle fois, qu'il n'est pas de guerre victorieuse sans chanson, celle-ci étant elle-même révélatrice du « moral des troupes » qui l'adoptent. La vogue aux États-Unis en fut telle que Chaplin dut l'insérer dans son film *les Temps modernes*. Léo Daniderff, à la poursuite de cette poule aux œufs d'or, récidiva avec *J'ai retrouvé Titine* (Bertal, Maubon, Ronn, 1926). Par la suite, elle devint, en quelque manière, un symbole des années 20 : Jacques Brel reprit son thème, accolé à celui du burlesque de Charlot, dans sa chanson *Titine*.

JE HAIS LES DIMANCHES

Chanson, par. Charles Aznavour, mus. Florence Véran (1950). Présentée d'abord à Piaf qui l'avait refusée, cette chanson servit Juliette Gréco qui obtint par son intermédiaire le prix d'interprétation au concours de la chanson de Deauville (1950) et le prix de la SACEM. *Je hais les dimanches*, comme son titre l'indique, est une chanson peu conventionnelle, en harmonie avec l'air du temps, en ces années de vogue « existentielle » et de mal de vivre. Mal de vivre que semble partager son auteur, Charles Aznavour, qui y parle des « honnêtes gens » en des termes proches de ceux de Georges Brassens :

Et qui vont à l'église
parce que c'est la coutume
et qui changent de chemise
et mettent un beau costume.

JE M'VOYAIS DÉJÀ

Chanson, par. et mus. Charles Aznavour (1961). Charles Aznavour décrit dans cette chanson un artiste du genre de ceux qu'il a connus étant enfant : « Tous ces acteurs au talent arrêté dans la gorge, remisé dans le cœur, enfoncé dans les souvenirs... »

J'étais le plus grand
des grands fantaisistes

fait allusion à la première vocation d'Aznavour, au temps de son duo avec Pierre Roche, quand il chantait *le Feutre taupé.* Pour le reste, *Je m' voyais déjà* est l'histoire de ce qui a failli arriver à Aznavour : être un artiste raté qui attend toute sa vie un succès qui ne vient jamais et qui accuse son public de ne pas l'avoir compris. Écrire et chanter cette chanson lui a servi en quelque sorte à conjurer le mauvais sort. Au demeurant, une de ses meilleures créations.

JE SUIS POUR

Chanson, par. Michel Sardou, mus. Jacques Revaux (1976). En février 1976, l'assassin présumé d'un enfant, Patrick Henry, manque d'être lynché par la foule rassemblée devant le tribunal de Troyes. Dans le même temps, une violente campagne de presse appuyait le courant favorable à la peine capitale pour l'accusé. Michel Sardou se porta au-devant de ce courant d'opinion et s'en fit le chantre :

Tu as tué l'enfant d'un amour
je veux ta mort
je suis pour.

Consensus fondé sur l'appel à la vengeance, à la haine, annihilant tout recours à la raison (significativement, Sardou assimile dans la chanson *philosophes* et *imbéciles) : Je suis pour* exprime, peut-être de manière exacerbée, l'idéologie qui sous-tend toute l'œuvre de Sardou. Et l'intensité de l'interprétation, l'orchestration très rythmée, à base de guitares, percussions et cuivres, servent parfaitement l'intention de l'auteur. La chanson déclencha une importante campagne anti-Sardou, qui obligea ce dernier à abréger une tournée en province. Peut-être avait-il « poussé le bouchon un peu trop loin » (M. Sardou à *Télé-Star).*

JE SUIS SEUL CE SOIR

Chanson, par. R. Noël, J. Casanova, mus. Paul Durand (1942). Créée sous l'Occupation par Léo Marjane, cette chanson eut un énorme succès. Il y avait, à ce moment, 2 millions de prisonniers ; d'un côté comme de l'autre, en France ou dans les stalags, on connaissait par cœur :

Je suis seul ce soir
avec mes rêves.
Je suis seul ce soir
sans ton amour

et on le ressentait, ô combien ! Dans sa version masculine, cette chanson allait être aussi un succès d'André Claveau et un tremplin dans la carrière du compositeur Paul Durand.

LUCIEN JEUNESSE

Paris, 1924. Interprète. Fait ses débuts comme chanteur dans l'orchestre de Ray Ventura *(la Mi-août,* du film *Nous irons à Paris).* Lucien Jeunesse est ensuite jeune premier de revues. Son grand succès du disque : *Je vais revoir ma blonde* (J. Planet-Don George). Il devient producteur et animateur à Radio-Luxembourg (1959), puis à France-Inter.

JOLIE MÔME

Chanson, par. et mus. Léo Ferré (1960). A côté de sa production de combat dont le militantisme voulu nuit à la diffusion, Léo Ferré a toujours eu, cycliquement, de grands succès populaires : *Paris-canaille* (1952), *C'est extra* (1969), etc. *Jolie môme* est de ceux-là. On retrouve la prédilection du compositeur pour le musette, mais surtout son habileté d'écriture qui fait passer sans en avoir l'air un érotisme en avance sur l'époque :

T'as qu'une source au milieu
qu'éclabousse du Bon Dieu
jolie môme...

Signalons, outre celle de l'auteur, l'interprétation de Juliette Gréco.

LES JOLIES COLONIES DE VACANCES

Chanson, par. et mus. Pierre Perret (1966). Satire des institutions du même nom, que l'auteur lui-même a beaucoup fréquentées. Chanson très représentative de Pierre Perret par la « manipulation » du souvenir personnel (il dit « je » et il s'agit d'une lettre à scs parents) et par le procédé musical très efficace, comme ce refrain type de tous les cars d'enfants, soutenu par un chœur de voix éraillées.

MICHEL JONASZ

Drancy, 1947. Auteur-compositeur-interprète. D'ascendance hongroise (ses grands-parents ont été chanteurs d'opérette à Budapest), il forme avec Alain Goldstein le groupe King Set et se fait connaître comme interprète *(Apesanteur*, 1972), tout en approvisionnant en chansons divers interprètes, dont Gérard Lenorman et Alain Souchon. En 1973, il aborde une carrière solo et s'impose peu à peu, d'abord avec des chansons écrites pour lui par Jean-Claude Vannier *(Super nana*, 1974, *les Vacances au bord de la mer*, 1975), ou en collaboration avec Frank Thomas *(Dites-moi*, 1974) et Pierre Grosz *(Changer tout*, 1975). Une chanson, *Du blues du blues du blues*, et un récital au Théâtre de la Ville, en 1977, puis, l'année suivante à l'Olympia marquent son accession au statut de vedette. Succès dans lequel entrent pour une bonne part une voix, une intonation originales, un sens du rythme et un feeling accordés à une sensibilité à fleur de peau. Chanson d'une impudeur totale *(J'veux pas qu'tu t'en ailles)*, à la fois tendre et déchirée :

Y'a des jours où j'éclabousse
tous les gens avec mes larmes
je parle du goût pamplemousse
que j'ai gardé d'une femme
(Golden Gate).

Mais, comme chez les bluesmen, l'humour arrive à se glisser entre les larmes *(La drogue m'a mis la main d'ssus, j'suis foutu)*, bouée de sauvetage dans cet océan d'angoisse et de mal-être. Avec Michel Jonasz, la chanson française s'est découvert plus qu'un mélodiste et un interprète de premier ordre : son premier violon pleureur, unissant dans une même voix et un même sanglot l'esprit du blues et l'âme slave.

JULES JOUY

Paris, 1855-1897. Chansonnier. Ouvrier bijoutier, le succès d'une de ses premières chansons, *Derrière l'omnibus*, créée par Paulus, le décide à se consacrer à cet art. Il écrit de nombreuses pièces pour Thérésa *(la Terre, les Enfants et les Mères)*, pour Yvette Guilbert *(la Soularde)*, et interprète lui-même ses œuvres au Chat Noir dès sa création (1881), puis au Chien Noir, qu'il ouvre avec Delmet et Ferny. Dominique Bonnaud nous le décrit ainsi : « Sa voix était fausse mais sa diction d'une netteté mordante compensait ce petit défaut... Il a toujours tenu à s'accompagner lui-même. Antimusicien au suprême degré, il ne connaissait que deux accords : *do-mi-sol* et *si-ré-sol ;* et il n'arrêtait pas, tandis qu'il interprétait ses œuvres, de les faire "mijoter", si je puis dire, en haut du clavier... »
Puis Jules Jouy se lance, avec ardeur, dans la mêlée politique. Il crée, dans le journal de Jules Vallès, *le Cri du peuple* (1886-1888), puis dans *le Parti ouvrier* (1888-1889), « la chanson au jour le jour ». Il prend une part active à la campagne antiboulangiste (il consacra plus de 70 chansons à ce sujet), et réplique aux *Pious-pious d'Auvergne* d'Antonin Louis, un des hymnes à la gloire du « brav' général », par le féroce *les Boulangistes* (1887). Parmi ses autres chansons d'actualité, il faut citer *la Crise ministérielle* (1886), *la Chanson de la grève*, sur l'air de *C'est ta poire* (1888) et *le Temps des crises*, sur l'air du *Temps des cerises :*

> Vous regretterez le beau temps des crises
> quand pauvres sans pain et riches gavés
> nous serons aux prises.

Mais son plus beau texte reste sans nul doute *la Veuve*, réquisitoire contre la guillotine et souvenir d'une exécution capitale, alors publique, à laquelle il avait assisté. Hanté peut-être par les phantasmes de ces matins blêmes, atteint du délire de persécution, Jules Jouy mourut fou après avoir passé vingt-deux mois en maison de repos.

ANNA JUDIC

[Anna Damiens] Semur-en-Auxois, 1850-Golfe-Juan, 1911. Interprète. A la sortie du conservatoire, joue la comédie. Débute à l'Eldorado à 19 ans : succès immédiat. Incarnant les ingénues perverses, excellente diseuse, elle mit son talent et sa grâce au service de l'art du sous-entendu : « Tout peut se dire… seulement, il y a la manière. » On la surnomma « l'école des mimes ». Bonne comédienne, elle fut enlevée par l'opérette et y fit une brillante carrière. Elle revint une dernière fois à la chanson pour interpréter ses succès *Ne m'chatouillez pas, Piouit,* sur la scène des Folies-Bergère. C'était en 1900.

JULIE LA ROUSSE

Chanson, par. et mus. René-Louis Lafforgue (1957). La musique entraînante (temps de 3/4) et le côté « populo » de ce morceau contribuèrent à lancer Lafforgue qui, malgré son *Poseur de rails,* ne connaissait pas encore le succès. L'auteur la chantera dans un film du même titre, de brève carrière, et ne connaîtra plus, malgré une production de qualité, un tel succès.

PAULINE JULIEN

Trois-Rivière (Canada), 1928. Auteur-interprète. Apprend le métier de comédienne à Québec, Montréal et Paris où elle débute dans la chanson et se produit dans les cabarets rive gauche en interprétant Léo Ferré, Brecht et Boris Vian. Puis elle retourne au Québec où elle s'impose comme grande vedette et lance, avec Gilles Vigneault, la deuxième vague de la chanson québécoise (après Félix Leclerc). Revient en France, notamment en 1966 (Bobino), 1972 (Récamier) puis, à partir de 1974, régulièrement tous les ans, interprétant presque exclusivement des auteurs québécois (Gilles Vigneault, Michel Tremblay, Réjean Ducharme, Raymond Lévesque, Georges Dor…). Puis elle se met à écrire ses propres textes : *l'Ame à la tendresse, l'Étranger, Fille,* etc., tout en revenant parfois à Brecht (tournée française de 1976) ou en chantant Anne Sylvestre *(Une sorcière comme les autres).*
Pauline Julien est surtout une chanteuse de scène et représente le summum de l'art de la dramatisation : chaque chanson est prise à bras-le-corps, torturée, puis restituée, habitée par la flamme de l'interprète. Son tour de chant ressemble toujours à une sorte de combat, et elle a d'ailleurs manifesté une

prédilection pour les chansons à résonances socialistes et nationalistes *(Bozo-les-culottes*, R. Lévesque, *les Gens de mon pays*, G. Vigneault) puis féministes (son spectacle *Femmes de parole*, 1979). Militante du Québec libre, des droits de la femme et de ceux de tous les hommes, Pauline Julien l'est aussi, avec ferveur, de la chanson québécoise.

PATRICK JUVET

Montreux (Suisse), 1950. Auteur-compositeur-interprète. Atteint le grand public en 1972 avec *la Musica* (J.-M. Rivat, F. Thomas-P. Juvet), chanson qui utilisait tous les ingrédients du succès facile : texte insipide, orchestration léchée, voix un peu plate et asexuée. Mais Patrick Juvet valait mieux que ce premier titre qui lui rapporte un grand succès à l'Olympia en 1973. Collabore avec P. Delanoë *(Écoute-moi)* et surtout avec Jean-Michel Jarre (album *Paris by night*, 1977) avec qui il affine son univers musical. Sa voix, placée de plus en plus haut au fil des ans, atteint une certaine originalité et son évolution vers les rythmes disco tend à faire oublier que ses textes ne sont pas toujours absents *(Megalomania). Lady night* (1979), disque dans lequel il chante en anglais, représente peut-être le tournant d'une carrière qui tend de plus en plus à se situer aux États-Unis.

KAM-HILL

[Camille Périer] Paris, 1856-1935. Interprète. Employé aux chemins de fer, puis dans une compagnie d'assurances, il était le frère de Jean Périer, baryton renommé. Il débute dans les salons où il interprète *François-les-bas-bleus, la Pigeonne.* Présenté à Dorfeuil, il se transforme en réplique masculine d'Yvette Guilbert — habit rouge, culotte de cavalier, chapeau claque et gants blancs — pour chanter à la Gaîté-Montparnasse (1890). Belle voix, bonne diction, répertoire et maintien distingués, en somme le type même du chanteur de salon, affectionné par le public des beaux quartiers. Ce qui n'a pu l'empêcher de chanter une œuvre intitulée *Fromage* au domicile des industriels laitiers bien connus, les Gervais : cet incident ainsi que la voie trop populaire à son goût prise par le caf'conc' le conduisirent à quitter la scène et à se lancer dans les affaires. Il s'était signalé à l'attention du public en chantant à cheval, un soir, au Nouveau Cirque.

SERGE KERVAL

Brest, 1939. Compositeur-interprète. Disciple de Jacques Douai, il chante dans les cabarets rive gauche, puis sur les campus et dans les Instituts français à l'étranger des *Complaintes et ballades de France* ainsi que des poètes et chanteurs de différents pays, enregistrant quantité de disques (entre autres *Serge Kerval chante Bob Dylan* qui fut très discuté). Il compose également du néo-folklore sur des textes de Jacques Durand-Desjeux. Travail honnête de collectionneur et de représentant à l'étranger d'une certaine conception de la chanson : « Il ne recrée pas, il représente ; il ne revitalise pas, il reproduit » (L. Nicolas).

RINA KETTY

[Rina Picchetto] Turin (Italie), 1911. Interprète. Enfance italienne. Venue pour retrouver ses tantes à Paris, elle découvre Montmartre. Participe à la Commune libre de ce lieu. De 1934 à 1938, chante au Lapin à Gill les classiques du début du siècle : Delmet, Botrel, Couté. Enregistre chez Pathé des succès italiens *(Rien que mon cœur,* Grand Prix du disque 1938) adaptés en français, notamment par Louis Poterat. La faveur rencontrée par *Sombreros et mantilles* (Chanty-J. Vaissade), par *J'attendrai* (L. Poterat-D. Olivieri, 1938), la fait accéder au vedettariat. Elle passe à l'Alhambra, l'Olympia, l'A.B.C. A la Libération il lui faut reconquérir sa place et le public. Elle y parvient dans une certaine mesure, l'accueil qu'elle reçoit à sa rentrée à l'Alhambra (1945) et lors d'une tournée de cinq mois à travers la France en fait foi. Mais cinq ans, c'est long, plus rien n'est comme avant, et pour le public Rina Ketty (celle de *Sombreros et mantilles)* incarne déjà l'avant-guerre.
Elle a été une des premières chanteuses de charme dans la variante exotique. Tangos, paso doble, rumbas et valses lentes, agrémentés d'une pointe d'accent italien, composaient son répertoire. Lorsqu'elle quitta la France pour un long séjour (1954-1965) au Canada, où elle fit du cabaret, elle laissa sa place à Gloria Lasso, Espagnole, et à Dalida, d'origine italienne comme elle. Rina Ketty a rechanté au Don Camillo (1967) ainsi qu'à l'Alcazar nouvelle formule.

JOSEPH KOSMA

[Jozsef Kosma] Budapest (Hongrie), 1905-Paris, 1969. Compositeur. Boursier de l'Opéra de Berlin en 1929, il abandonne la direction d'orchestre pour suivre le théâtre ambulant de Bertolt Brecht. Il travaille alors avec Hans Eisler et Kurt Weill qui l'influencent profondément. Il vient à Paris en 1933 et devient l'accompagnateur de Lys Gauty. De sa rencontre avec Jacques Prévert vont naître 80 chansons qui, avant de connaître une édition tardive (J. Enoch, 1946), seront adoptées par les Auberges de jeunesse, puis par les groupes de la Résistance. Jusqu'en 1945, elles ne seront chantées en public que dans de petits cabarets (Chez Agnès Capri).
A la Libération, Kosma est l'un des animateurs de Saint-Germain-des-Prés. Après Marianne Oswald et Agnès Capri, qui les ont devancés dans cette voie, les Frères Jacques, Yves Montand, Germaine Montero, Cora Vaucaire mettent du « Pré-

vert-et-Kosma » à leur répertoire. Kosma collabore également avec Desnos *(la Fourmi)* et Queneau *(Si tu t'imagines)*, tous deux chantés par Gréco. Il compose aussi des musiques de films (chanson : *Les enfants qui s'aiment*, extraite des *Portes de la nuit)*, des musiques de théâtre et de ballet, des chœurs, des œuvres instrumentales et des opéras modernes *(les Canuts*, créé à Berlin en 1959, joué à Lyon en 1964).
Joseph Kosma se définit lui-même comme un musicien « engagé » cherchant consciemment à introduire dans la chanson autre chose qu'une idée de divertissement. Il a donc pris parti pour un genre de musique nécessairement destiné à un texte qui se suffit à lui-même, en faisant en sorte que celui-ci ne soit jamais étouffé, jamais faussé non plus par la ritournelle. C'est ce qui explique sans doute un genre de composition très fluide, que l'absence de rimes ou l'irrégularité du vers n'a pas gêné, et que d'aucuns pourraient dire « difficile ». Si l'insertion habile de bribes de refrains populaires à l'intérieur des *Feuilles mortes* a fait chanter cette chanson dans le monde entier, la plus grande partie de l'œuvre de Prévert et Kosma *(Barbara, En sortant de l'école, la Pêche à la baleine*, etc.) n'a connu, peut-on dire, qu'un succès d'estime. Mais ce répertoire est passé aujourd'hui au rang des classiques.

GUY LAFARGE

Périgueux, 1904. Compositeur. Fils d'un industriel et d'une pianiste, il fait le conservatoire de Bordeaux et l'École des travaux publics. Il se spécialise dans l'opérette jusqu'en 1938, date à laquelle il aborde la chanson en composant pour Marie Dubas et Jean Lumière. Après la guerre, il écrit quelques-uns des succès d'André Claveau, de Lucienne Delyle, de Léo Marjane et d'Armand Mestral. Parmi eux *le Petit Rat de l'Opéra*, et surtout *la Seine* (sur un poème de Flavien Monod). Il anime pendant dix ans des émissions de chansons à la radio. Il a écrit également, avec Francis Blanche, l'opérette *la Belle Arabelle* pour les Frères Jacques. Il entre chez Decca comme directeur artistique en 1954.

GILBERT LAFFAILLE

Paris, 1948. Auteur-compositeur-interprète. Dès le premier album (1977), on remarque l'humour oblique et la lucidité caustique de ce chanteur style jeune cadre de gauche *(le Président et l'Éléphant).* Sur des airs de bossa-nova, il raconte à sa manière son enfance bourgeoise *(Neuilly blues)* ou son professorat de français *(Interrogations écrites)* aussi bien que la politique internationale *(Trucs et ficelles).* Révélation du festival de Cazals (1977), il gagne celui de Spa (1979) et passe au Théâtre de la Ville (1979 et 1981), devenant l'exemple le plus cité d'un retour à la chanson à texte (intitulée « nouvelle » chanson française pour la circonstance).

MARIE LAFORÊT

[Maïtena Doumenach] Soulac (Gironde), 1940. Interprète. Pendant une maladie qui interrompt momentanément sa carrière d'actrice, Marie Laforêt réapprend à gratter la guitare de son enfance. Jeanne Moreau, autre actrice de cinéma célèbre, venant de faire un succès du disque, « la fille aux yeux d'or » entre chez Festival et les passages radio sont tout de suite très nombreux *(les Vendanges de l'amour*, M. Jourdan-D. Gérard, 1964). Les titres qui suivent, adaptations de succès étrangers ou chansons originales *(Manchester et Liverpool, Viens sur la montagne, Mon amour mon ami, Ivan, Boris et moi, Que calor la vida*, etc.), lui assurent un impact considérable. Le vedettariat-chanson semble même prendre le pas sur le vedettariat-cinéma. Ce n'est plus sa beauté qui l'emporte (quoique soigneusement mise en valeur sur les pochettes des disques) mais le charme prenant d'une voix très étrange : rauque et cassée dans les graves *(El polo)*, naïve et enfantine dans les aigus *(L'air que tu jouais pour moi)*, nasillarde et sensuelle dans le mezzo *(Viens viens)*. « Chanteuse en conserve », Marie Laforêt finit néanmoins par se produire sur scène (Montréal, 1968, Bruxelles, Olympia et Bobino en 1970). Elle y révèle un personnage envoûté par les rythmes sud-américains. C'est néanmoins par le disque, les chansons de films, les adaptations un peu faciles qu'elle continue de se faire connaître, non sans ménager parfois au détour du sillon quelques (heureuses) surprises *(Cadeau*, F. They-H. Howard, 1974) dont elle peut être l'auteur *(J'ai le cœur gros du temps présent*, M. Laforêt-G. Layani, M. Laforêt, 1979).

RENÉ-LOUIS LAFFORGUE

San Sebastian, 1928-Albi, 1967. Auteur-compositeur-interprète. Réfugié en France après la guerre civile espagnole, il touche à plusieurs métiers avant de faire du théâtre (1948) puis de la chanson (1951) et du cinéma. *Le Poseur de rails* et surtout *Julie la rousse* sont ses premiers grands succès mais, malgré une carrière qui s'étendra encore sur dix ans, il n'atteindra plus jamais l'audience de cette dernière œuvre. Il ouvre aussi un cabaret, l'École buissonnière, que sa femme vendra quelque temps après sa mort. Ses chansons *(A bouche que veux-tu, Monsieur le peintre du dimanche, les Enfants d'Auschwitz*, etc.) oscillent entre un populisme bon enfant et une humanité révoltée par l'injustice.

VALÉRIE LAGRANGE

[Danièle Charaudeau] Paris, 1942. Interprète. Actrice de cinéma, elle se produit sans coup férir en vedette à Bobino en 1965 *(Guérilla*, — S. Gainsbourg, *la Chanson de Tessa*, en duo avec

Jean-Pierre Kalfon). On la revoit dans la comédie musicale de Marc'O, *les Idoles.* Puis, au fil de ses engouements, dans les parages de la musique pop, les festivals de folk-song et enfin dans ceux de rock à partir de 1980.

FRANCIS LAI

Nice, 1932. Compositeur, interprète. Il apprend très tôt l'accordéon, qu'il transforme en instrument de jazz. Accompagnateur de Claude Goaty, il rencontre Bernard Dimey et écrit avec lui pour Jacqueline Danno, Juliette Gréco, Yves Montand, Mouloudji. Sa collaboration avec Pierre Barouh marque une deuxième époque : le succès vient avec leurs chansons des films de Lelouch *(Un homme et une femme).* Sa musique, fondée sur des cadences harmoniques, fait la synthèse d'un certain jazz moderne et de la bossa-nova (influence de Stan Getz), et on la réclame bientôt pour tous les films à succès et les interprètes de charme : Nicole Croisille, Françoise Hardy *(Des ronds dans l'eau,* — P. Barouh), Mireille Mathieu. Francis Lai décide d'interpréter lui-même ses œuvres, d'une voix à la fois présente et discrète. Dans *Paris New York* (1979), son premier album « sans film devant », on se fait son cinéma tout seul grâce aux coloris de son synthétiseur, qui a remplacé l'accordéon.

SERGE LAMA

[Serge Chauvier] Bordeaux, 1943. Auteur-interprète. Sa vocation est influencée par une carrière ratée, celle de son père, artiste lyrique, qu'il décrira dans *le Temps de la rengaine* (— Y. Gilbert), prix Charles-Cros 1968 et premier succès. Il débute en 1964 à l'Écluse où l'on remarque sa force de conviction. Un premier disque sort *(les Ballons rouges),* mais un grave accident de voiture, survenu en 1965, l'immobilise pendant deux ans. Il continue à enregistrer, couché, puis remonte sur scène (Bobino, 1968) au moment où Brel vient de la quitter. C'est alors une course folle de gala en gala, de disque en disque, de succès en succès, comme s'il fallait vivre doublement ces moments gagnés sur la mort. Chaque année, les radios matraquent son ou ses tubes du moment : *C'est toujours comme ça la première fois* (— Y. Gilbert) en 1970, *Superman* (— R.D. Davies) en 1971, *les P'tites Femmes de Pigalle* (— J. Datin) en 1973, *Je suis malade* (— A. Dona) en 1974, etc. Succès qu'il doit en partie aux mélodies, très répétitives, mais construites pour être efficaces, de ses deux principaux compositeurs, Yves Gilbert (spécialiste des montées paroxystiques) et d'Alice Dona (spécialiste du 2/4).

Sa façon de traiter les thèmes qu'il aborde, très « Français moyen », ne l'y préparait pas, mais beaucoup le comparent à Jacques Brel, et lui-même s'y croit tellement que l'on prête à Brel, au fond de ses îles Marquises, le trait suivant : « Dites à Lama de ne plus tousser, j'ai arrêté de fumer »... Et il consacrera un disque au grand disparu *(Lama chante Brel,* 1979), comme pour souligner la filiation.
Mais il n'y a pas de filiation, sinon dans l'esprit du public : Brel parti, Lama avait à sa disposition un « créneau » qu'il détourna lentement, en passant d'une certaine authenticité *(D'aventure en aventure,* —Y. Gilbert, 1968) et d'une certaine poésie *(Une île,* —Y. Gilbert, Rose d'or d'Antibes 1969) à la facilité. Sur scène, il fait surtout montre d'une rage de chanter qui emporte l'adhésion de publics de plus en plus nombreux. Le côté le plus frappant de cette volonté de puissance s'exprime dans son incapacité à se présenter dans ses chansons autrement que comme « le mâle » qui doit gagner sur les hommes et avoir les femmes : problème d'enfance mal digéré comme il apparaît dans la chanson *Mon frère* (—Y. Gilbert) ? En tout cas, le pauvre Brel n'a rien à voir dans cette galerie de Tarzan, Superman et autres Napoléon qui sont, et d'une manière clairement avouée, ses vrais modèles.

ROBERT LAMOUREUX

Paris, 1920. Auteur-interprète. Fantaisiste, comédien, acteur de cinéma ; de père et mère conducteur et receveuse de tramway, le héros de *Papa, maman, la bonne et moi* caractérise parfaitement le Français moyen type des années 50. Ses chansons apportent la même note humoristique et tendre *(Viens à la maison)* que ses monologues.

SIMONE LANGLOIS

Paris, 1936. Interprète. Les conditions de son entrée en chanson (elle chante à 11 ans aux terrasses des cafés, et paraît sur une scène à 14 ans), son registre vocal, font penser à Édith Piaf : pendant dix ans, on essaiera de faire de cette enfant prodige une seconde Piaf, dont elle chante d'ailleurs les succès. Lorsque, devenue majeure, elle s'apercevra de l'erreur, il lui sera difficile de reconvertir personnage, technique d'interprétation et répertoire (où l'on trouve des chansons de Gilbert Bécaud, Jacques Brel, Jacques Debronckart). Elle est notamment passée à Bobino (1965), et a fait une tournée *Tour de France* avec Gilbert Bécaud (1962).

JACQUES LANZMANN

Bois-Colombes, 1927. A la fois et tour à tour journaliste, écrivain *(Cuir de Russie)*, animateur de radio (Europe 1), scénariste et producteur de films, rédacteur en chef du journal *Lui*, Jacques Lanzmann est le double de Jacques Dutronc. Il est difficile de parler de l'un sans l'autre tant leur équipe est soudée. Leurs deux personnages s'inspirent mutuellement. Les textes de leurs chansons irritent souvent, parfois même paraissent idiots : qu'on ne s'y trompe pas, il y a là du grand art. *Les Play-boys, Et moi et moi et moi, Il est cinq heures, Paris s'éveille, l'Aventurier*, etc., sont de précieux gadgets qui apportent un matériel de choix à la sociologie des temps modernes. Jacques Lanzmann est également l'adaptateur de la comédie musicale *Hair*.

LE LAPIN À GILL

Cabaret, rue des Saules, Paris. Située sur la Butte, cette masure partage avec le Chat Noir le privilège d'avoir été un des temples de l'esprit montmartrois ; et pourtant, on n'y venait pas essentiellement pour chanter, mais pour célébrer ce « grand bien d'être ensemble ». Il est vrai que les familiers de la maison sortaient du Bateau-Lavoir ou de la Maison de Mimi Pinson, et avaient nom Toulouse-Lautrec, Max Jacob, Mac Orlan, Picasso, Francis Carco, etc. Le patron, « Frédé » (cf. la chanson du même nom de Michel Vaucaire), interprétait lui-même à la guitare les œuvres de Bruant (qui était propriétaire des lieux). Parfois, cette « magnifique bohème » se trouvait en concurrence avec d'authentiques apaches : le fils du patron en mourut. C'est au Lapin à Gill que Lolo, l'âne du maître, peignit, en se servant de sa queue, le tableau exposé au Salon des Indépendants sous le titre *Soleil couchant sur l'Adriatique* et dont le critique du journal *la Lanterne* détecta la « précoce maîtrise ». C'est également là que naquit en 1920 la Commune libre de Montmartre.

Avant d'être Lapin à Gill, du nom du peintre de l'enseigne représentant un lapin s'échappant d'une casserole, le lieu était connu sous le nom de cabaret des Assassins, rendez-vous de chansonniers.

BOBY LAPOINTE

[Robert Lapointe] Pézenas (Hérault), 1922-1972. Auteur-interprète-compositeur. Monté à Paris en 1951, il écrit des textes qui ne sont pas particulièrement destinés à être mis en musique, tout en exerçant les professions de représentant, d'électricien, d'installateur d'antennes de télévision. En 1956, Bourvil interprète *Aragon et Castille* dans le film *Poisson d'avril :* sans succès. En 1959, Jean-Pierre Suc le pousse sur la scène du cabaret rive gauche le Cheval d'or. L'année suivante, il chante *Framboise* dans le film de Truffaut, *Tirez sur le pianiste*, qui le révèle. Il passe dès lors dans les grandes salles parisiennes, de l'Alhambra à Bobino (souvent en première partie des spectacles de Brassens) tout en continuant à régaler de ses chansons-gags *(le Papa du papa, Ta Katie t'a quitté, le Tube de toilette)* les spectateurs venus le voir et l'entendre au Cheval d'or. L'irremplaçable contribution de Boby Lapointe à la chanson française se situe à deux niveaux. D'abord, l'interprétation : il chantait en tressautant et en scandant le rythme avec ses bras, exécutant « une espèce de branle qui prenait tout le corps, une sorte de moulin à prières, un numéro de derviche tourneur » (G. Béart). Irrésistible ! Ensuite et surtout, le langage. Il était roi du calembour comme d'autres sont rois de la frite : avec le naturel que confère la quotidienneté. Mais ses jeux de mots, son délire verbal, assez proches de ceux de Raymond Queneau, limitèrent son audience à la seule frange intellectuelle du public, comme si, passé une certaine borne, l'écart linguistique était mal reçu. Ce n'est qu'après sa mort que Boby Lapointe commence à être reconnu à sa juste valeur. Philips sort en 1976 un coffret de son œuvre, et une série d'hommages posthumes lui sont rendus par la radio, la TV, le café-théâtre *(Aubade à Lydie* par le groupe « Nous chantons ne vous déplaise », 1977).

CATHERINE LARA

Poissy, 1945. Compositeur-interprète. Premier prix de violon à 13 ans et de musique de chambre à 21, elle fonde le « quatuor Lara » qui accompagne Nougaro en tournée. Poussée par Denise Glaser, elle se met à écrire des chansons avec le parolier Daniel Boublil. Enregistrées par Claude Dejacques, les premières *(Morituri*, 1972, *Marche dans le temps*, 1973) sont façonnées en cathédrales où se promène une voix-instrument dont l'interprétation se limite au sens musical : fortissimo ici, pianissimo là, nuancé ailleurs selon la modulation... Le texte, malgré quelques trouvailles poétiques *(la Craie dans l'encrier)* semble ne pas exister, et Lara n'a donc pas de visage. Elle va cependant s'en chercher un avec acharnement au cours de plusieurs expériences : folk *(le Square des innocents)*, orientales *(Nil)*, variétés-rock *(Jeux de société)*, polyphoniques

(Vaguement). Au cours de ces aventures, les architectures néo-classiques du départ s'écroulent (on peut d'ailleurs le regretter), libérant le tempérament de la chanteuse : « Il faut faire un pont entre mon imagination latine et mon feeling américain. » Elle tente également de trouver son identité à travers ses propres textes *(Toi ma mère,* 1979). Et c'est en 1980 qu'elle peut pleinement rendre compte de ce qu'est Catherine Lara, poussée huit ans auparavant par une publicité tapageuse : une chanteuse d'une affolante vitalité, compositeur d'un rock de grande classe porteur enfin de messages qui n'ont plus rien d'anodin *(la Femme nue,* — É. Roda-Gil).

JACQUES LARUE

[Marcel Ageron] Paris, 1906-Paris, 1961. Auteur. Il est souvent cité comme le plus « classique » des paroliers (son pseudonyme même est révélateur). Son premier grand succès date de 1939 *(Mon village au clair de lune,* — J. Lutèce). Il écrira notamment pour Maurice Chevalier *(Ça sent si bon la France,* — Louiguy), Édith Piaf, Yves Montand, Lucienne Delyle *(le Rififi,* — Philippe-Gérard), Tino Rossi, André Claveau *(Cerisiers roses et pommiers blancs,* — Louiguy), Dalida et Miguel Amador *(Bambino,* — G. Fonciulli). Sa chanson *Venezuela* (— F. Freed) fera une carrière internationale.

GLORIA LASSO

Barcelone, 1928. Interprète. Avant de venir à Paris en 1954, elle avait acquis une certaine notoriété en Espagne. Francis Lopez compose pour elle *le Pauvre Muletier* et *Valse mexicaine.* S'engageant dans la voie ouverte par Rina Ketty, celle de la chanson exotique de charme, elle obtient un succès rapide, net et sans bavures avec *Tu n'as pas très bon caractère, Je t'aimerai, t'aimerai,* devient millionnaire du disque avec *l'Étrangère au paradis,* et prend la tête des hit-parades..., au grand dam des gens sérieux, défenseurs-de-la-chanson-de-qualité, qui n'apprécient guère ces « roucoulades, espagnolades, et autres salades ». Ne mélangeons pas torchons et serviettes, chansons et commerce. Cette élite allait-elle se lancer dans la bataille Gloria Lasso-Dalida, lorsque cette dernière menaça l'hégémonie de la première ? Mais choisir entre l'accent espagnol et l'italien, entre *Bambino* et *Cuando calienta el sol,* entre la bonne dame sympathique et la pin-up, n'était-ce pas choisir entre la peste et le choléra ? Le public, lui, n'en avait cure, qui finit par choisir la nouvelle venue. Gloria Lasso, moins combative et peut-être satisfaite de son œuvre, abandonna le champ de bataille. Pourtant, son retour à l'A.B.C. (1962), où elle essaya de changer de style, en interprétant Gainsbourg *(la Chanson de Prévert)* et Bécaud, et le prix de l'Eurovision 1962, obtenu pour *Un premier amour,* firent espérer, à tort, quelque rebondissement. Elle vit désormais au Mexique, où elle continue sa carrière.

PLUME LATRAVERSE

[Michel Latraverse] Central City (Colorado, États-Unis), 1946. Auteur-compositeur-interprète. Ce Québécois hors série a été découvert en France au Printemps de Bourges en 1979. A Montréal, où il lui arrive de se produire devant 10 000 personnes, après avoir longtemps fait la manche (et la route), il a fini par faire accepter son personnage de grand cow-boy hirsute, tirant, en joual et en dissonance, des pétards sulfureux dans les coulisses de la bonne chanson.
Chanteur-rockeur à la voix taverneuse, auteur de plus de 10 « long-jeux », il promène à travers tous les genres musicaux un sarcasme joyeux et désespéré (il faut entendre *les Pauvres,* sa chanson la plus forte, à ce jour), une trivialité qui jette par-dessus bord bien des valeurs, y compris celles qui ont été le plus chèrement acquises, comme la convivialité québécoise. Plume Latraverse, c'est l'anti-Vigneault, l'après-Charlebois, un chanteur pour pays en crise.

ODETTE LAURE

[Odette Dhommée] Paris, 1917. Interprète. Fait ses débuts à 4 ans au Café des arts tenu par ses parents. Gagnante d'un concours de chant amateur sur le Poste parisien, elle passe en 1945 Chez Suzy Solidor, se fait entendre à la radio dans les émissions de Jean Nohain *(le P'tit Officier de marine),* fait la revue des Capucines en 1949 et un tour de chant à l'A.B.C. *(Moi j'tricote).* Parallèlement au théâtre et à l'opérette, elle se produit en cabaret (Chez Gilles, Liberty, Drap d'Or). Dans les années 50, elle lance le personnage de Marie-Chantal dans *Surprise-party chez Lily* (« Gérard était coincé dans l'ascenseur »...). Ses succès : *le Tango immobile, Ça tourne pas rond dans ma p'tite tête, Allô mon cœur* (reprise par Petula Clark) et *Tout ça parce qu'au bois de Chaville.* Grand Prix du disque 1954. A partir de 1959, elle se consacre au théâtre.

BERNARD LAVILLIERS

Saint-Étienne, 1946. Auteur-compositeur-interprète. Ouvrier, boxeur, comédien (chez Jean Dasté), il fait plusieurs métiers avant de se consacrer à la chanson poétique dans les cabarets de la rive gauche. Un voyage au Brésil marque pour longtemps son univers musical : *Brasil 72, la Samba* (1975), *Fortaleza* (1979), etc., mais il s'intéresse parallèlement au blues *(C.I.A.,* 1975), au rock *(Haute surveillance,* 1976) puis au reggae et à la salsa *(Stand the ghetto, la Salsa,* 1980), se constituant ainsi des références musicales cosmopolites qui participent de son personnage. Ses textes évoluent d'un exotisme politisé *(Brasil 72, San Salvador, la Samba)* vers une politique exotique à ceux pour qui le tiers monde débute aux barrières des périphériques *(les Barbares, Fench vallée, Sœur de la zone).* Chante d'abord dans les MJC, les fêtes politiques (PSU, *Politique hebdo,* etc.). Puis, après un passage aux Blancs-Manteaux (1975), les choses se précipitent : Théâtre de la Ville en 1977, Olympia en 1978, Hippodrome de la porte de Pantin en 1979, Palais des sports en 1980 et, parallèlement à ces passages parisiens, tournées en province sous chapiteau pouvant accueillir 5 000 ou 6 000 personnes... Le public de Bernard Lavilliers, à l'image du personnage et de l'œuvre, est divers : loubards en blouson de cuir, militants de gauche désenchantés ou libertaires, tous attirés par un réel sens politique marqué par des racines ouvrières *(Saint-Étienne, Fench vallée),* par une certaine mythologie de la violence *(Bats-toi)* et surtout par l'expression exaltée de l'espoir critique *(Utopia).*

Marqué pour certains du sceau de la démagogie, jouant trop pour d'autres de son pouvoir charismatique, Lavilliers a su se créer un univers inimitable : sous la musique rythmée, on oublie parfois les textes, d'une écriture exigeante, sous les coups de gueule, on oublie la voix, belle et maîtrisée, et, sous les déchaînements des salles, on oublie aussi le sens de la scène, chose assez rare dans la chanson française d'aujourd'hui. Parvenu, la trentaine passée, en haut de l'affiche, il doit maintenant prouver qu'il a aussi acquis la manière de mener une carrière.

RENÉE LEBAS

Paris, 1917. Interprète. Elle pratique plusieurs métiers avant de remporter un concours de chanson à Radio-Cité. Vedette à l'Étoile en 1946, sa carrière, qui s'étendra sur une quinzaine d'années (Bobino, 1959), sera en définitive entravée par un répertoire souvent trop proche de celui de Piaf. La discrétion, la finesse, le côté « savant » de son jeu, sont une autre limite à la réceptivité de son personnage par le grand public. Outre des chansons de Piaf, elle a chanté Boris Vian, Francis Carco, Robert Marcy. Son principal succès : *Où es-tu, mon amour ?* (H. Lemarchand-E. Stern, 1946).

FÉLIX LECLERC

La Touque (Canada), 1914. Auteur-compositeur-interprète. Après des études à Ottawa, il pratique un nombre invraisemblable de métiers : bûcheron, speaker à la radio, fermier, écrivain... 1950 : Jacques Canetti le fait débuter à Paris. Le fait est important de deux points de vue au moins. Pour la chanson française, c'est un renouveau, un second temps après celui de Trenet : Leclerc annonce Brassens, Brel, d'autres encore, face aux roucoulades de Luis Mariano et de Tino Rossi. Pour la chanson québécoise, c'est une porte ouverte sur un chemin que vont emprunter dix ans plus tard Gilles Vigneault, Pauline Julien, Jean-Pierre Ferland, Claude Léveillée...

Avec *le P'tit Bonheur*, il s'assure auprès du public français une double renommée : celle de poète et celle d'homme simple, rude, proche de la nature. Les années qui vont suivre seront celles du voyage et aussi, dans une certaine mesure, celles de l'oubli. Leclerc fait le va-et-vient entre le Québec et la France, et ceux qui suivent, du coin de l'œil, ses pérégrinations ont comme l'impression qu'il va recharger, dans ce pays sauvage et mythique, ses batteries. Que pourrait-il y faire d'autre, d'ailleurs ? Comme s'il existait, hors de France, un music-hall, des disques, une chanson d'expression française... Bref, cet hexagonocentrisme laisse à penser que Leclerc, puisqu'il n'est pas là, ne fait pas grand-chose. Vient-il nous voir, d'ailleurs, qu'il préfère les cabarets et les maisons de jeunes aux music-halls. Paris le redécouvre en 1964, aux Trois Baudets, puis en 1966 à Bobino, et découvre en même temps qu'il a continué d'écrire, que le temps court et qu'on ne fige pas aussi facilement un auteur et une œuvre autour de deux ou trois titres : il y a certes toujours *Bozo, le P'tit Bonheur, l'Héritage, Moi mes souliers,* mais aussi *le Roi heureux, la Prière bohémienne* et bien d'autres. Créativité qui ne se dément pas avec les années. Quand il ne chante pas en public avec Vigneault et Charlebois (Francofête, 1974), Félix Leclerc continue d'enregistrer des chansons marquantes : *le Tour de l'île* (1975), *la Complainte du phoque en*

Alaska (Michel Rivard), montrant qu'il n'a rien perdu de son talent et affirmant aussi ses positions du côté de l'indépendantisme *(l'Encan*, 1975). Sur scène, il est tout le contraire de ce que laissent supposer ses chansons. Ce « rude bûcheron » semble timide, ce qui n'est pas entièrement inattendu, mais il semble également précieux, gracieux presque : le rapport homme-guitare est une sorte de cour, au contraire de Brassens qui brutalise la sienne. Au sortir, on est un peu déçu, comme si cet homme sous les projecteurs faisait mentir l'idée qu'on en avait, comme si sa place était davantage auprès des feux de camps que sur les planches. Mais cette idée un peu exotique, datant d'une époque où le Québec s'appelait pour nous Canada, Canada français dans le meilleur des cas, est bien révolue. Et Félix Leclerc sait pour sa part que le temps se déroule *(Mon fils*, 1978).

CATHERINE LE FORESTIER

Paris, 1948. Auteur-compositeur-interprète. D'abord duettiste avec son frère Maxime, elle enregistre seule la première (1969). Avec *Au pays de ton corps*, élégie rare du corps masculin, elle remporte le festival de Spa (1971). Succès qu'elle néglige en partant pour le Maroc, d'où elle ne revient qu'en 1980 avec d'étonnants canevas d'improvisation berbères *(Music of Aziza)*. *S.O.S.*, l'année suivante, fait la synthèse avec la chanson.

MAXIME LE FORESTIER

Paris, 1949. Auteur-compositeur-interprète. Né dans une famille de musiciens (une de ses sœurs enseigne le piano au Conservatoire, l'autre, Catherine, chante), il apprend le violon, le piano, la guitare, et commence à se produire avec sa sœur (« Max et Cat Le Forestier ») avant de faire, au début des années 70, une remarquable percée dans le monde de la chanson. Tout d'abord très influencé par Georges Brassens et le folk-song, entre lesquels il opère comme une synthèse *(San Francisco, Ça sert à quoi, Éducation sentimentale*, paroles de J.-P. Kernoa), il va peu à peu élargir son univers musical, collaborant avec Julien Clerc *(Amis*, 1976) ou avec les Québécois Michel Rivard *(l'Enterrement du Père fouettard*, 1978) et François Cousineau *(Ma ville est morte*, 1978), tout en continuant à travailler régulièrement avec ses musiciens de scène, le bassiste Patrice Caratini *(Chanson du jongleur*, 1976) et le guitariste Alain Le Douarin *(le Mot amour*, 1978). A Bobino en 1972 (première partie du spectacle de Brassens), au Théâtre de la Ville en 1974, au Palais des

congrès en 1975, au Cirque d'hiver en 1977, il confirme sa maîtrise de la scène et élargit son public, essentiellement composé d'adolescents.
Ses textes sont d'une écriture précise et raffinée, ses mélodies, populaires et faciles à retenir *(Parachutiste, San Francisco, Comme un arbre,* —Catherine Le Forestier, *Je veux quitter ce monde heureux),* et, sur scène, il donne l'image de celui qui refuse le pouvoir conféré par les projecteurs et la sonorisation, ou transforme les rapports de forces en rapports fraternels. Il parle ainsi à une sensibilité « de gauche », un peu « boy-scout » aux yeux de certains, se délimitant par là même un public qui se trouve aux antipodes de celui d'un Michel Sardou par exemple. Ses positions politiques apparaissent peut-être plus, pourtant, dans sa pratique que dans la lettre de ses textes : il contrôle le prix des places à ses galas, pour les contenir dans une limite raisonnable, se dégage peu à peu des contrats le liant à ses éditeurs pour créer son propre système de diffusion, ou encore tourne en 1977 avec un « kiosque à journaux » où l'on expose et vend, dans le hall de ses concerts, la presse marginale *(Antirouille, l'Écho des casernes, la Gueule ouverte, Sexpol,* etc.), créant ainsi une sorte d'alternative au système du show business.
Artisan de la chanson, considérant « qu'écrire de bonnes chansons peut être un acte révolutionnaire », Le Forestier a opéré en effet une révolution en douceur, s'imposant et imposant du même coup un style. Il a été chanté par Serge Reggiani *(Ballade pour un traître)* et par Joan Baez *(Parachutiste).*

MICHEL LEGRAND

Paris, 1932. Chef d'orchestre, compositeur, interprète. Au Conservatoire de Paris, où il a fait presque toutes les classes de musique en remportant tous les prix, il est l'élève de Nadia Boulanger. Au domicile familial, celui de son père, Raymond Legrand (cf. *la Musique à papa).* Pianiste, chef d'orchestre de jazz et de classique (il dirige entre autres Samson François et Miles Davis), il se met une nuit à l'orchestration de variétés pour « dépanner » son père : il a tôt fait d'y tracer sa voie. Estimant que le chanteur ne doit pas être nécessairement l'élément prépondérant de la chanson, il arrange et compose pour le disque en fonction de ce principe : la voix est un instrument fondu aux autres, et l'orchestre doit prendre une signification plus riche que celle de la traditionnelle musique d'accompagnement décorative ou redondante. Jacqueline Fran-

çois, Henri Salvador, Claude Nougaro vont profiter des trouvailles de Michel Legrand, ainsi que lui-même en tant qu'interprète avec les chansons qu'il compose sur des paroles d'Eddy Marnay *(la Valse des lilas, la Lune)* ou de Jean Dréjac *(Comme elle est longue à mourir ma jeunesse)*.
Michel Legrand, qui a enrichi son « bagage » musical en faisant le tour du monde, garde un pied aux États-Unis où l'on apprécie fort le « new french sound » de « Big Mike ». Il s'est fait connaître du grand public français par les thèmes de certains films qui sont des comédies d'un nouveau style *(les Parapluies de Cherbourg, les Demoiselles de Rochefort)*.

RAYMOND LEGRAND

Paris, 1908-1974. Compositeur-arrangeur, chef d'orchestre, éditeur. Sorti du Conservatoire de Paris, travaille quelques années aux États-Unis avec Paul Whiteman, et devient à son retour « l'arrangeur américain » de l'orchestre Ray Ventura et ses Collégiens. Éditeur de ce dernier, Raymond Legrand diffuse ses succès : le « format » de *Tout va très bien, madame la Marquise* se vend dans toute la France par camions entiers. Tout en faisant des compositions et des arrangements pour les orchestres de Fred Adison, Jo Bouillon, Jacques Hélian, Raymond Legrand monte lui-même son propre orchestre à sketches qui remplace pendant la guerre celui de Ventura. Irène de Trébert *(Mademoiselle Swing)* et Colette Renard en sont les vedettes successives. A la Libération, Raymond Legrand doit cesser ses activités de chef d'orchestre. L'édition du « format » est par ailleurs fortement concurrencée par l'édition du disque. Raymond Legrand entre à la direction artistique de Decca (1948). Accompagnateur de Maurice Chevalier, Fernandel, André Dassary, Georges Guétary, Léo Marjane, Édith Piaf, Colette Renard, Tino Rossi, conseiller musical de Vincent Scotto, Raymond Legrand est en même temps un « théoricien » dont l'enseignement a été profitable à son fils Michel. Et pour compléter le portrait de famille, Christiane Legrand, sa fille, fut le soprano des Swingle Singers.

ESTHER LEKAIN

[Esther Nikel] Nancy, 1870-Nice, 1948. Interprète. Débute à l'Alcazar de Marseille en 1885. Montée à Paris, elle s'impose très rapidement comme la « reine des diseuses » (Y. Guilbert). Lancée par le succès de *la Dernière Gavotte*, créée au Concert parisien, elle devient la coqueluche du public de commerçants qui fréquentait le Parisiana. Elle débutait son tour de chant par *Ça n'vaut pas l'amour,* qui mettait le public en joie. Sa deuxième chanson, *C'est un petit béguin,* le comblait ; elle pouvait alors tout se permettre. Et pourtant, aucune extravagance n'entrait dans son jeu : mince, modestement vêtue, elle détaillait du geste et de la voix, qu'elle avait menue, des textes fort divers. Comment expliquer cette faveur du public de caf'conc', habitué à davantage d'effets ? C'est que précisément sa sobriété, sa sûreté tranchaient sur le style habituel des gommeuses jouant des hanches et de la poitrine plus que de la voix. Et tout cela avec un « sourire tour à tour tendre ou rieur, peu de gestes mais nets, précis, évocateurs » (Jacques-Charles). Sa diction très expressive — elle débitait les mots à l'extrême — lui permettait cette économie. Elle eut une très longue carrière, revenant périodiquement à la scène, à l'Européen, à l'Apollo en 1926, au Palace en 1934. Sa dernière apparition fut pour le gala en hommage à Christiné, en 1946, au Casino de Paris. Héritière d'Yvette Guilbert, elle inspira ou conseilla Damia, Jean Lumière, Tino Rossi.

LÉO LELIÈVRE

Reims, 1872-Paris, 1956. Chansonnier, auteur, revuiste. D'abord garçon coiffeur, il monte à Paris et devient chansonnier, fervent animateur de cabaret : directeur artistique de l'Ane Rouge (1891), président de la Vraie Bohème, association anarchisante, animateur du cabaret de la Bohème (1894) et fondateur du caveau du Cercle. Il compose des chansons inspirées par le quartier Latin, telle *l'Affaire du quartier Latin.* Souvent associé à Briollet, il se spécialise alors dans la fabrication de complaintes aux titres suggestifs, sur le mode de celles de Fualdès. Citons *le Terrible Incendie du bazar de la rue Jean-Goujon,* ou *Caserio Santo ou le crime de Lyon,* à propos de l'assassinat par Caserio du président Carnot :

> Avec un geste cynique
> il prépare son poignard
> puis il frappe sans retard
> le chef de la République.

Sa fécondité (près de 6000 chansons) et son habileté allaient trouver un nouveau champ d'expression dans la revue de music-hall. Ayant fait ses premiers essais en cabaret *(De la Huchette au Luxembourg,* 1894), il débute comme revuiste de Mayol et finit adjoint patenté d'Henri Varna au Casino de Paris : on ne compte plus le nombre de revues montées par lui. Outre ses complaintes et ses chansons du quartier Latin, il écrivit les paroles de quelques grands succès : *la Mattchiche* (1905), chanté par Mayol, *la Boiteuse* (1891), chanté par Fragson, *Si l'on ne s'était pas connu* (1931), chanté par Albert Préjean. Il fut président de la SACEM.

GEORGETTE LEMAIRE

Paris, 1943. Interprète. En 1965, à l'occasion d'un concours organisé à la mémoire d'Édith Piaf par « Télé-dimanche », débute une chaude querelle. Mieux conseillée, Mireille Mathieu l'emporte, malgré l'accent du Midi (mais grâce à Johnny Stark). Georgette Lemaire soigne pourtant la ressemblance : mine chiffonnée, robe noire. Et une sorte de sincérité, que sa rivale n'a pas, lui assure quelque temps les faveurs d'un public amateur de la chanson réaliste (Bobino, 1969). Mais Piaf n'en renaît pas pour autant...

FRANCIS LEMARQUE

[Nathan Korb] Paris, 1917. Auteur-compositeur-interprète. Quitte l'école à 11 ans et fait plusieurs métiers, tout en militant au parti communiste. Touche à la chanson dès 1935 (il crée avec son frère le duo des Frères Marc) puis au théâtre en 1936 (groupe Octobre), jouant devant les ouvriers qui occupent leurs usines. Mais c'est après la guerre qu'il aborde vraiment le métier lorsque Jacques Prévert le présente à Yves Montand (1946) qui, enthousiasmé, l'interprète aussitôt *(Ma douce vallée).* Ce sera le succès, suivi de bien d'autres pour ce mélodiste-né : *A Paris, Marjolaine* (— R. Révil), *Bal petit bal, Mathilda.* Paris sera toujours au centre de son inspiration, jusqu'à l'exalter dans un oratorio écrit avec Georges Coulonges *(Paris populi,* 1977). Contes de fées bon enfant *(la Grenouille, le Petit Cordonnier,* — R. Révil), exaltation de l'amour unique *(Toi, tu n'ressembles à personne),* dénonciation de la guerre *(Quand un soldat),* c'est la chanson populaire telle que la conçut et la pratiqua la génération militante de l'après-guerre, en forme de tableau naïf. Comme interprète, Francis Lemarque ne fait guère que du cabaret (Trois Baudets, 1948) ou des tournées à l'Est. C'est le type même de l'auteur-compositeur gommé par son prestigieux interprète... mais aussi par son propre souci d'indépendance. Il réapparaît en 1974 (Théâtre de la Ville, prix Charles-Cros).

Et en 1980, au Printemps de Bourges, a lieu une émouvante rencontre entre la jeune génération et ce grand créateur de « classiques populaires ».

CLAUDE LEMESLE

Paris, 1945. Auteur, interprète. Après des études de lettres (khâgne), il remporte le Relais de la chanson française (1966) et fréquente le Petit Conservatoire et le Centre américain où il rencontre Joe Dassin. La collaboration est fructueuse, et *l'Été indien* (, P. Delanoë-J. Dassin, 1975) place le nouvel auteur sur orbite : il a écrit pour un grand nombre d'interprètes, notamment Michel Sardou *(Une fille aux yeux clairs,* — M. Sardou-J. Revaux), Carlos *(Senor météo,* , J. Plait-J. Dassin), Serge Reggiani *(le Barbier de Belleville,* — A. Dona), Alice Dona *(Je suis femme et musique,* — A. Dona). Comme interprète, il ne remporte qu'un succès d'estime *(le Petit Lemesle,* 1978), mais, comme auteur tous azimuts, il marche sur les traces de Pierre Delanoë.

JEAN LENOIR

[Jean Neuburger] Paris, 1891-Suresnes, 1976. Auteur et compositeur. Spécialiste de la « romance », il écrivit (paroles et musique) celle qui allait moucher le jazz des années 25 : *Parlez-moi d'amour* qui, interprétée par Lucienne Boyer, remporta en 1930 le premier en date des Grands Prix du disque. On doit également à Jean Lenoir une autre romance qui fut le grand succès d'une autre interprète de talent, Yvonne George : *Pars...* (1924), ainsi que la célèbre valse *Voulez-vous danser grand-mère ?* (1947), reprise en 1979 par Chantal Goya.

GÉRARD LENORMAN

Bénouville (Calvados), 1948. Compositeur-interprète. La gloire, Gérard Lenorman l'a d'abord cherchée dans les bals de la campagne normande, puis à Paris, où il écrit, compose (Brigitte Bardot chante sa *Fille de paille,* paroles de Frank Gérald) et enregistre, sans grand succès. Il accroche ses premiers rayons sur la scène du théâtre de la Porte-Saint-Martin, où il remplace Julien Clerc dans le rôle principal de *Hair* (1970). L'année suivante, il remporte la Rose d'or d'Antibes avec une chanson de Guy Skornik, *Il.* C'est le grand départ pour le « Petit Prince » de la chanson française qui, depuis, jalonne sa route, année après année, de succès qui ont nom *Rien n'est plus beau* (M. Jonasz-A. Goldstein, 1972), *Si tu ne me laisses pas tomber* (P. Delanoë-P. Boussard, 1973), *Soldats ne tirez pas* (M. Vidalin-G. Mattéoni), *Sur le chemin de la vie* (S. Makhno-C. Verdier, 1974), *Marie* (D. Barbelivien-G. Lenorman, 1975), *Voici les clés* (P. Delanoë-Cuttugno, Pallavicini, 1976), *la Ballade des gens heureux* (P. Delanoë-G. Lenorman, 1976). Ces ballades très traditionnelles dans leur facture, mais colorées par une voix originale, haut placée et légèrement voilée, et par le vibrato dont joue l'interprète, servies par le sens mélodique dont font preuve leurs compositeurs, transportent l'auditeur dans un univers immatériel, illuminé par la « grâce » de l'interprète. Avec le regard étonné de l'enfant qui n'arrive pas à faire entrer la réalité dans la boîte magique de ses rêves, il prend le public à témoin de sa sincérité : est-il chose plus belle que l'amour ? Connaît-on de jours plus heureux que ceux où l'on découvre la vie à deux ? Démarche qui, dans sa naïveté, touche par la vulnérabilité qu'elle dévoile. Et la gentillesse éperdue dont fait preuve l'interprète sur scène révèle davantage d'angoisse que de chaleur ou de désir de rencontre. Faut-il faire le reproche à Gérard Lenorman d'avoir choisi le pastel plutôt que le fusain, le flou à la David Hamilton plutôt que le contour précis des choses de la vie ? Assurément non, si l'on considère le succès remporté : il existe un vaste public dont il comble l'attente et auquel il ouvre les portes d'un « ailleurs ». En définitive, une chanson de fuite, qui fait de Gérard Lenorman l'un des hérauts de la France sous Giscard. Mais, avec les premières rides, le Petit Prince ne court-il pas le risque de perdre sa cour, un peu comme les jouets délaissés par les enfants ayant grandi ?

CLAUDE LÉVEILLÉE

Montréal (Canada), 1932. Auteur-compositeur-interprète. Il fait du théâtre après des études de droit et d'économie politique, puis se convertit à la chanson (1953). Remarqué par Édith Piaf, il vient à Paris et compose pour elle *(le Vieux Piano).* Il se fait connaître du grand public grâce à une chanson, *Frédérique* (1962), qui reste à ce jour sa plus belle réussite. Avant tout compositeur, ce pianiste sait donner à ses musiques une ampleur mélodique et une richesse, parfois surabondante, que n'atteignent pas toujours ses paroles. Chantre du tourment et des incertitudes de la vie *(Ne me parlez plus de vos chagrins),* de la mémoire-refuge, prompte à la mélancolie et, plus récemment, du sentiment national *(Ce matin un homme, les Filles de l'Acadie,*

1976), Claude Léveillée touche par son éloquence poétique, sa tendresse et sa force, que sa voix multiplie (récital à la Place des arts, Montréal, 1976). Une œuvre déjà classique.

RAYMOND LÉVESQUE

Montréal (Canada), 1928. Auteur-compositeur-interprète. Comédien, clown, il débute à Montréal. Interprète rive gauche à Paris (1954-1959), il écrit et compose pour Eddie Constantine *(Quand les hommes vivront d'amour,* chanson qui connaîtra une nouvelle fortune grâce à l'émouvante interprétation donnée à la Francofête, en 1974, par Félix Leclerc, Gilles Vigneault et Robert Charlebois), Jean Sablon. De retour au Canada, il écrit pour Pauline Julien (un disque 30 cm) et s'interprète lui-même à la Boîte à Chansons, la Butte à Mathieu, etc. S'inscrivant dans le courant de réaction culturelle et politique à la domination anglo-saxonne, Raymond Lévesque prend parti : ses chansons sont des chansons « contre ». Sa veine est essentiellement chansonnière, et il lui arrive de placer des paroles sur des airs de Félix Leclerc, Jacques Brel ou Aristide Bruant. La chaleur et l'humour de l'interprète, l'efficacité sans apprêt de l'auteur font oublier les limites vocales du chanteur et celles du mélodiste. Parmi ses compositions propres, citons *Québec mon pays, la Grenouille* et cet émouvant hommage à un militant séparatiste condamné pour terrorisme, *Bozo-les-culottes.*

LIBERT

?-1896. Interprète. Au lendemain de la défaite de 1870, il créa le genre « gommeux » ou « gandin » : une tenue extravagante, une voix vibrante, un répertoire d'effets comiques variés. Il passait indifféremment des refrains cocardiers aux chansons cocasses ou aux scies, dont les paroles mériteraient d'être citées en entier. *Le Pantalon de Casimir, Coco,* ou le célèbre *Amant d'Amanda* (E. Carré-V. Robillard), créé par Libert en 1876 aux Ambassadeurs, sont les fleurons de cette production. Après avoir triomphé sur toutes les scènes parisiennes, Libert passa le flambeau à Baldy.

MAXIME LISBONNE

Paris, 1839-La-Ferté-Alais (Seine-et-Oise), 1905. Ex-colonel de la Commune, cet original, fraîchement rentré de son exil en Nouvelle-Calédonie, ouvrit en 1885 la Taverne du bagne à l'angle du boulevard de Clichy et de la rue des Martyrs. Ce cabaret était censé reproduire le réfectoire des forçats à Nouméa. Il connut un succès de curiosité. Maxime Lisbonne se transporta ensuite rue Rambuteau pour y ouvrir un théâtre de la Révolution française, cabaret où les garçons étaient costumés en sans-culotte, puis un nouveau « Bagne », rue de Belleville. Double échec. Il ouvrit alors les Frites révolutionnaires, où l'on cuisait les pommes de terre « à la graisse de bourgeois », puis les Brioches politiques, où il vendit des pâtisseries en forme de têtes connues. Le Casino des concierges, qui vit le jour en 1893 et où passèrent des chansonniers connus, dont Jean Varney, eut un succès momentané. Maxime Lisbonne reprit alors le Divan japonais qu'il baptisa Concert Lisbonne et y fit représenter, interprété par Blanche Cavelli, *le Coucher d'Yvette,* qui fut en quelque sorte le premier strip-tease. Après quelques nouveaux et pittoresques déboires, dont un Bal des biffins qui dégénéra en bagarre de chiffonniers, le « d'Artagnan de la Commune » (E. Lepelletier) devint receveur-buraliste.

LONG CHRIS

[Christian Blondiau] Paris, 1943. Auteur-compositeur-interprète. Tient de sa mère texane sa passion pour les choses de l'Ouest. Un des piliers du Golf Drouot de la grande époque, il créa son ensemble rock, Long Chris et les Daltons. La mode passée, redevint cow-boy nécessairement solitaire, et se mit au service de son vieil ami Johnny Hallyday, pour lequel il écrivit *Si j'étais un charpentier* (—T. Hardin), *Gabrielle* (,P. Larue-T. Cole) ou *la Génération perdue* (—J. Hallyday).

FRANCIS LOPEZ

Montbéliard, 1916. Compositeur. Sa production importante (musiques de films, opérettes, chansons) est essentiellement liée à trois noms, ceux de ses principaux interprètes : Luis Mariano, Georges Guétary, Tino Rossi. Mélodiste d'inspiration facile, pour ne pas dire vulgaire, teintée de folklore pseudo-typique *(la Samba brésilienne,* —R. Vincy, A. Willemetz, 1948), il n'avait pas appris la musique. Mais, « que Lopez ait l'esprit agile et qu'il sache se plier aux exigences d'une situation, sa vie le prouve. Il a été dentiste, et c'est un boulot de précision » (B. Vian). Ses chansons *(Robin des bois,* —F. Llenas, chantée par G. Guétary, 1943 ; *Avec son tralala,* —A. Hornez, 1947, par Suzy Delair ; *Rossignol de mes amours,* —R. Vincy, 1952, par Maria Candido) et surtout ses airs d'opérettes *(la Belle de Cadix,* —Marc Cab, R. Vincy, M. Vandair, 1946 ; *Méditerranée,* —R. Vincy, M. Lehmann, H. Wernert, 1956 ; *L'amour est un bouquet de violettes,* —M. Brocey, 1946) deviendront de redoutables succès.

LOUIGUY

[Louis Guigliemi] Barcelone, 1916. Compositeur. Il se destinait à une carrière de pianiste classique quand il découvrit la rumba et se mit à en composer (au point d'être cité comme compositeur cubain). Dès lors, lancé dans la variété *(Ça sent si bon la France,* —J. Larue, 1941, pour Maurice Chevalier), il devient l'accompagnateur de Piaf pour laquelle il transcrit la célèbre *Vie en rose* (—Piaf, 1945) et compose *Bravo pour le clown* (—H. Contet, 1953). Toute la France fredonne *Mademoiselle Hortensia* (—J. Plante, 1946) avec Léo Marjane et Yvette Giraud, et *Cerisiers roses et pommiers blancs* (—J. Larue, 1950) avec André Claveau.

ANTONIN LOUIS

[Louis-Antoine Magdeleine] Lyon, 1845-Paris, 1915. Auteur-compositeur. Auteur « populaire » (c'est-à-dire travaillant pour les artistes de caf' conc'), il sut s'adapter à l'air du temps pour être anti-Badinguet après Sedan *(le Sire Fisch-ton-kan,* par. Paul Burani) et boulangiste en 1887 *(les Pioupious d'Auvergne,* dédié « au patriote Boulanger »). Son grand succès reste cependant *les Pompiers de Nanterre* (par. P. Burani, 1868), créé par Paulus.

NICOLE LOUVIER

Paris, 1933. Auteur-compositeur-interprète. Entrée dans la chanson en 1952, elle y obtient très vite un succès mérité : tournées, récitals lui permettent de faire entendre sa poésie et sa voix un peu voilée, sophistiquée, qui semble annoncer celles d'Anne Sylvestre et de Marie Laforêt. De *Mon p'tit copain perdu* (1953) à *Chanson pour la fin du monde* (1961), ses textes sont travaillés, polis, ses musiques agréables. Mais Nicole Louvier arrive trop tôt : il n'y a pas encore de place pour l'expression « femme » dans le show business. Marie-José Neuville, éliminée à l'âge critique, le saura à ses dépens, Anne Sylvestre se réfugiera dans un univers symbolique puis se battra dans l'ombre, Gribouille réglera la question par un suicide. Et malgré un Prix du disque en 1964, les portes se ferment devant Nicole Louvier. Elle s'en explique dans une autobiographie à peine voilée, *les Marchands* (1959), qui reste, avec *En avant la zizique* de B. Vian, un des ouvrages les plus corrosifs sur le monde de l'industrie du disque.

JEAN LUMIÈRE

[Jean Anezin] Aix-en-Provence, 1907-Paris, 1979. Interprète. D'une famille de négociants en vins et cafés qui aiment la musique et reçoivent chez eux les chanteurs d'opéra, Jean Anezin fait d'abord du théâtre (premiers prix de comédie et de tragédie au conservatoire) puis commence à chanter dans les cinémas à Nice et à Marseille. Esther Lekain l'entend dans un gala : « Votre voix est claire, vous êtes du Midi, vous vous appellerez Jean Lumière. » Elle le présente à Castille, directeur de l'Européen où il fait ses débuts en 1930. Son répertoire est celui d'un « chanteur de charme » plus volontiers tourné vers la romance déjà ancienne : *Visite à Ninon* (Gaston Maquis), *Chanson d'automne* (Maurice Rollinat), *Un amour comme le nôtre* (Borel-Clerc), *Maman, Le chaland qui passe,* etc. Son grand succès est, en 1934, *la Petite Église* (Charles Fallot-Paul Delmet). Grand Prix du disque, Jean Lumière poursuit une carrière sans heurts en France et à l'étranger (tournées en Europe, Amérique du Sud et du Nord, Moyen et Proche-Orient de 1948 à 1952). Il quitte la scène en 1960 pour devenir professeur de chant ; auteur d'une thèse de phonétique sur la voix, ayant lui-même travaillé le chant avec Ninon Vallin, l'interprétation avec Yvette Guilbert et la respiration par la méthode yoga que lui a enseignée un brahmane de Pondichéry, il compte parmi ses élèves Marcel Amont, Gloria Lasso, Édith Piaf, Cora Vaucaire, Mireille Mathieu.

Il leur apprend la méthode dite « de Lily Lehmann » grâce à laquelle il a lui-même chanté « très simplement, sans un geste et de tout mon corps ». Classé sept fois premier au concours des voix les plus radiophoniques, Jean Lumière succède ainsi au « chanteur de romance » et est un « chanteur de charme » avant que le micro ne soit devenu un accessoire obligatoire. Il a repris les succès de Paul Delmet, jetant de la sorte un pont entre deux générations.

LA LUNE ROUSSE

Cabaret, boulevard de Clichy, Paris (1904-1964). Fondé par Dominique Bonnaud, le cabaret passe ensuite sous la direction conjointe de Bonnaud et Numa Blès, changeant en même temps de nom : le Logiz de la Lune Rousse. La fine fleur de la chanson montmartroise s'y produit : Jacques Ferny, Vincent Hyspa, Xavier Privas, Jehan Rictus, etc., ainsi que Léon Michel qui deviendra par la suite le troisième codirecteur du cabaret. En 1907, la Lune Rousse déménage pour s'installer rue Pigalle dans un local laissé libre par Fursy. Léon Michel restera seul directeur de 1934 à 1941 (avec une interruption d'un an : 1937). On y entend alors notamment Pierre Dac, Jean Breton. Le cabaret est ensuite dirigé par Augustin Martini (1941-1944) et Jean Marsac (1945-1964), date à laquelle on détruisit le pâté d'immeubles dans lequel il se trouvait.

LE LYCÉE PAPILLON

Chanson, par. Georgius, mus. Juel (1936). Tout le monde l'a fredonnée et son idiotie n'est plus à démontrer :

> On n'est pas des imbéciles
> on a même de l'instruction
> au lycée papa, au lycée papi
> au lycée Papillon.

Cette « scie » reste un des plus grands succès de Georgius grâce à l'utilisation annuelle qu'en font les kermesses des écoles. C'est l'hymne du droit à l'inculture, le chant de résistance des cancres.

GUY LUYPAERTS

Paris, 1917. Compositeur et chef d'orchestre. D'abord pianiste-arrangeur de Richard Blareau et de Jo Bouillon, il va devenir l'accompagnateur de Piaf. Mais c'est entre-temps qu'il a composé ses plus célèbres chansons : *Rêver* (— R. Rouzaud, J. Lecannois) pour Lucienne Boyer (1942), *Libellule* (— R. Rouzaud) pour Jean Sablon (1944), *Pigalle* (— G. Ulmer, G. Koger) pour Georges Ulmer (1947). Compositeur de musique légère, il gagne le Grand Prix de musique symphonique décerné par la SACEM en 1970.

ENRICO MACIAS

[Gaston Ghrenassia] Constantine (Algérie), 1938. Auteur-compositeur-interprète. « Le Pied-noir de la chanson » ; c'est ainsi que se présente en 1962 cet ancien instituteur venu de son pays natal et qui fait d'abord pleurer les nostalgiques de l'Algérie française. Son répertoire, dû le plus souvent à Jacques Demarny, est marqué par l'événement qui frappe ses concitoyens, depuis l'exil *(J'ai quitté mon pays)* jusqu'à l'assimilation *(les Gens du Nord)*. Puis ses thèmes vont s'élargissant : il chante l'amour, l'amitié, le soleil, les enfants, la joie de vivre *(Enfants de tous pays, la Musique et moi, Oumparere)* en insistant plus particulièrement sur l'aspect méditerranéen de son personnage (en 1979 il intitule son disque *Enrico Macias ou la poésie de la Méditerranée)*. Ses mélodies sont également de type méditerranéen, un peu andalouses par l'emploi qu'il fait du trémolo, à quoi s'ajoute l'utilisation fréquente de l'oud (luth arabe). En bref, les rêves nationalistes de l'Algérie française étant devenus désuets, Macias a su recentrer son personnage autour d'un portrait robot sociologiquement plausible : ce n'est plus le Pied-noir qu'il chante, mais le Français moyen à l'accent pied-noir *(les Millionnaires du dimanche)*, et le « Pied-noir de la chanson » est devenu un chanteur de charme de plus. Il a pris la place des anciens chanteurs à voix, basques ou corses, qui alliaient le régionalisme exotique à la nationalité française... Paradoxe politique, le succès de Macias est grand en Afrique du Nord, et même en Égypte, où l'a mené une tournée de « réconciliation » entre Juifs et Arabes, à l'ombre des entretiens Sadate-Begin (1979).

MAURICE MAC-NAB

Vierzon, 1856-Paris, 1889. Auteur, chansonnier. Membre du club des Hydropathes dès sa fondation. Bègue et spirite, il réussit néanmoins à chanter ses œuvres, au quartier Latin d'abord (café de l'Avenir) où il obtient son premier succès avec *les Fœtus :*

On en voit de petits, de grands
de semblables, de différents
au fond de bocaux transparents.

Il gagne ensuite le Chat Noir, sur l'autre rive, où il s'impose dans le genre facétieux ou plus délibérément comique. Réputé traditionaliste en politique, il allait, pour défendre sa cause, user avec beaucoup d'esprit de l'arme de l'ironie. Avec *le Grand Métingue du Métropolitain* (—C. Baron), où il fait parler un ouvrier « socialisse » ivre, et *l'Expulsion* (1886), dans laquelle la thèse (de l'expulsion des princes d'Orléans) est défendue par un anarchiste de caricature, il donne ses meilleurs textes. Mais Mac-Nab est de santé fragile : à 33 ans, après avoir hâtivement écrit une thèse sur la gueule de bois et reçu des mains du ministre de l'Instruction publique les palmes académiques, il meurt à l'hôpital Lariboisière.

DAVID MAC NEIL

New York, 1946. Auteur-compositeur-interprète. Américain, il vient en France à l'âge de 4 ans. Il apprend en même temps le jazz (trompette, saxo, guitare), le cinéma et la bande dessinée ; il enregistrera quelques disques en anglais tout en tournant ses premiers métrages. Pierre Barouh le fait enregistrer en français *(Hollywood,* 1972, repris par Montand en 1980), et les albums se succéderont tous les deux ans. Cinéaste, David Mac Neil l'est dans son écriture, qui est une succession de flashes ; musicien de films, par son jeu sur les sonorités des noms propres, anglais surtout, qui lui inspirent des rimes aussi imprévues que les rebondissements de ses scénarii, sortes d'épopées mâtinées de gags à la *Helzapoppin...* David Mac Neil, c'est dans la chanson le sens anglo-saxon du récit : humour absurde et réalisme fantastique *(Au bar du Styx).* C'est aussi le regard d'un peintre *(Couleurs).* Il renouvelle ainsi le genre folk-rock trop peu porté sur l'imaginaire, ce qui ne l'empêche pas de se livrer à certaines dénonciations *(Ceux qui en vivent et ceux qui en meurent).*

PIERRE MAC ORLAN

[Pierre Dumarchais] Péronne, 1882-Saint-Cyr-sur-Morin, 1970. Orphelin, il délaisse les études et Rouen pour la peinture et Paris. Habitué de Montmartre et du Lapin à Gill, il épouse la belle-fille du patron Frédé, Marguerite, qui fut son inspiratrice *(Marguerite de la nuit).* Certains de ses poèmes furent mis en musique par Marceau, Georges Van Parys et Philippe-Gérard. Mac Orlan nous y plonge dans une atmosphère de cabaret de quartier louche, d'ambiance de port, où rôdent les aventuriers et les filles. Ses succès : *la Fille de Londres* (— Marceau, 1953) et *la Chanson de Margaret* (— Marceau), toutes deux créées par Laure Diana. Il fut servi par de grandes interprètes : Germaine Montero, Juliette Gréco *(Gréco chante Mac Orlan)* et Monique Morelli.

MADAME ARTHUR

Chanson de Paul de Kock (vers 1850) ou portrait de la « lorette » du XIXe siècle, « produit spécial et nouveau de nos mœurs affairées », selon Théophile Gautier. *Madame Arthur* fut un des grands succès d'Yvette Guilbert à qui convenait à merveille les textes à sous-entendus du genre :

> Mais par-derrière, sa tournure
> promettait un je-ne-sais quoi...

LA MADELON DE LA VICTOIRE

Chanson, par. Lucien Boyer, mus. Borel-Clerc, créée dans *la Grande Revue* du Casino de Paris par Rose Amy et reprise par Chevalier (1919). Le type même de la chanson de circonstance, qui fait honneur au flair de ses auteurs :

> Madelon verse à boire
> Et surtout n'y mets pas d'eau
> Nous fêterons la victoire
> Joffre, Foch et Clemenceau.

Cela permit à Georges Millandy d'écrire dans *Comœdia :* « Elle en a cell'là de la chance, on la chante sur tous les tons, ... et même en vers de mirliton. » Lucien Boyer reçut pour elle la Légion d'honneur : il est vrai qu'il s'agissait d'une erreur de l'Administration qui avait confondu cette Madelon avec l'autre. En 1944, une nouvelle édition, avec traduction anglaise, après avoir glorifié Leclerc, Eisenhower, Montgomery, se terminait par ce couplet :

> Sur le marbre et dans l'histoire
> enfants vous verrez gravés
> ces noms rayonnants de gloire
> et de Gaulle sera le premier.

MADEMOISELLE DE PARIS

Chanson, par. Henri Contet, mus. Paul Durand (1947). Créée par Jacqueline François, cette chanson allait être un des premiers succès de l'après-guerre. Elle sort en France en même temps que *Boléro* (même auteur, même compositeur, même interprète, même succès) et traduit le sentiment de joie et de délivrance de la Libération. La « petite Parisienne » qu'elle décrit devint vite, pour les étrangers, la Parisienne telle qu'ils se la représentaient. Elle fut pour Jacqueline François ce que *Parlez-moi d'amour* avait été, en 1930, pour Lucienne Boyer.

COLETTE MAGNY

Paris, 1926. Auteur-compositeur-interprète. Elle quitte à 36 ans une situation stable dans un organisme international pour faire de la chanson. Elle passe en cabaret (Contrescarpe), fait une apparition à la télévision grâce à Mireille et passe à l'Olympia avec Sylvie Vartan où elle conquiert de façon inattendue le public venu entendre la jeune chanteuse yé-yé. Mais c'est la première et la dernière fois qu'elle monte sur une grande scène parisienne. Un étrange mur du silence semble en effet l'entourer. On ne l'entend pratiquement jamais sur les ondes nationales, on ne la voit pas à la télévision : elle est considérée comme dangereuse par tout le monde. Par le pouvoir (elle chante Cuba, le socialisme, la révolution) comme par les communistes (ne va-t-elle pas jusqu'à critiquer le rôle du Parti en mai 68). Entre ces différents écueils elle poursuit une œuvre remarquable, avec bien sûr un engagement politique explicite *(Vietnam 67, les Cages à tigre)*, mais surtout une recherche formelle poussée aussi loin qu'il est possible. La voix, le mot, la musique, tout est travaillé à l'extrême dans une quête du choc, choc entre les mots des autres *(Je chanterais, Choisis ton opium)*, entre les sonorités, les notes *(Bura-bura)*. La chanson devient avec elle un tout qui ne doit plus rien à la bonne vieille structure carrée du couplet classique, même lorsqu'elle chante les poètes anciens

(Louise Labbé : *Baise m'encor ;* Olivier de Magny : *Aurons-nous point la paix ?).* Elle écrit une sorte de blues-actualités sur la France d'aujourd'hui, créant les conditions pour que les acteurs eux-mêmes s'y expriment *(A Saint-Nazaire, Chronique du Nord,* avec les grévistes, *Pipi caca story* avec les enfants d'un IMP). Sur scène, sa présence (elle est ronde, énorme, immobile, « un pachyderme de sexe féminin ») laisse pantois. Elle aborde enfin un nouveau genre : le montage (le mot est faible, mais il y a effectivement là quelque chose des collages surréalistes). 1968 lui inspire en effet sa première fresque sonore *(Mai 68).* En 1970, elle radicalise encore ses positions esthétiques avec *Feu et rythmes :* elle va jusqu'à chanter un article du dictionnaire Larousse *(la Marche),* et le résultat est indescriptible. Elle s'entoure de complices chercheurs de sonorités : le Workshop free jazz pour *Transit,* le groupe Dharma pour *Visage-village,* album qui donne lieu à un spectacle à la Cartoucherie de Vincennes en 1976 où elle présente au public sa tentative d'intégrer l'univers musical à une création plastique, les peintures et sculptures de Monique Abecassis. Il y a loin de ses débuts *(Melocoton,* fort belle chanson pourtant) à ces dernières œuvres, une route qu'elle a suivie sans détour et sans modèles. Elle a déjà ses héritières : Catherine Ribeiro, Mama Béa Tekielski...

LE MAÎTRE D'ÉCOLE ALSACIEN

Chanson, par. Villemer et Delormel, mus. Lucien Benza (1871). De la veine d'*Alsace-Lorraine,* cette chanson « revancharde » d'après 1870 met en scène tous les poncifs que l'on connaît pour les avoir longtemps traînés au fond des poches ou à la semelle de ses chaussures. Avec d'autres du même tabac, elle permit à Amiati de se faire applaudir à l'Eldorado.

SOPHIE MAKHNO

[Françoise Marin] Aulnay-sous-Bois, 1935. Auteur-interprète et imprésario. Dans la chanson, elle fut d'abord une interprète débutante aux Trois Baudets, puis, sous le nom de Françoise Lô, une organisatrice de tournées pour Serge Reggiani et Barbara. Elle écrivit alors (1964) quelques chansons pour cette dernière *(Toi l'homme).* Directrice artistique chez Philips et CBS, elle est l'artisan du retour à la chanson de Charles Dumont, et auteur des paroles de *Ta cigarette après l'amour.* C'est alors qu'elle décide de repasser derrière le micro, en se plaçant sous le patronage d'un célèbre anarchiste russe. Malgré un ton en concordance avec les aspirations de l'époque *(Énumération sentimentale,* —J.-P. Mas), le succès n'est pas au rendez-vous. Mais Sophie Makhno n'a jamais abandonné son métier d'auteur et de pourvoyeuse de talent pour interprètes à succès *(Sur le chemin de la vie,* —C. Verdier, 1975, interprété par G. Lenorman).

MALICORNE

Groupe folk. Gabriel Yacoub (guitare, banjo, dulcimer, psaltérion, épinette des Vosges) et Marie Yacoub (cuillers, dulcimer, vielle à roue), après avoir accompagné Alan Stivell sur scène et sur disque *(Chemins de terre,* 1973), créent, le temps d'un 33 tours, le groupe Pierre de Grenoble puis, en 1974, le groupe Malicorne avec Hughes de Courson (guitare, basse, cromorne) et Laurent Vercambre (violon, alto, harmonium, mandoline). Au programme, musique folklorique empruntée à divers ouvrages de référence et généralement remis en musique par Gabriel Yacoub, interprétée avec la voix nasillarde de rigueur. A l'exception du couple Yacoub, le groupe connaîtra des changements de personnel fréquents. Il se caractérise par un rapport ambigu à la tradition, fait de respect un peu ostentatoire et de grande liberté (en particulier dans les arrangements). De festival en festival, cette musique de « folkeux » connaîtra un grand succès auprès d'un public partagé entre l'écologie et le désengagement. Il faut à ce propos citer d'autres groupes se situant dans le même courant : Mélusine, la Chiffonnie, le Grand Rouge et la Bamboche (à certains égards, le plus intéressant d'entre eux).

MA MÔME

Chanson, par. Pierre Frachet, mus. Jean Ferrat (1960). Il y a six ans que Ferrat chantait en cabaret lorsque *Ma môme* le révèle enfin au grand public. Poésie simple, familière, musique populaire, la chanson en annonce bien d'autres : *la Montagne, la Fête aux copains,* etc. Les paroles de Pierre Frachet sont curieusement « ferratiennes » :

> Ma môme elle joue pas les starlettes,
> elle porte pas des lunettes de soleil...

Influence de l'auteur sur le compositeur et futur auteur ? Peut-être. Il demeure que c'est là plus qu'une promesse, une chanson belle et sincère.

MA POMME

Chanson, par. Georges Fronsac, Lucien Rigot, mus. Borel-Clerc (1936). Un des grands succès de Maurice Chevalier qui, à l'époque où Charles Trenet commençait de chanter la griserie de la route des vacances découvertes sous le Front populaire, faisait pour sa part l'apologie du farniente faubourien. La voix traînante du grand Maurice mit à la mode pour longtemps ce qui reste le plus pur pléonasme de l'histoire de la chanson :

> Ma pomme, c'est moi
> j'suis plus heureux qu'un roi

(cf. en effet le *Dictionnaire de l'argot moderne :* « Pomme, ma ou sa, moi-même ou lui-même »).
Ma pomme reste un grand moment des succès populaires et s'inscrit dans une tradition de Chevalier qui bâtit une grande partie de ses « tubes » autour d'un personnage exemplaire : *Prosper, Valentine, Mimile,* etc.

GÉRARD MANSET

Saint-Cloud, 1945. Auteur-compositeur-interprète. Faute de biographie, il a une légende : celle de l'alchimiste de studio travaillant en autarcie complète. Il débarque sur les ondes en 1968 avec *Animal on est mal,* classé « pop music » ; un détail d'importance : il y a des paroles, et elles sont françaises. Ce rock symphonique se mâtine légèrement de folk *(Celui qui marche devant,* 1972) puis de hard rock *(Y'a une route,* 1975) ou de musiques non occidentales *(Royaume de Siam,* 1979). Dès le départ, il emprunte largement à l'électro-acoustique : il s'agit d'impressions, d'images, autant que de musique, le peintre ou le cinéaste ne sont pas loin. Si les mots sont souvent choisis pour leur sonorité (rimes successives un peu faciles), les thèmes ne sont pas communs : philosophie de l'existence *(les Vases bleus, Rien à raconter),* mysticisme *(Golgotha),* mêlé parfois de science-fiction surréaliste *(la Mort d'Orion),* désir pur et dur de création ne s'embarrassant d'aucun calcul *(« La Toile du maître* ne convient peut-être qu'à celui qui l'a faite »). La voix, doublée parce que tremblotante (de la famille de celle d'un Giani Esposito), ajoute une humanité assez étrange à une entreprise musicale glacée à force de perfection.

ROLF MARBOT

(Allemagne) 1906. Compositeur, éditeur. D'origine allemande et licencié en droit, il devient conseiller juridique d'une maison d'édition musicale, puis s'installe lui-même à Paris (1932) en rachetant plusieurs fonds (où il trouvera *les Roses blanches...).* Il diffuse *Parlez-moi d'amour, les Trois Cloches,* etc., et produira après la guerre Michel Polnareff (éditions Méridian). Un éditeur qui connaît la musique... pour avoir signé quelques airs populaires importés *(On chante dans mon quartier, Vive le vent,* —F. Blanche, *Qu'il fait bon vivre,* —P. Delanoë, G. Aber).

MARC ET ANDRÉ

[Marc Chevalier et André Schlesser]. Duo d'interprètes. Une double carrière de duettistes qui débutent en 1948 à Montmartre (Chez Pomme, Lapin à Gill) puis deviennent les chanteurs du TNP (1958) ; de fondateurs et de tenanciers de l'Écluse, en compagnie de Léo Noël et de Brigitte Sabouraud.

ARTHUR MARCEL-LEGAY

[Marcel Legay] Ruitz (Pas-de-Calais), 1851-Paris, 1915. Chansonnier. Né de parents porions, il « monte » à Paris en 1876 avec la ferme intention de chanter. Il passera dans de nombreux beuglants avant d'aboutir au Chat Noir. Avant tout compositeur, il mettra en musique un grand nombre de poètes : Jean-Baptiste Clément *(le Semeur),* Maurice Boukay *(Tu t'en iras les pieds devant, le Soleil rouge),* Paul Arène, François Coppée, etc. Le « chauve-chevelu » (ainsi l'appelaient ses amis car, si son crâne était dégarni vers le sommet, les tempes donnaient une abondante moisson ; Dominique Bonnaud, qui écrivit pour lui le texte du *Carillon des Flandres,* l'appelait aussi le « fou-sublime ») participa au lancement de différents cabarets : la Franche Lippée, les Noctambules, l'Alouette, le Grillon... Xavier Privas lui dédia, après sa mort, ces vers :

> Tu peux dormir en paix sous l'aile de la gloire
> toi qui fus un charmant et noble troubadour.

MARÉCHAL, NOUS VOILÀ

Chanson, par. André Montagard, mus. Charles Courtioux (1941). Sous Vichy, on la faisait chanter aux enfants des écoles, on pouvait l'entendre quotidiennement à la radio. Il n'en est plus de même aujourd'hui. Aussi est-il intéressant d'en citer quelques extraits :

> Une flamme sacrée monte du sol natal
> et la France enivrée te salue, Maréchal
> tous tes enfants qui t'aiment et vénèrent tes ans
> à ton appel suprême ont répondu : présent !
>
> Maréchal, nous voilà !
> devant toi le sauveur de la France !
> nous jurons, nous tes gars,
> de servir et de suivre tes pas.
>
> Maréchal, nous voilà !
> tu nous as redonné l'espérance !
> la patrie renaîtra...

On ne sait quelle est la part exacte tenue par cet hymne dans la « renaissance » susdite, mais il semble que l' « enivrement » de l'auteur, qui ne devait pas encore être revenu de sa « divine surprise », ne l'ait pas spécialement inspiré. Quoi qu'il en soit, une chanson, même officielle, témoigne pour son époque, et un régime, généralement, a les chansons qu'il mérite. Lorsqu'on songe à cette autre œuvre, louant la *Jeunesse de France* (J. Rodor, Gitral-V. Scotto, 1941), « unie derrière le Maréchal », on constate une réelle adéquation entre « fond » et « forme », entre idéologie et production « artistique » officielles.

LINA MARGY

[Marguerite Verdier] Bort-les-Orgues, 1914-Paris, 1973. Interprète. Ayant fait de la chanson à la suite d'un pari avec ses camarades de bureau, dut son surnom de « Miss Midinette » à sa voix légèrement gouailleuse, au timbre nasillard, et à un répertoire où *Voulez-vous danser grand-mère ?* (R. Balterl, A. Padou-J. Lenoir, 1947) et *Une boucle blonde* (J. Dutailly, 1951) voisinaient avec *le Petit Vin blanc* (J. Dréjac, 1943).

LUIS MARIANO

[Gonzalès Luis] Irun (Espagne), 1920-Paris, 1970. Interprète. Installé en France depuis 1937, il suit les cours de chant du conservatoire de Bordeaux tout en poursuivant des études d'architecture. A Paris, il s'oriente vers l'opérette (1944) et la revue et obtient son premier triomphe au Casino Montparnasse dans *la Belle de Cadix* de Francis Lopez (— M. Vandair, 1945). A partir des salles d'opérette, relayées par le disque, la radio et plus tard l'écran, Luis Mariano allait en quelques années se hisser au rang de grande vedette de la chanson : à l'époque du *Chanteur de Mexico (Mexico,* — F. Lopez) et de *Violettes impériales (L'amour est un bouquet de violettes,* M. Brocey-F. Lopez, 1952), ses admiratrices s'écrasent sur son passage et le Club Luis-Mariano annonce 16000 adhérents (et 800000 photos distribuées). En 1954 il fête la sortie de son millionième disque. Le paradoxe de cette carrière est d'avoir été fondée sur l'opérette. D'ailleurs la transposition de certains effets de voix au tour de chant caractérise toute une génération de chanteurs de charme auréolés d'une origine plus ou moins « exotique » : Georges Guétary, André Dassary, Miguel Amador, Rudy Hirigoyen. Attirance envers une virilité proclamée, dont on se contenterait des signes apparents ? Ou attrait du vide (les arguments à l'appui de cette « thèse » pouvant être résumés en deux formules : « tout est dans les dents », A. Halimi, et « être con comme un ténor »)? Si la première hypothèse permet d'expliquer, pour une part, le succès d'un Mariano, nous nous rangerions par contre au côté de Boris Vian pour estimer qu'« un garçon aussi doué physiquement, scéniquement et vocalement, est condamné à chanter des chansons idiotes. Et ceci pour une raison bien simple : il n'existe pas de répertoire intelligent correspondant aux moyens vocaux de Mariano » *(En avant la zizique).* Jusqu'à sa mort, Luis Mariano continuera à accumuler sereinement les succès.

MARIE-JOSÉ

Née à Oran (Algérie). Interprète. De père français et de mère espagnole, elle arrive à Paris en 1938 et, conseillée par Michel Simon, se lance dans le théâtre. Le compositeur José Sentis la pousse dans la voie de la chanson, d'abord espagnole puis française (adaptations d'airs « exotiques »). Ce qui donne entre autres *Que sera sera, Lis-moi dans la main, tzigane,* et le célèbre tango *Impossible.*

MARINELLA

Chanson, par. René Pujol, Émile Audiffred, Géo Koger, mus. Vincent Scotto (1936). Cette « rumba d'amour » est tirée d'un film médiocre dont Tino Rossi est la vedette *(Marinella).* Les paroles ont pu frapper par la franchise du propos : il est si rare de voir exprimé dans la chanson de grande diffusion un sentiment amoureux basé sur l'attirance physique ! Mais, portées par la voix de zéphyr du « divin » Tino, un anesthésiant dont on connaît l'efficacité, elles perdent tout caractère provocant. La chanson sera un des très grands succès de son créateur.

PAUL MARINIER

Rouen, 1866-Lyons-la-Forêt (Eure), 1953. Auteur-compositeur-interprète. Fils de banquier, destiné lui-même à la finance et devenu chef d'orchestre à la Ménagerie Cochey de la Foire de Neuilly, il débute en 1897 à l'Excelsior-Concert dirigé par Émile Bessière et s'associe avec lui pour composer des chansons, dont le célèbre *Bonsoir, madame la Lune.* Jusqu'en 1935, il est chansonnier à Montmartre, participant à la fondation de la Pie-qui-chante avec Charles Fallot et à celle du Carillon avec Lucien Boyer. Il est peu remarqué en tant qu'interprète : « Il porte gauchement le smoking et son pantalon tire-bouchonne, cela ne fait qu'ajouter à la bonhomie de son allure » *(le Progrès de Lyon,* 1926). Mais il doit son succès à ceux et celles qui le chantent : la première fut Marguerite Deval *(les Plaisirs du dimanche)*; il se consacra surtout à Mayol qu'il fit engager au Concert parisien *(Le printemps chante, A la cabane bambou)* et qui lui commanda par la suite toutes les revues de son Concert. Citons parmi ses autres interprètes Yvette Guilbert, Anna Thibaud et Fragson. A 81 ans, Paul Marinier fut nommé doyen des chansonniers de Montmartre.

LÉO MARJANE

[Thérèse Gérard] Boulogne-sur-Mer, 1918. Interprète. Destinée à la profession d'acrobate, elle débute dans la chanson au Schéhérazade et enregistre pour Pathé-Marconi. Dotée d'une voix de contralto au timbre chaud et envoûtant, elle crée en France *Begin the beguine.* Une tournée de cinq ans aux États-Unis (où elle gagne l'oscar de la TV américaine) achève de faire d'elle un parfait « crooner » féminin. Son tour de chant (Pacra, 1941) apparaît, en France, dépouillé de la gestuelle traditionnelle ; on parle de « l'immobilité géniale de Piaf » et de « l'immobilité mélodieuse de Marjane » (F. Holbane). Grande vedette pendant la guerre *(Je suis seule ce soir),* elle chante entre autres sur Radio-Paris ; les officiers allemands, dit-on, sont nombreux dans les cabarets où elle se produit (notamment l'Écrin). « Je suis myope », répondra-t-elle devant la Chambre civique et au Comité d'épuration en 1945. Par la suite, elle tentera de reprendre sa carrière (*Mademoiselle Hortensia*, Étoile, 1949) mais ne tiendra pas longtemps sous le feu de la critique.

EDDY MARNAY

[Edmond Bacri] Alger, 1920. Auteur, interprète. Il faisait partie du petit groupe du Quod Libet qui comptait également Lemarque, Golmann et Ferré. Chanté par les autres, le succès vient grâce à Yves Montand *(Planter café*, — E. Stern). Avec Emil Stern, il écrit *la Ballade irlandaise*, interprétée par Bourvil, *Java, qu'est-ce que tu fais là ?* par Patachou, *Un jour un enfant* (prix Eurovision 1969) par Frida Boccara, pour laquelle il va « adapter » en chansons une série de morceaux classiques. Enfin, sa collaboration avec André Popp *(Manchester et Liverpool, Mon amour mon ami* pour Marie Laforêt) et avec Michel Legrand *(la Valse des lilas, la Lune)* amène cet auteur délicat à être de tous les coups, de Claude François *(Il fait beau, il fait bon)* et Mireille Mathieu *(Mille colombes)* à Serge Reggiani *(Ma fille).* Il a lui-même enregistré quelques disques.

LES MAROUANI

Jacques Brel dit que, pour s'endormir, il compte les Marouani. Qu'est-ce qu'un Marouani ? Par définition, il ne peut s'agir que d'un imprésario membre d'une célèbre dynastie d'origine tunisienne.
C'est un peu avant la guerre que les frères Félix et Daniel Marouani, les « pionniers », ont créé l'un à Paris, l'autre à Monte-Carlo, la première agence française du spectacle, Tavel et Marouani, en assurant la promotion publique de Tino Rossi, Luis Mariano, Piaf et Chevalier. Leurs cousins germains, Eddy et Maurice (frères également), leur feront concurrence en fondant l'Office parisien du spectacle. Un des fils de Félix, Jacques, est devenu l'imprésario de Nino Ferrer et de Maurice Fanon, laissant à son cousin de la même génération et du même patronyme, Charley, la charge de la plus grosse « écurie » qui comprend Jacques Brel, Salvatore Adamo, Joe Dassin, Régine, Barbara, Françoise Hardy, Marie Laforêt, Richard Anthony, etc. D'autres Marouani (Alain, Gilbert, Roger, Marcel) se partagent des secteurs d'édition et de promotion chez Pathé ou chez Barclay. D'autres cousins plus ou moins directs, et toujours frères, Georges et Maurice Olivier, ainsi que Vic et Régis Talar, sont eux-mêmes soit imprésarios, soit éditeurs, soit « tourneurs »

(c'est-à-dire organisateurs de tournées). Il ne manquait plus qu'un Marouani chanteur : ce sera Didier. Est-ce un trust familial? Il paraît que non. Mais être Marouani, c'est être prédestiné.

LA MARSEILLAISE

Chanson, par. et mus. Claude Rouget de L'Isle (1792). Les circonstances de sa création sont connues : le lendemain de la déclaration de guerre aux princes germaniques, un officier du génie, Rouget de L'Isle (1760-1836), est invité par le maire de Strasbourg, De Dietrich, à composer un chant exaltant les soldats, stimulant les citoyens. Dans la nuit du 25 au 26 avril, ce chant est composé. Intitulé *Chant de guerre pour l'armée du Rhin*, il est interprété pour la première fois le soir même par De Dietrich, scène immortalisée par le tableau de Pils. Publié par *les Affiches de Strasbourg*, il est colporté à Montpellier, d'où un recruteur aux armées l'emmène à Marseille. Il est adopté par les recrues marseillaises qui le chantent lors de leur marche sur Paris : à Paris il est entonné par le ténor Lays le 4 août. Sa diffusion, largement facilitée par la Convention (en septembre le chant est imprimé à 100000 exemplaires), est rapide : « Ce fut comme un éclair du ciel ; tout le monde fut saisi, ravi ; tous reconnurent ce chant entendu pour la première fois » (Michelet). A Jemmapes, les sans-culottes chargèrent en le chantant. Devenu l'*Hymne des Marseillais*, il prit après le 10 août une portée antiroyaliste, et s'identifia désormais à la cause révolutionnaire. Arrangé par F.-J. Gossec, augmenté d'un couplet (le 7e : « Nous entrerons dans la carrière... ») dont le journaliste Louis Dubois et l'abbé A. Peyssonneaux se disputèrent la paternité, il connut à partir de 1815 une vie souterraine et marginale. Jusqu'à la chute du second Empire : en juillet 1870 il est entonné en public par la Bordas qui récidivera le 4 septembre, coiffée d'un bonnet phrygien. Proclamé hymne national en 1879, il reçut une version définitive en 1889.

L'attribution de l'hymne retint longtemps l'attention des historiens. S'il y eut accord sur les paroles (Rouget de L'Isle fut certainement inspiré par les affiches posées à Strasbourg : « Aux armes citoyens »), en ce qui concerne la musique, certains allèrent jusqu'à parler de plagiat. Ainsi on mit en rapport certains thèmes mélodiques de *la Marseillaise* avec d'autres pièces musicales : un Credo de Holzmann, une musique de scène de J.-B. Grison, une marche d'A. Bouché, un air de Dalayrac. Cette thèse semble aujourd'hui abandonnée, et on préfère parler

de réminiscences, d'influences, plutôt que de démarquage pur et simple.
Le débat sur la signification idéologique et symbolique de l'hymne, lui, garde toute son actualité. Jusqu'en 1870, tous les courants d'opposition s'approprièrent *la Marseillaise.* Mais à mesure que le prolétariat accédait à l'autonomie de pensée, d'action et d'organisation, il tendait à rejeter les symboles (chants, drapeaux) qui n'exprimaient pas sa situation et ses espoirs. En effet, une analyse même rapide du contenu de l'hymne fait apparaître que ce qui était révolutionnaire en l'An II (affirmation nationale, appel à la lutte contre les tyrannies royalistes et étrangères) non seulement ne pouvait plus l'être en une période où la lutte tend à se situer entre bourgeoisie et classe ouvrière, mais s'inscrit en faux contre l'internationalisme du mouvement ouvrier (ainsi les références au sol, au « sang impur », etc.). Aussi n'est-il pas étonnant que les gouvernants aient utilisé le chant pour les causes d'« Union sacrée » contre l'ennemi extérieur (juillet 1870, août 1914, 1939-1940), de « dépassement des conflits de classe » par l'identification aux symboles nationaux (dans les cérémonies, manifestations sportives), ou dans les périodes de crises sociales et politiques (Commune de Paris, Vichy, mai-juin 1958, 30 mai 1968). Considéré comme l'« hymne des Versaillais » par les socialistes français, il n'en garda pas moins, pendant un certain temps, son prestige révolutionnaire à l'étranger (il fut chanté à Saint-Pétersbourg en 1917, bien que sur un autre rythme, plus proche de l'original) avant d'y être à son tour supplanté par *l'Internationale.* Mais depuis l'adoption par le parti communiste français de la politique de « Front populaire » (1936), on vit apparaître dans ses rangs l'idée du « mariage des deux hymnes », *Marseillaise* et *Internationale.* « Sœurs ennemies... ? Quel mensonge ! Toutes deux sont filles, nées à des dates différentes, de la Révolution » (E. Tersen).
Alors ! *Marseillaise* contre *Internationale ?* ou *Marseillaise* et *Internationale ?* En fait, la question ne se pose guère sur le terrain : lors des grèves, des manifestations ouvrières ou d'opposition à celles-ci, on ne marie pas, on choisit. Ainsi, près de deux siècles après sa création, chanter ou ne pas chanter *la Marseillaise* reste un acte chargé de sens politique.

FÉLIX MARTEN

Remagen (Allemagne), 1919. Interprète. De père hollandais, il est élève de Charles Dullin. En 1945, de retour du STO, il passe en cabaret. Il mettra dix ans à enregistrer (1955) et à passer à Bobino, où il obtient un vif succès *(la Marie-Vison,* M. Heyral-R. Varney). Mais sa carrière de chanteur cède le pas à celle d'acteur de cinéma, de théâtre et surtout de télévision. On l'entend, néanmoins, dans les cabarets de la rive droite.

HÉLÈNE MARTIN

Paris, 1928. Auteur-compositeur-interprète. Après des études aux Arts décoratifs et un essai au théâtre, Hélène Martin est entrée en chanson comme on entrait jadis au couvent, avec la certitude d'œuvrer pour la bonne cause : la poésie, le service des poètes. Aussi a-t-elle débuté dans les cabarets rive gauche (Écluse, 1956, le Petit Pont) et n'en a-t-elle guère franchi les limites depuis, si ce n'est par les portes des maisons de la culture. Ses poètes de prédilection : Aragon *(Ainsi Prague, Musée Grévin),* Raymond Queneau *(Saint-Ouen's Blues),* Pierre Seghers *(Auberge toi et moi),* Lucienne Desnoues *(Mes amis, mes amours),* Jean Giono ou René Char, font depuis longtemps bon ménage avec l'auteur Hélène Martin *(Martin).* Il faut faire une place de choix au *Condamné à mort* de Jean Genet qui a fait dire à son auteur : « Chantez-le... tant que vous voudrez et où vous voudrez... grâce à vous il est rayonnant. » Hélène Martin compositeur, pourtant, ose rarement dépasser le cadre d'une litanie épousant la phrase et Hélène Martin interprète ne laisse sortir sa voix qu'à la fin du vers, d'une manière systématique : « Son respect de la poésie confine au délire » (C. Rochefort). Entre la gestion de sa propre maison de disques (Cavalier), les émissions qu'elle réalise à la télévision (« Plain chant ») et ses passages exceptionnels à Paris (Bobino, 1970, Champs-Élysées, 1978, Palace, 1980) où elle apparaît « capitaine de blanc vêtu d'un navire de discipline » (J. Marcenac), Hélène Martin publie depuis 1970 une anthologie complète de poésie chantée (prix de l'académie Charles-Cros 1980).

MARTIN CIRCUS

Groupe fondé, en 1969, par un ancien musicien de Johnny Hallyday, Gérard Pisani, et composé à l'origine de quatre autres musiciens, Bob Brault, Paul-Jean Borowski, Patrick Dietsch et Jean-François Leroi. Après un premier album prometteur, *En direct du Rock'n'roll circus* (1970), orienté vers la recherche d'une pop musique française, Martin Circus se hasarda dans le domaine de la chanson pour hit-parades. Bien, ou mal, lui en prit, selon le point de vue, car le succès remporté par *Je m'éclate au Sénégal* (G. Pisani-B. Brault, 1971), une aimable parodie, amena le groupe à suivre la ligne de plus grande pente et, après un second album, *Acte II* (1971), à enterrer ses ambitions novatrices. Conséquence logique : les départs, en 1972, de Gérard Pisani et de Bob Brault entraînent un remodelage complet du groupe, dès lors formé de Gérard Blanc, Sylvain Pauchard, René Guérin et Alain Pewzner. Martin Circus sera désormais une sorte de « sous-Big Bazar », dont les succès rencontrent un écho considérable auprès des enfants *(les Indiens du petit matin*, S. Pauchard-G. Blanc, 1972 ; *Marylène*, un tube des Beach Boys adapté par G. Blanc, 1977), sensibles à la rythmique simple, à la construction répétitive des chansons et à l'image dynamique du groupe. Aboutissement logique : Martin Circus se reconvertit en 1979 dans le disco *(Shine, baby, shine)*.

JEAN-CLAUDE MASSOULIER

Paris, 1934. Auteur-compositeur-interprète. Sur scène, un fantaisiste qui sait être mordant *(la Quille*, — A. Popp, 1965). Il s'est surtout imposé comme auteur de textes, très divers d'inspiration, interprétés par les Frères Jacques *(C'est ça l'rugby*, — A. Popp), Marcel Amont *(la Jaguar*, d'après L. Xanrof), Francesca Solleville *(Un accordéon pour Paris*, — Philippe-Gérard, 1961) ou Jean Ferrat *(Maria*, — J. Ferrat). Un talent multiple, mais qui aurait tendance à se disperser.

MIREILLE MATHIEU

Avignon, 1947. Interprète. Héroïne d'un célèbre conte de fées contemporain, toutes les étapes de sa vie sont connues grâce à l'attention vigilante de la presse. On sait comment la fille d'un tailleur de pierre d'Avignon, faisant la lessive et la vaisselle de ses douze frères et sœurs, briquant les parquets de son HLM et collant des enveloppes à la fabrique du coin, remporte à 18 ans le premier prix d'un concours de chant et monte à Paris pour participer à une émission télévisée ; comment elle gagne, devant Georgette Lemaire, un concours organisé à la mémoire de Piaf par « Télé-dimanche » (1965). Comment Papa Johnny (Stark), ex-manager de Johnny Hallyday, se dépêche de l'adopter. Comment le public, croyant retrouver la grande Inoubliable, pleure en entendant *Mon Credo*. Comment Mireille Mathieu est accueillie par l'Amérique. Comment elle divorce peu à peu de

Piaf et abandonne son premier public (vite déçu) pour un second déjà conquis par Sheila : il y a de la place pour deux petites filles de Français moyens qui, d'ailleurs, ne sont pas vraiment concurrentes : Sheila est un produit de la vague yé-yé, Mireille est une chanteuse « à voix » apparentée au musette ressuscité. Ce qui étonne chez cette nouvelle chanteuse populaire, c'est sa neutralité ; et ce qui frappe chez cette meneuse de revue à l'américaine, c'est son côté absent (Olympia, 1967, 1973). Des idées d'émotion passent sur son visage et dans ses gestes, comme une succession de commandes. L'unique pouvoir de séduction de Mireille Mathieu est la gentillesse de l'élève appliquée, « le travail ». Un travail technique sans faille, une perfection qui donne le vertige : celui qu'on éprouve au-dessus du vide. Cette valeur sûre est rentabilisée à fond par son manager, ses auteurs, compositeurs, attachés de presse. On invente chaque année de nouvelles « opérations » : Mireille et les Chœurs de l'Armée rouge, Mireille chante dans la Lune, Mireille et Paul Anka, *Romantiquement vôtre* (1979), etc., qui justifient (?) son inévitable présence sur le petit écran. Tout en connaissant la réponse, on peut se demander : « Pourquoi a-t-on fait cela à cette petite fille qui a une belle voix mais que rien ne dévore ? » *(les Lettres françaises).*

FÉLIX MAYOL

Toulon, 1872-1941. Interprète. C'est en 1895, au Concert parisien, que ce jeune Méridional commence sa carrière parisienne, carrière qui ne s'achèvera que quarante-trois ans plus tard. Engagé par Dorfeuil pour trois ans, il s'impose rapidement, grâce au succès de *la Paimpolaise*, une chanson de Botrel. Passé en 1900 à la Scala, il s'installe au premier rang avec *Viens poupoule* (1902), une des plus fortes ventes de petits formats. Sa silhouette — habit, muguet, toupet — popularisée par l'affiche, la photo, est reconnaissable entre toutes. Son jeu de scène, copié tant et plus : Mayol est alors « le » chanteur en vogue, celui par qui le caf'conc' a acquis quelques lettres de noblesse. C'est qu'une chanson interprétée par lui donnait lieu à une véritable démonstration de mimes, pas de danses, mises en scène d'accessoires divers (on parlera de « chansons de gestes »). Les effets étaient souvent gros, mais grâce à eux, et à une diction exemplaire, Mayol se faisait entendre de partout, jusqu'au promenoir. Son répertoire, moins limité que celui de ses confrères, est assez bien défini par le qualificatif de « chanteur de charme comique » qu'on attribua à l'interprète. Si l'on fait la part de la grivoiserie, du racisme (écoutons *A la Martinique*, de Cohen-Christiné, ou *A la cabane bambou*, de Paul Marinier, un grand succès) et du chauvinisme, constantes de la production caf'conc' de l'époque, les chansons de Mayol sont généralement de bonne tenue. Il est vrai que ses fournisseurs se nomment Christiné, Botrel, Lucien Boyer, Scotto. La sentimentalité facile de *Lilas blanc* (T. Botrel, 1904) ou la « gaieté » de *Elle prend l'boulevard Magenta* (Gitral-Scotto) correspondaient à la sensibilité du public populaire et petit-bourgeois qui lui faisait fête. Mais, tête d'affiche du caf'conc', Mayol ne sera jamais vraiment adopté par la bourgeoisie, au contraire de ses pairs Fragson et Max Dearly, et ne paraîtra guère au music-hall. Malgré, ou à cause de cette réserve de l'élite, ses succès de chansons ne se comptent plus : de *Cousine* (L. Boyer-V. Scotto, 1911) à *la Polka des trottins* (Trebitsch-Christiné, 1902), de *Mains de femmes* (D. Berniaux-E. Herbel, 1906) à la célèbre *Mattchiche* (L. Lelièvre, P. Briollet-C. Borel-Clerc, 1905) ou à *Elle vendait des petits gâteaux* (J. Bertet-V. Scotto, 1919), aucun autre chanteur, entre 1900 et 1914, ne peut aligner une telle série. Il n'en sera plus de même après la guerre : avec l'âge, son tour de taille est devenu imposant, ses traits se sont empâtés, et son obstination à jouer les tendrons amoureux en font une proie facile pour les chansonniers. Georges Van Parys verra, dans le Mayol qui se produit à l'Empire en 1931, un personnage devenu « sa propre caricature en vieillissant ». Il y a surtout que sa manière et son répertoire datent. « Ses grâces et jusqu'à ses minauderies composent une silhouette d'autrefois... Mayol fait "1900" ; il fait "exposition universelle" », écrit, en 1928, Louis Léon-Martin. Après sept « adieux au public parisien », il se résout à se retirer définitivement en 1938. Sa fin fut triste : un seul artiste, Georgel, suivit son cercueil. Mais, grâce à la salle qu'il avait rachetée en 1909 et à laquelle il donna son nom, il resta présent dans ce quartier de Paris où il incarna un moment de la chanson française.

LA MER

Chanson, par. et mus. Charles Trenet (1939). La légende veut que Trenet ait composé cet hymne à la Méditerranée (celle « qu'on voit » depuis la plage de La Nouvelle près de Narbonne, où il passait ses étés d'enfance) dans le rapide Toulouse-Paris. La guerre l'empêche de la faire éditer. Il se décide à la sortir de ses tiroirs en 1942 : c'est un échec, qu'il explique, rétrospectivement, par le désir du public de le voir chanter du

« jazz », et non des romances. Poussé par son éditeur, Raoul Breton, il la mettra définitivement à son répertoire en 1945. Traduite dans toutes les langues, ou presque, jouée, chantée partout, elle s'est pour ainsi dire rendue autonome par rapport à son auteur, et poursuit sa carrière propre. On peut mettre son succès au crédit de l'art d'aquarelliste de Trenet, des harmonies, dont les effets sont amplifiés par l'orchestration d'Albert Lasry, enfin, de la prégnance de l'image archétypique de l'élément liquide.

ARMAND MESTRAL

[Armand Zelikson] Paris, 1917. Interprète. Fils de sculpteur, il se destinait lui-même à la peinture et entra aux Beaux-Arts, tout en poursuivant des études de chant (soliste à 16 ans à l'église Saint-Roch). Il commença une carrière dans l'opérette ; son registre de basse le condamnant à jouer les personnages âgés, il s'intéressa au tour de chant et enregistra les « classiques » de la chanson, depuis *la Chanson des blés d'or* jusqu'aux chants de la Commune *(la Commune en chantant*, 1970). Une carrière qui connaît des hauts *(Grandeur et décadence de la ville de Mahagonny*, de Brecht-Weill, au TNP, 1967) et des bas.

LE MÉTÈQUE

Chanson, par. et mus. Georges Moustaki (1969). Déjà remarqué sur les antennes avec *la Dame brune* (en duo avec Barbara) et *Il est trop tard*, Georges Moustaki fait une entrée décisive dans le monde des interprètes avec *le Métèque* qui tient sans discontinuer le hit-parade pendant deux ans. Dans la maison de disques qu'il vient de quitter, on s'arrache les cheveux : que s'est-il donc passé ? Simplement, Moustaki a cessé d'être celui qui composait pour les autres, et impose sa propre image : sur le disque, un sourire heureux et une barbe hirsute. Un métèque ? Soit. Mais un « juif errant », un « pâtre grec », ça n'effraie pas, c'est dans la bonne tradition. Et puis il a les yeux bleus, l'âge idéal pour séduire, et il parle un si bon français...

JULES MÉVISTO

[Jules Wisteaux] Paris, 1857-1918. Interprète. Employé de la Compagnie générale transatlantique, acteur, chanteur de caf'conc' (Horloge, 1891), enfin chansonnier : dans les cabarets montmartrois il interpréta surtout Montoya *(le Macchabée)*.

Acteur de pantomime, créateur du *Testament de Pierrot* de Xavier Privas, sa silhouette a été popularisée par la lithographie d'Ibels : Pierrot en habit mauve et culotte courte. En fin de carrière, il dirigea avec son frère Auguste, dit « l'Assassin », le théâtre Mévisto (ex-Bodinière).

MICK MICHEYL

[Paulette Michey] Lyon, 1922. Auteur-compositeur-interprète. Après avoir fait les Beaux-Arts de Lyon et fondé un atelier de publicité, elle gagne un tournoi de la chanson à l'A.B.C. (1947). Elle passe en 1949 dans les émissions de Jean Nohain et remporte en 1950 le prix de la Chanson de charme *(Marchand de poésie)*. On la voit au théâtre Fontaine, à Bobino, à l'Alhambra, à l'Olympia. Prix Charles-Cros 1953 pour *Ni toi ni moi* (— J. Ledru), elle abandonnera le tour de chant pour prendre la relève de Line Renaud au Casino de Paris. Voix grave, costume de scène masculin, interprète intelligente et désinvolte, genre de chanson équilibré et efficace. Ses grands succès : *la Joconde*, *Je t'aime encore plus* (1955), *Cano... canoë* (1954) et bien sûr *Un gamin de Paris* (— A. Marès, 1952). *Ma maman* (— B. Astor, 1950) a été repris vingt ans après par Mireille Mathieu.

LE MIDEM

Fondé en 1967 par Bernard Chevry, le Marché international du disque et de l'édition musicale, à l'image de la Foire du livre de Francfort, rassemble chaque année en janvier à Cannes les professionnels du monde entier, venus présenter leurs nouvelles productions, acquérir les droits sur des produits étrangers, et lancer les artistes sur lesquels misent leur maison de disque ou d'édition. Les galas, qui se tiennent chaque soir, ont pour fonction de présenter les chanteurs qui font l'objet d'une campagne de promotion. Ainsi, le MIDEM 1979 a vu la consécration du disco, et celui de 1980, où furent présentés Gilbert Laffaille, Francis Cabrel et Isabelle Mayereau, celle de la « nouvelle chanson française ». Reflétant les tendances du marché international, le MIDEM remplit, par surcroît, un autre rôle : celui de rappeler à tous que la chanson, en même temps qu'elle est un art et un moyen d'expression, est aussi une industrie.

GEORGES MILLANDY

[Maurice Nouhaud] Luçon 1871-Meudon 1964. Auteur-interprète. Pour passer des bocaux de la pharmacie paternelle aux cabarets littéraires du quartier Latin, il aura fallu les essais poétiques de l'adolescent, la tournée du Chat Noir à La Roche-sur-Yon, et une correspondance avec le poète René Ghil. Après s'être fait entendre au Caveau du Soleil d'or, il s'installe au Procope où il organise les soirées chansonnières. En 1894, il participe au lancement du cabaret des Noctambules, avant de devenir le parolier « valse-lentier », auteur à succès. Sa chance fut de rencontrer l'interprète rêvé, Henri Dickson, dont le charme distingué s'accordait parfaitement aux lois du genre. *J'ai tant pleuré*, *Quand l'amour meurt* (Crémieux) firent pleurer une génération. *Tu ne sauras jamais* (J. Rico), le premier succès de Damia, et cent autres chansons le désignèrent aux yeux du public comme « le poète des amours incomprises et des vaines espérances ». Les fins pastiches qu'il tenta, notamment de *Mon homme* (dans *Pavane inattendue)*, ne suffirent pas pour entamer cette réputation. Après la guerre, en réaction contre la chanson « nègre », il mit son talent de propagandiste au service de la « bonne chanson », la chanson « de sincérité » : il reprit la formule de la conférence-audition tentée à la Bodinière, et lança le Théâtre de la chanson (1921), puis les déjeuners chantants à la Coupole, avec son interprète Dickson. On lui doit en outre le concours de chanson de *Comœdia*, qui révéla Noël-Noël, l'élection du prince des poètes à la Closerie des Lilas, la création de l'Association syndicale des auteurs lyriques, et un ouvrage, *Au service de la chanson* (1939), dans lequel il résume ses conceptions. En 1953 la SACEM lui attribue son Grand Prix.

MILORD

Chanson, par. Georges Moustaki, mus. Marguerite Monnot (1958). Faite « sur mesure » pour Édith Piaf lors d'une tournée aux États-Unis où l'accompagne son auteur, alors âgé de 24 ans, et dont ce sera le premier succès. Cette chanson doit sa popularité internationale à plusieurs données : un mythe, celui de la prostituée au grand cœur, consolatrice des maux du jeune bourgeois (anglais en l'occurrence) ; une structure musicale empruntant à deux genres différents : la valse lente pour le couplet, le charleston pour le refrain, suivant en cela d'une façon totalement adéquate l'opposition dans le texte entre le quotidien et la fête. La façon dont Piaf passait de l'un à l'autre en hurlant lentement : « A-llez-ve-nez, Milord... » donnait le frisson et devait inspirer à Jacques Brel la même structure pour certaines de ses chansons *(Jeff).*

MILORD L'ARSOUILLE

Cabaret fondé et animé par Francis Claude (1951). Situé près du Palais-Royal, il prit la suite du Quod Libet. Il joua un rôle important dans la diffusion et la popularisation, au-delà de la rive gauche, des artistes et de l'esprit Saint-Germain-des-Prés. On y entendit notamment Michèle Arnaud, la vedette maison, Léo Ferré, Stéphane Golmann, etc. Serge Gainsbourg, après avoir été, pendant quatre ans, guitariste de Michèle Arnaud, y fit ses débuts.

GEORGES MILTON

[Georges Michaud] Puteaux, 1888-Paris, 1970. Interprète. Ayant quitté sa famille à 17 ans par amour des planches, il connut d'abord quelques déboires : refusé ici, bombardé de petits pois là (Casino de Montmartre), il finit par se frayer un chemin à force de ténacité, de travail. Aidé par Chevalier, il décroche un engagement au Casino Saint-Martin et connaît le succès : à partir de ce moment, toutes les portes du caf'conc' s'ouvrent devant lui. Après la guerre, il se tourne vers l'opérette, puis le cinéma, et y connaîtra ses succès les plus populaires : *la Fille du bédouin* (A. Barde-R. Moretti, 1927) tiré de l'opérette *le Comte Obligado, Pouet-Pouet* (A. Barde-M. Yvain, 1929), de l'opérette *Elle est à vous, J'ai ma combine* (R. Pujol, P. Colombier-R. Erwin) et *C'est pour mon papa* (C. Pothier, R. Pujol-C. Oberfeld, 1930) issus d'un des premiers films parlants, *le Roi des resquilleurs.* Ayant abandonné le genre Dranem qu'il avait adopté à ses débuts, Milton a imposé auprès du public sa silhouette courtaude, sa « grosse tête de gnâfron lyonnais » (Jacques-Charles) grâce à une vulgarité bon enfant, un dynamisme et une activité de tous les instants. En donner aux spectateurs pour leur argent était une règle de conduite pour « Bouboule ». L'affection que le public lui témoignait montre qu'il était payé de retour.

MIREILLE

[Mireille Hartuch] Paris, 1906. Compositeur-interprète. De parents musiciens, Mireille est poussée très jeune dans la voie artistique et musicale. Cependant, à 14 ans, elle a déjà abandonné l'idée de devenir concertiste : sa main est restée trop petite ; elle se tourne vers le théâtre. Gémier l'engage à l'Odéon pour jouer les travestis du répertoire. Le décorateur de l'Odéon, Claude Legrand (futur Claude Dauphin), lui fait rencontrer son frère, un avocat qui écrit des poèmes et des contes à ses moments perdus : Jean Nohain a 28 ans, elle 22 ; il devient son parolier : « Comme nous étions jeunes, dit-il, nous composions des chansons jeunes et uniquement pour notre plaisir et sans aucune intention commerciale. » D'ailleurs, leur première « opérette américaine », *Fouchtra,* est refusée par les éditeurs. Mireille, partie à Londres, est engagée pour créer un rôle à Broadway. Elle reste trois ans aux États-Unis, jouant, composant, et faisant la connaissance des musiciens américains. Raoul Breton, en 1931, la rappelle en toute hâte : *Couchés dans le foin,* chanson extraite de leur opérette, fait un énorme succès avec le duo Pills et Tabet. Mireille revient pour enregistrer des opérettes « disquées » à quatre personnages (Pills, Tabet, Jean Sablon et elle-même). Il s'agit d'une série d'histoires racontées en chansons : *le Vieux Château, C'est un jardinier qui boite, Un petit chemin, Une partie de bridge, les Trois Gendarmes,* etc. Une chanson d'enfant, *Papa n'a pas voulu,* est créée par Dranem à un gala de *Benjamin ;* Maurice Chevalier contribue depuis 1928 à répandre la production Mireille-Nohain *(Quand un vicomte) ;* Jean Sablon fait son premier succès avec *Puisque vous partez en voyage.* En 1934, Mireille enregistre seule et passe en vedette à l'A.B.C., à l'Alhambra, Bobino. Derrière son piano blanc, elle chante d'une voix pointue, acide, en « miniature », pourrait-on dire, à son image (elle mesure un mètre cinquante), *le Pot au lait, le Joli Pharmacien, les Trois Petits Lutins,* etc. Elle détaille les mots, picore les syllabes : « Elle a la chance, dit Sacha Guitry, de ne pas être desservie par une grande voix. » On l'entend quand même de très loin sans micro, car la diction est parfaite. A la guerre, Mireille doit s'arrêter de chanter. Par la suite, ses plus grands succès seront repris ou créés par Yves Montand *(Une demoiselle sur une balançoire,* —J. Nohain, *le Carrosse,* —H. Contet).

La musique composée par Mireille est une musique « descriptive » en rapport étroit avec le sujet du texte. Cette façon de composer rompt avec la rengaine traditionnelle par sa liberté, sa désinvolture, sa fuite devant les schémas tout faits, son « tempo » qui n'hésite pas à faire au jazz un appel discret : la porte est ouverte à Charles Trenet et à son vagabondage musical. « Mireille, dit Nohain, ce n'est pas une mode, c'est un style. » En 1954, le Petit Conservatoire de la chanson créé par Mireille (et retransmis par la radio, puis par la télévision) débute rue de l'Université. C'est la première tentative d'enseignement organisé de la chanson. Pour la circonstance, Mireille se transforme en professeur et passe au vitriol les présumées futures vedettes. Hugues Aufray, Françoise Hardy, Colette Magny y font leurs premières armes. Sa fermeture provisoire permet à Mireille de réenregistrer, poussée par Michel Berger *(Aujourd'hui,* 1976). Elle remontc sur scène (Bobino, Cour des Miracles, Bourges) à 70 ans. En 1980, elle fête à la SACEM ses 50 ans de chansons.

LE MIRLITON

Cabaret montmartrois, boulevard Rochechouart, Paris (1885-1958). A l'emplacement du premier Chat Noir. De 1885 à 1895 il est entièrement lié à la carrière de son animateur et principal (pour ne pas dire unique) interprète, Aristide Bruant. En 1895, il est repris par Marius Hervochon (sauf pour les bénéfices, qui sont partagés avec Bruant). Devenu le Cabaret Bruant, il inaugure la formule du remake, en présentant des doublures (médiocres) du maître. Aucun intérêt sur le plan chansonnier, mais excellente affaire commerciale et intéressant témoignage sur l'exploitation d'un moment de l'histoire de Montmartre.

PAUL MISRAKI

[Paul Misrachi] Constantinople, 1908. Auteur, compositeur. Destiné aux assurances maritimes, il préfère entrer dans l'orchestre de Ray Ventura comme pianiste orchestrateur. Ses premières compositions sont pour les Collégiens : *Tout va très bien, madame la Marquise* (— Bach, Laverne, 1935), *Venez donc chez moi* (— J. Féline, 1935, repris par Lucienne Boyer et Jean Sablon), *Sur deux notes* (1938), *Ça vaut mieux que d'attraper la scarlatine* (— A. Hornez, 1936). Autant de succès sur des rythmes irrésistibles, suivis de compositions plus langoureuses *(Insensiblement, le Petit Souper aux chandelles,* 1942) pour les chanteurs de charme du moment. Compositeur par la force des choses de toutes les musiques des films tournés par les Collégiens, c'est la spécialité qu'il poursuit aux États-Unis pendant l'Occupation et à son retour en France. Tout en reprenant aussi la chanson : *Maria de Bahia* (—A. Hornez, 1947), *la Mi-août* (—A. Hornez, 1950) sans film ou avec *(Tu n'peux pas t'figurer,* 1951, créée au cinéma par Suzy Delair et au music-hall par Jacqueline François, *Chiens perdus sans collier,* —E. Marnay, 1956, etc.).

MISTINGUETT

[Jeanne Bourgeois] Enghien-les-Bains, 1873-Bougival, 1956. Interprète. Née de parents commerçants, elle eut très tôt le désir de « s'évader de sa condition ». Le moyen le plus accessible lui semble être le spectacle : elle prend des leçons de violon, de chant classique, d'art dramatique. Mais elle s'y ennuie. Baptisée Miss Helyett, Miss Tinguette, enfin Mistinguett par le revuiste Saint-Marcel, elle débute en 1885 au Trianon-Concert avec *Max ah c'que t'es rigolo.* Puis effectue un « long stage » à l'Eldorado (1897-1907) : « Entrée comme gigolette, j'en sors prête à être vedette. » Elle a appris à tenir la scène, et à suppléer à son insuffisance vocale par un jeu de mimiques vigoureux. Elle découvre alors la forme de spectacle qui lui sied : « C'est parce que je voulais échapper au tour de chant que je me suis lancée dans la comédie. Il se trouve que mon tempérament aidant, le mélange des deux a fini par donner le music-hall. » Le succès de la valse chaloupée, qu'elle crée avec Max Dearly au Moulin Rouge (1909), fait d'elle une vedette, que celui de la valse renversante jouée aux Folies-Bergère avec Maurice Chevalier (1912) consacre définitivement. Après une halte due à la guerre, elle fait sa rentrée en 1917 avec Chevalier : ils deviennent « le couple ». Les exigences de Chevalier, qui aspire à voler de ses propres ailes, vont bientôt entraîner leur séparation. Et pourtant Chevalier restera « son homme », qu'elle s'efforcera de retrouver dans chacun de ses partenaires (Earl Leaslie, Lino Carenzio, Georges Guétary...) : « J'ai toujours pensé que pour réussir un bon spectacle de music-hall, il fallait un couple. » De 1919 à 1923, féconde période, elle crée successivement les revues *Paris qui danse, Paris qui jazz, Paris en l'air, En douce,* avant que de jouer aux États-Unis, où elle était connue comme l'interprète de *My man,* et en Amérique du Sud. De retour l'année suivante, elle lance son « bonjour Paris » : « bonjour la Miss », lui répond le public du Casino de Paris. La revue *Ça c'est Paris* (1926) est un sommet de sa carrière. A partir de ce moment, devenue « propriété nationale » (Colette), elle put tout se permettre, sans craindre de n'être pas

suivie : en 1948, à l'A.B.C., à 65 ans, elle jouait encore les petites marchandes de fleurs.
Pour comprendre et apprécier cette constance dans le succès, il faut avoir vu l'artiste en scène. En effet, les chansons prises hors de leur contexte perdent de leur pouvoir de suggestion : la voix nasillarde, l'interprétation pas toujours convaincante n'auraient pas suffi à les imposer ; Mistinguett n'en avait cure :

On dit que j'ai la voix qui traîne
en chantant mes rengaines
c'est vrai
lorsque ça monte trop haut, moi je m'arrête
et d'ailleurs on n'est pas
ici à l'Opéra

(C'est vrai). Tous ses succès sont des rengaines issues de ses revues : *Mon homme* (1920), *J'en ai marre* (1921), *En douce* et *la Java* (1922), *Ça c'est Paris* (1926), *C'est vrai* (1935), etc., écrites et composées par leurs auteurs (Jacques-Charles, Albert Willemetz pour les paroles, José Padilla, Maurice Yvain pour la musique). Qu'elles se rattachent à la tradition de la « chanson réaliste » ou qu'elles participent de la vogue exotique du moment, elles ont pour fonction d'illustrer une des facettes du personnage : « môme » de Paris à la bourse plate mais à l'esprit bien accroché, femme meurtrie, accorte soubrette ou grande dame triomphante. Ce personnage qui très vite est identifié à la Parisienne : « Cette tragédienne qui résume notre ville parce que sa voix poignante tient des cris des marchands de journaux et de la marchande de quatre-saisons » (J. Cocteau). A moins que ce ne soit le contraire : incarnant la Ville, elle lui prête son visage.
Coqueluche des caricaturistes, qui s'acharnaient à mettre en valeur « son nez en trompette », « ses jolies gambettes » et son dentier inattaquable, produit d'exportation, valeur sûre à la bourse des chansons, Mistinguett était d'abord et avant tout une « reine » du music-hall. Elle donnait toute sa mesure comme meneuse de revue. Empanachée ou en loques, charlestonnant d'une manière endiablée ou hurlant sa douleur. Surtout, elle avait le sens du public, le don de le mettre en joie par ses reparties gouailleuses : c'est avec lui qu'elle jouait, qu'elle aimait. Sa maîtrise sur scène était le résultat d'un travail de longue haleine : « A force d'assiduité, je suis devenue nature », aimait-elle à répéter. Elle avait fini par symboliser, avec Chevalier, toute une époque du music-hall et de la chanson. Mais pour elle, jusqu'au dernier de ses jours, cette époque

n'était pas encore à l'imparfait : ses Mémoires, rédigés en 1954, finissent ainsi : « Soudain le téléphone sonne :
— Allô Miss, que dirais-tu d'une petite tournée en Amérique du Sud ?
Ma voix se brise. Je ne peux plus parler. Allons, on pense encore à moi, on ne m'a pas trouvé de remplaçante. J'étrangle quelques larmes et je réponds :
— D'accord, je suis prête, quand est-ce qu'on répète ? »

EDDY MITCHELL

[Claude Moine] Paris, 1942. Auteur-interprète. Employé au Crédit lyonnais et mordu de rock, il devient un pilier du Golf Drouot. Avec quatre copains, il forme un groupe dans lequel il occupe la place de chanteur soliste : pendant trois ans, c'est pour « Schmoll » et ses amis la folle aventure des Chaussettes noires (1961-1964). A son retour de l'armée, Eddy décide de faire cavalier seul et s'impose rapidement. Ses tours de chant (Bobino, 1966, Olympia, 1967) sont l'occasion pour ses fans, essentiellement de jeunes ouvriers, de lui manifester leur affection. Ses chansons, où figurent un bon nombre d'adaptations de « hits » américains *(Toujours un coin qui me rappelle,* R. Bernet, H. David-B. Bacharah, 1964), sont de plus en plus souvent signées Claude Moine, qui révèle un talent certain de parolier : *l'Épopée du rock* (av. P. Christian-J.-P. Bourtayre, 1966), *Et s'il n'en reste qu'un* (—J.-P. Bourtayre, 1965), *Société anonyme* (R. Bernet-G. Magenta, 1966), *Alice* (—P. Papadiamandis, 1967), *Bye bye prêcheur* (R. Bernet-G. Magenta, 1969). Eddy connaît alors une relative défaveur, due au déclin du rock première manière, emporté par la vague pop. Il est remis en selle par un disque, *Rocking in Nashville* (1974), enregistré avec les meilleurs musiciens de la capitale du country and western, et illustré sur scène, l'année suivante, à l'Olympia. Une voix pleine et souple, qu'il aime faire « crooner », un jeu de scène complet, un indéfectible sens de l'humour, un répertoire élargi, qui va de la ballade au rythm and blues, des chansons solidement construites, où la mythologie de l'Ouest *(Sur la route de Memphis,* —T. Hall, 1976) fait bon ménage avec des chroniques d'époque sur fond de crise *(la Dernière Séance,* —P. Papadiamandis, 1977 ; *Il ne rentre pas ce soir,* —P. Papadiamandis, 1978) : tout en restant fidèle à ses premières amours, Eddy Mitchell a peu à peu atteint, sans jamais vraiment « casser la baraque », la dimension d'un vrai chanteur populaire, accordé à la sensibilité d'un public fidèle.

MON HOMME

Chanson, par. Jacques-Charles et Albert Willemetz, mus. Maurice Yvain (1920). Chanson créée par Mistinguett au Casino de Paris, dans la revue *Paris qui jazz.* Née à partir d'une idée de Jacques-Charles — rappeler l'atmosphère d'une pièce de Francis Carco qu'on donnait alors à Paris — et d'un air de fox-trot composé par Maurice Yvain et arrangé pour l'occasion, elle fut acceptée par Mistinguett sur le conseil de Maurice Chevalier. Celle-ci n'eut pas à le regretter : le succès fut immédiat, et total. Imposée aux États-Unis, sous le titre de *My man*, la chanson fit le tour du globe, et accompagna sa créatrice pour le restant de sa carrière. Comment expliquer un tel succès ? Il y a d'abord la rengaine lancinante, l'interprétation traînante et surchargée de Mistinguett qui la dotèrent de cette charge émotive, si trouble et équivoque : l'érotisme qui refuse de se nommer n'est pas le moins efficace. Mais il y a aussi les paroles :

> Je l'ai tell'ment dans la peau
> qu' j'en suis marteau
> dès qu'il s'approch' c'est fini
> je suis à lui.

Souffrance et rédemption, par et pour l'amour, telle est la condition féminine. Le péché d'Ève est la source de ce sentiment de culpabilité, et justifie l'infériorité de sa condition :

> Mais j' n' suis qu'une femme.

L'amour seul fait pardonner : c'est la porte ouverte au mythe (le grand amour). Ce thème obscurantiste et réactionnaire, porté par une tradition millénaire, a trouvé une large place dans la chanson « réaliste », courant auquel il faut rattacher *Mon homme.* Comment s'en étonner ? Le recours à l'opium est d'autant plus fréquent que la frustration est plus forte. « Pour moi, *Mon homme*, grâce au souvenir de Maurice qui la pénètre, aura toujours été ma chanson fétiche, "ma chanson". C'est du vécu » (Mistinguett).

MON LÉGIONNAIRE

Chanson, par. Raymond Asso, mus. Marguerite Monnot (1936). Créée par Marie Dubas, cette chanson doit sa célébrité à Piaf. En effet,

> J'sais pas son nom, je n'sais rien d'lui
> il m'a aimée toute la nuit
> mon légionnaire !

c'était bien l'histoire de Piaf... Raymond Asso, qui avait écrit cette chanson avant de la connaître, la lui confie pour son premier récital à l'A.B.C., en 1937. Deux vers sont restés célèbres :

Il était mince il était beau
il sentait bon le sable chaud

qui résument toute la puissance d'évocation du style de Raymond Asso à l'aide des mots les plus simples. Poursuivant dans la même veine, il écrivit peu de temps après *le Fanion de la Légion*, également interprétée par Piaf et Marie Dubas.

MON PAYS

Chanson, par. et mus. Gilles Vigneault (1965). Écrite pour le film d'Arthur Lamothe *La neige a fondu sur la Manicouagan*, elle prend son départ dans la réalité québécoise :

Mon pays, ce n'est pas un pays
c'est l'hiver.

Comme pour suggérer l'étendue poudreuse, le refrain se fait litanie, la musique, valse, épousant le mouvement inexorable de l'élément naturel. Le couplet-récitatif, en contrepoint, affirme la présence de l'homme :

Dans la blanche cérémonie
où la neige au vent se marie
mon père a fait bâtir maison.

Son effort est conquête, appropriation : de la nature d'abord, de son identité ensuite, gage d'une humanité aux dimensions de l'universalité :

Ma chanson, ce n'est pas une chanson
c'est ma vie.

Cette quête, qui sous-tend toute son œuvre, Gilles Vigneault l'approfondira dans plusieurs chansons : *Mon pays II*, qui s'ouvre au monde de la ville, et *Il me reste un pays*. Mais par-delà son auteur, *Mon pays* est peu à peu devenue l'un des emblèmes de la surrection québécoise, le drapeau d'une nation en marche. Son succès fut tel que, par réaction, Robert Charlebois éprouva le besoin de rappeler quelques réalités plus triviales dans *Mon pays, ce n'est pas un pays, c'est un job* (— R. Ducharme).

MARGUERITE MONNOT

Decize (Nièvre), 1930-Paris, 1961. Compositeur. Destinée à la musique depuis toujours (père organiste), travaille le piano avec Alfred Cortot et l'harmonie avec Nadia Boulanger. Donne des récitals jusqu'à l'âge de 18 ans mais, vaincue par la fatigue et le trac, abandonne la carrière de concertiste à la veille de son départ pour les États-Unis. Elle se consacre alors à la composition et obtient son premier succès : *l'Étranger,* Prix du disque par Annette Lajon. Marguerite Monnot se fait peu à peu connaître par des chansons chantées par Édith Piaf à ses débuts sur des textes de Raymond Asso *(Mon légionnaire,* créée par Marie Dubas) ; elle collabore avec Piaf elle-même *(l'Hymne à l'amour),* avec Charles Dumont *(les Amants d'un jour),* Georges Moustaki *(Milord),* René Rouzaud *(la Goualante du pauvre Jean),* Henri Contet *(Ma gosse ma p'tite môme,* chanté par Yves Montand), etc. Bref, elle compose une foule de chansons qui ne sont pas près de s'effacer : une musique signée Marguerite Monnot est pour longtemps une garantie de qualité et de succès. Elle compose également des musiques de films et de comédies musicales *(Irma la douce,* interprétée par Colette Renard, livret d'Alexandre Breffort) et l'on a pu dire que pour les Américains des années 50 la comédie musicale française idéale aurait réuni les noms de Marguerite Monnot (pour la musique), Françoise Sagan (pour le texte) et Zizi Jeanmaire (pour l'interprétation et le pas de danse).

LA MONTAGNE

Chanson, par. et mus. Jean Ferrat (1966). Ce tube (5 000 000 disques vendus dans l'année) achève de faire de Jean Ferrat un interprète connu de tous les publics. Par rapport à *Nuit et brouillard,* son premier succès (1963), *la Montagne* draine en effet un public nouveau, peu porté vers la chanson politique classique, mais touché par cet hommage à la vie rustique des gens du « pays haut ». Ce qui est en cause dans cette opposition ville-campagne (thème traditionnel s'il en est), c'est le dépérissement d'une certaine forme de sociabilité, la mort d'une culture, en regard de laquelle la pauvreté de la société de consommation apparaît dans toute sa réalité. Mais, dans la mesure où Ferrat refuse le présent sans laisser entrevoir sa transformation possible, ne se condamne-t-il pas à un repli nostalgique sur les valeurs perdues ? La célébration du passé — une des constantes de son œuvre, de *Potemkine* à *la*

Commune — est, par nature, ambiguë. La facture, classique, de la chanson ne contribue pas à lever cette ambiguïté.

YVES MONTAND

[Yvo Livi] Monsumano (Italie), 1921. Interprète. Sa famille fuit le régime mussolinien pour s'installer à Marseille, où le jeune Livi touche à tous les métiers (livreur, manœuvre, coiffeur, ouvrier métallurgiste). Très influencé par Fred Astaire, il débute en 1938 chez un imprésario de quartier, Berlingot, qui le pousse jusque sur la scène de l'Alcazar où il interprète outre les succès de Trenet, de Chevalier et de Fernandel, *Dans les plaines du Far West* que Charles Humel venait de composer pour lui. Puis c'est la guerre, Paris, où il fuit le STO, les cabarets et Édith Piaf qui le pousse et l'oblige à renouveler son répertoire. En octobre 1944, il passe dans le spectacle de Piaf, à l'Étoile, en vedette américaine. L'année suivante, il obtient sur la même scène, où il reste sept semaines, un véritable triomphe. Commence alors une triple carrière : la chanson (avec pour auteurs et compositeurs préférés Francis Lemarque, Jacques Prévert et Joseph Kosma, Henri Crolla, Bob Castella, Philippe-Gérard), le théâtre *(les Sorcières de Salem)* et surtout le cinéma (des *Portes de la nuit* à *Police Python).*
Montand a su frapper, voire enthousiasmer, autant par la qualité des chansons qu'il choisissait que par le travail scénique qu'il présentait. Des joies saines et simples de « l'ouvrier sur scène » à l'interprète de poèmes plus difficiles *(Sanguine, Barbara),* il a assumé plusieurs visages : ceux du militant politique *(C'est à l'aube, Quand un soldat),* du joyeux dilettante du « sam'di soir après l'turbin » *(Grands boulevards, Luna Park),* de l'amoureux *(les Feuilles mortes, J'aime à t'embrasser),* du fantaisiste *(le Fanatique de jazz, Une demoiselle sur une balançoire),* etc. Entre ces différentes facettes, un homme sur scène. On a tout dit sur son travail. Il est, pour André Halimi, « l'interprète le plus talentueux et le plus respectueux du public de la chanson française ». On sait qu'il prépare avec soin ses récitals, devant une glace, allant même jusqu'à se faire filmer pour mieux voir ses défauts. On sait moins qu'il s'en défend, comme si l'effort était déshonorant. On sait aussi qu'il est l'un de nos rares chanteurs à pouvoir tenir six mois à Paris, avec un égal succès (Étoile, 1953-1954, 1959, 1962). Le résultat est « parfait ». Pas une hésitation, pas une erreur. Le prix à payer, en contrepartie, c'est l'absence de surprise, de chaleur communicative. La voix, précise et traînante, manque parfois de sensibilité. Ce refus de

don de soi, cette peur de se livrer trop, ne peuvent que frapper à ce niveau : comme l'acteur Montand, le chanteur est sur scène le même instrument d'une volonté qui le dirige, ici, le sunlight et le texte, là, le metteur en scène. Aussi l'émotion ne peut-elle parvenir au spectateur que filtrée, épurée, intellectualisée (comme pour ce poème de Nazim Hikmet, *Mon frère,* mis en musique par Philippe-Gérard, qu'il créa à l'Olympia en 1968). Mais, en définitive, n'est-ce pas du côté du fantaisiste amoureux qu'a versé le cœur du populaire ? Et c'est bien ce qui rattache Yves Montand, par-delà les enrichissements qu'il y a apportés, à la grande tradition du music-hall français.

GABY MONTBREUSE

Née à Tours. Interprète. Se fait connaître en 1914 en embrassant un poilu à la fin de son tour de chant. Le succès de *Je cherche après Titine* (1917), que son ami Léo Daniderff écrivit pour elle, lui valut de passer à l'Olympia en 1919. Elle fera ensuite l'essentiel de sa carrière au cabaret Chez Fysher, où elle était entrée en 1924, non sans se produire de temps en temps au music-hall (Empire, 1925, Olympia, 1928). Une tête énorme, une mèche rousse sur laquelle elle soufflait sans arrêt, une voix faubourienne éraillée par l'alcool, une vulgarité étudiée, exagérée, un abattage sans pareil, le tout au service de refrains réalistes ou burlesques, tels *le Petit Bouquet de réséda, Dans un taxi* ou *Eh ! youp ! ça ira très bien,* un de ses gros succès : c'était Gaby Montbreuse en scène, insupportable et « follement drôle » (J. Sablon). A aimer ou à laisser.

MONTÉHUS

[Gaston Brunschwig] Paris, 1872-1952. Auteur, interprète. Pendant près de quarante ans, il n'a cessé de « lancer dans le peuple » ses chansons d'inspiration anarchiste et dont certaines (de fait, le meilleur de son œuvre) font partie de la tradition chansonnière du mouvement ouvrier : *le Chant des jeunes gardes* (— Saint-Gilles, 1912), *la Butte rouge* et *Gloire au 17e.* Cette dernière, écrite alors que les événements du « Midi rouge » étaient encore dans toutes les mémoires, établit sa renommée. Mais sa production habituelle relève davantage du populisme que de l'anarcho-syndicalisme, et son succès auprès des couches populaires était surtout fondé sur l'exploitation de stéréotypes (gars à casquette opposé au « monsieur » à chapeau...), et une explication moralisante du sort réservé à la classe ouvrière *(Ils ont les mains blanches,* —Chantegrelet). Aussi, dans le tourbillon d'août 1914, qui en emporta de plus solides, le retournement du chantre du pacifisme ne surprendra pas. Durant quatre ans, il proclamera :

Nous chantons *la « Marseillaise »,*
car dans ces terribles jours,
on laiss' *l'« Internationale »,*
pour la victoire finale,
on la chant'ra au retour.

Cette *Lettre d'un socialo* (1914) était chantée sur l'air du *Clairon* de Déroulède : un comble ! Après la guerre, il reviendra à ses « convictions » premières. Mais certains soirs, les ouvriers crevaient les pneus de sa voiture pendant qu'il chantait devant les bourgeois. La démagogie de son attitude sur scène (il apparaissait avec une casquette et une ceinture rouge, ordonnait au bourgeois du premier rang de laisser sa place à un ancien poilu mutilé, etc.) passait de plus en plus difficilement la rampe, et la classe ouvrière se reconnaissait de moins en moins dans ce type de chanson. Il fut un des derniers représentants de la lignée des « chansonniers anarchistes ».

MONTEL

Interprète. Long comme un jour sans pain, triste comme un saule, la « gueule » chevaline, un gibus et une redingote flottante pour principaux accessoires vestimentaires, tel apparaissait le remplaçant de Dranem à l'Eldorado, lorsque ce dernier se produisait à l'Alcazar. Il partageait avec lui la loufoquerie du répertoire et la science du monologue. On retiendra une chanson de Dufleuve, *Elle était souriante,* narrant les aventures d'une comtesse séquestrée par des brigands, qui lui font subir les sévices les plus invraisemblables, et :

Le lendemain elle était souriante
à sa fenêtre fleurie, chaque soir,
elle arrosait ses petit's fleurs grimpantes
avec de l'eau de son arrosoir.

Cette « complainte tragico-comique », débitée lentement, fut réclamée à Montel pendant huit saisons consécutives par les spectateurs de l'Eldorado. En 1911, il obtient un autre succès avec *J'ai engueulé l' patron,* chanson « sociale ». Montel, qui avait été imité par Chevalier à ses débuts, termina sa carrière au théâtre.

GERMAINE MONTERO

[Germaine Heygel] Paris, 1909. Interprète et comédienne. Débute au théâtre à Madrid sous la direction de Federico Garcia Lorca et se révèle en 1938 au public parisien dans la création d'auteurs espagnols (Lorca, Lope de Vega). Elle chante en même temps des chansons espagnoles en cabaret (Grand Prix du disque avec *Paseando por España,* 13 chansons populaires d'Espagne). Sa voix est puissante mais sans aucune recherche de l'effet. Son style est d'une très grande pureté, très respectueux de musiques et de textes offerts dans leur nudité et leur grandeur tragique. L'atavisme n'y est pour rien : l'interprète est née de père alsacien et de mère normande.
Outre le répertoire espagnol, Germaine Montero joue Claudel, Pirandello, Brecht ; elle chante aussi des auteurs français : Jacques Prévert, Léo Ferré, Aristide Bruant *(Rose blanche)* et surtout Pierre Mac Orlan *(Ça n'a pas d'importance, la Fille de Londres)* qui l'a lui-même définie comme étant sa meilleure interprète.

GABRIEL MONTOYA

Alès, 1868-Dax, 1914. Auteur-interprète. Après un début d'études de médecine à Lyon, vient tenter sa chance à Paris où il chantera successivement et sans être payé au Caveau des Alpes dauphinoises, aux Roches Noires et au Chat Noir. La maladie le force à s'arrêter : il en profite pour passer sa thèse, puis s'embarque comme médecin sur la ligne des Antilles (1892). Revient à Paris — et au Chat Noir — où il triomphe en 1893 avec la *Berceuse bleue.* Sa carrière de chansonnier se poursuit, sans qu'il se fasse, semble-t-il, uniquement des amis. Ainsi Gaston Couté chantait-il : « Oh ! aïe, aïe, ma mère ! Oh ! aïe, aïe, papa ! V'là l'illustre docteur Montoya... » (citer la suite serait délicat). Lorsque le cabaret de Rodolphe Salis disparaît, Montoya passe aux Quat'z-arts où sa voix éclatante continue de lui assurer le succès. Il sera en 1910 directeur de ce cabaret, sans réussir cependant à faire la preuve de ses dons d'administrateur. Le docteur-chansonnier aura finalement une mort digne de sa vie : première victime montmartroise de la guerre, il meurt à Dax en 1914 d'une chute de vélo.

MONTY

[Jacques Bullostin] Chenal-Benoît (Cher), 1943. Auteur-compositeur-interprète. Débute en 1964 au théâtre de la Porte-Saint-

Martin. En 1967, fait la tournée du Podium d'Europe 1. Puis connaît le succès avec *Pour la vie* (1968), *Fleurs et bonbons* (1970), *la Fête au village* (1971) et, comme auteur, avec *Petite fille de Français moyen*, interprétée par Sheila, et *Le monde est gris, le monde est bleu*, succès d'Éric Charden. Depuis, ce garçon joufflu, qui avait réussi à faire son trou avec des rengaines sans âge, semble être entré en hibernation.

JEANNE MOREAU

Paris, 1928. Auteur-interprète. Actrice de cinéma et de théâtre, elle est révélée brusquement à la chanson par le film *Jules et Jim* où elle chantait *le Tourbillon* de Cyrus Bassiak *(alias* Rezvani, 1963). Jacques Canetti lui fait enregistrer les autres chansons de Bassiak. Prix de l'académie Charles-Cros en 1964 *(J'ai la mémoire qui flanche, Je t'ai dans la peau, Léon).* Après un disque, les *Chansons de Clarisse* (écrit par Guillevic et composé par Philippe-Gérard) sur un thème d'Elsa Triolet, elle se fait auteur de ses chansons *(la Célébrité, la publicité,* —J. Datin, 1970). Sur des orchestrations de jazz très souples et très soignées, un répertoire original, une voix naturelle aux inflexions graves, d'une distinction un peu canaille. Malgré son talent et la rare qualité de son répertoire, le succès de Jeanne Moreau, jusqu'à ce jour, reste un succès d'estime.

MONIQUE MORELLI

Née à Béthune. Interprète. Elle fait d'abord du théâtre (Vieux-Colombier) et du cirque (Cirque d'Hiver), puis l'ouverture de la Rose Rouge (1949) et tout le circuit des cabarets de Montmartre et de la rive gauche. Elle a appris à chanter, sans le secours du micro, à l'école des grandes dames de la chanson réaliste telles que Fréhel à qui elle rend hommage dans un premier disque. Son répertoire s'oriente ensuite rapidement vers les poètes : Francis Carco, Mac Orlan, Aragon lui fourniront l'essentiel de son répertoire. Sa rencontre avec le compositeur Charles (dit Lino) Léonardi (1958) est à l'origine de succès durables, à compter parmi les grands « classiques » de la chanson poétique, quoique peu entendus sur les antennes *(Maintenant que la jeunesse, Un air d'octobre,* Aragon-Léonardi). Tenancière d'un cabaret à Montmartre (Chez Ubu) puis à Saint-Germain (Au temps perdu), Monique Morelli passe aussi dans les théâtres et à Bobino (1969).

DARIO MORENO

[Dario Drugete] Smyrne (Turquie), 1921-Istamboul, 1968. Interprète. Turc par son père, mexicain par sa mère, il fit sa carrière en France : adaptations françaises de rythmes sud-américains, mambos, calypsos, cha-cha-chas, succès des Compagnons de la chanson *(Si tu vas à Rio, Marianne, Eso es el amor, Coucou roucoucou, la Bamba)* étaient à la base de son répertoire. Sa voix, qu'il pouvait à la fois ténoriser ou rendre grave, était originale, et exotique. Mais tout cela serait peu, s'il n'y avait le physique, et la manière de s'en servir. Qu'on en juge : « Il est gras, un peu visqueux comme du nougat. Il a tout du crémier enrichi... Il n'est pas érotique, mais pornographique. Il remue son corps comme une jeune danseuse. S'il ne paraissait pas sur scène, il serait beaucoup mieux. » Ce jugement sans détour d'André Halimi rend compte de la situation de Dario Moreno : un corps étranger dans la chanson française. Son baroque de nouveau riche ne passait pas, du moins auprès des « gens de goût ». Et auprès du grand public ? Il semble que celui-ci vit en lui essentiellement un chanteur de charme, bardé du prestige de l'exotisme. Dario avait beau danser comme une guêpe, lancer force œillades et roulades, se caricaturer lui-même à force d'excentricités, rien n'y faisait, il restait le métèque de la chanson française. En fin de compte, il quitta la chanson et se réfugia, non sans succès, au cinéma. Il mourut alors qu'il allait revenir à la scène pour y interpréter Sancho Pança, au côté de Jacques Brel, dans *l'Homme de la Mancha.*

RAOUL MORETTI

Marseille, 1893-Vence, 1954. Compositeur. Pianiste, il compose des airs à Zurich dans un orchestre de brasserie en 1916. Salabert lui achète *Quand on aime, on a toujours 20 ans* (— Dreymon, F. Gandera, Max-Eddy, 1923) qui sera un immense succès créé par Perchicot, et *Quand on est deux* (1924), chanté par Dranem, qui marque le début de sa collaboration avec Albert Willemetz. A citer également (entre autres) *la Fille du bédouin* (— A. Barde, 1928) et de nombreuses chansons d'opérettes et de films, dont *Sous les toits de Paris* (— R. Nazelles, R. Clair, 1930).

MORTON

?-1941. Interprète. Voyageur de commerce, puis comique, genre « anglais », en Normandie, il débute en 1888 à Paris (Folies-

Belleville). Il fera tous les caf'conc' et music-halls, notamment la Scala, les Folies-Bergère, l'Olympia, avant de terminer sa carrière au théâtre et dans l'opérette. Excellent comédien de revue, il était doué d'un humour pince-sans-rire qui s'accordait parfaitement à son physique de clergyman anglais. Lorsqu'une de ses trouvailles restait sans effet sur le public, il lui assenait un « trop fin pour le quartier ». Très agile de son corps, il était passionné de prestidigitation et en oubliait son tour de chant : ce qui l'a peut-être empêché de faire une carrière plus éclatante.

LE MOULIN DE LA CHANSON

Cabaret, boulevard de Clichy, Paris (1913-1930). D'abord Petit Théâtre, puis théâtre Rabelais (1903), la salle est transformée en cabaret en 1913 par les chansonniers Émile Wolff et Roger Ferréol. Elle devient pendant la guerre de 1914-1918 le refuge de tous les chansonniers montmartrois : Dominique Bonnaud, Vincent Hyspa, Martini, Paul Marinier, Georges Baltha, etc. Puis elle est, à la suite de déboires financiers, transformée en dancing. Lucien Boyer ramène la chanson à son Moulin en 1920 mais, partant pour l'Amérique, est remplacé par Meer, puis par Jean Marsac, enfin par Eugène Héros. Celui-ci reprend le cabaret pour le compte des chansonniers de la Lune Rousse qui veulent fonder l'Odéon du cabaret. Fursy, qui est au programme, devient lui-même directeur en 1923 avec Mauricet, charge Rapin du décor, et fait entendre Paul Marinier, Noël-Noël et Georges Chepfer en première partie du spectacle, la seconde étant désormais constituée par une revue. En 1929, le cabaret repasse entre les mains de Roger Ferréol, le « Napoléon des cabarets ». Il s'assure la collaboration du revuiste Rip et réexploite avec lui la formule des anciennes « Capucines » (opérette et comédie légère).

MOULIN ROUGE

Café-concert puis music-hall, place Blanche, Paris (1889-1947). Autrefois appelé Bal de la reine Blanche, le Bal du Moulin Rouge fut construit par Zidler et Joseph Oller. Ce n'était encore qu'une salle de danse populaire, dont l'attraction principale était constituée par le french cancan du Quadrille naturaliste, immortalisé par Toulouse-Lautrec. Vers 1900, l'on pouvait sortir de la salle de bal pour se promener dans un grand jardin ouvert l'été et garni de plusieurs pavillons : il y avait là « l'éléphant », acheté par Oller à l'Exposition universelle de 1889, où l'on

exécutait la danse du ventre, et le moulin, qui était un caf'conc' d'été. Oller, devant le succès de ce dernier, fit installer au fond de la salle du Bal un caf' conc' d'hiver ; y débutèrent Henri Dickson, Moricey, Max Dearly, Yvette Guilbert (alors costumée en nourrice et portant le nom de Nurse Valery) et... le célèbre Pétomane, dont l'art n'eut aucun rapport avec la chanson, mais beaucoup avec la « joie de vivre » de l'époque.
C'est sur sa scène que Max Dearly créa, avec sa partenaire Mistinguett, la « valse chaloupée » (1913). Détruit dans un incendie en 1914, il ne fut reconstruit qu'après la guerre. Rouvert en 1921, il se consacre alors aux revues à grand spectacle, dont les premières furent montées par Jacques-Charles ; on put y voir et y entendre Mistinguett, Jeanne Aubert, Elsie Janis et les Hoffmann Girls, ce bataillon de 18 Américaines dont les évolutions rappelaient que le terme revue était d'origine militaire. Puis, sous la direction de Foucret, le Moulin se transforme peu à peu en music-hall à attractions, avant de fermer peu après la Seconde Guerre mondiale.
Unique rescapé de la Belle Époque, le french cancan demeure la principale attraction du cabaret à grand spectacle, dirigé par Jean Bauchet puis par Jacki Clerico, qu'est le Moulin Rouge d'aujourd'hui.

MARCEL MOULOUDJI

Paris, 1922. Auteur-compositeur-interprète. De père maçon et de mère aide-ménagère, Mouloudji est un poulbot de Belleville qui vend des oranges. A 12 ans et demi, il est engagé par Marcel Carné pour son premier film. C'est ainsi qu'il aborde la carrière artistique qui sera extrêmement variée : il tournera enfant, puis adulte, notamment dans *Nous sommes tous des assassins* (1949), jouera diverses pièces de théâtre, en écrira, exposera ses peintures à Paris et à Alger, publiera des poèmes et des romans (dont un prix de la Pléiade en 1945, *Enrico).* Enfin, il sera, par ordre de fréquence, interprète, auteur et compositeur.
En 1950, il chante au Gypsy's pendant les changements de décor : Bernard Dimey, Boris Vian, Raymond Queneau et Jacques Prévert lui fournissent un répertoire qui s'enrichit peu à peu de ses propres œuvres *(le Mal de Paris, Méfiez-vous fillettes).* Grand Prix du disque 1953 avec *Comme un p'tit coquelicot* (R. Asso-C. Valéry), qui sera son plus grand succès avec *Un jour tu verras* (—G. Van Parys). En 1956, il chante *le Déserteur* (B. Vian) à l'Olympia ; on est en pleine guerre d'Algérie, la chanson est interdite sur les antennes, le disque

retiré du commerce. Un coup dur pour la carrière de Mouloudji, qui n'aura pas le temps de s'en relever avant le déferlement de la vague yé-yé... Il faudra dix ans pour le voir réapparaître *(les Beatles de 40,* — G. Wagenheim). D'une ancienne chanson, toujours antimilitariste, du même Boris Vian (1952), il fait alors un succès en 1971 *(Allons z'enfants).* C'est sa revanche. Les temps ont changé, lui pas. Prix Charles-Cros 1974, l'ancien goualeur de *la Complainte des infidèles* (S. Guitry-G. Van Parys) est revenu avec sa voix fêlée *(Comme une chanson de Bruant),* juste un peu plus mordante *(Comme le dit ma concierge, J'ai mes papiers, Autoportrait)* dans des chansons signées le plus souvent avec Chris Carol. On croit toujours entendre par-derrière un orgue de barbarie. C'est le chantre d'un romantisme des faubourgs très pur, d'un musette très noble. Un musicien saute-ruisseau d'une espèce disparue : gosse de Paris qui aurait mûri, qui parle plutôt qu'il n'écrit, qui fait des élisions, emploie le « on » plus souvent que le « nous ». Un poète du pavé de la même race que les poètes du terroir, en accord parfait et tenace avec son décor.

NANA MOUSKOURI

Athènes (Grèce), 1936. Interprète. Commence très jeune à étudier la musique, puis entre en 1951 au conservatoire d'Athènes. En 1958, elle découvre le jazz, chante dans un orchestre et passe à la radio : elle est immédiatement chassée du conservatoire. Rencontre alors Manos Hadjidakis (compositeur de la musique du film *Jamais le dimanche)* qui lui écrit des chansons. En 1959 et 1960 elle remporte le premier prix du Festival de la chanson hellénique. Attaque alors l'Allemagne où son disque *Rose blanche de Corfou* se vend à 1 200 000 exemplaires, puis les États-Unis où elle fait avec Harry Belafonte 4 longues tournées, la France enfin où chacun de ses passages (Olympia, 1967 et 1969) est un succès.
Accompagnée par un orchestre grec (dirigé par son mari, Georges Petsilas), elle interprète d'une voix pleine de douceur et de nuances des chansons grecques *(To fengari inè kokkino),* allemandes, anglaises et bien sûr françaises *(Celui que j'aime,* ou encore des classiques de la chanson d'amour : *le Temps des cerises, Plaisir d'amour).* Couvrant un nombre incalculable de kilomètres, elle parcourt le monde avec ses bouzoukis et ses chansons. Un exemple de carrière internationale.

GEORGES MOUSTAKI

[Joseph Mustacchi] Alexandrie (Égypte), 1934. Auteur-compositeur-interprète. Études au lycée français d'Alexandrie. Vient à Paris en 1951 travailler dans l'édition. Journaliste, puis barman d'un piano-bar, il collabore avec Henri Salvador et Henri Crolla et, dès 1953, est chanté par Jacques Doyen, Catherine Sauvage, Irène Lecarte. Il passe lui-même à la Colombe, au Port du salut, au College Inn. Sa rencontre en 1957 avec Édith Piaf est décisive : il la suit en tournée aux États-Unis et lui écrit *Milord* (— M. Monnot). Il enregistre lui-même en 1960, sans succès, et se met en 1961 à l'étude de la composition musicale. Dix ans après Piaf, une deuxième consécration est donnée à son œuvre par Serge Reggiani, auquel il s'est en quelque sorte substitué pour écrire *Sarah* (« la femme qui est dans mon lit »), *Ma liberté, Madame.* Il a entre-temps été chanté par Juliette Gréco, Pia Colombo. En 1968, après avoir enregistré un duo inattendu avec Barbara *(la Dame brune),* il se fait entendre — seul enfin — sur les antennes *(Il est trop tard, Joseph).* C'est la troisième consécration. Le succès du *Métèque* est énorme. La barbe hirsute, les yeux bleus, la voix douce et le côté oriental de Moustaki ont conquis le public. *Nous avons le temps, Bahia,* témoignent de l'apparition du Brésil dans ses sources d'inspiration tandis qu'*Alexandrie* marque au contraire la permanence de ses origines : empruntant aussi à la musique grecque, au folk-song, Moustaki a su se créer un univers musical attrayant derrière une apparente monotonie mélodique. La séduction du personnage, métèque de légende, fait le reste.

MUSIC-HALL DU MARAIS

→ Pacra (concert).

GUSTAVE NADAUD

Roubaix, 1820-Paris, 1893. Auteur-compositeur-interprète. D'une famille de marchands, il touche d'abord aux tissus paternels puis abandonne Roubaix pour Paris et le tissu pour la rime. Auteur prolifique (romans, opéras, poèmes, chansons), se définissant lui-même comme « modéré, très modéré », il a les faveurs du second Empire et sera le premier chansonnier à être décoré à ce titre de l'ordre national. Spirituel, aimable, il écrit (paroles et musique) des chansons légères et amusantes. *Le Roi boiteux*, *Adèle*, *le Docteur Grégoire*, témoignent des différentes tendances de son œuvre, mais c'est surtout *Pandore ou les deux gendarmes* que la postérité a retenu :

> Brigadier, répondit Pandore,
> Brigadier, vous avez raison.

Ajoutons que le très conservateur Nadaud fut le principal instrument de la publication du recueil de chansons du communard Eugène Pottier *(Quel est le fou ?*, 1884*)*, ce qui est tout à son honneur.

NANTES

Chanson, par. et mus. Barbara (1965). Ce rendez-vous funèbre dans une ville pluvieuse et inconnue est une sorte de suite à *Dis, quand reviendras-tu ?* qui présentait déjà l'homme aimé comme un voyageur insaisissable et un éternel absent. Ici, son identité reste ambiguë jusqu'au dernier couplet qui, nous apprenant qu'il s'agit d'un père, apporte brusquement une dimension autobiographique à une œuvre peu banale : l'événement y est relaté chronologiquement, sans que soit utilisé aucun mode de répétition habituel à la chanson, sinon un rythme de valse lente interrompue et reprise sur des tons différents.

MARIE-JOSÉE NEUVILLE

[Josée de Neuville] Paris, 1938. Auteur-compositeur-interprète. La révélation de l'année 1955. Lycéenne (elle préparait son baccalauréat), fraîche et naïve, elle proposait des chansons où se reconnaissait la jeunesse : la camaraderie, la famille, les amours juvéniles étaient au centre d'*Une guitare, une vie,* de *Gentil camarade,* du *Petit Danois,* sortes de pages de journal intime mises en musique. Mais « la lycéenne de la chanson », dont les nattes (que son contrat lui interdisait de couper) firent merveille, a joué parfois sans le savoir sur un registre plus trouble *(le Monsieur dans le métro,* 1956) et, comme le souligne L. Rioux, s'est peut-être attiré aussi un public de candidats aux ballets roses. Quoi qu'il en soit, devenue femme, elle n'a plus intéressé le show business et, si elle continue aujourd'hui d'écrire ou de préparer des émissions de télévision, elle a, semble-t-il, définitivement quitté le music-hall à 20 ans.

NICOLETTA

[Nicole Grisoni] Vongy (Haute-Savoie), 1944. Interprète. L'histoire de son enfance et de son adolescence a été rapportée abondamment par la presse (orpheline, placée en foyer de liberté surveillée, puis au Bon Pasteur, enfin renvoyée à sa grand-mère avec la mention « irrécupérable ») : elle en fait un des atouts de son jeu. L'autre, c'est sa voix : pas très puissante, mais d'une tessiture exceptionnelle. Engagée par Barclay, où elle est prise en main par Léo Missir, elle est livrée pendant un an aux « gens du métier », qui travaillent à mettre au maximum en valeur son instrument vocal. Le résultat, c'est *la Musique* (A. Gregory-B. Mann, 1968), *Il est mort le soleil* (P. Delanoë-H. Giraud, 1968), *Ma vie c'est un manège* (A. Gregory, Y. Dessca-L. Reed, J. Worth, 1970), *Mamy blue* (H. Giraud, 1971). Le public marche. Puis, malgré quelques percées *(Fio Maravilla,* adaptation du succès de Jorge Ben, *les Volets clos)* et de bonnes prestations scéniques (Olympia, 1975, Bobino, 1979), la carrière de Nicoletta connaît une certaine stagnation. C'est que, entre la chanteuse de rythm' and blues, genre qu'elle affectionne, et la chanteuse réaliste, côté où l'attendait un vaste public, elle n'a pas su, ou pas voulu, choisir.

LES NOCTAMBULES

Cabaret, rue Champollion, Paris (1894-1939). En 1892 s'ouvre un café chantant, Chez Chopinette, qui, repris deux ans plus tard par Martial Boyer, devient les Noctambules. Xavier Privas, Marcel-Legay, Jules Mévisto y chantent le vendredi soir. Les séances sont ensuite étendues au week-end puis à toute la semaine. L'endroit devient très vite célèbre et Jean Bastia peut écrire : « Qui connaîtrait Champollion s'il n'existait les Noctambules ? » C'est en effet Montmartre qui descend au quartier Latin, avec Paul Delmet, Vincent Hyspa, Jules Jouy, et amorce ainsi (avec le Procope qui a aussi lancé la chanson rue de l'Ancienne-Comédie) un renversement total dont nous voyons aujourd'hui le résultat : les cabarets qui, il y a soixante-quinze ans, se trouvaient pratiquement tous sur la Butte se trouvent maintenant presque tous sur la rive gauche. Martial Boyer reste le maître des lieux, fidèle au poste, jusqu'en 1937, date à laquelle il cède les Noctambules à Maurice Roget.

LÉO NOËL

1914-1966. Interprète d'un style de chanson poétique populaire *(le Piano du pauvre, Paris-canaille)*, il est découvert par Agnès Capri et débute à la Gaîté-Montparnasse en 1945. A la fondation de l'Écluse, il devient le « patron » de l'établissement, et y chante Francis Lemarque, Francis Carco, Pierre Mac Orlan en s'accompagnant à l'orgue de barbarie. Il meurt accidentellement en 1966.

NOËL-NOËL

[Lucien Noël] Paris, 1897. Auteur-compositeur-interprète et chansonnier. Ancien employé à la Banque de France, il débute aux Noctambules en 1920 en s'accompagnant lui-même au piano. Il passera au Moulin de la chanson, à la Lune Rousse, au Théâtre de dix heures et dans tous les cabarets de Montmartre avant d'être la vedette de l'A.B.C. (1940). Comme interprète, il tire parti de son trac de la meilleure façon possible : en l'avouant, en l'intégrant à son personnage de malchanceux, d'amoureux timide, d'incompris *(le Gaffeur*, et le héros d'une revue de 1926, *Adémaï)*. Il trouve son inspiration dans les petits faits de la vie quotidienne *(le Coiffeur, Chez le photographe, l'Album de famille, la Soupe à Toto)* et en tire une philosophie souriante. Mais il peut aussi donner dans la satire féroce, au second degré *(la Valse industrielle, Réception mondaine)*. « Noël-Noël porte en lui, écrit un journaliste, le fardeau précieux d'une enfance qui ne veut pas mourir et ne cesse de balbutier des saines et grandes vérités. » Des vérités qu'il saura assener sur la tête de l'occupant en 1941 avec l'air le plus candide. Parallèlement à son activité de chansonnier, il a fait, à partir de 1931, la carrière que l'on sait au cinéma.

JEAN NOHAIN

[Jean-Marie Legrand] Paris, 1900-1981. Auteur. Il commence à écrire pour les enfants sous le nom de Jaboune. Fils du poète Franc-Nohain, auquel il empruntera son second pseudonyme, il apprend le métier d'avocat, qui ne lui plaît guère, mais qu'il poursuit néanmoins jusqu'à l'âge de 35 ans, malgré ses premiers succès d'auteur de chansons en 1930 *(Couchés dans le foin* à la suite d'une collaboration engagée — et poursuivie — avec Mireille). Jean Nohain se refuse à écrire du « triste ou du prétentieux » et c'est ainsi qu'il devient sans l'avoir voulu, en compagnie de Jean Tranchant, de Mireille, de Pills et Tabet, le pionnier d'une révolution dont Charles Trenet sera le héros. Il s'agit d'un nouveau genre de création : tandis que des soupçons de jazz viennent remplacer la valse-rengaine, la chanson écrite devient une histoire qui s'inspire d'un quotidien ensoleillé, lui-même observé d'un œil malicieux : *Une demoiselle sur une balançoire, Quand un vicomte, le Vieux Château, Un petit chemin qui sent la noisette,* etc., racontent, au travers de sensations fugitives, des situations communes, auxquelles la musique fondamentalement descriptive de Mireille adhère parfaitement.
Inventeur des premiers jeux radiophoniques, Jean Nohain poursuit, parallèlement à sa carrière d'auteur, celle de réalisateur à la radio et à la télévision dès 1932 (« En correctionnelle », « Reine d'un jour », « 36 chandelles », etc.) ; spécialiste d'émissions enfantines, il y manifeste la bonhomie d'un grand-papa-gâteau. Il est également auteur d'opérettes *(Plume au vent)* et de Mémoires : *J'ai cinquante ans, la Traversée du XXe siècle.*

CLAUDE NOUGARO

Toulouse, 1929. Auteur-compositeur-interprète. Fils d'un chanteur lyrique, il débute dans le journalisme. Installé à Paris en 1953, il découvre la chanson d'auteur et fait ses premières armes dans la « confection sur mesure », pour des interprètes de composition (Philippe Clay, Marcel Amont). Il passe de l'autre côté de la rampe en 1962 : c'est le succès immédiat *(les Don Juan,* —M. Legrand ; *Une petite fille,* —J. Datin ; *Cécile, ma*

fille, —J. Datin), le passage à l'Olympia (en américaine, 1964), à Bobino (en vedette, 1965). Puis il connaît un passage à vide. Entouré de musiciens de jazz, Maurice Vander, Eddy Louiss, il repart à la conquête d'un public : ses récitals à l'Olympia (1969, 1974, 1977, 1979, 1981), comme ses apparitions régulières au hit-parade *(Dansez sur moi,* —N. Hefti ; *Brésilien,* —J.-C. Capinan, G. Gil ; *Ile de Ré,* —G. Pontieux, C. Nougaro ; *Tu verras,* —C. Buarque), permettent de mesurer son audience nouvelle, sa stature de « phare » de la chanson.
Lancé au plus fort de la vague yé-yé, et d'abord identifié à elle, Nougaro dut intéresser le public à sa recherche. Car c'est bien ainsi qu'il faut entendre son entreprise : donner ou redonner aux mots une vertu magique, leur restituer leur force initiale en les catapultant dans un espace nouveau, la chanson. Les images peuvent être prosaïques, le jeu de mots est rarement exsangue, quand il respire musicalement. Mais l'impact de son chant tient d'abord à la richesse harmonique de la voix, au sens du phrasé de l'interprète, à la référence constante à l'univers du jazz (rythmique, effets de syncope, onomatopées), étendu plus tard à la musique brésilienne, et cela, même lorsqu'il adopte une forme traditionnelle : « Pour moi, jazz et java, c'est du pareil au même » *(le Jazz et la Java,* —J. Datin, sur un thème de J. Haydn). Il y a enfin l'originalité de son écriture : construction analogue au montage cinématographique, épousant le choix rythmique, pratique systématique du jeu de mots compris comme viol des mots, tentative désespérée d'échapper à leur fatalité :

> Le dernier batteur avait le rythme dans l' sang
> sur la chaise il fit trois p'tits sauts
> oh Singsing oh Singsing
> ta chanson chauffe un peu trop.
> *(Singsing,* —O. Brown Jr, N. Adderley.)

Les thèmes qui apparaissent dans l'œuvre de Nougaro permettent de cerner un nombre limité d'obsessions : l'érotisme, la mort, la difficulté d'être du couple. Elles sont mises à nu, révélées dans et par l'événement : la mort d'une star *(Chanson pour Marylin,* —J. Datin), la naissance *(Splaouch,* —M. Legrand), la paternité *(Chanson pour le maçon,* —J. Datin, en hommage à J. Audiberti, son père en poésie ; *Pablo,* —M. Vander, C. Nougaro), un événement politique *(Paris Mai).* Mais le révélateur par excellence, c'est la femme — mère, épouse, amante. La chanson devient alors célébration de l'Ève éternelle et, à travers elle, du désir de l'homme : tentative d'exorcisme pour qui aspire à réintégrer le paradis perdu :

Je suis un petit taureau
mais moi, en plein soleil,
j'entrerai dans l'arène
la reine des abeilles.
(Petit taureau,
— F. Dalone, C. Nougaro.)

Bonifiée par les ans, et classique déjà, assurément une des *œuvres* de la chanson française.

NUIT ET BROUILLARD

Chanson, par. et mus. Jean Ferrat (1963). Le premier mérite de cette chanson est d'avoir su échapper aux poncifs du sentimentalisme facile qui la guettait. En dehors même du sujet (les camps nazis) et des motivations de Ferrat (une partie de sa famille a été déportée), la chanson revêt une singulière importance dans l'œuvre de son auteur et, peut-être, dans la chanson de son temps. Un refus de *dire,* tout d'abord, de louer ou d'insulter, mais une description à ras de texte qui rappelle les meilleurs moments de Sartre et qui appelle une analyse stylistico-linguistique : « Ils se croyaient des *hommes,* n'étaient plus que des *nombres* » (Ferrat). « Il n'y a pas si longtemps, la terre comptait deux milliards d'habitants, soit cinq cent millions d'*hommes* et un milliard cinq cent millions d'*indigènes* » (Jean-Paul Sartre, préface aux *Damnés de la terre* de Frantz Fanon). Dans les deux cas, une sorte de mensonge qui, par le rapprochement éclair (homme/nombre, homme/indigène), révèle le mensonge premier, celui du langage quotidien. Il y a là une direction peut-être, un moyen de rompre le cercle vicieux dans lequel s'enferment ceux qui veulent, au moyen du langage, critiquer une idéologie qui est précisément transmise par le langage et qui le transforme.
Mais la chanson est aussi une déclaration de principe :

Je twisterai les mots
s'il fallait les twister
pour qu'un jour les enfants
sachent qui vous étiez.

Face à ceux qui affirment

Que ces mots n'ont plus cours
qu'il vaut mieux ne chanter
que des chansons d'amour,

elle opte pour le combat quotidien dans ce qui, par conséquent, devient autre chose que la chansonnette.

ROBERT NYEL

Grasse (Alpes-Maritimes), 1930. Auteur-compositeur-interprète. Peintre, poète, commerçant à Grasse, il gagne les bords de la Seine et se reconvertit dans la chanson (1956). Travaillant avec Gaby Verlor, il écrit pour Robert Ripa *(Si à Paris),* Bourvil *(Ma p'tite chanson),* Juliette Gréco *(le Petit Bal perdu).* Chante à la Méthode, puis enregistre en 1960 *Magali,* qui aura un grand succès (elle sera interprétée également par Robert Ripa, Gloria Lasso, Maria Candido). Puis c'est le reflux. Robert Nyel continue d'écrire *(Déshabillez-moi,* —G. Verlor, pour J. Gréco) mais sans retrouver l'audience de *Magali.*

O'DETT

[René Goupil]. Interprète et chansonnier. A fait tous les métiers avant de débuter chez Bob et Jean, où il chante *Couchés dans le foin*. Ouvre un cabaret, le Fiacre (1934), où on entendra Fréhel, ainsi que Charles et Johnny. A la fois camelot, travesti, changeant dix fois de costume au cours de la soirée, et « farceur » (sa manière de houspiller le spectateur qui arrive en retard fait penser à Rodolphe Salis ou à Aristide Bruant), O'dett tentera d'importer au cabaret l'esprit des tréteaux. Ayant fait l'apprentissage du music-hall au Casino de Paris (1938), il montera en 1945 une revue « cabaretière » à grand spectacle à l'Étoile : à la fin du spectacle, il fait chanter *les Moines de la Saint-Bernardin* aux spectateurs. On le verra par la suite dans plusieurs cabarets.

MARC OGERET

Paris, 1932. Compositeur-interprète. Mécanographe et apprenti comédien, il met en musique Marc Alyn et Pierre Seghers, se produit chez Agnès Capri, à la Colombe, et fait le tour de la rive gauche. Bobino 1965, prix Charles-Cros 1962 et de l'Académie de la chanson (1963), il participe aux jam-sessions de Luc Bérimont. Parmi ses enregistrements, on remarquera *Ogeret chante Aragon* et les disques illustrant un thème comme *Autour de la Commune*, *Ogeret chante Bruant*, *Chansons de la marine*, etc.

JOSEPH OLLER

Terrassa (Espagne), 1839-Paris, 1922. Directeur de salles. L'inventeur, en France, du music-hall. Il avait le don de la trouvaille commerciale, du « truc » à effet. D'ailleurs que n'a-t-il inventé ou introduit en France : le pari mutuel, le journal pour turfistes, la piscine couverte, les chutes d'eau, les montagnes russes, et l'on en passe. Il ouvrit, boulevard des Italiens, le premier music-hall des Boulevards : les Fantaisies-Oller (1875), transformées en Théâtre des nouveautés en 1878. Puis il introduisit le tour de chant au Nouveau Cirque (rue Saint-Honoré) : Kam-Hill notamment y chanta à cheval. En 1889, il ouvrit le Moulin Rouge et coupla ses programmes avec ceux d'un caf'conc' sélect créé à l'emplacement du Pavillon de l'Horloge, le Jardin de Paris (1891). Enfin, en 1893, il fit bâtir l'Olympia sur le terrain libéré par la destruction de ses « Montagnes russes ». « Mais Oller, s'il était un génie créateur, se désintéressait de son œuvre quand elle était terminée : organiser, monter une nouvelle affaire le passionnait, la diriger l'ennuyait très vite » (Jacques-Charles). Il finit par céder toutes les salles qu'il possédait.

L'OLYMPIA

Music-hall, boulevard des Capucines, Paris. Construit par Joseph Oller sur l'emplacement occupé par les Montagnes russes en 1893, il est dirigé de 1898 à 1911 par les frères Isola, qui consacrent leur salle presque exclusivement aux attractions. Puis, pendant trois ans, sous l'impulsion de Jacques-Charles, de brillantes revues y sont montées, menées au succès par Régine Flory, Louise Balthy, Polaire, Jane Marnac, Max Dearly, Fragson. Fermé à la déclaration de guerre, il est repris par Raphaël Beretta puis, de 1918 à 1928, par Paul Franck : tout en maintenant les traditionnelles attractions, ce dernier met désormais au premier plan la chanson. Il eut le mérite, non seulement de faire défiler sur la scène de l'Olympia tous les grands noms du tour de chant, d'Yvonne George à Fortugé et de Damia à Fréhel, mais aussi de donner leur chance à de jeunes chanteuses, telles Lucienne Boyer, Marie Dubas et Raquel Meller, qu'il révéla au public français. Cependant, la salle des Capucines était loin d'occuper la place éminente qui est aujourd'hui la sienne dans la hiérarchie des music-halls parisiens, et les contrecoups de l'essor du cinéma contraignirent son dernier directeur, Fouilloux, à la fermer. De 1929 à 1954, elle fut vouée au 7e art. Cette année-là, l'auteur-compositeur Bruno Coquatrix, peut-être désireux de reprendre le flambeau abandonné par l'A.B.C., la rouvrit pour la placer résolument sous le signe de la chanson. Dans son premier programme, il accueille, non sans dégâts, un certain Gilbert

Bécaud : sa réputation de consacreur de vedettes date de ce moment-là. Désormais, figurer en lettres de feu sur le fronton du « premier music-hall d'Europe » (plus de 2000 places, un équipement de premier ordre) signifie, pour le chanteur, toute une opération promotionnelle à laquelle concourent radios, télévision, éditeurs et marques de disques. Mais la politique de la tête d'affiche qui « remplit la salle » a ses contraintes : amenée à se conformer à la mode du moment, elle laisse peu de latitude pour la découverte, l'essai, et Bruno Coquatrix, qui avait ouvert les premières parties à de jeunes espoirs comme Béa Tristan, ou à des chanteurs encore inconnus en France comme Charlebois, ne fut pas toujours suivi par le public venu pour la vedette. Ce n'est guère que le jour de relâche, le lundi, que l'Olympia offre à de jeunes étoiles (ou à des vedettes étrangères peu connues en France) la possibilité de jeter leurs premiers feux : Gilles Vigneault ou Michel Jonasz, parmi bien d'autres, purent ainsi attirer l'attention et ouvrir la voie à leur programmation régulière. Il est vrai également que la concurrence du Palais des sports et du Palais des congrès eut pour effet d'alléger la pression exercée sur l'Olympia. Quoi qu'il en soit, le music-hall fait désormais partie du paysage parisien, et ses grandes heures (les marathons de Gilbert Bécaud et de Charles Aznavour en 1963 et 1962, les rentrées d'Édith Piaf en 1961, de Charles Trenet en 1971, les tours de chant de Jacques Brel en 1964, de Johnny et Sylvie en 1967, les spectacles de Michel Fugain, avec ou sans Big Bazar en 1974, 1976 et 1978, etc.) sont autant de dates dans l'histoire de la chanson d'après la guerre. Après la disparition de Bruno Coquatrix, la relève fut assurée par sa fille Patricia et par Jean-Michel Boris.

MARIANNE OSWALD

[Marianne Colin] Sarreguemines, 1903. Interprète. Allemande chassée de sa patrie par l'avènement du IIIe Reich. Ancienne chanteuse de cabaret à Berlin (1925), elle gagne Paris, et le Bœuf sur le toit (1933) où elle interprète les chansons de B. Brecht-K. Weill : *la Complainte de Mackie, la Fiancée du pirate...* Avec Marianne Oswald l'expressionnisme allemand fait son entrée dans la chanson française : une crinière flamboyante sur une robe sombre, une voix de gorge rauque et brute, une diction particulière dont le pouvoir est renforcé par des consonances germaniques, une expression tour à tour tendre et torturée. Au Bœuf sur le toit, on prend feu : Cocteau lui écrit *Anna la bonne*, et *la Dame de Monte-Carlo* (1934),

« chanson parlée », Kosma met en musique *Embrasse-moi* de Prévert, et Maurice Yvain *le Jeu de massacre* de Henri-Georges Clouzot. Où qu'elle passe, Folies-Wagram (1933), Alcazar (1934), la faune du Bœuf suit et soutient sa « Passionnaria ». Elle en a besoin : la critique professionnelle et, *a fortiori,* le grand public, dépaysés, ne suivent pas. Des motifs politiques doublent les jugements esthétiques, la presse de droite parle d'affront au goût français, et Paul Achard stigmatise son « physique de déchéance ». Mais peu à peu Marianne Oswald, qui continue à se produire au cabaret (Noctambules, Deux Anes) et au music-hall (A.B.C., Bobino), modifie, humanise son jeu. A la Libération, elle se consacre au cinéma et à la télévision. Bien que limitée aux milieux intellectuels et artistiques, l'influence de Marianne Oswald a été certaine : par l'audace dont elle fit preuve dans le choix des textes, par son jeu de scène, elle a fait passer un frisson nouveau dans la chanson. Les artistes de Saint-Germain-des-Prés en recueillirent les fruits.

ÉLOI OUVRARD

Bordeaux, 1855-Bergerac, 1938. Auteur-compositeur-interprète. Connu pour être l'inventeur du genre « comique troupier » (1877), qu'on appelait alors « pioupiou », il lança la mode de l'uniforme sur scène, qu'il eut l'autorisation de porter à partir de 1891. Auteur de près de 800 chansons, troupières *(l'Invalide à la tête de bois),* mais aussi paysannes *(la Machtagouine),* son premier genre, et grivoises, il réjouissait le public par son jeu de mains et par sa manière de rythmer la musique en entrechoquant les genoux. Il quitta la scène en 1911.

OUVRARD FILS

[Gaston Ouvrard] Bergerac, 1890. Auteur-compositeur-interprète. Malgré l'opposition paternelle, il monte sur les planches (1909), et commence... par suivre les traces de son père. Après la guerre, il quitte le pantalon garance pour le bleu horizon. Comprenant que les genres imposés par le caf'conc' ont fait leur temps, il adopte le smoking (1928). Doué d'un talent assez proche de celui de son père, il mit à profit sa diction remarquable pour se spécialiser dans des refrains de volubilité. On retiendra : *Mes tics, Je n'suis pas bien portant* et *l'Escouade à Balautrou.* En 1970 et 1971, il réussit un étonnant « come-back », en débitant ses refrains, égal à lui-même, à l'Olympia et à Bobino.

CONCERT PACRA

Café-concert puis music-hall, boulevard Beaumarchais, Paris. Modeste concert de quartier, cette salle de bal porta d'abord le nom de Grand Concert de l'Époque. Dirigée un moment par Aristide Bruant (1899), elle est prise en main par Ernest Pacra, fils de Jules Pacra, en 1905. Transformée, elle prend le nom de Chansonia en 1908. En 1925, Mme Pacra la rebaptise Concert Pacra. Jusqu'en 1962 on y monte des spectacles fidèles à l'esprit du music-hall : attractions et tours de chant. En 1962, Pierre Guérin, directeur de Bobino, le transforme en Théâtre du Marais, puis G. Sommier en Music-hall du Marais. Cette petite salle circulaire, inconfortable pour les artistes mais où il est facile de susciter une atmosphère bon enfant, en prise directe sur le public, a servi de tremplin à plusieurs générations d'artistes débutants : Barbara, Brassens, en furent les locataires. Dans le même esprit, des artistes à la recherche d'un second souffle ou en fin de carrière venaient s'y refaire une notoriété (Patachou, Georges Ulmer). En 1968, Pacra fut le quartier général des artistes de variétés participant au mouvement de mai-juin.

JOSÉ PADILLA

Almeria (Espagne), 1889-Madrid, 1960. Compositeur. Espagnol, sa carrière en France est liée à celle de Raquel Meller pour qui il compose *El Relicario* (— L. Boyer, P. Chapelle) et *la Violetera* (— A. Willemetz, Saint-Granier). Sa seconde grande interprète sera Mistinguett qui créera ses chansons dans les revues du Moulin Rouge et du Casino de Paris (dont il devient le chef d'orchestre) : la célèbre *Valencia* (créée en Espagne par Mercedes Seros), *Fleur d'amour* (— A. Willemetz, Jacques-Charles, 1924) et *Ça c'est Paris* (1925).

HERBERT PAGANI

Tripoli (Libye), 1944. Auteur-compositeur-interprète. De parents juifs hispano-berbères, il connaît une enfance solitaire et trimbalée à travers l'Europe, de pension en pension. Fixé à Milan, il y débute, aidé par Annalena Limentari, dans des adaptations personnelles de Brel, de Ferré, de Piaf... Adopté par le parti communiste italien, il est interdit d'antenne *(L'Albergo d'ore,* traduction des *Amants d'un jour,* passant en particulier pour « pornographique »). Les Italiens du Nord pourront néanmoins l'entendre sur Radio Monte-Carlo où il anime pendant cinq ans une émission. Enfin, il s'installe définitivement en France où il enregistre grâce à Claude Dejacques. Son personnage d'émigrant italien, chaleureux et tendre, son interprétation lyrique et ses musiques emphatiques, promues par Europe 1, ont tout de suite du succès *(Concerto d'Italie, Mon Sud,* 1971, *Chez nous,* 1972, *la Bonne Franquette,* 1974). Sur scène (Théâtre de la Ville, 1972) il fait, en pull-over d'arlequin, de la chanson-théâtre, avec montages et projections de ses peintures. Le goût du fantastique que l'on y trouve lui inspire également *Mégalopolis,* opéra à une personne (1972, Chaillot, 1975, Bobino, 1976). Puis il prend parti : pour le sionisme *(l'Étoile d'or)* mais pour la gauche (l'*Hymne* du parti socialiste) et... contre le commerce dont il est l'objet *(le Show-biznesse,* 1978). Il se laisse alors solliciter par ses autres formes d'expression (peinture, littérature).

LA PAIMPOLAISE

Chanson, par. Théodore Botrel, mus. Émile Feautrier (1895). Créée par son auteur au cabaret et par Mayol au caf'conc' (Concert parisien), cette chanson n'a pas cessé d'être chantée depuis lors : elle rapportait encore des droits d'auteur en 1969 ! Présentée comme « chanson des pêcheurs d'Islande », elle est le type même de la pseudo-chanson folklorique : musique, archaïsme des tournures (« Je serions bien mieux à mon aise »), couleur locale du sujet, tout concourt à en faire une chanson plus bretonne que nature. Le traditionalisme de la thématique (Dieu, travail, patrie) a été accentué par les modifications opérées par l'auteur au cours des années, ainsi : « les draps tirés jusqu'au menton » remplacé par « devant un joli feu d'ajoncs ». Sans oublier « la peau de la Paimpolaise » remplacé par sa coiffe : dans ce cas cependant, la modification a été demandée par Mayol pour éviter un vilain jeu de mots. Qu'elle ait pu défier le temps et les modes témoigne de la solidité et de la simplicité de sa construction, mais aussi de la force d'une imagerie que le public a été habitué à ratifier.

PALACE

→ Éden-Concert.

PALAIS DES CONGRÈS

Salle de spectacles, porte Maillot, Paris. Inauguré en 1974, l'immense auditorium du complexe de la porte Maillot a d'emblée choisi son créneau en programmant, comme premier locataire, Serge Lama : une vedette de premier plan, capable de drainer le public populaire (qui a loué à l'avance sa place dans les agences et les comités d'entreprise) durant plusieurs semaines, sinon plusieurs mois. Outre Lama, le Palais des Congrès accueillera ainsi Sylvie Vartan (1976, 1977, 1978), Julien Clerc (1978, 1980), Robert Charlebois (1979), Michel Sardou (1978, 1981), l'opéra-rock *Starmania* (1979), Chantal Goya, ainsi qu'une pléiade de vedettes étrangères.

PALAIS DES SPORTS

Salle de spectacles, porte de Versailles, Paris. C'est l'avènement du rock puis de la pop musique qui fit entrer la chanson dans cette arène où l'on vénérait jusque-là plus volontiers les cordes du ring que les cordes vocales. Entre une prestation des Chœurs de l'Armée rouge et une tournée des Harlem Globe Trotters, elle a ainsi accueilli les grands shows hallydiens, de 1967 à 1977, Jean Ferrat (1970), Maxime Le Forestier, Julien Clerc (1977), Bernard Lavilliers (1980), ou encore la comédie musicale *la Révolution française* (1973). Si, pour certains chanteurs, tels Ferrat ou Le Forestier, il s'agissait surtout de rompre avec le circuit classique du tour de chant pour imposer des tarifs d'entrée en harmonie avec leur conception du spectacle et d'utiliser un cadre plus conforme à leur audience que celui de l'Olympia, pour des showmen comme Hallyday ou Lavilliers, le Palais des sports est l'occasion d'exploiter les possibilités techniques offertes par la salle (800 phares et 3 écrans géants pour le spectacle Hallyday en 1967) et d'offrir une fête de la lumière et du son propre à mettre en valeur la vedette.

FÉLIX PAQUET

Lille, 1906-Divonne-les-Bains, 1973. Interprète. De genre fantaisiste, il débute à la Fourmi, place Pigalle, en 1930, et fait pendant dix ans les levers de rideau de Bobino, l'Européen, l'Alhambra avant d'obtenir la vedette. A partir de 1935, date à laquelle il devient le partenaire de Mistinguett aux Folies-Bergère en remplacement de Fernandel, il se fait un nom dans la revue et l'opérette. Son grand succès : *le Refrain des chevaux de bois* (1936). Après la guerre, avec sa femme, il se plaça au service de Maurice Chevalier ; il ne survécut pas à la disparition de ce dernier et se suicida quelques mois après sa mort.

PARISIANA

Café-concert, boulevard Poissonnière, Paris (1894-1911). Il fut un des plus courus de la Belle Époque (après la Scala et l'Eldorado). D'abord bazar, il fut transformé par De Basta en théâtre en rond. La salle était confortable, avec promenoir et balcon, mais la scène avait des possibilités techniques restreintes, les machinistes devant travailler à plat ventre. Pour attirer la clientèle, De Basta inventa la formule « entrée libre » avec consommations à l'intérieur. Malgré cette astuce, qui allait connaître un grand succès, il dut vendre son théâtre aux frères Isola (1897) qui firent venir Paulus en vedette et s'arrangèrent pour laisser croire au public qu'il était le directeur de la salle. Cette fois, l'astuce réussit, et les têtes d'affiche à la suite de Paulus furent nombreuses et célèbres ; citons Fragson, Bourgès, Ouvrard père, Mansuelle, Boucot. Les frères Isola engagèrent aussi beaucoup de jolies femmes, comme Anna Thibaud, Méaly, Félicia Mallet, Paula Brébion, Esther Lekain.
Cédé à Ruez en 1905, Parisiana allait se spécialiser, jusqu'à sa fermeture, dans la revue. Maurice Chevalier débutant créa la première d'entre elles, non sans avoir manqué d'être renvoyé par son auteur, Verdellet.

LES PARISIENNES

Groupe vocal formé en 1964, composé de Raymonde Bronstein (Lyon) qui cédera sa place à Viviane Chiffre (Paris) en 1971, Anne Lefébure (Nice), Hélène Longuet (Mantes-la-Jolie) et Anne-Marie Royer (Paris). Venues de la danse, elles sont patronnées par Claude Bolling *(Il fait trop beau pour travailler,*

F. Gérald-C. Bolling, 1964). C'est la « Parisienne » au sens un peu bête du terme, acidulée et conformiste, multipliée par quatre. Elles datent de l'époque de la femme stéréotype et ont eu le bon goût de disparaître avec elle.

PARLEZ-MOI D'AMOUR

Chanson, par. et mus. Jean Lenoir (1925). Un des plus grands succès de l'histoire de la chanson en France et aux États-Unis. Le Grand Prix du disque sera créé tout spécialement à l'intention de son interprète et créatrice Lucienne Boyer (1930). « Le *Parlez-moi d'amour*, qui est une romance assez plate, écrit Gérard Bauër, a répondu à un vœu que la foule portait en elle sans se l'avouer. » On peut y voir en effet la réponse au « cynisme » de la musique de jazz 1925, la revanche de tout un sentimentalisme bafoué qui se replonge avec délices dans le rythme lent et familier de la valse « à hésitation » :

Redites-moi des cho - ses tendres.

« Non, je ne dirai rien ! » répondaient à Lucienne Boyer les auditeurs contestataires ; pour les faire taire, celle-ci ajouta à son tour de chant *Parlez-moi d'autre chose.* S'il est vrai que l'on ne pourrait imaginer fin de couplet plus banale que celle-ci :

Je vous ai-ai-me

il faut signaler cependant que le texte est loin d'être aussi bêtifiant qu'on pourrait s'y attendre ; il est même relativement original par son côté désenchanté, son aveu conscient d'un besoin de supercherie qui aide les humains à s'élever au-dessus du réel :

Oh je sais bien
que dans le fond, je n'en crois rien.

Bref, un classique s'il en est que seul l'irrespectueux Boris Vian s'est permis de comparer, pour la musique, au *Bon Roi Dagobert*.

PARS...

Chanson, par. et mus. Jean Lenoir (1926). Elle fut le plus grand succès d'Yvonne George qui la créa à l'Olympia. Refusant l'économie de gestes de la traditionnelle « romancière », Yvonne George trouva dans le sujet prétexte à saynète et fit de cette romance somme toute assez banale un chef-d'œuvre dans lequel « sa voix sanglotante, ses avances, ses reculs, ses larmes et ses bras tendus créaient non seulement l'autre qu'elle renvoyait en le voulant garder, mais le décor de cet adieu ».

JEAN-CLAUDE PASCAL

[Jean Villeminot] Paris, 1927. Interprète. En mondain, l'ancien créateur de foulards chez Hermès et de modèles chez Dior s'est aventuré dans la chanson à la suite de ses succès de théâtre et de cinéma. Prix Eurovision en 1961, il devient un certain temps, grâce à son œil de velours et à sa prononciation caressante *(Nous les amoureux),* le charmeur numéro un des émissions de variétés télévisées.

PATACHOU

[Henriette Ragon] Paris, 1918. Interprète. Après avoir été dactylo, employée, commerçante, elle ouvre un cabaret-restaurant à Montmartre, Chez Patachou (1948), qu'elle lance en coupant les cravates de ses riches clients. Patronnée par Maurice Chevalier, elle devient rapidement une des premières chanteuses françaises et une des artistes de music-hall les plus appréciées. Héritière de l'art des diseuses début de siècle, une chanson est pour elle une histoire qu'on raconte enveloppée de quelques gestes stylisés. Pour ce faire, il faut un solide métier (mais n'a-t-elle pas été l'élève de Chevalier ?), de l'abattage, de l'humour, et un goût sûr dans le choix des chansons. Georges Brassens, qu'elle est la première à interpréter, et qu'elle poussera à chanter lui-même en le faisant passer dans son cabaret (1952), Guy Béart *(Bal chez Temporel),* Léo Ferré *(Nous les filles),* Charles Aznavour, Georges Van Parys *(la Complainte de la Butte),* Florence Véran, Emil Stern, Serge Gainsbourg sont les garants de la qualité et de la variété de son répertoire. La fidélité envers ses auteurs, une certaine neutralité de l'interprétation l'empêcheront cependant de se hisser à la hauteur d'un personnage de la chanson. Elle se retirera de la scène au début des années 60, emportée par la vague yé-yé ; elle n'y reviendra que pour animer le restaurant-cabaret de la Tour Eiffel, ou pour donner une leçon de music-hall aux Variétés (1972).

PAULUS

[Paul Habans] Saint-Esprit (Pyrénées-Atlantiques), 1845-Saint-Mandé, 1908. Interprète. Chassé du collège pour avoir lancé un

encrier à la tête d'un professeur, il travaille très jeune (saute-ruisseau, employé d'une agence de loterie, etc.) tout en chantant dans certaines sociétés d'amateurs de Bordeaux. Engagé en 1863 dans la « troupe » de Lansade, une gloire locale, il entame une tournée qui commence et se termine à Oléron... En 1865, il est à Paris, chante à Romainville, puis au Concert du XIXe siècle et enfin à l'Eldorado (1868), « mes débuts véritablement sérieux », écrit-il. Mais il est congédié au bout de trois semaines, le trac le rendant incapable de donner toute sa mesure. Il est alors engagé par Lassaigne, dont il épousera plus tard la fille, au Jardin oriental de Toulouse où il chante *les Pompiers de Nanterre*. Passe ensuite à l'Alcazar de Marseille, revient à Toulouse (1869) où il s'attire des ennuis avec la censure : il chante *les Cocardiers*, grimé en Napoléon III.
De retour à Paris, il obtient un certain succès à l'Eldorado jusqu'en 1878. Son contrat rompu (après procès), il va à la Scala (octobre 1878) où il aura encore des ennuis : il insulte puis agresse un spectateur (décoré de la médaille militaire, belge de surcroît) qui lisait ostensiblement le journal durant son tour de chant ; Paulus est condamné à 50 francs d'amende. Il se lance alors dans les affaires (1880), mais ne tarde pas à faire faillite. Il revient à la chanson, crée au Concert parisien *les Statues en goguettes* de Delormel et Garnier. Associé à ces derniers, il se lance dans l'édition en petits formats du « répertoire Paulus », affaire dont il tirera d'importants bénéfices. En 1886 il quitte le Concert parisien, la rupture de contrat lui coûtant 30 000 francs, et va à la Scala dont le propriétaire accepte de payer le dédit.
Le 14 juillet 1886 il atteint la gloire par un coup de génie. « Je n'ai jamais fait de politique mais j'ai toujours guetté l'actualité », dit-il. Il profite en effet de la vogue du général Boulanger pour en faire mention dans une strophe, remaniée, de *En revenant de la revue* dont le succès fut énorme. Delormel et Garnier deviennent alors ses paroliers de prédilection. Il crée avec eux un journal, *la Revue des concerts* (premier numéro en mars 1887) où il donne libre cours à son caractère vindicatif. En 1891 il va chanter à New York son *Père la Victoire* (Delormel et Garnier-L. Ganne) et ses autres succès. En janvier 1892 il est à Londres. De retour en France, il achète Ba-Ta-Clan (où passeront des vedettes françaises — Aristide Bruant — et étrangères — le capitaine Cody, *alias* Buffalo Bill) puis l'Alhambra de Marseille. Il mettra moins d'un an pour faire faillite.
Se débattant dans d'énormes difficultés financières, il est forcé

de poursuivre sa carrière jusqu'en 1903 et n'échappe (relativement) à la misère que grâce à la représentation de retraite organisée par Fursy et le journal *le Figaro.* De nombreuses vedettes s'y produisent : Mayol, Fragson, Dranem, Galipaux, Yvette Guilbert, etc.
Première vedette à avoir atteint d'énormes cachets (400 francs par représentation en 1888, à l'époque des *Pioupious d'Auvergne),* première idole aussi, défrayant la chronique par ses dépenses et son faste, Paulus marque visiblement un tournant dans l'histoire de la chanson française : l'ère du vedettariat a commencé. Surnommé par le critique Francisque Sarcey « le gambillard », il se dépensait énormément sur scène, mimant, suant, soufflant. Sa voix enfin, célèbre, portait avec une extraordinaire vigueur. Paulus a écrit avant sa mort, avec l'aide d'Octave Pradels, ses Mémoires : *Trente ans de café-concert.*

PAUVRE MARTIN

Chanson, par. et mus. Georges Brassens (1953). Un des rares cas où Brassens chante le travail. Mais, comme dans *le Fossoyeur,* c'est le travail de l'homme malheureux, « pauvre Martin, pauvre misère », la lutte contre le temps, « creuse la terre, creuse le temps », et la victoire enfin de celui-ci et de sa complice la camarde : « dors sous la terre, dors sous le temps ». Il y a dans cette chanson de curieux échos socialistes, Martin étant l'archétype de l'homme exploité : « il retournait le champ des autres. » Mais le Brassens « désengagé » réapparaît cependant avec la soumission, « sans laisser voir sur son visage, ni l'air jaloux ni l'air méchant », et c'est finalement la société (ou le destin ?) qui l'emporte sur l'individu.

PAVILLON DE L'HORLOGE

→ L'Horloge.

ANDRÉ PERCHICOT

Bayonne, 1889-1950. Interprète. Séminariste, puis champion de France et d'Europe cycliste (1912). Sur les vel'd'hiv', il s'amusait à imiter Fragson. Blessé pendant la guerre, il raccroche son vélo et monte sur les planches. Plus renommé à Marseille qu'à Paris, jusqu'à la veille de la Seconde Guerre mondiale, il détaillera le couplet avec élégance et chaleur. *La Scottish espagnole* fut son principal succès.

LE PÈRE LA VICTOIRE

Chanson, par. Lucien Delormel et Léon Garnier, mus. Louis Ganne (1889). Le chef d'orchestre Louis Ganne en aurait vendu la musique, écrite sur l'air de la *Marche française*, pour 20 francs à l'éditeur. Paulus en fit un nouveau triomphe (1889) : l'Alcazar d'été où il passait dut donner ses représentations à bureaux fermés. Dédiée au « petit-fils du Grand Carnot », alors président de la République, la chanson met la gloire du chef des armées révolutionnaires au service de la Revanche :

> Soldats je revois
> Carnot décrétant la victoire :
> marchez à la gloire
> ... revenez triomphants.

Une seconde carrière s'offrit au succès de Paulus en 1914. Interprétée notamment par Bérard, elle fit dire à Édouard Herriot qu'« une chanson suffit au soldat français, pourvu qu'elle ait des ailes ».

PIERRE PERRET

Castelsarrasin, 1934. Auteur-compositeur-interprète. Prix du conservatoire de Toulouse. Révélé par un « Musicorama » (1959), il fait le tour des cabarets « rive gauche » en s'accompagnant à la guitare et obtient un premier succès du disque avec *Moi j'attends Adèle.* Deux ans de sanatorium au plateau d'Assy lui donnent le temps de trouver son inspiration personnelle : avec la joie de vivre du retour, il va forcer la dose bouffonne et son premier grand succès, *le Tord-boyaux*, sera révélateur d'un style d'humour féroce. Ses sujets, pris dans l'observation des faits réels, seront exagérés, caricaturés à plaisir *(les Jolies Colonies de vacances, les Postières).* La figure ronde et joufflue de l'auteur, son envie de rire fréquente et mal dissimulée ainsi que la truculence de ses rengaines (valses, tangos, paso-dobles) achèvent de le rendre, sur scène, irrésistible. Les spectateurs hilares reprennent en chœur *Tonton Cristobal* et les enfants des écoles, au besoin, apprennent les refrains à leurs parents *(la Cage aux oiseaux).* Autrefois comparé à Georges Brassens, Pierre Perret s'en est éloigné de plus en plus en abandonnant toute prétention poétique, mais non pas tout effet de style : il s'est fait une spécialité du faux proverbe (« il ne faut jamais remettre à demain ce qu'on peut faire... à quatre mains »), de la contrepèterie ou de ce qui y ressemble (« il vaut mieux être bouché à l'émeri que mourir à la boucherie»), du calembour gaulois («le sein le plus militariste est sûrement le saint-cyrien»), de la récupération d'argot populaire («t'as un châssis qui est une merveille, y'a même pas besoin d'une révision») ou, ce qui est plus créateur, d'une fabrication d'argot personnel :

Elle a les gambettes
Si bien fuselées
Que même les quenouilles à Marlène
A côté c'est du barbelé.

Tant que la gauloiserie reste le premier moteur de son tour de chant, Pierre Perret ne fait qu'hériter de toute une tradition de bastringue :

Elle avait des seins comme des violons
Et moi j'en jouais comme du piston.

C'est la continuation de : «Je lui fais pouet pouet...» et c'est ce qui explique en grande partie son succès. Cependant, dans cette tradition même, il peut apporter du nouveau *(le Zizi).* Lorsque la critique sociale l'emporte sur l'aspect scatologique *(A cause du gosse),* c'est déjà plus intéressant. Et quand enfin la tendresse s'y mêle *(Lily),* on trouve là le meilleur Perret.

LE PETIT CASINO

Café concert, boulevard Montmartre, Paris. Ouvert en 1893 et dirigé par E. Rey, puis pendant trente ans par Auguste Lucas, il se présentait comme une salle de théâtre, avec une tablette accrochée au dos de chaque fauteuil pour poser le bock ou l'eau-de-vie de cerise. Donnant chaque jour une matinée et une soirée, il accueillait un public de quartier particulièrement difficile, qui n'hésitait pas à brocarder les débutants malheureux. A cette rude école se révéla notamment Damia, tandis que Camille Stéfani, Gabriello et Pierre Dac réussirent à s'y faire adopter. Dernier caf'conc' de Paris à maintenir la tradition, il ferma ses portes en 1948 et fut remplacé par un cinéma.

PETIT PAPA NOËL

Chanson, par. Raymond Vincy, mus. Henri Martinet (1946). Une scène de *Destins,* film de Richard Pottier dans lequel jouait Tino Rossi, se rapportant à Noël, il fallut trouver une chanson d'atmosphère pour cette scène. Ainsi fut créée cette œuvre qui, plus de trente ans après, continue à se vendre à près de 100000 exemplaires lors des fêtes de fin d'année : au total, plus de 25 millions de disques vendus, dont 18 en France. Seul *White Christmas,* son équivalent américain, créé par Bing Crosby, le dépasse. Pendant laïque des « noëls » religieux, sa pérennité est un indice sur la charge de sacré dont continue à être investie cette fête : on ne fabrique pas encore de « tube » annuel sur le sujet de Noël.

LE PETIT VIN BLANC

Chanson, par. Jean Dréjac, mus. Borel-Clerc (1943). Créée par Michèle Dorlan au Petit Casino, enregistrée par Lina Margy, qu'elle lança, popularisée par les ondes, et même chantée aux États-Unis par Lucienne Boyer, cette valse populiste est certainement un des refrains les plus populaires de la chanson française contemporaine. Au demeurant d'une excellente facture, elle mêle les thèmes de la fête champêtre et de l'appel à la nature. Mieux qu'aucune publicité, elle aura contribué à répandre la légende de Nogent et de son petit vin.

LA PETITE TONKINOISE

Chanson, par. Henri Christiné, mus. Vincent Scotto (1906). La première version de cette chanson avait été écrite à la gloire de Marseille, et s'appelait *le Navigatore* (par. de Villard). La mélodie mi-napolitaine mi-corse trouvée par Scotto plut à Polin. Celui-ci en fit part à son parolier attitré, Rimbault. Mais, peu de temps après, c'est une autre version, signée par Christiné, qui parut ; et c'est elle qui atteignit le grand public, relança Polin et fit connaître Scotto. La chanson doit une bonne partie de son succès à l'orientalisme apparent de sa musique, certainement arrangée pour l'occasion par Christiné. Il est vrai que l'exotisme de banlieue a toujours été une des recettes pour « sortir » une chanson : et puis pour le petit-bourgeois IIIe République, qu'y a-t-il de plus « bourgeoise » qu'une Indochinoise, et de plus Tonkinoise qu'une Annamite ? Les refrains de caf'conc', à leur manière, auront fait prendre conscience aux Français des ressources de leur Empire. Reprise par Joséphine Baker trente ans plus tard, *la Petite Tonkinoise* aura souvent changé de peau au cours de son existence.

LES PETITS PAVÉS

Chanson, par. Maurice Vaucaire, mus. Paul Delmet (1891). Un des succès de son compositeur et interprète qui faillit pourtant étouffer dans les élans de son inspiration mélodique l'intention véritable d'un texte très subtil. Fredonnée par « des générations de jeunes filles pâmées » (M. Herbert) et reprise par les chanteurs de charme, cette romance, en effet, n'a pas au niveau des paroles la suavité que l'on attendrait d'elle, partant de la musique : son héros jette des pavés dans la fenêtre de sa bien-aimée (et projette de dresser des barricades contre les forces de l'ordre) après lui avoir écrasé la tête en murmurant :

Je t'aime je t'aime bien pourtant.

Il ne s'agit nullement ici de parodie, mais d'une chanson d'un « romantisme » extrême suggérant un immense désarroi intérieur, d'une nature différente et beaucoup plus authentique que le chagrin habituel de l'amoureux éconduit de nos chansons : celui-ci est plutôt un inadapté social ; il est décrit de l'intérieur, au bord de la folie, se heurtant férocement à un monde réel devenu monstrueux, jusqu'à l'impossibilité d'y vivre.

PÉTRONILLE TU SENS LA MENTHE

Chanson, par. Félix Mortreuil et Eugène Joullot, mus. Borel-Clerc (1906). « Chanson idiote » du répertoire Dranem : plus de 250 000 petits formats vendus. Le refrain est apparemment accessible à tous :

Pétronille tu sens la menthe
tu sens la pastille de menthe
tu sens la menthe pastillée
entortillée dans du papier
papier, papier, papier, mâché

Reste à en pénétrer le (les) sens. Dranem, à qui on peut faire confiance en la matière, déclarait : « La plupart des chansons fantaisistes ne donnent rien à la lecture. » Il faut donc se reporter à l'interprétation. Ajoutons cette autre déclaration du grand comique : « Le comique parisien est comme l'esprit de Paris. » Ce qui ouvre de vastes perspectives à la réflexion sociologique.

NICOLAS PEYRAC

[Jean-Jacques Tazartez] Saint-Brice-en-Coglès, 1949. Auteur-compositeur-interprète. Une enfance et une adolescence baladeuses, un séjour à Abidjan, où il écrit quelque 350 chansons, et des études de médecine l'ont fait aborder tardivement le monde du show business. Après une période de relatif insuccès, il est consacré, par la grâce d'une seule chanson *(So far away from L. A.)*, révélation de l'année 1975. Sans retrouver une audience équivalente, il confirme son succès les années suivantes, sur scène (Théâtre de la Ville, 1976, Olympia, en américaine en 1977, en vedette en 1979) comme sur disque *(Et mon père*, 1976, *Je pars*, 1977, *Mississipi River*, 1976). Une voix aux harmoniques riches, un physique de jeune premier romantique, une écriture et une thématique (le mal-amour, l'invitation au voyage) classiques, à mi-hauteur entre la confidence et le propos d'époque, composent une image séduisante de chanteur « qui rêve pour nous » (F. Jouffa), mais sans parvenir à nous faire rêver. C'est la clé de son succès, et sa limite.

PHILIPPE-GÉRARD

[Philippe Bloch] São Paulo (Brésil), 1924. Compositeur. Licencié en philosophie et prix de piano, solfège, harmonie, il ne se destinait pas du tout à la musique légère. Réfugié à Genève pendant la guerre, il y rencontre Francis Carco dont il met des poèmes en musique. Ceux-ci seront chantés d'abord par Renée Lebas et Germaine Montero, et repris plus tard par Juliette Gréco *(Gréco chante Mac Orlan*, Prix du disque 1958). Devenu producteur d'émissions de radio à la Libération, il crée un petit orchestre, « Philippe-Gérard et son ensemble », qui remporte le Grand Prix du disque en 1950. Sa carrière marque un tournant avec la rencontre d'Édith Piaf (pour qui il écrit *Pour moi toute seule* avec Flavien Monod) ; elle lui présente Yves Montand. C'est ainsi que naîtront *C'est à l'aube* (—F. Monod), *la Chansonnette* (—J. Dréjac), *Rengaine ta rengaine* (—J. Dréjac), etc. Philippe-Gérard compose également pour Eddie Constantine *(Un enfant de la balle*, —R. Rouzaud) et pour différents artistes en France et à l'étranger : il a été chanté à la fois par Frank Sinatra *(When the world was young*, traduction de la chanson *le Chevalier de Paris* écrite avec Angèle Vannier pour Piaf et qui, oubliée en France, connaîtra 117 enregistrements en Amérique) et par les Chœurs de l'Armée rouge *(Octobre*, —J. Dréjac). Compositeur de musiques de films *(le Rififi*, —J. Larue, créée par Lucienne Delyle), de musiques pour dramatiques télévisées, pour le théâtre, et d'indicatifs radio *(Cha-cha-cha du cœur*, repris par Jean Constantin), Philippe-Gérard est aussi producteur de radio et de télévision depuis 1962.

ÉDITH PIAF

[Édith Giovanna Gassion] Paris, 1915-1963. Auteur, interprète. Née dans le giron d'un flic sous un bec de gaz de la rue de la Villette, d'une mère goualeuse à Clichy, Anita Maillard dite Line Marsa, et d'un père acrobate de rue, Louis Gassion, elle est « élevée » successivement par deux grand-mères dont la seconde tient un hôtel de passe en Normandie. Aveugle à 8 ans, c'est « par miracle » qu'elle retrouve la vue en priant sainte Thérèse de l'Enfant-Jésus. Le curé du coin persuade le père d'éloigner sa fille des « respectueuses » et, à 12 ans, elle commence une vie errante, quêtant lors des exhibitions de Louis Gassion. Elle commence peu à peu à chanter dans la rue pour attirer le client et décide de prendre son indépendance à 15 ans. A 17, elle est mère d'une petite fille qui meurt deux ans après. Elle se retrouve bientôt à Pigalle, parmi les souteneurs et les prostituées. Louis Leplée, directeur d'un cabaret chic, le Gerny's, l'entend un jour dans la rue Troyon (1935) et l'engage sous le nom de « la môme Piaf ». Il sera assassiné quelques semaines après. Bon et mauvais départ pour Piaf, que l'on soupçonne sans preuves à cause du « milieu » dont elle sort, et que les spectateurs prennent à partie partout où elle se produit. Le parolier Raymond Asso la prend sous sa protection, devient son pygmalion, lui confie ses premières chansons *(Mon légionnaire,* créé par Marie Dubas, et *le Fanion de la Légion,* écrit pour elle). Il la présente à Mitty Goldin qui la fait débuter à l'A.B.C. (1937). Le lendemain de la première, la critique note : « Hier au soir, une grande chanteuse est née. » Léon-Paul Fargue ajoute en 1938 : « Tout son art consiste à placer le développement dans la main de l'émotion et à devenir elle-même, peu à peu, la plus forte et la plus sûre émotion de la mélodie. » Raymond Asso mobilisé, ce sont Michel Emer *(l'Accordéoniste),* René Rouzaud *(la Goualante du pauvre Jean),* et plus tard Henri Contet *(Padam-padam)* qui deviennent ses paroliers. Pendant la guerre, Piaf chante sur toutes les scènes et va rendre visite aux prisonniers dans les stalags. En 1945, elle se présente à l'examen de la SACEM pour y déposer ses premières œuvres *(la Vie en rose,* créée par Marianne Michel) qu'elle devra faire signer par Louiguy pour cause d'échec en musique. Elle fait une première tournée aux États-Unis avec les Compagnons de la chanson *(les Trois Cloches* de Gilles). Au retour, un unique récital salle Pleyel (1949) donne lieu à une présentation grandiloquente de Pierre Hiégel. Elle y livre une autre de ses chansons, *l'Hymne à l'amour* (— M. Monnot), écrite à la mémoire de son grand amour Marcel Cerdan, qui vient de mourir dans un accident d'avion. Droguée à partir de cette date, elle épousera Jacques Pills en 1953, qui tentera — en vain — de la désintoxiquer. Elle repart en tournée aux États-Unis, cette fois avec Georges Moustaki, l'auteur de *Milord* (— M. Monnot). Puis elle fait une rentrée triomphale à l'Olympia en 1956 avec *les Amants d'un jour* (C. Delécluze-M. Monnot) et les chansons de Charles Dumont *(Non, je ne regrette rien,* — M. Vaucaire). Mais elle est de plus en plus ravagée par la drogue et la maladie. En 1959, elle s'écroule au milieu d'un récital à Maubeuge ; elle se reprend, continue et « on l'encourage, telle une bête blessée qui doit aller jusqu'au bout de son combat » (G. Beauvarlet). Elle survit à trois comas hépatiques, remonte sur scène avec le jeune Théo Sarapo qu'elle vient d'épouser *(A quoi ça sert l'amour ?)* et meurt le 11 octobre 1963. Le même jour, très affecté par cette nouvelle, le poète Jean Cocteau mourait à son tour.

« Cas unique, écrit Maurice Chevalier dans ses Mémoires, petit phénomène à tripes d'acier. Minuscule splendeur professionnelle. Habitée à chaque étage de son petit corps. » On se souvient de cette silhouette chétive vêtue de sa petite robe noire et surmontée d'une tête pâle, énorme en proportion, d'où sortait cette immense voix : elle « personnifiait la douleur » (G. Beauvarlet), habillant des chansons banales d'un « volume humain considérable » (A. Halimi) : héroïne au grand cœur chargé de souffrances que seul l'amour peut sauver du malheur, un amour qui finit mal *(la Foule, l'Homme à la moto),* héroïne doublement victime, de la misère et de son statut de femme (il y a néanmoins des héros masculins de même essence, généreux et tragiques : *Bravo pour le clown).* Piaf a, par sa biographie en si étroit rapport avec ces personnages, bouleversé les foules, intellectuels compris. Les légendes créées autour d'elle sont innombrables, chacun défendant la sienne. C'est la figure centrale d'un nombre important de Mémoires (les siens s'appellent *Au bal de la chance* et *Ma vie)* et d'études qui, vingt ans après sa mort, continuent de paraître avec succès. Bref, Piaf a été l'incarnation la plus parfaite d'un mythe : « Cosette, la petite fille martyre des *Misérables, les Deux Orphelines, la Porteuse de pain...* » Mythe perpétuel qui renaît continuellement dans la chanson sur la voie tracée par Damia, Fréhel, Yvonne George et d'innombrables chanteuses de rues anonymes jusqu'aux artistes de variétés dont on a dit depuis qu'elles étaient les héritières de Piaf (ce qui est toujours un peu vrai). « Le pathétique ne peut pas mourir » (G. Beauvarlet). Le besoin de recréer quelque chose à l'image de Piaf prouve la pérennité de ce mythe : « Piaf ressemble au chiendent qui repousse d'autant mieux qu'on le décapite» (J. Cocteau).

JACQUES PILLS

[René Ducos] Tulle, 1910-Paris, 1970. Interprète. Il avait entrepris des études de médecine, avant de devenir boy au Casino de Paris au côté de Mistinguett. Puis il forma un premier duo avec un jeune pianiste, Pierre Courmontagnes : Pills et Ward, qui enregistra notamment *Singing in the rain.* Lorsque Ward partit, il le remplaça par Tabet, et ce fut le succès fulgurant de *Couchés dans le foin.* Le duo ne résista pas à l'épreuve de la guerre, mais, dès 1937, J. Pills avait enregistré seul. A partir de 1941, il mène son tour de chant en solitaire : Bobino (1941), Étoile (1943). Avec ce naturel qui est le produit d'un métier solide et d'un physique avantageux, il compose un personnage sympathique mais sans beaucoup de relief. Son répertoire joue sur deux notes : charme et fantaisie *(Mon cher vieux camarade Richard, Dans un coin de mon pays).* Après la guerre, accompagnateur puis mari d'Édith Piaf, il poursuit une carrière de vedette internationale, d'où émerge une tournée aux États-Unis, en compagnie d'un jeune pianiste-compositeur, Gilbert Bécaud *(Ça gueule ça, Madame*, Piaf-Bécaud, 1952). Collaborateur de Bruno Coquatrix, il dirigea de 1967 à sa mort le cours de music-hall créé par celui-ci.

PILLS ET TABET

Duo d'interprètes (1932-1939) composé de Jacques Pills et de Georges Tabet (Alger, 1905). Compositeur et chef d'une formation de jazz, ce dernier rêvait d'une carrière de music-hall. Engagé au Moulin Rouge, il y fait la connaissance de Pills. Lorsque ce dernier dut remplacer son associé Ward, il pensa immédiatement à Tabet. Leur premier engagement fut pour le Casino de Paris, mais leurs véritables débuts eurent lieu au Bœuf sur le toit, en 1931, où ils chantaient des airs de jazz américains. Ils enregistrent *Couchés dans le foin,* découvert chez l'éditeur Raoul Breton : c'est le point de départ de leur ascension. Promus vedettes du music-hall, en France comme à l'étranger, ils se composent un répertoire où les chansons de Mireille et Jean Nohain *(Philaminte, le Vieux Château)* voisinent avec celles de Paul Misraki *(C'est une joie qui monte),* de Jean Tranchant *(Ici l'on pêche)* ou de Tabet lui-même *(la Fille de Lévy).* Habit noir, œillet à la boutonnière, Tabet (au piano) et

Pills (debout, accoudé), à l'instar des duettistes noirs américains Layton et Johnstone, ou des Revellers, jouaient des effets harmoniques de leurs voix fondues, comme de l'opposition entre les facéties de Tabet et le sourire enjôleur de Pills. Élégance, dynamisme et jazz : Pills et Tabet apportèrent un son nouveau dans la chanson française et frayèrent la voie à la révolution Trenet.

GEORGETTE PLANA

Agen, 1918. Interprète. Bordelaise, elle est danseuse de métier et fait ses débuts au music-hall en 1941 comme chanteuse fantaisiste. Ses passages à l'Alhambra en 1942, puis à l'Olympia, à Bobino, à l'Européen, à l'A.B.C., la consacrent vedette populaire *(le Petit Rat de l'Opéra*, 1947). Peu après, Georgette Plana se marie et se retire de la scène ; elle avait entre-temps enregistré les succès de Fréhel, en hommage à celle-ci.
Le phénomène Plana est celui d'une double carrière : on entend à nouveau parler d'elle en 1963 (passage à Bobino). En 1968, un succès antérieur à son interprète, *Riquita* (par. Dumont, mus. Bénech) resurgit sur les antennes : c'est la revanche de la rengaine 1920. Georgette Plana incarne cette résurgence de chansons fossiles avec une authentique voix de chanteuse des faubourgs et en même temps une certaine « distanciation » vis-à-vis des textes : la rengaine n'est pas morte, mais c'est un gadget que l'on ne prend plus au sérieux. Georgette Plana passe à l'Olympia en 1969 avec un autre chanteur-gadget : Antoine, réconciliant ainsi deux, et même trois générations.

JACQUES PLANTE

Paris, 1920. Auteur. Assurément, sur la place de Paris, l'un des confectionneurs les plus habiles à trousser le couplet et à s'adapter au genre de l'interprète. Qu'on en juge : *Étoile des neiges* (— F. Winkler, 1947) chanté par Line Renaud, *Maître Pierre* (— H. Betti, 1948) par André Claveau, *Ma petite folie* (— B. Merill, 1950) par Line Renaud, *Grands boulevards* (— N. Glanzberg, 1951) par Yves Montand, *les Comédiens* (— C. Aznavour, 1962) par son compositeur, *Chez nous* (— C. Carrère, 1966) par Dominique Walter, sans oublier nombre de succès de Sheila *(la Famille, Adios amor, Quand une fille aime un garçon).* Avec un tel tableau de chasse, il n'y a rien d'étonnant à ce que Jacques Plante ait fini par s'établir son propre éditeur.

LE PLAT PAYS

Chanson, par. et mus. Jacques Brel (1962). La Belgique, en dunes et en vent, en paroles et musique. Brel présentait là les multiples facettes d'un pays changeant, qui craque au vent du nord et chante au vent du sud, avec « un ciel si gris qu'un canal s'est pendu ». La lecture descriptive de la chanson lui assura un vaste succès : on y voyait des croquis poétiques, une musique simple et belle...
Mais une deuxième lecture, symbolique celle-là, est peut-être possible : ce pays qu'on retrouve plus tard dans *Regarde bien, petit* (1968), où le vent fait des mirages et joue avec le sable « pour nous passer le temps », c'est plus que la Belgique ; l'ennui et sa diversion, l'imaginaire, une des nombreuses possibilités de fuite que Brel, tour à tour, expérimente, sont plus le fruit de la platitude de la vie que celle d'un pays, renié d'ailleurs et souvent pris comme bouc émissaire.

LES PLAY-BOYS

Chanson, par. Jacques Lanzmann, mus. Jacques Dutronc (1966). Un duo qui fera du bruit produisait là son deuxième « tube » (le premier étant *Et moi et moi et moi).* Une thématique s'y dégageait déjà, celle du « je » et des « autres » : « et moi, et moi », « croyez-vous que je sois jaloux », et plus tard « J'aime les filles », « moi aussi on m'a dit ça », « il est cinq heures je n'ai pas sommeil », etc. Le phénomène de la vedette s'intégrait là au cœur même des textes, comme chez Antoine où le « je » règne aussi en maître et après quelques autres essais : *Jackie* (Brel), *Pauvre Nougaro* (C. Nougaro-H. Giraud). Plus que l'affiche, c'était la chanson qui devenait élément publicitaire : Dutronc, c'est moi, *je* ne suis pas comme les *autres*, et d'ailleurs « j'ai un piège à filles qui fait crac boum hue »... La chanson a par ailleurs contribué à caractériser le « minet », personnage de Saint-Germain-des-Prés annoncé une quinzaine d'années auparavant par Boris Vian *(J'suis snob).*

POLAIRE

[Émile-Marie Bouchaud] Agha (Algérie), 1877-Champigny-sur-Marne, 1939. Interprète. Après une enfance algéroise, puis métropolitaine, elle rejoint son frère à Paris. Celui-ci chantait sous le nom de Dufleuve à l'Européen. Sur un coup de tête, elle décide de faire de même : elle a alors 14 ans. Après des débuts assez peu convaincants, elle devient tout à coup célèbre : son physique, sa façon de tenir la scène expliquent cette attention subite portée à sa petite personne. Elle appartenait en effet à un type de femme très éloigné du canon de la mode de l'époque : taille de guêpe, qui « tenait dans un faux col », yeux de gazelle, cheveux coupés court. « J'étais simplement de vingt ans en avance », déclare-t-elle dans ses Mémoires *(Polaire par elle-même,* 1933). Son comportement sur scène était aussi très particulier : cambrée en arrière, les poings crispés, elle était secouée de trépidations et passait continuellement d'un pied sur l'autre. Coqueluche des échotiers, des étudiants, « locomotive » de la mode, *alter ego* de Colette, *Claudine,* au théâtre (1906) comme à la ville, elle connut la grande vogue dans les années de l'immédiat avant-guerre. Dans son répertoire, composé de chansons excentriques, citons *Tha ma ra boum di hé* et *Max ah c'que t'es rigolo.* Vedette de la Scala, des Folies-Bergère, elle fut acclamée à New York, où elle chanta pendant 12 semaines, et à Londres. Après la guerre, elle abandonna le caf'conc' pour le théâtre. Prototype de la féministe Belle Époque, elle ne sera pas oubliée : grâce à Colette.

POLIN

[Pierre Paul Marsalés] Paris, 1863-La Frette-sur-Seine (Seine-et-Oise), 1927. Interprète. Cette gloire du caf'conc' a modestement débuté dans des concerts de quartier, Concert de la Pépinière (1886), Concert du Point du jour, avant de chanter dans des salles plus importantes comme l'Éden-Concert et l'Alcazar d'été. C'est dans cette dernière qu'il atteint la notoriété : Paulus, de retour des États-Unis, préfère résilier son contrat plutôt que d'avoir à affronter le public après son passage. Puis il passe aux Ambassadeurs, et « s'installe » pour vingt ans à la Scala, ne quittant la salle du boulevard de Strasbourg que pour des tournées en province, ou pour l'Alcazar en été. Son genre est celui du comique troupier, et il reprit à Ouvrard père l'idée de se présenter en tringlot (uniforme du train) : p'tite veste bleue, pantalon garance à basanes noires, képi planté de travers. Des centaines de chansons créées ou interprétées par Polin, et qui ressortissent pour la plupart au répertoire tourlourou, on retiendra *le P'tit Objet* (Ah ! Mademoiselle Rose), *la Caissière du Grand Café, Aux Tuileries, la Petite Tonkinoise, l'Anatomie du conscrit.* Ce qui représente cependant l'originalité de Polin et en fait un chanteur marquant dans l'histoire du caf'conc', c'est sa technique de scène. Alors que Paulus, le modèle de la génération précédente, « gambillait », se déplaçait sans cesse et dansait, Polin, comme Dranem, se plantait sans bouger devant le trou du souffleur, avec, comme unique accessoire, un énorme mouchoir à carreaux qu'il tenait à la main et qu'il utilisait pour faire passer un effet un peu cru. Alors qu'il était de bon ton de solliciter sans modestie son organe vocal (n'était-ce pas l'époque des chanteurs à voix ?), Polin, qui n'avait qu'une voix terne, mais agréable, susurrait ses chansons, obligeant l'auditeur à prêter l'oreille et s'accordait ainsi la possibilité d'un art tout de nuance et de finesse. Mayol, son contemporain, soulignait chaque mot d'un geste. Polin visait à l'économie et contribuait ainsi à éloigner l'art du caf'conc' de la pantomime d'où il était issu. Tous les comiques troupiers seront ses élèves : Bach, Vilbert, Dufleuve, Raimu, Fernandel. Après la guerre, Polin reparaîtra avec succès au théâtre (*le Grand Duc*, 1921), et il mourra comme il avait vécu : en bon bourgeois, modeste et effacé.

MICHEL POLNAREFF

Paris, 1944. Auteur-compositeur-interprète. D'origine russe, fils du compositeur Léo Poll, il commence à inventer des chansons à l'âge de 3 ans. Poussé vers une carrière classique, il rompt avec son milieu familial. Il mène un certain temps la vie des beatniks chantant sur les marches du Sacré-Cœur et couchant au commissariat du XVIIIe arrondissement. Des « auditeurs » l'emmènent chez l'éditeur Rolf Marbot (1965), il enregistre, et c'est tout de suite le succès : *La poupée qui fait non*, *Love me please love me* (— F. Gérald), *l'Amour avec toi* (1966). Polnareff se révèle comme un interprète original qui prononce le français comme l'anglais, allongeant ou décomposant les syllabes selon l'exigence du tempo et nullement selon celle du texte, et plaçant son timbre de voix comme un instrument supplémentaire, à l'instar de l'école américaine du « sound ». Compositeur à l'avenant, il écrit et dirige les arrangements de ses airs inspirés par la « soul melody », style dérivé du jazz où viennent se mêler des réminiscences classiques (*le Bal des Laze*, — P. Delanoë). Le tout reflète une sorte de « romantisme du XXe siècle » qui refuserait de se prendre au sérieux. Après cinq ans de métier, sa collection de succès populaires est impressionnante : à ceux déjà cités il faut ajouter principalement *Tous les bateaux tous les oiseaux* (— J.-L. Dabadie-P. de Senneville, 1969) et *On ira tous au paradis* (— J.-L. Dabadie, 1973). A l'Olympia, il se révèle magicien d'un univers féerique en porcelaine de Saxe :

Polnarévolution (1972), *Polnarêves* (1973). Les mêmes années, l'artiste à scandales qui a affiché ses fesses sur 6000 murs de Paris et négligé de payer ses nombreux impôts devra répondre de deux poursuites judiciaires. Dégoûté, il s'exile aux États-Unis, son vieux rêve. Il y enregistre un disque anglophone qui atteint la perfection technique dans son style. Polnareff peut-il aller plus loin ? A son retour en France, il déçoit (1978). Trois ans plus tard, devenu auteur (avec Jean-Pierre Dréau), il découvre la force des mots *(Tam-tam)*. Et un nouveau souffle.

ANDRÉ POPP

Fontenay-le-Comte, 1924. Compositeur. Pianiste et organiste classique, il change de voie en rencontrant Jean Broussolle avec lequel il compose sa première chanson *(Grand-papa laboureur*, pour Catherine Sauvage) et raconte aux enfants l'histoire de l'orchestre *(Picolo, Saxo et Cie*, Grand Prix du disque 1957). Curieux de recherche instrumentale, André Popp est surtout connu comme mélodiste : il a composé *les Lavandières du Portugal* (— R. Lucchesi) créées par Jacqueline François (1954), *Tom Pillibi* (— P. Cour), premier prix de l'Eurovision 1960, par Jacqueline Boyer, *le Chant de Mallory* (— P. Cour) créé par Rachel (1964), *L'amour est bleu* (— P. Cour, 1967) qui a fait un succès considérable aux États-Unis par l'intermédiaire de l'orchestre de Paul Mauriat, et des chansons pour Marie Laforêt : *Manchester et Liverpool, Mon amour mon ami* sur des paroles d'Eddy Marnay. Son fils, Daniel Popp, s'était lancé dans la chanson en 1971 *(Wakadi-Wakadou)*.

LOUIS POTERAT

Troyes, 1901. Auteur. Après avoir étudié le droit, fait du journalisme, puis du commerce en province, Louis Poterat écrit pour des revues locales, puis s'essaie à la chanson *(Ne dis plus rien*, — J. Lenoir, créé par Damia). Il adapte des succès américains et est bientôt engagé par la firme Pathé-Nathan pour écrire des chansons de film. Travail en série d'où sortiront de nombreux succès *(Le bonheur n'est plus un rêve*, — B. Colson, chanté par Gaby Morlay). Dès lors, soit par l'intermédiaire du cinéma, soit directement, Louis Poterat « fournira » les grandes vedettes : Marie Dubas *(Croyez-vous ma chère !*, — H. Ackermans), Gilles et Julien, Lucienne Boyer, Danièle Darrieux *(Les fleurs sont des mots d'amour*, — M. Yvain), Rina Ketty *(J'attendrai*, — D. Olivieri), Lucienne Delyle *(Sur les quais du vieux Paris,* —R. Erwin), Tino Rossi, Georges Guétary *(la Valse des regrets,* —Brahms), André Claveau *(Tout en flânant,* —A. Siniavine), Édith Piaf *(le Billard électrique,* —C. Dumont). Louis Poterat a été cinq fois élu vice-président de la SACEM.

EUGÈNE POTTIER

Paris, 1816-1887. Auteur. Né d'un père artisan, il fréquente l'école jusqu'à 12 ans pour ensuite devenir apprenti dans l'atelier paternel. Étudie seul les règles de versification et publie, en 1831, un premier recueil de poèmes, *la Jeune Muse,* dédié à Béranger. Chante ensuite dans les goguettes tout en travaillant comme dessinateur. En 1848, il est sur les barricades. Suit une période de sa vie dont nous ne savons pas grand-chose. Nous le retrouvons en 1864, établi à son compte. Il s'attire d'ailleurs bien vite des ennuis avec ses confrères car il pousse leurs ouvriers à se syndiquer puis à adhérer à la Ire Internationale. Arrive la Commune. Pottier en est élu membre le 16 avril 1871 et sera maire du IIe arrondissement. Après l'échec, traqué, il écrit *l'Internationale* puis doit fuir à Londres par la Belgique, pour finalement s'exiler aux États-Unis où il restera de 1873 à 1880. Il y écrit beaucoup, milite dans les rangs du Socialistic Labour party, travaille comme professeur et comme dessinateur. Revient en France après l'amnistie. Il remporte en 1883 le prix d'un concours organisé par la Lice chansonnière. Tandis que Jules Vallès, dans son journal *le Cri du peuple,* lance un appel pour aider Pottier, Gustave Nadaud s'emploie à faire publier ses œuvres qui paraîtront sous le titre de *Quel est le fou ?* (1884). Mais la Commune, l'exil, la misère l'ont profondément atteint et il écrit dans une lettre à Paul Lafargue (29 mai 1884) : « Ce sont donc les poésies d'un vaincu que la Lice chansonnière édite aujourd'hui. » Le vieux poète-militant meurt bientôt, le 6 novembre 1887, alors que la renommée semblait enfin l'atteindre.
Eugène Pottier est peut-être le meilleur exemple de créateur évincé par son œuvre. *L'Internationale* eut un tel retentissement dans l'histoire qu'elle fit oublier son auteur. Il écrivit pourtant un grand nombre de chansons (environ 200 publiées aujourd'hui mais certaines sont encore inédites et d'autres, sans doute, perdues) dont la plus grande partie vibre au souvenir de la Commune et des massacres de Juin sans pour autant renier la poésie. Quelque temps avant sa mort, il chantait encore :

Tout ça n'empêche pas, Nicolas,
qu' la Commune n'est pas morte
(Elle n'est pas morte,
— V. Parizot, 1886.)

mais sa meilleure image est peut-être celle qu'il nous donne dans sa chanson *Biographie* (1870) :

Mais devenu porte-drapeau
il n'est pas danger qui l'arrête
voilà po-po, le vieux po-po
voilà po-po, le vieux poète.

OCTAVE PRADELS

Arques, 1842-Parmain (Seine-et-Oise), 1930. Auteur. Directeur de théâtre (Capucines), animateur de conférences-auditions (Bodinière), président de la SACEM, historiographe de Paulus, et grand voyageur, Octave Pradels a de plus à son actif quelque 800 chansons interprétées par les plus connus des artistes de caf'conc' entre 1870 et 1890 : Thérésa, Amiati, Bonnaire, Jules Perrin, Kam-Hill. Parmi elles, on relèvera la *Marche lorraine,* écrite en collaboration avec Jules Jouy.

ALBERT PRÉJEAN

Pantin, 1894-Paris, 1979. Interprète. Au retour de la guerre de 14-18, il s'engage dans le cinéma comme cascadeur. René Clair lui fait interpréter les chansons de son film *Sous les toits de Paris* (mus. R. Moretti). « Titi en smoking » (L. Rioux), Albert Préjean débute dans le tour de chant fantaisiste au Moulin Rouge (1929), imitant les acteurs connus et lançant sur scène la tenue de cow-boy. Il passe à l'Alhambra en 1933, à l'Étoile, à l'Olympia, faisant alterner jusqu'en 1967 le tour de chant, le théâtre, le cinéma et l'opérette *(Dédé).* Créateur en France du rôle de Mackie dans *l'Opéra de quat' sous* (G. W. Pabst, 1931), il fut aussi le « Monsieur Loyal » du cirque Jean Richard.

JACQUES PRÉVERT

Neuilly, 1900-Omonville-la-Petite (Manche), 1977. Auteur. Révélé au grand public après la guerre par des recueils de poésie aux tirages impressionnants *(Paroles,* 1945, *Spectacles,* 1951), il entre dans la chanson dès 1936, avec le groupe Octobre. Il est alors interprété par Agnès Capri *(la Chasse à la baleine)* et

Marianne Oswald. Mis le plus souvent en musique par Joseph Kosma, ses textes auront un succès durable mais limité au public intellectuel, à l'exception des *Feuilles mortes* qui fera le tour du monde. Ils révèlent les multiples talents d'un poète qui, issu du surréalisme et toujours résolument engagé à gauche, a su atteindre une apparente simplicité, mettant le baroque ou tout simplement le poème d'amour à la portée de tous. Jacques Prévert a été, de son vivant, chanté par Yves Montand, les Frères Jacques, Juliette Gréco, Mouloudji, Cora Vaucaire, etc., et, après sa mort, par Catherine Ribeiro et Megumi Satsu qui, toutes deux, lui ont consacré un disque.

YVONNE PRINTEMPS

[Yvonne Wigniolle] Ermont (Seine-et-Oise), 1894-Neuilly-sur-Seine, 1977. Interprète. Découverte par Paul-Louis Flers qui la fait jouer dès l'âge de 11 ans dans les revues aux Folies-Bergère et la baptise « Mademoiselle Printemps ». Reine de l'opérette, elle eut comme partenaire Sacha Guitry qu'elle épousa en 1919 *(Mozart, l'Amour masqué)*, puis Pierre Fresnay *(les Trois Valses)*. On la vit également au cinéma *(la Valse de Paris)*. Son succès dans la chanson : *le Pot-pourri d'Alain Gerbault* (A.Willemetz). « Elle ne chante pas, elle se contente de respirer mélodieusement » (Colette). De tous ces sopranos légers, spécialistes de la note filée, qui abordèrent la chanson (de Marguerite Carré à Mathé Althéry), Yvonne Printemps fut certainement la plus talentueuse.

PRINTEMPS DE BOURGES

Lancé à Pâques 1977 par la maison de la culture de Bourges et par Daniel Colling, le Printemps de Bourges se voulait, selon ses créateurs, un « festival-fête » : pléonasme plein de sens, car il fut à la fin des années 70 *le* lieu de la chanson, des découvertes ou des confirmations, des rencontres, des discussions... 12000 entrées la première année, 27000 en 1978, 40000 en 1979 et 45000 en 1980 : la formule devait séduire un nombre de plus en plus important de spectateurs attirés par la chanson comme un tout et non pas par telle ou telle vedette. A côté de valeurs sûres (Charles Trenet, Guy Béart, Georges Moustaki, Claude Nougaro, Maxime Le Forestier...), on a pu y avoir la confirmation de certains succès (Renaud, Bernard Lavilliers, Jacques Higelin, Alain Souchon) ou y découvrir des talents encore

inconnus (Michèle Bernard, Pascal Auberson, Charlélie Couture, Michel Hermon, Francis Lalanne).
Le Printemps de Bourges a constitué un renouveau dans les modes de diffusion de la chanson : après les cabarets de l'après-guerre, les fêtes politiques ou les galas de soutien, la formule du festival, inconnue en France (mais déjà pratiquée outre-Atlantique — Woodstock — ou outre-Manche — île de Wight), représente un tournant qui témoigne, bien sûr, de l'importance croissante pour la jeunesse de la chanson mais pourrait bien, en outre, préfigurer un nouveau rapport du public à cette forme d'art.

XAVIER PRIVAS

[Antoine Taravel] Lyon, 1863-Paris, 1927. Auteur-interprète. Après des débuts dans l'immobilier, il présente ses premières chansons au Caveau lyonnais (1888). Sur les conseils de Gustave Nadaud, il monte à Paris. Le soir même de son arrivée, chantant au Soleil d'or, place Saint-Michel, il parvient à tirer Verlaine de sa somnolence : « Recommence, petit », lui lança le poète après qu'il eut interprété *Thuriféraires*, sa première œuvre marquante. Au Chat Noir, à la Lune Rousse, aux Noctambules, il chantait d'une petite voix flûtée, en s'accompagnant au piano, des chansons *(le Testament de Pierrot, la Chanson des heures)* qui détonnaient par rapport à la production montmartroise de l'époque : « Un chansonnier qui croit encore à l'amour, au printemps en fleurs », écrivit à son propos A. Buisson dans *le Temps*. Élu prince des chansonniers en 1899, Xavier Privas fonda en 1919 le mouvement la Jeune Chanson.

LE PRIX DES ALLUMETTES

Chanson, par. Yves Dessca, mus. Éric Charden (1973). Le succès d'une scie dépend essentiellement du caractère d'évidence de sa proposition principale — ici, l'équivalence sentiment amoureux-prix des allumettes —, qui, le moment de surprise passé, doit s'imposer à l'auditeur, et, d'autre part, du soutien que lui fournit la rythmique — en l'occurrence, une marche pour le refrain. Forme close, et donc répétable à l'infini, comme les boîtes de conserve sur une chaîne de fabrication. Et il faut reconnaître que Stone et Charden étaient passés maîtres dans l'art de lancer sur le marché des produits immédiatement consommables. Mais toute chose ayant son envers, ceux-ci étaient aussi vite oubliés, d'autant plus facilement que le prix des allumettes, lui, a changé peu de temps après.

LE P'TIT BONHEUR

Chanson, par. et mus. Félix Leclerc (1950). Malgré la multiplicité des disques qu'il a enregistrés, Félix Leclerc reste pour le public français l'homme du *P'tit Bonheur* et de *Moi mes souliers,* c'est-à-dire l'homme de la route, de l'air pur. Petite histoire triste pourtant que cette chanson où le bon samaritain n'est remercié d'aucun retour et repart, seul :

> J'ai repris mes haillons
> mon deuil, mes peines et mes guenilles.

Mais, plus que le thème, c'est l'ambiance générale qui plaisait, la voix profonde, les cheveux fous peut-être, et les accords de cette guitare sèche qui commence ici et poursuivra avec Georges Brassens une longue carrière française.

LES P'TITS POIS

Chanson, par. Félix Mortreuil, mus. Émile Spencer (1904). « Chant patriotique » créé par Dranem à l'Eldorado : 250 000 petits formats vendus. Cette scie appartient au genre dit « chansons idiotes ». Qui pourrait en douter, après avoir pris connaissance des paroles :

> Moi, je viens d' faire un chant nouveau
> c'est spirituel et plein d'entrain,
> du reste en voici le refrain :
> ah, les p'tits pois, les p'tits pois, les p'tits pois
> c'est un légum' très tendre.
> Ah, les p'tits pois, les p'tits pois, les p'tits pois
> ça n' se mang' pas avec les doigts.

Le doute pourtant a fini par s'installer, et les esprits forts de ce siècle de s'interroger : ne nous trouvons-nous pas devant une de ces œuvres au burlesque volontaire, auquel nous ont habitués les surréalistes, les professionnels du non-sens comme Raymond Queneau (celui de *J' maigris du bout des doigts)* ? Certes, mais à la condition de dégager la responsabilité de ces bons messieurs Spencer et Mortreuil, qui n'y pourraient mais, et en admettant que son interprète, Dranem, devait être assez isolé en son temps. « A n'en pas douter, ceci est un texte où le génie scintille à l'état pur » (Boris Vian).

QUAND L'AMOUR MEURT

Chanson, par. Georges Millandy, mus. Octave Crémieux (1900). Valse lente créée au Petit Casino par Henri Dickson, et qui, après un démarrage difficile, eut une carrière mondiale. Sur une métrique 7 pieds-6 pieds alternés, musique et paroles fondues exhalent ce sentiment de mélancolie propre à faire rêver les petits-bourgeois désabusés de la Belle Époque :

> Lorsque tout est fini
> quand meurt votre beau rêve
> pourtant le cœur n'est pas guéri
> quand tout est fini.

Nostalgie d'un amour, d'un moment, sans doute aussi d'une harmonie sociale enfuie : la vogue de la valse-lente fut trop importante pour n'être due qu'à des circonstances passagères. La chanson fut reprise avec succès par Jane Marnac, puis par Marlène Dietrich dans le film *Cœurs perdus* (1930).

QUAND MADELON

Chanson, par. Louis Bousquet, mus. Camille Robert (1913). Cette marche était déjà dans le commerce quand Louis Bousquet lui adjoignit des paroles. Bach essaya de la lancer à l'Eldorado, mais en vain. Polin la reprend en juin 1914 à la Scala sans rencontrer plus de succès : l'humour comique troupier exigeait alors des supports plus substantiels que la... taille ou le menton de Madelon. En décembre 1914, Bach obtint l'autorisation de chanter au front et remet *Quand Madelon* à son répertoire : sensibilisés par leur situation, les poilus redécouvrent la chanson et commencent à la colporter. Adoptée par le front, « *la Marseillaise* des tranchées » (Jacques-Charles) gagne alors l'arrière, où l'on ne va pas tarder à lui donner des cousines *(la Madelon de la Victoire,* 1918). Porté par le rythme allègre de la musique, le tableau de temps de paix évoqué par les paroles et symbolisé par la femme et le cadre champêtre (la tonnelle, le mur « tout couvert de lierre ») forme un contraste évident avec la condition présente du poilu. Ce qui rend compte de la fonction « ballon d'oxygène » jouée par la chanson, et explique son succès. La chanson est ici à la fois protestation contre une situation, et moyen d'accepter celle-ci.

QUAND ON N'A QUE L'AMOUR

Chanson, par. et mus. Jacques Brel (1956). Un des premiers « succès » de Brel, d'ailleurs tête de file du disque qui obtint le grand prix de l'académie Charles-Cros (1957). L'amour y était pris comme unique langage : amour de l'homme pour la femme, bien sûr, mais aussi amour de l'humanité :

> Alors sans avoir rien
> que la force d'aimer
> nous aurons dans nos mains
> ma mie le monde entier.

L'idéalisme de Brel atteint ici son apogée : Dieu n'est pas présent à la lettre, mais sa « lumière » baigne la chanson. Peu de temps après (1959), ce sera l'époque des *Flamandes,* des *Dames patronnesses,* amorce de la phase critique de son œuvre. La musique, assez simple (sur le schéma rythmique de l'anatole), présente un crescendo parallèle à l'élargissement du champ embrassé : du couple au monde entier en passant par le miséreux et les faubourgs.
Nicoletta a remis cette chanson à la mode en l'enregistrant en 1969.

LES QUATRE BARBUS

Quatuor d'interprètes composé d'un professeur de lettres et harmonisateur (Jacques Tritsch, Orléans, 1913), d'un élève-architecte des Beaux-Arts (Marcel Quinton, Le Mans, 1916), d'un photographe (Pierre Jamet, Saint-Quentin, 1910) et d'un maître de chapelle (Georges Thibaut, Paris, 1911). Ce dernier succède au poste de premier ténor après de nombreux candidats malheureux, entre autres un éminent spécialiste de stomatologie, un non moins éminent chef d'orchestre de l'Opéra, et un certain

André (voir Marc et André) dont la barbe — qui était fausse — se décollait à la chaleur des projecteurs.
Le groupe naît en 1938, sous le nom de « Compagnons de route », issu de l'École des beaux-arts (il comprend alors trois élèves-architectes qui seront progressivement remplacés). Le répertoire est celui de l'École :

Car elle est morte Adèèèle
Adèl' ma bien-aimée...

Le quatuor devient barbu à la Libération pour le spectacle Grenier-Hussenot des *Gueux au Paradis (Complainte des gueux*, C. Roy et M. Fombeure-A. Obey). Les Quatre Barbus enregistrent en 1949 *la Pince à linge* (1er mouvement de la Ve symphonie de Beethoven-F. Blanche) et *J'ai de la barbe* (thème du Barbier de Séville de Rossini-F. Blanche et P. Dac). C'est un genre fantaisiste, qui pastiche le sérieux des grandes musiques rabâchées. Suivront des adaptations du folklore des étudiants, des marins, des prisonniers, des enfants (une vente régulière de chansons enfantines).
Les Quatre Barbus sont le premier quatuor français à s'engager dans la voie ouverte par les Revellers (groupe noir américain des années 30) et propagée en France par les Comedian Harmonists. Ils ont été copieusement imités : le Trio des Quatre et les Frères Jacques, leurs rivaux moustachus, dont la gloire leur a porté tort à partir de 1955. Ils abandonnent la scène en 1969, en continuant à enregistrer des disques (Grand Prix du disque 1970 pour leurs *Chansons de la Commune).*

LES QUAT'-Z-ARTS

Cabaret montmartrois, boulevard de Clichy, Paris. Son fondateur, François Trombert, plaça le cabaret sous le signe du Bal des quat'-z-arts, symbole de perdition, pour allécher le client. Le reste était inspiré par le Chat Noir, auquel il fit concurrence. Un café gothique, avec le vitrail de rigueur, ouvrait sur une salle de restaurant. Les spectacles se donnaient dans une salle de 150 places, richement décorée. Les tours de chant des chansonniers « maison », Georges Sécot, Xavier Privas, Fernand Chezell, Lucien Boyer, accompagnés au piano par Charles de Sivry, étaient suivis de petites revues montmartroises. C'est au Quat'-z-arts que débutèrent Fragson, le chansonnier Yon Lug et le poète Jehan Rictus, qui y acquit sa renommée. A partir de 1900, on y retrouve les ombres du Chat Noir, et en 1907 on y joue *Ubu roi.* Matinées littéraires et guinguettes du dimanche pour amateurs complétaient le programme des manifestations habituelles de ce cabaret, car il y en eut d'exceptionnelles, comme les fameuses *Vachalcades.* Hors programme aussi, la dévastation du local par un commando de la Ligue des patriotes de Paul Déroulède (1889). Enfin les Quat'-z-arts avaient depuis 1897 leur journal, avec à sa tête Émile Goudeau. François Trombert se retira en 1908 et laissa la place à Gabriel Montoya et à Xavier Privas (1910-1914). Le cabaret avait beaucoup baissé lorsqu'il ferma ses portes (1924).

SUZANNE QUENTIN

Paris 1884-1968. Auteur. 2000 chansons environ, d'une inspiration « classique des faubourgs », mises en musique par René de Buxeuil *(Zaza,* 1923), Vincent Scotto et Georges Van Parys. *L'Ame des roses* servit de prétexte à Henri Varna en 1932 pour un somptueux tableau de la revue du Casino de Paris. Les rengaines réalistes de Suzanne Quentin feront une nouvelle carrière l'année de sa mort avec Georgette Plana et Lina Margy.

LÉON RAITER

Bucarest (Roumanie), 1893-Paris, 1978. Compositeur-interprète et éditeur. Le compositeur de *On n'a pas tous les jours vingt ans* (— C.-L. Pothier, 1934), l'auteur de *Rosalie est partie* (— V. Scotto, 1930), le premier mentor de Berthe Sylva, l'éditeur du Faubourg Saint-Martin retiendra l'attention de l'historien de la chanson à au moins deux titres : celui d'avoir introduit, en 1926, l'accordéon à la radio, où il chantait ses chansons musette en s'accompagnant de cet instrument ; celui d'avoir composé *les Roses blanches* (1925), inoubliable chanson et grandissime succès (3 millions de petits formats vendus).

SERGE REGGIANI

Reggio Emilia (Italie), 1922. Interprète. Il débute en 1939 au théâtre des Arts dans *Marie-Jeanne ou la femme du peuple.* Poursuit une carrière au cinéma *(les Portes de la nuit, Casque d'or)* et au théâtre *(les Parents terribles)* sans jamais voir reconnaître son réel talent à sa juste valeur. Et puis c'est le grand tournant : à 40 ans passés, Reggiani se lance dans la chanson. Un disque, des chansons de Boris Vian d'abord, où il met les multiples facettes de son talent de comédien au service de la bouffonnerie *(Arthur, où t'as mis le corps ?),* du désespoir *(Je bois),* de l'engagement *(le Déserteur).* Jusque-là, rien de très nouveau : Reggiani n'est pas le premier acteur à toucher à la chanson, il ne sera sans doute pas le dernier. Mais, parallèlement à ce disque, il aborde la scène du music-hall, refusant la facilité que se donnent d'autres vedettes du cinéma de se limiter à l'enregistrement. Là aussi le pari est gagné : Reggiani détaille ses textes, les joue, les montre, de façon parfois un peu expressionniste mais toujours efficace. Il faut cependant sortir de Vian. Il réunit autour de lui une sorte d'équipe d'auteurs-compositeurs de grand talent, dont la variété apparaît nettement dans ses disques successifs : Georges Moustaki *(Ma liberté, Sarah)*, Jean-Loup Dabadie *(le Petit Garçon)*, Albert Vidalie *(les Loups)*, Maxime Le Forestier *(Ballade pour un traître)*, Claude Lemesle *(le Barbier de Belleville)*, etc. Grand prix de l'Académie du disque français en 1968, Reggiani triomphe à Bobino en 1971 et à l'Olympia, dix ans plus tard. Mais, alors que son équipe de créateurs reste au même niveau de talent, on a peu à peu l'impression, de disque en disque, que la mayonnaise ne prend plus. L'univers Reggiani est-il susceptible d'un renouvellement ?

RÉGINE

[Régine Zylberberg] Etterbeck (Belgique), 1929. Interprète. Après une enfance traquée (son père est déporté, elle-même doit se cacher), Régine accomplit le rêve de sa vie en ouvrant sa première boîte de nuit, rue Duphot. Françoise Sagan y établit son quartier général. Régine achète bientôt un autre établissement boulevard du Montparnasse : le New Jimmy's. C'est en 1967 que la reine de la nuit du tout-Paris se lance dans la chanson, poussée entre autres par Serge Gainsbourg qui lui écrit ses premiers titres *(les Petits Papiers)*. La réputation du personnage lui assure sur les antennes une publicité extraordinaire, le succès est immédiat. Prix Charles-Cros 1968, et Musicorama à l'Olympia, où elle révèle des talents de meneuse de revue *(la Grande Zoa*, F. Botton). Côté larmoyant en moins, Régine est aussi l'héritière authentique des chanteuses réalistes. Mais, au bout d'une dizaine d'années, la femme d'affaires, qui sème et gère des boîtes de nuit un peu partout dans le monde, l'emportera sur l'artiste.

COLETTE RENARD

[Colette Raget] Ermont (Val-d'Oise), 1924. Interprète. Fait des études de violoncelle et de chant classique et différents métiers (cuisinière, vendeuse, modèle, etc.). Engagée comme dactylo par Raymond Legrand, elle ne tarde pas à devenir la « femme à tout faire » de l'orchestre (y compris celle de Raymond Legrand qui l'épouse). Malgré un prix Brassens à Deauville, elle s'oriente vers le genre fantaisiste. Paul Péri, dont la femme, Marguerite Monnot, vient de composer *Irma la douce* sur un livret d'A. Breffort, la presse d'en accepter le rôle principal (1956).

Colette Renard la jouera 932 fois, jusqu'en 1967. Grand Prix du disque en 1962, elle achève de se faire connaître à travers les chansons *Où va-t-on s'nicher?, Zon zon zon, Tais-toi Marseille, Ça c'est d'la musique.* Pour les connaisseurs, elle sort toute une série de disques de vieilles chansons libertines. Longtemps vedette maison de la Galerie 55, on ne la voit plus dans les grands music-halls pendant une quinzaine d'années. On peut s'en étonner : n'était-elle pas pourtant, avec sa frange de cheveux roux et son timbre gouailleur, dans la lignée des grandes chanteuses des faubourgs ? « Moi je sais, lui écrit Paul Guth en 1968, que vous êtes la voix de Paris. » Dix ans après, elle remporte son second Grand Prix du disque (1978) pour des chansons dont elle commence à être l'auteur.

RENAUD

[Renaud Séchan] Paris, 1952. Auteur-compositeur-interprète. Écrit d'abord dans le genre « anar » après Mai 68 puis, abandonnant le lycée, chante dans la rue un répertoire musette populiste. Commence à enregistrer avec un déguisement complet de gavroche (foulard rouge, pantalon à carreaux, casquette et mégot), se voulant à la fois dans la tradition réaliste *(la Java sans joie)* et enfant des barricades crachant sur la société *(Hexagone),* cette dernière attitude très influencée par François Béranger. Le succès vient avec *Laisse béton* (1978) qui le classe dans la catégorie loubard, synthèse possible des tendances précédentes. La panoplie change : bottes Santiag', pantalon Levi's, tignasse sale, blouson noir (seul le foulard rouge est resté). Sur la pochette, une Mobylette. Renaud est né. Ses premières chansons violentes aussi : *les Charognards, Adieu minette...* Le vocabulaire emprunte largement à l'argot actuel et c'est d'une irrévérence et d'une drôlerie irrésistibles *(la Boum).* Un western de banlieue en chansons. Du western, Renaud emprunte d'ailleurs la musique, par nécessité d'abandonner le musette et incapacité de faire du rock. Mais pour les loubards, les vrais, Renaud est un usurpateur, qui va quérir à Bobino (1980) les bravos d'un public petit-bourgeois qui repart rassuré. Il n'a usurpé, pourtant, que des rêves *(Chanson pour Pierrot) :* « Dans ma tête, dit-il, j'ai quatorze ans... »

LINE RENAUD

[Jacqueline Enté] Pont-de-Dieppe (Nord), 1928. Interprète. Enfant, elle a fait tous les radio-crochets de sa région natale.

Engagée à Radio-Lille dans l'orchestre de Michel Warlop (1944), elle interprète les succès de Léo Marjane, Piaf, sous le nom de Jacqueline Ray. Sa notoriété commençant à s'établir, Raymond Legrand, de passage à Lille, lui propose de venir à Paris. C'est là qu'elle rencontre Loulou Gasté, qui la prend sous contrat, et qui transforme Jacqueline Ray, chanteuse réaliste, en Line Renaud, « sentimentale gaie ». Après une période de rodage en cabaret, elle obtient un premier engagement à Bobino (1948). Puis c'est le grand départ avec *Ma cabane au Canada* (M. Brocey-L. Gasté, 1948). Première chanteuse à suivre le Tour de France cycliste, elle devient vedette populaire : son passage à l'A.B.C. (1950) est un triomphe ; *Ma petite folie* (J. Plante-B. Merill, 1950) se vend à 500 000 exemplaires. A Londres, elle s'essaie à chanter en anglais, avec un accent français de circonstance : les Anglais lui font fête et la surnomment *Mademoiselle from Armentières.* En 1954, elle est au Moulin Rouge et l'année suivante tient le rôle de Madelon dans le film de Jean Boyer. Tournées en France et à l'étranger (deux mois au Waldorf Astoria, à New York), télévisions, succès de disques *(le Bal aux Baléares,* G. Bonnet-L. Gasté, 1953 ; *Printemps d'Alsace,* L. Gasté-L. Ledrich, 1953 ; *Pampoudé,* B. Michel-L. Gasté, 1954) s'accumulent jusqu'en 1959.
Alors que sa vogue commençait à baisser, elle se rend à l'invitation d'Henri Varna et signe au Casino de Paris (1958), ce qui est peut-être le plus court chemin pour aboutir à Las Vegas et y retrouver le même emploi. Puis, touchée par le mal du pays, elle se réinstalle au Casino en 1976 (revue *Paris-Line),* et y restera jusqu'à la fermeture en 1979. De cette carrière conduite avec prudence et habileté par Loulou Gasté émerge un personnage sans surprise : la Française moyenne, gentille et un tantinet pot-au-feu. « On la place précieusement dans son cœur à côté du bifteck-pommes frites et de la petite maison qu'on s'offrira avec un petit jardin, au moment de la retraite » (L. Rioux).

JACQUES REVAUX

[Jacques Revaud] Azay-sur-Cher, 1940. Compositeur. Avant de partir au service militaire, il se fait remarquer comme auteur-compositeur aux « Numéros 1 de demain » et au premier Coq d'or de la chanson (1958). A son retour de l'armée, il se met au goût du jour et abandonne la scène pour fournir du matériel yé-yé à Richard Anthony, à Dalida, au Petit Prince, à Johnny Hallyday. Il se maintient à son poste après la décrue du yé-yé et continue d'écrire pour Hervé Vilard *(Sayonara,* — F. Thomas, J.-M. Rivat), Monty *(Fleurs et bonbons).* En 1967, il devient le producteur attitré de Michel Sardou, pour lequel il compose un lot impressionnant de « tubes » : *les Bals populaires, Et mourir de plaisir, J'habite en France* (1970), *le Rire du sergent* (1972), *la Maladie d'amour* (1973), *les Villes de solitude* (1974), *le France* (1975), *la Java de Broadway* (1977). Passant avec aisance de la grandiloquence symphonique, propre à l'expression de sentiments exacerbés, à l'évidence de la ritournelle populaire, il participe pour une part non négligeable au succès de Michel Sardou. Compositeur prolixe, Jacques Revaux a également travaillé pour Claude François *(Comme d'habitude,* 1968) et, toujours, pour Johnny Hallyday *(Mon fils,* 1968 ; *J'ai oublié de vivre,* 1977).

REVIENS

Chanson, par. et mus. Harry Fragson-Henri Christiné (1911). Cette valse-romance fut le dernier succès de Fragson. Le texte pourrait parfois prêter à sourire :

> J'ai retrouvé la chambrette d'amour
> témoin de notre folie
> où tu venais m'apporter chaque jour
> ton baiser, ta grâce jolie.

Grâce à son refrain, elle restera sur toutes les lèvres et connaîtra une fortune considérable bien après la disparition de son créateur, puisqu'elle fut l'une des chansons françaises le plus souvent enregistrée : de Reda Caire à Jean Lumière, d'Henri Garat à Léo Marjane, de Jean Sablon (qui la chanta en français et en anglais) à Tino Rossi et à Mouloudji, on compte quelque 26 interprétations à ce jour.

CATHERINE RIBEIRO

Lyon, 1940. Auteur-interprète. Fille d'un travailleur émigré portugais, elle fait son entrée dans le monde de la chanson en 1969 avec un 33 tours qui présente déjà, en filigrane, tout l'univers qu'elle se construira : des textes lyriques et violents mis en musique par Patrice Moullet, qui l'accompagne à la guitare acoustique, à la guitare à 18 cordes puis, plus tard, au cosmophone, instrument à cordes qu'il a mis au point lui-même. Dès le deuxième disque (1970), les musiciens dirigés par Moullet se baptisent « Alpes », et tous les disques à venir ainsi que les affiches des spectacles annonceront « Catherine Ribeiro + Alpes », comme pour lutter contre la mise en évidence de la vedette. *Poème non épique* (1970), à quoi elle donnera une suite en 1974 *(Poème non épique, suite)*, comme *l'Ère de la putréfaction* (1974) ou *Une infinie tendresse* (1975) sont parmi les titres forts d'une œuvre toujours en devenir, toujours à la recherche d'elle-même. Catherine Ribeiro a aussi mis sa remarquable voix au service de la mémoire de Piaf *(le Blues de Piaf*, 1977), et de Prévert *(Jacqueries*, 1978, musique de Sébastien Maroto), ce dernier disque lui valant un procès de la part de la veuve du poète qui n'en appréciait pas le titre... Sur scène, droite, tendue, elle semble souffrir, présentant au public un masque grave, parfois torturé. « La grande prêtresse du pop français » s'est créé un public fidèle et nombreux — à chacune de ses prestations, elle rassemble plusieurs milliers de spectateurs — mais un peu marginal, marginalité qui rejaillit sur sa carrière (très peu de passages radio et télévision). Sa présence sur une scène parisienne (Théâtre de la Ville, 1980), la simplification de l'écriture et de l'accompagnement musical, sensible dans l'album *la Déboussolée* (1980), lui ouvriront-elles — enfin — une plus large audience ?

RICET-BARRIER

[Maurice-Pierre Barrier] Romilly-sur-Seine (Aube), 1932. Auteur-compositeur-interprète. Après avoir tâté du banjo paternel, rencontré Bernard Lelou, représentant de commerce et auteur, le « prof de gym » quitta le survêtement pour endosser l'habit de scène. Pris en main par Jacques Canetti, il obtint un prix de l'Académie du disque pour son premier 25 cm, et le succès avec *la Servante du château* (1956) puis avec *la Java des Gaulois* (1958). Vint le reflux, et un relatif effacement. Depuis, il poursuit une carrière discrète, principalement dans les maisons de la culture. Avec, de temps en temps, une chanson qui perce, comme *le Savoir-vivre* ou *Stanislas.* On s'aperçoit alors qu'il est toujours là, un peu plus ridé qu'avant, mais sans avoir rien perdu de sa malice. Relevant de la tradition des diseurs, Ricet-Barrier a opté pour le traitement humoristique. Il met en scène des personnages vulnérables, placés dans des situations incongrues ; comique de situation, donc, souligné par la tournure parodique de la forme musicale et la mimique expressive de l'interprète, qu'il exploite au mieux dans ses chansons « paysannes » *(la Marie, Isabelle, Chatter Lady).* Dans la chanson française, une œuvre mineure, mais attachante.

ROGER RIFFARD

Villefranche-de-Rouergue, 1924. Auteur-compositeur-interprète. Il fut d'abord cheminot, puis enseignant. Entré dans l'entourage de Brassens, il peut se produire sur scène (Bobino, Olympia, Alhambra). Sa silhouette de petit « rond-de-cuir » engoncé dans son costume gris forme un étonnant contraste avec le monde de ses chansons : celui d'un quotidien peu à peu rongé par l'insolite et dont on ne se prémunit que par le rire libérateur. Sa chanson fétiche : *la Margelle. Timoléon le jardinier* (1961), dont il est l'auteur-compositeur, est un des principaux succès de Michèle Arnaud. Depuis 1965, ses productions scéniques se font de plus en plus rares.

ROBERT RIPA

Marseille, 1928. Interprète, il chante en s'accompagnant à la guitare Léo Ferré *(Mon p'tit voyou),* Francis Lemarque *(Paris se regarde),* Robert Nyel *(Si à Paris),* etc., dans les cabarets de la rive gauche (surtout au club du Vieux-Colombier). Après un certain succès entre 1958 et 1960, particulièrement avec *la Bague à Jules* et *Mon pot' le gitan,* des tournées en France et à l'étranger, il disparaît pratiquement de la scène pour se consacrer à l'animation de cabaret.

JEAN-MICHEL RIVAT

Vesoul, 1939. Auteur. Étudiant, il écrit des textes de chansons et des adaptations *(Guantanamera, Excuse-me lady, Comme la lune)* et monte un canular : celui du chanteur Édouard, rival d'Antoine. En 1967, il rencontre un autre parolier, Frank Thomas (Montpellier, 1936), déjà auteur de chansons pour les Parisiennes, Lucky Blondo, Michel Polnareff. C'est le début d'une collaboration fructueuse et riche de six ans de succès : *Bébé requin* (— J. Dassin) pour France Gall, *Deux minutes trente-cinq de bonheur* (— J. Renard) pour Sylvie Vartan, *les Daltons, Marie-Jeanne, la Bande à Bonnot* pour Joe Dassin, *Des jonquilles aux derniers lilas* (— M. Benaim) pour Hugues Aufray, *Sayonara* (— J. Revaux) pour Hervé Vilard, *L'Avventura, Made in Normandie* (— E. Charden) pour Stone et Charden. Puis ils continuent leur travail d'auteur séparément, Jean-Michel Rivat entamant une collaboration avec Michel Delpech *(les Divorcés,* — M. Delpech, R. Vincent).

DICK RIVERS

[Hervé Fornieri] Nice, 1945. Auteur-interprète. Enfant, il ne rêve que d'Elvis Presley (« Dick Rivers » est le héros d'un de ses films). A 15 ans, il forme un groupe de rock, les Chats sauvages, et en devient le chanteur soliste. Ils montent à Paris et s'imposent rapidement comme le groupe le plus important après les Chaussettes noires *(Twist à Saint-Tropez, C'est pas sérieux).* Dick Rivers choisit ce moment pour voler de ses propres ailes, d'abord avec succès, puis plus laborieusement quand le yé-yé connaît sa période de vaches maigres. Bien que se considérant avant tout comme un chanteur de rock (n'est-il pas à l'initiative, avec ses deux albums enregistrés aux États-Unis, du « rock revival » qui marquera le début des années 70 ?), il obtient ses principaux succès grâce à des slows *(Quand l'amour s'en va).* Mais Ol' Dick n'en a cure, car, « resté fidèle aux gens et aux musiques qu'il aime, il peut continuer à se regarder debout devant sa glace » *(Debout devant ma glace,* S. Koolenn-N. Sedaka).

MICHEL RIVGAUCHE

[Mariano Ruiz] Paris, 1923. Auteur-interprète. Abandonne des études d'ingénieur pour devenir musicien d'orchestre et débute comme auteur-interprète *(Mea Culpa,* — H. Giraud, prix Deauville 1954). Puis choisit de se faire interpréter, entre autres par Colette Renard *(Ça c'est d'la musique,* — N. Glanzberg). Auteur attitré de Piaf, il lui écrit, entre autres succès, *la Foule,* sur un air de valse folklorique péruvienne. Elle le pousse à remonter sur scène dans un tour de chant fantaisiste (Pacra, Olympia), mais c'est surtout l'auteur que l'on retient, chanté par une kyrielle d'interprètes, de Marcel Amont à Rika Zaraï ! Administrateur de la SACEM, il a remporté de nombreux prix.

JEAN-MAX RIVIÈRE

Paris, 1938. Auteur. Étudiant aux Arts déco, se met à écrire pour Joël Holmès puis rencontre Gérard Bourgeois (Robert Bourgeois, Paris, 1937), ancien élève ingénieur et déjà collaborateur de Pierre Delanoë et de Jean Dréjac. Le tandem ainsi créé se fera remarquer par des œuvres tout en finesse : *la Madrague* pour Brigitte Bardot, *El Cordobès* pour Dalida, *l'Amitié* pour Françoise Hardy, *l'Horoscope* pour Juliette Gréco, etc. Séparé de Gérard Bourgeois, Jean-Max Rivière choisit délibérément les routes les plus fréquentées en travaillant pour Monty et François Valéry.

ÉRIC ROBRECHT

Bruxelles, 1932. Auteur-compositeur-interprète. Élève au conservatoire de Bruxelles, puis pianiste d'orchestre. Jacques Canetti lui fait enregistrer 2 disques mais, malgré quelques passages sur scène (Olympia, 1968, Vieux-Colombier, 1971), Éric Robrecht est surtout connu comme compositeur *(Et remettez-nous ça,* — B. Dimey, *les Cœurs purs,* — J.-R. Caussimon, *les Copains de mai,* — J.-R. Caussimon) interprété par Jean-Roger Caussimon et Zizi Jeanmaire.

PIERRE ROCHE

Beauvais, 1919. Compositeur-interprète. Sa carrière (1944-1950) est intimement liée aux débuts de Charles Aznavour avec qui il chante en duo (Roche et Aznavour). Une tournée en 1946 avec Édith Piaf et les Compagnons de la chanson, de bonnes chansons en commun *(Poker, Ma main a besoin de ta main* et surtout *J'ai bu),* un rythme swing leur assurent un certain succès jusqu'au jour où ils se séparent. Aznavour aura la carrière que l'on sait, Pierre Roche s'installera au Canada après la carrière éclair de sa femme Aglaé, en France.

LIONEL ROCHEMAN

Paris, 1928. Interprète. Artisan tricoteur attiré par la musique des beatniks, il se mêle en 1963 d'organiser les « hootenanies » du Centre américain qui deviendront le lieu de rencontre du folk et d'une certaine chanson encore en gestation : Jacques Debronckart, Alan Stivell, Steve Waring, Claude Lemesle, Graeme Allwright, Roger Mason, Patrick Abrial, Laurent Voulzy, Yves Duteil, parmi d'autres, sont passés par là. Le hootenany émigre à l'Olympia en 1972 et à Radio-France en 1975. Mais son animateur décide lui-même de passer de la vieille chanson française *(Chansons et complaintes de soldats,* prix Charles-Cros 1970) à l'humour yiddish francophone, genre dans lequel il fait carrière depuis.

ÉTIENNE RODA-GIL

Montauban, 1941. Auteur. Fils d'émigré espagnol, il fait une licence de lettres puis se met à écrire des textes de chansons pour Julien Clerc. Dès le début, l'association entre la voix de Julien Clerc, son écriture musicale, et les textes un peu surréalisants de Roda-Gil fait merveille : *la Cavalerie*, *Niagara*, *le Caravanier* sont très vite des succès. Ce qui frappe le plus, c'est peut-être ici l'absence de métrique classique, forme à laquelle se raccroche souvent la chanson parce que, « carrée », elle est plus facile à mettre en musique : Roda-Gil laisse aller son imagination dans des textes débridés. Il saura cependant contrôler son inspiration dans des œuvres plus classiques, *36, Front populaire* (— J.-P. Bourtayre, J.-C. Petit, 1979) et les chansons qu'il écrira notamment pour Mort Shuman *(le Lac Majeur)* et pour Catherine Lara *(Géronimo, Bateau de pluie*, 1980).

JEAN RODOR

Sète, 1881-Paris, 1967. Auteur. Il chanta des rengaines de Vincent Scotto dont il écrivait les paroles et dont le succès dépassa largement celui de leur interprète : *Réginella*, *Sous les ponts de Paris* (1913), qui fit la carrière que l'on sait : elle fut notamment interprétée par Georgel, qui chanta une des autres créations du tandem, *la Vipère* (1922). Jean Rodor fut vice-président de la SACEM.

MAURICE ROLLINAT

Châteauroux, 1846-Ivry-sur-Seine, 1903. Auteur-compositeur-interprète. Fils d'un député républicain à l'Assemblée de 1848, il gagne Paris en 1872 et devient employé de la préfecture. Membre du club des Hydropathes, une soirée littéraire chez Sarah Bernhardt le « cueille de son obscurité » (1882). Vedette des soirées littéraires, il est la première attraction du Chat Noir. Sa poésie, où voisinent tous les tons et jusqu'aux plus singuliers, le fait classer parmi les « décadents » :

> Ah ! fumer l'opium dans un crâne d'enfant
> les pieds nonchalamment appuyés sur un tigre.

La musique qu'il plaçait sur ses vers était heurtée, disloquée mais profondément prenante, et inséparable de sa technique vocale : de sa voix profonde, au registre exceptionnellement étendu, il ponctuait la mélodie de cris gutturaux, d'onomatopées, ou de trois notes de la voix de tête. Le tout était composé d'instinct au piano.

La modernité de cet art fit apparaître Rollinat davantage comme un phénomène que comme un précurseur. Il faut dire que son comportement de tourmenté y contribua. Se sentant incompris, il se retira à Fresselines (Creuse), refusant notamment une tournée en Amérique. « Poète de la famille de Dante qui a mal tourné en tombant dans le monde moderne » (Barbey d'Aurevilly), il mourut après deux tentatives de suicide. Rollinat mit en musique plusieurs poèmes de Baudelaire et composa des chansons de veine rustique en souvenir de George Sand de qui il tenait son prénom.

ROSE BLANCHE

Chanson, par. et mus. Aristide Bruant (1889). En 8 couplets, Bruant nous conte la tragique histoire d'une jeune prostituée assassinée d'un coup de couteau par son ami, un soir d'été. Usant d'un procédé qui lui est familier, il personnalise et ainsi nous rend attachante son héroïne : nous sommes introduits dans un univers prosaïque et mythique à la fois, où le personnage socialement marginal, marqué dès le berceau, marche à la rencontre du destin. Mais contrairement au climat qui règne dans les autres chansons de Bruant, ici, le drame se déroule dans une atmosphère apaisée, à laquelle contribue encore la musique. Les correspondances établies entre des notations à base sensitive ont pour effet de transfigurer la réalité :

> On l'ap'lait Rose, elle était belle,
> a sentait bon la fleur nouvelle,
> ru' Saint-Vincent.

Caractéristique de la manière et de la mythologie de Bruant, cette romance fait partie du recueil *Dans la rue.*

LA ROSE ROUGE

Cabaret, rue de la Harpe puis rue de Rennes, Paris (1949-1958). Il vit défiler bon nombre des vedettes d'aujourd'hui, enfants terribles de l'après-guerre : Juliette Gréco, les Frères Jacques, Stéphane Golmann, Francis Lemarque, Nicole Louvier, etc. On put aussi y entendre de la musique de jazz (Henri Crolla), y voir les premières pièces de Boris Vian *(le Goûter des généraux,* joué par Yves Robert), des marionnettes, des imitations de Charlot (par Edmond Tamiz), etc. Bref, sous la direction de Nico Papatakis, la Rose Rouge fut un creuset où « existentialistes et zazous » (puisque c'est ainsi que les stigmatisaient les plumitifs bien-pensants) écrivirent une page de l'histoire de la chanson contemporaine.

LES ROSES BLANCHES

Chanson, par. Charles-Louis Pothier, mus. Léon Raiter (1925). Grand classique du style « chanson larmoyante » et succès en particulier de Berthe Sylva. Cette sombre histoire d'enfant voleur de fleurs pour sa mère mourante à l'hôpital a fait une grande carrière : elle se vendit à quelque 3 millions de petits formats, fit la fortune de l'éditeur Rolf Marbot qui la racheta en 1932, et fut interprétée par un nombre incalculable d'interprètes, dont les plus inattendus comme les Sunlights (1967) ou Michèle Torr (Olympia, 1980). Noyée de larmes mais insubmersible.

TINO ROSSI

[Constantino Rossi] Ajaccio, 1907. Interprète. Père tailleur, 8 enfants. Très tôt on sut que le petit Tino avait un don : sa voix. Pour chanter, il gagne le continent et débute au caf' conc' à Aix. En 1925, il est engagé par la marque de disques Parlophone et monte à Paris. Boy au Casino de Paris (1931), il produit son premier tour de chant à l'A.B.C. (1933), sans succès notable. Sa découverte date de la revue *Parade de France* d'Henri Varna, où il représente la Corse (Casino de Paris, 1934) : il chante *Vieni, vieni* et *O Corse, île d'amour* (G. Koger-Scotto), en tenant une guitare à la main. Passé chez Columbia, il enregistre *Adieu Hawaï*. C'est un raz de marée : plus de 400 000 disques vendus, chiffre exceptionnel pour l'époque. Avec le film *Marinella*, d'où sont tirées *Marinella* et *Tchi tchi*, sa popularité monte encore d'un cran : il est premier partout, même aux États-Unis. Désormais il est intouchable : les succès s'accumulent, les chiffres de vente aussi. Tournée européenne, l'Olympia en 1939, films *(Ma ritournelle*, 1941, *Naples au baiser de feu*, 1937, *Fièvre*, 1941), disques, Tino est omniprésent. La guerre, l'âge, l'embonpoint, les modes, rien n'y fera plus car rien ne peut l'atteindre. Tino n'est plus de ce monde ; il participe d'une essence autre, celle dont on fait les mythes. Comment l'approcher ? Par la magie de sa voix : son registre de ténorino mais surtout ses harmoniques la rendent singulière. Voix d'or, de velours, de lait et de miel..., que n'a-t-on entendu ? Pourtant les choses sont simples : « Je n'ai jamais appris à chanter, je suis né avec cette voix et j'ai eu de la chance, voilà tout. » Dieu y aura veillé. L'amour est l'autre intermédiaire privilégié pour accéder à l'univers du demi-dieu : toutes ses chansons y sont vouées. Son originalité est d'avoir introduit la géographie dans la chanson d'amour (Corse, Hawaii, Naples...). Il s'est appuyé

sur le talent de Vincent Scotto, son compositeur favori (outre les chansons citées : *Chanson pour Nina, Écoutez les mandolines, Bella Ragazzina, la Boudeuse,* etc.) ; valses, javas, rumbas furent des supports parfaits pour « la » voix. Plus tard, Tino élargit ses horizons et se tourne vers Schubert, Mozart, Gounod. L'effet obtenu sera le même. Avec lui les paroles les plus scabreuses se purifient : il transforme une statue de sel en sucre d'orge, et, de l'*Ave Maria* au *Petit Papa Noël,* il évolue dans un monde désincarné, peuplé de sentiments sublimes. Reste le physique. Comme Rudolf Valentino, ce séducteur n'a rien d'un don juan : type du Méditerranéen à cheveux plats, gominés, aux expressions stéréotypées, il évolue entre le saint de vitrail et Casanova revu par Hollywood. Cette absence de singularité est précisément condition de la recevabilité de son image auprès du public. Le processus identification-projection peut opérer. Et s'il est beau, c'est que « la beauté est un des attributs du demi-dieu » (P. Barlatier).
Tino Rossi n'a pas eu de concurrents dans la chanson, et ses successeurs, Luis Mariano, Georges Guétary, Enrico Macias, Julio Iglesias ne l'ont pas remplacé : ce type de personnage mythique semble avoir disparu de notre monde, et les hommages (ou leur contraire) sont désormais à rendre à l'imparfait *(l'Idole à papa,* J. Ferrat, 1969). Comme l'écrivit une de ses admiratrices, « il est au-dessus de tous les humains ». Plus que jamais.

RENÉ ROUZAUD

Paris, 1905. Auteur. Licencié ès lettres, il devient journaliste d'agence et se tourne vers la chanson en 1938 *(Si tu passes par Suresnes,* — De Pierlas, chanté par André Pasdoc). Il écrit pour Damia *(la Complainte du petit soldat,* — De Pierlas), puis pour Georges Guétary, Lys Gauty, Jean Lumière *(Ma carriole,* — G. Lafarge, qui sera pendant l'Occupation une chanson d'« actualité »). A la Libération, deux slows ont un grand succès : *Libellule* (— G. Luypaerts, 1942) et *Rêver* (— G. Luypaerts, J. Lecannois, 1944). Ils sont repris par tous les chanteurs de charme, notamment Jean Sablon. De 1948 à 1955, René Rouzaud se lance dans l'adaptation *(la Colline aux oiseaux,* — V. Morton, chanté par Patrice et Mario). Puis il écrit pour Piaf (la célèbre *Goualante du pauvre Jean,* — M. Monnot, 1954), Eddie Constantine *(Un enfant de la balle,* — E. Barclay, Philippe-Gérard), Zizi Jeanmaire, Yves Montand *(la Fête à Loulou,* — B. Castella), Henri Salvador *(Cherche la rose,* — H. Salvador). Sans doute un des paroliers les plus doués de sa génération.

GERMAINE SABLON

Le Perreux, 1899. Interprète. D'une famille déjà tournée vers la chanson (elle est fille du compositeur Charles Sablon et sœur de Jean Sablon), elle apprend le piano et le chant et s'oriente d'abord vers l'opérette. Elle débute dans le tour de chant en 1932 (A.B.C., 1933) et devient vedette dès 1934. A un répertoire qu'elle partage avec d'autres interprètes *(Mon légionnaire, Mon homme, Ici l'on pêche),* elle ajoute des chansons folkloriques de la Renaissance. On remarque la délicatesse de son interprétation. La Résistance lui donne l'occasion de manifester d'autres talents : elle organise un débarquement d'armes sur la côte du Var, franchit clandestinement la frontière d'Espagne avec Maurice Druon, dont elle crée *le Chant des partisans* (M. Druon, J. Kessel-A. Marly) dans le désert de Libye où elle est infirmière. En 1946 elle exporte aux États-Unis et au Canada les joyaux de la chanson française ancienne et moderne.

JEAN SABLON

Nogent-sur-Marne, 1906. Interprète. Frère de Germaine Sablon et fils de Charles Sablon (chef d'orchestre et compositeur). A la fin de ses études au lycée Charlemagne, il débute aux Bouffes-Parisiens et devient chanteur de revue (au Casino de Paris avec Mistinguett) et d'opérette (au théâtre Daunou). Il enregistre en 1932 un premier duo avec Mireille dont il devient l'interprète favori *(le Petit Chemin).* En 1933, il prend comme accompagnateurs trois musiciens de jazz (André Ekyan, Alexandre Siniavine et Django Reinhardt) et participe ainsi à la révolution « swing » *(Vous qui passez sans me voir,* — C. Trenet, J. Hess). Trop nouveau, son style n'est pas apprécié partout : ce chanteur sans voix « qui embouche son micro tenu à deux mains comme un musicien son instrument à vent » fait scandale. Aussi accepte-t-il un contrat pour les États-Unis, et c'est l'Amérique qui découvrira le « Bing Crosby français ». Sablon en revient en 1939 et passe à l'A.B.C. avec *le Pont d'Avignon* jazzé et surtout *Je tire ma révérence* (—P. Bastia) et *J'attendrai* (L. Poterat-D. Olivieri), chanson d'origine italienne dont il partage le succès avec Rina Ketty.

En remplaçant le chanteur de charme d'autrefois, « avantageux, claironnant, ridicule » et en le transformant en « chanteur-confident-discret, mezzo voce », Sablon a créé la romance-jazz. La mise en scène, réglée en forme de ballet, ne laisse place à aucune improvisation ; mais Sablon travaille avant tout pour le disque ; il ose introduire le bruitage vocal (claquements de langue dans *le Fiacre* pour imiter les sabots du cheval).

La guerre survenant, Sablon réembarque pour l'Amérique d'où il reviendra en 1946 (A.B.C.), cette fois avec la petite moustache « à la française » qu'on lui connaît. Entre deux voyages (sa carrière est internationale), il passe en 1949 à l'Étoile et en 1954 à l'Olympia. Avec le temps, le « French troubadour » n'a rien perdu de sa séduction, et, à entendre les chanteurs-crooners qui se poussent devant les micros, il doit se reconnaître bien des héritiers.

SACEM

Société des auteurs, compositeurs et éditeurs de musique, 225, avenue Charles-de-Gaulle, 92 Neuilly-sur-Seine.

Le 9 mars 1847, Alexandre Bourget, Victor Parizot et Paul Henrion refusent de payer leur consommation au café-concert des Ambassadeurs : on joue et on chante sur scène des chansons qu'ils ont écrites. L'affaire est traitée en justice. Auteurs et compositeurs l'emportent sur le patron de la salle qui en est réduit à leur payer un droit. L'idée de la SACEM est née. Société civile, elle est fondée en 1851. En un peu plus d'un siècle, le nombre des sociétaires passe de 2 000 à 43 000. Une filiale, la SDRM, est créée en 1935 pour la perception des redevances sur disques, cassettes, juke-boxes, etc.

Gérée par un conseil d'administration composé de 6 auteurs, compositeurs et éditeurs, eux-mêmes élus par une assemblée générale à laquelle participent essentiellement les notables (ceux qui ont gagné pendant 3 ans une somme définie leur donnant 15 voix au lieu d'une), la SACEM rassemble sous son toit aussi bien les créateurs de « grande » musique que de variétés, celles-ci représentant néanmoins 93 % des répartitions. Ses percepteurs,

toujours à l'affût, viennent réclamer un pourcentage sur les entrées, consommations ou recettes à l'occasion de la moindre manifestation sonore, taxe supplémentaire souvent dure à supporter pour les petites salles de spectacle (cabarets, cafés-théâtres). Il ne semble pas néanmoins que ce soient ces dernières qui aient le plus attaqué la SACEM, mais plutôt des trusts comme Castel ou Régine... Dans les années 80, on compte environ 50 000 chansons nouvelles déposées chaque année. Entre un quart et un cinquième des bénéfices va aux frais de fonctionnement, le reste étant redistribué aux auteurs. Pour chaque chanson, cette redistribution se fait par tiers : 1/3 à l'auteur, 1/3 au compositeur, 1/3 à l'éditeur (moitié aux auteurs et moitié à l'éditeur en ce qui concerne les droits de reproduction mécanique perçus par la SDRM). Cette redistribution prend la forme de quelques francs ou de quelques centaines de francs pour un passage de chanson, selon que celui-ci s'est effectué dans un petit cabaret ou à la télévision à une heure de grande écoute. Il est certain qu'une seule chanson à succès, dont les passages se chiffrent par centaines ou milliers, est une affaire très rentable pour ses auteurs, mais il ne faut pas se leurrer : sur environ 10 auteurs percevant régulièrement des droits, c'est-à-dire étant en pleine activité, à peine un seul peut vivre de ce métier (par contre, ceux qui en vivent en vivent très bien...).
En 1976, la SACEM quitte ses bureaux discrets de la rue Chaptal pour s'installer dans 1 500 mètres carrés luxueux à Neuilly. C'est alors que, dans une France en début de récession économique, ses ennuis commencent. Attaquée en tant que monopole par des discothèques, elle l'est du même coup par la presse qui s'émeut de son luxe insolent (« A l'Assacem » ! titre *le Canard enchaîné).* Les grandes questions sont posées : « La SACEM collabore à la gloire du capital et à l'abêtissement général. » Elle répond, en développant ses œuvres sociales (aides aux créateurs en difficulté) et culturelles (mécénat privé se concrétisant entre autres par une aide à la jeune chanson au festival de Rennes et au Printemps de Bourges, des rencontres, des publications). Bref, à la SACEM s'instaure un nouveau style qui, en visant la défense de la chanson française, vise aussi sa propre survie. Mais son plus grand ennemi ne la lâchera pas de sitôt : c'est la piraterie, qui fait des progrès constants.

SAINT-GRANIER

[Jean Granier de Cassagnac] Paris, 1890-1976. Auteur-interprète-revuiste. Chansonnier à 22 ans, il est en même temps journaliste. Son genre est alors la satire, et il passe notamment à la Pie-qui-chante. Après la guerre, il fonde le théâtre de la Potinière. En 1918 il fait son entrée au Casino de Paris, comme interprète *(Marquita, On dit ça,* de Borel-Clerc), et comme auteur de chansons sentimentales : on lui doit notamment la version française de *Ramona* (collaboration J. Le Soyeux-A. Willemetz), qu'il crée lui-même, ainsi que de *C'est jeune et ça n'sait pas,* un succès de Maurice Chevalier. C'est cependant comme auteur de revues qu'il donnera la pleine mesure de son talent, en collaboration avec Rip, Albert Willemetz ou Jacques-Charles. A partir de 1930, il se consacrera à sa nouvelle carrière d'animateur et chroniqueur radiophonique.

FRANCIS SALABERT

Paris, 1884-Shannon (États-Unis), 1946. Éditeur. De père petit éditeur de musique classique et de romances, il s'installe en 1908 rue Chauchat. Après la guerre de 14-18, il sera le premier à donner un essor à la variété : il rachète tout Aristide Bruant, signe des contrats avec Vincent Scotto, Albert Willemetz, Georges Van Parys, Henri Christiné et engage Maurice Yvain et Raoul Moretti comme pianistes pour faire travailler les chanteurs. Ceux qui se présentent ont pour nom Mistinguett, Lucienne Boyer, Joséphine Baker, Henri Garat, Mayol, Fragson, Tino Rossi, Piaf. Sentant le vent tourner, il crée aussi une société phonographique et publie des milliers de 78 tours (Arletty, Fréhel, Marianne Oswald, Albert Préjean, Reda Caire...). Il avait ouvert à Paris 4 boutiques et créé plusieurs filiales de par le monde. Ancêtre du show business, il avait même inventé la mauvaise habitude de payer les passages radio...

RODOLPHE SALIS

Châtellerault, 1852-1897. Goguetier. Voyageur de commerce, peintre de chemins de croix, finalement bistrotier. Ce personnage de Murger, doublé d'un commerçant averti, fit de son bistrot le Chat Noir. Animant lui-même le spectacle, participant directement à toute l'activité du cabaret, il créa un type nouveau de cabaretier et donna à cette profession ses lettres de noblesse. Léon Bloy écrivit à son sujet : « C'est une espèce d'homme roux assez semblable à ces terribles officiers de fortune de la guerre de Trente ans, à la solde de Tilly ou de Wallenstein. » Imité (notamment par Aristide Bruant), rarement égalé, sauf peut-être dans le domaine de la pingrerie, il trouva des concurrents jusque dans sa famille : en 1889, son frère Gabriel Salis fondait le cabaret de l'Ane Rouge. Il mourut des suites d'une fatigante tournée, alors qu'il était à la recherche d'un troisième local pour son cabaret.

HENRI SALVADOR

Cayenne, 1917. Auteur-compositeur-interprète. A Paris dès l'âge de 7 ans, il se passionne pour la musique, spécialement pour le jazz. Batteur, excellent guitariste, il se met à composer. Chanteur d'orchestre à Nice, à Cannes (chez Bernard Hilda), il devient « collégien » de Ray Ventura et part en tournée en Amérique du Sud (1941). Il reste au Brésil jusqu'en 1945, le temps de s'y faire sacrer vedette. De retour en France, il crée *Clopin-clopant* (1946), se fait connaître comme chanteur « créole », s'imposant avec *le Loup, la Biche et le Chevalier* (1951) et *Maladie d'amour* (1950). La France puis l'Europe font alors connaissance avec les multiples facettes de son talent : acteur de sketches *(la Télévision américaine),* parodiste toujours en avance d'une mode *(Rock and rollmops, Faut rigoler,* avec Boris Vian, 1959 ; *Twist SNCF,* — B. Michel, 1962), auteur de pastiches et de scies *(Le travail, c'est la santé,* 1965 ; *Quand faut y aller,* 1967), etc. Entre-temps, il quitte la scène pour se consacrer essentiellement à des shows télévisés et au disque, qu'il enregistre sous son propre label « Rigolo », collaborant avec Guy Bontempelli *(le Tour des choses),* Bernard Michel *(Rock star),* etc. Sachant tout faire, ayant tout fait, Salvador fait penser à certains showmen américains comme Sammy Davis Jr. Rien d'étonnant : la base de leur technique, c'est le jazz. Homme caméléon, il n'en a pas moins marqué de sa griffe toutes ses œuvres : un pastiche, par exemple *Mon pote le blues,* est aussi un « Salvador blues », identifiable grâce au feeling de la voix. Type même du mystificateur mystifié, Salvador semble parfois se prendre au jeu.
Mais la pirouette n'est jamais loin, qui fera réapparaître le rigolard, tordu de grimaces, ou encore le charmeur des îles, trop décontracté pour y croire tout à fait. Aussi, plus que dans les sucreries pseudo-tropicales *(Adios Anita)* ou dans les chansons-gags *(Zorro est arrivé),* le meilleur Salvador est-il à chercher sur scène, là où s'opère la synthèse entre les différents aspects de son personnage.

VÉRONIQUE SANSON

Paris, 1949. Auteur-compositeur-interprète. Fille d'un avocat pianiste, elle quitte la fac pour enregistrer en groupe (les « Roche-Martin », 1968), puis seule. Son deuxième 33 tours *(Amoureuse)* fera figure d'événement : on découvre une voix aux vibratos interminables, une musique tenant du jazz, du blues et du rock, un français devenu magiquement élastique. Les disques suivants confirment les qualités de la chanteuse et de la musicienne dont le piano déploie un rythme sûr et des suites harmoniques riches (bien que répétitives) compensant la relative absence de mélodie, excepté dans les titres qui feront son succès *(Besoin de personne, Chanson d'une drôle de vie).* Ils seront bientôt enregistrés à Los Angeles, sans l'arrangeur luxuriant des débuts, Michel Bernholc. Entre-temps, Véronique Sanson a quitté son brillant producteur et pygmalion Michel Berger pour épouser le musicien Stephen Stills. Elle bâtit désormais ses orchestrations elle-même *(M le maudit).* A ce point de sa carrière, ayant gagné son indépendance musicale et bien qu'habitant des deux côtés de l'Atlantique pour s'entourer des meilleurs musiciens, Véronique Sanson ne paraît plus évoluer mais réexploiter éternellement la même veine. Côté paroles, elle « ressasse l'amour et le non-amour, l'autre absent, le soi vide, la solitude » (Olympia, 1977). Faute d'une véritable œuvre d'auteur, Véronique Sanson a plutôt apporté un nouveau climat à la chanson, que Michel Berger va reprendre à son compte, mais beaucoup plus tard. Et dans le désert de la musique au féminin qui caractérise l'époque de ses débuts, Véronique Sanson a fait, en France, figure de prophétesse.

THÉO SARAPO

[Théophile Lamboukas] Paris, 1936-Limoges, 1970. D'origine grecque, c'est un ancien garçon coiffeur de belle prestance. Il épouse Édith Piaf en 1962 et monte sur scène avec elle pour interpréter *A quoi ça sert l'amour ?* Veuf l'année d'après, il essaie tant bien que mal de poursuivre sa carrière à l'étranger, avec quelque 20 millions de dettes. En 1969, il tente à nouveau sa chance à Paris dans le tour de chant (à la Tête de l'Art), la comédie et le cinéma *(Un condé).* Mais il meurt prématurément dans un accident de voiture.

MICHEL SARDOU

Paris, 1947. Auteur-compositeur-interprète. « Aussi loin que remontent mes souvenirs d'enfance, je ne crois pas avoir entendu parler d'autre chose à la maison que de tournées... ou de tours de chant» (M. Sardou). Petit-fils et fils d'artistes, cet enfant de la balle fit des débuts confidentiels au cabaret, en 1966. Une chanson de son premier disque, *les Ricains* (—G. Magenta), retient d'emblée l'attention : il n'est en effet pas banal, en ces années d'avant-Mai, de signaler son entrée dans la chanson en se marquant aussi nettement à droite. Mais la carrière de Michel Sardou prend son véritable envol après sa rencontre avec Jacques Revaux, qui devient son compositeur attitré, et avec Régis Talar, son producteur. Sa « marche en avant » peut commencer. 1970 : *les Bals populaires, Et mourir de plaisir, J'habite en France,* premières apparitions à l'Olympia, en première partie. 1971 : il passe en vedette, boulevard des Capucines, en novembre. 1973 : en tête de tous les hit-parades avec *la Maladie d'amour,* il est à nouveau à l'affiche à l'Olympia (qu'il refera en 1974, 1975 et 1976). 1975 : *le France.* 1976 : la chanson *Je suis pour* déclenche de violentes polémiques dans la presse, polémiques qui redoublent après la sortie du *Temps des colonies,* l'année suivante. 1977 : la création de comités anti-Sardou et les manifestations dans les villes où il passe l'amènent à interrompre sa tournée en France. Depuis Hallyday et l'avènement du yé-yé, aucun chanteur n'avait réussi à polariser un tel faisceau de réactions. Pourquoi ? D'abord, Michel Sardou a imposé un personnage d'une belle vitalité, qui accroche le spectateur ou l'auditeur dès la première chanson et ne le lâche plus avant la fin du disque ou du tour de chant : un gagneur, un mâle, un vrai, comme on les aime en France, pays où « il n'y a quand même pas 50 millions d'abrutis ». Un chanteur qui sait prendre la mesure des préoccupations de son public et n'hésite pas dans ses chansons à aborder les grands problèmes de demain et de toujours, l'écologie *(W 454°),* Dieu *(J'y crois, Qui est Dieu),* l'amour *(Je vais t'aimer, les Vieux Mariés),* la surpopulation *(6 milliards, 980 millions, 980 mille),* la peine de mort *(Je suis pour),* la paternité *(Un enfant, Mon fils),* avec le crédit de sympathie accordé à celui qui n'hésite pas à dire « je », tout en rejoignant les convictions du grand nombre. Un interprète au timbre bien frappé, au jeu de scène violent et sans bavures, dont les chansons sont fignolées par une équipe de « super pros » — Pierre Delanoë pour les paroles, Jacques Revaux pour la musique, Pierre Billon pour les deux —, sans oublier les arrangeurs, choisis parmi les meilleurs, pour les disques. Un chanteur, enfin, qui, dans le cadre du système, travaille sans filet. Sardou a pris des risques : celui d'apparaître comme le héraut d'une France petite-bourgeoise, dont le mal-être se traduit par la crispation sur des valeurs refuges, fondamentalement négatives (sentiment de supériorité sur « l'autre », l'habitant du tiers monde, innombrable et menaçant, l'homosexuel, l'intellectuel) ; celui de se voir considéré comme un chanteur fermé à tout écho de l'émancipation féminine, pour qui la femme restera éternellement « maman ou putain ». Tout cela est bien lourd à porter, même lorsque l'on a « la tête assez dure ». Lassitude ou calcul ? Toujours est-il que depuis la polémique ouverte, en 1977, autour de ses prises de positions, Sardou a baissé le ton, quitte à apparaître (provisoirement ?) moins souvent au hit-parade *(la Java de Broadway,* 1978 ; *8 jours à El Paso,* 1979). Sans doute s'agit-il, pour lui, désormais, de tenir la distance.

CATHERINE SAUVAGE

[Jeanine Saunier] Nancy, 1929. Interprète. Comédienne, elle chantait pour le plaisir au Lorientais le jour de relâche de Claude Luter. Introduite sur les ondes par Paul Dumas et au Bœuf sur le toit par Moysès (alors directeur), elle commence une carrière de chanteuse de cabaret rive gauche au répertoire poétique *(Grand-papa laboureur,* J. Broussolle et A. Popp), bientôt enrichi par les œuvres de Léo Ferré *(Paris-canaille)* que celui-ci, encore mal armé vocalement, est ravi de confier à cette interprète à la fois violente et fine. Jacques Canetti la fait passer aux Trois Baudets (1953-1954). Elle obtient un premier Prix du disque avec *l'Homme* (Léo Ferré) et passe en vedette à l'Olympia. La même année (1954), elle interprète Brecht à Lyon sous la direction de Roger Planchon ; en 1955, elle chante à Bobino, en 1957, participe à un spectacle Brecht à la Comédie des Champs-Élysées et, en 1960, fait sa rentrée à Bobino et donne à la Gaîté-Montparnasse son premier récital (38 chansons de Ferré, Brecht, Aragon, Brassens, Mac Orlan, Gilles Vigneault, etc.). Elle obtient en 1961 un deuxième Prix du disque. Mais la vague yé-yé relègue Catherine Sauvage au second plan pendant cinq ans environ ; elle se consacre alors au théâtre. « Elle ne chante pas, elle mord », a dit Georges Brassens. Catherine Sauvage avoue elle-même être longtemps entrée en scène comme un dompteur dans la cage aux fauves. Cependant, soit évolution de sa part, soit accoutumance du public à toutes sortes de révoltes traduites depuis par le biais de la chanson, Catherine ne nous paraît plus maintenant si sauvage. Ce serait plutôt aujourd'hui une interprète raffinée, d'une présence assez rare sur scène, qui a le pouvoir de faire rire *(Avec)* ou d'émouvoir *(Jack Monnoloy,* — G. Vigneault) avec une suprême aisance, pourvu, en tout cas, que l'on puisse la voir en même temps que l'entendre.

LA SCALA

Café-concert, boulevard de Strasbourg, Paris. Inauguré par Vergeron en 1876, il prit la suite du Concert du Cheval Blanc (1868-1876). Férocement concurrencé par l'Eldorado qui lui faisait face, il s'efforça de lui arracher ses vedettes. La première qui traversa la rue fut Paulus (1879). Sous la direction de Mme Roisin puis, à partir de 1884, de M. et Mme Allemand, la Scala allait se tailler une solide réputation : Aristide Bruant, Amiati, Jeanne Bloch, Ouvrard, Marius Richard s'y produisirent alors. Lorsque les deux établissements concurrents furent réunis sous la même direction (1896), la Scala se spécialisa dans le tour de chant suivi de petites pièces jouées par les chanteurs. La pléiade d'artistes qui s'y firent entendre formait une véritable troupe. On trouvait côté hommes Polin, qui y demeura vingt-cinq ans, Fragson, Mayol, Max Dearly, Claudius, Moricey, Baldy… côté femmes, Polaire, Paulette Darty, Esther Lekain, Anna Thibaud, Yvette Guilbert entourées d'un essaim de jolies filles et de courtisanes célèbres (Liane de Pougy, la Belle Otero, Émilienne d'Alençon). La diversité des genres représentés, la notoriété des chanteurs firent de la Scala le caf'conc' le plus coté de Paris. *Le Violon brisé*, par Amiati, *la Mattchiche* par Mayol, *Fascination* par Paulette Darty furent quelques-uns des succès créés à la Scala. Ce fut sa grande époque.
A partir de 1905 (revue *Paris fin de sexe)*, l'évolution vers la formule music-hall annonce le déclin. Vendue à une société (1907), elle est rachetée par Fursy et devient théâtre d'opérettes et de revues montmartroises (1910-1913). Sous la direction de Marcel Simon, elle se transforme en théâtre du Vaudeville consacré aux pièces de Georges Feydeau (1920-1929). Après un retour à l'opérette, elle accueille une dernière fois les artistes du tour de chant (Damia, Alibert, 1934). Depuis 1936, les vedettes de cinéma de la série B ont définitivement supplanté les gloires de la Belle Époque.

VINCENT SCOTTO

Marseille, 1876-Paris, 1952. Compositeur. Il apprend très jeune la guitare et chante dans les banquets. Le grand Polin le remarque et lui prend une chanson qui, modifiée par Henri Christiné, deviendra *la Petite Tonkinoise.* C'est le début d'une énorme production (Scotto écrivit en effet un nombre incalculable de mélodies, plus de 4000 selon certains), jalonnée de succès et qui ne fut interrompue que par sa mort. Il est significatif que la carrière de bien des interprètes de son époque ait été marquée par une chanson de Scotto : Mayol *(Elle vendait des petits gâteaux,* —J. Bertet, 1919), Alibert *(Mon Paris,* —L. Boyer, 1925), Joséphine Baker *(J'ai deux amours,* —G. Koger, H. Varna, 1930), Ouvrard fils *(Mes tics,* —G. Koger, Ouvrard, 1935), Maurice Chevalier *(Prosper,* —G. Koger, V. Telly, 1935), Milton *(le Trompette en bois,* —L. Boyer, 1924), Tino Rossi *(O Corse, île d'amour,* 1934, *Marinella,* 1936, *Bella Ragazzina,* 1936, *Tchi tchi,* 1937...). Mais la liste de ses œuvres passées à la postérité est plus longue encore : *Ah ! si vous vouliez d'l'amour* (—W. Burtey, 1907), créée par Lanthenay, *Rosalie est partie* (—L. Raiter, 1930), par son auteur, *le Plus Beau Tango du monde* (—R. Sarvil, Alibert, R. Vincy, 1935), créée par Alibert, *la Java bleue* (—G. Koger, N. Renard, 1938), chantée notamment par Darcelys, et, surtout, la scie universelle, produit d'exportation par excellence : *Sous les ponts de Paris* (—J. Rodor, 1913). Sa vogue est si grande que l'on dit toujours « une chanson de Scotto » en oubliant généralement l'auteur des paroles. Ses musiques sont étonnamment variées pour un homme qui travaillait presque à la chaîne : l'invention mélodique est de fait la principale qualité de Scotto, qui composait tous ses airs sur sa guitare. Il faut dire qu'il essayait souvent de faire une chanson pour une vedette précise, d'adapter la musique à son style, et il est vrai qu'on verrait mal Maurice Chevalier vocaliser sur l'air de *Marinella* ou Joséphine Baker sur celui de *Prosper...* Bref, Vincent Scotto fut une véritable institution, un monument, et si l'on peut penser que certains compositeurs (Francis Lopez par exemple) donnent dans son genre, aucun n'atteint, et de loin, les dimensions de sa production.

SCOUBIDOU

Chanson, par. et mus. Sacha Distel-Maurice Tézé (1958). « Tube » qui lança Sacha Distel. Cette chanson, écrite dans l'avion qui menait les auteurs vers Alger, prenait pour point de départ l'habitude qu'ont les jazzmen de « scatter », c'est-à-dire de chanter par onomatopées. Le résultat dépassa toutes les espérances : outre les dizaines de milliers de disques vendus, on vit fleurir des objets curieux, faits de fils de plastique multicolore tressés, et portant le nom inattendu de « scoubidou ». Mais il est vrai que le refrain, « des pommes, des poires, et des scoubidous bidous », laissait planer l'ambiguïté sur le signifié de ce signifiant.

PIERRE SEGHERS

Paris, 1906. Auteur, éditeur. La chanson française a une double dette envers Pierre Seghers. Envers le poète d'abord, dont les textes ont bien souvent été mis en musique (Léo Ferré : *Merde à Vauban,* Jacques Loussier : *Adios Amigos,* etc.) et interprétés (Léo Ferré, Catherine Sauvage, Marc Ogeret, Jacques Douai, etc.). Mais aussi envers l'éditeur qui, dans sa collection « Poètes d'aujourd'hui » puis « Poésie et chansons », a publié bien des textes de chansons, de Béranger à Serge Gainsbourg en passant par Charles Trenet et Félix Leclerc. On peut certes faire bien des reproches à son initiative : des erreurs peut-être (Charles Aznavour...), des ostracismes (la chanson rock) mais surtout un malentendu fondamental. Est-ce en effet servir *la* chanson que de la couper de sa musique ? Il y a là tout un débat à instituer : Seghers ne participe-t-il pas d'un courant qui, sous prétexte de donner à la chanson un statut littéraire, donc « noble », ne s'attache en fait qu'à un cadavre de chanson, tirant vers la poésie ce qui est genre à part, fait de textes certes, mais aussi de rythme et de gestes ? Que seraient par exemple les œuvres de Colette Magny, quelle que soit la beauté des textes, si on les séparait de leur musique et de la recherche de symbiose entre celle-ci et ceux-là ? Quoi qu'il en soit, à une époque où la prolifération des chansonnettes sur les ondes pousse peu ou prou les « intellectuels » à mépriser l'objet chanson, l'entreprise du Seghers éditeur a été, à bien des égards, positive.

JEANNE-MARIE SENS

Paris, 1937. Auteur-interprète. Mannequin, elle n'a qu'un filet de voix *(le Clown,* G. Esposito) mais la jeune équipe de musiciens de WEA, principalement Jean-Pierre Castelain, va s'amuser avec les « mots sucrés-salés » de Mme Jean-Pierre Orfino. Dès le premier album, *En plein cœur* (« Et oublier... », —J.-P. Pouret, 1973) est un succès radio, et *D'avertissement* (A. Labacci) ouvre les portes de l'étrange. Jeanne-Marie Sens approfondit ces deux voies avec *l'Enfant du 92*ᵉ (—Howery-P. Rapsat, 1974). C'est une ouvrière en chambre aux broderies un peu courtes qui ne garde qu'un œil vague sur le monde mais passe facilement « de l'autre côté du miroir » d'Alice *(Réflexions d'un gros chat noir* *un mardi soir,* —J.-C. Guillot). Elle sort trois albums pour enfants *(Chansons pour de vrai)* où Lewis Carroll est habillé à la manière disco, ce qui assure à la chanteuse un certain impact *(Tant et tant de temps,* 1977), malgré sa « petite voix qui n'insiste pas pour ne pas violenter » (L. Nicolas). Elle revient à son public adulte en 1979 *(Je ne vous écoute plus)* sans être jamais passée sur aucune scène.

LA SERVANTE DU CHÂTEAU

Chanson, par. Bernard Lelou, mus. Ricet-Barrier (1956). Il n'y a pas de grand homme pour sa servante, pourrait dire cette paysanne, qui n'en rêve pas moins au jour où, mariée, elle sera l'invitée de la baronne. En attendant, elle nous fait faire son tour du « propriétaire ». Figurant sur le premier disque de Ricet-Barrier, cette œuvre continue à se vendre et à être demandée à son auteur à chacun de ses passages en public. Peinture d'un univers rural traditionnel en voie de disparition, elle renoue, sur le mode du pastiche, avec la tradition de la chanson « paysanne », disparue en même temps que le caf'conc'.

GILLES SERVAT

Tarbes, 1945. Auteur-compositeur-interprète. Se destinant tout d'abord aux arts plastiques, c'est au début des années 70, alors que les mouvements nationalitaires battent leur plein, que Gilles Servat, après Alan Stivell, fait entendre sa voix. Il chante les espoirs de la Bretagne *(Kor'ch ki gwen ha kor'ch ki du,* 1972, *Je dors en Bretagne ce soir,* 1974) et, dans cette veine, écrira une très belle chanson, *la Blanche Hermine,* qui sera longtemps comme un hymne. Mais il chante aussi la vie quotidienne et les faits divers propres à montrer la « colonisation » de la Bretagne *(l'Institutrice de Quimperlé,* 1972, *Crubelz,* 1974) avec une rare force. A partir de 1976, grâce à une collaboration avec l'orchestrateur Michel Devy, il affine son univers musical et poursuit une carrière régulière à l'écart de Paris (Bretagne, Occitanie, Belgique, etc.). Gilles Servat a également tourné dans le film de René Vautier, *la Folle de Toujane.*

SHEILA

[Annie Chancel] Créteil, 1946. Interprète. En 1962, Claude Carrère, imprésario débutant, aurait pu faire passer dans les journaux l'annonce suivante : « Cherche jeune fille 16 ans, bonne présentation, sachant chanter (pas trop), acceptant direction Claude Carrère pour carrière variétés. » Carrère n'a pas passé d'annonce, mais a engagé, sur les conseils d'Henri Leproux, patron du Golf Drouot, Annie Chancel, fille d'un vendeur de bonbons et chanteuse dans un orchestre amateur. Ayant trouvé sa chanteuse, il lui fallut envisager un certain nombre de problèmes. Et d'abord, trouver un nom, simple et populaire sans être ordinaire : ce sera Sheila, le titre d'un succès de Lucky Blondo (adaptation C. Carrère). Puis une clientèle : il faut viser les jeunes tout en plaisant aux vieux, être « dans le vent » et en même temps « faire français », bref, trouver le dénominateur commun aux couches les plus larges de la population. Comment ? En rassurant, c'est-à-dire en faisant de Sheila un miroir qui renvoie l'image attendue de sa propre tranquillité, de son amour de la famille et de l'ordre, de son « bonheur ». Sheila aura donc le visage d'une jeune fille agréable, gaie, simplement vêtue (pull-over, jupe). Son répertoire ? Il lui suffira de chanter les menues joies et misères qui scandent la vie des jeunes Français, sur des « musiquettes » faciles à retenir. La voix, banale, ne fera peur à personne. Et pour attirer l'attention, on trouvera un gimmick : ce seront les couettes. Reste le choix du support pour lancer le produit, question décisive entre toutes : il faudra éviter les passages en public, qui nécessite du métier, une certaine présence, et choisir de préférence la télévision (15 millions de téléspectateurs, public familial, possibilité de chanter en play-back), le disque étant là pour relayer et multiplier le produit. Ce dernier est enfin prêt : en mars 1963, Sheila passe à l'émission de Guy Lux et chante *L'école est finie.* A partir de là, tout ira très vite. Un million de disques vendus en quelques mois, création du club Sheila, de la boutique Sheila, nouveaux succès de disques, avec *le Folklore américain, Ma première surprise-partie, C'est toi que j'aime,* sortie du film *Bang-Bang* (1967), re-tubes : *Adios amor, la Famille, Petite fille de Français moyen...* Et les années passèrent ; le public est désormais en âge de se marier. Avec un peu de retard, Sheila comble les vœux de ses supporters et trouve enfin l'homme de sa vie en la personne du chanteur Ringo, qu'elle fait entrer dans l'écurie de Claude Carrère. Une chanson, qu'ils interprètent ensemble, *les Gondoles à Venise* (1973), célèbre l'événement. Puis c'est la naissance de Ludovic, la première séparation, une insidieuse campagne menée par une certaine presse. Claude Carrère comprend qu'il faut réorienter la carrière de sa protégée. Ce sera, en 1977, l'opération disco, l'association avec le groupe B. Devotion (version disco de

Singing in the rain). Avec, en toile de fond, une nouvelle « cible » : l'immense marché anglo-saxon.
En définitive, la réussite de Sheila est exemplaire à deux titres :
1° Elle représente la démonstration parfaite d'une carrière entièrement planifiée, et d'une chanson qu'il faut bien appeler industrielle, puisque son but est de vendre, et son moteur, le profit maximal.
2° Elle illustre le fait qu'une chanteuse amenée au pinacle par de telles méthodes ne peut être qu'un produit neutre, ou neutralisé par le système, aseptisé et conforme en tous points aux stéréotypes dominants, c'est-à-dire réactionnaire, tant sur le plan de « l'art » que de l'idéologie véhiculée (nous parlons évidemment du personnage public).
Il faut écouter Sheila.

MORT SHUMAN

[Mortimer Shuman] Brighton Beach (États-Unis), 1940. Compositeur-interprète. Fils de Polonais émigrés aux États-Unis, il fait ses humanités musicales dans les rues et les conservatoires de Brooklyn. Compositeur, il devient à 18 ans un pilier du show business américain, dont les succès *(Surrender, Save the last dance for me...)* sont interprétés par les plus grandes vedettes, d'Elvis Presley à Ray Charles et à Janis Joplin. Attiré par l'Europe, il s'y passionne pour l'univers et les chansons de Jacques Brel, qu'il décide de faire connaître aux États-Unis ; c'est, à partir de 1968, l'étonnant succès de la comédie musicale, écrite avec Éric Blau, *Jacques Brel is alive, and well, and living in Paris,* et pour laquelle il monte sur scène. Après un intermède londonien, il s'installe en France et y entame une carrière d'interprète, immédiatement plébiscité par le public : *le Lac Majeur, Shami-sha, Brooklyn by the sea* (par. d'É. Roda-Gil, 1972), *Papa-Tango-Charly* (— P. Adler, 1976), *America I love you* (— E. Moreau, 1978). Par-delà une indéniable présence vocale et une parfaite adéquation entre l'univers musical, nourri de « soul », et la transcription par les paroliers français des interrogations d'un Nègre blanc d'Amérique à la recherche de ses racines, on retient surtout une science certaine de la mélodie charmeuse, parfois un peu facile ou un peu trop accrocheuse.

MICHEL SIMON

[François Simon] Genève (Suisse), 1895-Paris, 1975. Chante parfois au long de sa carrière de comédien : *Elle est épatante cette petite femme-là* (F. Mortreuil-H. Christiné), *Pierrot la tendresse, Mémère,* etc. A 74 ans, il débute dans le tour de chant, passant à l'Olympia en novembre 1969 avec Marie Laforêt. Ce fut un succès, malgré les dangers de l'entreprise, la critique applaudissant « la prodigieuse charge explosive que représente la combinaison du métier, du talent et de la sensibilité » (Claude Sarraute).

YVES SIMON

Choiseul, 1945. Auteur-compositeur-interprète. Fils de cheminot, il passe son enfance à Contrexéville et vient à Paris pour passer une licence de lettres. Premiers disques en 1967 et 1969, sans succès *(Accroche à tes doigts, La porte s'était refermée, Lettre à mon père,* etc.). Voyage, écrit (Yves Simon a publié 4 romans) puis revient à la chanson en 1973. C'est immédiatement le succès de deux titres, *les Gauloises bleues* et *Au pays des merveilles de Juliet.* L'année suivante, c'est *J'ai rêvé New York :* Yves Simon est sur les rails. Il écrit et enregistre régulièrement des chansons en demi-teintes qui évoquent par petites touches la vie du quartier Latin *(Rue de la Huchette),* les amours malheureuses *(Clo Story),* la ville d'eaux de son enfance *(les Fontaines du casino)* ou un personnage hors du commun *(Zelda).* Musicalement attiré par la guitare acoustique et le folk, il évolue lentement, confiant ses orchestrations à Jean-Claude Déquéant qui affectionne la flûte et les chœurs discrets. L'ensemble compose comme une poésie douce-amère, parfois un peu fade, en parfaite concordance avec l'air du temps : Yves Simon parle l'époque sans y toucher, comme ces buvards qui absorbent l'humidité ambiante. Sans avoir jamais fait de la non-violence un principe philosophique ou esthétique, il semble en être la meilleure traduction chansonnière.

ALEXANDRE SINIAVINE

Odessa (Russie), 1916. Compositeur. Fils de médecin, étudie le droit et la musique à Bucarest. Immigré en France, il y devient le créateur de la musique douce au piano, et accompagne Germaine Sablon, dont le frère Jean enregistre ses premiers titres *(la Dernière Bergère,* —L. Sauvat, 1935, reprise en 1979 par Georges Brassens). Après la guerre, il accompagne surtout André Claveau et Léo Marjane *(Attends-moi mon amour,* —J. Larue) et compose ensuite pour de nombreux interprètes : *la Bague à Jules* (—Jamblan, 1957), créée par Patachou, est son plus grand succès. Vice-président de la SACEM.

LES SŒURS ÉTIENNE

Interprètes-duettistes. Font une carrière éclair après la guerre (1947), l'une, Odette (Reims, 1928), ayant gagné un concours de chant amateur, et l'autre, Louise (Reims, 1925), l'ayant imitée. Elles passent dans les cabarets de la rive droite, enregistrent sur des arrangements de Paul Durand *(Qui sait, qui sait, qui sait !,* O. Farrès-J. Larue). Le « swing » alors bat son plein. Elles abandonnent pour cause de mariage en 1953, mais sont relayées, un temps, par les sœurs Bordeaux.

SUZY SOLIDOR

[Suzanne Rocher] Saint-Servan-sur-Mer, 1906. Interprète. Après avoir débuté à l'Européen en 1934, elle s'oriente vers le cabaret, où se déroulera toute sa carrière (Club de l'Opéra, Chez Suzy Solidor...). Accoudée à un piano noir sur lequel est étendu un châle orange, « ses cheveux de lin » accrochant la lumière, tandis que le reste de la salle est plongé dans l'obscurité, elle chante d'une voix grave, presque de baryton, et douloureuse les attentes et souffrances des « amants séparés ». Dramatisation et dolorisme, combinés à une certaine exigence littéraire (au répertoire de Suzy Solidor, des poèmes de Henri Heine et de Jean Cocteau, chantés ou dits), contribuent à créer cette atmosphère « réaliste-poétique », qu'on retrouve par exemple dans *Quai des brumes* de Marcel Carné. Outre *Johnny Palmer* (C. Vebel-C. Pingault), *Mon légionnaire* (R. Asso-M. Monnot), elle interpréta *Escale* (J. Marèze-M. Monnot, 1935), *Sous tes doigts* (Bataille-Henri-M. Monnot, Juel, 1936) et, pendant l'Occupation, la version française de *Lily Marlène* (H. Lemarchand-N. Schultze, 1942) : à cette dernière période, la clientèle ordinaire de son cabaret était surtout formée de « blonds Aryens » au parler guttural. Elle est l'auteur de certaines de ses chansons *(J'écrirai,* —C. Pingault, 1939). Suzy Solidor a abandonné la chanson en 1965.

FRANCESCA SOLLEVILLE

Périgueux, 1935. Interprète. Études de lettres, chant classique puis chanson : elle débute au cabaret aux environs de 1958. Sa volonté d'engagement se manifeste par le choix de ses chansons et par son interprétation : elle chante d'une voix rauque et violente Aragon, Maurice Fanon *(la Petite Juive),* Pierre Louki *(Je n'irai pas en Espagne),* Jean Ferrat *(Nuit et brouillard),* Nazim Hikmet *(Face à la porte de fer),* voire Pierre Perret

(Lily). Mais ce répertoire de qualité manque peut-être de variété. Exprimant la passion sans nuance, ce qui est dommage, car elle n'est pas dépourvue de qualités vocales et scéniques, Francesca Solleville obtient sa meilleure écoute dans les meetings et les galas de la CGT et du PCF.

JEAN SOMMER

Paris, 1943. Auteur-compositeur-interprète. Après s'être fait un (petit) nom sur la rive gauche, où il avait débuté en 1965, il obtient coup sur coup le prix Henri-Crolla et celui de l'académie Charles-Cros pour un premier disque *(Jardin de France,* 1968). Il poursuit depuis, mezzo voce, une carrière ponctuée par des récitals (Cour des Miracles, 1975, Bobino, en première partie de Brassens, 1976), des chansons *(Hommes des villes,* 1976, *Y a un bistrot,* 1977) et des silences. Entre la ballade *(Printemps)* et la comptine *(Tisane, tisane),* la colère, l'humour et la tendresse, il y a là un sens mélodique et harmonique, une voix sensible qui touche, lorsqu'elle sait se garder d'un certain penchant pour la joliesse. Son « one man chant », créé au théâtre Mouffetard en 1974, *Attention à ce type-là,* montage, d'une grande force, de textes et de chansons sur le thème de l'oppression, révéla un autre visage de Jean Sommer, promesse d'accomplissements encore à venir.

ALAIN SOUCHON

Casablanca (Maroc), 1945. Auteur-compositeur-interprète. D'une famille d'universitaires, il ne parvient pas à passer son baccalauréat et commence à chanter dans les cabarets de la rive gauche en 1963. Premier succès en 1973 *(l'Amour 1830)* qui prélude à une succession assez rare de « tubes » : *T'are ta gueule à la récré* (ou *Dix ans), Bidon, Y'a d'la rumba dans l'air, Jamais content, Allo maman bobo, Poulailler's song, Papa mambo, le Bagad de Lann Bihoué...* A de rares exceptions près (il signe quelques mélodies), la musique de ses chansons est due à Laurent Voulzy avec lequel il écrit en outre *Rock collection* qui, chantée par Voulzy, se vendra en 45 tours à plus d'un million d'exemplaires.
L'univers d'Alain Souchon, tel qu'il ressort de ses textes, est curieusement puéril. Son vocabulaire emprunte beaucoup à l'argot lycéen, sa thématique est celle d'une enfance un peu rêveuse et son rapport au politique ressemble à celui d'un bébé qui, touchant du bout des doigts une plaque chauffante, retirerait

aussitôt la main : Souchon porte sur le monde des adultes un regard d'adolescent. La grande force de ses chansons est cependant dans la touche, l'évocation, en un mot dans le second degré que viennent souligner des orchestrations subtiles *(Poulailler's song).* En cela, il réussit une synthèse originale entre la chanson populaire et la sophistication, au point qu'on se demande parfois si les gens qui lui font un succès comprennent jusqu'au bout ce qu'il tente d'exprimer. Sur scène, il pratique une gestuelle de l'absence : un peu gauche, d'une timidité corrigée par l'ironie, il donne toujours l'impression de vouloir être ailleurs, d'être prêt à partir si jamais il dérangeait.
La carrière d'Alain Souchon se situe à un moment où de nombreux chanteurs français ont percé : Lavilliers, Simon, Le Forestier, Marie-Paule Belle... Mais il reste inclassable, en marge des courants à la mode, constituant une mode à lui tout seul. A l'heure où la violence et la phallocratie triomphaient dans certaines chansons, il émet plutôt l'image d'un homme nouveau, « ces hommes qui savent nous séduire » selon *F. Magazine.* Mièvre ? Tout au contraire, riche d'une thématique subtile, toute en demi-teintes, Souchon apporte un sang neuf à la chanson, son importance esthétique reposant peut-être dans l'extrême complémentarité chez lui entre les textes, les mélodies et les orchestrations.

STONE ET CHARDEN

[Annie Gautrat]?. [Éric Charden] Haiphong (Tonkin), 1942. Stone, chanteuse yé-yé *(Pour une fille, c'est différent),* découverte par Jean-Pierre Orfino (ex-Hector) au Bus Palladium, élue, grâce à son style unisexe et à sa frange à la Brian Jones, Miss Beatnik ; Charden, compositeur-interprète, a remporté le premier Festival de la chanson française en 1962, a connu le succès avec *Le monde est gris, le monde est bleu* (— Monty, 1968), mais tarde à trouver un style qui lui soit propre. Stone et Charden, donc, qui s'étaient unis dans la vie, décident en 1971 d'unir leur destin artistique, pour le meilleur et le pire. Le meilleur, c'est assurément les chiffres de vente atteints, durant quatre ans, par leurs succès : *L'Avventura* (—F. Thomas, J.-M. Rivat, 1971), 1,2 million de disques vendus, *Il y a du soleil sur la France* (—F. Thomas, J.-M. Rivat, 1972), *le Prix des allumettes* (—Y. Dessca, 1973), *Laisse aller la musique* (—F. Thomas, J.-M. Rivat, 1973), succès relayé et amplifié par de multiples apparitions sur le petit écran. Le pire ! Une « musique de camionneur », des voix mentholées, souvent fondues, à l'unisson, qui servent d'emballage à un univers de supermarché, mariage entre des formules de dépliants publicitaires et des recettes en forme de lieux communs :

> Le seul bébé qui ne pleure pas,
> C'est celui qu'on est en train de faire.

Stone et Charden, c'est la transparence totale du contenu et du contenant, leur interchangeabilité complète, le degré zéro de la chanson enfin atteint. Est-il dans ces conditions étonnant que le public se soit lassé aussi rapidement qu'il s'était laissé séduire, dans un premier temps, par cette version aseptisée du couple fait bonheur ?
Leur séparation, à la ville puis à la scène, semble avoir mis un point final à la carrière de chanteuse de Stone et a replacé celle de Charden sur sa ligne de départ *(Allez Bijou*, 1979).

SULBAC

[Sulzbach] Paris, 1860-1927. Interprète. Débute aux Ambassadeurs en 1878 et devient rapidement un des artistes attitrés de la Scala et de l'Eldorado. Une bonne grosse tête joufflue fendue par un sourire permanent, un petit chapeau, une blouse et un panier sous le bras composent l'attirail de ce « paysan » de Paris. C'est en effet dans ce genre qu'il s'illustra : son tour débutait invariablement par un long monologue patoisé, entrecoupé de refrains *ad hoc* sur les malheurs du rural à Paris. Lorsque les réactions des spectateurs lui apparaissaient insuffisantes, il disait : « J'vas vous faire le poirier fourchu », et s'exécutait sous les applaudissements. Sa chanson à succès fut *la Digue diguedon* (J. Jouy). A partir de 1890, il se tourne vers l'opérette, la revue, et quitte définitivement la scène en 1914.

SUPERMAN

Chanson, par. Serge Lama, mus. Raymond Douglas Davies (1971). Premier disque d'or de Lama en forme d'autoflatterie. Il prétend bien sûr n'y être pour rien, ne rien y comprendre : ce sont « les » femmes qui tiennent à le prendre pour un surhomme (en réalité, d'après le sens de la chanson, pour un surmâle). Des femmes mariées que leurs maris ennuient. On retrouve là l'objectif perpétuel du chanteur : avoir les femmes (celles des autres) pour, d'une autre manière, « avoir » les mecs. Bref, les avoir tous. Au demeurant, même si cette chanson est d'une autosuffisance ridicule, il n'est pas exclu que ce qu'elle raconte soit vrai. Que Lama, qui « chante sa virilité d'une façon pas désagréable à cause d'un reste d'enfant blessé» *(dixit* une spectatrice), soit poursuivi par des femme mûres, c'est probable. Mais qu'il soit ravi de le raconter à tout l'auditoire l'est encore plus. Et qu'il organise, au besoin, son harem pour le suivre dans ses tournées pour cultiver la chose… mais ça, c'est une autre histoire, la petite.

SUR MA VIE

Chanson, par. et mus. Charles Aznavour (1955). Il manquait une chanson à Charles Aznavour pour son premier passage à l'Olympia. *Sur ma vie* naît en trois heures. La presse saluera «une très bonne chanson et un très mauvais chanteur». Néanmoins, *Sur ma vie* est la première à faire enfin accepter la voix d'Aznavour qui, après avoir végété pendant des années comme auteur-compositeur, va devenir brusquement un interprète, contesté certes, mais reconnu et écouté. Dans cette chanson apparaît un de ses thèmes principaux : la quête de l'amour impossible, sur un arrière-fond de mysticisme.

BERTHE SYLVA

[Berthe Faquet] Saint-Brieuc, 1886-Marseille, 1941. Interprète. Elle débute dans la chanson larmoyante en 1910. On la découvre en 1928 au Caveau de la République où elle passe avec les chansonniers Noël-Noël et René Dorin. En 1935, ses «fans» lacèrent les fauteuils. Elle est la première vedette de la radio française ; les Français d'ailleurs ne sont pas les seuls à se délecter en écoutant *Grisante folie* ou *On n'a pas tous les jours vingt ans ;* le nombre de lettres d'admirateurs que reçoit Berthe Sylva est à l'époque sans précédent : il en vient même de Bulgarie. Son répertoire est composé de rengaines de Vincent Scotto, Gaston Gabaroche, Blondeau et Cloërec ; leur dénominateur commun est le sentimentalisme gai ou triste, mais le plus souvent mélodramatique. Les paroles frisent le ridicule : dans *la Prière des petits gueux*, trois enfants meurent de faim tous à la fois et d'un seul coup en criant «trop tard!» au chemineau venu, enfin, leur apporter du pain. Néanmoins le succès de Berthe Sylva est immense. Elle est aimée aussi comme personnage. On surnomme «Cœur d'or» cette bonne viveuse à la silhouette opulente qui, contrairement à toute attente, aime bien rire, bien boire, bien manger. Darcelys est son meilleur ami, Fred Gouin son dernier amant, qui ne se consolera pas de sa mort. Dix-sept ans plus tard, elle vendra encore 30 000 disques par mois à titre posthume : en 1967, *les Roses blanches,* morceau de bravoure de Berthe Sylva, sera même au hit-parade par l'intermédiaire des Sunlights.

ANNE SYLVESTRE

[Anne Beugras] Lyon, 1934. Auteur-compositeur-interprète. Lyonnaise, elle vit à Paris à partir de 1944, y passe son bac, entame des études de lettres. Mais elle préfère la mer, la voile (aux Glénans) et les chansons qu'elle écrit en secret avant de les chanter à la Colombe (1957) : *les Cathédrales, Histoire ancienne...* C'est ensuite le Port du salut, la Contrescarpe, le Cheval d'or, en bref, le circuit classique de la « rive gauche » et une chanson, *Mon mari est parti* (1960), qui semble annoncer le succès. Elle passe alors à Bobino (1962, 1964, 1968), à l'Olympia (1962) et fait des tournées en province et à l'étranger (Belgique, Suisse). Puis c'est un trou dans sa carrière, dû à l'irruption de la vague yé-yé, et Anne Sylvestre ne refait surface qu'après 1974, avec des titres beaucoup plus mûris et une thématique témoignant d'une réflexion sur la condition de la femme : *Une sorcière comme les autres, Comment je m'appelle,* etc.

Les chansons de sa première période abordent sur le mode ironique ou tendre la question amoureuse. Ambiance feutrée, campagnarde, où éclate parfois, comme des provocations, le thème de l'amour libre *(Madame ma voisine).* C'est l'amour qui s'affirme contre les faiblesses de l'autre *(Tiens-toi droit)* ou contre les bienséances *(la Femme du vent),* amour d'une femme obligée de montrer les dents *(Agressivement vôtre)* pour ne pas se laisser dévorer ; atmosphère de règlements de comptes aussi *(Vous aviez ma belle, les Punaises).* Beaucoup de dénonciations y sont déjà faites sur le sort réservé aux femmes : putain si trop généreuse *(Éléonore),* sorcière si trop libre *(Philomène).* Ce qu'on a pris pour de la « chanson bucolique » était déjà de la fable, avec ce que cela sous-entend comme réflexion critique, et comme transposition poétique nécessaire pour la faire passer. Dans sa deuxième période, Anne Sylvestre, portée par la vague féministe et devenue sa propre productrice, peut aborder franchement quelques-unes des grandes revendications des femmes : l'avortement *(Non, tu n'as pas de nom),* la lutte contre le viol *(Douce maison),* l'amitié entre femmes *(Frangines),* le droit de vieillir *(Marie-géographie),* chansons dans lesquelles le symbolisme poétique reste néanmoins sa première arme, et des musiques issues de la tradition des femmes à l'ouvrage (berceuses, comptines, complaintes...) la seconde. Cette dernière caractéristique est en même temps sa limite : pas d'adhésion aux révolutions musicales même porteuses d'enrichissements ; l'entreprise d'Anne Sylvestre reste artisanale, et le musicien qui l'accompagne sur scène (contrebasse) reste seul et discret ; les orchestrations de François Rauber ne transgressent pas le principe de dépouillement ; les mélodies d'Anne Sylvestre étant généralement bien trouvées, on peut s'en contenter. Le résultat est que ses chansons se diffusent plus encore de bouche à oreille que par disques (et c'est probablement un des ses buts). Un autre résultat est le côté « complet » de ses textes, qui peuvent être aussi bien lus qu'écoutés : ils ont la noblesse et la rigueur du langage des aristocratiques pionnières du roman et de la psychologie des mœurs : Anne Sylvestre ou Madame de Lafayette en chanson...

Sur scène, Anne Sylvestre se présente dans un style dénudé, avec sa guitare (classique), peu de gestes. Le texte seul parle, souligné par des mimiques où l'émotion contenue se reconstitue. La voix elle-même est directe, ce n'est pas une voix de chanteuse mais celle d'une femme qui refuse de fausser le rapport au public par la séduction vocale. La relation se crée autrement, par la sincérité, ou par les clins d'œil aux amateurs de spectacle comme sa chanson d'entrée *(Me v'là)* ou de sortie *(Fausse sortie).*

Anne Sylvestre a profité de sa disgrâce à l'époque yé-yé pour investir un domaine qui lui est cher : la chanson pour enfants *(Fabulettes, Chansons pour, la Petite Josette,* etc., collection « Mercredisques »). Ces œuvres, écrites avec un regard totalement complice sur les enfants, ont été pendant longtemps la seule alternative possible aux disques vieillots de chez Adès.

TABARIN
→ Tréteau de Tabarin.

GEORGES TABET
→ Pills et Tabet.

HENRI TACHAN
[Henri Tachdjian] Moulins (Allier) 1939. Auteur-compositeur-interprète. De père arménien, il traîne une enfance mal-aimée de lycée en lycée puis fait l'École hôtelière et travaille au Ritz avant de s'embarquer pour le Québec où il devient plongeur. Il y fait la rencontre de Jacques Brel qui l'encourage : « Madame, le lion est lâché », écrira-t-il à l'occasion de la sortie de son premier album *(les Mauvais Coups*, Prix du disque 1965) immédiatement interdit d'antenne pour cause de crudité de langage. Et bien que sur scène on le remarque (Bobino, 1968), surtout dans *la Table habituelle* où il campe son personnage d'ancien larbin humilié, la révolte adolescente de Tachan n'en finit pas de s'exprimer dans des disques invendus, soutenus néanmoins par Jacques Bedos. On remarque une forme nouvelle de maturité en 1974 *(l'Adolescence)* et enfin un son plus acceptable en 1978 *(la Gare) :* la composition est en effet le point faible (trop de réminiscences, pas de développements mélodiques, malgré un certain sens du rythme). Enfin, Tachan passe à l'Olympia en 1978 et en 1980, et fait un « tabac » au Printemps de Bourges 1980. Ce qu'il apporte alors de nouveau à la chanson, à part sa vigueur scénique de « taureau de combat », se situe au niveau des thèmes traités : entre autres, la libération sexuelle pour tous, y compris les enfants *(Pas Tintin !)* et les vieillards *(la Pipe à pépé)*, et une dénonciation lucide du machisme *(les Z'hommes, On est tous des Corses).*

BÉATRICE TEKIELSKI

Avignon, 1948. Auteur-compositeur-interprète. Enregistre en 1971 son premier disque, qui passe totalement inaperçu. Sous une forme classique s'y dégageaient une force et une violence peu communes *(Juive et noire, Un homme a crié),* que l'on retrouvera dans le reste de son œuvre. Devant l'insuccès, elle retourne dans son Avignon natal et chante dans les maisons des jeunes du Sud-Est, s'initiant à la guitare électrique. Elle met ainsi au point une forme de spectacle originale dans lequel la sonorisation joue un rôle important. En 1977, elle enregistre coup sur coup 2 disques, *la Folle* et *Faudrait rallumer la lumière dans ce foutu compartiment,* qui tous deux connaissent un grand succès. Devenue entre-temps « Mama » Béa, elle rassemble des publics nombreux venus entendre ses textes lyriques ou violents, et surtout sa voix, une voix profonde, proche de celle des chanteuses de blues. *Pour un bébé robot* (1978) et *Visages* (1979) confirment les disques précédents : Mama Béa Tekielski, qui a su devenir un personnage de scène aux mimiques étonnantes, est en même temps un poète d'une hargne tragique et puissante, se mouvant dans un univers musical étrange que l'accumulation des décibels masque quelquefois.

TÉLÉPHONE

Groupe rock formé en 1977, à l'occasion d'un concert au Centre américain, par Jean-Louis Aubert (guitare et chant), ancien musicien d'Higelin et auteur de la plupart des chansons, Louis Bertignac (guitare) et Corinne Mariennau (basse), venus du groupe Shakin Street, et Richard Kolinda (batterie). Après avoir écumé toutes les salles du circuit rock, ils signent chez Pathé-Marconi, délaissent un temps la scène française pour des tournées de rodage en Grande-Bretagne, en Italie et à New York, puis s'imposent, à partir de 1980, comme le premier groupe français : en février de cette année, ils remplissent, trois soirs d'affilée, l'Olympia et les Palais des sports de Paris et de Saint-Ouen. Sur une musique boogie-rock efficace, quoique sans génie, ils expriment, en phrases simples, le mal-vivre des « ados » dans une société en crise *(J'sais pas quoi faire,* 1979 ; *Argent trop cher,* 1980). Groupe sympathique, mais à qui semble manquer l'étincelle, le coup de folie qui transporte et dérange.

LE TEMPS DES CERISES

Chanson, par. Jean-Baptiste Clément (1866), mus. Antoine Renard (1868). Clément dit en avoir cédé les droits contre une pelisse, à son compositeur, l'ex-chanteur de l'Opéra Renard. Il n'y accorda alors pas plus d'importance. Et pourtant, de toute son œuvre, c'est cette romance que retinrent ses contemporains. Il la dédia en 1885 à l'ambulancière Louise qui, le 28 mai 1871, ravitailla les Fédérés à la barricade de la rue de la Fontaine-au-Roi. Elle prit alors une signification nouvelle, et de simple évocation d'un amour déçu, devint symbole du désespoir de ceux qui étaient montés « à l'assaut du ciel » :

C'est de ce temps-là que je garde au cœur une plaie ouverte.

Il est vrai que l'identification espérance amoureuse-espoir politique qui a souvent été pratiquée par les poètes rendait possible ce changement de sens. Cependant, à mesure que l'on s'éloignait du printemps 1871, sa résonance politique s'estompait, et elle devint un classique de la chanson d'amour. Même Tino Rossi l'enregistra. Souvent chantée et imitée *(le Temps des crises,* par. J. Jouy), ses meilleurs interprètes ont été Yves Montand et Mouloudji.

LES TEMPS DIFFICILES

Chanson, par. et mus. Léo Ferré (1961-1963-1966). Type de la chanson de combat « made by Ferré », dont on connaît 3 versions successives. Plongé dans l'actualité (la guerre d'Algérie pour la première version, la crise de Cuba pour la deuxième, etc.), l'auteur agresse, moque, ridiculise, avec une curieuse volonté de toujours se rattacher à un univers poétisé et enfoui. A l'époque de la guerre d'Algérie, l'Alhambra, où Ferré chantait la chanson, fut plastiqué par l'OAS.

LA TÊTE DE L'ART

Cabaret-restaurant, avenue de l'Opéra, Paris. Ouvert en 1959 dans les anciens locaux du cabaret Chez Gilles par Jean Méjean, la Tête de l'Art s'est fait une solide réputation de qualité. Repris en 1961 par un industriel, Pierre Guérin, il a été transformé et sa cuisine a été améliorée. Le spectacle, qui comprend 2 parties, comme au music-hall, change tous les mois, et les artistes y passent en exclusivité à Paris. De très nombreuses vedettes s'y sont produites : Jacques Brel, qui a été sa première tête d'affiche, Mick Micheyl, Pia Colombo, Mathé Althéry, Marie Laforêt (qui y a fait ses débuts sur scène en France), Dalida, Nana Mouskouri, Barbara, Pierre Perret, Charles Trenet, Juliette Gréco, Jacques Dutronc, etc. La scène est petite, mais la salle peut contenir de 100 à 150 personnes : hommes d'affaires, diplomates. Signe des temps, en 1973, la chanson cède la place au nu.

THÉÂTRE DE LA VILLE

Théâtre, place du Châtelet, Paris. Fondé en 1968 par Jean Mercure, ce théâtre subventionné offrit dès le début sa salle de 1 000 places à la chanson, inaugurant l'horaire de 18 h 30. Programmés par Gérard Violette pour leur qualité scénique sans tenir compte de leur impact commercial du moment, les élus profitent d'une excellente publicité. On a pu y entendre entre autres, à une époque où ils étaient peu connus : Gilles Vigneault, Herbert Pagani, Pauline Julien, Henri Tachan, Bernard Lavilliers, Julos Beaucarne, Yves Duteil, Michel Jonasz. Selon les cas, un tremplin ou une confirmation.

THÉÂTRE DE L'ÉTOILE

Théâtre-music-hall, avenue de Wagram. Placée à côté de l'Empire, cette belle salle à scène droite connut un destin contrasté, où les ombres succédèrent régulièrement aux lumières. Avant la guerre, Victor de Cottens fit monter des revues dans ce qui s'appelait alors les Folies-Wagram. Passé en 1941 sous la direction de Georgius, qui reprit la formule du tour de chant-music-hall imposée à l'A.B.C. par Mitty Goldin, le nouveau Théâtre de l'Étoile connut alors une période faste, marquée par les triomphes de Lucienne Boyer, Jacques Pills, Johnny Hess, sans oublier l'amuseur public numéro un. Faute sans doute d'une programmation cohérente, l'Étoile alterna ensuite succès et déboires. On retiendra les passages d'Édith Piaf et des Compagnons de la chanson (1944), de Marie Dubas, qui y connut un de ses plus grands triomphes (1946), de Jean Sablon, qui y fit sa rentrée parisienne (1950), de Marlène Dietrich (1959) et même de Gene Vincent (1962). Mais le nom de l'Étoile restera associé à celui d'Yves Montand qui, après y avoir obtenu l'intronisation du public parisien en 1944 et 1945, manifestera un attachement sans faille aux lieux de ses premiers triomphes : ses tours de chant de 1953-1954, 1959 et 1962, sont assurément des dates dans l'histoire du music-hall parisien de l'après-guerre. La salle de l'Étoile a été démolie en 1966.

THÉÂTRE DES TROIS BAUDETS

Cabaret, rue Cousteau, Paris (1947-1960). Rentré d'Afrique du Nord où il avait créé pendant la guerre un théâtre de chansonniers, Jacques Canetti décide de continuer l'expérience et ouvre un local sur l'emplacement d'un tripot mal famé, autrefois café-concert. Les chansonniers ne font qu'un seul spectacle et sont relayés par la chanson. Jacques Canetti anime alors à Radio-Cité une émission consacrée aux chanteurs. Il est en même temps directeur artistique chez Polydor et les Trois Baudets vont lui servir de « laboratoire », à la fois pour auditionner les jeunes et pour lancer des talents déjà confirmés mais mal reconnus ailleurs. La « belle époque » de ce cabaret se situe dans la période fertile de l'après-guerre. On y entend Robert Lamoureux, Félix Leclerc, Francis Lemarque, Juliette Gréco, Georges Brassens, Jacques Brel, Guy Béart, Philippe Clay, les Frères Jacques, Dario Moreno, Yves Montand, Ricet-Barrier, Serge Gainsbourg, Simone Langlois, etc. On peut dire que tous les jeunes auteurs-compositeurs et interprètes de style « rive gauche » des années 50 s'y sont produits, ou à peu près. L'audience aux Trois Baudets était régulière : la TV, alors, ne concurrençait pas les petites salles. Quand survient l'époque néfaste du « yé-yé », Jacques Canetti passe la programmation à Jean Méjean (1961). Les Trois Baudets deviennent un théâtre. Finalement la salle est vendue en 1967. Trois années après (1970), Jacques Canetti tenta, sans succès, de remonter un cabaret du même nom.

THÉRÉSA

[Emma Vallandon] La Bazoche-Gonet (Eure-et-Loir), 1837-Neufchâtel-en-Saônois (Sarthe), 1913. Interprète. Fille d'un musicien de guinguette, elle connaît très jeune toutes les rengaines et amuse les patients de son oncle, arracheur de dents. Perpétuellement renvoyée des ateliers de mode (elle en fera une vingtaine en l'espace de trois ans), elle est résolue à faire carrière dans la chanson et fréquente le café du Cirque où se réunit le milieu artistique de l'époque. D'abord engagée comme figurante au théâtre de la Porte-Saint-Martin, elle débute dans le tour de chant au café des Géants, puis à l'Alcazar, mais n'obtient aucun succès. Elle part chanter à la brasserie des Chemins de fer à Lyon, puis revient tenter sa chance à Paris au café Moka (« Thérésa, dira-t-on, a une bien grande bouche pour un si petit établissement »), puis à l'Eldorado. Elle chante alors la romance :

son physique vigoureux, ses manières simples et directes ne s'y prêtent pas. Au cours d'un souper d'artistes, Goubert, directeur de l'Alcazar, la surprend en train de pasticher une romance de Mazini, *Fleur des Alpes.* Il la trouve si drôle qu'il l'engage à la condition de modifier en ce sens tout son répertoire. Le succès vient brutalement : la salle de l'Alcazar, d'abord stupéfaite, est prise d'enthousiasme. On rompt avec les minauderies habituelles, on fait dans le sain, le rustique, le canaille... Tout Paris accourt pour contempler ce phénomène : « Elle est belle d'ardeur, de fougue et de violence, écrit Théodore de Banville, mais s'éloigne autant que possible du type adorable... Elle est venue pour détruire l'expression banale de l'amour à roulades. » Les directeurs de l'Alcazar et de l'Eldorado se livrent alors une bataille acharnée à coups d'appointements. L' Eldorado, vaincu, essaie désespérément de maintenir sa clientèle en engageant Suzanne Lagier. Les cafés-concerts veulent tous avoir « leur » Thérésa. La plupart des interprètes féminines requises n'arrivent qu'à copier les défauts de la diva et ouvrent ainsi « l'ère funeste des Prima-Gueula de la chope » *(le Trombinoscope).* Thérésa suscite aussi des bagarres entre hommes de lettres : elle est mise en vers par les uns *(la Thérésade, la Thérésaïc)* et en pièces par les autres, dont le critique Louis Veuillot, qui souligne, non sans raison, la parfaite « ineptie » de son répertoire. Celui-ci en effet se compose de chansons dont la fibre comique est assez épaisse : *Rien n'est sacré pour un sapeur, C'est dans l'nez qu'ça m'chatouille, la Femme à barbe.* Joseph Darcier est le responsable de certaines d'entre elles. Longtemps, la haute société, généralement accueillante envers les artistes reconnus, boude cette chanteuse « peuple ». Les portes des salons s'ouvriront quand la princesse Pauline, par un collier de diamants, prouvera son admiration à la « Gardeuse d'ours ».

Forte de son succès, Thérésa se lance dans la comédie et passe aux théâtres du Vaudeville, des Variétés et des Bouffes-Parisiens dans des pièces la plupart du temps construites autour de son personnage. Elle ne paraît pas y recueillir autant de succès que dans le tour de chant qu'elle poursuit à l'Alcazar. Néanmoins, par la magie de son nom, les salles sont pleines et les élégantes viennent l'applaudir en « robe à la Thérésa ». Les différentes versions de ses Mémoires sont vendues à peine parues. Plusieurs fois aphone, elle abandonne la scène temporairement, et son absence suscite des émeutes. Malade, elle se retire un certain temps et revient sur scène parée d'un embonpoint nouveau *(la Femme-canon).* Dans les derniers temps de son tour de chant, elle crée des chansons plus fines, comme *la Glu* de Jean Richepin et *la Terre* de Jules Jouy, mais, avec l'âge, préfère se cantonner dans des rôles de revues ou de « féeries ». En 1893, elle donne sa dernière représentation et part s'établir fermière dans la Sarthe où elle meurt très âgée. Elle avait tenu la scène pendant quarante ans et donné ses lettres de noblesse à un genre qui allait connaître une grande postérité au XXe siècle.

ANNA THIBAUD

[Marie-Louise Thibaudot] Saint-Aubin (Jura), 1891-Paris, 1936. Interprète. Après avoir tenu les rôles de « petites femmes » d'opérette à Metz et aux Bouffes-Parisiens, elle entama une carrière de diseuse au Concert parisien. Par la suite elle se fit entendre à la Scala, à Parisiana, et rechanta après la guerre au Palace. Cette blondeur bien en chair, qui arborait sur scène une robe à décolleté profond, se spécialisa, à l'instar d'Yvette Guilbert, dans le répertoire grivois. Experte dans le sous-entendu, elle jouait du clin d'œil, sans faire de gestes. Parmi ses succès, citons : *le Petit Rigolo, Si les hommes savaient.* Elle chanta également des romances célèbres : *Quand les lilas refleuriront* (Dihau), *Une étoile d'amour* (P. Delmet-C. Fallot), et fut une commère de revue idéale.

MAURICE THIRIET

Meulan, 1906-Puys (Seine-Maritime), 1972. Compositeur. Débute comme musicien classique, puis change de voie pour aborder la chanson et écrit en 1942 sur des paroles de Jacques Prévert les chansons du film *les Visiteurs du soir.* Mettant en musique des textes de Raymond Queneau, Michel Vaucaire, etc., il sera en particulier chanté par les Frères Jacques *(Place de la Concorde,* 1955), Cora Vaucaire *(Gregory,* 1956) et Jacques Douai *(Démons et merveilles,* 1958).

FRANK THOMAS

→ Jean-Michel Rivat.

MICHÈLE TORR

Pertuis (Vaucluse), 1947. Interprète. Dotée d'une voix et d'un physique agréables, elle enregistre son premier disque à 16 ans

(C'est dur d'avoir 16 ans). Passe à l'Olympia en 1965 et assure la première partie des tournées Claude François. Mieux armée vocalement que la plupart de ses rivales (elle chante l'*Ave Maria* de Gounod), elle n'arrive cependant pas à rejoindre le groupe de tête des chanteuses yé-yé. Il lui faudra une quinzaine d'années pour trouver sa place, meublée enfin de disques d'or pour des chansons décrivant *Une petite Française* sur des textes de Jean Albertini. Son univers, comme celui des poupées Barbie à qui elle ressemble, met en scène les idéaux de la nouvelle petite-bourgeoisie confortable (Olympia, 1980).

TOUS LES GARÇONS ET LES FILLES

Chanson, par. et mus. Françoise Hardy (1962). « Locomotive » de Françoise Hardy. Alors adolescente et peu sûre d'elle, l'auteur y décrit l'attente de la jeune fille en fleur, complexée par l'acné ou par les cheveux raides, qui jalouse les couples déjà formés de ceux ou celles qui ont son âge. Le refrain-confidence :

> Oui mais moi
> je vais seule...
> car personne ne m'aime

a été immédiatement partagé par des milliers d'adolescentes incomprises dont on ignorait jusque-là non seulement l'existence mais aussi le pouvoir d'achat.

TOUT ÇA PARCE QU'AU BOIS DE CHAVILLE

Chanson, par. Pierre Destailles, mus. Claude Rolland (1948). Extrait d'une revue du Théâtre de Dix-Heures, où elle fut créée par son auteur, c'est un refrain connu de tous les Français pour avoir été retransmis régulièrement sur les antennes chaque année à l'occasion du Premier mai. On ne se souvient généralement pas de l'ensemble de la chanson, à la fois tragique et pleine d'humour, adressée par son père à un (futur) nouveau-né pour s'excuser de l'avoir fait :

> Tout ça parc'qu'au bois d'Chaville
> y'avait du muguet

l'obligeant ainsi à travailler, à payer, à faire la guerre, à être enfin... Confidence touchante le jour de la fête du Travail.

TOUT VA TRÈS BIEN, MADAME LA MARQUISE

Chanson, par. Paul Misraki, Bach et Henry Laverne, mus. Paul Misraki (1936). Histoire d'un coup de téléphone à un valet anglais par le truchement duquel une marquise apprend la mort de sa jument, l'incendie de son château et le suicide de son époux :

Mais à part ça, madame la Marquise
tout va très bien, tout va très bien.

Les Français de 1936 ont partagé en masse l'humour noir du valet et son stoïcisme devant la série grandissante des catastrophes. Autoprotection contre l'angoisse d'une situation agitée ? Ce refrain popularisé par Ray Ventura et ses Collégiens a semblé particulièrement de mise à un moment où la conjoncture sociale et politique pouvait faire... déchanter.

JEAN TRANCHANT

Paris, 1904-1972. Auteur-compositeur-interprète. Étudiant en droit, puis des Beaux-Arts, il devient modéliste et décorateur. Auteur d'affiches pour music-hall, il rencontre Lucienne Boyer et lui confie une chanson, *la Barque d'Yves* (1930), puis *les Prénoms effacés.* Piqué au jeu, il écrira et composera (avec son père J.-H. Tranchant, avocat) pour Germaine et Jean Sablon *(Ici l'on pêche),* Florelle, Lys Gauty, Marlène Dietrich... Dans son premier disque, il sera accompagné par Stéphane Grappelly et Django Reinhardt, et son premier récital, il le donnera à la salle Pleyel (1935). Jean Tranchant est désormais un auteur qui compte : avec Mireille et Jean Nohain, avec Marianne Oswald, il est de ceux qui assurent le renouvellement de la chanson française et qui frayent la voie à Charles Trenet et aux auteurs-compositeurs-interprètes de l'après-guerre. Pendant la guerre, il écrit et joue une opérette, *Feu du ciel.* A la Libération, il s'installe en Argentine et y chante, écrit, compose... De retour en Europe (1964), il publie *La roue tourne,* recueil de souvenirs.

L'univers de Jean Tranchant fait songer à un parc situé quelque part entre Passy et la Côte d'Azur d'avant la guerre : tout est à la grâce, à la facilité de vivre. Le jardin à la française s'y mâtine de recoins à l'anglaise : romances *(Il existe encore des bergères)* et airs teintés de jazz *(Ah pourquoi Mademoiselle)* sont proches parents dans l'œuvre, et voisinent avec des adaptations de succès étrangers *(J'aime tes grands yeux,*

— Bixio), de charmants pastiches d'opérette *(Mademoiselle Adeline).* Tranchant travaille dans le pastel : élégance, légèreté sont ses qualités, joliesse et parfois fadeur le tribut qu'il leur paie. Mais, après quatre-vingts années de règne de l'esprit caf'conc' sur la chanson, le sang neuf ne pouvait être apporté que de l'extérieur, par transfusion. Avec Tranchant, c'est un peu la bourgeoisie qui vient à la chanson.

CHARLES TRENET

Narbonne, 1913. Auteur-compositeur-interprète. Il passe son baccalauréat à Perpignan et entame des études artistiques à Berlin (1928) puis à Paris (1930). Peintre, décorateur de cinéma, il écrit aussi quelques chansons. Sa carrière commence vraiment en 1933, lorsqu'il forme avec Johnny Hess un duo, Charles et Johnny. Trenet écrit les paroles, Hess la musique de chansons qui auront quelque succès *(Sur le Yang-Tsé-Kiang, Quand les beaux jours seront là* et surtout *Vous qui passez sans me voir,* créée par Jean Sablon). Le service militaire de Trenet met fin à cette collaboration. Il en profite pour écrire, un jour qu'il est aux arrêts, *Je chante* (1937), œuvre étonnante dont l'apparente gaieté fait oublier qu'elle finit par un suicide. Tandis que Maurice Chevalier, en pleine gloire, crée *Y'a d'la joie* (1937), qu'un jeune inconnu, Yves Montand, débute à Marseille avec *C'est la vie qui va,* Trenet entame une seconde carrière de chanteur soliste. Au début de 1938, au micro de Radio-Cité puis sur la scène de l'A.B.C., le public parisien découvre avec une certaine stupeur, puis avec ravissement, celui que les critiques baptisent déjà le « fou chantant ». Feutre sur l'oreille, œillet à la boutonnière, il swingue, il saute sur le piano, il aligne des couplets aux mots incongrus, il respire la jeunesse. C'est le coup de foudre : le public jeune attendait Trenet, car Trenet venait à son heure exprimer les aspirations et la sensibilité d'une génération, celle pour qui la vie commence avec les conquêtes du Front populaire.

On pourrait ajouter : celle pour qui la chanson commence avec la révolution swing, avec les textes d'auteur, en somme avec Trenet. L'apport de ce dernier est en effet considérable : il introduit le rythme à haute dose ; sans oblitérer le charme prenant de la mélodie, il marie la syncope et le tango, la valse et les rythmes des Tropiques. A son nouveau, langue nouvelle : il parvient à acclimater au music-hall une poésie qui a emprunté aux surréalistes, à Max Jacob et à Charles Cros ; le coq-à-l'âne et l'onomatopée y ont chassé sans retour le calembour de

caf'conc', et l'effet naît autant, chez lui, de la mise en rapport d'un son et d'un mot que de l'idée exprimée. Tous les genres abondent dans son œuvre, et rares sont les échecs. A côté de chansons directement inspirées du surréalisme *(la Folle Complainte,* 1945 ; *Une noix,* 1947), il y a les valses et les romances, dont ses succès internationaux, *la Mer* (1945) et *l'Ame des poètes* (1951), et tous ces petits chefs-d'œuvre qui ont nom *Fleur bleue* (1937), *Polka du roi* (1938), *Débit de l'eau, débit de lait* (1943), *Mes jeunes années* (1947), *A la porte du garage* (1955)... : autant de scènes de mœurs, de croquis savoureux. Mais cet univers paraît parfois singulièrement immatériel. Le personnage d'une chanson n'est souvent qu'esquissé, comme une touche au tableau, et le « je » autobiographique est significativement réservé aux évocations du passé. Aussi ne faut-il chercher chez Trenet nulle référence à une quelconque volonté de transformation de la réalité : son regard, fondamentalement contemplatif, est fait d'acceptation juvénile, condamnée à la nostalgie des « jours heureux ».
Auteur de plusieurs romans et d'un récit consacré à ses années d'enfance, Charles Trenet a, depuis, poursuivi sa carrière au music-hall (Bobino, 1966, Olympia, 1971 et 1975), ne se résignant jamais à être de la « génération d'avant », alors même que la nouveauté qu'il apportait a été, pour l'essentiel, digérée par les nouvelles générations. Dans ses chansons d'âge mûr, si la mélancolie semble l'emporter *(Chante le vent, Rachel dans ta maison,* 1966 ; *Il y avait,* 1970 ; *Fidèle,* 1971), on retrouve parfois cette alacrité, ce bonheur d'écriture *(Joue-moi de l'électrophone,* 1972) qui rappellent à tous qu'il reste l'un des plus grands créateurs du « 9e art », celui qui a ouvert la « route enchantée » de la chanson française moderne.

LE TRÉTEAU DE TABARIN

Cabaret, rue Pigalle, Paris. Créé en 1895 dans l'ancien hôtel particulier de l'amiral Duperré par Paul Robiquet et Georges Charton qui s'étaient assuré la collaboration de Fursy comme secrétaire général. La salle pouvait contenir 150 personnes, la scène 4 personnages. Le décor de Marcel Jambon faisait croire que l'on se trouvait sur le Pont-Neuf. Une ancienne cuisine avait été transformée en « loge présidentielle ». Les chansonniers de Montmartre passaient en première partie, la seconde étant consacrée à une revue jouée par des comédiens. Georges Charton demeura longtemps une des vedettes du spectacle, interprétant ses propres compositions *(Si j'osais,* reprise par Paulette Darty, et surtout *la Ronde des cocus).* Fursy devint directeur, mais se laissa envahir par les « cabinets particuliers » qui donnèrent peu à peu au Tréteau l'allure d'une maison de rendez-vous. Chassé de la direction, il devait néanmoins racheter le cabaret en 1901 pour y fonder sa Boîte à Fursy. Un autre cabaret, rue Victor-Massé, animé par Pierre Sandrini, reprit le nom de Tabarin. Il se spécialisait dans des revues d'un goût raffiné. Il fut démoli en 1966.

LES TROIS CLOCHES

Chanson, par. et mus. Jean Villard-Gilles (1947). La chanson qui lança les Compagnons de la chanson (dont ce fut le premier succès international), et pour laquelle Édith Piaf joignait sa voix aux leurs, n'hésitant pas à « casser » son entrée sur scène. *Les Trois Cloches,* ce sont les trois étapes qui marquent la vie d'un homme, ce sont aussi les actes par lesquels la communauté, dont il fait partie, le reconnaît et l'admet en son sein. Le cadre villageois et montagnard, les références « religieuses », la construction ternaire, close, le genre complainte renvoient à l'image d'un destin immuable, à la pérennité des choses. Est-ce là de la part du Vaudois Gilles une accusation ou, au contraire, la célébration de la vie d'un humble, d'un petit ? Il est certain que l'interprétation des Compagnons accuse la part de religiosité diffuse et d'« harmonie » sociale contenue dans la chanson, pour en faire une sorte d'hymne à la tradition. En quoi elle s'intégrait parfaitement au répertoire folklorisant de leurs débuts.

LES TROIS HORACES

Trio d'interprètes. De l'École hôtelière, ils passent en 1955 dans les cabarets rive gauche, puis aux Trois Baudets, à Bobino, à l'Alhambra... Maquillage blanc, maillots noirs, bas de couleur, leur présentation indique qu'ils se sont mis à l'école du mime, en adaptant sa technique aux mises en scène de chansons. Les accessoires (papier en couleur, journaux découpés, mètres d'arpenteur, cordes) apparaissent et disparaissent sous les yeux des spectateurs : décors mobiles faisant naître un univers de suggestion. Mains et corps participent à ce ballet kaléidoscopique, puis se figent dans une pose, telle l'image d'un rêve. Leurs chansons, *J'aime* (B. Lelou-Ricet-Barrier), *l'Univers des enfants* (M. Imbert), *la Guerre des enfants* (M. Fombeure-J. Lacome), sont à l'unisson du reste, supports mélodiques d'une mise en scène d'abord plastique. A côté des Quatre Barbus et des Frères Jacques, les Trois Horaces auront apporté une touche nouvelle.

LES TROIS MÉNESTRELS

Groupe vocal d'interprètes : Ginette Sandrini dite Maria (Metz), Jean-Louis Fenoglio (Paris) et Raymond de Rycker (Paris). Rencontre d'une chanteuse réaliste, d'un comédien et d'un boy de revue, le trio débute dans le chœur parlé au théâtre, puis passe à la chanson mimée *(la Guerre de Troie,* J. Nohain-Mireille). On les voit à l'Échelle de Jacob, à Bobino *(Tiens v'là un marin,* J. Bouquet-B. Labadie ; *Des filles, il en pleut,* P. Seghers-L. Ferré, 1961). Entre différentes tournées en France et à l'étranger, ils présentent en 1965 au théâtre de la Potinière, puis aux Trois Baudets *Deux chats et une souris,* spectacle composé « d'un digest-opéra, d'une tragédie-farce, et, bien sûr, de chansons ». La mort tragique de Jean-Louis Fenoglio (1975) entraîna la disparition du groupe.

LES TROUBADOURS

Trio vocal d'interprètes : Franca di Rinzo, Borgo Sesia (Italie), 1938 ; Donald Burke, Halifax (Canada), 1939, et Jean-Claude Briodin, Paris, 1932, soutenu par l'accompagnateur-arrangeur Christian Chevallier, Angers, 1930. Sur le modèle de Peter, Paul and Mary, ce groupe à répertoire international à tendance folk-song démarre en 1967 avec un prix de la Rose d'or d'Antibes *(le Vent et la Jeunesse,* J.-M. Rivat-F. Thomas-C. Chevallier). Comme beaucoup de groupes de ce type, il ne résiste pas à la tentation de donner dans le « joli » *(Hans im Schnoekeloch,* adaptation du folklore alsacien) et malgré un prix au festival de Yamaa (Tokyo, 1973 : *Je te verrai passer, je te reconnaîtrai,* J.-P. Lang-J. Demarny-H. Giraud), le groupe, bien que toujours en activité, voit sa popularité s'estomper en même temps que reflue la vague du folk commercial.

ANDRÉE TURCY

[Andrée Turc] Toulon, 1891-Marseille, 1974. Interprète à 19 ans au Casino Montparnasse. Après avoir chanté avec succès Fragson à l'Eldorado, elle fait du cabaret et reviens au music-hall en 1916 (Eldorado, avec Dranem, Olympia, Cigale). Son premier genre fut la chanson réaliste, et elle y connut le succès avec *En fumant la cigarette, Quand je bois mon anisette, Cœur d'apache.* Mais entre Paris et la chanteuse de Toulon, le mariage d'amour ne se fit pas : était-ce dû à son jeu trop appuyé, ou à sa méridionalité agressive ? Toujours est-il qu'elle retourna dans le Midi et connut la pleine gloire dans les compositions marseillaises : revues, notamment de Vincent Scotto, créées à l'Alcazar de Marseille, à l'Eldorado de Nice (1924). Andrée Turcy termina sa carrière comme comédienne.

GEORGES ULMER

[Jorgen Ulmer] Copenhague, 1919. Auteur-compositeur-interprète. De parents danois, il passe son enfance et la majeure partie de son adolescence en Espagne. En France où il est installé depuis 1938, il est quelque temps dessinateur humoristique, puis entre dans l'orchestre de Fred Adison, et enfin débute seul à Nice au cabaret de l'Écrin (1942). Rapidement connu sur la Côte, il part conquérir Paris et fait en 1944 son premier tour de chant à l'A.B.C. *(Quand allons-nous nous marier ?)* en mimant sur scène les cow-boys et les gangsters des films américains. A la Libération, ses parodies connaissent un grand succès. *J'ai changé ma voiture contre une jeep* devient la chanson mascotte de la 2e DB. *Pigalle* est un hit-parade international qui l'incitera à composer d'autres chansons-tableaux de villes célèbres *(Casablanca, les Rues de Copenhague). Un monsieur attendait,* chanson de la meilleure veine, est de la même époque. Avec le temps cependant, on lui reprochera de faire du tour de chant un prétexte à grimaces et de ne pas chercher à se renouveler. De plus, la concurrence d'Yves Montand, dont le jeu est plus sobre et la voix plus mordante, lui portera tort.

UN GAMIN DE PARIS

Chanson, par. Mick Micheyl, mus. Adrien Marès (1952). Sur un air de valse musette, c'est le portrait du poulbot, enfant affranchi, adulte avant l'âge, tel qu'on le rencontre dans les rues des faubourgs. « Dans aucun pays il n'y a le même. » C'est le frère du Gavroche de notre littérature. Définitivement, le grand succès de Mick Micheyl.

UN JOUR TU VERRAS

Chanson, par. Mouloudji, mus. Georges Van Parys (1954) : sur un tempo de valse lente, une chanson « classique » par ses thèmes :

Il y'aura un bal
très pauvre et très banal
sous un ciel plein de brume et de mélancolie
un aveugle jouera de l'orgu' de barbarie

Malgré la pauvreté des rimes, les « on », les élisions (et sans doute aussi à cause de tout cela), c'est une des plus belles romances du répertoire d'après-guerre. La mélodie est d'une subtilité inattendue ; et le temps des verbes oppose, à l'imparfait habituel aux chansons d'amour, la magie d'un futur beaucoup plus rare.

CATERINA VALENTE

Paris, 1931. Interprète. Ce n'est pas à proprement parler une chanteuse française, mais une vedette internationale, plus spécialement tournée vers le public de langue germanique. D'origine italienne, élevée en Espagne, de nationalité allemande et née cependant en France, elle est la fille de Maria Valente, clown féminin, et de Di Zazzo, accordéoniste. C'est une enfant de la balle aussi habile au pas de danse acrobatique et à la guitare hawaiienne qu'à la vocalise. D'abord chanteuse de jazz, puis chanteuse « typique » *(Malagueña* est vendu à 4 millions d'exemplaires), elle fit du music-hall au sens le plus traditionnel du terme. Elle « remplit » la scène. Tantôt chanteuse de charme et tantôt chanteuse fantaisiste, elle se spécialise dans le pot-pourri de succès divers, accompagnée de son frère (et complice) Silvio. Elle obtient le Grand Prix du disque en 1960 *(Bim bom bey*, — M. Vaucaire et M. David). Longtemps absente de la scène française, elle fit une rentrée à l'Olympia en 1971.

MAURICE VANDAIR

Tousnan-en-Brie, 1905. Auteur. Un succès obtenu avec *le Refrain des chevaux de bois*, chanté par Félix Paquet (1936), le décide à quitter son emploi d'ingénieur pour celui de parolier. C'est le bon choix : il devient très vite un fournisseur attitré des vedettes. Dans son abondante production, on retiendra *Tel qu'il est* (Charlys-M. Alexander, 1936) chanté par Fréhel, *J'ai sauté la barrière* (—J. Hess, 1938) par Johnny Hess, puis, sous l'Occupation, sa période la plus féconde, *Dans les plaines du Far West* (— C. Humel, 1941), pour le débutant marseillais Yves Montand, *Ma ritournelle* (— H. Bourtayre, 1941), chanté par Tino Rossi, *la Chanson du maçon* (M. Chevalier-H. Betti, 1941) et *la Marche de Ménilmontant* (M. Chevalier-Borel-Clerc, 1942), succès de Chevalier suivis, en 1944, par *Fleur de Paris* (—H. Bourtayre), la chanson de la Libération. Après la guerre, il écrit notamment, pour Lily Fayol, *la Guitare à Chiquita* (—H. Bourtayre, R. Legrand, 1944) et *le Régiment des mandolines* (—H. Betti, 1946), et participe, au côté de Marc Cab et de Raymond Vincy, aux lyrics de l'opérette *la Belle de Cadix* (1946).

ANNE VANDERLOVE

[Anne van der Leuwe] La Haye (Pays-Bas), 1943. Auteur-compositeur-interprète. La muse de Chez Georges se fait connaître en 1967 par un modèle de chanson romantique d'adolescence : *la Ballade en novembre* (Prix du disque). Le succès « show-biz » est de courte durée : la chanteuse est peu scénique (Bobino, 1968) et ressasse un archaïque regret du passé. Néanmoins, cette sirène du Nord a « vrillé dans nos mémoires cette voix qui ne s'éteint plus » (L. Nicolas) et survit dans les réseaux dits parallèles, chantant du folk américain et breton, genres entre lesquels elle se situe.

GEORGES VAN PARYS

Paris, 1902-1971. Compositeur. Après des études de droit, fait ses premières armes, comme pianiste d'accompagnement, Chez Fysher (1924-1927). Puis se tourne vers l'opérette *(Lulu,* 1927) et la musique de film, dans laquelle il excellera tout au long de sa carrière (plus de 300 partitions). C'est d'ailleurs de films que sont tirés certains de ses succès de chansons : *Si l'on ne s'était pas connu* (coll. P. Parès-L. Lelièvre), chanté par Albert Préjean, dans *Un soir de rafle* (1931) ; *C'est un mauvais garçon* (—J. Boyer), chanté par Henri Garat dans *Un mauvais garçon* (1936) ; *Y'a toujours un passage à niveau* (—J. Boyer), interprété par Pills et Tabet dans *Prends la route* (1936) ; *la Complainte des infidèles* (—C. Rim), chanté par Mouloudji dans *la Maison Donnadieu* (1951) ; *la Complainte de la Butte* (—J. Renoir), interprétée par Cora Vaucaire dans *French Cancan* (1954) ; *Si tous les gars du monde* (—M. Achard, 1955), du film du même nom, interprété par les Compagnons de la chanson. Il a aussi écrit directement pour des interprètes : Maurice Chevalier *(Appelez ça comme vous voudrez,* —J. Boyer ; *Ça fait d'excellents Français,* —J. Boyer, 1939), Fréhel *(Sans lendemain,* —M. Vaucaire, 1938), Mouloudji *(Un jour tu verras,* —Mouloudji, 1954). Ce sont des airs populaires et pourtant jamais vulgaires, dont le refrain est toujours dansant, et où la trouvaille mélodique, au lieu d'être unique, jaillit à plusieurs endroits de la même chanson, ce qui accroît sensiblement la beauté de l'ensemble.

VAREL ET BAILLY

Duettistes. André Varel (Alger, 1914), licencié en lettres et en philosophie et diplômé dentiste, composait déjà *(le Tango du désir)* quand il s'associa avec Charly Bailly (Mâcon, 1921). Alliant dans leur répertoire la chanson ancienne (depuis le XIIe siècle) à leurs propres œuvres, ils font l'essentiel de leur carrière aux États-Unis. Accompagnés des chœurs de jeunes gens, il y représentent après la guerre « la » chanson française au même titre que Piaf, Chevalier et Geneviève *(l'Orgue des amoureux,* F. Carco-Varel et Bailly).

HENRI VARNA

[Henri Vantard] Marseille, 1887-Paris, 1969. Directeur de salle. Son premier emploi fut celui de comédien, au théâtre des Célestins à Lyon et à la Renaissance à Paris. En 1910, il signe sa première revue au théâtre du Château d'eau. A la mort d'un des directeurs, son associé, Oscar Dufrenne, l'engage à ses côtés pour diriger le Concert Mayol et les Ambassadeurs, puis l'Éden-Concert et l'Alcazar. En 1924, ils ouvrent l'Empire et y font défiler toutes les grandes vedettes. Puis ils acquièrent le Casino de Paris et restent fidèles à la politique de la revue à tête d'affiche : Mistinguett y mènera la première revue ; lui succéderont, Joséphine Baker, Maurice Chevalier, Marie Dubas, Édith Piaf... A la mort d'Oscar Dufrenne, Varna abandonne l'Empire et reprend le Mogador qu'il consacre à l'opérette. Ayant vendu la Renaissance et le Palace (ex-Éden), il dirigera sans désemparer le Casino et le Mogador, son profil d'oiseau de proie décharné, emmitouflé dans son pardessus, veillant jusqu'aux derniers jours à tous les préparatifs de ses spectacles. On doit à Varna la découverte de Tino Rossi *(Parade de France),* la venue de Cécile Sorel au music-hall. On lui sera surtout redevable d'avoir tenu à sauvegarder la part de la chanson au music-hall, en aidant certaines vedettes du tour de chant à s'y risquer : Line Renaud, Mick Micheyl. Adaptateur de chansons (version française de *Chapel in the Moonlight),* revuiste, il remonta à l'occasion sur les planches *(Madame Sans-Gêne* à la Renaissance).

SYLVIE VARTAN

Iskretz (Bulgarie), 1944. Interprète. Novembre 1961 : Sylvie, ex-lycéenne, sœur d'Eddie Vartan, partenaire de Frankie Jordan dans *Panne d'essence,* sort son premier disque : *Quand le film est triste.* Voix légèrement voilée, mal assurée, interprétation nulle, jolie pochette, puissant battage publicitaire orchestré par Daniel Filipacchi : c'est le succès. Ce premier visage de Sylvie Vartan est le plus ingrat : elle n'a alors pour elle que sa charmante frimousse et sa bonne volonté. Ce n'est pas assez pour surmonter la première défaillance de micro, le premier « été pourri » du yé-yé (1963).

Avril 1965 : Sylvie épouse à Loconville Jean-Philippe Smet, dit Johnny Hallyday. Pour des millions de jeunes, ils sont « le » couple. Quant à elle, son succès s'est maintenu vaille que vaille. De *Tous mes copains* (J.-J. Debout) à *La plus belle pour aller danser* (C. Aznavour-G. Garvarentz), son assurance a grandi. Sa physionomie s'est dégagée de sa gangue enfantine. Cours de chant, tournées en Amérique, au Japon où elle se maintient pendant des mois première au hit-parade, lui apprennent le métier : elle ne demande pas mieux. Son répertoire se place toujours entre ceux de Johnny et de Françoise Hardy ; elle hésite à changer.

Avril 1968 : Sylvie vedette à l'Olympia, le public conquis, la critique élogieuse. Déjà l'année précédente dans la même salle (spectacle Hallyday-Vartan), on avait entrevu la nouvelle Sylvie. Pas de révolution dans l'art du tour de chant ou de la chanson, bien sûr. Mais un spectacle et une artiste professionnelle digne de ce nom. Loin, le twist, le rock : l'heure est à la ballade, à la romance *(Deux minutes trente-cinq de bonheur,* F. Thomas, J.-M. Rivat-J. Renard, 1967 ; *Comme un garçon,* R. Dumas-J.-J. Debout, 1968). Pour marquer cette émancipation, le spectacle se termine par la descente de l'escalier, celui des revues de l'entre-deux-guerres : ce sera la seule audace du programme.

1975 : Sylvie prend possession, pendant un mois, du Palais des congrès (performance renouvelée en 1977 et 1978). Le tournant vers la revue façon Las Vegas, avec force renforts de danseurs et d'accessoires divers, semble désormais définitif. Son ambition, c'est de donner à voir autant qu'à entendre, et ses succès de disque passent presque au second plan *(Je chante pour Swany,* R. Dumas, P. Porte-J.-J. Debout, 1975 ; *la Maritza,*

P. Delanoë-J. Renard). Ainsi, à force de volonté, de patience et malgré le succès trop tôt venu, Sylvie Vartan a trouvé sa voie en renouant avec une forme de spectacle des plus traditionnels qui, en d'autres temps, l'eût menée au Casino de Paris.

JEAN VASCA

[Jean Stievenard] Bressuire (Deux-Sèvres), 1940. Auteur-compositeur-interprète. Enfance à Charleville et Paris. Commence une licence de lettres à la Sorbonne et découvre le circuit des cabarets de la rive gauche (Colombe, École buissonnière, 1964) dont il devient un habitué. Aussi sensible aux textes qu'à la musique, Jean Vasca poursuit avec exigence une recherche qui se traduit dans les disques qu'il enregistre régulièrement et qui obtiennent pratiquement tous les « grands prix » disponibles. *Midi, Mourir de tout cela, Sorcière, Attaque à mots armés,* sont de purs chefs-d'œuvre littéraires et musicaux qui, hélas, ne parviennent pas aux oreilles du grand public : les médias le considèrent comme « trop difficile », « trop intellectuel ». Malgré un passage en 1978 au Théâtre de la Ville, Jean Vasca ne parvient pas à briser cette conspiration du silence. Et pourtant !... Jamais les obsessions intimes, le désir de l' « ailleurs » rimbaldien, n'auront été exprimés dans la chanson française avec autant de talent.

PIERRE VASSILIU

Villecresnes (Seine-et-Oise), 1937. Auteur-compositeur-interprète. Ancien jockey, est passé avec succès des hippodromes au cabaret et au music-hall (Olympia). Commence dans la chanson à rire *(Armand, Charlotte),* avec un humour corrosif qui « fait mal » lorsqu'il s'attaque à des types sociaux particulièrement vulnérables : *la Femme du sergent* (1963) notamment, dans laquelle il retourne contre l'institution militaire les ressorts du comique troupier, lui vaudra les attentions de la censure. Mais Pierre Perret, bien moins gênant pour l'ordre établi, occupe largement ce créneau, et Vassiliu est éclipsé par son succès. On le croit reconverti à la romance *(Une fille et trois garçons,* 1969) ou à l'adaptation de succès brésiliens *(Qui c'est celui-là ?,* — Chico Buarque, 1974) alors qu'il mène des recherches musicales dont son spectacle du Théâtre de la Ville (1976) et son disque *Déménagements* (1978) rendent bien compte. Dans l'ombre, loin des bruits de la ville, Pierre Vassiliu élabore lentement une œuvre originale.

CORA VAUCAIRE

[Geneviève Collin] Marseille. Interprète. Venue à Paris pour faire du théâtre, elle est engagée à la Libération dans le cabaret d'Agnès Capri où, par la rencontre de jeunes auteurs, elle se constitue un répertoire. Ayant remporté un concours organisé à l'A.B.C. en 1941 (avec la *Chanson tendre,* F. Carco-Larmanjat), elle devient la « Dame Blanche de Saint-Germain » que l'on entend à l'Échelle de Jacob, Chez Gilles et à l'Écluse, chanter du Trenet et du Prévert. Elle dirige quelque temps le cabaret de la Tomate où elle présente Lucette Raillat, Raymond Lévesque et Pierre Louki et où elle met au choix et « à la carte » ses chansons les plus classiques *(les Feuilles mortes, Rose blanche, Frédé, la Complainte de la Butte, le Temps des cerises, le Roy Renaud).* Elle participe aux spectacles aventureux du Caveau Thermidor (devenu Milord l'Arsouille) et du Collège Inn. Mais on ne la voit guère sur la scène des grands music-halls, pas même celle de Bobino. A mille lieues des intrigues nécessaires à l'accomplissement d'une carrière dans le show business, Cora Vaucaire se laisse reléguer au second plan par la vague yé-yé et par des interprètes plus ambitieux (ses). Et bien que trois fois prix du disque et réenregistrée en 1970 *(Comme au théâtre),* l'occasion reste rare d'apprécier cette diseuse au timbre grave, toute en sensibilité, en douceur et en nuances.

MAURICE VAUCAIRE

Versailles, 1863-Neuilly, 1918. Auteur-interprète. Comme la plupart des « montmartrois », il tenait un emploi de bureau dans la journée avant de se produire au Chat Noir : il était chef du secrétariat du ministre du Commerce et de l'Industrie en 1892. Auteur de pièces de théâtre représentées au théâtre Antoine et à l'Odéon, de livrets d'opéra et d'opérettes *(Manon Lescaut, Hans le joueur de flûte),* il fut aussi le poète préféré de Paul Delmet qui fit un grand succès des *Petits Pavés* et du *Petit Chagrin.* Une des chansons de Maurice Vaucaire, traduite en anglais *(Song of songs,* — Moya), est devenue l'indicatif d'une chaîne de TV américaine.

MICHEL VAUCAIRE

Brissago (Suisse), 1904-1980. Auteur. Diplômé des Langues orientales, il est à la fois journaliste, poète, producteur de radio et expert en livres anciens. Sa carrière d'auteur est longue et variée : maniant aussi bien l'humour que la poésie ou le réalisme, il écrit pour des interprètes de genres très différents : Jean Sablon *(la Chanson des rues,* —R. Goehr, 1936), Gilies et Julien, Fréhel *(Sans lendemain,* —G. Van Parys, 1938), Lys Gauty, Cora Vaucaire, son épouse *(Frédé,* —D. White, 1946), Jacqueline François *(September song,* —K. Weill, 1953), les Frères Jacques *(A la Saint-Médard,* —Révil, 1953), Colette Renard *(Envoie la musique,* —C. Dumont, 1958), Édith Piaf *(Non, je ne regrette rien,* —C. Dumont), et Caterina Valente *(Bim bom bey,* —M. David, 1960).

RAY VENTURA

[Raymond Ventura] Paris, 1908-Palma de Majorque (Espagne), 1979. Chef d'orchestre. Influencé par la mode du grand orchestre lancée par Paul Whiteman en Amérique, propagée par Jack Hylton en Europe, et mise à profit par Grégor et ses Grégoriens en France, Ray Ventura participe d'abord à un orchestre amateur du même type, où ses coéquipiers se nomment, entre autres, Paul Misraki, pianiste, Loulou Gasté, guitariste, Coco Aslan, chanteur et percussionniste. La formation enregistre son premier disque en 1929 et, après un concert salle Gaveau en 1931, se lance dans une carrière de music-hall : Empire, Olympia, Casino de Paris, tournées, ouverture d'un club sur les Champs-Élysées (1936). Les musiques des chansons sont de Misraki *(Fantastique,* indicatif de l'orchestre et son premier succès, 1932), les paroles, d'André Hornez *(Ça vaut mieux que d'attraper la scarlatine,* 1936 ; *Comme tout le monde,* 1938), les arrangements, de Raymond Legrand, entré dans l'orchestre en 1934, au retour des États-Unis. Les Collégiens deviennent alors les chefs de file de cette formule de jazz-band, où les musiciens sont en même temps comédiens et chanteurs, qui fait fureur avant et pendant la guerre dans les salles de spectacle, sur les bateaux de croisière et sur les antennes : « Les Collégiens de Ray Ventura, Paul Misraki et Grégoire Aslan en tête, achevèrent d'un éclat de rire l'agonisante guimauve et la romance scatologique » (J. Tranchant). Leur grand succès : *Tout va très bien, madame la Marquise* (1936). Sous leur influence, les orchestres à sketches se multiplient : Fred Adison, Jo Bouillon, Jacques Hélian, Raymond Legrand montent, chacun, le leur. Après des tournées en Europe, puis en Amérique du Sud sous l'Occupation (avec de nouveaux musiciens, dont Henri Salvador et André Ekyan), les Collégiens reviennent en France, obtiennent de nouveaux

succès *(Maria de Bahia,* 1947, *la Mi-août,* 1949) et jouent dans plusieurs films. Cependant, vers 1950, la mode change et le grand orchestre devient une formule coûteuse peu en rapport avec les exigences d'un public éduqué par la radio et le disque. Ses promoteurs se reclassent alors, tant bien que mal, dans l'édition musicale et dans l'orchestre de danse.
A la fin des années 70, la mode rétro fit le succès du Grand Orchestre du Splendid, qui redonna une seconde jeunesse à certains « tubes » des Collégiens *(Qu'est-ce qu'on attend pour être heureux ?).*

FLORENCE VÉRAN

[Éliane Meyer] Paris, 1922. Compositeur. Sortie du Conservatoire, elle se destine d'abord à une carrière de concertiste, puis à celle d'interprète de chansons : elle passe dans différents cabarets, à Bobino et même à l'Olympia ; mais ses chansons ont plus de succès que leur interprète et elles font le bonheur de Juliette Gréco *(Je hais les dimanches,* —C.Aznavour, 1952), Philippe Clay *(le Noyé assassiné,* —C. Aznavour, prix Charles-Cros 1955), Mouloudji *(On m'a donné une âme,* —J. Lecannois, 1953), Patachou *(On m'a volé tout ça,* —L. Poret, 1954), Lucienne Delyle *(Fleur de mon cœur,* —R. Bravard, 1957).

JOAN PAU VERDIER

Périgueux, 1947. Auteur-compositeur-interprète. Après deux ans passés à la faculté des lettres, commence à chanter en français, puis sort son premier disque *(Desemplumat,* 1972) en langue occitane, se situant ainsi délibérément dans le mouvement des minorités ethniques. Ses frères de langue lui reprocheront pourtant d'avoir enregistré à Paris et non pas sous label occitan... *Occitania sempre, Dança liure,* les titres se succèdent et obtiennent un certain succès, tandis que Verdier commence à chanter de plus en plus en français avec un grand bonheur d'écriture : *Odile, Ma « Marseillaise » à moi, Vivre,* sont parmi ses plus belles réussites. Mais il se cherche musicalement, soumis à des influences contradictoires : Ferré, Gainsbourg, la musique anglo-saxonne. Évoluant entre le rock ou la pop et la ballade, il prend souvent son public à contre-pied et surprend plus qu'il ne convainc. En 1977, il passe au Théâtre de la Ville, à Paris, et sort un nouveau 33 tours, *Tabou le chat,* qui est peut-être son meilleur disque : tous les éléments sont donc réunis pour qu'il prenne, enfin, un vrai départ et touche le grand public. Mais l'irrésistible ascension de Bernard Lavilliers lui sera défavorable.

PAUL VERLAINE

Metz, 1844-Paris, 1896. Auteur. Ses vers musicaux (« de la musique avant toute chose, et pour cela préfère l'impair ») attirèrent les compositeurs : Georges Brassens *(Colombine)*, Charles Trenet *(Chanson d'automne)*, Léo Ferré (un disque 33 tours complet), Georges Moustaki *(Gaspard)* les firent passer du livre aux ondes. Signalons que, de son vivant, Verlaine fréquenta beaucoup le Chat Noir où son beau-frère, Charles de Sivry, était pianiste et participa aux soirées chansonnières du Procope.

LA VEUVE

Chanson, par. Jules Jouy (1880), mus. Pierre Larrieu (1924). Jules Jouy, qui devait finir dans un asile d'aliénés, était obsédé par les exécutions capitales, que l'on offrait à l'époque en spectacle au public. Il dédia donc à l'échafaud ce poème :

> Alors tendant ses longs bras roux
> bichonnée, ayant fait peau neuve
> elle attend son nouvel époux,
> la veuve.

Le poème fut mis en musique par Pierre Larrieu à l'intention de Damia. Celle-ci l'interprétait les bras recouverts de gants rouges éclairés par les projecteurs, qu'elle était la première à utiliser ainsi sur scène. L'effet était, paraît-il, saisissant.

BORIS VIAN

Ville-d'Avray, 1920-Paris, 1959. Auteur-compositeur-interprète. Dernier représentant de la race des « hommes à tout faire », cet ancien ingénieur sorti de l'École centrale ne fut longtemps perçu que comme un farceur, membre actif du Collège de pataphysique, fanatique de jazz (il jouait de la trompette au Tabou et écrivait dans la revue *Jazz-hot)*, traducteur pour vivre, romancier pour le plaisir, compositeur et parolier pour la rigolade. Cela allait changer : après avoir lancé une bombe dans la littérature avec *J'irai cracher sur vos tombes* (1946), roman signé Vernon Sullivan et qualifié de pornographique, il en lance une autre dans la chanson avec *le Déserteur* (1954), chanson antimilitariste qui sera interdite. Bon début pour une œuvre qui comprend près de 500 titres : parodies de rock'n'roll et autres rythmes américains composées avec Henri Salvador et Michel Legrand *(le Blues du dentiste, Rock and rollmops, Une bonne paire de claques dans la gueule,* 1958), loufoqueries pures *(Valse dingue, Rue Traversière),* satires ironiques ou féroces, en collaboration avec les compositeurs Alain Goraguer et Jimmy Walter : contre le machisme (très en avance !) *(Vous mariez pas, les filles,* 1958), contre le snobisme Saint-Germain-des-Prés *(J'suis snob,* 1954), contre la police *(la Java des chaussettes à clous,* 1955), contre le fisc *(Complainte des contribuables,* 1956) et surtout contre l'armée (des dizaines de chansons, dont *les Joyeux Bouchers).* Ces chansons ne connaissent pas la célébrité tout de suite. Comme interprète, Boris Vian ne convainc pas. Mouloudji, qui le chante, est bientôt interdit sur les antennes. Il faut attendre 1965, soit 6 années après sa mort, pour entendre vraiment parler de Boris Vian. Ses romans, comme *l'Écume des jours,* se vendent comme des petits pains. Une pléiade de jeunes interprètes se font les dents sur ses textes et ses chansons : Pauline Julien, Marie-José Casanova, Brigitte Fontaine, Magali Noël. Serge Reggiani débute dans la chanson par un disque qui lui est consacré *(Arthur, où t'as mis le corps ?,* — L. Bessières), Jean Ferrat lui rend hommage *(Pauvre Boris,* 1967), Richard Anthony, les Sunlights, Peter, Paul and Mary reprennent *le Déserteur,* dans des versions d'ailleurs édulcorées. Un spectacle Vian, *En avant la zizique,* d'Ève Grilliquez, est présenté à la Gaîté-Montparnasse (prix Paul-Gilson 1970), et Mouloudji retrouve son audience avec *Allons z'enfants* (1971). Le phénomène se poursuit puisqu'en 1979 les disques Philips gagnent le Grand Prix audio-visuel pour la réédition des chansons de Boris Vian interprétées par lui-même. Bref, voici l'auteur en passe d'être totalement assimilé par ce milieu qu'il avait férocement attaqué, alors qu'il était directeur artistique, dans son livre charge *En avant la zizique... et par ici les gros sous* (1958).

ALBERT VIDALIE

Châtillon, 1913-1971. Auteur, romancier *(les Bijoutiers du clair de lune,* « rien de commun avec le film », précise-t-il, *la Bonne Ferté,* etc.), auteur de pièces de théât · *(les Mystères de Paris),* il écrit des textes de chansons d'une grande qualité : *Actualités* (— S. Golmann, 1950), *le Mineur* (— S. Golmann) et plus récemment *les Loups* (— L. Bessières, 1968) interprété par Serge Reggiani.

MAURICE VIDALIN

Paris, 1924. Auteur. La première phase de sa carrière est marquée par sa collaboration avec Jacques Datin : *Julie,* chanté par Marcel Amont (1957), *Zon zon zon,* interprété par Colette Renard (1957), *les Boutons dorés,* par Jean-Jacques Debout (1959) et *Nous les amoureux,* par Jean-Claude Pascal (1961) en sont les étapes marquantes. Entré dans l'équipe de Gilbert Bécaud, Vidalin devient, avec Pierre Delanoë et Louis Amade, l'un de ses paroliers attitrés, spécialisé dans la chanson à touche humoristique *(la Grosse Noce,* 1962 ; *Quand Jules est au violon,* 1964 ; *la Vente aux enchères,* 1971 ; *le Bain de minuit,* 1972). Mais il est aussi l'auteur de textes sensibles à l'émotion amoureuse ou à prétention poétique : *le Mur* (1958), *C'était moi* (1961), *Rosy and John* (1965), *le Petit Oiseau de toutes les couleurs* (1966). Tout en continuant à travailler pour Bécaud, il mettra ensuite son savoir-faire au service de Gérard Lenorman *(Soldats ne tirez pas,* — G. Mattéoni, 1974) et de Michel Fugain *(la Fête,* 1974 ; *les Acadiens,* 1975).

VIENS POUPOULE

Chanson, par. Henri Christiné-Trébitsch, mus. Adolf Spahn (1902). Racontée par Mayol dans ses *Mémoires,* l'histoire de cette chanson devient exemplaire (sans doute un peu trop), qu'on en juge : un air entraînant joué par l'orchestre en début de programme retient l'attention de Mayol. Il apprend qu'il s'agit d'une polka très populaire en Allemagne. Il fait acheter les droits et, avec Christiné, son arrangeur, se met à la recherche d'un prénom jugé moins dur que Karolin. C'est un ouvrier qui, en appelant sa femme à l'entrée de la Scala, leur donne la solution : « Viens poupoule, viens ! » Le reste de la chanson, couplets variés (l'ouvrier, le brave agent, les vieux époux...), ramenant au refrain, sont écrits par Christiné et Trébitsch. Créée à l'Eldorado en novembre 1902, elle sera chantée pendant quatre ans de suite et battra tous les records de vente des petits formats. Mieux : en 1914 les soldats allemands la chantent (en français) dans les tranchées, et les poilus, en face, reprennent au refrain :

Viens poupoule
viens poupoule
viens !
Quand j'entends des chansons
ça m'rend tout polisson ah !

Une « attaque » réussie, un rythme allègre, un rien de démagogie au premier couplet (« le samedi soir après l'turbin, l'ouvrier parisien… »), une trouvaille scénique de Mayol (le gonflement des joues pour le « Viens poupoule ») sont à la base d'un des succès les plus mémorables du caf'conc'. « C'est à cette chanson que je dois le grand départ de ma fortune artistique » (Mayol).

GILLES VIGNEAULT

Natashquan (Canada), 1928. Auteur-compositeur-interprète. Né à 1 300 kilomètres de Montréal, sur la rive gauche du Saint-Laurent, d'un père pêcheur. Après avoir passé une licence de lettres, il devient professeur (algèbre, français, latin) et commence à publier : contes, recueils de poèmes, pièces de théâtre. Conteur-né, il donne des récitals de monologues, en y glissant parfois une mélodie. Jacques Labrecque crée *Jos Monferrand,* sa première chanson (1959), et, en 1961, Gilles Vigneault donne son premier tour de chant à l'Ile d'Orléans, devant 3 000 personnes : il devient à son tour un « bozo » (auteur-compositeur-interprète). En vingt ans, il produira une vingtaine de disques et acquerra une renommée égale sinon supérieure à celle de Félix Leclerc. Venu pour la première fois en France en 1963, il y retourne régulièrement depuis (de préférence à Bobino), élargissant à chaque fois le cercle de ses admirateurs. Parce qu'il a su « dire » mieux que nul autre la prise de conscience de tout un peuple, Gilles Vigneault est devenu, plus qu'un symbole, un agent de l'essor culturel québécois, un vecteur de l'identité nationale. La sensibilité à l'espace, à l'élément liquide partout présent, à la prodigalité de la nature engendrant chez l'homme un sentiment d'écrasement, puis d'aspiration à « nommer » l'immensité (sentiment que traduit de manière exemplaire *Mon pays,* 1965), peuple ses chansons de types humains caractéristiques des zones pionnières *(Jos Hébert, Jack Monnoloy, Berlu)* et donne à l'univers de Vigneault ce souffle, cette amplitude propres au Nouveau Monde. Volonté moderniste *(Fer et titane)* se mariant chez lui avec une exigence de fidélité à l'héritage du passé (épuré de tout passéisme), qui est aussi combat contre les impérialismes culturels, français, canadienanglais, américain : on la retrouve dans ses reels *(la Danse à Saint-Dilon),* ses gigues *(Tam ti delam)* et même dans ses emprunts au plain-chant *(la Manikoutai).* « C'est le talent de l'avenir d'être parfois enraciné », dit Gilles Vigneault. Auteur traditionnel par sa technique, ses références culturelles, il n'en est pas pour autant régionaliste. Parce que ancrée dans une réalité cernée, datée, son œuvre est affirmation à portée universelle : pour Vigneault, la voie de l'humain passe par Natashquan, c'est-à-dire par « le cœur de l'homme ». Des textes forts, relevant d'une poésie immédiate, de tradition orale, des mélodies prenantes (parfois composées avec Gaston Rochon : *Au doux milieu de vous* ou, plus récemment, avec Robert Bibeau : *la Vieille Margot),* une voix peu conformiste, éraillée, et sur laquelle il tire jusqu'à la casser, une « gueule » en figure de proue complètent le portrait de cette personnalité attachante. Celle-ci s'épanouit entièrement au contact du public, sur une scène : là, le conteur, le danseur de gigue relaient et soutiennent l'interprète pour reformer, l'espace d'une soirée, le cercle enchanté des soirées d'hiver à Natashquan. Avec un tel animateur, le public devient bon, les hommes fraternels, le bonheur est à prendre. « J'ai envie que tout le monde monte en scène avec moi » : il faut l'avoir vu faire chanter une salle entière, en canon, par exemple *les Amours, les Travaux* pour saisir le sens de cette affirmation. A côté de Félix Leclerc, qui fait figure de précurseur, et dont il déclare qu'il « est passé en raquettes dans des chemins où nous passons aujourd'hui en limousine », Gilles Vigneault s'est affirmé comme le créateur le plus éminent de « l'Age d'or » de la chanson québécoise.

HERVÉ VILARD

Paris, 1946. Auteur-compositeur-interprète. Enfant de l'Assistance publique que poursuit un intense besoin d'affection, il se fait connaître en l'espace d'un été par un succès mémorable, *Capri c'est fini* (H. Vilard-M. Hurten, 1965) qui, enregistré en 7 langues, se vendit à 3 millions d'exemplaires. Dans la même veine, qu'il exploita à fond, on entendit *Fais-la rire* et *Mourir ou vivre* (R. Bernet-D. Gérard, 1966). Puis, c'est *Sayonara* (F. Thomas, J.-M. Rivat-J. Revaux, 1969) et l'exil en Amérique du Sud, où on continue à l'aimer. Mais la France, marâtre repentante, finit par le rappeler. Car *Capri,* ce n'était pas vraiment fini, et Hervé Vilard put même se réinstaller en tête du hit-parade avec *Nous* (double disque d'or).

VILBERT

[Henri Rayne] Marseille, 1870-Théoule-sur-Mer (Alpes-Maritimes) 1926. Interprète. Un des nombreux imitateurs, puis continuateur, de Polin. Pour se distinguer de son modèle, il apparaissait sur scène revêtu du treillis de corvée du cavalier et maniait avec une étonnante dextérité ses accessoires : seau, pelle ou balai ! Après s'être produit dans son Midi natal, il fit ses grands débuts à la Cigale vers 1897, puis devint le favori du public de Parisiana. Sympathique et nanti d'une voix agréable, relevée d'une pointe d'accent, son répertoire était celui du tourlourou d'avant-guerre *(Content d'être soldat*, Briollet, Tinant-Fragson ; *Nous nous plûmes,* G. Sibre-Fragson). Après la guerre, il se tourna vers l'opérette, la comédie, et y réussit pleinement.

VILLEMER

→ Delormel et Villemer.

CLAUDE VINCI

[Claude Caillaut] Frédille (Indre), 1932. Interprète. Commence à chanter en 1960, d'abord des textes d'Eluard, puis des chansons qui témoignent de son engagement politique *(Vingt ans déjà, Ma route).* Se produit surtout dans les galas syndicaux et politiques et, le succès ne venant pas, se reconvertit progressivement à l'action syndicale (au Syndicat français des acteurs).

LÉON VOLTERRA

18 ? —Paris, 1949. Directeur de salles. Ce grand nom du monde hippique fut d'abord et avant tout un grand directeur, possédant, selon Jacques-Charles, « un sens inné du goût du public ». Encore enfant, il vendait des programmes qui n'avaient rien d'officiel à l'entrée de Parisiana ; il les présentait en disant : « Je les paie 50 centimes » ; on ne lui donnait jamais moins d'un franc. Associé en 1914 à la direction de l'Olympia, puis propriétaire, de 1917 à 1929, du Casino de Paris, il y lança, avec Jacques-Charles, la revue à grand spectacle. Il fut aussi, en même temps ou par la suite, propriétaire de l'Alhambra de Bruxelles, du Grand Casino de Marseille, de l'Apollo, du Lido, qu'il créa en 1932, de théâtres et même du Luna Park de la porte Maillot.

VOUS QUI PASSEZ SANS ME VOIR

Chanson, par. Charles Trenet, mus. Johnny Hess (1936). Selon Johnny Hess, elle fut écrite en trois minutes et composée en cinq. Proposée à Jean Sablon, la vedette montante, elle est créée par celui-ci au Bœuf sur le toit. Couronnée par l'académie Charles-Cros l'année suivante, elle lance définitivement les jeunes duettistes, et assure au futur « French troubadour » son plus durable succès : « Depuis ce jour-là, je ne suis jamais entré en scène sans être accompagné de quelques mesures de *Vous qui passez...* », confie-t-il dans ses mémoires. Succès redevable à l'heureuse conjonction, tout entière présente dans l'attaque de la chanson, entre le thème, à l'audience assurée, le swing au tempo lent et la voix de velours de l'interprète.

ALBERT WILLEMETZ

Paris, 1887-Marnes-la-Coquette, 1964. Auteur. Fonctionnaire au ministère de l'Intérieur, Albert Willemetz trouve suffisamment de loisirs pour écrire des poèmes (qu'il signe Metzvil) et des chansons (qui ne sont pas des poèmes) ; celles-ci le changent un peu du vocabulaire utilisé en haut lieu. Elles parviennent jusqu'aux oreilles de Mistinguett *(la Belote, Mon homme, J'en ai marre, En douce)* et de Maurice Chevalier *(Ah ! si vous connaissiez ma poule, Dans la vie faut pas s'en faire, Valentine)* qui s'en régaleront : autant de succès de gouaille et d'optimisme, parfois dotés d'un certain sentimentalisme sous-jacent, qui s'accordent à la perfection à la personnalité de ces deux monstres sacrés. Auteur débordant d'inspiration, Albert Willemetz signera aussi des centaines de revues, d'opérettes (dont *Phi-Phi)* et de scénarii de films. A partir de 1946, il sera élu plusieurs fois président de la SACEM. Il avait été, dans sa jeunesse, secrétaire de Clemenceau.

JOHN WILLIAM

[Armand Huss] Grand-Bassam (Côte-d'Ivoire) 1922. Interprète. De mère ivoirienne et de père alsacien, il est le créateur en France de *Si toi aussi tu m'abandonnes* (1952) qui en fait l'interprète populaire des grandes chansons de films *(le Bleu de l'été, la Chanson de Lara)* et des « classiques » du negro spiritual *(Ol'man river).* Il tente de renouveler ce dernier genre en créant des « modern' spirituals » *(Pax hominibus),* sortes de cantiques rythmés en français, et abandonne le show business en 1968.

LÉON XANROF

[Léon Fourneau] Paris, 1867-1953. Auteur-compositeur. Tire son nom de l'anagramme du mot latin *fornax* (fourneau). Avocat au début de sa carrière, il abandonne très vite ce métier pour la chanson. Épouse en 1894 la cantatrice Marguerite Carère. Son œuvre la plus connue reste *le Fiacre,* immortalisé par Yvette Guilbert, dont il écrivit une part importante du répertoire *(Très bien, l'Hôtel du n° 3).* Mais Xanrof toucha un peu à tous les genres : chansonnier dans *la Chambre et le Parlement* qu'il interprétait au Chat Noir et dans laquelle il moquait la pseudo-opposition entre ces deux institutions ; l'opérette dont certains livrets, celui de *Rêve de valse* entre autres, lui rapporteront d'énormes droits d'auteurs. Mais la principale tendance de son œuvre demeure l'humour comme en témoigne le titre *(Chansons à rire)* d'un des recueils qu'il publia.

Y'A D'LA JOIE

Chanson, par. et mus. Charles Trenet (1936). C'est l'époque où, service militaire oblige, Charles (Trenet) quitte Johnny (Hess). Et, l'armée favorisant sans doute la création, il y écrit *Je chante* et *Y'a d'la joie.* Maurice Chevalier, alors en pleine gloire, interprète et enregistre l'œuvre du débutant, ce qui facilite sans doute le départ du jeune Narbonnais (mais il est vrai qu'il n'avait pas besoin de parrain). C'est une des chansons les plus caractéristiques de cette période qui vaudra à Trenet le surnom de « fou chantant » : tempo endiablé, évasion vers une poésie de la vie quotidienne (le réveil de la ville, le facteur, le boulanger) et, bien sûr, joie éclatante. La jeunesse s'amuse, s'étourdit, s'enchante. En attendant Munich. Et le reste... On comparera avec intérêt l'interprétation de Chevalier et celle de Trenet : deux styles différents appliqués à une même œuvre semblent en faire deux objets différents.

MAURICE YVAIN

Paris, 1891-Suresnes, 1965. Compositeur. Études au Conservatoire de Paris. Introduit au cabaret des Quat'z-arts par Gabriel Montoya, il y apprend le métier d'accompagnateur. Après la guerre, il devient un des collaborateurs de Jacques-Charles au Casino de Paris. Entre 1920 et 1925, il ne composera pas moins de 20 opérettes, *Ta bouche* (— Y. Mirande, A. Willemetz), *Pas sur la bouche* (— A. Barde), *Là-haut* (— Y. Mirande, R. Quinson), etc. Ses chansons, écrites principalement en collaboration avec Albert Willemetz, en font un compositeur de réputation internationale : *Cach' ton piano* (1920), *Mon homme* (1920), *J'en ai marre* (1921), créées par Mistinguett, *Avec le sourire* chantée par Maurice Chevalier, *Oouin* par Dorville, *Pouet-Pouet*, un succès de Georges Milton (1929). Mélodiste de grand talent, il a su intégrer avec élégance l'apport du jazz. Compositeur de musique de films et de ballets, Maurice Yvain a publié un recueil de souvenirs, *Ma belle opérette* (1962). « Il était réellement tout ce que je rêvais de devenir un jour » (G. Van Parys).

RIKA ZARAÏ

[Rika Gussmann] Jérusalem, 1939. Compositeur-interprète. Quitte son pays à 22 ans pour les bords de la Seine, où elle est d'abord l'ambassadrice du folklore israélien *(Hava Naguila,* 1960), avant de se convertir dans le genre illustré, depuis Rina Ketty, par des dizaines de chanteuses à accent venues des bords de la Méditerranée *(Alors je chante,* adaptation de *Vivo Cantando ; Casatschok,* T. Perdone-B. Rubaschkin, 1969). Mais, à l'instar de Petula Clark, elle jouera sur une autre corde : la gentille étrangère conquise par notre beau pays *(Balapapa,* C. Desage-J. Kluger ; *Tante Agathe,* F. Gérald-J. Kluger, 1970 ; *les Jolies Cartes postales,* P. Delanoë-Y. Belluardo, 1971) et adoptée par ses nouveaux concitoyens, reconnaissants. Calcul qui s'est révélé juste, puisque Rika Zaraï a déjà vendu quelque 14 millions de disques.

LE ZIZI

Chanson, par. et mus. Pierre Perret (1975). Un trait de génie, que d'avoir osé parler de ce qui était tu parce que caché ! Mais il fallait pour cela savoir attendre son heure — en particulier, l'entrée de l'information sexuelle à l'école — et réunir dans un même mouvement la charge, qui fait rire et désamorce le propos, et l'humour exercé sur soi-même, qui est aussi une déclaration de non-agression à l'égard de l'autre sexe. Car derrière l'amour gourmand de Pierre Perret envers les mots, il faut apprécier, comme un signe des temps, l'égalisation des valeurs, l'absence de norme établie, de classement entre l'appendice « du mécanicien en détre-esse » et celui du monsieur « aux mœurs incertai-aines ». Ce n'est d'ailleurs pas la moindre réussite de l'auteur que d'y être parvenu en utilisant la forme même de la chanson dite gauloise. Le succès énorme du *Zizi* (1,3 million de disques vendus), repris dans toutes les cours de récréation, lui aura permis de jouer le rôle d'une vaste catharsis à l'échelle d'une nation entière.

Bibliographie

Académie du cirque et du disque, *Histoire du music-hall*, Paris, Éd. de Paris, 1954.

Adelmann Anouk, *Chansons à vendre*, Paris, Cujas, 1967.

Andrieu Pierre, *Souvenirs des frères Isola* (recueillis par P. A.), Paris, Flammarion, 1943.

Aznavour Charles, *Aznavour par Aznavour*, Paris, Fayard, 1970.

Baker Joséphine et Bouillon Jo, *Joséphine*, Paris, Laffont, 1976.

Barbier Pierre et Vernillat France, *Histoire de France par les chansons*, Paris, Gallimard, 1957-1961, t. 4 et 8.

Barlatier Pierre, *Regards neufs sur la chanson*, Paris, Éd. du Seuil, 1954.

Bazal Jean, *Marseille sur scène*, Grenoble, Éd. des 4 Seigneurs, 1978.

Beauvais Robert, *Guy Béart*, Paris, Pierre Seghers, 1965.

Bérimont Luc, *Félix Leclerc*, Paris, Pierre Seghers, 1964.

Berteaut Simone, *Piaf*, Paris, Laffont, 1969.

Bost Pierre, *Le Cirque et le Music-hall*, Paris, Au sans pareil, 1931.

Brécy Robert, *Florilège de la chanson révolutionnaire*, Paris, Hier et Demain, 1978.

Brochon Pierre, *La Chanson sociale de Béranger à Brassens*, Paris, Éd. ouvrières, 1961.

Buffet Eugénie, *Ma vie, mes amours, mes aventures*, Paris, Eugène Figuière, 1930.

Buxeuil René de, *Un demi-siècle en chantant*, Paris, R. de Buxeuil, 1955, t. 1.

Calvet Louis-Jean, *Chanson et société*, Paris, Payot, 1981.

Calvet Louis-Jean et Klein Jean-Claude, *Faut-il brûler Sardou ?*, Paris, Savelli, 1978.

Canetti Jacques, *On cherche jeune homme aimant la musique*, Paris, Calmann-Lévy, 1978.

Capri Agnès, *Sept épées de mélancolie*, Paris, Julliard, 1975.

Caradec François et Weill Alain, *Le Café-concert*, Paris, Atelier Hachette/Massin, 1980.

Charpentreau Jacques, *Veillées en chansons,* Paris, Éd. ouvrières, 1960.

—, *Panorama de la chanson contemporaine,* Paris, Éd. ouvrières, 1961.

—, *Nouvelles veillées en chansons,* Paris, Éd. ouvrières, 1970.

Charpentreau Jacques et Vernillat France, *Dictionnaire de la chanson française,* Paris, Larousse, 1968.

Chevalier Maurice, *Ma route et mes chansons,* Paris, Julliard, 1946 *sq.*

Clouzet Jean, *Jacques Brel,* Paris, Pierre Seghers, 1965.

Constantine Eddie, *Cet homme n'est pas dangereux,* Paris, Presses de la Cité, 1955.

Coulonges Georges, *La Chanson en son temps : de Béranger au juke-box,* Paris, EFR, 1969.

—, *La Commune en chantant,* Paris, EFR, 1970.

Damase Jacques, *Les Folies du music-hall,* Paris, Spectacles, 1960.

Delanoë Pierre, *La Vie en chantant,* Paris, Julliard, 1980.

Delaroche Robert et Bellair François, *Marie Dubas,* Paris, Candeau, 1980.

Dillaz Serge, *La Chanson française de contestation,* Paris, Pierre Seghers, 1973.

Dommanget Maurice, *Eugène Pottier, membre de la Commune et chantre de l'Internationale,* Paris, EDI, 1971.

Dudan Pierre, *Trous de mémoire,* Paris, France-Empire, 1977.

Dumont Charles, *Non, je ne regrette rien,* Paris, Guy Authier, 1977.

Duverney Anne-Marie et d'Horrer Olivier, *Mémoire de la chanson française,* Neuilly, Musique et promotion, 1979.

—, *En portées, 73 chansons de femmes,* Paris, Syros, 1979.

Erisman Guy, *Histoire de la chanson,* Paris, Pierre Waleffe, 1967.

Estienne Charles, *Léo Ferré,* Paris, Pierre Seghers, 1964.

Ferré Léo, *Poètes, vos papiers,* Paris, La Table ronde, 1956.

Feschotte Jacques, *Histoire du music-hall,* Paris, PUF, 1965.

Fréjaville Gustave, *Au music-hall,* Paris, Éd. du Monde nouveau, 1923.

Fursy, *Mon petit bonhomme de chemin,* Paris, Louis Querelle, 1928.

Gauthier André, *Les Chansons de notre histoire,* Paris, Pierre Waleffe, 1967.

George-Michel Michel, *Un demi-siècle de gloires théâtrales,* Paris, Albin Michel, 1968.

Guilbert Yvette, *Autres temps, autres chants,* Paris, Laffont, 1940 (?).

Guller Angèle, *Le 9e Art,* Bruxelles, Vokaer, 1978.

Guth Paul, *Lettre ouverte aux idoles,* Paris, Albin Michel, 1968.

Halimi André, *On connaît la chanson,* Paris, La Table ronde, 1959.

Hamon André-Georges, *Chanteurs de toutes les Bretagnes,* Paris, Jean Picollec, 1981.

Hardel Alain, *Strass,* Paris, Simoën, 1977.

Herbert Michel, *La Chanson à Montmartre,* Paris, La Table ronde, 1967.

Imbert Charles, *Histoire de la chanson et de l'opérette,* Lausanne, Rencontre, 1967.

Jacques-Charles, *La Revue de ma vie,* Paris, Fayard, 1958.

—, *Cent ans de music-hall,* Paris-Genève, Jeheber, 1956.

—, *Le Caf'conc',* Paris, Flammarion, 1966.

Jando Dominique, *Histoire mondiale du music-hall,* Paris, Jean-Pierre Delarge, 1979.

Jouffa François, *Idoles story,* Neuilly, Alain Mathieu, 1978.

Léon-Martin Louis, *Le Music-hall et ses figures,* Paris, Éd. de France, 1928.

Lipsik Franck, *Dictionnaire des variétés,* Paris, Mengès, 1977.

Maillard Philippe, *Mes copains les idoles,* Paris, Solar, 1964.

Mayol Félix, *Mémoires,* Paris, Louis Querelle, 1929.

Millandy Georges, *Lorsque tout est fini,* Paris, Albert Messein, 1933.

—, *Au service de la chanson : « Souvenirs d'un chansonnier aphone »,* Paris, Éd. littéraires de France, 1939.

Millière Guy, *Québec, chant des possibles,* Paris, Albin Michel, 1978.

Mistinguett, *Toute ma vie,* Paris, Julliard, 1954, t. 1 et 2.

Montand Yves, *Du soleil plein la tête,* Paris, EFR, 1955.

Noakes David, *Boris Vian,* Paris, Éd. universitaires, 1964.

Noblet Jocelyn de et autres, *Spécial pop,* Paris, Albin Michel, 1967.

Pérez Michel, *Charles Trenet,* Paris, Pierre Seghers, 1964.

Piaf Édith, *Ma vie,* Paris, UGE, 1964.

Polaire, *Polaire par elle-même,* Paris, Eugène Figuière, 1933.

Porcile François, *Maurice Jaubert, musicien populaire ou maudit ?,* Paris, EFR, 1971.

Tristan Rémy, *Le Temps des cerises, Jean-Baptiste Clément,* Paris, EFR, 1968.

Renaud Line, *Bonsoir mes souvenirs,* Paris, Flammarion, 1963.

Rioux Lucien, *Vingt ans de chansons,* Paris, Arthaud, 1966.

Rivollet André, *Maurice Chevalier, de Ménilmontant au Casino de Paris,* Paris, Grasset, 1927.

Romi, *Gros succès et petits fours,* Paris, Serg, 1967.

Roy Bruno, *Panorama de la chanson au Québec*, Ottawa, Léméac, 1977.

Sablon Jean, *De France ou bien d'ailleurs*, Paris, Laffont, 1979.

Saka Pierre, *La Chanson française*, Paris, Nathan, 1980.

Salles Jacques, *« L'Empire », un temple du spectacle*, Paris, SFP, 1980.

Salgues Yves, *Charles Aznavour*, Paris, Pierre Seghers, 1964.

Schmidt Félix, *Das Chanson*, Ahrensburg-Paris, Damokles Verlag, 1968.

Sevran Pascal, *Le Music-hall français*, Paris, Olivier Orban, 1978.

Sprengers Robert, *Ton frère le poète*, Louvain, (sans nom d'éd.), 1968.

Tabet Georges, *Vivre deux fois*, Paris, Laffont, 1980.

Tersen Émile, *L'Internationale*, Paris, Éd. sociales, 1962.

Tranchant Jean, *La Grande Roue*, Paris, La Table ronde, 1969.

Van Parys Georges, *Les jours comme ils viennent*, Paris, Plon, 1969.

Vassal Jacques, *Français, si vous chantiez*, Paris, Albin Michel, 1976.

Vian Boris, *Textes et chansons*, Paris, Julliard, 1966.

—, *En avant la zizique*, Paris, La Jeune Parque, Paris, 1966.

Victor Christian et Regoli Julien, *Vingt ans de rock français*, Paris, Albin Michel, 1978.

Villard-Gilles Jean, *Mon demi-siècle et demi*, Lausanne, Rencontre, 1970.

Yvain Maurice, *Ma belle opérette*, Paris, La Table ronde, 1962.

A cette liste, il convient d'ajouter les autres titres parus dans la collection « Poésie et chansons » chez Seghers, ainsi que les périodiques *Chanson, Paroles et musique, Artistes et variétés, Rock et folk* et *les Nouvelles littéraires*.

Index des œuvres citées

En italique: disques, ouvrages, revues, spectacles, films...

A Amsterdam, 20.
A Besançon, 52.
A bouche que veux-tu, 222.
A Brassens, 69.
Absent (l'), 45.
Abus de confiance (l'), 188.
Acadiens (les), 172.
A Carcassonne, 189.
A cause du gosse, 303.
Accordéon, 170.
Accordéoniste (l'), 148, 307.
Accroche à tes doigts, 351.
Actes II, 258.
Actualités, **10**, 187, 384.
Addition (l'), 114.
Adèle, 283.
Adieu Hawaï, 335.
Adieu Lisbonne, 58.
Adieu minette, 326.
Adieu Venise provençale, 16.
Adios Amigos, 347.
Adios amor, 83, 310, 349.
Adios Anita, 341.
A dit Lily Marlène, 114.
Adolescence (l'), 359.
Affiche rouge (l'), **12,** 24.
Africa, 121.
Africains (les), 59.
Agressivement nôtre, 357.
Ah les femmes, 107.
Ah pourquoi Mademoiselle, 367.
Ah ! que la France est belle, 59.
Ah qu'il est beau mon village, 16.
Ah si vous connaissiez ma poule, 60, 390.
Aigle noir (l'), 37.
Ailes d'un ange (les), 88.
Aime mon cœur, 166.
Aimer comme je t'aime, 185.
Ainsi Prague, 257.
Air de la bêtise (l'), 71.
Air que tu jouais pour moi (l'), 222.
Ah ! si vous vouliez d'l'amour, 346.
Alabama Song, 70.
A la cabane bambou, 253, 260.
A la fin je pleure, 102.
A la Martinique, 92, 260.
A la porte du garage, 369.
A la Saint-Médard, 381.
A la Villette, 73.
Albert, 22.
Album de famille (l'), 285.
Alertez les bébés, 202.
Alexandre, 161.
Alexandrie, 282.
Alexandrie Alexandra, 169.
Algérie (l'), **15,** 134.
Aline, 97.
Allez Bijou, 355.
Allo maman bobo, 353.
Allô mon cœur, 99, 228.
Allo ! my Dearie, 130.
Allons z'enfants, 281, 384.
Allumettes (les), 120.
A London, 111.
Alors je chante, 394.
Alors raconte, 45, 72.
Alsace-Lorraine, **17,** 19, 127, 247.
Alternative (l'), 48.
Always, 34.
A Malypense, 150.
Amant d'Amanda (l'), 238.
Amants d'un jour (les), **18,** 272, 295, 308.
Amants tristes (les), 160.
Amazonie, 51.
Ambassade du Chili, 52.
Ame à la tendresse (l'), 216.

Ame au diable (l'), 178.
Ame des poètes (l'), 169, 369.
Ame des roses (l'), 323.
Ame des violons (l'), 77.
America I love you, 350.
Amérique (l'), 121, 183.
Amis, 231.
Amis de Georges (les), 69.
Amitié (l'), 199, 331.
A mon âge et à l'heure qu'il est, 102.
A mon dernier repas, 70.
A Montparnasse, 73.
Amour anarchie, 159.
Amour avec toi (l'), 313.
Amour boiteux (l'), 13.
Amour est bleu (l'), 111, 314.
Amour est un bouquet de violettes (l'), 240, 252.
Amour et la Guerre (l'), 132.
Amoureuse, 120.
Amoureuse, 342.
Amoureux de ma femme, 23.
Amour masqué (l'), 317.
Amour 1830 (l'), 353.
Amours de trottin, 60.
Amours, les Travaux (les), 387.
Amsterdam, **20.**
Anachroniques, 149.
Anarchistes (les), 159.
Anatomie du conscrit (l'), 312.
Ancêtres (les), 134.
Ange Gabriel (l'), 173.
Angélus de la mer (l'), 87, 188.
Anglais obstiné (l'), 123, 203.
Animal on est mal, 249.
Anna la bonne, 103, 292.
Année où Piccoli... (l'), 57.
Antoine, 167.
Antonio, 21.
A Paris, **24,** 235.
A Paris dans chaque faubourg, 210.
Apesanteur, 214.
Appel aux nations (l'), 60.
Appelez ça comme vous voulez, 376.
Après l'amour, 32.
A quoi ça sert l'amour ?, 308.
Aragon et Castille, 226.
Aranjuez mon amour, 23, 59.
Archers du roy (les), **25,** 182.
Argent ne fait pas le bonheur (l'), 183.
Argent trop cher, 360.
Armand, 379.
Arthur, où t'as mis le corps ?, **27,** 53, 324, 384.
Article 214 (l'), 65.
A Saint-Nazaire, 247.
Attaque à mots armés, 379.
Attendez que ma joie revienne, 37.
Attends-moi mon amour, 351.
Attention à ce type-là, 353.
Aubade à Lydie, 226.
Au bar du Styx, 244.
Auberge (l'), 165.
Auberge toi et moi, 257.
Au bois de mon cœur, 68, 69, 108.
Au bord de la mer, 166.
Au-delà du délire, 21.
Au-devant de la vie, **27.**
Au doux milieu de vous, 387.
Aujourd'hui, 266.
Au jour le jour, 163.
Au pays des merveilles de Juliet, 351.
Au pays de ton corps, 231.
Au pays du soleil, 16.
Au point du jour, 158.
Au revoir, 170.
Au revoir Paris, 65.
Aurons-nous point la paix ?, 247.
Autobiographie, 32.
Autoportrait, 281.
Au tord-boyaux, 182.
Autour du Chat Noir, 91.
Auvergnat (l'), 42, 68.
Aux armes et cætera, 175.
Aux Champs-Élysées, 121.
Aux Tuileries, 312.
Avalanche (l'), 76.
Avec, 344.
Avec Bidasse, **29,** 33, 65.
Avec Fanon, 154.
Avec le sourire, 93, 210, 392.
Avec les pompiers, 12.
Avec le temps, 115, 160.
Avec son tralala, 125, 240.
Avec son ukulele, 178.
Ave Maria, 336, 366.
Avventura (L'), 330.

Baby Capone, 124.
Bagad de Lann Bihoué (le), 353.
Bague à Jules (la), 330, 351.
Bahia, 282.
Bain de minuit (le), 385.
Baise m'encor, 247.
Baisse un peu l'abat-jour, 64, 86.
Baladins (les), 53.
Balapapa, 394.
Bal aux Baléares (le), 327.

Bal chez Temporel, **35,** 41, 299.
Bal dans ma rue, 148.
Bal des Laze (le), 126, 313.
Ballade à Sylvie, 150.
Ballade de Davy Crockett (la), 109.
Ballade de Mac Donald (la), 82.
Ballade de Mimile le mal-aimé, 150.
Ballade des baladins (la), 18, **35,** 44.
Ballade des dames du temps jadis (la), 68.
Ballade des gens heureux (la), **35,** 126, 237.
Ballade en novembre (la), 376.
Ballade irlandaise (la), 119, 254.
Ballade pour un traître, 232, 325.
Ballades françaises, 166.
Ballons rouges (les), 223.
Bal petit bal, 235.
Bals populaires (les), 328, 343.
Bambino, **36,** 115, 193, 227.
Bande à Bonnot (la), 121, 330.
Bande à Riquiqui (la), 101.
Bang-bang, 10.
Banlieue boogie blues, 202.
Ba-ra-tin, 203.
Barbara, 220, 273.
Barbares (les), 229.
Barbier de Belleville (le), 134, 236, 325.
Barcarolle auvergnate, 20.
Barnabé, 156, 206.
Barque d'Yves (la), 367.
Bateau blanc (le), 45.
Bateau de pluie (le), 333.
Bats-toi, 229.
BBH 75, 201.
Beatles de 40 (les), 281.
Bébé éléphant, 22.
Bébé-requin, 175, 330.
Bébert, 21.
Be bop a lula, 92.
Bécassine, 189.
Bel Age (le), 38.
Bella Musica, 166.
Bella Ragazzina, 336, 346.
Belle Arabelle (la), 171, 221.
Belle de Cadix (la), 240, 252, 376.
Belle France (la), 184.
Belle Gigue (la), 53.
Belle Histoire (la), 172.
Belles, belles, belles, 168.
Belote (la), **47,** 390.
Berceuse bleue, 276.
Berlu, 386.
Besame mucho, 54.
Besoin de personne, 342.
Biches (les), 70, 71.
Bicyclette (la), 39.
Bidon, 353.
Bigotes (les), 70.
Bijoux (les), 47.
Bilbao Song, 70.
Billard électrique (le), 315.
Billy le Bordelais, 121.
Bim bom bey, 375, 381.
Biographie, 316.
Bistrot (le), 69.
Bistrot du port (le), 179.
Blanat, 161.
Blanche Hermine (la), 348.
Bleu blanc blond, 20, **55,** 138.
Bleu de l'été (le), 390.
Blues de Piaf (le), 329.
Blues d'la métropole (le), 43.
Blues du dentiste (le), 384.
Blues parlé du syndicat, 48.
Bœufs (les), 87.
Bohème (la), 32.
Boiteuse (la), 168, 178, 235.
Boldochévique (la), 159.
Boléro, 108, 141, 169, 246.
Bombe à Neu-Neu (la), 42, 190.
Bonheur (le), 165.
Bonheur n'est plus qu'un rêve (le), 179, 314.
Bonne Franquette (la), 295.
Bon Roi Dagobert (le), 298.
Bonsoir, madame la Lune, 253.
Bonsoir m'amour, 86.
Boudeuse (la), 336.
Boul'vard Sébasto, 55.
Boum (la), 326.
Bourgeois (les), 70.
Bouteille (la), 155.
Boutons dorés (les), 121, 124, 385.
Bozo, 230.
Bozo-les-culottes, 217, 238.
Brasil 72, 229.
Bravo pour le clown, 108, 240, 308.
Brésilien, 287.
Brigitte Bardot, 38.
Bûcherons (les), 166.
Buenas Noches mi amor, 166, 185.
Bulletin de santé (le), 69.
Bura-bura, 246.
Butterfly, 183.
Butte rouge (la), **76,** 274.
Bye bye prêcheur, 52, 269.

Caca chouttera, 167.
Ça c'est d'l'amour, 331.
Ça c'est d'la musique, 326.
Ça, c'est Paris, 66, **78,** 163, 177, 210, 268, 294.
Cach' ton piano, 135, 137, 392.
Cactus (les), 142.
Cadeau, 222.
Ça fait d'excellents Français, 65, 94, 376.
Café au lait au lit, **78,** 139.
Cage aux oiseaux (la), 302.
Cages à tigre (les), 246.
Ça gueule ça, Madame, 309.
Caissière du Grand Café (la), 65, 156, 312.
Calcul intégral (le), 153.
Ça marche, 128.
Canaille (la), 60.
Ça n'a pas d'importance, 276.
Cancre (le), 150.
Cane au Canada (la), 155.
Cane de Jeanne (la), 67.
Cano... canoë, 262.
Canuts (les), 74, **80,** 220.
Ça n'vaut pas l'amour, 234.
Capri c'est fini, 387.
Carabiniers de Castille, 58.
Caravanier (le), 102, 333.
Caricatures, 21.
Carillon des Flandres, 250.
Carmagnole (la), 207.
Carrosse (le), 108, 265.
Cartier, 88.
Casablanca, 373.
Casatschok, 394.
Ça sent si bon la France, 94, 227, 240.
Caserio Santo ou le crime de Lyon, 234.
Ça sert à quoi, 231.
Ça s'est passé un dimanche, 65.
Cathédrales (les), 357.
Cathy, 39.
Ça tourne pas rond dans ma p'tite tête, 54, 228.
Ça va ça va ça boume, 170.
Ça va, ça vient, 39.
Ça va faire plaisir au colon, 112.
Cavalerie (la), 102, 333.
Ça vaut mieux que d'attraper la scarlatine, 203, 266, 381.
Caviar pour les autres, 202.
Cazou (le), 110.
Cécile, ma fille, 121, 286.
Célébrité (la), la publicité, 277.
Celui que j'aime, 281.
Celui qui marche devant, 249.
Ce matin un homme, 237.
Cendrillon, 189.
Ce n'est qu'une chanson, 79.
Ce n'est rien, 102.
Censure (la), 48.
Cent mille chansons, 57.
Cerises de Jeannette (les), 101.
Cerisiers roses et pommiers blancs, 100, 227, 240.
Ce soir-là, 125.
C'est à l'aube, 273, 306.
C'est dans l'nez qu'ça m'chatouille, 364.
C'est de l'eau, c'est du vent, 134, 169.
C'est dur d'avoir 16 ans, 366.
C'est extra, 160, 213.
C'est jeune et ça n'sait pas, 167, 340.
C'est la vie qui va, 368.
C'est le printemps, 169.
C'est l'histoire de Jésus, 27.
C'est ma chanson, 99.
C'est ma payse, 50.
C'est ma vie, 113.
C'est parc' que j'suis né à Panam', 193.
C'est pas sérieux, 331.
C'est pour mon papa, 264.
C'est si bon, 53, **85,** 203.
C'est ta poire, 215.
C'est toi que j'aime, 349.
C'est ton nom, 135.
C'est toujours comme ça la première fois, 223.
C'est un chicandier, 183.
C'est une joie qui monte, 309.
C'est un jardinier qui boite, 265.
C'est un mauvais garçon, 178, 376.
C'est un petit béguin, 97, 234
C'est vrai, 268.
C'était hier, 72.
C'était moi, 385.
C'était mon copain, 18, 45.
C'était plus beau hier, 42.
Cet enfant que je t'avais fait, 164, 201.
Cette nuit est à nous, 170.
Ceux qui en vivent, ceux qui en meurent, 244.
Cha-cha-cha du cœur, 306.
Chacun son rêve, 64.
Chaîne (la), 116, 117.
Chaland qui passe (le), 179, 241.
Chambre et le Parlement (la), 391.
Champagne pour tout le monde, 202.

Champ de naviots (le), 112.
Chandernagor, 41.
Changer tout, 214.
Chanson d'Aglaé (la), 12.
Chanson d'automne, 241, 383.
Chanson de Craonne (la), **86.**
Chanson de la grève (la), 215.
Chanson de Lara (la), 215.
Chanson de l'été (la), 28.
Chanson de Lorette (la), 86.
Chanson de Margaret (la), 245.
Chanson de Prévert (la), 161, 228.
Chanson des blés d'or (la), **87,** 261.
Chanson des heures (la), 318.
Chanson des rues (la), 381.
Chanson de Tessa (la), **86,** 210, 222.
Chanson du cabanon, 14.
Chanson du linceul, 81.
Chanson du maçon (la), 53, 94, 375.
Chanson d'une drôle de vie, 342.
Chanson d'un gâs qui a mal tourné (la), 112.
Chansonnette (la), 138, 306.
Chanson populaire, 169.
Chansons pour de vrai, 348.
Chanson pour Elvis, 140.
Chanson pour la fin du monde, 240.
Chanson pour l'Auvergnat, **87.**
Chanson pour le maçon, 287.
Chanson pour Marylin, 287.
Chanson pour Mouffe, 89.
Chanson pour Nina, 336.
Chanson pour Pierrot, 326.
Chanson sans calcium (la), 172.
Chansons aux nuages, 54.
Chansons de Clarisse, 277.
Chansons de la Commune, 111.
Chansons de la mer, 61.
Chansons d'hier et d'aujourd'hui, 138.
Chansons et complaintes de soldats, 332.
Chansons pour, 358.
Chansons sans-gêne, 194.
Chansons sensuelles, 133.
Chanson tendre, 380.
Chant de la Libération (le), 88.
Chant de Mallory (le), 111, 314.
Chant des jeunes gardes (le), 274.
Chant des nouveaux partisans, 191.
Chant des partisans (le), **88,** 337.
Chant des partisans russes (le), 57.
Chant des paysans (le), 101.
Chante... comme si tu devais mourir demain, 172.
Chante une femme, 26.
Chante le vent, 369.
Chanteur de Mexico (le), 252.
Chanteuse a vingt ans (la), 134.
Chantres des paroisses (les), 48.
Chants du soldat (les), 129.
Chants révolutionnaires, 207.
Chapeau à plumes (le), 155.
Chapeau bas, 37.
Chapel in the Moonlight, 377.
Chariot, 99.
Charlotte, 379.
Charlotte prie Notre-Dame (la), 139.
Charme d'amour, 126.
Charme slave (le), 21.
Charognards (les), 326.
Chasse aux papillons (la), 188.
Chatter Lady, 329.
Chef de gare est amoureux (le), 159.
Chemin du paradis (le), 65.
Cherche la rose, 336.
Chesterfollies, 9.
Cheval dans la baignoire (le), 187.
Chevalier de Paris (le), 306.
Cheveux dans le vent, 109.
Chez Laurette, 128.
Chez moi, 134.
Chien (le), 160.
Chiens perdus sans collier, 267.
Chiffon rouge (le), 267.
Chinois (le), 134.
Choisis ton opium, 246.
Chouette (la), 181.
Chronique du Nord, 247.
Ciao ciao bambina, 115, 193.
Ciel est par-dessus le toit (le), 116.
Ciel, le Soleil et la Mer (le), 125.
Cigale et la Coccinelle (la), 187.
Cigarettes, whisky et p'tites pépées, 107, 109.
Cinéma (le), **97.**
Cireur de souliers de Broadway (le), 113.
Claire, 52.
Clairon (le), 19, **98,** 129, 275.
Clocher de mon cœur (le), 200.
Cloches de Nantes (les), 181.
Cloches des Pyrénées (les), 120.
Clopin-clopant, 109, 139, 341.
Clo Story, 351.
Clowns (les), 151.

Cocardiers (les), 300.
Coco, 238.
Cœur d'apache, 371.
Cœur de lilas, 171.
Cœurs purs (les), 85.
Colimaçons (les), 99.
Colline aux oiseaux (la), 336.
Colombine, 383.
Comédiens (les), 310.
Comme à la ducasse, 119.
Comme à la radio, 164.
Comme à Ostende, 85, 159.
Comme au théâtre, 380.
Comme d'habitude, 169, 328.
Comme elle est longue à mourir ma jeunesse, 138, 233.
Comme hier, 166.
Comme ils disent, 32.
Comme la lune, 121, 330.
Comme le dit ma concierge, 281.
Comment je m'appelle, 357.
Comment te dire adieu, 199.
Comme tout le monde, 381.
Comme un arbre, 232.
Comme une chanson de Bruant, 281.
Comme une enfant, 117.
Comme un garçon, 124, 378.
Comme un p'tit coquelicot, 27, **104,** 280.
Commune en chantant (la), 261.
Complainte de la Butte (la), 299, 376, 380.
Complainte de la Manic, 134.
Complainte de Mackie (la), **105,** 292.
Complainte des contribuables, 384.
Complainte des gueux, 322.
Complainte des infidèles (la), 119, 281, 376.
Complainte du petit soldat (la), 336.
Complainte du phoque en Alaska (la), 43, 230.
Complainte froide (la), 114.
Comte Obligado (le), 264.
Conception, 88.
Concerto d'Italie, 295.
Conditionnel de variété, 159.
Confiture (la), 172.
Content d'être soldat, 388.
Copains-clopant, 127.
Copains d'abord (les), 68, 69, 87, **108.**
Copains de mai (les), 332.
Cornichons (les), 161.
Coucher d'Yvette (le), 133.
Couchés dans le foin, **110,** 265, 286, 290, 309.
Coucou roucoucou, 278.
Couleurs, 244.
Cousine, **112,** 260.
Craie dans l'encrier (la), 226.
Cravatte lavallière (la), 187.
Crayons (les), 64.
Credo du paysan (le), 188.
Cri du cœur, 113.
Crise ministérielle (la), 215.
Croix (les), 18, 44, 45.
Croix du chemin (la), 188.
Croqueuse de diamants (la), 210.
Croyez-vous ma chère !, 314.
Cuando calienta el sol, 227.
Cuba si, 189.
Cuirassiers de Reichshoffen (les), 17, 50, 60.
Cuisine (la), 138.

Dactylo-rock, 92.
Da dou ron ron, 10.
Daltons (les), 121, 330.
Dame brune (la), 261, 282.
Dame de Monte-Carlo (la), 103, 292.
Dame de pique (la), 133.
Dames patronnesses (les), 70, 321.
Daniela, 92, **117,** 178.
Danse à Saint-Dilon (la), 387.
Danse avec moi, 54.
Danse sur un volcan, 104.
Danseur de charleston (le), 100, **118.**
Dansez sur moi, 287.
Dans la rue, 73, 334.
Dans la rue, 75.
Dans la vie faut pas s'en faire, 93, 390.
Dans le cœur de ma blonde, 20.
Dans les jardins de l'Alhambra, 47.
Dans les plaines du Far West, 273, 375.
Dans ma peau, 82.
Dans ma péniche, 119.
Dans mon aéroplane, 96.
Dans mon cœur, 120.
Dans ton lit, 59.
Dans un coin de mon pays, 309.
Dans un taxi, 274.
Darla dirladada, 115.
D'aventure en aventure, 224.
D'avertissement, 347.

Débit de l'eau, débit de lait, 54, 369.
Déboussolée (la), 329.
Debout devant ma glace, 331.
Debout les gars, 29.
Déclaration d'amour (la), 50, 177.
Dédé, 93, 96.
De la Huchette au Luxembourg, 234.
Demain tu te maries, 83.
Déménagements, 379.
Der des der (la), 171.
Dernière Bergère (la), 351.
Dernière Gavotte (la), 233.
Dernière Valse, 131.
Dernier Tango (le), 181.
Derrière chez moi, 90.
Derrière le régiment, 178.
Derrière l'omnibus, 215.
Desemplumat, 382.
Déserteur (le), **129**, 280, 324, 383.
Des filles, il en pleut, 371.
Déshabillez-moi, 192, 289.
Des jonquilles aux derniers lilas, 29, 330.
Des ronds dans l'eau, 39, 199, 223.
Deux chats et une souris, 371.
Deux enfants au soleil, 157.
Deux minutes trente-cinq de bonheur, 330, 378.
Deux Oncles (les), 68.
Diana, 118.
Dieu me damne, 186.
Die Weber, 81.
Digue diguedon (la), 355.
Dis-moi que tu m'aimes d'amour, 141.
Dis papa, 193.
Dis, quand reviendras-tu ?, 37, 283.
Disque usé (le), 148.
Dis rien, 125.
Dites-moi, 214.
Dites-moi Joséphine, 34.
Divorcés (les), 128, 330.
Djins des s'coté ci (les), 42.
Docteur Grégoire (le), 283.
Doigts (les), 174.
Dollar, 184.
Dolorès, 185.
Dolorosa, 47.
Dominique, 143.
Domino, 100.
Don Juan (les), 286.
Donne tes seize ans, 32, 178.
Donnez-moi la main, 94.
Dors mon amour, 126, 185.
Douce France, 184.
Douce maison, 357.
D'où viens-tu Billy Boy ?, 183.
D'où viens-tu Johnny ?, 52.
Doux Caboulot (le), 82, 138.
Down by the riverside, 10.
Downtown, 99.
Drogue m'a mis la main d'ssus, j'suis foutu (la), 214.
Du blues, du blues, du blues, 214.
Du gris, 47.
Du haut du Sacré-Cœur, 179.
Du moment qu'on s'aime, 58.
D'une prison, 117.
Du soleil plein la tête, 113, 203.

Eau à la bouche (l'), 199.
Eau vive (l'), 41, **144**, 210.
Écharpe (l'), 14, **144**, 154.
École est finie (l'), 83, **145**, 349.
Écoute dans le vent, 23.
Écoute la musique, 51.
Écoute-moi, 217.
Écoutez les mandolines, 336.
Eddy sois bon, 92.
Éducation sentimentale, 231.
Églantines sont peut-être formidables (les), 165.
Eh ! youp ! ça ira très bien, 274.
El Cordobès, 331.
Éléonore, 357.
El gabilan, 29.
Elle, 141.
Elle dit, 98.
Elle est à vous, 264.
Elle est de Cuba, 181.
Elle est de Marseille, 168.
Elle est épatante cette petite femme-là, 350.
Elle était si jolie, 39, **147**.
Elle était souriante, 275.
Elle n'est pas morte, 316.
Elle prend l'boulevard Magenta, 260.
Elle s'était fait couper les ch'veux, 137.
Elle vendait des petits gâteaux, 260, 346.
El polo, 222.
El Relicario, 294.
Élucubrations (les), 23, **148**.
Embrasse-moi, 128, 293.
Embrassez-moi, 65.
Émile Jacotey, 21.
Émilie Jolie, 90.
Encan (l'), 231.

Encore cinquante centimes, 97.
Encore l'Affaire, 173.
En cueillant la noisette, 12.
En direct du Rock' n'roll circus, 257.
En douce, 267.
En douce, 84, 210, 390.
Enfant à l'étoile (l'), 18, 44.
Enfant au tambour (l'), 111.
Enfant de bohème (l'), 72.
Enfant de nuit (l'), 143.
Enfant du cordonnier (l'), 136.
Enfant du 92e (l'), 347.
Enfant et la Gazelle (l'), 185.
Enfants d'Auschwitz (les), 222.
Enfants de tous pays, 243.
Enfants du Pirée (les), 115.
En groupe, en ligue, en procession, 159.
En plantant un clou, 174.
En plein cœur, 347.
En revenant de la revue, 13, 127, **149,** 178, 300.
En sortant de l'école, 220.
Enterrement de belle-maman (l'), 73.
Enterrement du Père fouettard (l'), 231.
Entrecôte (l'), **150,** 171.
Énumération sentimentale, 248.
Envoie la musique, 140.
Épervier (l'), 29, 181.
Épopée du rock (l'), 269.
Ère de la putréfaction (l'), 329.
Escale, 352.
Escamillo, 19, 111.
Escouade à Balautrou (l'), 293.
Eso es el amor, 278.
Est-ce ainsi que les hommes vivent ?, 24.
Étang chimérique (l'), 136, 159.
Et bâiller et dormir, 31, 107.
Été indien (l'), 121, 126, 236.
Et maintenant, **44, 151.**
Et moi et moi et moi, 142, 225, 311.
Et mon père, 306.
Et mourir de plaisir, 328, 343.
Étoile d'amour, 154.
Étoile des neiges, **152,** 310.
Étoile d'or (l'), 295.
Et pourtant, 178.
Et puis, 114.
Étranger (l'), 216, 272.
Étrangère au paradis (l'), 227.
Et remettez-nous ça, 332.
Et s'il n'en reste qu'un, **152,** 269.
Et si tu n'existais pas, 121.
Excuse-me lady, 330.
Excusez-moi monsieur le Professeur, 97.
Ex-fan des sixties, 175.
Expulsion (l'), 190, 244.

F... (les), 72.
Fabulettes, 358.
Facteur de Santa-Cruz (le), 58, 180.
Fais comme l'oiseau, 172.
Fais-la rire, 52, 183, 387.
Fais pas ci, fais pas ça, 142.
Famille (la), 83, 310, 349.
Fanatique de jazz (le), 273.
Fanion de la Légion (le), 27, 271, 307.
Fantastique, 381.
Fatigué de naissance, 180.
Fascination, 120, 345.
Faudrait rallumer la lumière dans ce foutu compartiment, 360.
Fausse sortie, 358.
Faut rigoler, 341.
Félicie aussi, 156.
Femme à barbe (la), 59, **155,** 364.
Femme aux bijoux (la), 47, 133.
Femme-canon (la), 155, 364.
Femme d'Hector (la), 68.
Femme du bossu (la), 181.
Femme du roulier (la), 139, 150.
Femme du sergent (la), 379.
Femme du vent (la), **155,** 357.
Femme est l'avenir de l'homme (la), 188.
Femme nue (la), 227.
Femmes de parole, 217.
Fench vallée, 229.
Fer et titane, 386.
Fernande, 68.
Festival d'Aubervilliers, 100.
Fête (la), 172, 385.
Fête à Loulou (la), 336.
Fête au village (la), 277.
Fête aux copains (la), 248.
Fête continue (la), 148.
Feu de bois, 18.
Feu du ciel, 367.
Feu et rythmes, 247.
Feuilles mortes (les), 122, **161,** 192, 220, 273, 317, 380.
Feutre taupé (le), 31, 212.
Fiacre (le), **161,** 194, 391.
Fidèle, 369.
File la laine, 136, **161.**
Fille, 216.

Fille aux yeux clairs (une), 236.
Fille de Lévy (la), 309.
Fille de Londres (la), 245, 276.
Fille de paille, 236.
Fille du bédouin (la), 264, 278.
Fille du cow-bois (la), 166.
Filles de l'Acadie (les), 238.
Filles du bord de mer (les), 11, **162.**
Fils de l'Allemand (le), 17.
Fils du gniaf (le), 136.
Fils-père (le), 182.
Fin des haricots (la), 64.
Fio Maravilla, 284.
Flamandes (les), 70, 321.
Fleur bleue, 369.
Fleur d'amour, 294.
Fleur de lys (la), 76.
Fleur de mon cœur, 382.
Fleur de Paris, 64, 95, 200, 376.
Fleur des Alpes, 364.
Fleur de trottoir, 76.
Fleurs de Paris, 15.
Fleurs et bonbons, 277, 328.
Fœtus (les), 194, 244.
Folklore américain (le), 349.
Folle (la), 360.
Folle Complainte (la), 369.
Fontaines du casino (les), 351.
Forever and ever, 152.
Fortaleza, 229.
Fossoyeur (le), 301.
Fou (le), 116.
Fouchtra, 110, 265.
Foule (la), 308.
Fourmi (la), 220.
Framboise, 226.
France (le), 126, 343.
François-les-bas-bleus, 218.
Frangines, 357.
Frédé, 380, 381.
Frédérique, 237.
Frénésie, 54.
Frères siamois (les), 182.
Fromage, 218.
Fuite (la), 92.
Funérailles d'antan (les), 68.

Gabrielle, 239.
Gaby, 50.
Gaby, oh ! Gaby, 40.
Gadoue (la), 175.
Galérien (le), 105.
Garçons (les), 134.
Garde de nuit à l'Yser, 116.
Garde-moi, 89.
Gardeuse d'ours (la), 155.
Gare (la), 359.
Gars de la Marine (les), 65.
Gaspard, 383.
Gastibelza, 68.
Gauloises bleues (les), 351.
Géants (les), 30.
Général à vendre, 172.
Général Castagnetas (le), 114, 171.
Génération perdue (la), 239.
Gens de Courtenay (les), 72.
Gens de mon pays (les), 42, 217.
Gens du Nord (les), 243.
Gentil camarade, 284.
Gentleman cambrioleur (le), 131.
Géronimo, 333.
Gitans (les), 111, 115.
Globe flotteur, 24.
Gloire au 17e, **186,** 274.
Gloire aux marins de la mer Noire, 186.
Glu (la), 365.
Goélands (les), 66, 117.
Goémons (les), 175.
Golden Gate, 214.
Golgotha, 249.
Gondoles à Venise (les), 349.
Gondolier, 115.
Gorille (le), 68, 87, 166, **188.**
Göttingen, 37.
Goualante du pauvre Jean (la), 307, 336.
Goualeuse (la), 179.
Graine d'ananar, 160.
Grand Chambardement (le), 41, **189.**
Grande Revue (la), 84, 123, 245.
Grandeur et décadence de la ville de Mahagonny, 104, 261.
Grande Zoa (la), 325.
Grand Frisé (le), 116, 117.
Grand Jacques, **190.**
Grand Métingue du Métropolitain (le), **190,** 244.
Grand-papa laboureur, 314, 344.
Grand Rouquin (le), 47, 133.
Grands boulevards, 186, **190,** 273, 310.
Grands Principes (les), 41.
Greensleeves, 21.
Gregory, 365.
Grenouille (la), F.L., 235.
Grenouille (la), R.L., 238.
Grève générale (la), 124.
Grisante folie, 356.
Gros Bill (le), 54.
Grosse Noce (la), 385.
Groupie du pianiste (la), 51.
Guantanamera, 121, 330.

Guérilla, 222.
Guerre de Troie (la), 371.
Gueux (les), 49, 75.
Guignol, 189.
Guitare à Chiquita (la), 376.

Hair, 102, 236.
Hamman Palace, 191.
Hans im Schnoekeloch, 371.
Harley Davidson, 38.
Hâtons-nous d'aimer, 131.
Haute surveillance, 229.
Hava Naguila, 394.
Hécatombe, 68.
Hector, 206.
Hello ! le soleil brille, 109.
Hexagone, 326.
Hirondelle du faubourg (l'), 47, 133.
Histoire ancienne, 357.
Hollywood, 244.
Hollywood freak, 140.
Homme (l'), 159, 344.
Homme à la moto (l'), 138, 308.
Homme à la tête de chou (l'), 175.
Homme de la Mancha (l'), 278.
Homme de la plage (l'), 83.
Homme et l'Enfant (l'), 107.
Hommes des villes, 353.
Hop Diguidi, 109.
Hop là nous vivons, 189.
Horoscope (l'), 331.
Hôtel du n° 3 (l'), 391.
Hôtesse de l'air (l'), 142.
Hou hou méfions-nous, 158.
Houla hop, 109.
Houzards de la garde (les), 139.
Hymne à l'amour (l'), **203,** 272, 307.
Hymne [du parti socialiste], 295.

Ici l'on pêche, **205,** 309, 337, 367.
Idée (l'), 30.
Idéologie, 42.
Idole à papa (l'), 336.
Idole des jeunes (l'), 52, **205.**
Idoles (les), 56, 223.
Ignace, 156, **206.**
Il, 236.
Ile, 82.
Ile de France (l'), 99.
Ile de Ré, 287.
Ile Saint-Louis (l'), 99.
Il est cinq heures, Paris s'éveille, 142.
Il est frisé mon p'tit frère, 61.
Il est mort le soleil, 126, 284.
Il est trop tard, 261, 282.
Il existe encore des bergères, 367.
Il fait beau, il fait bon, 254.
Il fait des bonds, 35.
Il faut savoir, 32.
Il fait trop beau pour travailler, 297.
Il jouait du piano debout, 50, 177.
I'll never leave you, 112.
Il me reste un pays, 271.
Il ne pense qu'à toi, 185.
Il ne rentre pas ce soir, 269.
Il nous faut regarder, 70.
Il n'y a pas d'amour heureux, 24, 68.
Il n'y a plus d'après, 41, 192.
Il pleut dans ma maison, 183.
Ils ont les mains blanches, 274.
Ils sont tombés, 32.
Il venait d'avoir dix-huit ans, 115.
Il y a, 113.
Il y a du soleil sur la France, 354.
Il y avait, 369.
Imaginez, 64.
Important c'est la rose (l'), 18.
Impossible, 252.
Impôt sur la rente (l'), 74.
Impressions de dancing, 181.
Imprudente, 182.
Inch'Allah, 11, **206.**
Inconnue de Londres (l'), 159.
Indiens du petit matin (les), 258.
Initials B.B., 38.
Insensiblement, 266.
Insurgé (l'), 124.
Internationale (l'), 48, 124, **207,** 256, 275, 315.
Interrogations écrites, 221.
Invalide à la tête de bois (l'), 293.
Inventaire 66, 128.
Irma la douce, 272, 325.
Isabelle, 329.
I shall be free, 148.
Italien (l'), 121.
Itsi bitsi, petit bikini, 115.
Ivan, Boris et moi, 222.
Ivanhoé, 109.

Jackie, 182, 311.
Jack Monnoloy, 344, 386.
Jacqueries, 329.
Jacques Brel is alive, and well, and living in Paris, 350.
J'adore ça, 96.
Jaguar (la), 161, 258.
J'ai bu, 31, 332.
J'ai changé ma voiture contre une jeep, 373.
J'ai de la barbe, 54, 322.
J'ai descendu dans mon jardin, 104.
J'ai deux amours, 34, 84, 346.

J'ai engueulé l'patron, 275.
J'ai joué de la flûte, 143.
J'ai la guitare qui me démange, 141.
J'ai la mémoire qui flanche, 277.
J'ai le béguin pour la biguine, 148.
J'ai le bourdon, 182.
J'ai le cœur gros du temps présent, 222.
J'ai le téléphone, 63.
J'ai ma combine, 264.
J'aime, 370.
J'aime à t'embrasser, 273.
J'aime les filles, 142.
J'aime les petites filles, 82.
J'ai mes papiers, 281.
J'aime tes grands yeux, 367.
J'aime ton corps, 102.
J'ai oublié de vivre, 198, 328.
J'ai peur de vivre, 149.
J'ai quitté mon pays, **209,** 243.
J'ai rencontré l'homme de ma vie, 140.
J'ai retrouvé Titine, 211.
J'ai rêvé New York, 351.
J'ai sauté la barrière, 200, 375.
J'ai tant pleuré, 131, 263.
J'ai vendu mon âme au diable, 50.
Jamais content, 353.
Jardin de France, 353.
Jardinet de ma voisine (le), 137.
Jardinier qui boite (le), 110.
J'arrive, 192.
J'arrose les galons, 33.
J'attendrai, 115, 219, 314, 338.
Java (la), 210.
Java bleue (la), 171, 346.
Java de Broadway (la), 328, 344.
Java de La Varenne (la), 85.
Java des bombes atomiques (la), 188.
Java des chaussettes à clous (la), 384.
Java des Gaulois (la), 329.
Javanaise (la), 175, 192.
Java pour Petula (la), 99.
Java, qu'est-ce que tu fais là ?, 254.
Java sans joie (la), 326.
Jazz et la Java (le), 287.
Jean Junod, 76.
Jean-Marie de Pantin, 104, 202.
Jeanne, 87.
Je bois, 182, 324.
Je chante, 368, 392.
Je chante pour Swany, 124, 378.
Je chanterais, 246.
Je cherche après Titine, 117, **211,** 274.
Je connais une blonde, 168.
J'écoute la musique saoule, 199.
J'écrirai, 352.
Je dors en Bretagne ce soir, 348.
Je dis n'importe quoi, je fais tout ce qu'on me dit, 89.
Je fais le clown, 110.
Jeff, 264.
Je hais les dimanches, 31, 192, **211,** 382.
Je le sais, 156.
Je m'éclate au Sénégal, 258.
Je me donne à qui me plaît, 38.
Je me suis souvent demandé, 58.
Je m'voyais déjà, 31, **212.**
Je n'aurai pas le temps, 172.
J'en ai marre, 268, 390, 392.
J'en connais pas la fin, 27.
Je ne connais pas cet homme, 165.
Je ne peux pas rentrer chez moi, 32.
Je ne peux pas vivre sans amour, 93, 174.
Je ne suis que l'amour, 113.
Je ne vous écoute plus, 348.
Je n'irai pas en Espagne, 352.
Jenny l'ouvrière, 75.
Je n'suis pas bien portant, 293.
J'entends les violons, 61.
J'entends siffler le train, 23.
Je pars, 306.
Je prends les choses du bon côté, 107.
Je reviens te chercher, 45, 115.
Je sais, 114.
Je sais que vous êtes jolie, 96, 168.
Je suis bien, 192.
Je suis blasé, 182.
Je suis comme je suis, 192.
Je suis contre, 22.
Je suis femme et musique, 236.
Je suis la femme, 211.
Je suis malade, 134, 223.
Je suis mort... qui dit mieux ?, 201.
Je suis pour, 128, **212,** 343.
Je suis seul, 10, 205.
Je suis seul(e) ce soir, 141, **213,** 253.
Je suis sous..., 121.
Je suis swing, 200.
Je t'ai dans la peau, Léon, 277.
Je t'aime bien, 65.
Je t'aime encore plus, 262.
Je t'aime moi non plus, 175.
Je t'aimerai, t'aimerai, 227.
Je t'attends à Charonne, 150, 192.
Je t'aurai toute, 196.
Je te tendrai les bras, 125, 185.
Je te verrai passer, je te reconnaîtrai, 371.
Je te veux, 120.
Je tire ma révérence, 40, 338.
Jeu de massacre (le), 293.

Jeune Muse (la), 315.
Jeunesse (la), 159.
Jeunesse de France, 251.
Jeux de société, 226.
Je vais revoir ma blonde, 213.
Je vais t'aimer, 343.
Je veux me faire chleuh, 114.
Je veux pleurer comme Soraya, 46.
Je veux quitter ce monde heureux, 232.
J'habite en France, 328, 343.
J'irai twister le blues, 23.
Jockey américain (le), 123.
Joconde (la), 262.
Johnny, 16.
Johnny Palmer, 352.
Jolie bouteille, 16.
Jolie môme, 159, 192, **213.**
Jolies Cartes postales (les), 394.
Jolies Colonies de vacances (les), **214,** 302.
Joli Pharmacien (le), 265.
Joseph, 282.
Joseph est au Brésil, 165.
Joseph est au vélo, 165.
Jos Hébert, 386.
Jos Monferrand, 386.
Joue-moi de l'électrophone, 369.
Jour de clarté (le), 16.
Jour le plus long (le), 115, 120.
Jour où la pluie viendra (le), 44, 126.
Jour où le bateau viendra (le), 29.
J'sais pas quoi faire, 360.
J'suis d'accord, 199.
J'suis heureux, 124.
J'suis pas chauvin, 134.
J'suis resté seul dans mon lundi, 90.
J't'aime bien Lilli, 90.
Juin dans la rue, 172.
Juive et noire, 360.
Julie, 26.
Julie la rousse, **216,** 222.
Julos chante Écaussines, 42.
Jusqu'à la ceinture, 16.
Jusqu'au jour où tu partiras, 113.
J'veux d'l'amour, 89.
J'veux pas qu'tu t'en ailles, 214.
J'y crois, 343.

Kid (le), 54.
Kor'ch ki gwen ha kor'ch ki du, 348.

Lac Majeur (le), 333, 350.
Lady night, 217.
Là-haut, 93, 137.
Laisse aller la musique, 354.
Laisse béton, 326.
Laisse l'oiseau, 113.
Laisse-moi t'aimer, 67.
Laissez-les tomber, 84, 93, 130, 210.
La la la, 71.
Lavandières du Portugal (les), 169, 314.
Leçon de twist (la), 183.
Légende des brigands (la), 143.
Léo de Hurlevent, 154.
Léon, 108.
Lettre à Kissinger, 42.
Lettre à Nini, 66.
Lindberg, 88, 166.
Lise, 139.
Lison-Lisette, 50, 60.
Loin du rêve, 30.
Loir-et-Cher (le), 128.
Lo Papel, 42.
Lo Pastre de paraulas, 189.
Lorsque Sophie dansait, 140.
Loup de mer (le), 50.
Loup (le), la Biche et le Chevalier 341.
Loups (les), 53, 325, 385.
Love me please love me, 183, 313.
Lucile et les libellules, 142.
Ludwig van, 10.
Luna Park, 178.
Lune (la), 233, 254.
Lycée Papillon (le), 182, **242.**
Lying in the hay, 110.

Ma cabane au Canada, 179, 327.
Ma carriole, 336.
Macchabée (le), 261.
Machtagouine (la), 293.
Madame Arthur, 194, **245.**
Madame la folie, 28.
Madame ma voisine, 155, 357.
Made in Normandie, 330.
Madelon de la victoire (la), 60, 66, 93, **245,** 321.
Mademoiselle Adeline, 368.
Mademoiselle de Paris, 108, 141, 169, **246.**
Mademoiselle from Armentières, 327.
Mademoiselle Hortensia, 185, 240, 254.
Mademoiselle Swing, 233.
Mad'moiselle écoutez-moi donc, 73.
Ma douce vallée, 235.
Madrague (la), 331.
Madrid, 59.

Maennerchor de Steffisburg (le), 184.
Ma fille, 254.
Magali, 289.
Ma gosse ma p'tite môme, 108, 272.
Ma guêpière et mes longs jupons, 185.
Ma gueule, 198.
Mains dans les poches (les), 183.
Mains dans les poches sous les yeux (les), 122.
Mains de femmes (les), 260.
Maintenant que la jeunesse, 24, 277.
Mai 68, 82.
Maison près de la fontaine (la), 161.
Mais voilà, 63.
Maître d'école alsacien (le), 17, 19, 127, **247.**
Maître Pierre, 53, 310.
Ma jeunesse fout l'camp, 59, 199.
Maladie d'amour, 341.
Maladie d'amour (la), 131, 328, 343.
Malagueña, 375.
Mal de Paris (le), 280.
Mal de vivre (le), 37.
Malédiction (la), 116.
Ma liberté, 325.
Ma liberté, Madame, 282.
Mal-mariée (la), 122.
Mamadou m'a dit, 48.
Ma main a besoin de ta main, 332.
Ma maman, 262.
Maman, 241.
Maman d'Amandine (la), 142.
Maman la plus belle du monde, 58.
Ma « Marseillaise » à moi, 382.
Ma mère, la Suisse, 76.
Ma mitrailleuse, 62.
Mamma (la), 32, 177.
Ma môme, 157, **248.**
Mamy blue, 185, 284.
Manchester et Liverpool, 222, 254.
Manhattan spiritual, 10.
Manikoutai (la), 387.
Mao, 161.
Ma petite amie, 199.
Ma petite folie, 310, 327.
Ma plus belle histoire d'amour, 37.
Ma pomme, 60, 94, **249.**
Ma préférence, 102, 114.
Ma première surprise-partie, 349.
Ma prof' de piano, 125.
Ma p'tite chanson, 289.
Marcel Valentino, 20.
Marchand de bonheur (le), 72, 105.
Marchand de poésie, 262.
Marche dans le temps, 226.
Marche de Ménilmontant (la), 60, 94, 376.
Marche des anges (la), 178.
Marche des gosses (la), 109.
Marche du 113e de ligne, 73.
Marche française, 302.
Marche lorraine, 316.
Marche ou crève, 52.
Marche tout droit, 168.
Marchés de Provence (les), 18.
Maréchal, nous voilà, 120, **250.**
Margelle (la), 330.
Marguerite, 139.
Maria, 158, 258.
Maria de Bahia, 203, 267, 382.
Mariage d'Angèle (le), 59.
Mariage démocratique (le), 58.
Marianne, 278.
Marie, 10.
Marie (la), 105, 191, 329.
Marie-géographie, 357.
Marie-Jeanne, 330.
Marie-Jésus (la), 184.
Marie-Joseph (la), 172, 187.
Marieke, 20, 155.
Marie Marie, 126.
Marienbad, 37.
Marie-Vison (la), 200, 257.
Marine (la), 166.
Marinella, 14, **252,** 335, 346.
Marinette, 193.
Marinheiro, 24.
Marionnettes (les), 97.
Ma ritournelle, 64, 335, 375.
Maritza (la), 378.
Marjolaine, 235.
Ma route, 388.
Marquis de Carabas (le), 49.
Marquises (les), 72.
Marquita, 340.
Marraine du régiment (la), 174.
Marseillaise (la), 60, 78, 149, 175, 207, **255.**
Martin, 257.
Marylène, 258.
Marylou, 183.
Mathilda, 24, 235.
Mathilde, 71.

Matinée (la), 189.
Mattchiche (la), 60, 235, 260, 345.
Mauvais Coups (les), 359.
Mauvaise Réputation (la), 68.
Ma vie, 39.
Ma vie c'est un manège, 284.
Ma ville est morte, 231.
Mayflower, 59.
Mea culpa, 185.
Méditerranée, 240.
Méfiez-vous fillettes, 280.
Megalomania, 217.
Mégalopolis, 295.
Mélancolie (la), 125.
Melocoton, 247.
Mélodie du bonheur (la), 17.
Melody Nelson, 175.
Mémère, 132.
Memphis Tennessee, 183.
Ménage (le), 165.
Mer (la), 161, 184, **260,** 369.
Merci brinmin des coups, 42.
Merde à Vauban, 159, 347.
Mérites d'un légionnaire, 157.
Mes amis, mes amours, 257.
Mes frères, 10.
Mes hommes, 37.
Mes jeunes années, 369.
Mes mains, 44, 126.
Mes messagères, 97.
Mes parents sont venus me chercher, 167.
Message personnel, 50, 199.
Messie (le), 42.
Messieurs, 134.
Mes tics, 293, 346.
Mes universités, 101.
Métèque (le), **261,** 282.
Mets deux thunes dans l'bastringue, 107.
Me v'là, 358.
Mexico, 252.
Mi-août (la), 213, 267.
Midi, 379.
Mille colombes, 254.
Millionnaires du dimanche (les), 243.
Milord, **263,** 272, 282, 308.
Mineur (le), 188, 384.
Mimile, 65.
Miracle vient de partout (le), 42.
Mirza, 161.
Mississippi River, 306.
Mister Hyde, 90.
M le maudit, 342.
Moi j'attends Adèle, 302.
Moi, je veux chanter, 45.
Moi j'tricote, 148, 228.
Moi le clown, 20.
Moi mes souliers, 230, 319.
Moines de la Saint-Bernardin (les), 290.
Mon ami, mon ami, 111.
Mon ami Fidel, 89.
Mon amour mon ami, 222, 254.
Mon beau chapeau, 132.
Mon champion, 163.
Mon cher vieux camarade Richard, 109, 309.
Mon Credo, 258.
Monde est gris, le monde est bleu (le), 277.
Mon Dieu, 140.
Mon émouvant amour, 32.
Mon fils, 231, 328, 343.
Mon frère, 224, 274.
Mon homme, 84, 210, 263, 268, **270,** 337, 390, 392.
Mon légionnaire, 27, 138, 139, **270,** 272, 307, 337, 352.
Mon manège à moi, 107, 186.
Mon mari est parti, 357.
Mon Paris, 346.
Mon pays, **271,** 386.
Mon pays II, 271.
Mon pays, ce n'est pas un pays, c'est un job, 89, 271.
Mon père, 76.
Mon piano danse, 51.
Mon pote le blues, 341.
Mon pot' le gitan, 200, 330.
Mon p'tit cœur, 134.
Mon p'tit copain perdu, 240.
Mon p'tit kaki, 66.
Mon p'tit voyou, 330.
Monsieur, 20.
Monsieur Carnaval, 31, 193.
Monsieur dans le métro (le), 284.
Monsieur de Kergariou, 61.
Monsieur James, 100.
Monsieur le peintre du dimanche, 222.
Monsieur l'univers, 149.
Monsieur William, 85, 159.
Mon Sud, 295.
Montagne (la), 158, 248, **272.**
Montagnes d'Italie, 108.
Monte là-dessus, 60.
Mon truc en plumes, 107, 132, 211.
Mon vieux, 193.
Mon village au clair de lune, 227.
Moribond (le), 70.
Morituri, 226.

Mort d'Orion (la), 249.
Mot amour (le), 231.
Mots bleus (les), 97.
Mourir de tout cela, 379.
Mourir ou vivre, 52, 183, 387.
Moyenâgeux (le), 68.
Mur (le), 45, 385.
Musica (la), 217.
Musicien (le), 189.
Musique, 177.
Musique (la), 284.
Musique à papa (la), 232.
Musique et moi (la), 243.
My Fair Lady, 17.
My love, 99.
My man, 267, 270.
My way, 169.

Nabuchodonosor, 49.
Nana 77 (la), 134.
Nantes, 37, **283.**
Natacha, 48.
Nathalie, 126.
N'avoue jamais, 135.
N'écoutez pas les idoles, 177.
Neiges du Kilimandjaro (les), 117.
Ne joue pas, 99, 107, 128.
Ne m'chatouillez pas, 216.
Ne me parlez plus de vos chagrins, 237.
Neuilly blues, 221.
Ne vous mariez pas les filles, 188.
Niagara, 102, 333.
Ni Dieu ni maître, 160.
Nil, 226.
Ni toi ni moi, 262.
Noël, 51.
Noël de la rue (le), 201.
Noir c'est noir, 10.
Non, je ne regrette rien, 140, 308, 381.
No no Nanette, 199.
Non, tu n'as pas de nom, 357.
Nous, 387.
Nous avons le temps, 282.
Nous dormirons ensemble, 24.
Nous irons à Paris, 180.
Nous irons à Valparaiso, 180.
Nous les amoureux, 121, 299, 385.
Nous les filles, 299.
Nous nous plûmes, 388.
Nous sommes 180 millions de francophones, 42.
Nous sommes nues, 106.
Nouveaux chants du soldat (les), 98.
Noyé assassiné (le), 100, 382.
Nuit (la), 143.
Nuit et brouillard, 158, 272, **288,** 352.
Nuits de Chine, 47.
Numance, 51.

Occitania sempre, 382.
Oché Mambo, 58.
O Corse, île d'amour, 335, 346.
Octobre, 138, 306.
Odile, 382.
Ogre (l'), 42.
Oh hé hein bon, 161.
Oh lady Mary, 83.
Oh la la, 58.
Oh ma jolie Sarah, 198.
Oh quelle nuit !, 109.
Oies du pensionnat (les), 59.
Ol'man river, 390.
On a toutes besoin d'un homme, 124.
On chante dans mon quartier, 250.
On dit ça, 60, 340.
On est tous des Corses, 359.
On ira tous au paradis, 313.
On m'a donné une âme, 382.
On m'appelle Simplet, 206.
On m'a volé tout ça, 382.
On me recherche, 198.
On n'a pas tous les jours vingt ans, 324, 356.
On n'est pas là pour se faire engueuler, 90, 100.
On ne voit pas le temps passer, 158.
On prend toujours un train pour quelque part, 18.
On se retrouvera, 76.
On twiste sur le locomotion, 23.
On va se faire sonner les cloches, 12.
Oouin, 135, 392.
Opéra d'Aran (l'), 18, 44.
Opéra de quat'sous (l'), 69, 70, 105, 163, 179, 316.
Orange (l'), 126.
Ordinaire, 88.
Orion le tueur, 150, 171.
Osstidcho, 88.
Ouah ouah !, 109.
Où es-tu, mon amour ?, 230.
Oui oui oui oui oui oui, 111, 185.
Oumparere, 243.

Ours (l'), 105.
Où sont tous mes amants ?, 171.
Où va-t-on s'nicher ?, 326.

Pablo, 287.
Pacific blues, 16.
Pacifico, 192.
Padam-padam, 108, 122, 186, 307.
Paillasse, 49.
Paimpolaise (la), 61, 259, **295.**
Pampoudé, 327.
Pandore ou les deux gendarmes, 283.
Panne d'essence, 378.
Pantalon de Casimir (le), 238.
Papa aime maman, 193.
Papa du papa (le), 226.
Papa, maman, la bonne et moi, 224.
Papa mambo, 335.
Papa n'a pas voulu, 265.
Papa-Tango-Charly, 350.
Parachutiste, 232.
Parade de France (la), 84, 85, 335, 377.
Paradis perdus (les), 97.
Paradis terrestre, 147.
Parapluies de Cherbourg (les), 233.
Parc Belmont (le), 140.
Parce que je t'aime plus que moi, 67.
Pari-ki-ri, 84.
Paris aujourd'hui, 192.
Paris by night, 217.
Paris-canaille, 213, 285, 344.
Paris en l'air, 267.
Paris fin de sexe, 345.
Parisienne (la), 46.
Paris-Line, 327.
Paris Mai, 287.
Paris ma rose, 189.
Paris New York, 223.
Paris-New York, New York-Paris, 202.
Paris populi, 111, 235.
Paris qui danse, 84, 267.
Paris qui jazz, 84, 267, 270.
Paris qui remue, 34.
Paris rombière, 20.
Paris se regarde, 330.
Par la main, 143.
Parle-moi [J.-M. C.], 82.
Parle-moi [R. C.], 89.
Parlerai-je, 151.
Par les fils de Mandrin, 21.
Parlez-moi d'amour, 66, 236, 246, 250, **298.**
Parlez-moi de lui, 112.
Parlote (la), 70.
Parodie, 41.
Pars..., 181, 236, **298.**
Participe présent, 48.
Pas dormir, 54.
Paseando por España, 276.
Pas sur la bouche, 392.
Pas Tintin !, 359.
Pauvre Boris, 384.
Pauvre Liberté, 11.
Pauvre Martin, **301.**
Pauvre Muletier (le), 227.
Pauvres (les), 228.
Pavane inattendue, 263.
Pax hominibus, 390.
Pêche à la baleine (la), 220.
Pedro, 138.
Père la Victoire (le), 13, 50, 178, 300, **302.**
Père prodigue (le), 92.
Perrine était servante, 105.
Personnalités, 132.
Petit Bal du samedi soir (le), 138.
Petit Bois de Saint-Amand (le), 37.
Petit Bouquet de réséda (le), 274.
Petit Chagrin, 127, 380.
Petit Chaperon rouge (le), 179.
Petit Chemin (le), 337.
Petit Cheval (le), 166.
Petit Cordonnier (le), 235.
Petite Chocolatière (la), 203.
Petite Dame du métro (la), 168.
Petite Diligence (la), 100, 166.
Petite Église (la), 127, 154, 241.
Petite Fête (la), 143.
Petite fille de Français moyen, 10, 277, 349.
Petite fleur, 109.
Petite Josette (la), 358.
Petite Juive (la), 154, 352.
Petite Pervenche (la), 170.
Petites boîtes, 16.
Petite Tonkinoise (la), 34, 62, 97, **304,** 312, 345.
Petit Garçon (le), 114, 121, 325.
Petit Gonzalès, 183.
Petit Lemesle (le), 236.
Petit Oiseau de toutes les couleurs (le), 385.
Petit Papa Noël, **303,** 336.
Petit Pont de bois (le), 141.
Petit Rat de l'Opéra (le), 221, 310.
Petit Rigolo (le), 365.
Petit Roi (le), 156.

Petits airs, 82.
Petits Bergers (les), 42.
Petits Cailloux blancs (les), 128.
Petit Souper aux chandelles (le), 266.
Petits Pains au chocolat (les), 121.
Petits Papiers (les), 325.
Petits Patelins (les), 46.
Petits Pavés (les), 127, 189, **305**, 380.
Petit Train départemental (le), 12.
Petit Vin blanc (le), 60, 100, 138, 205, 251, **304**.
Pétronille tu sens la menthe, 136, **305**.
Philaminte, 309.
Philomène, 357.
Phi-Phi, 96, 137, 390.
Piano du pauvre (le), 285.
Picolo, Saxo et Cie, 314.
Pierre, 37.
Pierre (la), 202.
Pierrot la tendresse, 351.
Pigalle, 242, 373.
Pigeonne (la), 218.
Pigeon voyageur (le), 19.
Pilou pilouhé, 45.
Pince à linge (la), 54, 114, 322.
Ping-pong, 20.
Piouit, 216.
Pious-pious d'Auvergne (les), 24, 215, 301.
Pipe à pépé (la), 359.
Pipi caca story, 247.
Pirouli rouli, 86.
Pizza, 40.
Place de la Concorde, 365.
Plage aux romantiques (la), 117.
Plaisir d'amour, 120, 281.
Plaisirs démodés (les), 178.
Plaisirs du dimanche (les), 253.
Planète des fous (la), 150.
Planter café, 254.
Plat Pays (le), 20, **311**.
Plays-boys (les), 142, 225, **311**.
Pleure pas Nelly, 166.
Plume au vent, 286.
Pluriel (le), 68, 159.
Plus Bath des javas (la), 25, 182.
Plus Beau Tango du monde (le), 346.
Plus Belle pour aller danser (la), 178, 378.
Pocharde (la), 194.
Poème non épique, 329.
Poèmes politiques des troubadours, 189.
Poésie et labour, 101.
Poète et la Rose (le), 149.
Poinçonneur des Lilas (le), 175.
Point de vue, 26.
Poker, 332.
Polka des English (la), 97.
Polka des lampions (la), 193.
Polka des trottins (la), 260.
Polka du roi, 369.
Polnarêves, 314.
Polnarévolution, 314.
Pompiers de Nanterre (les), 24, 300.
Pont d'Avignon (le), 338.
Pornographe du phonographe (le), 69.
Porte s'était refermée (la), 351.
Portsall, 82.
Portugaise (la), 122.
Poseur de rails (le), 216, 222.
Postières (les), 302.
Pot au lait (le), 265.
Potemkine, 111, 158, 272.
Pot-pourri d'Alain Gerbault (le), 317.
Pouet-pouet, 264, 392.
Poulailler's song, 353, 354.
Poupée de cire, poupée de son, 175, 177.
Poupée qui fait non (la), 183, 313.
Pour chanter l'Ave Maria, 125.
Pour en arriver là, 117.
Pour faire une jam, 32.
Pour moi la vie va commencer, 124.
Pour moi toute seule, 306.
Pourquoi pas nous, 135, 185.
Pourquoi tu chanterais pas ?, 20.
Pourquoi un pyjama, 175.
Pour un bébé robot, 360.
Pour une amourette, 150.
Pour un flirt, 128.
Premier Bonheur du jour (le), 183.
Prendre un enfant par la main, 142.
Prends ta guitare, chante avec moi, 172.
Prénoms effacés (les), 66, 367.
Président et l'Éléphant (le), 221.
Prière (la), 68, 87.
Prière bohémienne (la), 230.
Prière des petits gueux (la), 356.
Princes, entendez bien, 186.
Printemps, 353.
Printemps chante (le), 253.
Printemps d'Alsace, 327.
Prisonnier de la tour (le), 54, 79.

Prix des allumettes (le), 131, **318**, 354.
Profession de foi d'un député sortant, 157.
Prosper, 94, 249, 346.
Protestation 1 *et* 2, 28.
P'tit Bonheur (le), 230, **319**.
P'tite fleur fanée, 16.
P'tite Lili (la), 9, 107.
P'tites femmes de Pigalle (les), 223.
P'tit Objet (le), 312.
P'tit Officier de marine (le), 228.
P'tits Pois (les), 136, **319**.
Puisque vous partez en voyage, 265.
Punaises (les), 155, 357.
Putain de toi, 69.

Quand allons-nous nous marier ?, 373.
Quand faut y aller, 341.
Quand je bois mon anisette, 371.
Quand je danse avec lui, 139.
Quand je vois passer un bateau, 59.
Quand Jules est au violon, 385.
Quand la brise vagabonde, 65.
Quand l'amour meurt, 120, 263, **320**.
Quand l'amour s'en va, 331.
Quand le film est triste, 378.
Quand les amants, 140.
Quand les beaux jours seront là, 368.
Quand les hommes vivront d'amour, 238.
Quand les lilas refleuriront, 365.
Quand le spectacle est terminé, 35.
Quand Madelon, 33, 65, 66, 211, **320**.
Quand nous n'aurons que la tendresse, 131.
Quand nous serons amis, 46.
Quand on aime, on a toujours 20 ans, 278.
Quand on en aura marre, 149.
Quand on n'a que l'amour, 70, **321**.
Quand une fille aime un garçon, 310.
Quand un soldat, 130, 235, 273.
Quand un vicomte, 94, 265, 286.
Quarantaine (la), 101.
Quatorze juillet, 183.
Québec mon pays, 238.
Que calor la vida, 222.
Que c'est triste Venise, 135.
Que je t'aime, 198.
Qu'elle était douce ma vallée, 24.
Que Marianne était jolie, 128.
Que serais-je sans toi ?, 24.
Que sera sera, 252.
Qu'est-ce qu'on attend pour être heureux ?, 382.
Qu'est-ce qu'on fait aujourd'hui ?, 206.
Qui a tué Davy Moore ?, 16.
Qui c'est celui-là ?, 379.
Qui est Dieu, 343.
Qu'il fait bon vivre, 10, 126, 250.
Quille (la), 258.
Qui peut dire, 39.
Qui qui m'a, 174.
Qui sait, qui sait, qui sait !, 352.
Qui saura, 67.
Qui suis-je ? 42.
Qu'on est bien, 41.
Qu'on se souvienne, 17.

Rachel, 48.
Rachel dans ta maison, 369.
Ramona, 340.
Ramountcho, 120.
Redeviens Virginie, 124.
Réflexions d'un gros chat noir un mardi soir, 347.
Refrain des chevaux de bois (le), 297, 375.
Régiment des mandolines (le), 53, 376.
Réginella, 333.
Regret (le), 174.
Remparts de Varsovie (les), 70.
Rengaine ta rengaine, 138.
Requête présentée par les chiens de qualité, 48.
Requiem autour d'un temps présent, 104, 154.
Requiem pour un roi fou, 10.
Retiens la nuit, 178.
Rêve de jeunesse, 19.
Rêve de valse, 79, 391.
Rêve passe (le), 14.
Rêver, 242, 336.
Révérends Pères (les), 49.
Reviens, 96, **328**.
Révolution (la), 153.
Révolution française (la), 39, 296.
Revue (la), 124.
Revue Mistinguett, 177.
Revue nègre, 33, 34, 210.
Revue nue, 146.

Ricains (les), 343.
Rideau rouge (le), 18, 35, 45.
Rien n'est plus beau, 237.
Rien n'est sacré pour un sapeur, 364.
Rien que mon cœur, 219.
Rien qu'une larme, 67.
Rififi (le), 227, 306.
Riquita, 47, 310.
Rire du sergent (le), 131, 328.
Robin des bois, 192, 240.
Rock and rollmops, 341, 384.
Rock around the bunker, 175.
Rock collection, 353.
Rocking in Nashville, 269.
Rock star, 341.
Roi des cons (le), 68.
Roi d'Yvetot (le), 48.
Roi heureux (le), 230.
Romantiquement vôtre, 249.
Romeo, 99.
Ronde des cocus (la), 370.
Ronde des jurons (la), 69.
Rondin picotin, 26.
Rosalie est partie, 16, 324, 346.
Rose blanche, 75, 276, **334,** 380.
Rose blanche de Corfou, 281.
Roses blanches (les), 250, 324, **335,** 357.
Rossignol de mes amours, 240.
Rosy and John, 385.
Rotterdam, 20.
Route fleurie (la), 9, 109, 192.
Route de Louviers (la), 73.
Royale (la), 77.
Roy Renaud (le), 181, 380.
Rue de la Huchette, 351.
Rue de la Manutention (la), 33.
Rue des Blancs-Manteaux (la), 191.
Rue des longues haies, 143.
Rues de Copenhague (les), 373.
Rue Traversière, 384.

Sacré Charlemagne, 177.
Sacre de Charles le Simple (le), 49.
Sacré géranium, 22.
Sainte-Farce (la), 150.
Saint-Étienne, 229.
Saint-Médard (la), 172.
Saint-Ouen's Blues, 257.
Saisie (la), 166.
Salade de fruits, 65, 109.
Salsa (la), 229.
Salut beatnick, 160.
Samba (la), 229.
Samba brésilienne (la), 239.
Samba fantastique (la), 169.
San Francisco, 231, 232.
Sanguine, 113, 273.
San Salvador, 229.
Sans lendemain, 171, 376, 381.
Santiano, 29.
Sarah, 282, 325.
Sauvage du Nord (la), 12.
Save the last dance for me, 350.
Savoir-vivre (le), 329.
Sayonara, 328, 330, 387.
Scottish espagnole (la), 301.
Scoubidou, 132, **346.**
Seine (la), 221.
Semaine sanglante (la), 101.
Semeur (le), 250.
Senor météo, 236.
Sensualité brutale, 196.
September song, 381.
Sérénade du pavé (la), 75.
Serrons les rangs, 102.
Servante du château (la), 329, **348.**
Ses yeux perdus, 79.
Seul en scène, 160.
Sex appeal 32, 138.
Shami-sha, 350.
Sha sha persan, 107.
Shine, baby, shine, 258.
Show-biznesse (le), 295.
Si à Paris, 289, 330.
Sidonie, 38.
Siesta (la), 58.
Si j'avais un marteau, 168.
Si j'étais un charpentier, 239.
Si la Garonne avait voulu, 42.
Si la photo est bonne, 38.
Si la route monte, 33.
Si le bon Dieu l'avait voulu, 166.
Si les hommes savaient, 365.
Si l'on ne s'était pas connu, 235, 376.
Simone (la), 150.
Singing in the rain, 309, 350.
Singsing, 287.
Si nous mourons, 28.
Si par hasard tu vois ma tante, 28.
Si petite, 66.
Sire Fisch-ton-kan (le), 24, 240.
Si toi aussi tu m'abandonnes, 108, 390.
Si tous les cocus, 65.
Si tous les gars du monde, 376.
Si tu ne me laisses pas tomber, 126, 237.

Si tu t'imagines, 191, 220.
Si tu vas à Rio, 105, 278.
Si vis pacem, 85.
Sixteen tons, 52.
Société anonyme, 52, 269.
Sodome, 186.
Sœur Marie-Louise, 171.
So far away from L.A., 306.
Soldats ne tirez pas, 237, 385.
Soleil noir, 37.
Soleil rouge (le), 63, 250.
Solitude (la), 37.
Solitude, ça n'existe pas (la), 45.
Sombre dimanche, 116.
Sombreros et mantilles, 219.
Songs of the songs, 380.
Sorcière, 379.
S.O.S., 231.
Soudard (le), 119, 130.
Soularde (la), 215.
Soupe à Toto (la), 285.
Source (la), 28.
Sous le ciel de Paris, 138.
Sous les ponts de Paris, 181, 333, 346.
Sous les toits de Paris, 278.
Sous tes doigts, 352.
Souvenirs du peuple (les), 49.
Souvenirs souvenirs, 58, 197.
Splaouch, 287.
Square des innocents (le), 226.
Stances à Manon, 64, 126.
Stand the ghetto, 229.
Stanislas, 329.
Starmania, 50, 177, 296.
Statues en goguettes (les), 300.
Strip tease, 140.
Sucettes (les), 175.
Sud, 161.
Superdupont, 76.
Superman, 223, **335.**
Super nana, 214.
Suppliante (la), 116.
Supplique pour être enterré en plage de Sète, 68.
Sur deux notes, 120.
Sur la route, 74, 81.
Sur la route blanche, 79.
Sur la route de Memphis, 269.
Sur la route de Pen-Zac, 89.
Sur le chemin de la vie, 237, 248.
Sur le pavé, 76.
Sur le plancher des vaches, 16, 119.
Sur les bords de la Riviera, 170.
Sur les quais du vieux Paris, 128, 314.
Sur le Yang-Tsé-Kiang, 368.
Sur ma vie, 31, **356.**
Surrender, 350.
Suzanne, 16.
Syracuse, 132.
Swing à l'école (le), 12.
Swinguez votre compagnie, 156.

Table habituelle (la), 359.
Ta bouche, 392.
Ta cigarette après l'amour, 141, 247.
Ta croupe, 196.
Tactique du gendarme (la), 64.
T'aimer follement, 196.
Tais-toi Marseille, 326.
Ta Katie t'a quitté, 226.
Tam-tam, 314.
Tam ti delam, 387.
Tango de l'ennui, 48.
Tango du désir (le), 377.
Tango immobile (le), 228.
Tango-Tango, 182.
Tant, 39.
Tante Agathe, 394.
Tant et tant de temps, 348.
Tantina de Burgos (la), 109, 180.
Tant que nous nous aimerons, 128.
Tant qu'il y aura des étoiles, 203.
Tarentelle, 141.
T'are ta gueule à la récré, 353.
Tarzan est heureux, 134.
Tas de coquins, 102.
Tatata, 24.
Tchi tchi, 335, 346.
Télé (la), 42.
Téléfon (le), 161.
Téléphone-moi, 112.
Téléphone pleure (le), 169.
Tel qu'il est, 171, 375.
Tempête dans un bénitier, 68.
Temps de la rengaine (le), 223.
Temps des cerises (le), 101, 120, 147, 189, 281, **361,** 380.
Temps des colonies (le), 343.
Temps des crises (le), 215, 361.
Temps des fiançailles (le), 151.
Temps difficiles (les), 160, **361.**
Temps du lilas (le), 37.
Temps du tango (le), 85.
T'en as un œil, 36.
Tendresse (la), 83, 193.
Terre (la), 215, 365.
Terrible Incendie du bazar de la rue Jean-Goujon (le), 234.
Testament (le), 68.

Testament de Pierrot (le), 131, 262, 318.
Tête de linotte, 109.
Tête de quoi, 154.
Tha ma ra boum di hé, 312.
Thuriféraires, 318.
Tiens-toi droit, 357.
Tiers chant (le), 159.
Timoléon le jardinier, 26, 330.
To fengari inè kokkino, 281.
Toi l'homme, 247.
Toi ma mère, 227.
Tombeaux de Juillet (les), 49.
Tombe la neige, 11.
Tom Pillibi, 111, 314.
Tonton Cristobal, 302.
Tord-boyaux (le), 182, 302.
Toréador (le), 100.
Totor est un têtu (Totor t'as tort), 65, 182.
Toujours un coin qui me rappelle, 269.
Tourbillon (le), 277.
Tourbillonnaire, 42.
Tour de l'île (le), 230.
Tour des choses (le), 341.
Tour du monde (le), 119.
Tous les Aufwiedersehen, 134.
Tous les bateaux tous les oiseaux, 114, 313.
Tous les garçons et les filles, 198, **366.**
Tous mes copains, 378.
Tout ça parce qu'au bois de Chaville, 228, **366.**
Tout ça pour la bossa nova, 23.
Tout doux, tout doucement, 20, 183.
Tout en flânant, 315.
Tout est permis quand on rêve, 65.
Tout va bien, 43.
Tout va très bien, madame la Marquise, 33, 233, 266, **367,** 381.
Train de la vie (le), 45.
Train fatal (le), 50.
Tralala voilà les English, 123.
Tranche de vie, 47.
Transformation, 22.
Travail, c'est la santé (le), 341.
Travailler c'est trop dur, 102.
Triomphe de l'anarchie (le), 30.
Trois Bandits de Napoli (les), 58, 109.
Trois Bateliers (les), 184.
Trois Cloches (les), 105, 184, **370.**
Trois fois merci, 148.
Trois Gendarmes (les), 265.
Trois Petits Lutins (les), 265.
Trois Valses (les), 317.
Trompette en bois (le), 346.
Trompettes de la renommée (les), 69.
Trou de mon quai (le), 136.
Truite de Schubert (la), 54.
Tu le regretteras, 46.
Tu me demandes si je t'aime, 66.
Tu n'as pas très bon caractère, 58, 128, 227.
Tu ne sauras jamais, 263.
Tu n'peux pas t'figurer, 125, 267.
Tu t'en iras les pieds devant, 250.
Tu t'en vas, 39.
Tu t'laisses aller, 31.
Tu verras Montmartre !, 66.
Twist à Saint-Tropez, 331.
Twist SNCF, 341.

Ubu, 22.
Un air d'octobre, 277.
Un amour comme le nôtre, 66.
Un banc, un arbre, une rue, 64, 131.
Un bouquet de lilas blanc, 174.
Un de la Canebière, 16.
Un d'entre eux inventa la mort (l'), 45.
Une bonne paire de claques dans la gueule, 384.
Une demoiselle sur une balançoire, 265, 273, 286.
Une étoile d'amour, 365.
Une femme, 141.
Une femme avec toi, 113.
Une femme qui passe, 127.
Une fille et trois garçons, 379.
Une guitare, une vie, 284.
Une île, 224.
Une infinie tendresse, 329.
Un éléphant me regarde, 23.
Une maison aux tuiles roses, 120.
Un enfant, 343.
Un enfant dans la ville, 172.
Un enfant de la balle, 38, 107, 336.
Une noix, 136.
Une partie de bridge, 265.
Une partie de pétanque, 119.
Une petite cantate, 37.
Une petite fille, 121, 286.
Une petite Française, 366.
Une simple histoire, 76.
Une sorcière comme les autres, 216, 357.

Une tombe dans les blés, 19.
Un fil à la patte, 121.
Un gamin de Paris, 262, **373.**
Un homme a crié, 360.
Un homme est un homme, 185.
Un homme et une femme, 39, 112, 223.
Univers des enfants (l'), 370.
Un jour tu verras, 169, 280, **374,** 376.
Un jour un enfant, 57, 254.
Un lord anglais, 121.
Un mauvais garçon, 178.
Un Mexicain, 20.
Un monsieur attendait, 373.
Un noble rossignol à l'époque Ming, 151.
Un petit poisson, un petit oiseau, 192.
Un premier amour, 28, 228.
Un rêve sur l'ouest état, 58.
Un vent de folie, 34.
Utopia, 229.

Vade retro, 121.
Vaguement, 227.
Valencia, 28, 66, 294.
Valentine, 93, 97, 249.
Valse à mille temps (la), 20.
« Valse chaloupée » (la), 123, 267, 280.
Valse des cols bleus (la), 119.
Valse des lilas (la), 233, 254.
Valse des regrets (la), 315.
Valse dingue, 384.
Valse industrielle (la), 285.
Valse maudite, 19.
Valse tourne (la), 165.
Va, mon ami, va, 119.
Vendanges de l'amour (les), 183, 222.
Venezuela, 170, 227.
Vente aux enchères (la), 385.
Vent et la Jeunesse (le), 371.
Verdun, on ne passe pas, 50.
Vérité (la), 41.
Veuve (la), 117, **383.**
Vie en rose (la), 240, 307.
Vieille Margot (la), 387.
Vieillir, 70.
Vie, la vie (la), 128.
Vieni, vieni, 335.
Viennois, 20.
Viens à la maison, 224.
Viens à Nogent, 165.
Viens danser le twist, 197.
Viens, je t'emmène, 177.
Viens pleurer au creux de mon épaule, 31.
Viens poupoule, 259, **385.**
Viens, viens, 222.
Vierges (les), 194.
Vietnam 67, 246.
Vieux (les), 70.
Vieux Château (le), 265, 286, 309.
Vieux Fossile (le), 20.
Vieux Mariés (les), 126, 343.
Vieux Piano (le), 237.
Vilebrequin, 72.
Villes de solitudes (les), 328.
Vingt ans déjà, 388.
Violetera (la), 14, 167, 294.
Violettes impériales, 252.
Violon brisé (le), 17, 19, 345.
Vipère (la), 181, 333.
Visages, 360.
Visa pour l'amour, 109.
Visite à Ninon, 241.
Vive jeudi, 203.
Vive la rose, 41.
Vivent les jeunesses, 186.
Vivre (J. G.), 192.
Vivre (J.P. V.), 382.
Vivre pour des idées, 150.
Voici les clés, 327.
Voie lactée (la), 159.
Voir un ami pleurer, 192.
Voix des chênes (la), 87, 188.
Volets clos (les), 284.
Volga, 79.
Volontaires (les), 101.
Voulez-vous danser grand-mère ?, 236, 251.
Vous, 39.
Vous aviez ma belle, 357.
Vous mariez pas, les filles, 384.
Vous n'êtes pas venue dimanche, 60, 86.
Vous permettez, monsieur, 11.
Vous qui passez sans me voir, 200, 337, 368, **389.**
Voyage à Saint-Sébastien, 181.
Voyous (les), 100, 191.
Vu de l'extérieur, 175.

Wakadi-Wakadou, 314.
What now my love ?, 151.
When the world was young, 306.
White Christmas, 304.
Wight is Wight, 128.
Wolfgang et moi, 46.

Y'a des zazous, 21.
Y'a d'la joie, 84, 94, 95, 110, 368, **392.**

Y'a d'la rumba dans l'air, 353.
Y'a le printemps qui chante, 64.
Y'a toujours un passage à niveau, 376.
Y'a un bistrot, 353.
Y'a une route, 249.
Ya-ya twist, 10.
Yeux cachou (les), 59.
Zaza, 77, 323.
Zelda, 321.
Zeppelinade, 40.
Z'hommes (les), 359.
Zizi (le), 303, **394.**
Zon zon zon, 26, 121, 326, 385.
Zorro est arrivé, 341.

Index des salles et lieux cités

En italique: émissions de TV, de radio, maisons de disques, prix, concours, festivals...

A.B.C. (l'), **9,** 27, 28, 53, 59, 81, 109, 120, 125, 138, 146, 155, 174, 179, 184, 192, 200, 219, 228, 265, 268, 271, 293, 307, 337, 338, 368, 373, 380.
Adès (disques), 358.
Alcazar (l'), **13,** 21, 63, 149, 219.
Alcazar (l') [Bruxelles], 131.
Alcazar (l') [Marseille], **14,** 93, 273, 300, 372.
Alcazar d'été (l'), **13,** 19, 63, 133, 137, 302, 312.
Alcazar d'hiver (l'), **13,** 275, 293, 363, 364, 377.
Alhambra (l'), 9, **15,** 19, 31, 59, 99, 104, 116, 126, 128, 163, 164, 179, 185, 192, 196, 200, 219, 226, 262, 265, 297, 310, 316, 330, 361.
Alhambra (l') [Bruxelles], 388.
Alhambra (l') [Marseille], 300.
Ambassadeurs (les), 13, **18,** 116, 166, 181, 194, 202, 312, 338, 377.
Anatomie et physiologie de la chanson, 43.
Ancienne Belgique (l') [Bruxelles], 119.
Ane rouge (l'), 113, 234, 341.
Ange bleu (l'), 13.
Apollo (l'), 180, 234, 388.
Au coucou, 61, 174.
Au temps perdu, 277.

Bal de la Reine blanche (le), 279.
Bal du Moulin Rouge (le), 279.
Ba-Ta-Clan, **40,** 196, 300.
Bienvenue, 41, 191.
Blancs-Manteaux (les), **54,** 229.
Bobino, 20, 22, 26, 28, 34, 37, 39, 43, 46, 48, **56,** 68, 76, 92, 104, 105, 109, 116, 124, 125, 128, 129, 132, 133, 138, 156, 179, 180, 183, 185, 211, 216, 222, 224, 226, 229, 230, 231, 235, 257, 262, 265, 266, 269, 284, 290, 293, 294, 295, 297, 309, 310, 325, 326, 327, 344, 353, 357, 359, 369, 370, 371, 380, 382.
Bodinière (la), 262, 263, 316.
Bœuf sur le toit (le), 13, **57,** 79, 81, 103, 139, 191, 292, 309, 344, 389.
Bœuf sur le toit (le) [Bruxelles], 109.
Boîte à chansons (la) [Montréal], 238.
Boîte à Fursy (la), 36, **57,** 173, 370.
Boîte à matelots (la), 179.
Borgia (les), 66.
Bouffes du Nord (les), 76.
Bouffes-Parisiens (les), 93, 137, 337, 364, 365.
Brasserie de l'Univers (la), 170.
Bus Palladium (le), 354.
Butte à Mathieu (la) [Montréal], 134.

Cabaret Bruant (le), 61, 266.
Cabaret de la bohème (le), 234.
Cabaret de la purée (le), 75.
Café-concert Dorell (le), 73.
Café-concert Modern Style (le), 146.
Café des géants (le), 363.
Café des Trois Lions (le), 93.
Café du cirque (le), 363.
Café Moka (le), 363.
Café Morel (le), 13.
Café-restaurant de la Verrerie (le), 136.
Capricorne (le), 81.
Carnegie Hall, 31.
Cartoucherie de Vincennes, 247.
Casino de Luchon, 179.
Casino de Lyon, 193.
Casino-Montmartre, 193.
Casino-Montparnasse, 79, 251.

Casino de Nice, 194.
Casino de Paris, 34, **83,** 85, 93, 116, 123, 124, 130, 135, 138, 141, 163, 167, 174, 177, 180, 209, 211, 234, 245, 262, 267, 270, 290, 294, 309, 323, 327, 335, 340, 377, 381, 388.
Casino des concierges, 239.
Casino des Tourelles, 93.
Casino Saint-Martin, 135.
Cavalier (disques du), 257.
Caveau des Alpes dauphinoises (le), 276.
Caveau du cercle (le), 234.
Caveau lyonnais (le), 318.
Caveau moderne (le), 48.
Caveau Thermidor (le), 380.
Cavern de Liverpool, 187.
C.B.S., 247.
Centre américain, 236, 360.
Cette heure est à vous, 100.
Chansonia, 294.
Chant'août (la), 43.
Châtelet (le), 31, 60, 115, 120.
Chat Noir (le), 57, 68, 63, 73, **90,** 126, 127, 157, 173, 190, 196, 215, 250, 263, 266, 276, 318, 322, 333, 340, 333, 380, 383.
Cheval d'or (le), **92,** 108, 226, 357.
Chez Agnès Capri, 219, 290, 380.
Chez Bob et Jean, 290.
Chez Bozo [Montréal], 156.
Chez Carrère, 135.
Chez Chopinette, 284.
Chez Elle, 66.
Chez Fysher, 61, 66, **95,** 154, 199, 274.
Chez Georges, 149, 376.
Chez Gilles, **96,** 135, 185, 228, 361, 380.
Chez Jeanne, 67.
Chez les clochards, 66.
Chez Lucienne, 66.
Chez Moineau, 37.
Chez Patachou, 299.
Chez Pomme, 10, 250.
Chez Suzy Solidor, 352.
Chien Noir (le), 61, 157, 215.
Cigale (la), 36, 56, 75, 123, 130, 163, 388.
Closerie des Lilas (la), 263.
Club de la chanson (le), 30.
Club de l'Opéra (le), 352.
Club des Hydropathes (le), 90.
Club Saint-Germain (le), 135.
College Inn (le), 104, 165, 200, 282.
Colombe (la), 28, 39, 41, **103,** 157, 282, 357, 379.
Comédie-Canadienne (la) [Montréal], 88, 134.
Concert Damia, 116.
Concert de la Pépinière, 312.
Concert de l'Époque, 73.
Concert des Amandiers, 73.
Concert du Cheval blanc, 345.
Concert du Commerce, 62.
Concert du Point du jour, 312.
Concert Lisbonne, 133.
Concert Mayol, 28, 65, 66, **106,** 116, 156, 199, 377.
Concert Parisien, 60, 87, 106, 123, 136, 194, 233, 253, 300.
Contrescarpe (la), 16, **108,** 149, 246, 357.
Coq d'or de la chanson française, 39, 125, 140, 185, 327.
Coup de soleil (le) [Lausanne], 184.
Coupole (la), 263.
Cour des miracles (la), 52, **111,** 266, 353.

Deauville (concours de la chanson de), 211, 325, 331.
Decca, 221, 233.
Divan japonais (le), **132,** 136, 194, 196.
Don Camillo (Au), **133,** 219.
Drap d'or (le), 228.

Échelle de Jacob (l'), 12, 31, 135, **144,** 380.
Écluse (l'), 37, 46, 104, 122, **145,** 149, 151, 165, 177, 187, 285, 380.
École buissonnière (l'), **145,** 222, 379.
Écrin (l'), 253, 373.
Éden-Concert (l'), **146,** 161, 194, 312, 377.
Eldorado (l'), 13, 16, 17, 19, 50, 76, 98, 103, 133, 137, **147,** 163, 181, 188, 189, 194, 216, 247, 267, 275, 300, 319, 320, 355, 363, 371, 385.
Eldorado (l') [Nice], 156.
Electric-Concert (l'), 136.
Élysée-Montmartre (l'), 48, 54.
Empire (l'), 16, 74, 76, 116, 119, **148,** 163, 174, 179, 180, 184, 381.
Espace Cardin (l'), 19.
Européen (l'), 55, 116, 119, 120, 138, **152,** 167, 183, 192, 200, 234, 241, 297, 310, 311, 352.
Eurovision (Grand Prix de l'), 28, 57, 64, 125, 177, 228, 254, 299.
Étoile-Palace (l'), 166.

Fantaisies-Oller (les), 291.

Faux-Nez (Cabaret des) [Lausanne], 76.
Festival, 125, 222.
Fiacre (le), 200, 290, 338.
Fine fleur de la chanson française (la), 51, 56, 136, 228.
Folie de Lys Gauty, 179.
Folies-Belleville, 279.
Folies-Bergère (les), 28, 34, 36, 53, 65, 93, 116, 129, 135, 147, **163**, 167, 188, 208, 209, 216, 267, 279, 312.
Folies-Bobino (les), 56.
Folies-Pigalle (les), 75.
Fontaine des quatre saisons (la), 100, **165**.
Francofête (la), 89, 230.
Funambules (les), 113.

Gaîté-Lyrique (la), 208.
Gaîté-Montparnasse (la), 43, 52, 85, 111, 116, 122, 133, 150, **176**, 181, 218.
Gaîté-Rochechouart (la), **176**.
Galerie 55 (la), 145, **177**.
Gaumont (le), 143.
Golf Drouot (le), 21, 83, 92, **187**, 196, 239, 348.
Grand Çasino de Marseille, 388.
Grand Écart (le), 103.
Grenier de Gringoire (le), 30, 174.
Grillon (le), 250.

Horloge (l'), 123, 194, **202**, 261.

Jam-sessions chanson-poésie, 51.
Jardin de Paris (le), 203, 291.
Jimmy's (le), 200.

Kermesse aux chansons (la), 141, 169.

Lapin à Gill (le), 82, 85, 139, 219, **225**, 245, 250.
Liberty's (le), 228.
Lice chansonnière (la), 315.
Lido (le), 53, 109, 388.
Lucernaire (le), 39.
Lune Rousse (la), 55, 58, 174, **242**, 279, 285, 318.
Lyre des travailleurs (la), 207.

Marcadet (le), 196.
Mardi des Capucines (le), 37.
Méthode (la), 108, 154, 289.
Midem (le), 11, 99, **262**.
Milord l'Arsouille, 26, 99, 174, **264**, 380.
Mirliton (le), 73, 91, **266**.
Moulin de la chanson (le), **279**, 285.
Moulin Rouge (le), 28, 36, 47, 53, 78, 99, 109, 123, 135, 163, 177, 194, 203, 209, 267, **279**, 291, 294, 309, 316, 327.
Music-hall de France (le), 26.
Music-hall des jeunes (le), 146.
Music-hall du Marais (le), 294.
Musicorama, 98, 325.
Musique en tête, 200.

Noctambules (les), 154, **284**, 285, 293, 318.
Nuit de la Nation (la), 197.
Numéros 1 de demain (les), 10, 29, 202, 327.

Odéon (l'), 30, 119, 137, 156.
Olympia (l'), 9, 11, 16, 18, 19, 20, 22, 26, 31, 36, 37, 39, 41, 44, 46, 59, 60, 63, 82, 88, 97, 99, 100, 102, 104, 105, 107, 109, 110, 112, 115, 116, 117, 119, 121, 122, 123, 128, 129, 131, 135, 138, 140, 141, 160, 167, 168, 171, 172, 174, 180, 181, 187, 199, 208, 211, 217, 229, 246, 259, 274, 279, 281, 284, 287, **291**, 293, 298, 306, 308, 310, 316, 325, 330, 331, 332, 335, 338, 342, 343, 344, 351, 356, 357, 359, 360, 366, 369, 371, 375, 378, 379, 381, 388.

Pacra (Concert), 31, 68, 120, 138, 253, **294**, 331.
Palace (le), 146, 175, 200, 234, 257, 365, 377.
Palais Berlitz (le), 183.
Palais des Congrès (le), 88, 102, 292, **296**, 378.
Palais des Sports (le) [Paris], 92, 115, 159, 197, 292, **296**, 360.
Palais des Sports (le) [Saint-Ouen] 360.
Paradis Latin (le), 13.
Paramount (le), 183.
Paramount (le) [Marseille], 119.
Paramount (tournées), 156.
Paris-Cocktail, 196.
Parisiana, 76, 130, 188, 208, **297**, 365, 388.
Paris qui chante, 55.
Parlophone, 335.
Paroles et musique, 59.
Pathé-Marconi, 17, 23, 125, 201, 219, 253, 254, 360.
Pavillon de Baltard (le) [Nogent], 202.
Pavillon de Flore (le) [Liège], 194.
Perchoir (le), 40, 138.

Petit Casino (le), 116, 119, 135, 136, 162, **303,** 304, 320.
Petit Chambord (le), 169.
Petit Conservatoire de la chanson (le), 236, 266.
Petit Pont (le), 257.
Petit Théâtre (le), 279.
Philips, 68, 70, 80, 125, 197, 226, 247, 384.
Pie-qui-chante (la), 154, 340.
Pizza du Marais (la), 54, 202.
Place des Arts (la) [Montréal], 238.
Plain chant, 257.
Pleyel (salle), 116, 204, 367.
Polydor, 19, 46, 52, 80, 363.
Port du Salut (le), 41, 132, 282.
Porte de Pantin (hippodrome de la), 197, 229.
Poste parisien (le), 80, 100, 141, 183.
Printemps de Bourges (le), 166, 176, 228, 236, 266. **317,** 339, 359.
Procope (le), 383.

Quat'z-Arts (les), 167, 276, **322.**
Quod libet (le), 99, 135, 187, 200, 254, 264.

Radio-Cité, 64, 80, 128, 229, 363, 368.
Radio-France, 232.
Radio-Monte-Carlo, 92, 295.
Radio-Paris, 201, 253.
Raisins verts (les), 26.
Ranelagh (le), 39.
RCA, 46.
Relais de la chanson française (le), 122, 236.
Rex (le), 183.
Rose d'or d'Antibes (la), 236, 371.
Rose rouge (la), 25, 26, 135, 151, 165, 171, 277, **334.**

SACEM, 19, 27, 79, 138, 157, 211, 235, 263, 266, 307, 316, 331, 333, **338,** 351, 390.
Saravah, 39, 164, 201.
Scala (la), 13, 16, 55, 73, 76, 87, 119, 123, 136, 147, 166, 173, 194, 279, 297, 312, **345,** 355, 365.
Schéhérazade (le), 253.
SDRM, 166, 338.
S.F.A., 388.
Soirées de la plume, 157.
Soleil d'or (le), 318.
Spa (festival de), 141, 221, 231.
Star Club de Hambourg, 187.
Studio des Champs-Élysées, 25.

Tabarin, 370.
Tabou (le), 26, 191, 383.
Télé-dimanche, 235, 258.
Temps des retrouvailles (le), 156.
Tête de l'Art (la), 96, 156, 342, **361.**
Théâtre Agnès-Capri, 81.
Théâtre d'Aubervilliers, 104.
Théâtre Daunou, 171.
Théâtre de Dix-Heures, 366.
Théâtre de l'Alliance-française, 135.
Théâtre de l'Ambigu, 161.
Théâtre de la Porte-Saint-Martin, 102.
Théâtre de la Renaissance, 85.
Théâtre de l'Athénée, 86.
Théâtre de la Ville, 24, 46, 122, 141, 192, 214, 221, 229, 231, 235, 295, 306, 329, **362,** 379, 382.
Théâtre de l'Épée-de-bois, 82.
Théâtre de l'Est parisien, 80.
Théâtre de l'Étoile, 21, 116, 138, 155, 145, 229, 273, 316, **362.**
Théâtre de Montrouge, 184.
Théâtre des Capucines, 208.
Théâtre des Célestins [Lyon], 79.
Théâtre des Champs-Élysées, 11, 33, 41, 51, 95, 138, 141, 171, 180, 257.
Théâtre des Deux Anes, 16.
Théâtre des Mathurins, 82.
Théâtre des Menus Plaisirs, 75.
Théâtre des Nouveautés, 291.
Théâtre des Variétés, 16, 75, 123, 299.
Théâtre du Petit-Monde, 30.
Théâtre Marigny, 30.
Théâtre Mouffetard, 39, 52, 353.
Théâtre populaire de la chanson, 56, 136.
Théâtre Récamier, 216.
Théâtre Romain-Roland, 104.
Théâtre Sarah-Bernhardt, 208.
TNP, 104, 166, 191, 250.
Tréteau de Tabarin (le), 173, **369.**
Trois Baudets (les), 70, 80, 100, 107, 118, 150, 230, 235, 247, 344, **363,** 371.

Un après-midi ensemble, 100.

Vache enragée (la), 144.
Vendredis de la chanson (les), 146.
Vieux-Colombier (théâtre du), 85, 135, 184, 187, 277, 332.
Villa d'Este (la), 115.
Vogue, 196.

Waldorf Astoria (le) [New York], 327.

Index des noms cités

Aber G., **10,** 126, 198, 205, 220.
Aboulker M., 170.
Abrial P., **10,** 332.
Achard M., 78, 107.
Ackermans H., 314.
Adamo S., **11,** 162, 206, 206, 254.
Adderley N., 287.
Adison F., **12,** 200, 373, 381.
Aglaé, **12,** 31, 332.
Alarcen J.-P., 48.
Alexander M., 171, 375.
Alibert, **15,** 119, 345, 346.
Allemand M. et Mme, 163, 345.
Allwright G., **16,** 29, 108, 332.
Alpert H., 151.
Althéry M., **17,** 201, 317.
Alyn M., 290.
Amade L., **18,** 35, 44, 45, 126, 385.
Amador M., 227, 252.
Amar (les frères), 149.
Amiati, 17, **19,** 50, 98, 129, 147, 176, 247, 316, 345.
Amont M., **19,** 22, 55, 85, 93, 111, 138, 161, 183, 241, 258, 286, 331.
Amurri A., 113.
Amy R., 60, 84, 245.
André E., 98, 129.
Andrew Sisters, 110.
Andrex, **21.**
Ange, **21.**
Anka P., 259.
Annegarn D., **22,** 46.
Annoux J.-C., **22,** 145.
Anthony R., **23,** 58, 59, 130, 183, 254, 327, 384.
Antoine, **23,** 89, 142, 310.
Apollinaire G., 53.
Appel D., 197.
Aragon L., 12, **24,** 68, 94, 140, 158, 277, 290, 352.
Arcane V., 98.
Arène P., 250.
Arletty, 20, 340.
Armstrong L., 47, 53, 85.
Arnac B., **25.**
Arnaud M., **25,** 99, 175, 264, 330.
Arnould A., 48.
Arnulf J., **26.**
Artur J., 56.
Arvay P., 144.
Asso R., **27,** 104, 138, 270, 280, 307, 352.
Astaire F., 273.
Astor B., 262.
Auberson P., 318.
Aubert J., **28,** 106, 164, 280.
Aubert J.-L., 360.
Aubert M., **28.**
Aubret I., **28.**
Audiberti J., 287.
Audiffred E., 252.
Aufray H., 16, **29,** 126, 131, 145, 175, 266, 330.
Averty J.-C., 26, 114.
Avray C. d', **30.**
Aznavour C., 12, 15, 20, **30,** 52, 72, 100, 107, 123, 132, 134, 135, 169, 177, 178, 192, 201, 211, 212, 292, 332, 347, 356, 378, 382.

Baccharah B., 269.
Bach, 26, **33,** 65, 147, 266, 313, 320, 367.
Bachelet P., 113.
Badet A. de, 179.
Baez J., 29, 232.
Baker J., **33,** 64, 84, 112, 129, 164, 210, 340, 377.
Bailly C., 178.
Balasko S., 101.
Balavoine D., 51.
Balterl R., 251.
Baltha G., 279.
Balthy L., **36,** 291.
Bamboche (la), 248.
Bannel C., 163.
Barbara, **37,** 67, 125, 145, 161, 181, 201, 261, 283, 294, 362.

Barccellini F., 180.
Barclay E., **38,** 132, 175, 284, 336.
Barde A., 264, 278, 392.
Bardot B., **38,** 132, 175, 236, 331.
Barelli A., 128, 168.
Barlatier P., 122.
Baron C., 190, 244.
Barouh P., **38,** 85, 112, 164, 199, 223, 244.
Barrasford, 15.
Barrault J.-L., 42.
Barreye J., 79.
Barrière A., **39,** 46, 147.
Barthes R., 164.
Bashung A., **39.**
Basta de, 202, 203, 297.
Bastia J., **40,** 285, 338.
Bastia P., 40.
Bataille, 352.
Batell J., 57.
Bauchet J., 280.
Baudelaire C., 194.
Bayle P., 66, 94.
B. Devotion, 349.
Beach Boys, 258.
Béart G., 20, 26, 35, **41,** 80, 103, 144, 149, 188, 191, 192, 211, 226, 299, 317, 363.
Beatles, 43.
Beaucarne J., **42,** 362.
Beau Dommage, **42.**
Beauvais R., **43.**
Beauvoir S. de, 81, 192.
Bécat É., 176.
Bécaud G., 15, 18, 35, **44,** 126, 151, 183, 72, 95, 109, 121, 224, 228, 292, 309, 385.
Bedos G., 56, 114.
Bedos J., 22, **46,** 359.
Belkacem A., 39, 164, 165, 201.
Belle M.-P., **46,** 145, 354.
Bellot E., 102.
Belluardo Y., 394.
Ben J., 284.
Benaïm M., 330.
Bénech et Dumont, **47,** 152, 162, 171, 310.
Benoît N., 193.
Ben Tayoux, 17.
Benza L., 247.
Béranger F., **47,** 111, 326.
Béranger P.-J. de, **48,** 315.
Béranger R., 183.
Bérard, **50,** 60, 133, 147, 176, 181, 302.
Bérard G., 100, 179.
Beretta D., 93.
Beretta R., 129, 163, 291.
Berger M., **50,** 177, 199, 266, 342.
Berger R., 120.
Bergman B., 40.
Bérimont L., **51,** 290.
Berlingot, 273.
Bernard (père), 143.
Bernard M., 111, 318.
Bernard R., 45, 151.
Bernet R., **51,** 193, 205, 269, 387.
Berniaux D., 260.
Bernholc M., 342.
Bertal, 170, 211.
Berteau J., 15.
Bertet J., 260, 346.
Bertignac L., 360.
Bertin J., 51, **52,** 98, 111, 147.
Bertola J., **52,** 189.
Bertrand P., 43.
Bessière E., 252.
Bessières L., 27, **52,** 384, 385.
Bétove, **53,** 96.
Betti H., **53,** 85, 94, 155, 203, 310, 375, 376.
Beuscher P., 85, 166.
Bialek A., **53.**
Bibeau R., 387.
Big Bazar (le), 172, 173.
Bigot L., 94.
Bijou, **53.**
Billault L., 179.
Billon P., 198, 343.
Bird R., 187.
Bixio A., 179, 368.
Bizet, 110.
Bizet M., 44, 126.
Bizos, 15.
Blanc G., 258.
Blanche F., **54,** 111, 114, 250, 322.
Blaquière P., 155.
Blareau R., 242.
Blau É., 350.
Blès N., **54,** 58, 65, 242.
Bloch J., **55,** 152, 345.
Blondeau, 356.
Blondo L., 330, 349.
Boccara F., **56,** 254.
Boissezon S., 202.
Bolling C., 183, 297.
Bonifay F., **58,** 109, 180, 197.
Bonnaire, 316.
Bonnaud D., 95, **58,** 242, 250, 279.
Bonnet G., 28, 327.
Bontempelli G., 23, **59,** 199, 341.
Bordas M., **59,** 155.
Bordas R., **59.**
Bordeaux R. de, 93.

Borel-Clerc, **60,** 66, 84, 86, 93, 94, 138, 155, 241, 245, 249, 260, 304, 305, 340, 376.
Bcria C., **61.**
Boris J.-M., 292.
Borney, 83.
Botrel T., 58, **61,** 75, 76, 173, 219, 259, 260, 295.
Botton F., 325.
Boublil A., 79, 131.
Boublil D., 226.
Bouché A., 255.
Boucot, **62,** 297.
Bouillon J., 192, 200, 233, 242, 381.
Boukay M., **63,** 75, 126, 250.
Boulanger N., 232, 272.
Bouquet J., 371.
Bourgeois G., 38, 64, 192, 194, 331.
Bourgès P.-J., 73, 176, 202, 297.
Bourget A., 338.
Bourtayre H., **64,** 86, 95, 200, 375, 376.
Bourtayre J.-P., 64, 131, 152, 169, 269, 333.
Bourvil, 9, 50, **64,** 167, 254, 288.
Bousquet L., 29, **65,** 174, 320.
Boussard P., 237.
Boyer Jacqueline, 66.
Boyer Jean, **65,** 376.
Boyer Lucien, 55, 60, **65,** 78, 93, 112, 116, 117, 178, 245, 253, 260, 294, 322, 346.
Boyer Lucienne, 56, 59, **66,** 96, 106, 109, 126, 148, 165, 242, 246, 266, 291, 298, 314, 367.
Boyer M., 285.
Brant Mike, **67.**
Brassens G., 20, 24, 26, 37, 42, 56,, **67,** 80, 87, 90, 104, 108, 109, 158, 159, 166, 188, 191, 230, 294, 301, 319, 325, 344, 351, 363, 383.
Bravard R., 185, 382.
Brébion P., 297.
Brecht B., **69,** 104, 105, 106, 179, 216, 219, 261, 292, 344.
Breffort A., 272, 325.
Brel B., 145.
Brel J., 20, 26, 37, 42, **70,** 80, 124, 140, 145, 182, 190, 192, 211, 223, 224, 230, 238, 278, 292, 295, 311, 321, 350, 359, 361, 363.
Breton J., 242.
Breton R., 31, **72,** 95, 110, 123, 261, 309.
Brice, 40.
Brienne M., 77.
Brocey M., 179, 327.
Broussolle J., 45, 72, 104, 105, 344.
Brown O. Jr., 287.
Brown T., 198.
Bruant A., 47, 55, 61, **72,** 75, 80, 91, 193, 266, 276, 290, 294, 334, 340, 345.
Bruno P., 65.
Brutos (les), 89.
Buarque C., 287, 379.
Buffet E., **75,** 139.
Bühler M., **76.**
Bukey Y., 83.
Burani P., 24, 240.
Burger É., 184.
Burtley W., 346.
Buxeuil R. de, **77,** 323.
Byrec, 194.

Cabrel F., 39, 262.
Caire R., **79,** 141, 328.
Calvi G., 54, **79.**
Candido M., **79,** 115, 240.
Canetti J., 41, 52, 70, **80,** 128, 150, 175, 201, 230, 277, 329, 332, 363.
Canfora B., 113.
Cami, 174.
Capon J.-C., 165.
Capri A., 25, 70, 80, **81,** 187, 210, 219, 285, 290, 316.
Caradec J.-M., **82.**
Caran d'Ache, 90.
Carco F., 75, **82,** 138, 140, 225, 230, 277, 285, 306, 377, 380.
Carenzio L., 267.
Carlès R., 178.
Carli P., **83,** 193.
Carlos, 236.
Carpentier, 47.
Carré E., 238.
Carré M., 17, 317.
Carrère C., **83,** 145, 348, 349.
Casanova J., 213.
Casanova M.-J., 88, 141, 384.
Castel R., 200.
Castelain J.-P., 347.
Castella B., 273.
Castille A., 56, 152.
Castle V., 84.
Caussimon J.-R., 39, **85,** 155, 176, 332.
Cavanna, 20.
Cavelli B., 133, 239.
Cazalis A.-M., 191.
Célis É., 64, **85.**
Chabannes J., 109.
Chagot J., 91.
Champions (les), 187.

Chantegrelet R., 186, 275.
Chanty, 219.
Chapelle P., 294.
Char R., 25, 257.
Charden E., 59, 131, 277, 318, 330, 354, 355.
Charlebois R., **88,** 90, 156, 166, 228, 238, 271, 292, 296.
Charles et Johnny, 56.
Charles R., 350.
Charlots (les), 24, **89.**
Charlys, 171, 375.
Charpentreau J., 68.
Charton G., 369.
Chatel P., 69, **90,** 111.
Chats sauvages (les), 51, 331.
Chauliac L., 113.
Chaulot P., 28.
Chaussettes noires (les), 52, **92,** 117, 178, 183, 187.
Chauveau, 13.
Chebroux E., 60, 146.
Chelon G., **92.**
Chepfer G., 279.
Chevalier M., 14, 15, 19, 21, 32, 53, 60, 63, 64, 65, 84, 85, **93,** 123, 132, 137, 146, 148, 152, 163, 170, 171, 174, 177, 203, 227, 233, 240, 245, 249, 254, 264, 267, 270, 273, 297, 299, 308, 340, 346, 376, 377, 390, 392.
Chevallier C., 371.
Chevry B., 262.
Chezell F., 322.
Chiffonnie (La), 248.
Chostakovitch D., 27.
Chrétienno, 17, 147.
Christian P., 269.
Christiani H., 111.
Christiné H., 54, 93, **96,** 234, 260, 304, 328, 340, 345, 385.
Christophe, **97,** 193.
Clair R., 180, 278, 316.
Claire, **98.**
Claret, 66.
Clark P., 10, 15, **98,** 111, 119, 121, 175, 228, 394.
Claude F., 26, **99,** 264.
Claudius, 73, **99,** 345.
Claveau A., **100,** 126, 166, 185, 213, 221, 227, 240, 310, 315.
Clay P., 22, 80, 84, **100,** 118, 121, 165, 191, 286, 363, 382.
Clément J.-B., **101,** 250, 361.
Cler C., 177.
Clerc J., **102,** 114, 122, 231, 236, 296, 333.
Clerico J., 280.
Clevers L., 109.
Cloërec, 356.
Coben, 187.
Cocagnac (père), 143.
Cocteau J., 57, **103,** 180, 268, 308.
Cohen L., 16.
Colette A., 93.
Colling D., 176, 317.
Collo J.-C., 89.
Colombier N., 143.
Colombier P., 264.
Colombo P., 70, **103,** 144, 154, 177, 361.
Colson B., 179, 314.
Comedian Harmonists, 322.
Compagnie (la), 172.
Compagnons de France (les), 105.
Compagnons de la chanson (les), 9, 10, 54, 72, 79, **104,** 111, 126, 134, 140, 191, 362.
Compagnons de la musique (les), 105.
Constantin J., **107,** 132, 186, 211, 306.
Constantine E., 31, **107,** 123, 141, 165, 166, 238, 336.
Contet H., 38, 105, **107,** 141, 169, 186, 201, 240, 246, 272, 307.
Coppée F., 250.
Coquatrix B., 38, **108,** 139, 291, 292, 309.
Cording H., 188.
Cordy A., 58, 107, **109,** 119, 166.
Cornuché, 13.
Coulonges G., 19, **111,** 136, 158, 180, 235.
Cour P., **111,** 185, 314.
Courmontagnes P., 319.
Courtioux C., 250.
Cousineau F., 140, 231.
Couté G., 61, **112,** 117, 219, 276.
Couture C., 318.
Cover F., 179.
Crémieux O., 120, 263, 320.
Croisille N., **112,** 125, 131, 188, 223.
Crolla H., **113,** 203, 273, 282, 334.
Cuttugno, 237.
Cyclones (les), 142, 187.

Dabadie J.-L., 102, **114,** 122, 313, 325.
Dabadie M., 114, 170.
Dac P., **114,** 242, 303, 322.
Dalayrac, 255.
Dalbret, 119, 176, 181.
Dalida, 36, 58, **115,** 134, 183, 185, 219, 227, 327, 331, 362.
Dalone F., 288.
Damase J.-M., 211.

Damia, 15, 40, 56, 57, 61, 66, 106, **115,** 138, 148, 152, 170, 234, 291, 303, 308, 314, 336, 345.
Danel P., **117.**
Dani, 13.
Daniderff L., 82, 112, **117,** 170, 211, 274.
Danno J., 132, 223.
Darcelys, **118,** 346, 356.
Darcier J., 75, 101, 364.
Darnal J.-C., 80, **119,** 130.
Darrieux D., **119,** 201, 314.
Darty P., **119,** 345, 369.
Dassary A., **120,** 233.
Dassin J., **120,** 126, 236, 254, 330.
Datin J., 20, 37, 111, 114, **121,** 124, 223, 277, 286, 287, 385.
Dauberson D., **121.**
Dautin Y., **122.**
Dave, 67, 109.
David H., 266.
David M., 381.
Davis J., 107.
Davis R. D., 223, 355.
Davis Jr S., 341.
Dax M., **123.**
Day S., 200.
Dearly M., 13, 84, 115, **123,** 136, 152, 176, 203, 267, 280, 291, 345.
Debock G., 124.
Debout J.-J., 121, **123,** 177, 189, 378, 385.
Debronckart J., **124,** 224, 332.
Defaire R., 21.
Defrance E., 75.
Defreyn, 58.
Degeyter A., 124.
Degeyter P., **124,** 207.
Deguelt F., 100, **124,** 185.
Dejacques C., 46, 112, **125,** 236.
Delagrange C., 83, 183.
Delair S., 85, **125,** 240, 267.
Delanoë P., 16, 20, 29, 35, 44, 45, 46, 99, 113, 121, **125,** 134, 151, 169, 172, 183, 185, 217, 236, 237, 250, 284, 313, 331, 343, 379, 394.
Deléciuze C., 18, 308.
Delmas M., 64, 86.
Delmet P., 64, 91, 120, **126,** 131, 133, 147, 154, 215, 219, 241, 285, 305, 366, 380.
Delormel L., 17, 19, **127,** 129, 149, 247, 300.
Delpech M., **127,** 131, 330.
Delyle L., 39, 67, 80, **128,** 221, 227, 306, 314, 382.
Demarny J., 243, 371.
Demet C., 21.
Deniaud Y., 81.
Denis A., 106.
Denoncin R., 180.
Déquéant J.-C., 351.
Deréal C., 20, **128.**
Déroulède P., 19, 62, 75, 98, 127, **129.**
Derval P., **129,** 163.
Desage C., 394.
Deschamps N., 187.
Deschamps Y., 156.
Deslys G., 84, 103, **130,** 146, 210.
Desnos R., 25, 70, 182, 220.
Desnoues L., 257.
Désormes L.-C., 149.
Despax O., 168.
Desprez, 83.
Desrochers C., 156.
Desrosiers M.-M., 43.
Desrosiers R., 43.
Dessca Y., 23, **131,** 284, 318, 354.
Destailles P., 366.
Devaise G., 116.
Deval M., 253.
Devos R., 93, 166, 196.
Devy M., 348.
Dharma, 247.
Diana L., 245.
Dickson H., **131,** 263, 280, 320.
Dietrich M., 80, 170, 362, 367.
Dihau, 365.
Dimey B., 52, **132,** 211, 223, 280, 332.
Distel S., **132,** 185, 346.
Djian H., 28, 101.
Djinns (les), 183.
Doelnitz M., 13, 57.
Doloire E., 181.
Domingo, 139.
Dona, **133,** 176.
Dona A., 15, **134,** 169, 223, 236.
Donnay M., 170.
Dor G., **134,** 216.
Dorfeuil, 106, 181, 218.
Doria F., 87.
Dorin F., **134,** 185.
Dorin R., 134, 356.
Dorlan M., 60, 138, 304.
Dorsay P., 148, 185.
Dorsay R., 199.
Dorville, 84, **135.**
Douai J., 51, 56, 96, **135,** 145, 161, 216, 347, 366.
Doubis P., 186.
Doucet Camille, 147.
Doucet Clément, 57.
Dousset P.-A., 112.
Doux L., 14.

Dranem, 19, 40, 64, 65, 93, 97, 106, 123, 133, 135, **136,** 146, 147, 167, 176, 264, 265, 275, 278, 301, 313, 319, 371.
Dréan, **137,** 176.
Dréau J.-P., 314.
Dréjac J., 20, 60, **138,** 170, 233, 251, 304, 306, 331.
Dreu G., 131.
Dreymon, 278.
Druon M., 88, 337.
Dubas M., 9, 27, 82, 84, **138,** 174, 221, 270, 272, 291, 307, 314, 362.
Ducasse, 13.
Ducharme R., 89, 216, 271.
Dudan P., 78, 109, **139.**
Dufleuve, 275, 311, 313.
Dufrenne O., 40, 84, 106, 146, 148, 377.
Dufresne D., **140,** 144, 166.
Dulac O., 58.
Dumas P., 344.
Dumas R., 124, 189, 206, 378.
Dumont C., **140,** 247, 272, 308, 315, 381.
Dumont E., **47,** 310.
Duparc F., 147.
Dupeyron, 13.
Dupont P., 101.
Durand P., 108, **141,** 169, 213, 246, 352.
Durand-Desjeux J., 218.
Durocher L., 62, 91.
Dutailly J., 251.
Duteil Y., **141,** 332, 362.
Duthyl M., 100.
Dutronc J., 88, 131, **142,** 187, 225, 311, 362.
Duval A., **142.**
Dylan B., 16, 39, 82, 126, 148.

Eblinger, 139.
Édouard, 330.
Eisler H., 219.
Ekyan A., 113, 337, 381.
Elbaz G., **146.**
Elskamp M., 42.
Eluard P., 25.
Émer M., **148,** 203, 307.
Enfants terribles (les), 108, **149.**
Enoch, 219.
Enthoven, 58.
Erté R., 164.
Escudero L., 80, **150,** 176, 192.
Esposito F., 14.
Esposito G., 46, 125, **151,** 249.
Évariste, 23, **153.**
Everley P., 168.

Fagus, 194.
Fallot C., 96, 127, **154,** 241, 253, 365.
Fanon M., 104, 124, 144, 145, **154,** 202, 254, 352.
Farel, 66.
Farrès O., 352.
Faure D., 28, 101.
Favart E., 58.
Fayol L., 53, **155.**
Feautrier E., 295.
Febvre P., 72.
Féline J., 266.
Feraudy de F., 120.
Ferland J.-P., **156,** 230.
Fernandel, 14, 15, 56, 106, 133, **156,** 170, 206, 233, 273, 313.
Fernandez J., 92.
Ferny J., **157,** 215, 242.
Ferrat J., 15, 24, 28, 56, 69, 103, 111, 145, **157,** 188, 189, 193, 211, 248, 258, 272, 288, 296, 352, 384.
Ferré L., 12, 20, 24, 25, 26, 51, 56, 80, 85, 99, 115, 133, 136, 140, 145, **159,** 186, 192, 213, 216, 254, 264, 276, 299, 330, 344, 347, 361, 363.
Ferréol R., 279.
Ferrer N., **160,** 254.
Ferrière J., 83, 193.
Filipacchi D., **162,** 198, 378.
Five Rocks (les), 92.
Flers et Caillavet, 123, 209, 317.
Flore A., **162,** 165.
Florelle O., 70, **163,** 367.
Florencie J., 112.
Florent, 157.
Fonciulli G., 36, 227.
Font P., 54.
Fontaine B., 39, **164,** 201, 384.
Fontenoy M., **165,** 185.
Forestier L., 88, **166.**
Fort P., **166.**
Fortugé, 15, 64, **166,** 291.
Fortuné (aîné et cadet), 14.
Fouad P., 113.
Foucher A., 181.
Fouilloux, 291.
Fournier E., 133.
Frachet P., 248.
Fragson, 13, 15, 37, 96, 97, 116, 152, **167,** 176, 235, 253, 291, 297, 301, 322, 340, 345, 388.
Franck, 14.
Franck P., 61, 138, 180, 291.
François C., 64, 131, **168,** 185, 366.
François F., 67.

François J., 67, 80, 108, 141, 148, **169,** 246, 267, 314, 381.
Frébeault E., 155.
Frédé, 82, 245.
Freed F., **170.**
Fréhel, 9, 15, 115, **170,** 176, 291, 375, 376, 381.
Frenc M., 143.
Frères Jacques (les), 54, 69, 80, 96, 107, 114, 150, **171,** 175, 184, 187, 219, 221, 258, 317, 322, 334, 363, 381.
Fronsac G., 249.
Fugain M., 126, **172,** 292.
Fuller L., 116, 163.
Fursy, 55, 57, 58, 166, **173,** 242, 279, 345, 370.

Gabaroche G., 93, 97, **174,** 356.
Gabin J., 114, 177.
Gabriello, 139, **174,** 303.
Gadouas D., 89.
Gainsbourg S., 26, 38, 80, 89, 99, 142, 161, **174,** 177, 188, 192, 199, 222, 299, 363.
Galipaux, 301.
Gall F., 50, 121, 175, **177,** 330.
Gall R., 32, 177.
Gandera F., 278.
Ganne L., 300, 302.
Garat H., 163, **177,** 328, 340, 376.
Garçons de la rue (les), 165.
Gardejann H., 155.
Gardel C., 146, 193.
Gardoni F., 192.
Garland J., 151.
Garnier L., 149, **178,** 300, 302.
Garvarentz G., **178,** 378.
Gasté L., **178,** 327, 381.
Gauthier G., 140.
Gauty L., 96, 148, 152, **179,** 186, 219, 336, 381.
Genès H., 58, **180.**
Geneviève, 377.
George D., 213.
George Y., 57, 66, 96, 103, **180,** 236, 291, 298, 308.
Georgel, 15, **181,** 260, 333.
Georgius, 9, 15, 25, 55, 89, 147, 152, 176, **181,** 242, 362.
Gérald F., 20, 125, **183,** 236, 313, 394.
Gérard D., 51, **183,** 222, 298, 387.
Gerbeau R., 39, 57, **183.**
Germain J.-C., 166.
Gershwin I., 50.
Gesmar, 84.
Getz S., 223.
Gey J., 25, 138.
Gibarra L., 54, 111.
Gil G., 287.
Gilbert Y., 223, 224.
Gilles, 96, 105, 184.
Gilles et Julien, 15, **184,** 314, 381.
Giraud H., 111, 126, 135, 138, 166, **185,** 284, 311, 331.
Giraud Y., **185,** 240.
Giraudoux J., 86.
Giroud F., 179.
Gitral, 251, 260.
Glanzberg N., 108, 179, **185,** 190, 310, 331.
Glaser D., 226.
Glenmor, **186.**
Goaty C., 223.
Godewarsevelde de R., 119.
Goehr R., 381.
Golder J., 164.
Goldin M., 9, 179, 362.
Goldstein A., 214, 237.
Golmann S., 10, 81, 145, **187,** 264, 334, 384.
Goraguer, A., **188,** 384.
Gorlett, 119.
Gossec F.-J., 255.
Gosset G., 197.
Goubert A., 13, 14.
Goublier G., **188.**
Goudeau E., 323.
Gougaud H., 52, 103, 145, 159, **189,** 192.
Gouin F., **189.**
Goupil P., 150.
Goya C., 124, **189,** 236, 296.
Grand Rouge (le), 248.
Grange D., **191.**
Grappelly S., 205, 367.
Grassi A., 70, 100, 105, **191.**
Gréco J., 31, 41, 56, 57, 59, 67, 99, 116, 124, 132, 134, 138, 175, 188, **191,** 211, 214, 223, 245, 282, 288, 306, 331, 334, 363, 382.
Grégory A., 284.
Grello J., 68.
Gribouille, 22, 241.
Grilliquez E., 384.
Grisolia M., 46.
Grison J.-B., 255.
Groener G., 179.
Grosz P., 214.
Guérin P.-L., 109, 294, 361.
Guétary G., 9, 64, 138, **192,** 323, 239, 240, 252, 266, 315, 336.
Guichard D., 13, 83, **193.**
Guichard J.-P., 21.

Guidon-Lavallée, 144.
Guigo J., 178.
Guilbert Y., 13, 74, 106, 117, 127, 129, 133, 138, 146, 148, 152, 161, 163, **193**, 196, 202, 215, 218, 234, 241, 245, 253, 301, 345, 391.
Guillevic, 277.
Guitry S., 281.
Gustin G., 110.
Gustavo, 38.
Guthrie W., 30, 48.
Gyarmathy M., 129, 164.

Haas D., 21.
Habrekorn G., 133, **196.**
Hadjidakis M., 281.
Hahn R., 116, 117.
Halimi A., 169, 176.
Halliday J., 10, 21 23, 52, 58, 109, 124, 148, 178, **196**, 205, 239, 257, 296, 327.
Hallyday L., 196.
Hamel, 34.
Hanlon-Bros, 15.
Hardellet A., 35, 41.
Hardin T., 239.
Hardy F., **198**, 254, 266, 366, 378.
Harmonium (groupe), 42.
Harvey L., 178.
Hauptmann G., 81.
Havet P., 80.
Hays, 168.
Hégoburu L., **199.**
Hélian J., 64, 185, **199**, 233, 381.
Hélianes (les), 200.
Helmer C., 14.
Hendrix J., 158.
Henrion P., 19, 338.
Herbel E., 260.
Herbert M., 157.
Herman M., 318.
Héros E., 279.
Herrand M., 81.
Hervochon M., 266.
Hess J., **200**, 203, 362, 368, 375, 389, 392.
Heyman D., 56.
Heymann, 65, 178.
Heyral M., **200**, 257.
Hiégel P., 17, 37, **201.**
Higelin J., 39, 54, 164, **201**, 317, 360.
Hikmet N., 274, 352.
Hilda B., 341.
Hill J., 30.
Himmel H., 12.
Hinton M., 43.
Hoffmann Girls (les), 280.
Holmès J., 104, 177, **202.**
Honegger A., 135.
Hornez A., 53, 85, 113, 125, 200, **203**, 266, 267, 381.
Hourdeaux J., 145.
Howery, 347.
Huet P., 43.
Hugo V., 42, 68.
Humel C., 273, 375.
Hydropathes (les), 90, 244, 333.
Hylton J., 12, 381.
Hyspa V., 58, 91, 127, 173, 242, 279, 285.

Ibach H., 83.
Ibanez P., 56.
Iglesias J., 336.
Imbert F. et Moreau F., **206.**
Imbert M., 370.
Isola E. et V., 163, **208**, 291, 397.
Izoird L., 65.

Jackson T., 112.
Jacob M., 81, 368.
Jacques-Charles, 55, 66, 78, 84, 130, 137, 147, 208, **209**, 234, 264, 270, 294, 340.
Jambel L., 179.
Jamblan, 148.
Jammes F., 68, 194.
Jarre J.-M., 97, 217.
Jaubert J.-L., 104.
Jaubert M., 86, **210.**
Jeanmaire Z., 15, 41, 84, 107, 124, 132, **210**, 272, 332, 336.
Jeanson H., 180.
Jeunesse L., **213.**
Jil et Jan, 196.
Jocafi e C., 172.
Jonasz M., 199, **214**, 237, 292, 362.
Jones M., 198.
Joplin J., 350.
Jordan F., 20.
Jouannest G., 70, 122, 192.
Joullot E., 305.
Jourdan M., 20, 172, 183, 222.
Jouve, 97.
Jouvet L., 86.
Jouy J., 58, 91, 117, 132, **215**, 285, 316, 355, 361, 365, 383.
Judic A., 13, 147, **216.**
Juel, 242, 352.
Julien A.-M., **184**, 185.
Julien P., 134, **216**, 230, 238, 362, 384.
Julyani, 75.
Juvet P., 67, **217.**

Kalfon J.-P., 87, 222.
Kam-Hill, **218,** 291, 316.
Kaper B., 179.
Kernoa J.-P., 231.
Kerval S., **218.**
Kessel J., 88, 337.
Kessel S., 147.
Ketty R., 13, 186, **219,** 227, 394.
King Crimson, 31.
King E., 205.
King Set (le), 214.
Kluger J., 394.
Kock P. de, 194, 245.
Koger G., 94, 171, 252, 335, 346.
Kolinda R., 360.
Koolenn S., 331.
Kosma J., 81, 120, 161, 179, 191, 192, **219,** 273, 292, 317.
Kotz A., 208.
Krier G., 76, 97.

Labacci A., 347.
Labadie B., 371.
Labbé, éd., 170.
Labbé L., 247.
Labrecque J., 386.
Labro P., 198.
Lafarge G., **221,** 336.
Laffaille G., 111, **221,** 262.
Lafforgue R.-L., 145, **222.**
Laforêt M., 134, 183, **221,** 240, 254, 314, 351, 361.
Laforgue J., 194.
Lafourcade M., 202.
Lagarde P., 79.
Lagier S., 14, 147, 364.
Lagrange V., 87, **222.**
Lai F., 39, 112, 132, 135, 199, **223.**
Lajon A., 272.
Lalande F., 93.
Lalanne F., 318.
Lama S., 15, 46, 134, **223,** 296, 356.
Lambert C., 102.
Lamoureux R., 133, **224,** 363.
Lang J.-P., 185, 371.
Langlois S., 124, **224,** 363.
Lansade, 300.
L'Anselme J., 28.
Lanthenay, 346.
Lanzmann J., 142, **225,** 311.
Lapointe B., 93, 122, 124, **225.**
Lara C., 125, **226,** 333.
Larmanjat, 82, 138, 380.
Larrieu P., 383.
Larue J., 36, 94, 170, **227,** 240, 306, 351.
Lasry A., 261.
Lassaigne, 300.
Lasso G., 58, 115, 185, 219, **227,** 241, 289.
Latraverse P., **228.**
Laure O., 148, **228.**
Lauzon J.-P., 156.
Laverne H., 33, 266, 367.
Lavilliers B., 54, **229,** 296, 317, 354, 362.
Lawrence D., 77.
Layani G., 222.
Lays, 255.
Layton et Johnstone, 184, 310.
Learsi, 94.
Lebas R., 82, 200, **229,** 306.
Lecannois J., 242, 336, 382.
Lecarte I., 282.
Leclerc F., 80, 89, 175, **230,** 238, 319, 347, 363, 386.
Ledoux L., 9.
Le Douarin A., 122, 231.
Ledrich L., 327.
Ledru J., 180, 262.
Lee Hooker J., 97.
Lefebvre P., 106.
Lefebvre R., 86.
Le Forestier C., 125, **231,** 232.
Le Forestier M., 16, 29, 46, 69, 82, 102, 122, 125, 141, **231,** 296, 317, 354.
Lefort, 132.
Léger R., 43.
Legrand C., 233.
Legrand M., 70, 80, 97, 125, 138, 169, **232,** 254, 286, 287, 384.
Legrand R., 47, 200, **233,** 325, 327, 376, 381.
Legueltel, 145, 177.
Lehmann M., 240.
Lekain E., 139, 146, 196, **233,** 241, 345.
Lelièvre L., 65, 155, **234,** 260, 376.
Lelièvre (fils), 155.
Lelou B., 329, 370.
Lemaire G., **235.**
Lemaire J.-P., 193.
Lemaître, 87.
Lemarchand H., 65, 230, 352.
Lemarque F., 24, 80, 111, 130, 139, 158, 165, 201, **235,** 254, 273, 285, 330, 334, 363.
Lemay J., 143.
Lemesle C., 121, 126, 134, 188, **236,** 325, 332.
Lemonnier H., 211.
Lenoir J., 66, **236,** 251, 298, 314.
Lenorman G., 35, 126, 214, **236,** 248, 385.

Léonardi C., 24, 82, 277.
Lepage L., 166.
Leplée L., 307.
Leproux H., 83, 187.
Leschi F., 14.
Le Soyeux J., 340.
Leval C., 110.
Levallet D., 147.
Léveillée C., 156, **237.**
Lévesque R., 156, 216, 217, **238,** 380.
Lewis J., 205.
Libert, 146, 147, 176, 202, **238.**
Liébart L., 105.
Limentari A., 295.
Line et Willy, 135, 185.
Lionel, 64.
Lisbonne M., 133, **239.**
Littleton J., 143.
Llenas F., 107, 240.
Lô F., 141, 247.
Logan D., 187.
Long Chris, 187, **239.**
Lopez F., 9, 52, 80, 125, 227, **239,** 252.
Lorca F. G., 158, 276.
Lorge, 147.
Lorin E., 64.
Lorrain J., 170.
Lorris F., 81.
Louiguy, 94, 108, 227, **240.**
Louis A., 24, 215, **240.**
Louki P., 352, 380.
Loussier J., 347.
Louvier N., **240,** 334.
Lubat B., 122.
Lucas A., 303.
Lucchesi R., 169, 185, 314.
Lumière J., 152, 221, 234, **241,** 328, 336.
Lutèce J., 227.
Luter C., 344.
Luypaerts G., 184, **242,** 336.

Macias E., 15, **243,** 336.
Mac-Nab M., 91, 190, 194, **244.**
Mac Neil D., 39, **244.**
Mac Orlan P., 75, 82, 225, **245,** 276, 277, 285, 306, 344.
Madou C., 96.
Magne M., 57.
Magny C., 108, 158, **246,** 266, 347.
Magny de O., 247.
Magre, 180.
Mailfait H., 29, 65.
Maillan J., 148.
Makhno S., 141, 237, **247.**
Malclès J.-D., 171.
Malicorne, **248.**
Mallet F., 161, 297.
Mallet-Jorris F., 46.
Mallory M., 193.
Mann B., 284.
Mann K., 197.
Manse J., 206.
Manset G., 41, **249.**
Mansuelle, 146, 176, 297.
Marbot R.,, 126, 179, **250,** 313, 335.
Marc Cab, 86.
Marceau, 245.
Marc et André, 145, **250,** 322.
Marcel-Legay A., 58, 63, 64, 73, 91, 101, 112, 131, 132, **250,** 285.
Marchand E., 163.
Marc'O., 56, 223.
Marco J., 200.
Marcy R., 136, 161, 230.
Mardel G., 135.
Marès A., 262, 375.
Marèze J., 332.
Margaritis G., 9.
Margy L., 60, 138, 140, **251,** 304.
Mariano L., 230, 239, **251,** 254.
Marie-José, **252.**
Mariennau C., 360.
Marinier P., **253,** 279.
Marjane L., 9, 141, 178, 213, 221, 233, 240, **253,** 327, 328, 351.
Marly A., 88, 337.
Marnac J., 60, 84, 93, 320.
Marnay E., 57, 113, 185, 200, 233, **254,** 267, 314.
Maroto S., 329.
Marouani (les), **254.**
Marquet J.-L., 30.
Marsa L., 307.
Marsac J., 242, 279.
Martelier M., 200.
Marten F., **256.**
Martin H., 51, 108, **257.**
Martin Circus, **257.**
Martinet H., 303.
Martini A., 242.
Martini H., 164.
Mas J.-P., 248.
Mason R., 332.
Massoulier J.-C., 161, **258.**
Mathé, 139.
Mathieu M., 135, 223, 235, 241, 254, **258,** 262.
Mattéoni G., 237, 285.
Maubon B., 170, 211.
Mauprey A., 70, 105, 179.
Mauriac F., 57.
Mauriat P., 111, 314.

Mauricet, 279.
Mayereau I., 262.
Mayol F., 13, 14, 19, 56, 60, 61, 62, 96, 106, 112, 116, 123, 135, 136, 152, 167, 174, 176, 181, 234, 253, **259,** 295, 301, 310, 317, 340, 345, 346, 385.
Max-Eddy, 278.
Méaly, 297.
Médini L., 51.
Méjean J., 362, 363.
Meller R., 14, 15, 146, 291, 294.
Mélusine, 248.
Mengo J., 183.
Mercier, 65.
Mercure J., 362, 363.
Mercury J., 110.
Merill B., 310, 327.
Merkès M., 79.
Merri M., 26.
Mestral A., 221, **261.**
Metra O., 132.
Meulien B., 112.
Meusy V., 61, 133.
Mevisto J., **261,** 285.
Michel B., 107, 327, 341.
Michel L., 242.
Michel M., 307.
Micheyl M., 84, **262,** 362, 373, 377.
Millandy G., 131, 245, **263,** 320.
Milton G., 137, 152, **264,** 346, 393.
Mirande Y., 392.
Mireille, 72, 94, 108, 110, 202, **265,** 286, 309, 337, 367, 371.
Misraki P., 33, 125, 203, **266,** 309, 367, 381.
Missir L., 83, 193, 284.
Mistinguett, 15, 36, 40, 59, 60, 66, 78, 84, 93, 103, 115, 123, 129, 131, 147, 156, 163, 164, 178, 192, 210, **267,** 270, 297, 309, 337, 340, 377, 392.
Mitchell E., 52, 90, 92, 118, 152, 187, **269.**
Monnot M., 18, 27, 107, 138, 203, 204, 263, 270, **272,** 280, 282, 307, 308, 325, 336, 352.
Monod F., 306.
Montand Y., 11, 18, 24, 39, 53, 77, 88, 107, 108, 109, 113, 114, 132, 138, 148, 158, 161, 178, 186, 187, 190, 200, 203, 219, 223, 227, 235, 244, 254, 265, 272, **273,** 306, 336, 361, 362, 363, 373, 375.
Montbreuse G., 96, 117, **274.**
Montéhus, 76, 136, 158, 170, 186, **274.**
Montel, 93, 147, **275.**
Montero G., 70, 165, 219, 245, **276,** 306.
Montherlant H. de, 194.
Montoya G., 58, 131, 261, **276,** 323.
Monty, **276,** 332, 354.
Moody Blues (les), 21.
Moreau E., 350.
Moreau J., 46, 80, 222, **277.**
Morelli M., 82, 245, **277.**
Moreno D., 58, 80, 141, **278,** 363.
Moretti R., 264, **278,** 316, 340.
Moricey, 280, 345.
Morisse L., 92, 115.
Morlay G., 314.
Morton, **278.**
Morton V., 336.
Mortreuil F., 305, 319, 351.
Mouffe, 88.
Moulin J.-P., 100, 118.
Mouloudji M., 27, 80, 81, 104, 129, 132, 165, 169, 223, **280,** 317, 328, 361, 374, 376, 382, 384.
Mouskouri N., 111, 124, 125, 183, 185, 188, **281,** 362.
Moustaki G., 46, 56, 69, 261, 263, 272, **282,** 317, 325, 383.
Moya, 380.
Moyses L., 57.
Musleck, 106, 194.

Nacabal P., 198.
Nadaud G., 42, **283,** 315, 318.
Nazet, 17.
Neuville M.-J., **284.**
Newmann P., 179.
Nicolas R., 133.
Nicoletta, 126, 131, 185, **284.**
Noël E., 28.
Noël L., 145, 250, **285.**
Noël M., 384.
Noël R., 213.
Noël-Noël, 72, 263, 279, **285,** 356.
Nohain D., 19.
Nohain J., 10, 72, 94, 110, 126, **286,** 309, 367, 371.
Nougaro C., 20, 56, 97, 121, 125, 233, **286,** 311, 317.
Nyel R., 192, **289.**

Obé J., 93.
Oberfeld, 206, 264.
Obey A., 322.
Octobre (le groupe), 52, 81, 113, 235, 316.
O'Dett, 28, **290,** 347.
Ogeret M., 28, **290,** 347.
Olivier G., 254.
Olivier M., 254.
Olivieri D., 338.

Oller J., 203, 279, **290.**
Ollivier J., 26, 51.
Orfino J.-P., 347, 354.
Orso M., 187.
Oswald M., 57, 70, 103, 219, **292,** 317, 340, 367.
Otero (la Belle), 129, 163, 170, 345.
Ouvrard E., 65, **293,** 297, 345.
Ouvrard G., 65, **293,** 346.

Pacra E., 294.
Pacra J., 101, 294.
Padilla J., 78, 268, **294.**
Padou A., 251.
Pagani H., 125, **295,** 362.
Palau T., 136.
Pallavicini, 237.
Papadiamandis P., 128, 269.
Papatakis N., 334.
Papiril E., 131.
Paquet F., **297,** 375.
Parédès J., 177.
Parès P., 376.
Parisiennes (les), 134, **297,** 330.
Parizot V., 316, 338.
Pascal A., 117, 183.
Pascal J.-C., 121, **299,** 385.
Pasdoc A., 336.
Patachou, 9, 41, 59, 148, 170, 175, 254, 294, **299,** 351, 382.
Patrice et Mario, 152, 336.
Pauchard S., 258.
Paulus, 13, 24, 40, 62, 73, 106, 147, 166, 173, 178, 208, 215, 297, **299,** 312, 316, 345.
Paxton T., 16.
Payrac J., 64.
Pearly F., 93, 174.
Pelay M., 128.
Peloquin C., 88.
Perchicot, 14, 278, **301.**
Perdone T., 394.
Peri P., 325.
Perpignan, 97.
Perret J., 27.
Perret P., 69, 182, 214, **302,** 353, 362, 379, 394.
Perrin J., 147, 316.
Peter, Paul and Mary, 130.
Petit J.-C., 15, 333.
Petit R., 15, 84, 211.
Petit Prince (le), 327.
Petsilas G., 281.
Peyrac N., 46, **305.**
Peyssoneaux A., 255.
Philippe P., 171.
Philippe-Gérard, 38, 107, 138, 227, 245, 258, 273, 274, 277, **306,** 336.
Philippon P., 45.
Piaf E., 9, 18, 19, 27, 31, 53, 54, 72, 80, 103, 105, 107, 109, 113, 123, 139, 140, 148, 185, 186, 200, 203, 224, 227, 230, 233, 235, 237, 240, 241, 242, 253, 263, 270, 272, 273, 282, 292, 295, 306, **307,** 309, 315, 327, 329, 331, 332, 336, 340, 342, 362, 370, 377, 381.
Piccolo Mme, 202.
Pierlas de, 336.
Pierre de Grenoble, 248.
Pierre R. et Thibault J.-M., 15, 150.
Pierron B., 112.
Pills J., 44, 66, 109, 178, **309,** 362.
Pills et Tabet, 9, 66, 84, 110, 184, 265, 286, **309,** 376.
Pingault C., 352.
Pisani G., 257, 258.
Pizella, 96.
Plait J., 83, 196, 236.
Plamondon L., 50, 140.
Plana G., 77, **310,** 323.
Planchon R., 26, 344.
Planet J., 213.
Plante J., 20, 53, 152, 186, 191, **310,** 327.
Poiret P., 84.
Poitrenaud S., 97.
Polaire, 13, 15, 36, 106, 147, 152, 291, **311,** 345.
Polin, 13, 16, 19, 33, 65, 96, 146, 156, 166, 304, **312,** 345.
Poll L., 313.
Polnareff M., 114, 126, 183, 250, **313,** 330.
Poncin, 112.
Pontieux G., 287.
Popp A., 20, 70, 111, 169, 254, 258, **314,** 344.
Popp D., 314.
Poret L., 382.
Porte P., 378.
Poterat L., 179, 219, **314,** 338.
Pothier C.-L., 264, 324, 335.
Pottier E., 48, 124, 158, 207, 283, **315.**
Pougy de L., 163, 345.
Pouret J.-P., 347.
Poussigue H., 152.
Pradels O., **316.**
Préjean A., 70, 106, 235, **316,** 340, 376.
Presenti, 155.
Presley E., 10, 97, 331, 350.
Prévert J., 24, 25, 52, 81, 113, 120, 122, 161, 163, 192, 219, 228, 235, 273, 280, 293, **316,** 329, 365, 380.

Printemps Y., 17, 96, **317.**
Prior, 30.
Privas X., 131, 157, 242, 250, 262, 285, **318,** 322.
Privat J., 186.

Quatre Barbus (les), 54, 82, 171, 184, **321,** 370.
Queneau R., 191, 211, 220, 226, 257, 280, 319, 365.
Quentin S., 77, **323.**
Quinson R., 392.

Rachel, 314.
Raillat L., 96, 380.
Raimu, 106, 313.
Raiter L., **324,** 335, 346.
Ram B., 57.
Ramuz, 42.
Rancurel E., 180.
Rapin, 279.
Rapsat P., 347.
Rasimi Mme, 40.
Rauber F., 70, 358.
Reed L., 97.
Reggiani S., 27, 46, 53, 56, 80, 114, 130, 133, 134, 189, 232, 236, 247, 254, 282, **324,** 384, 385.
Régine, 175, 254, **325,** 339.
Régnier, 106.
Reinhardt D., 113, 205, 337.
Renard A., 147, 361.
Renard C., 121, 134, 140, 177, 233, 272, **325,** 331, 381, 385.
Renard J., 20, 183, 198, 330, 378, 379.
Renard N., 346.
Renaud, 54, 56, 317, **326.**
Renaud L., 84, 85, 152, 262, 310, **326,** 377.
Renault M., 106.
Renoir J., 376.
Revaux J., 20, 126, 131, 169, 198, 212, 236, **327,** 330, 343, 387.
Revellers (les), 310, 322.
Révil R., 235, 381.
Rey E., 303.
Rey S., 14.
Reynette J., 103.
Reynolds M., 16.
Rezvani, 27, 277.
Ribeiro C., 125, 247, 317, **328.**
Ricet-Barrier, 20, **329,** 348, 363, 370.
Richard M., 87, 345.
Richepin J., 61, 194, 365.
Rico J., 263.
Rictus J., 61, 74, 322.
Rieu N., 28.
Riffard R., 93, **330.**
Rigot L., 249.
Rim C., 376.
Rimbault, 304.
Rimels L., 106.
Ringo, 67, 83, 349.
Rioux L., 56.
Rip, 279, 340.
Ripa R., 51, 289, **330.**
Rivard M., 43, 176, 230, 231.
Rivat J.-M., 64, 128, 217, 328, **330,** 354, 371, 378, 387.
Rivers D., 40, **331.**
Rivgauche M., **331.**
Rivière J.-Marie, 13.
Rivière J.-Max, 38, 199, 202, **331.**
Robert C., 320.
Roberty, 115, 170, 334.
Robidoux M., 156.
Robillard, 238.
Robinson, 196.
Robiquet P., 369.
Robitsch, 15.
Robrecht É., 85, **332.**
Rocca R., 133.
Roche G., 387.
Roche P., 12, 30, **332.**
Rocheman L., **332.**
Roche-Martin (les), 342.
Roda-Gil É., 102, 169, 227, **332,** 350.
Rodor J., 138, 181, 251, **333,** 346.
Rodrigo J., 23.
Roget, 139.
Roget M., 285.
Roi, 19.
Roisin Mme, 345.
Rolland C., 366.
Rollinat M., 194, **333.**
Roméo, 83.
Rosa M., 152.
Rossi T., 14, 54, 59, 60, 64, 152, 178, 186, 200, 227, 233, 234, 239, 252, 254, 315, 328, **335,** 340, 346, 361, 375, 377.
Rossini G., 322.
Rouffe A., 14.
Rouget de l'Isle C., 255.
Rouzaud R., 38, 107, 242, 306, 307, **336.**
Roy C., 322.
Rubashkin B., 394.
Ruez, 133, 297.

Sablon C., 86, 337.
Sablon G., 88, 205, **337,** 351.
Sablon J., 9, 40, 57, 100, 103, 133, 148, 161, 169, 200, 205, 238, 242,

265, 266, 328, 336, **337**, 351, 362, 381, 389.
Sabouraud B., 145, 250.
Sagan F., 272, 325.
Saint-Ange Mme, 146.
Saint-Gilles, 274.
Saint-Giniez, 86.
Saint-Granier, 40, 84, 106, 203, 210, 294, **339.**
Saka P., 107.
Salabert F., 278, **340.**
Salis G., 91, 341.
Salis R., 58, 73, 90, 157, 276, 290, **340.**
Salvador H., 59, 72, 80, 90, 132, 188, 200, 233, 282, 336, **341**, 384.
Salvet A., 145, 196.
Sandor M., 111.
Sandrini P., 370.
Sanson V., 50, **342.**
Sarapo T., 308, **342.**
Sarcey F., 146, 301.
Sardou M., 22, 126, 131, 212, 232, 236, 296, 328, **342.**
Sardou V., 106.
Sari L., 163.
Sarmiento F., 109.
Sarrazin J., 132, 194.
Sartre J.-P., 57, 191.
Sarvil R., 86, 346.
Satie É., 81, 120.
Satsu M., 317.
Sauvage C., 54, 57, 70, 107, 134, 181, 282, 314, **344**, 347.
Schubert L., 66.
Schultze N., 352.
Scotto V., 16, 34, 66, 86, 94, 97, 171, 181, 203, 233, 251, 260, 304, 323, 324, 335, 340, **345**, 356, 372.
Secot G., 322.
Sedaka N., 331.
Seeger P., 16, 29, 168.
Segalen A., 142.
Seghers P., 25, 159, 257, **347**, 371.
Seguin (les), 43.
Selos P., 143.
Senlis M., 193.
Senneville de P., 313.
Sens J.-M., **347.**
Sentis J., 252.
Serizier J., 177.
Seros M., 294.
Servat G., **348.**
Sèvres C., 145.
Shaindlin O., 107.
Shakin Street, 360.
Sheila, 10, 83, 146, 187, 259, 277, 310, **348.**
Shuman M., 71, 333, **350.**
Sibre G., 388.
Sigrist G., 45.
Simon Michel, 132, 252, **350.**
Simon Marcel, 345.
Simon Y., 90, 125, **351**, 354.
Sinatra F., 79, 151, 306.
Siniavine A., 315, 337, **351.**
Sivry de C., 332, 383.
Skornik G., 236.
Skorsky N., 169.
Smith P., 54.
Socquet B., 46.
Sœurs Bordeaux (les), 352.
Sœurs Étienne (les), 141, **352.**
Sœur Sourire, 143.
Solidor S., 103, 258, **352.**
Solleville F., 103, 258, **352.**
Sommer J., **353.**
Sommier G., 294.
Sorel C., 84, 377.
Soubise, 87.
Souchon A., 20, 90, 214, **353.**
Soudemont A., 179.
Soumet J., 107.
Spahn A., 385.
Spencer É., 319.
Spencer T., 107.
Stark J., 235, 258.
Stéfani C., 303.
Stein, 202.
Steinlen, 90.
Stern E., 57, 230, 254, 290, 299.
Stills S., 342.
Stivell A., 248, 348.
Stone et Charden, 131, 330, **354.**
Stratagème Group, 10.
Stroeva D., 57, 96.
Suc J.-P., 92, 226.
Suc et Serre, 92.
Sulbac, **355.**
Sunlights (les), 130, 335, 357, 384.
Surfs (les), 187.
Swingle Singers (les), 233.
Sylva B., 189, 324, 335, **356.**
Sylvestre A., 56, 80, 93, 103, 155, 189, 216, **357.**

Tachan H., 46, **359**, 362.
Talar R., 254, 343.
Tcherniak L., 92.
Tchimoukov, 52.
Tekielski B., 247, **360.**
Telemann G. F., 57.
Téléphone, 54, **360.**
Telly V., 94, 346.
Tézé M., 346.

Théo, 202.
Thérésa, 13, 14, 59, 60, 101, 127, 147, 155, 215, 316, **363.**
They F., 222.
Thibaud A., 146, 196, 252, 297, 345, **365.**
Thibault G., 20, 168, 198.
Thibeault F., 43, 51.
Thibon D., 88.
Thiriet M., **365.**
Thomas F., 64, 169, 214, 217, 328, 354, 371, 378, 388.
Thomas G., 159.
Thoury J.-W., 53.
Tiercy G., 133, 173.
Tinchant A., 127.
Tiomkin D., 108.
Torr M., 335, **365.**
Tramel, 106.
Tranchant J., 57, 66, 181, 205, 286, 309, **367.**
Tranchant J.-H., 367.
Trébert de I., 233.
Trebitsch, 260, 385.
Tremblay M., 216.
Trémolo, 90.
Trenet C., 9, 45, 54, 64, 72, 80, 85, 94, 103, 105, 110, 133, 136, 143, 145, 161, 169, 184, 186, 200, 260, 266, 292, 337, 347, 362, 367, **368,** 380, 383, 389, 392.
Tristan B., 292.
Trois Horaces (les), **370.**
Trois Ménestrels (les), 35, **371.**
Trombert F., 322.
Troubadours (les), **371.**
Trust, 54.
Turcy A., 14, 16, **371.**

Ulmer G., 9, 31, 242, **373.**
Urfer A., 96, 185.

Vaillant-Couturier P., 86.
Vaissade J., 219.
Val J., 116.
Val P., 54.
Valade R., 28.
Valbel H., 157.
Valente C., **375,** 381.
Valéry C., 27, 104, 280.
Valette M., 39, 103.
Vallée J., 133.
Vallès J., 215, 315.
Vallet M., 102.
Vallières P., 88.
Vallin N., 192, 241.
Valsien A., 94, 112.
Vandair M., 53, 64, 94, 95, 155, 171, 200, 240, 252, **375.**
Vander M., 287.
Vanderlove A., 51, 108, **376.**
Vannier A., 306.
Vannier J.-C., 164, 214.
Van Parys G., 61, 65, 94, 169, 178, 245, 260, 280, 299, 323, 340, 374, **376,** 381.
Varel et Bailly, **377.**
Varlet M. et Mme, 176.
Varna H., 40, 65, 84, 86, 106, 141, 146, 148, 327, 335, 346, **377.**
Varney J., 239.
Varney R., 200, 257.
Vartan E., 198, 378.
Vartan S., 67, 90, 124, 178, 197, 246, 292, 296, **378.**
Vasca J., 54, 146, **379.**
Vassiliu P., **379.**
Vaucaire C., 81, 96, 140, 145, 181, 317, 365, 376, **380,** 381.
Vaucaire Maurice, 81, 127, 305, **380.**
Vaucaire Michel, 81, 140, 171, 365, 375, **380.**
Vebel C., 352.
Ventura R., 12, 64, 120, 132, 148, 178, 185, 213, 233, 266, 341, 367, **381.**
Véran F., 31, 100, 192, 211, 299, **382.**
Verdier C., 237, 248.
Verdier J. P., 54, **382.**
Verdun, 65.
Vergne J., 133.
Verlaine P., 24, 116, 117, 194, **383.**
Verlor G., 192, 289.
Verrières J., 200.
Vialla, 102.
Vian B., 26, 27, 53, 70, 90, 99, 100, 129, 130, 158, 165, 175, 182, 183, 188, 193, 216, 230, 252, 280, 281, 311, 324, 334, 341, **383.**
Vic C.-H., 28, 100.
Vicente F., 13.
Vidalie A., 10, 53, 187, 325, **384.**
Vidalin M., 20, 37, 45, 121, 124, 126, 172, 237, **385.**
Vieillot, 101.
Vigneault G., 43, 56, 76, 89, 140, 156, 166, 216, 228, 230, 238, 271, 292, 344, 363, **386.**
Vilard H., 52, 131, 183, 328, 330, **387.**
Vilbert, 135, 313, **388.**
Villard G., 304.
Villé, 146.
Villemer G., 16, 19, **127,** 129, 247.
Villon F., 68, 74.
Vincent G., 362.

Vincent R., 20, 128, 201, 330.
Vinci C., 26, 77, 145, **388.**
Vincy R., 240, 303, 346, 376.
Violette G., 363.
Viseux R., 21.
Vitry F., 56.
Volterra L., 83, 84, 130, 208, **388.**

Wagenheim G., 281.
Wainwright III (Loudon), 82.
Wal-Berg, 18.
Walter D., 310.
Waring S., 332.
Warlop M., 327.
Wattine H., 13.
Weill K., 70, 104, 105, 163, 179, 219, 292, 381.
Weldy M., 164.
Werner, 65.
Wernert H., 240.
Wertheimer F., 37.
White D., 132, 381.
White P., 84.
Wiener J., 57.
Willemetz A., 47, 84, 93, 135, 210, 239, 268, 270, 278, 294, 317, 340, **390,** 392.
Willette, 90.
William J., 201, **390.**
Winkler F., 152, 310.
Winter D.-A., 83.
Witheman P., 12, 233, 381.
Wolf C., 99.
Wolff E., 279.
Wolff P., 138.
Wols, 95.
Workshop (le), 98.
Worth J., 284.

Xanrof L., 37, 91, 161, 170, 194, 258, **391.**

Yon Lug, 322.
Yvain M., 47, 84, 96, 135, 137, 210, 264, 268, 270, 293, 314, **392.**

Zaraï R., 331, **394.**
Zidler R., 331, 394.
Zimmermann M., 150.
Zola É., 74.

IMPRESSION : MAURY-EUROLIVRES S.A. À MANCHECOURT
DÉPÔT LÉGAL : AVRIL 1996 – N° 28140 (96/03/52797)

DU MÊME AUTEUR

Louis-Jean Calvet

Pauline et Julien
Seghers, « Poésie et chanson », 1974

Linguistique et Colonialisme,
petit traité de glottophagie
Payot, 1974, 1979 et 1988

La Production révolutionnaire :
slogans, affiches, chansons
Payot, 1976

Joan Pau Verdier
Seghers, « Poésie et chanson », 1976

Faut-il brûler Sardou ?
(en collaboration avec J.-C. Klein)
Savelli, 1978

Chanson et Société
Payot, 1981

Roland Barthes
Flammarion, 1990

Georges Brassens
Lieux commun, 1991
et Payot, 1993

Les Voix de la ville.
Introduction à la sociolinguistique urbaine
Payot, 1994

Jean-Claude Klein

Faut-il brûler Sardou ?
(en collaboration avec L.-J. Calvet)
Savelli, 1978

Florilège de la chanson française
Bordas, 1990

La Chanson à l'affiche
Du May, 1991

Paris 1944-1954 : artistes, intellectuels, publics,
la culture comme enjeu
Autrement, 1995

Collection Points

DERNIERS TITRE PARUS

P175. Molière ou la Vie de Jean-Baptiste Poquelin
par Alfred Simon
P176. Saison violente, *par Emmanuel Roblès*
P177. Lunes de fiel, *par Pascal Bruckner*
P178. Le Voyage à Paimpol, *par Dorothée Letessier*
P179. L'Aube, *par Elie Wiesel*
P180. Le Fils du pauvre, *par Mouloud Feraoun*
P181. Red Fox, *par Anthony Hyde*
P182. Enquête sous la neige, *par Michael Malone*
P183. Cœur de lièvre, *par John Updike*
P184. La Joyeuse Bande d'Atzavara
par Manuel Vázquez Montalbán
P185. Le Petit Monde de Don Camillo
par Giovanni Guareschi
P186. Le Temps des Italiens, *par François Maspero*
P187. Petite, *par Geneviève Brisac*
P188. La vie me fait peur, *par Jean-Paul Dubois*
P189. Quelques Minutes de bonheur absolu
par Agnès Desarthe
P190. La Lyre d'Orphée, *par Robertson Davies*
P191. Pourquoi lire les classiques, *par Italo Calvino*
P192. Franz Kafka ou le Cauchemar de la raison
par Ernst Pawel
P193. Nos médecins, *par Hervé Hamon*
P194. La Déroute des sexes, *par Denise Bombardier*
P195. Les Flamboyants, *par Patrick Grainville*
P196. La Crypte des capucins, *par Joseph Roth*
P197. Je vivrai l'amour des autres, *par Jean Cayrol*
P198. Le Crime des pères, *par Michel del Castillo*
P199. Les Cahiers de Malte Laurids Brigge
par Rainer Maria Rilke
P200. Port-Soudan, *par Olivier Rolin*
P201. Portrait de l'artiste en jeune chien, *par Dylan Thomas*
P202. La Belle Hortense, *par Jacques Roubaud*
P203. Les Anges et les Faucons, *par Patrick Grainville*
P204. Autobiographie de Federico Sánchez, *par Jorge Semprún*
P205. Le Monarque égaré, *par Anne-Marie Garat*
P206. La Guérilla du Che, *par Régis Debray*
P207. Terre-Patrie, *par Edgar Morin et Anne-Brigitte Kern*
P208. L'Occupation américaine, *par Pascal Quignard*
P209. La Comédie de Terracina, *par Frédéric Vitoux*

P210. Une jeune fille, *par Dan Franck*
P211. Nativités, *par Michèle Gazier*
P212. L'Enlèvement d'Hortense, *par Jacques Roubaud*
P213. Les Secrets de Jeffrey Aspern, *par Henry James*
P214. Annam, *par Christophe Bataille*
P215. Jimi Hendrix. Vie et légende
par Charles Shaar Murray
P216. Docile, *par Didier Decoin*
P217. Le Dernier des Justes, *par André Schwarz-Bart*
P218. Aden Arabie, *par Paul Nizan*
P219. Dialogues des Carmélites, *par Georges Bernanos*
P220. Gaston Gallimard, *par Pierre Assouline*
P221. John l'Enfer, *par Didier Decoin*
P222. Trente Mille Jours, *par Maurice Genevoix*
P223. Cent Ans de chanson française
par Chantal Brunschwig, Jean-Louis Calvet et Jean-Claude Klein
P224. L'Exil d'Hortense, *par Jacques Roubaud*
P225. La Grande Maison, *par Mohammed Dib*
P226. Une mort en rouge, *par Walter Mosley*
P227. N'en faites pas une histoire, *par Raymond Carver*
P228. Les Quatre Faces d'une histoire, *par John Updike*
P229. Moustiques, *par William Faulkner*
P230. Mortelle, *par Christopher Frank*
P231. Ceux de 14, *par Maurice Genevoix*
P232. Le Baron perché, *par Italo Calvino*
P233. Le Tueur et son ombre, *par Herbert Lieberman*
P234. La Nuit du solstice, *par Herbert Lieberman*
P235. L'Après-midi bleu, *par William Boyd*
P236. Le Sémaphore d'Alexandrie, *par Robert Solé*
P237. Un nom de torero, *par Luis Sepúlveda*
P238. Halloween, *par Lesley Glaister*
P239. Un bonheur mortel, *par Anne Fine*
P240. Mésalliance, *par Anita Brookner*
P241. Le Vingt-Septième Royaume
par Alice Thomas-Ellis
P242. Le Sucre et autres récits, *par Antonia S. Byatt*
P243. Le Dernier Tramway, *par Nedim Gürsel*
P244. Une enquête philosophique, *par Philippe Ken*
P245. Un homme peut en cacher un autre, *par Audreu Martín*
P246. A l'ouest d'Allah, *par Gilles Kepel*
P247. Nedjma, *par Kateb Yacine*
P248. Le Prochain sur la liste, *par Dan Greenburg*
P249. Les Chambres de bois, *par Anne Hébert*
P250. La Nuit du décret, *par Michel del Castillo*
P251. Malraux, une vie dans le siècle, *par Jean Lacouture*